古文字與中華文明傳承發展工程

吉林大學中國古文字研究中心學術叢刊

佔畢隨録

單育辰 著

上海古籍出版社

本書爲國家社科基金重點項目"清華簡佚《書》類文獻整理與研究"(項目號21AYY017)、"古文字與中華文明傳承發展工程規劃項目"(項目號G1935)的階段性成果。

目　　錄

釋"亞"　　　　　　　　　　　　　　　　　　001
釋"迊"　　　　　　　　　　　　　　　　　　007
再談甲骨文中的"囧"　　　　　　　　　　　　015
釋甲骨文"甴"字　　　　　　　　　　　　　　021
甲骨文字考釋兩則　　　　　　　　　　　　　034

釋"饎"　　　　　　　　　　　　　　　　　　040
我方鼎新詁　　　　　　　　　　　　　　　　050
再論沈子它簋　　　　　　　　　　　　　　　056
訣伯豐鼎考　　　　　　　　　　　　　　　　062
作册嗌卣初探　　　　　　　　　　　　　　　066
悠卣補釋　　　　　　　　　　　　　　　　　074
四十二年逑鼎"沝"字考　　　　　　　　　　　078
近出金文詞語考釋兩則　　　　　　　　　　　087
新見三種金文探微　　　　　　　　　　　　　091

北坪子及羑河吳劍銘文合考　　　　　　　　　099
燕尾布"圻"字考　　　　　　　　　　　　　　104
談晉系用爲"舍"之字　　　　　　　　　　　　111
介紹一件羅振玉舊藏的羹匕　　　　　　　　　121
《商周青銅器銘文暨圖像集成續編》釋文訂誤　130
《商周青銅器銘文暨圖像集成三編》釋文校訂　137
溫縣盟書"懌亟視之"解　　　　　　　　　　　143

談戰國文字中的"鼻"　　　　　　　　　　　　148

158	楚地遣策"宛"字的用法
166	戰國卜筮簡"尚"的意義——兼説先秦典籍中的"尚"
184	包山簡案例研究兩則
190	郭店簡文字研究三則
194	新見白起破鄢的楚簡
199	安大簡《仲尼曰》札記三則
203	楚文字兩考
210	戰國簡帛文字雜識（十一則）
218	《容成氏》雜談（三則）
227	《容成氏》中的"端"和"履"
232	《昭王毀室》的再研究
238	《昭王與龔之脾》的再研究
248	上博竹書虛字研究三題
254	佔畢隨録
259	《君人者何必安哉》的再研究
267	上博七《凡物流形》《吴命》札記
276	《上海博物館藏戰國楚竹書（八）》文字考釋
281	《上海博物館藏戰國楚竹書（九）》雜識
286	由清華簡釋解古文字一例
290	談清華簡中的"艐舟"
295	清華三詩、書類文獻合考
301	由清華四《別卦》談上博四《柬大王泊旱》的"庬"字
307	《清華大學藏戰國竹簡（伍）》釋文訂補
316	由清華簡"隨"字的特殊寫法考釋郭店簡一例
323	清華六《鄭武夫人規孺子》釋文商榷

清華六《管仲》釋文商榷	328
清華六《鄭文公問太伯》釋文商榷	333
清華六《子儀》釋文商榷	340
清華六《子產》釋文商榷	347
《清華大學藏戰國竹簡（柒）》釋文訂補	356
清華八《攝命》釋文商榷	368
《清華大學藏戰國竹簡（捌）》釋文訂補	379
清華九《治政之道》《廼命》《禱辭》釋文商榷	389
清華九《成人》釋文商榷	397
清華十《四告》釋文商榷	404
秦簡"柀"字釋義	418
里耶秦公文流轉研究	426
始皇廿六年詔書"法度量則不壹歉疑者"補論	440
《長沙馬王堆漢墓簡帛集成》房中術竹簡校訂	446
也談張家山漢簡中的"偏捕""偏告"	452
隨州孔家坡漢墓簡牘釋文訂補	457
北大藏漢簡《妄稽》釋文校訂	461
《北京大學藏西漢竹書［伍］》釋文訂補	469
東漢東鄉通利水大道約束刻石考	473
漢石刻文字零識	483
試論《詩經》中"瑕""遐"二字的一種特殊用法	487
從戰國簡《曹沫之陳》再談今本《吴子》《慎子》的真僞	494
"蝌蚪文"譚	504
後記	511

釋 "亞"

甲骨文中有一個字出現得比較頻繁,作下形:

(《合》14001)　　　　(《合》12997 反)

孫詒讓認爲此字從"内"從"止",爲"遘"之省文;羅振玉釋爲"処";王襄釋爲"定";于省吾先生從孫詒讓說亦認爲上部字形爲"内",是"迺"之初文,並讀爲"退";張秉權先生把此字隸定爲"亞",讀爲"阮";林小安先生認爲與"正"爲一字,讀爲"各"。①

孫詒讓、羅振玉、王襄的説法與字形全然不合;林小安先生認爲此字與"正"同爲一字,是從《合》6650"酓正化"之"正"作" "來考慮的,不過此版"正"被刻成" ",乃是偶見的訛形,從大量辭例來看,這兩個字並不相同,並且林先生釋"正"爲"各"恐亦有誤;于省吾先生説法的影響頗大,但釋"退"於很多文義難以講通,更重要的是,此字的上部並不從"内",甲骨文中"内"用"人"字來表示,如《合》34189"庚辰卜:于外ㄅ土"與"庚辰卜:于人(内)ㄅ土"對貞等,"内"即用"人"字表示。② 此字上部與甲骨文常見的"丙"實無區別,③

---

① 參看松丸道雄、高嶋謙一:《甲骨文字字釋綜覽》第 0185 號,東京大學東洋文化研究所,1993 年 3 月,第 51 頁;于省吾主編:《甲骨文字詁林》"正""亞"條,中華書局,1996 年 12 月,第 780—783、784—788 頁。

② 可參看裘錫圭:《關於殷墟卜辭的命辭是否問句的考察》,《古文字論集》,中華書局,1992 年 8 月,第 266—267 頁。

③ "丙"字字形可參看中國社會科學院考古研究所編:《甲骨文編》"丙"條,中華書局,1965 年 9 月,第 547—548 頁。

故此字應隸定爲"亞"。在這一點上,張秉權先生的隸定是準確的,不過他把"亞"讀爲"阮"於許多辭例仍然難以講通。

我們認爲甲骨文中的"亞"應從"丙"得聲,可讀爲"逢"。"丙"上古幫紐陽部,"逢"上古並紐東部,幫、並皆屬唇音,陽、東二部旁轉,可互通,比如陽部的"方"可通東部的"邦"、陽部的"康"可通東部的"庸"等,①又如陽部的"庚"用作東部的"庸"的聲符。下面我們把甲骨文中有關"亞"的所有辭例列舉出來(爲清晰起見,於地名和人名下我們加以波浪綫),並做出說明,以驗證這個說法:

(1) 貞:王其逐兕,隻(獲)?弗亞兕,隻(獲)豕二。
　　貞:其逐兕,隻(獲)?弗亞兕。　　　　　(《合》190　賓組)
(2) 亞兕?　　　　　　　　　　　　　　　　(《合》33423　歷組)
(3) □亞兕□　　　　　　　　　　　　　　　(《合》10442　賓組)
(4) □子卜,史貞:隹(唯)其亞鹿?　　　　　(《合》10303　賓組)
(5) □亞鹿?允亞三□□,隻(獲)鹿一。　　　(《合》10321　賓組)
(6) □子卜,宕貞:□子□隻(獲)鹿□?王占曰:隹(?)□弗亞。
　　　　　　　　　　　　　　(《合》10323=《合補》463　賓組)
(7) □亞麋□　　　　　　　　　　　　　　　(《合》10426反　賓組)
(8) 叀(惠)宣麋求,亞,畢(擒)?　　　　　　(《合》28369　無名組)
(9) 丁巳卜,史貞:乎從肉,虎亞?十月。
　　　　　　　　　　　　　(《合》10917賓組⊃《合》18250　賓組)②
(10) 辛□貞:又(有)隻(獲),才(?在)白木亞?
　　　　　　　　　　　　　　　　　　　　(《合》33380反　歷組)
(11) 亞區,其徣?才(在)宴卜。　　　　　　(《合》34676　歷組)

這些和田獵有關的卜辭,所"亞(逢)"的動物有兕、鹿、麋、虎等。其中(1)是貞問商王追逐兕是否會有所捕獲,結果驗辭說没有遇到兕,只捕

---

① 張儒、劉毓慶:《漢字通用聲素研究》"丰通方""用通庚"條,山西古籍出版社,2002年4月,第315、320頁。
② "⊃"是筆者借用數學上的符號,表示《合》18250是《合》10917的一部分。《合》18250是《合》10917的一部分承崎川隆先生告知。

獲了兩頭野豬。這裏的"逢"義非常顯。(7)的正面卜辭有："貞：子妻弗其隻(獲)豕？"應與(7)有關。無名組有"苒(遘)又(有)虎"(《合》28300)、"苒(遘)又(有)鹿"(《合》28335)等,其"苒(遘)"字的語法地位與"亞(逢)"相仿。

(12) 隹(唯)丁求,亞雨？　　　　　　　(《合》12682 反　賓組)

(13) 王占曰：今夕亞雨。　　　　　　　(《合》12997 反　賓組)

這是卜問是否會遇到雨,卜辭常見"苒(遘)雨",①可與此相較。

(14) 辛丑卜：亞󰀀方人？

　　　□今夕□亞□戠？　　　　　　　(《合》21099　𠂤組)

(15) 貞：勿亞犬？　　　　　　　　　　(《合》10106　賓組)

(16) 王□其亞□允□岳□　　　　　　　(《合》7757 反　賓組)

(14)是卜問是否會遇到"󰀀"這個邦國的人。(15)是卜問是不是不要去和犬(爲官名或爲人名)相遇。其中的"勿"是表示當事人主觀上可以控制其行爲的否定詞,②由此可知"犬"非動物名。③

(17) 壬寅卜,㱿貞：帚(婦)□娩,㚿(男)？④ 王占曰：其隹(唯)□申
　　娩,吉,㚿(男)。其隹(唯)甲寅娩不吉,亞隹(唯)女。

　　　　　　　　　　　　　　　　　　(《合》14001　賓組)

(18) □午卜,爭貞：□娩,㚿(男)？□亞隹(唯)丁□不吉。

　　　　　　　　　　　　　　　　　　(《合》14076　賓組)

(19) 王占曰：亞□吉□其隹(唯)□　　　(《合》14076 反　賓組)

---

① 辭例可參看姚孝遂、肖丁主編：《殷墟甲骨刻辭類纂》,中華書局,1989 年 1 月,第 1198—1201 頁。

② "勿"在卜辭中的用法,參看裘錫圭：《説"弜"》,《古文字論集》,中華書局,1992 年 8 月,第 117—121 頁。

③ 例(15)承葛亮先生提供其中"勿"字解釋的綫索,特此致謝。

④ "㚿"釋爲"男"參看陳漢平：《釋㚿》,《屠龍絶緒》,黑龍江教育出版社,1989 年 10 月,第 77—78 頁;趙平安：《從楚簡"娩"的釋讀談到甲骨文的"娩㚿"——附釋古文字的"冥"》,《簡帛研究二〇〇一》,廣西師範大學出版社,2001 年 9 月,第 56—57 頁引李學勤先生説。

(20) 隹(唯)□中烄□亞□妧(男)□二日(?)□

　　　　　　　　　　　　　　　　　　(《合》14103反　賓組)

這是卜問遇到哪個時間會生男孩或女孩的卜辭。其中(17)的"其隹(唯)甲寅娩不吉,亞隹(唯)女"是説"在甲寅那天分娩不吉利,要碰上那天就會生女孩"。

(21) 王其令亞歸,弗每(悔)?　　　　(《合》28013　無名組)
(22) 叀(惠)才(在)潯(潯)田亞主,王弗每(悔),洋?

　　　　　　　　　　　　　　　　　　(《屯南》2409　歷組)

這裏的亞是人名。與(22)對貞的卜辭爲:"叀(惠)才(在)祼田又主,王弗每(悔),洋?""叀(惠)才(在)龐田圭主,王弗每(悔),洋?""才(在)潯(潯)田"作"亞"的定語,"在+地名+職官+人名"的結構可參看黄天樹先生《殷墟卜辭"在"字結構補説》一文。① 值得注意的是,在金文所謂的"族徽"中也有從"亞"的字,其字形更爲原始,可與甲骨文中作爲人名的這個字相參照。②

(23) 一牢,若亞□□,弜引?　　　　(《屯南》295　歷組)

這裏的"亞"或是"丙"之訛,歷組卜辭常見"若丙"一詞,③或是表示"某、若干"等義的不定代詞,詳另文。

(24) 王占曰:及亞甘。　　　　　　(《合》517反　賓組)
(25) 王占曰:其□亞隹主□　　　　(《合》3771　賓組)
(26) □亞,其(?)用,若?八月。　　(《合》16388反　賓組)
(27) 貞:戌弗其亞?　　　　　　　(《合》7684　賓組)
(28) □貞:戌弗□亞?　　　　　　(《合補》1973　賓組)

---

① 黄天樹:《殷墟卜辭"在"字結構補説》,《古文字研究》第二十四輯,中華書局,2002年7月,第65頁。和職官"田"有關的,此文指出的有"在攸田武""在潯田黄""在義田來"等。
② 容庚編著,張振林、馬國權摹補:《金文編》第440號,中華書局,1985年7月,第1129頁。此承蔣玉斌先生告知。
③ 辭例可看姚孝遂、肖丁主編:《殷墟甲骨刻辭類纂》,第775頁。

(29) 貞：㲋□其亞□　　　　　　　　　　（《合》4369　　賓組）

(30) □丑卜，王貞：弗其亞？十二月。　　（《合》18249　　賓組）

(31) 弗其亞？　　　　　　　　　　　　（《合》811 反　　賓組）

(32) □弗其亞？　　　　　　　　　　　（《合》14734　　賓組）

(33) □不其亞？　　　　　　　　　　　（《合》18251　　賓組）

(34) 王占□亞旬□　　　　　　　　　　（《合》17727　　賓組）

(35) 戉□亞□　　　　　　　　　　　　（《合》18247　　賓組）

(36) □貞□亞？　　　　　　　　　　　（《合》18252　　賓組）

(37) 己□貞□剢□鄉不□亞□　　　　　（《合》5247　　賓組）

(38) 王占曰：亞，不冓□　　　　　　　（《合》10165 反　賓組）

(39) □亞□　　　　　　　　　　　　　（《英》1736　　賓組）

(40) □辰，子卜貞：我亞？　　　　　　（《合》21645　　子組）

(41) 己酉卜：亞宜□　　　　　　　　　（《合》32936　　歷組）

(42) □貞□亞□　　　　（《合》23646＝《合補》8667　出組）

(43) □王其□于亞□　　（《合》33170 反＝《甲》3627　組別不明）

這些卜辭相應詞語有所省略或殘缺過甚,這裏就沒有辦法進一步討論了,其中(24)的正面卜辭爲"□丑卜□貞：甘□",猜測此中的"甘"或許是人名。

還有一個字作"𡨥",其辭例如下：

(44) 王其比亯,𡨥咒？　　　　　　　　（《合》28408　　無名組）

(45) 戊子卜：王其田,𡨥□　　　　　　（《合》29368　　何組）

(46) □𡨥□其□　　　　　　　　　　　（《合》12172　　賓組）

與"亞"相比,多了一個"宀"旁,從辭例看,與"亞"應是一字異體,此處亦應讀作"逢"。

還有一些做貞人名的"𡨥",亦寫作"亞",似即賓組常見之貞人"丙"(此貞人名舊亦多誤釋爲"内")：

(47) 癸□𡨥□夕□禍？　　　　　　　　（《合補》4756　　賓組）

(48) □卜,亞□夕□禍？　　　　　　　（《合補》4767　　賓組）

(49) 己未卜，㱿貞：今夕亡禍？
　　 丁巳卜，㱿貞：今夕亡禍？
　　 丙辰卜，㱿貞：今夕亡禍？　　　　　　　　（《合補》4804　賓組）
(50) □亞□，今夕□禍？　　　　　　　　　　　（《合補》4820　賓組）

此外還有個從"商"從"止"的"𠂤"字，目前僅兩見，其中(51)一辭與同版的"隻(擒)兕"對貞，鍾柏生先生曾讀爲從"商"聲的"障"，①聯繫上面的考釋，此字或亦"亞"之訛體，讀爲"逢"。

(51) 𠂤兕？　　　　　　　　　　　　　　　　（《合補》13399　賓組）
(52) □争□𠂤□再？　　　　　　　　　　　　　（《合》18253　賓組）

【編按】小文最初發表於 2008 年 8 月 18 日"復旦大學出土文獻與古文字研究中心"網，後來葛亮、王子楊先生對此説有補論，可參葛亮：《甲骨文田獵動詞研究》，《出土文獻與古文字研究》第五輯，上海古籍出版社，2013 年 9 月，第 81—87 頁；王子楊：《甲骨文所謂的"内"當釋作"丙"》，《甲骨文與殷商史》新三輯，上海古籍出版社，2013 年 4 月，第 231—237 頁。

【發表情況】單育辰：《釋"亞"》，"復旦大學出土文獻與古文字研究中心"網，2008 年 8 月 18 日。後發表於長春："中國文字學會第七届學術年會"，2013 年 9 月。後刊於《出土文獻》第十輯，中西書局，2017 年 4 月，第 14—18 頁。

---

① 鍾柏生：《釋"𠂤"》，《中國文字》新十七期，藝文印書館，1993 年 3 月，第 249—251 頁。

釋 "迍"

甲骨文裏有一個字,異體繁多,在歷組、何組、無名組卜辭中作下形(在辭例中用 A 來代替):

(《屯南》257 歷無名間類,此少"辵"旁)

(《合》28001 何組,此少"彳"旁)

(《屯南》745 無名組)　　(《合》34071 無名組)

(《合》31057 何組)　　(《合》27415 無名組,此少"辵"旁)

(《合》28326 無名組)　　(《合》28905 無名組)

(《合》28914　無名組)　　(《合》28915 無名組)

(《合》29018 無名組)　　(《合》29031 無名組)

它們的辭例爲:[1]

---

[1] 辭例可參看姚孝遂、肖丁主編:《殷墟甲骨刻辭類纂》"迍""" 條,中華書局,1989年1月,第 866—872、1230 頁。

(1) 庚申卜：王其A，唯翌日辛？　　　　　　（《屯南》257　歷無名間類）

(2) 壬寅卜，㱿貞：翌日癸卯王其A？　　　　（《合》28001　何組）

(3) 王其A于☒，亡災？　　　　　　　　　　（《屯南》745　無名組）

(4) 戊寅卜：王其A于向？
　　☒其省向，翌日☒射鹿，擒？　　　　　（《屯南》598　無名組）

(5) 乙王其A于桑，亡災？　　　　　　　　　（《合》28326　無名組）

(6) 丁丑卜：翌日戊王其A于溫，亡災？
　　翌日辛王其A于溫，亡災？　　　　　　（《合》28905　無名組）

(7) 辛卯卜：翌日壬王其A于敦，亡災？　　　（《合》28915　無名組）

(8) 甲午卜：翌日乙王其A于向，亡災？　　　（《合補》9194　無名組）

(9) 王其A☒，求，至父庚？
　　求父己、父庚，惠卯（比）往A？　　　（《合》27415　無名組）

(10) 于王A僅？
　　于南門旦？　　　　　　　　　　　　　（《合》34071　無名組）

在甲骨文的最晚一期黃組卜辭中，則作下形（在辭例中用B來代替）：

（《合》36632　黃組）　　（《合》36415　黃組）

（《合》36398　黃組）　　（《合》36394　黃組）

（《合》36592　黃組）　　（《合》36402　黃組）

（《合》36396　黃組）　　（《合》36426　黃組）

（《合》37411　黃組）　　（《合》36592　黃組）

辭例為：

(11) 己巳卜，貞：王B于召，往來亡災？

辛未卜,貞:王田于䵎,往來亡災?茲獲狀十又一,鹿四,麋五。

(《合》37411　黃組)

(12) 辛未卜,貞:王B于瀧,往來亡災?　(《合》36592　黃組)

(13) 丁亥卜,貞:王B于宣,往來亡災?　(《合》36734　黃組)

(14) 癸丑卜,在定貞:王旬亡禍?在六月,王B于上薈。

(《合》36537　黃組)

(15) 癸未王卜,在㳄次貞:旬亡禍?王占曰:吉。在十月唯王B鹵雨。　(《合》36756　黃組)

(16) 壬寅王卜,在某次貞:今日步于永,亡災?

癸卯王卜,在永次貞:今日步于□

乙巳王卜,在溫貞:今日步于攸,亡災?

己未王卜,在貞:田元,往來亡災?

乙丑王卜,在攸貞:今日B,從攸東,亡災?　(《英》2562　黃組)

(17) 丁卯王卜,在葉貞:其B,從次西,往來亡災?

(《合》36743　黃組)

(18) 丁丑王卜,貞:其振旅,延(誕)B于盂,往來亡災?王占曰:吉。在七月。　(《合》36426　黃組)

(19) 丙子卜,貞:翌日丁丑王其振旅,延(誕)B,不遘大雨?茲孚。

(《合》38177　黃組)

由這些辭例相同或相近、字形相仿、文字出現時間可以互補推出:歷組、何組、無名組(即辭例中的A)、黃組(即辭例中的B)的諸形應爲一字。①

此字早先學者或釋爲"後""武""迖""迮""迲(過)"等,②近來有兩種新釋,且影響較大,其一是李學勤先生釋爲"迖",認爲是"弋獵"之義;其二

---

① 參看楊升南:《商代經濟史》,貴州人民出版社,1992年10月,第290—293頁;張惟捷:《商代甲骨田獵刻辭研究》,輔仁大學碩士學位論文,指導教師:蔡哲茂,2004年6月,第102—107頁。

② 參看《甲骨文字詁林》引羅振玉、商承祚、郭沫若、中國社會科學院考古研究所(孫海波)、楊樹達諸人説,見于省吾主編:《甲骨文字詁林》"迖"𢓊條,中華書局,1999年12月,第2256—2262、3209頁。又可參看松丸道雄、高嶋謙一:《甲骨文字字釋綜覽》第0177號,東京大學東洋文化研究所,1993年3月,第50頁。

是裘錫圭先生釋爲"柲",認爲是"敕戒鎮撫"之義。① 這兩種新釋我們認爲都有疑問,從上面的字形列舉可以看出,此字在甲骨文的早期字形裏,作"▣""▣""▣"等形,後來在晚期卜辭中,逐漸演變爲▣→▣→▣→▣,李、裘二先生拿晚期出現的字形進行考釋,顯然是不合理的,並且如果此字所從爲"弋"或"必"的話,我們可以猜想,"弋"或"必"應該有作"▣""▣"形者,但這種情況是不存在的。並且從詞義上説,一則這些字也不會是田獵的行爲,因爲田獵卜辭常常出現田獵後的擒獲,但在這些卜辭中,極少有擒獲的記録,偶爾有,所記數量也很少,大概是偶爾擒獲的,如例(11)"B"和"田",區别至明,所以李學勤先生釋爲"迗"是不可信的;②二則在A、B這些字後面所記的"于某地"的"召""温""盂""灉""桑""宫""向""敦""麂""榆""上酓"等,都是商王常去的遊憩之地,没有必要去"敕戒鎮撫",所以裘錫圭先生所釋也很可疑,並且古書中"柲"也没有這種用法(此外還有對李、裘二釋不利的證據,詳後)。在早先的考釋中,"後""武""迗""過"等無疑於字形不合,我們就不一一反駁了。我們認爲,社科院考古所把它們釋爲"迍"是最有道理的,在甲骨文中,"屯"作"▣"(《合》812)、"▣"(《合》814)、"▣"(《合》17562)之形,和上面的"▣""▣""▣"右上所從相比,字形但上下顛倒而已,但甲骨文的"屯"亦有上下顛倒者,如▣(《甲》3588=《合》30286);又如《合》27415"▣"及《合》34071"▣"、《合》28001"▣"中的"屯"上部作分叉形,可比較西周金文的"屯",如"▣"(《集成》4250)、"▣"(《集成》109)其下部的分叉。所以社科院考古所之釋於字形可信,"迍"把所從的"屯"倒過來,也可能是特意與"屯"加以

---

① 李學勤:《殷代地理簡論》,《李學勤早期文集》,河北教育出版社,2008年1月,第159—160頁。李説劉桓先生後來有專文申論,參看劉桓:《釋甲骨文迗字——兼説"王迗于某地"卜辭的性質》,《考古》2005年第11期,第58—62頁,但他認爲"迗"應釋爲"行"義的"伐"。裘錫圭:《釋"柲"》,《古文字論集》,中華書局,1992年8月,第24—27頁。

② 參看裘錫圭:《釋"柲"》,《古文字論集》,第24—27頁。

區別。因甲骨文倒"屯"之形較少，我們也可以把它們嚴格隸定爲"迍"。社科院考古所説"迍"義爲"趁"或"屯遭"之"屯"，不確。① 我們認爲"迍"就是從"屯"得聲，即"屯留"之"屯"的意思，②此義的"屯"後世又寫作"頓"，《左傳·哀公元年》："夫屯晝夜九日。"《漢書·李廣傳》："就善水草頓舍，人人自便。"皆此意。

在金文中，亦有"迍"字，字形同甲骨文黄組：

《作册豐鼎》（《集成》2711）：癸亥，王迍于作册般新宗。王賞作册豐貝。

《小臣夌鼎》（《集成》2775）：正月，王在成周，王迍于楚麓，令小臣夌先省楚应。王至于迍应，無譴。小臣夌賜貝、賜馬兩。

《作册般銅黿》（《中國歷史文物》2005 年第 1 期，又《新收》1553③）：丙申，王迍于洹，獲。

《作册豐鼎》《小臣夌鼎》皆爲宋人摹本，故字體有所變形，但還是可以很清楚地看出是"迍"。《作册豐鼎》"王迍于作册般新宗"，王於作册般的新建成的宗廟停留，在宗廟裏，既無法弋獵，也不能敕戒鎮撫，所以

---

① 中國社會科學院考古研究所：《甲骨文編》，中華書局，1965 年 9 月，第 69—70 頁。

② 陳煒湛先生已釋"迍"爲"迍"，並言："迍遭，義爲困頓，但卜辭迍於某地之迍，實與屯同。考屯有屯守義，《左傳》哀公元年'夫屯晝夜九日'，《史記·傅靳蒯成列傳·集解》'律謂勒兵而守曰屯'，可證。……迍謂停留於某地（守於某地）。"但他對此沒有詳細論證。卜辭裏的"迍"應尚未見"勒兵而守"義，而且他認爲"迍"與"迠"（他從楊樹達説釋爲過）"非一字也有誤。見陳煒湛：《迍迠辨》，《甲骨文田獵刻辭研究》，廣西教育出版社，1995 年 4 月，第 25—28 頁。楊澤生、何樹環先生同陳煒湛先生一樣，把"迍"與"迠"分別開來（"迠"他們皆從裘錫圭説釋爲"迠"），楊先生讀"迠"（迠）爲"巡"，應不可信，參看楊澤生：《甲骨文"迍""迠"二字補釋》，《古籍研究 2006 卷·上》，安徽大學出版社，2006 年 6 月，第 104—110 頁；何先生讀"迠"（迠）爲"陳列兵馬"之"陳"，並釋《作册豐鼎》的"迠"爲"陳説"義之"陳"，也不可信，但他言《小臣夌鼎》"銘文中的迍字也有可能讀若屯，屯有屯駐的意思，於銘文亦可通"，則與本文所論基本相同，參看何樹環：《説"迍"》，《訓詁論叢》第四輯（《第二屆國際暨第四屆全國訓詁學學術研討會論文集》），文史哲出版社，1999 年 9 月，第 323—341 頁。

③ 《作册般銅黿》比較清晰的圖版見東京國立博物館、朝日新聞社：《悠久の美——中國國家博物館名品展》，朝日新聞社，2007 年 1 月，第 40—41 頁。

無論是李學勤先生釋"述"還是裘錫圭先生釋"祕",在辭例上是講不通的。《小臣夌鼎》的"王迍于楚麓",是說王將在楚麓停留居宿,故"令小臣夌先省楚应",這裏的"应"是行宮的意思,恰與"迍"緊緊照應,其後"王至于迍应"的"迍应"即周王居留的行宮之義,上引例(10)"于王迍傻"的"傻"也是行宮之義,"迍傻"同於《小臣夌鼎》的"迍应",與本卜辭的"南門旦(旦或讀爲壇)"對貞,都是處所名。《作册般銅黿》是說殷王在洹水一帶停留,偶有所獲。

所以上面例(1)—(9)都是卜問殷王將去某地居留,會不會有災禍?例(4)是說先在向地居留,然後第二天省察向地,並且射獵鹿,會不會有擒獲?例(9)的第一個"迍"是動詞"居留",第二個"迍"是名詞"居留之地"。黃組的例(11)—(13)是說殷王將去某地居留,然後再返回現在所在地(但不見得是當天就回,下同),一往一返會不會有災禍?例(14)是說六月的時候,王將要在上酱這個地方居留。其中"癸丑卜,在定貞"的"定"是現在所在地,而後面"在六月,王迍于上酱"的"上酱"則是殷王將要去的地點。如上引《小臣夌鼎》"正月,王在成周,王迍于楚麓",其中的"成周"是現在所在地,而"楚麓"則是將去地,可與例(14)相比。例(15)同。例(16)一卜記載得較全面,是說壬寅(第一天)在某這個地方,卜問今天去永地會不會有災禍?然後第二天癸卯就到了永地。第四天乙巳到了溫地,卜問今天去攸地,會不會有災禍?第十八天己未在一個地方(卜辭缺刻,似即攸地),卜問在此地的空檔要去元地田獵,然後再回到元地,一往一返會不會有災禍?第二十四天乙丑在攸地,卜問今天準備去某地駐留,從攸地東面走,會不會有災禍?① 此例"步"與"迍"區別甚嚴,"步"有"行"的意思,可見"迍"必非"行"義。例(17)是說在葉地卜問,準備在某地駐留,從葉次西面走,然後再返回現在所在地,一往一返會不會有災禍?其辭例可以例(16)乙丑一卜相較。例(18)—(19)是卜問殷王去視查軍旅,遂居留於某地,會不會遇到大雨或災禍?其中的

---

① 例(16)乙丑日一卜的背景是今天從攸地走,準備去某地駐留,其卜問的重心是從攸地東面(還是北面、西面、南面)走會不會有災禍。因其卜問的重心不是駐留在什麼地點,故其駐留地點省略(其駐留地點也可能還沒有確定)。例(17)的情況與之相同。

"誕"有"遂、乃"的意思。① （19）的"延（誕）迍"後無地名，按我們釋的"停留"則可以承前（遷旅地）而省略，但如果把"迍"釋爲"行、去、往、到"等義，後面則沒有目的地，從語言習慣看是很別扭的。

又《合》29712（無名組）有一卜辭作："乙巳卜：今日乙王其迍新庸美，不遘昶日？""庸"是樂器，"美"亦和樂器有關，②這裏的"迍"似指安頓、安置，和上揭諸卜辭"迍"的意思有所不同。

【編按】王子楊先生《無名組綴合一例》（"中國社會科學院歷史研究所先秦史研究室"網，2017年2月19日）綴合《合》41692（＝《史購》252）＋《合》20670："屯（純）黃牡？　爻（駁）幽牡？"其中"屯"作"𡳾"形，是倒"屯"的"𡳾"。又，林宏明先生《甲骨釋讀二題》（《出土文獻研究視野與方法》第三輯，臺灣書房出版有限公司，2012年12月，第41—48頁）指出《屯南》273＋《屯南》205："戊子卜：辛其迍于向？""迍"則作"𣥂"，所從"屯"不倒。這些都是"𡳾"應與"屯"形音有關的證據。

又，《合》29712的"美"應釋爲"羌"，此卜的"迍"應非安頓義，而應理解爲一種用牲之動詞。"庸"是樂器，又寫作"鏞"，是一種大鐘。"迍"從"屯"得聲，疑讀爲"釁"，"屯"定紐文部，"釁"曉紐（或歸明紐）文部，二字古音很近，是殺釁的意思，典籍中常見如《孟子·梁惠王上》"將以釁鐘"、《説苑·奉使》"王方殺子以釁鐘"，卜辭是卜問新的大鐘要啓用，在乙日那天用羌來釁鐘，會不會碰上不好的日子。

又，(16)"乙丑王卜，在攸貞：今日B，從攸東，亡災？"與(17)"丁卯王卜，在葉貞：其B，從次西，往來亡災？""從"字更準確地應該理解成"經由"之義，其所表示的地點不是出發地，而是經由地，參莫伯峰《甲骨文處所介

---

① 參看張玉金：《甲骨文虛詞詞典》"延"條，中華書局，1994年3月，第242—246頁；張玉金：《〈詩經〉〈尚書〉中"誕"字的研究》，《古漢語研究》1994年第3期，第34—37頁；張玉金：《論甲骨文中表示兩事先後關係的虛詞》，《古漢語研究》1998年第3期，第32—37頁。

② 參看裘錫圭：《甲骨文中的幾種樂器名稱——釋"庸""豐""鞀"》，《古文字論集》，第196—209頁。

詞"自"和"從"意義差别的原因》(《古文字研究》第三十三輯,中華書局,2020 年 8 月,第 117—124 頁)一文。

【發表情况】單育辰:《甲骨文"迮"字考》,合肥:"漢語言文字學全國博士後學術論壇"會議論文,2012 年 7 月。後以《釋"迮"》爲名,刊於《中國文字學報》第五輯,商務印書館,2014 年 7 月,第 57—61 頁。

再談甲骨文中的"囧"

甲骨文中有一字非常常見,依組別的不同,文字有所差別,作"▨"(《合》6088)、"▨"(《合》21305)、"▨"(《合》34036)等形,①象在肩胛骨上卜兆的形狀,一般把它隸定爲"囧"。這個字如何釋讀,説法很多,②目前流行的主要有兩種説法:一種是郭沫若釋的"禍";一種是郭沫若早先釋成的"繇"。後説被于省吾、裘錫圭兩位先生進一步申論,現在影響頗大,被很多學者采信。

于省吾先生認爲"囧"應從郭説釋爲"繇",讀爲"咎",其證據有三:其一是金文魯侯簋"魯侯有囧工","囧工"應讀爲"猷功";二是《龍龕手鑑》口部上聲有"囧"字,音其九反。他另外一條證據是"前年羅福頤同志以所著臨沂漢簡佚書零拾見贈。其中務過篇殘簡,有'堯問許囧曰'之詞,許囧二字凡三見,其即許由無疑。由此可見,西漢時還借囧爲由"。③ 今按,于先生第一條證據屬循環論證;第二條證據,《龍龕手鑑》已到遼代,與甲骨文時代遥不相及,且裘錫圭先生已言《龍龕手鑑》中的"囧"實爲"臼"的俗字,與"繇"不同。④

---

① 參看劉釗、洪颺、張新俊:《新甲骨文編》,福建人民出版社,2009年5月,第204—205頁。此字在黃組則加"犬"旁作"▨"(《合》37842)形,參看《新甲骨文編》第557頁。另,此字在同一組別中,與"肩"字字形(基本字形是象一肩胛骨,但其上没有卜兆)基本不會混淆,但在不同組別之間,則常常與"肩"字混同。"肩"的字形參看《新甲骨文編》第259—260頁。
② 于省吾主編:《甲骨文字詁林》"囧"條,中華書局,1999年12月,第2158—2172頁。
③ 于省吾:《釋囧》,《甲骨文字釋林》,中華書局,1979年6月,第231—232頁。
④ 裘錫圭:《從殷墟卜辭的"王占曰"説到上古漢語的宵談對轉》,《中國語文》2002年第1期,第70—76頁。

第三條證據，裘錫圭先生同文亦云："'許由'之名銀雀山漢簡作'許㕥'，與'由'相當之字實應釋爲'囚'，同墓所出《孫子》和《孫臏兵法》簡中的'囚'字，寫法相同。從上古音看，'囚'跟'由'的關係也比'㕥'跟'由'的關係密切。"近年《銀雀山漢墓竹簡〔貳〕》已經出版，查其圖版，"㕥"確應如裘先生所言改釋爲"囚"。① 所以于先生所舉的三條證據都不能證明"囧"可釋爲"繇"。

裘錫圭先生認爲"囧"也應從郭說釋爲"繇"，但應讀爲"憂"，他的主要論證是：甲骨文賓組卜辭有"王固曰"，出組卜辭有時作"王囧曰"（《合》24118、《合》24917），歷組卜辭有"王㫇"，從文例看，"固""㫇"必爲一字，其字必與"囧"同音或音近，故出組卜辭徑書作"囧"。一般釋"囧"爲"冎"（禍），釋"固"爲"占"，二字讀音毫無共同之處，顯然是有問題的。可以從唐蘭說把"固""㫇"釋爲"繇"，而把"囧"讀爲與"繇"音相近的"憂"。② 他後來又補充道：《屯南》2688 把"囧"字寫作 ，分明象鋸去臼角的肩胛骨上有卜兆之形，則"囧"應是卜兆之"兆"的表意初文。"固""㫇"從"囧"（兆）從口，應是繇辭之"繇"的本字。③

不過我們認爲裘先生的說法也是不合理的，因爲從甲骨文整體來看，"囧"和"固"（或"㫇"）出現的辭例不僅完全不同，在同一片甲骨中"囧"和"固"（或"㫇"）也常常一起出現，字形區分甚明，它們肯定不能是同一個字。出組有時把"王固曰"寫作"王囧曰"是非常偶然的現象，是某一小群甲骨文刻手把"固"省刻成"囧"的一種個人刻寫習慣，並不能因爲這種特殊現象就認爲"囧""固"是同一個字。④ 就如甲骨文中有時"年"省寫爲"禾"，但不能認爲"年"和"禾"就是一個字一樣。所以，裘先生從"囧"和"固"是同一個字出發，認爲"囧"和"固"一樣讀爲"繇"的結論也不能成立。

---

① 銀雀山漢墓竹簡整理小組：《銀雀山漢墓竹簡〔貳〕》，文物出版社，2010 年 1 月，第 41—42、169—170 頁。
② 裘錫圭：《說"囧"》，《古文字論集》，中華書局，1992 年 8 月，第 105 頁。
③ 裘錫圭：《釋西周甲骨文的"卧"字》，《第三屆國際中國古文字學研討會論文集》，香港中文大學中國文化研究所、中國語言及文學系，1997 年 10 月，第 617—622、27—37 頁。
④ 關於此問題宋華強先生有更詳細的論述，他且引沈培先生說，認爲出組卜辭"囧"和"固"二字雖都可隸定作"囧"，但其實寫得並不一樣，甚是。參看宋華強：《釋甲骨文的"戾"和"體"》，《語言學論叢》第四十三輯，商務印書館，2011 年 9 月，第 338—351 頁。

後來，裘錫圭先生也逐漸改變了他的想法，他首先把"固"（或"咠"）讀爲"繇"的説法否定："'王固曰'的'固'應該是動詞，與占卜有關的'繇'字在古書中訓爲'卦兆之占辭'或'兆辭'，似無用作動詞之例。"因此，他從古音"兆"（上已言，他認爲"囚"即"兆"字）和"占"古音相近的角度，認爲"固"（或"咠"）仍應讀爲"占"。①

在甲骨文中"固"（或"咠"）作"▨"（《合》7139）、"▨"（《合》34865）等形，②我們認爲，它象在有卜兆的骨頭上占斷之形，是一個會意字。它與"囚"不是一個字，也與"兆"字無關。甲骨文的"固"（或"咠"）就是後世的"占"字，本形像在胛骨上以"卜"以"口"作占問，没有必要像裘先生那樣把它和"囚"聯繫起來，先把"囚"理解爲"兆"，再從宵談對轉的角度輾轉爲説。

在上引那篇文章中，裘錫圭先生對"囚"理解爲"兆"的意見没有改變，但他對"囚"是否讀爲"憂"已有了懷疑，他在同文中説："把定母字'囚'（兆）讀爲'憂'，應該是可以的。不過我們讀'囚'爲'憂'，還缺乏很確鑿的證據，'有囚''亡囚'等辭中的'囚'究竟應該讀爲什麽字，還需要繼續深入研究。"近年裘先生發表的文章亦説："'囚'的釋讀衆説紛紜，但可以肯定是一個表示災禍一類意義的詞。"③可見至今他仍未對"囚"讀爲"憂"的説法加以十分肯定。

由上述可見，近來影響最大的把"囚"讀爲"憂"的説法，其實並没有任何一條有力的證據可以爲其支撑。我們認爲，早先郭沫若把"囚"釋讀爲"咼"其實是很合理的。④

在卜辭中有一例作：

---

① 裘錫圭：《從殷墟卜辭的"王占曰"説到上古漢語的宵談對轉》，《中國語文》2002年第1期，第70—76頁。
② 參看劉釗、洪颺、張新俊：《新甲骨文編》，第203—204頁。
③ 裘錫圭：《談談殷墟甲骨卜辭中的"于"》，"復旦大學出土文獻與古文字研究中心"網，2010年8月2日。
④ 郭沫若：《殷契粹編》，科學出版社，1965年5月，第719—720頁（原189頁）。又，陳夢家説"囚"即"咼"，像卜骨之形，讀若"咎"，孳乳爲"過"爲"禍"，混淆"咎""禍"等字，不甚精確。陳夢家：《釋咼》，《考古學社社刊》第五期，燕京大學考古學社，1936年12月，第17—22頁；又收入《陳夢家學術論文集》，中華書局，2016年1月，第140—142頁。

癸丑貞：旬亡囚？
癸酉貞：旬亡火？
癸卯貞：旬亡囚？
癸酉貞：旬亡囚？　　　　　　　　　　　　（《合》34797　歷組）

郭沫若説：“卜辭‘貞旬亡囚’之辭不計其數，然本片第三辭獨云‘貞旬亡火’。火禍同紐，而音亦相近，……故得通假。是則囚之爲冎，爲禍，確不可易矣。”

今按，“火”與“禍”古音極近，火，曉紐微部；禍，匣紐歌部。曉、匣二紐皆屬喉音，微、歌二部旁轉。如楚簡的“褙”常通“禍”，而“骨”正是見紐物部，微、物二韻只有陰、入之別。① 又如“火”與“夥”常常相通，而“夥”也是匣紐歌部，與“禍”聲韻皆同。所以，刻手在刻寫卜辭時，才會經意或不經意地用與“囚”音近的“火”代替“囚”，這條卜辭是“囚”讀爲“禍”的最有力的證據。

在字形上，對“禍”字的考釋也有很有利的證據。《合補》10769“囚”作 ▨、▨、▨，和後來的“冎”形相比，更爲明顯相似，已啓後期演化先河。那麼，“囚”的造字本意是什麼呢？我們猜測似乎是用有兆象的卜骨之形來表示災禍之“禍”。

值得注意的是，前文已經説過，在黃組卜辭中，“囚”作 ▨（《合》35435）、▨（《合》35706）、▨（《合》35399）之形，在“囚”右加了一犬。宋華强先生指出，甲骨文中的“囚”在後世文字常被寫成“户”形，所以從犬的這些字就應該是“戾”，而“囚”也應釋爲“戾”。② 我們認爲他的説法是正確的。“囚”爲何既可以釋成“冎（禍）”又可以釋成“戾”呢？這是因爲在古文字中，“禍”“戾”語音十分相近。“禍”，匣紐歌部，“戾”，來紐月部，聲紐屬舌音喉音，韻部對轉，音感至近。③ 所以“禍”“戾”古早本是一字，後世

---

① 白於藍：《簡牘帛書通假字字典》，福建人民出版社，2008年1月，第130頁。
② 宋華强：《釋甲骨文的"戾"和"體"》，《語言學論叢》第四十三輯，商務印書館，2011年9月，第338—351頁。
③ "戾"的古韻也有學者歸入脂部或質部，則和"禍"爲旁轉或旁對轉關係，韻部亦近。

分化爲兩字而已。

甲骨文又常出現"又(有)蚩在囦"(《合》32778)、"亡蚩在囦"(《合》22668)、"亡徟在戾"(《合》37835)、"亡徟自戾"(《合》37844)一類習語,宋華强先生讀"囦""戾"爲《詩·衛風·氓》"爾卜爾筮,體無咎言"等典籍中之"體"。我們認爲可能不確,若果如宋先生所言,則應有"又(或亡)囦(或戾)在囦(體——此字估依宋説讀)"這樣的句式出現,但卜辭中未曾一見,而都是用與"囦(或戾)"不同的"蚩""徟"等字。這些都暗示着習語中"在囦(或在戾)"的"囦(或戾)"字不必破讀,即用爲禍患之義的"禍""戾"。"又蚩在囦(禍)""亡蚩在囦(禍)""亡徟在戾""亡徟自戾",它們的意思是說:在禍患上還没有害處吧?① "蚩(徟)"是對"囦(或戾)"的進一步補充。值得注意的是,《合》19622有辭作"☐蚩在火",這顯爲"又蚩在囦"或"亡蚩在囦"之殘,其中"囦"亦寫爲"火",這也是"囦"與"火"音近,即應爲"禍"字的一個明證。又《合》34711:"庚辰卜:不降愆?"下一卜爲"不降火","火"亦應讀爲"禍",以與"愆"字對應。②

至於《明公簋》(《集成》4029)"魯侯有 ▨ (囦)功"之"囦",應讀爲"烈",義猶《詩·周頌·載見》"休有烈光"、《尚書·立政》"以揚武王之大烈"、《國語·魯語》"皆有功烈於民者也"、《國語·晉語》"唯無德而功烈多"、《禮記·祭統》"功烈、勳勞、慶賞、聲名"之"烈",烈,來紐月部,與"戾"古音極近。

【編按】張宇衛亦對"囦"讀爲"憂"之説有所批評,同時也認爲"戾""禍"二字可通。其文雖存在一些問題,但亦可參看,見其《卜辭"凸凡虫疾"再探》,《第二十三屆中國文字學國際學術研討會會後論文集》,聖環圖書股份有限公司,2013年11月,第235—254頁。

---

① 參蔣玉斌:《甲骨綴合所得新字新形研究》,臺北:"古文字學青年論壇"會議論文,2013年11月。
② 參劉風華:《殷墟村南系列甲骨卜辭整理與研究》,上海古籍出版社,2014年5月,第420頁。"愆"原篆作從"永"從"攴",是表示災禍義之字,暫釋爲"愆",參姚孝遂、肖丁主編:《殷墟甲骨刻辭類纂》,中華書局,1989年1月,第874、878頁。劉書釋爲"永",不確。

又,朱歧祥也認爲"囧"應釋爲"禍",見其《談是禍不是憂》,《亦古亦今之學——古文字與近代學術論稿》,萬卷樓,2017年12月,第23—39頁。又,黄錫全根據一件新出現的西周時期青銅鼎中的"☒"形,肯定了釋"禍"之説,見其《甲骨文"禍"字新證》,《漢字漢語研究》2018年第1期,第23—32頁。《集成》10267有人名作"☒"形,《銘圖》3349有"☒功"一詞,黄錦前據黄錫全文釋相應字爲"戾",參黄錦前《説"繇功"》,《文物春秋》2019年第5期,第21—25頁及"附記"。

【發表情況】單育辰:《再談甲骨文中的"囧"》,《出土文獻》第五輯,中西書局,2014年10月,第1—4頁。

釋甲骨文"𤰫"字

在甲骨文黃組卜辭裏有個字,本文隸定作"𤰫",辭例和征伐有關,字形和辭例如下:

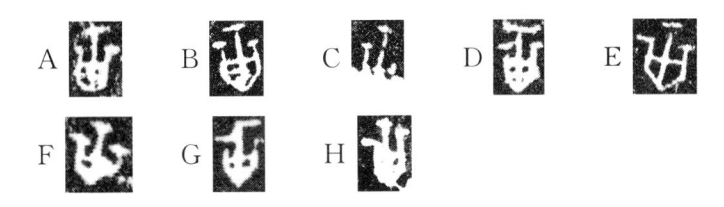

A　　B　　C　　D　　E

F　　G　　H

(1) 乙巳王卜,貞:殷樊侯囗🔲,亡尤,罘二姓,余其比弓A戕(殘),亡左,自上下于(與)㱿,余受又(有)又(佑),不蔑戋(剗)? 王占曰:吉。才(在)三月才(在)🔲彝。

　　[《合》36347(=《國博藏甲骨》246)+《合》36355+《合》36747]

(2) 囗樊侯弓囗弓B戕(殘),亡囗囗肩告于囗　　　(《合》36348)

(3) 囗卜,貞:囗囗侯C囗不蔑囗　　　　　　　　(《合》36349)

(2)—(3)殘損,不過有相關辭例可以對照(1)及《合》36344=《前》4.37.5:"丁丑王卜,貞:舍巫九备,殷樊侯弓,亡尤,罘二姓,余其比戕(殘),亡左,自下上囗受又(有)又(佑),不蔑戋(剗),亡囗邑商,亡蛊(害)才(在)庆?"諸辭可以互補缺文。卜辭中"殷"大概有以簡册告訴之義。① "樊侯

---

① 參謝明文:《商代金文、甲骨文"🔲""🔲"等字補釋》,《商代金文的整理與研究》,復旦大學博士學位論文,指導教師:裘錫圭,2012年5月,第645—654頁。

弓"是"髳"國人名爲"弓"的諸侯。

(4) 甲戌王卜，貞：舍巫九䂇，↓孟方率伐西戍，哉西田，□冊(册)孟方，妥(綏)余一人，□余其比多田 D 正(征)□孟方，□□，自上下于(與)□　　　　　（《合補》11242＝《合》36181＋《合》36523）

(5) □↓孟□冊(册)孟方□田 E 正(征)□　　　　　（《合》36512）

(4)—(5)有不少殘損之處，《合》36532 與它們有相似文句："乙丑王□伐西戍□余其比多□□主，余受□"卜辭中"戍"應該有"地域"的意思。① "西田"即西方之"田(甸)"官。② "冊(册)"是向神靈册告之義。

(6) □余□多田 F 正(征)孟方，亡左，自下上于(與)叔主，余受又(有)又(佑)？　　　　　（《合》36514＋《合》36360）

(7) □貞：舍巫九备，↓□于(與)叔主，余其 G 正(征)□余受又(有)又(佑)，不蔑□　　　　　（《合》36515）

(8) 辛卯王□方于[囗]□余其 H 戕(殘)□余又(佑)，不蔑戕(殘)，□天邑商。亡其□　　　　　（《合》36535＝《甲》3690）

與(6)—(8)文例相似的有《合》36511："丁卯王卜，貞：今舍九备，余其比多田于(與)多白(伯)，正(征)孟方白(伯)炎。叀(惠)卒翌日步，亡左。自上下于(與)叔主，余受又(有)又(祐)，不蔑戕(殘)，肩告于茲大邑商，亡徝(害)才(在)庚？王占曰：引吉。才(在)十月，遘大丁翌。"《合》36513："□戌王卜，貞：舍巫九备，□□比多田于(與)多白(伯)，正孟方伯炎□戕(殘)，肩告于茲大邑商，□。"

還有兩例卜辭也有此字，但其卜皆多缺刻橫畫，故 I—J 亦缺橫畫：

――――――――――
① 參謝明文：《"或"字補說》，《商代金文的整理與研究》，第 664—679 頁。但我們不同意其把"戍"釋爲"或(域)"。
② 參李學勤：《論新出現的一片征人方卜辭》，《殷都學刊》2005 年第 1 期，第 1—3 頁。

釋甲骨文"甾"字　023

I□　J□

(9) 己未王卜,貞:舍□戌,殷東侯,曹(册)□I戋(殘)夷方,亡□
　　　　　　　　　　　　　　　　　　　　　　　(《輯佚》689)

與(9)文例相似的有《輯佚》690:"□□王卜,貞:舍巫九备,□夷方率伐東戌,東殷東侯,曹(册)夷方,綏余一人,其比多侯,亡左,自上下于(與)叔主,□受又(有)又(佑)?王占曰:大吉□,王彝才(在)□"①《合補》11235:"丁巳王□戌,殷東□戋(伐)夷方□"卜辭中"東殷東侯"是向東用簡册告知東方的侯邦。

(10) 乙丑王卜,貞:舍巫九备,余拜(作)隫徹(啓)告侯、田,册虡方、
　　　 戠方、羞方、繼方。余其比侯、田,J戋(殘)四封(邦)方?
　　　　　　　　　　　　　　　　　　　　　　　(《合》36528反)

很多字典把"甾"混入到"出"字裏,②這是不正確的,二字字形與辭例毫無相關之處。③也有很多學者把"甾"釋爲"甾",其主要的兩個證據是:④

第一,《嬴霝德簠》(《集成》3585)"嬴霝德作□簠"之"□",《合》26899作"□"、《合》31764作"□"、《師龢鼎》(《集成》2830)作"□"形,

――――――
① 舊多把《合》36182與《輯佚》690拼合。按,《合》36182"巳"下有一"王"字最上畫殘筆,而《輯佚》690"王"字距斷離緣較遠且完整無缺,可知拼合不確,但二者文例可以相較,故缺文亦從《合》36182補。
② 如姚孝遂、肖丁主編:《殷墟甲骨刻辭類纂》,中華書局,1989年1月,第259頁;劉釗、洪颺、張新俊:《新甲骨文編》,福建人民出版社,2009年5月,第705—706頁等都混同。但中國科學院考古研究所:《甲骨文編》,中華書局,1965年9月,第501,661—662頁;李宗焜:《甲骨文字編》,中華書局,2012年3月,第382,244—245頁等則未與"出"混同。
③ 參陳劍:《釋"出"》,《出土文獻與古文字研究》第三輯,復旦大學出版社,2010年7月,第3—10頁。
④ 參蘇建洲:《〈楚居〉簡9"臬"字及相關諸字考釋》,《楚文字論集》,萬卷樓,2011年12月,第321—342頁。又于省吾主編:《甲骨文字詁林》,中華書局,1999年12月,第699—706頁。

《嬴霝德簋》左上之"⊞"與《合》26899等"馘"字的"才"互用,而"才""甾"音相通,故"⊞"就是"甾"。

第二,《說文》卷十二:"⛿(甴-甾),東楚名缶曰甾。象形。凡甾之屬皆從甾。側詞切。🖼,古文。""⊞"與"⛿"字形非常類似,故"⊞"就是"甾"。

這些證據看似很有道理,不過細究起來卻經不起推敲。我們認爲"⊞"釋"甾"不正確,它就是"筐"字。這個問題論證起來不是那麼簡單,且讓我們繞遠一點,先從其他古文字中的相類形體談起:

在古文字中,"⊞"是一個很活躍的字形,能做很多字的偏旁,如"筭"字作"🖼"(包山簡256),"弁"字作"🖼"(《侯馬盟書》1.33)、"🖼"(《侯馬盟書》92.30),象手拿竹筭,即"筭"之本字,"筭""弁"本一字(詳後);"貴"字作"🖼"(包山簡192)、"🖼"(郭店《老子甲》簡38),象筐中有貝(因貝在筐中的形象較難表示,故把貝置於下部),即"簣"或"貴"之本字;"聘"字作"🖼"(《集成》10175)、"🖼"(《銘文選》923),象神主附近有筐形以會聘享意,相類字形可參"🖼""🖼""🖼";"祗"字作"🖼"(《集成》4293)、"🖼"(《集成》10175),象兩筐相抵;"戴"字作"🖼"(《合》1096),象手舉筐戴於頭頂等等,①這些"⊞"很明顯都是充當會意字的偏旁,而不表音。

真正充當音符的"⊞"出現在下面文字中:

K 🖼　　L 🖼《毛公鼎》　　M 🖼《虢季子白盤》

N 🖼《璽彙》1529　　O 🖼《趕亥鼎》　　P 🖼《庚壺》

(11)《毛公鼎》(《集成》2841):唯天 K 集厥命,亦唯先正 🖼 乂厥辟,

---

① 古文字"妻"或作"🖼"(《集成》5424.1)、"🖼"(包山簡91),其"女"上似亦從"⊞",但其形係由"🖼"(《合》693)、"🖼"(《集成》9811.1)手抓頭髮形訛變類化而來。

     龏(恭)勤大命。
(12)《毛公鼎》(《集成》2841)：司余小子弗及,邦 L 曷吉?

很早就有學者説過,K、L 應讀爲"將"。

(13)《虢季子白盤》(《集成》10173)：丕顯子白,M 武于戎功。
(14)《璽彙》1529：孫 N

學者都認爲,M 應讀爲"壯"。N 是人名,無法確釋,但讀爲"壯"也是很合理的。

(15)《趞亥鼎》(《集成》2588)：宋 O(莊)公之孫趞亥自作會鼎。
(16)《庚壺》(《集成》9733.2B)：庚戩(捷)其兵 甲車 馬,獻之於
     P(莊)公之所。

O、P 應讀爲"莊",(15)中指宋莊公,(16)中指齊莊公,這也是早爲學術界論定的。

   Q [圖] 《語叢三》簡9   R [圖] 《楚居》簡9   S [圖] 《繫年》簡29

(17)郭店《語叢三》簡9+10：與 Q【9】者處,益。

對比上引金文字形及《説文》卷一"莊"古文"[圖]",Q 無疑應讀爲"莊"。

(18)清華一《楚居》簡9：至 R 敖自福丘徙袭郢郢,至成王自郢郢徙
     袭湫郢。

整理者説:"壴(堵)嚻,即堵敖熊囏。《左傳》莊公十四年:'楚子如息,以食入享,遂滅息。以息嬀歸,生堵敖及成王焉。''壴'古書或作'堵''杜''壯''莊'等,古音皆近,當是所本不同。'壴'從土聲,疑爲'堵'字或體。"①整理者説 R 從"土"得聲不確,一是從"土"得聲無法解釋"土"上面的"[圖]"是起什麽作用的;二是下文的 T—U 與 R 爲一字,而 T—U 從

---

① 李學勤主編:《清華大學藏戰國竹簡[壹]》,中西書局,2010 年12月,第188頁。

"壬",分明顯示"土"是飾符,故"土""壬"可以互用。所以,Q 主要還是從"![]"得聲,也就是"莊敖"的"莊","莊""堵""杜""壯"古音皆近,故典籍可互用。

(19) 清華二《繫年》簡 28＋29：取【28】息嬀以歸,是生 S 敖及成王。

此字釋讀同 Q,亦應釋爲"莊"。

K—O、Q 從"爿"從"甶",讀爲"將""壯""莊","甶"與"爿(牀)"難以會意；P 則明顯以"甶"爲聲,"戈"是義符,故可知 K—O、Q 是個雙聲字,"爿""甶"皆聲。R—S 則爲獨體字"甶",但在下加了"土"飾符而已。那麼,"甶"的本字一定與"將""壯""莊"之音一致,是陽部韻。劉雲先生認爲《楚居》中的 R："《楚居》中用爲'莊'的字,可能是個從'土',以'筐'的初文爲聲旁的一個字,讀爲'莊'。……'筐'的初文在古文字中屢見,不過多見於偏旁。以其爲偏旁的字或讀爲'莊'。"①我們認爲是完全正確的。"將"精紐陽部,"牀"崇紐陽部,"筐"溪紐陽部,"爿"與"筐"韻部相同,聲紐只有齒牙之别,即以陽部韻來説,如《尚書・梓材》"戕敗人宥",《論衡・效力篇》引"戕"作"彊";②《老子》"曠兮其若谷",馬王堆帛書《老子》乙本 57 行"曠"作"湰"等,都是齒音與牙音相通的例子。所以"甶"就是象"筐"之初文,從字形也很明顯可以看出,"甶"就象一編織的竹筐形(詳後文引徐灝説)。《周易・歸妹》"女承筐,無實";《詩・周南・卷耳》"采采卷耳,不盈頃筐";《詩・小雅・鹿鳴》"吹笙鼓簧,承筐是將";《詩・周頌・良耜》"載筐及筥,其饟伊黍";《儀禮・士喪禮》"稻米一豆,實於筐",又"熬,黍稷各二筐";《左傳・隱公三年》"澗、谿、沼、沚之毛,蘋、蘩、薀藻之菜,筐、筥、錡、釜之器,潢、汙、行潦之水,可薦於鬼神";《國語・楚語》"於是乎每朝設脯一束、糗一筐,以羞子文"。這些都是典籍中"筐"的用例。另外在甲骨文中,還有以下字形：

---

① 參看復旦大學出土文獻與古文字研究中心研究生讀書會：《清華簡〈楚居〉研讀札記》,"復旦大學出土文獻與古文字研究中心"網,2011 年 1 月 5 日,劉雲在 2011 年 1 月 6 日第 1 樓、第 11 樓的發言。

② 黄暉：《論衡校釋》,中華書局,1990 年 2 月,第 579—580 頁。

《合》6812　　《合》6814　　《合》6816　　《合》6822

唐蘭先生認爲這些字象雙手執"辛",於"山"采"玉"形,"玉"下爲"甾"。① 這是十分正確的。在商代晚期至西漢時期的銅綠山古礦冶遺址中,與發掘工具"辛"同出的還有大量竹筐、竹簍,這也是"甾"應釋爲"筐"的一個旁證。②

T 　長臺關 2.28　　　　U 　《從政》甲 17

V 　葛陵甲三 346－2＋384　　W 　葛陵乙四 94

(20) 長臺關 2.28：一 T,□首,□漆青黃之畫。

(20)簡殘,不過這裏的 T 很可能即用爲"筐"字。

(21) 上博三《從政》甲 17＋甲 18：小人先人則 U 哉之；後人【甲 17】則暴毀之,是以曰小人易得而難使也,其事人必求備焉。

T 尚無法準確釋讀,但它是與"莊"音相近的一個字是沒有問題的。③

(22) 葛陵甲三 346－2＋384：陽無龍之述匄於 V 丘、寞二貃,禱二冢。

(23) 葛陵乙四 94：W 丘之□

(22)、(23)從"艸"從"甾",是地名,已無法確釋,但其與"莊"音近也是沒有問題的。

---

① 唐蘭:《殷虛文字記》,中華書局,1981 年 5 月,第 45—47 頁。
② 參黄石博物館:《銅綠山古礦冶遺址》,文物出版社,1999 年 12 月;林澐:《究竟是"翦伐"還是"撲伐"》,《古文字研究》第二十五輯,中華書局,2004 年 10 月,第 115—118 頁。
③ 蘇建洲先生文中引學者說認爲 T—U 與 R—S 及 V—W"艸"下所從不是一個字,從字形上看,它們之間只有飾筆的區别,且古文字中從"土"從"壬"經常互用,這些細微的差别不能構成兩個文字形區别,所以蘇文所引諸家說法是有問題的。又包山牘 1 與包山簡 271"筐"與"筐"互用,右旁是"呈"字罕見的訛形(因有"糸"旁作限制,所以不會被誤認),也不是 T—U 等釋爲"呈"之證,學者論之已詳。

上文已言"㕚"被很多學者釋爲"甾"是錯誤的,那麼,其賴以爲證的兩個所謂的依據有什麼樣的問題呢?

第一,《嬴霝德簠》(《集成》3585)"嬴霝德作㲃簠"之"㲃"不一定與《合》26899等之"飤"是一個字,即便是一個字的話,也可以理解爲"㲃"是會意字,象從筐中取食而食之義,而"飤"是把"㕚"變爲"才"的形聲字。"㲃"目前只有一例,大概爲特例。

第二、前人把"㕚"與《説文》卷一的"甾"字搞混了。《説文》卷一:"甾(蕃),不耕田也。從艸、甾。《易》曰:不蕃畲。徐鍇曰:'當言從艸、從巛、從田。田不耕,則艸塞之,故從巛。巛音灾。若從甾,則下有甾缶字相亂。'側詞切。甾(甾),蕃或省艸。"而"㕚"在《説文》中其實是卷十二的"甾":"甾(甾-甾),東楚名缶曰甾。象形。凡甾之屬皆從甾。側詞切。𠚣,古文。"

很多《説文》學家都發現了《説文》卷一的"甾"與《説文》卷十二的"甾"詞義迥別而反切相同這個問題,認爲"甾"字反切必誤,如丁福保即說:"隸變與切音之謬,無有過於此字者矣。"① 王國維《觀堂集林》卷六《釋由》説:

《説文》"由"(辰按,即小篆"甾"的隸定字)字注曰:"東楚名缶曰甾。象形。凡甾之屬皆從甾。"原本《玉篇》引《説文》舊音"音側字反",大徐音"側詞切",皆"甾"之音。則以"甾""甾"爲一字,自六朝已來然矣。然"甾""甾"決非一字,"甾"爲"艸"部"蕃"字重文,從田、巛聲,故讀"側字反"或"側詞反"。若"甾"之與"甾",於今隸形雖相似,其音義又有何涉乎?考此字古文本作"㕚",篆文或亦如之。其變而爲隸書也,乃屈曲其三直,遂成"甾"字,後人不知其爲古文"㕚"字之變,以其形似"甾",遂以"甾"之音讀之,實則此音毫無根據也。②

---

① 丁福保:《説文解字詁林》,雲南人民出版社,2006年9月,第446—448、3116—3118頁。
② 王國維:《觀堂集林》,中華書局,1961年6月,第274—275頁。

王國維的反駁意見是正確的,但有些觀點我們與其不太一致,所以這裏再總結一下自己的想法:《說文》卷一的"𡿧(甾)"正體應寫爲"甾",實從"巛-災"得聲,讀爲"側詞切",這是没有問題的。而《說文》卷十二的"𠙹(由)"其實是由古文字的 A—W 的"𠙹"演化而來,是與"將""壯""莊"音近或音同的陽部字,六朝後或更早的時候人們把"𠙹"也讀爲"側詞切",是誤把"甾(甾)"的"側詞切"的音安到了本應是陽部字的"𠙹(由)"的頭上。所以,舊時據《說文》中錯誤的反切把"𠙹"等同於《說文》的"甾(甾)"是完全錯誤的。現在,我們可以據古文字資料校正《說文》如下:

《說文》卷十二:𠙹(由),東楚名缶曰由。象形。凡由之屬皆從由。陽部字。𠙺,古文。

歷來《說文》學家雖不認爲"𠙹"與"甾"等同,但他們或認爲"𠙹"是"由"、或認爲是"缶"等,現據古文字資料得知,"𠙹"實爲"筐"字初文,徐灝《說文解字注箋》卷十二上:"(由)此當從《玉篇》作'由',戴氏侗曰:'由,竹器也。畬、餠、斿皆從由,以是知爲竹器也。'灝按𠙹正象編竹之形,仲達説是也。許云'東楚名缶曰由',疑有誤。此字隸變作甾,以上三歧爲曲筆,遂與艸部之甾相溷。故《廣韻》誤認爲一字。"[1]其據《說文》卷十二"𠙹"象編竹之形及"𠙹"部下所從的"𠓈(畬)""𩰫(餠)"及《說文》卷十四的"𦉢(斿)"皆爲竹器而認爲"𠙹"是竹器,雖因材料限制而無法再向前推進一步,但在當時條件下已堪稱卓識。

《說文》"𠙹(由),東楚名缶曰由",《說文》卷十四亦云:"𦉢(斿),幭也,所以載盛米。從宁、從甾〈由〉,甾〈由〉,缶也。"廣東省博物館藏有一器,銘文如下:

---

① 徐灝:《說文解字注箋》,《續修四庫全書》本,上海古籍出版社,1996—2003 年,第二二六册第 569 頁。

X ▣《子陳□之孫鼎》

(24)《子陳□之孫鼎》(《集成》2285、《頌續》圖十六查《廣東省博物館藏品選》)：子陳□之孫▣行 X。

X 正是青銅器的自銘，也就是《說文》的"甾（由）"，我們現在知道，X 肯定與"甾"毫無關係了，是古音爲陽部的某字。它的器形如下所示：

《急就篇》"甄缶盆盎甕罃壺"顏師古注："缶，盆盎一類耳。缶即盎也，大腹而斂口……缶字或作瓿，瓿甄，小罌也。"X 字我們暫讀爲"盎"，"盎"影紐陽部，與"甾（筐）"音很近。"缶""盎"有可能是一種器物，只是材質不同而已，陶質爲"缶"、銅質爲"盎"。①

以上捋順了兩周金文、楚簡中的"甾"以及《說文》中的"甾"，我們再回過頭來說說甲骨文的 A—J"甾"，甲骨文中的"甾"與上引古文字字形

---

① 兩周的一種長方形青銅器常自銘爲"匴"，即學界定名爲"簠"者，又偶自名爲"匡"(《集成》4615、4579)、"鋅"(《集成》4552)、"匱"(《集成》4516)，所謂"簠"類的器型即應由長方形竹筐發展而來，它們的自名與"筐"音也很近(參石小力：《簠鋪考辨》，《古文字論壇》第一輯，中山大學出版社，2015 年 1 月，第 322—337 頁)。而"甾"除《子陳□之孫鼎》外，則未見用之自名者，可見"甾"與"匴"等雖然都可表示"筐"，但二者很早就做不同的分工了，或許長方形的竹筐稱爲"匴"，而橢圓形的竹筐則稱爲"甾（筐）"（橢圓形可於"甾"的古文字字形看出）。《子陳□之孫鼎》的"甾（盎）"應是對缶類器的一種特殊稱謂，它或許與橢圓形竹筐有關聯，故用"甾"來作自名。

對比,字形十分相像,就是在細節其上部的折筆也十分一致,所以甲骨文的"⊞"就是上引兩周金文、楚簡中的"⊞"的早期源頭。蔣玉斌先生在評論清華一《楚居》的"㠯"説:"劉雲、蘇建洲兩位先生所説的筐形之字,還可再上溯至殷墟黃組卜辭中'△正/戔(某方)'之字。舊多釋'甾',非是。我的看法跟劉雲先生一樣,覺得該字爲'筐'之象形初文。"①蔣先生的意見是非常正確的,不過甲骨文的"⊞(筐)"到底讀爲什麽,蔣先生並未明確指出。我們再看一下(1)、(2)的"⊞戔(殘)",《合》36344 作"戔(殘)";(6)、(7)的"⊞正(征)",《合》36511、《合》36513 作"正(征)"。很明顯,"⊞"在甲骨文裏要麽作與"殘""征"的同義詞,與它們構成同義聯合詞組;②要麽作意義較虛的虛詞使用。與此相關的"⊞",要麽釋爲"戕",《小爾雅・廣言》"戕,殘也";要麽釋爲虛詞"將"。前文已説,金文楚簡中的 K—O、Q 是個雙聲字,"爿""⊞"皆聲;而"戕""將"皆從"爿"得聲,且《毛公鼎》的"䍙"正用爲"將",所以,甲骨文的"⊞"讀爲"戕"或"將"是毫無問題的。考慮到甲骨文的虛詞用例較少,所以"⊞"讀爲"戕"的可能更大一些。在賓組卜辭中有一"匚"字,③辭例與"⊞"很近,也是戰爭術語:"辛丑卜,㱿貞:弓隹(唯)王匚缶?"(《合》15948)"□叀(惠)王匚缶?"(《合》15949)"匚"很可能與"⊞"表示的都是"戕",只不過因組類不同,使用了不同的字而已。④ 但我們也不能完全否認"⊞"有讀爲"將"的可能。

還有一些字,以往學者都把它們與"⊞"混在一起,但有可能不是"⊞"字,如:

---

① 参看復旦大學出土文獻與古文字研究中心研究生讀書會:《清華簡〈楚居〉研讀札記》,蔣玉斌在 2011 年 1 月 6 日第 10 樓的發言。
② 甲骨文中兩個或兩個以上的同義或近義字組成的聯合詞組是非常常見的,如"若侃"(《花東》288)、"若直(德)"(《合》21727)、"吉値(德)"(《合》22109)、"㣌虐"(《合》14315)、"由(憂)虎"(《合》23690)、"咸既"(《合》33440=《甲》553)、"征(誕)迺"(《合補》9037)、"㣤用"(《合補》13322)等,詳另文。
③ 姚孝遂、肖丁主編:《殷墟甲骨刻辭類纂》,中華書局,1989 年 1 月,第 845 頁。
④ "匚"讀爲"戕"參黃德寬:《説遅》,《古文字研究》第二十四輯,中華書局,2002 年 7 月,第 272—276 頁。又,蔣玉斌先生已發現"⊞"和"匚"有一定的聯繫,參看蔣玉斌:《釋甲骨金文的"蠢"》,長春:"'出土文獻與學術新知'學術研討會暨出土文獻青年學者論壇"會議論文,2015 年 8 月。

Y [字形圖]

(25)《畯簋》(《銘圖》5386)：載 Y 乃祖考□有菓(功)于先王。

Y 上面無折筆，與"甶"不同，應該是"自"的訛寫。可參《录伯𪟘簋蓋》(《集成》4302)"繇自乃祖考有𥃝(功)于周邦"①辭例及"[字形]"字。

Z [字形圖]

(26)《□作父己觶》(《集成》6504)：Z 作父己寶尊彝。

此字不詳，但與"甶"字形很不一致，大概也不是"甶"。

α [字形圖]

(27)《訇簋》(《集成》4321)：□華夷、α狐夷。

此字拓本不是很清楚，從字形輪廓看有可能是"甶"，按《師酉簋》(《集成》4288，又《集成》4289、4290、4291 同銘)有"[字形]瓜夷""[字形]瓜夷"，②從辭例上看，α 與"[字形]"為同一字，省"収"而與"甶"字混同，但"[字形]"字的考釋有兩種可能：一、它是《説文》卷三之"[字形](舁)"及睡虎地秦簡《爲吏之道》簡 1+2 的"凡治事，敢爲固，謁私圖，畫局陳 [字形] (舁-棋)以爲耤"之"舁"；二、它是"弁"的異體，但一從"又"一從"収"而已。"[字形]"到底如何考釋，沒有定論。即使我們假設它就是"弁"，從而認為"弁"有可省爲"甶"的情況(《侯馬盟書》中"弁"也偶有省去"又"的例子)，那也不能因此

---

① "功"字釋讀參朱鳳瀚：《柞伯鼎與周公南征》，《文物》2006 年第 5 期，第 67—73 轉 96 頁。

② 聞廣、張長壽編：《聞宥落照堂藏青銅器拓本》，文物出版社，2010 年 7 月，第 141 號《四年師西盤》亦有相關字形，但其拓片整體字形古怪，很多青銅器著錄書皆未收，蓋都以爲是僞銘。按，此書僞銘不少。

認爲"囲"即"筓","㞢"省寫作"囲"是西周金文唯一一例,《侯馬盟書》"弁"省寫成"囲"時代則已到春秋晚期,且有盟書全文作限制,不會混淆(可參《侯馬盟書》"夷"省"収"之例),而"囲"讀"筐"例證甚多,無法否定,在古文字中,因偏旁省略而與其他字混同的例子是屢見不鮮的。其實"筓"亦"筐"之類,古人造字時有意在"囲"下加"又"造爲"筓(弁)"字以與"筐"字區別,"筐""筓"二字相關度也是較高的。

β 占

(28)《塍鼎》(《集成》2302、《銘圖》1774):塍所造 β 鼎,中䉍。

此係楚鼎,或認爲 β 即"囲",①但它與楚文字的"囲"寫的完全不一樣,而與楚文字的"占"形相同,它是什麼意思尚待考證。

補記:剛出版之《銘續》第 381 號《仲堵(或都)父簋》之"堵"作" "形,"囲"旁又加"者"聲," "是雙聲字,"者"與"囲"皆爲聲旁,此爲"囲"爲陽部韻之字的堅強證據。

小文得到蔣玉斌、蘇建洲、謝明文、王強諸先生指正,特此致謝!

【發表情況】單育辰:《釋甲骨文"囲"字》,北京:"清華簡《繫年》與古史新探學術研討會暨叢書發布會"會議論文,2015 年 10 月。後刊於《清華簡〈繫年〉與古史新探》,中西書局,2016 年 12 月,第 497—511 頁。

---

① 趙平安:《從語源學的角度看東周時期鼎的一類別名》,《新出簡帛與古文字古文獻研究》,商務印書館,2009 年 12 月,第 10—19 頁。

甲骨文字考釋兩則

一、釋 "厄"

裘錫圭先生曾寫過《釋"厄"》一文,考證了甲骨文占辭後常出現的"兹![]"的"![]"(字形采自《合集》37473),認爲從它與《說文》卷九上"厄"的小篆"![]"字形相對照來看,應該是"厄"字的早期寫法,在卜辭裏讀爲"果",有"應驗"義。① 但後來裘先生否定了自己的意見,認爲"![]"應釋爲"孚"。② 從新出土的古文字材料看,釋"孚"應該是正確的。③ 那麽,目前發現的甲骨文中,有没有"厄"字呢?我們認爲是有的。甲骨文有如下卜辭:

(1) 貞:㞢疾齒,不唯害?

勿告于中丁?

勿于大甲告?

勿于大戊告?

貞:作御婦好,鼏?

---

① 裘錫圭:《釋"厄"》,《紀念殷墟甲骨文發現一百週年國際學術研討會論文集》,社會科學文獻出版社,2003年3月,第125—133頁。

② 參看裘錫圭:《虤公盨銘文考釋》,《中國歷史文物》2002年第6期,第13—27頁;又載氏著《中國出土古文獻十講》,復旦大學出版社,2004年12月,第46—77頁,及其文中引陳劍說。

③ 單育辰:《楚地戰國簡帛與傳世文獻對讀研究》,吉林大學博士學位論文,指導教師:吳振武,2010年6月,第61—63頁。

貞：兄戊亡◇于王？

(《合》13646+《合》13649=《合補》3992　賓組)

最後一條卜辭的"◇"象一人跽坐張口,其前有物阻礙之狀。甲骨文字形左右無別,"◇"翻轉即成"◇"字,與小篆的"㞢"字形十分接近,甲骨文中的"◇"很容易演變爲小篆的"厂";而"◇"即"㔾"。

再從文意看,此條卜辭是先卜問王的牙齒有病,會不會有害;再卜問是向中丁還是大甲還是大戊祈告;再卜問向婦好舉行御病之祭,疾病會不會減輕;再卜問兄戊是不是没有孽害王。從字義來説,把"◇"釋爲"厄"是很合適的。所以,"◇"就應該是"厄"字。

此甲今只殘留左腹甲,我們推測,左腹甲："貞：兄戊亡◇于王？"應與右腹甲對貞,所缺的右腹甲那條對貞卜辭應該是："兄戊◇于王？"

還有一例卜辭,其辭爲：

(2) 甲戌卜,貞：其有作◇兹家？

貞：亡作◇？　　　　(《合》13587+《合》18006　賓組)

此骨爲林宏明遥綴,"Ibuffalo"和"muztach"已經指出,從辭例看,這兩個"◇"有災禍意。① 我們把它們和上面已考釋出的"◇"相對照,就可以發現"◇"其實只是把右邊的阻礙物省去了,它們就是"◇"的簡省寫法,也應釋爲"厄"。②

另外需要特别指出的是,在《合集》中有字作"◇""◇"等,其形爲一人跽作但不張口狀,辭例如下：

---

① 林宏明：《甲骨新綴第四九～五十例》,"中國社會科學院歷史研究所先秦史研究室"網,2009年11月11日,後所附"Ibuffalo"(2009年11月11日)和"muztach"(2009年11月11日)的發言。

② "◇"人腹朝左,而"◇"人腹朝右,但在此處,人腹左向與右向並無區别。

(3) 癸酉卜，亘貞：臣得？王占曰：其得唯甲、乙。甲戌臣涉，舟征（誕）
　　▨，弗告，旬㞢五日丁亥㝬（執）。十二月。　　（《合》641　賓組）

(4) ▢貞：㞢弗▢其以易▨▢　　　　　　　　　　（《合》3389　賓組）

(5) ▢酉卜▢貞：▢㞢以易▨　　　　　　　　　　（《合》3390　賓組）

(6) ▢▢卜，韋貞：令吳求▨膚▢　　　　　　　　（《合》4006　賓組）

(7) 征▢▢▨凶▨？　　　　　　　　　（《合》22374　婦女卜辭）

(8) 己丑：其▨衒方，叀今來丁？　　　　　　　　（《合》33189　歷組）

(9) 己丑卜：其▨衒方，叀今來丁？茲用。　　　　（《合》33190　歷組）

據與《合集》33189 同文例的《合集》33190，可知它們是卜辭中常見的"▨"字的別體，與狀人張口的"▨"不是一字，故不應釋爲"厄"。①

二、釋　"梟"

甲骨文中有個字較多見，作▨（A1）、▨（A2）、▨（A3）、▨（A4）、▨（A5）、▨（A6）、▨（A7）等形，辭例如下：

(1) 丙戌卜，亘貞：A1 茲▢
　　　　　　　　　（《合》3286+《合》4570=《合補》495　賓組）

(2) 丁亥卜，㱿貞：暨亯 A2 于雇？　　　　　　　（《合》13619　賓組）

(3) 貞：▢A3 于叙？　　　　　　　　　　　　　（《合》18072　賓組）

(4) ▢A4▢四月。　　　　　　　　　　　　　　　（《合》18073　賓組）

(5) ▢A5▢　　　　　　　　　　　　　　　　　（《合補》10335　賓組）

---

① 承周忠兵先生告知，《合》33189 爲《安明》1780，相關之字爲"▨"，《安明》1780 此字左面的豎筆不顯。不知是《安明》1780 不如《合》33189 清晰，還是此字左面的豎筆本來就沒有。若此字左面的豎筆本來就沒有，則"▨"與"▨"就不能是同一個字了。但即使是這樣，上揭出現"▨""▨"等形的卜辭都很殘，也無法證實它們與"▨"就是一個字。

(6) 貞：A6？　　　　　　　　　　　　　　（《合》18918　賓組）
(7) 辛未貞，其 A7 多官？
其刵多官？　　　　　　　　　　　　　（《屯南》857　歷組）

其中(1)—(2)作人名(或祭祀對象)，(3)—(6)過殘，對字義探究都没什麼幫助。唯例(7)"其 A 多官"與"其刵多官"互卜，可見 A 是一種刑罰。宋鎮豪先生認爲例(7)的 A7"字形上部示意某種尖利器在刺刻人首面頰或目緣額顙部位，下部從土，與刵刑屬於同一類的刑罰名，正與古文獻及地下出土文字材料所述墨刑相合。墨刑是用刀刺刻罪人面部，再以土墨涅室創口即難褪色，成爲永久的犯罪標志"，並釋 A7 爲"墨"。① 不過，宋先生對它的考釋僅着眼於刻得並不十分工整的 A7，並未全面考察甲骨文中 A 字，周忠兵先生已指出："從字形看實在看不出此字表示的是用尖利器在人的臉上或額頭刺刻，若從字形繫聯，它應該與《合集》3286 正上的'　'、18073 上的'　'、18918 上的'　'等構形一致。"這無疑是正確的，但周先生認爲 A 字"象表軀幹的部位斷開，而以'　'或'　'符將之相連"，我們認爲可能有問題。② 近來徐寶貴先生釋之爲"狒"，③其誤自不必言。

如果從字形分析着手，我們可以看出，A 字最上是一人頭形。中間的"　"象用繩捆綁住的兩根木棍，也就是"弗"字。"弗"在甲骨文中作"　"(《合》5775)、"　"(《合》5130)、"　"(《合》21727)、"　"(《合》29084)，④象用繩索把兩根木棍綁在一起的形狀("弗"在《合》3936

---

① 宋鎮豪：《甲骨文中所見商代的墨刑及有關方面的考察》，《出土文獻研究》第五集，科學出版社，1999 年 8 月，第 52—58 頁；又，氏著《甲骨文中所見商代的墨刑》，《考古學集刊》第 15 集，文物出版社，2004 年 2 月，第 189—198 頁。
② 周忠兵：《從甲骨金文材料看商周時的墨刑》，待刊稿。按，此爲周先生初稿的意見，周先生後來又參照我們小文對其做了一些修改，他同時還指出，《花東》37、63、195 也有此字，作"　""　""　"，用爲祭祀對象，舊釋之爲"饗"，顯然是不正確的，這些字表示的繫繩索於頭形更爲明顯。
③ 徐寶貴：《甲骨文考釋與殷商動物研究》，《中國文字學報》第三輯，商務印書館，2010 年 11 月，第 22—23 頁。
④ 甲骨文"弗"的字形可參看劉釗、洪颺、張新俊：《新甲骨文編》，福建人民出版社，2009 年 5 月，第 686—687 頁。

中作"㭕",其從一繩捆綁的二木形更爲明顯),實即"縛"之初文。① 最下面的形狀是"土"。所以,A形象綁縛着的兩根木棍插於土中,其上懸挂着一個人頭,這個字應該就是"梟"字的早期形體。下面説一下釋A爲"梟"的證據:

一、《史記·秦始皇本紀》"中大夫令齊等二十人皆梟首",裴駰集解"縣首於木上曰梟";《史記·高祖本紀》"梟故塞王欣頭櫟陽市",司馬貞索隱"梟,懸首於木也";《漢書·陳湯傳》"又無武帝薦延梟俊禽敵之臣",顔師古注"梟,謂斬其首而縣之也";《文選·爲袁紹檄豫州》"身首被梟懸之誅",李善注引臣瓚《漢書》注"懸首於木曰梟"。② "懸"在古書裏有"高懸""懸挂"的意思,"懸首於木"就是高懸其首於木上。從字義看,"梟"字與甲骨文的A形全合。

二、《漢印文字徵》卷六有一字作"鄡",此例出於《續封泥考略》3.11B著録封泥:③

首字可隸定爲"鄡",《玉篇·邑部》:"鄡,縣名,在鉅鹿。"施謝捷先生已指出,"鄡"即"鄥(鄥)"字異構,《説文》邑部:"鄥,鉅鹿縣。"《漢書·地理

---

① 關於"弗"字本義的討論,可參看松丸道雄、高嶋謙一:《甲骨文字字釋綜覽》第1173號,東京大學東洋文化研究所,1993年3月,第341、543頁。于省吾主編:《甲骨文字詁林》,中華書局,1999年12月,第2457—3458頁。周法高、張日昇、徐芷儀、林潔明:《金文詁林》,香港中文大學,1974年,第6883—6891頁。丁福保:《説文解字詁林》,中華書局,1988年4月,第12291—12293頁(原第5659—5660頁)。古文字詁林編纂委員會:《古文字詁林》,上海教育出版社,1999年12月,第九册911—915頁。

② 可參看宗福邦、陳世鐃、蕭海波主編:《故訓匯纂》,商務印書館,2003年7月,第1110頁。

③ 羅福頤:《漢印文字徵》卷六,文物出版社,1978年9月,第26頁。

志》冀州鉅鹿郡屬縣,字作"鄡",《續漢書·郡國志》字作"鄥"。① 由此可以看出,"梟"字的異體或作"鼻",或作"杲",此形正象"首"(古文字常以"目"形代替"首"形)懸於木上之形,這與甲骨文的 A 形體也相合。

三、《楚帛書》丙篇有一個字作" ",亦像木上懸首之形,很多學者把它釋爲"梟",②這個字的字形上承甲骨文,下啓漢封泥,是"杲"的中間環節。《楚帛書》中的辭例爲"有梟入於上下",是"梟鳥"的意思。

所以,從字義、字形這兩方面看,甲骨文的 A 釋爲"梟"應該是可以的。

〖編按〗《合》35231 有

(A8)

辭例爲"丙申☐A8☐自☐☐",亦是"梟"字。

又,《十鐘山房印舉·舉之二·官印十三》有"鄡令之印",如下圖:

陳介祺已釋爲"鄡",參陸明君:《陳介祺年譜》(西泠印社出版社,2015 年 4 月,第 142—143 頁)引《簠齋印集》批注稿本。

〖發表情況〗單育辰:《甲骨文字考釋兩則》,《中國國家博物館館刊》2012 年第 5 期,第 55—58 頁。

---

① 施謝捷:《〈漢印文字徵〉卷六校讀記》,《中國文字博物館》2010 年第 2 期,第 43—44 頁。
② 參看徐在國:《楚帛書詁林》,安徽大學出版社,2010 年 8 月,第 433—437 頁。

釋 "餗"

金文中有個常見字,多用在金文器物自銘前,其字形及辭例如下(字形下或代稱 A):

▨(《集成》2331)　　▨(《集成》2692)

▨(《集成》3766.1,按此省"食"旁)　　▨(《集成》4441.2)

▨(《集成》10305)　　▨(《集成》3939)　　▨(《集成》3628)

▨(《集成》3827)　　▨(《集成》3886,按後二形比前六形多兩中,

但無疑爲同一字,可參後文所舉的▨字)

(1)《集成》2331:濼父作姜懿母 A 鼎。

(2)《集成》2692:戴叔朕自作 A 鼎。

(3)《集成》3766.1:伯幾父作 A 簠。

(4)《集成》3886:散車父作鄅姞 A 簠。

(5)《集成》4441.2:魯司徒仲齊肇作皇考伯走父 A 盨簋。

(6)《集成》4596:作皇考獻叔 A 盤。

(7)《集成》10305:燕侯作 A 盂。

(8)《集成》10338:黄大子伯克作其 A 盆。

(9)《集成》3939：禾肇作皇母懿恭孟姬 A 彝。

(10)《上海博物館集刊》第七期(《新收》1452)：丙公獻王 A 器，休亡譴。

(11)《集成》4623：邾大宰欓子䚄鑄其 A 匿(簠)，曰：余貮(畢)恭孔惠，其眉壽以 A，萬年無期。

(12)《集成》3628：旟作寶尊彝，用 A。

(13)《集成》4161：伯康作寶簠，用饗朋友，用 A 王父王母。(A 下加皿，可參《集成》4160 同銘銘文)

(14)《集成》3827：敔作寶簠，用 A 厥孫子，厥丕吉其祼。

可看出，A 可做食器的修飾語，如在(1)—(11)中，A 後接鼎、簠、簋、盨、盤、盂、盆；其後也可接食器的統稱如彝、器；後面還能連加上兩個食器，如(5)的"盨簠"。同時，A 還可做動詞，從(11)—(14)可以很看出，A 是用爲饗一類的意思的，如(13)"用饗朋友，用 A 王父王母"，"饗"、A 互文，即是明證。

不過，A 是什麼意思，到目前爲止也沒有好的說法。舊多從《說文》釋爲"饎"，訓爲"滫飯也"，①但"滫飯"是蒸米的意思，②而"鼎""盤""盂""盆"無以用來蒸米，並且用"滫飯"的意思也無法解釋(11)—(14)的辭例。

爲了分析其構形以便做新的釋讀，我們暫且把這個字放到一邊，先看看和 A 具有相同偏旁的字。

(《集成》717)　　(《合集》26012)

(《集成》134)　　(《集成》6014)

---

① 參看周法高、張日昇、徐芷儀、林潔明：《金文詁林》第 0680 號"饎"條，香港中文大學，1974 年 4 月，第 3358—3364 頁；陳英傑：《西周金文作器用途銘辭研究》，綫裝書局，2009 年 1 月，第 457—476 頁。

② 《說文》卷五下："饎，滫飯也。從食，𠦒聲。糦，饎或從貴。䊎，饎或從奔。"《詩·大雅·泂酌》孔疏："《釋言》云：'饙、餾，稔也。'孫炎曰：'蒸之曰饙，均之曰餾。'郭璞曰：'今呼䉛飯爲饙。饙均熟爲餾。'《說文》云：'饙，一蒸米也。餾，飯氣流也。'然則蒸米謂之饙，饙必餾而熟之，故言饙餾，非訓饙爲餾。"

第一個字用爲曹國的"曹",第二個字是"奏",第三個字是"拜",這些都是沒有疑義的。

第四個字是近來才被考釋出來的,其考釋過程如下:

郭店《緇衣》簡18+19:詩云:"彼求我則,如不我得。執我【18】🅰🅰,亦不我力。"

郭店《緇衣》簡43:詩云:"君子好🅰。"(按,上博一《紂衣》簡22作:詩云:"君子好🅰。")

"🅰🅰"今本《緇衣》和《詩經·小雅·正月》都作"仇仇"。"好🅰"今本《緇衣》和《詩經·周南·關雎》都作"好逑"。

陳劍先生認爲,郭店的"🅰"旁就來源於金文中的"🅱"所從的"🅱"。在金文中與其同形的字還有不少,其辭例如下:

《集成》6014:昔在爾考公氏克🅱文王。

《集成》10175:柔惠乙祖,🅱匹厥辟。

《集成》82:丕顯皇祖烈考,🅱匹先王,恭勤大命。

《集成》9455:穆王蔑長由以🅱即井伯。

《集成》2459:交從戰,🅱即王。

陳先從郭店簡的"🅰"讀爲仇出發,把它們讀爲逑或仇,"仇匹"是同義連用,古書多見"仇匹"一辭,是"匹耦"義;"克仇"就是"能匹耦";"仇即"猶"佐助"之義,①其證據充分,已爲很多學者接受。

但是,金文中"🅱"的字形來源是什麼,如郭店的"🅰"旁,李零先生

---

① 陳劍:《據郭店簡釋讀西周金文一例》,《北京大學中國古文獻研究中心集刊》2,北京燕山出版社,2001年4月,第378—396頁;又載氏著《甲骨金文考釋論集》,綫裝書局,2007年4月,第20—38頁。

以爲是"求"之訛混;黃德寬、徐在國先生及顏世鉉先生以爲"棗"之省;陳劍先生以爲是由"朿"分化而來。① 我們認爲黃、徐及顏先生的説法最直截,"棗"精紐幽部,"仇""述"群紐幽部,它們古音密切相關。並且從字形上看,"▨"諸類字也甚類棘枝之形(亦即"荆棘"的"棘"的初文,"棗""棘"古爲一字,"棘"即酸棗,棗枝、棘枝皆多刺②)。也就是説,"▨"應隸定爲"戴","▨"應隸定爲"遘"。

不過,要注意的是,陳劍先生認爲"▨"由"朿"分化而來,也有一定道理。

從"朿"之字在《説文》中出現了多次(按,小篆"朿"旁並未寫得完全一樣):

《説文》卷五下：▨(餗),鼎實也。從食、朿聲。▨(䭈),餗或從賁。▨(鬻),餗或從弜。

按,"▨"對應古文字的"▨"。

《説文》卷十下：▨(奏),奏進也。從夲、從廾、從屮。屮,上進之義。

按,"▨"對應古文字的"▨"。

《説文》卷十二上：▨(捽),首至地也。從手、朿。朿,音忽。

---

① 李零:《郭店楚簡校讀記(增訂本)》,北京大學出版社,2002年3月,第64頁。黃德寬、徐在國:《郭店楚簡文字考釋》,《吉林大學古籍整理研究所建所十五週年紀念文集》,吉林大學出版社,1998年12月,第98—111頁。顏世鉉:《郭店楚簡淺釋》,《張以仁先生七秩壽慶論文集》,臺灣學生書局,1999年1月,第379—396頁。陳劍:《據郭店簡釋讀西周金文之一例》,《北京大學中國古文獻研究中心集刊》2,北京燕山出版社,2001年4月,第378—396頁;又載氏著《甲骨金文考釋論集》,綫裝書局,2007年4月,第20—38頁。又,陳先生亦言:"'棗'其實也應該是由'朿'分化出的一個字。"
② 參劉釗:《釋甲骨文中的"秉棘"》,《書馨集——出土文獻與古文字論叢》,上海古籍出版社,2013年12月,第42—57頁。

按，"㚒"對應古文字的"㚒"。

《說文》卷十下：㚒（㚒），進也。從夲、從中，允聲。《易》曰：㚒升大吉。

按，"㚒"對應古文字的"㚒"。①

可知，《說文》中這些從"㚒"的形體與古文字有嚴格的對應關係，所以《說文》"㚒"的來源一定是古文字中的"㚒"。

《說文》卷十下："㚒（㚒），疾也。從夲、卉聲。拜從此。"《說文》把"㚒"讀爲物部的"卉"，也讀爲物部的"忽"；把"餑"讀爲文部的"賁"（或"奔"）。而《說文》卷十下又說："夲（夲），進趣也。從大、從十。大十猶兼十人也。凡夲之屬皆從夲。讀若滔。"把"㚒"進一步分解下來的部件"夲"（或楷化作"夲"）讀爲幽部的"滔"。近來已有多位學者指出：在古音中幽（幽、覺、冬）、微（微、物、文）二部很近，②所以二部的字常能相通。就是"餑"這個字，也有和幽部相通的證據，《說文》："餑，滫飯也。"（"餑"即"餑"另篆。）"滫"即幽部字。又如《詩·大雅·泂酌》"可以餑饎"，毛傳："餑，饘也。""饘"也是幽部字。

從以上可以看出，《說文》從"㚒"的這些字，就是來源於古文字的"㚒"，不僅二者字形傳承明顯，它們之間也有非常密切的語音聯繫。經過現今對古文字的瞭解，我們還可以說，《說文》中"㚒"的形體就是由甲骨文、金文中"棗"形演變而來的。

再翻回看上舉金文中從"棗"的字形："㚒"是從女從棗的一個字，讀

---

① "㚒"形出自《集成》10173，又見《集成》10174之"㚒"形，在銘文中皆用爲"獵犾"之"犾"。

② 參看李家浩：《楚簡所記楚人祖先"娩（鬻）熊"與"穴熊"爲一人說——兼說上古音幽部與微、文二部音轉》，《文史》2010年第3輯，第5—44頁；史傑鵬：《由郭店〈老子〉的幾條簡文談幽、物相通現象及相關問題》，《簡帛》第五輯，上海古籍出版社，2010年10月，第127頁；陳英傑：《西周金文作器用途銘辭研究》，綫裝書局，2009年1月，第473—474頁。

爲曹國之"曹"。"㭕"是會意字，即"奏"，似以雙手執"棗(棘)"，依靠荆棘刺扎出的血奏答神靈以祈佑。① 第四個爲"拜"字，也是會意字，像手執棘刺引血享神而拜，以有所祈求。②

西周金文中還有一個字，作下形（下或代稱B），是在"棗"形上加兩似"屮"或似"U"之形：

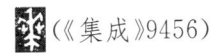

（《集成》4318.2）　　（《集成》9898）　　（《集成》4302）

（《集成》9456）　　（《集成》4268，按，此未加兩屮）

（《集成》9722，按同銘"拜"所從亦如此作）　　（《新收》62）

它們主要做"較"或"靷"的修飾詞，其辭例爲：

《集成》4318.2：金車：B較、朱虢靷、靳、虎冪熏裏、右厄、畫轉、畫轎、金甬。

《集成》9898：金車：B靷朱虢、靳、虎冪熏裏、B較、畫轉、金甬。

《集成》2841：金車：B緟較、朱亂靷、靳、虎幎繡裏、右軛、畫轉、畫轎、金甬、錯衡、金踵、金豙(轙)、③約軝、金簟笰、魚服。

《集成》4302：金車：B㡇較、B靷朱虢、靳、虎幎朱裏、金甬、畫轎、金軛、畫轉。

---

① "古代瑪雅人所舉行的自我獻祭儀式中，獻祭鮮血的儀式可以説無處不在。"古瑪雅人常在手掌、雙頰、嘴唇、舌頭和陰莖上放血，其工具有黄貂魚脊骨、黑曜石小刀、骨椎、帶刺的繩子、草弦、草片等。參看［美］林恩·V.福斯特：《放血儀式》，《探尋瑪雅文明》，商務印書館，2007年1月，第260—265頁。環太平洋地區先民的生活祭祀習俗極爲相似，可相類比。

② 上面提及過的"㭕"從"棗"從"允"，"棗"精紐幽部，"允"余紐文部，陳英傑、李家浩二先認爲可能是雙聲字，參看陳英傑：《西周金文作器用途銘辭研究》，綫裝書局，2009年1月，第465頁；李家浩：《楚簡所記楚人祖先"姦(鬻)熊"與"穴熊"爲一人説——兼説上古音幽部與微、文二部音轉》，《文史》2010年第3輯，第25—26頁。

③ "轙"從吴紅松先生釋，參吴紅松：《西周金文車飾二考》，《中原文物》2008年第1期，第85—86頁。

B字舊多釋爲"貴""雕"等，①孟蓬生先生認爲它們也從"⿻"，而把B讀爲幽部的"髹"，我們認爲孟先生的考釋很可能是正確的。同時，也有些學者釋之爲"漆"，②我們認爲也可能是正確的。"髹"和"漆"就可能是一字分化，如在秦簡中，"髹"作"⿻"（睡虎地《效律》四六）、"⿻"（睡虎地《秦律雜抄》二一），即是"髹"與"桼（漆）"的合體狀態。③ 在更早時期讀爲曉紐幽部的"髹"，後來大概由於某些原因，演變爲清母質部的"漆"音了。《周禮·春官·巾車》："駹車，藿蔽，然禩，髹飾。"鄭注："故書駹作龍，髹爲軟。杜子春云：'龍讀爲駹。軟讀爲桼垸之桼，直謂髹桼也。'玄謂：駹車邊側有漆飾也。"《周禮·春官·笙師》"髹"《釋文》讀爲"香牛反，或七利反"，這都是幽部的"髹（髟）"向質部的"漆"轉化之證。回過頭來，再看一下"⿻""⿻"這些字形，其所從的中形與U形可能取像割劃漆樹的割口，現今取漆割口仍與這些形狀很相類，不過金文中的"⿻""⿻"是以"柬"爲聲符。目前所知最早的"桼"見於春秋早期的《曾伯桼簠》（《集成》4631、《集成》4632），作"⿻""⿻"形（上雨下桼），所從之"桼"已有變化。秦文字中的"漆"作"⿻"（《集成》11405.1）、"⿻"（《新收》986）等形，則與西周金文的"⿻"較一致，但省去中形（或U形）又加了水旁而已。

　　在金文中還有B與衣服連言的情況，在那似乎有讀爲"裘"的可能。

―――――――――

　　① 參看周法高、張日昇、徐芷儀、林潔明：《金文詁林》第1359號"桼"條，香港中文大學，1974年4月，第6127—6153頁。冀小軍：《説甲骨金文中表祈求義的桼字——兼談桼字在金文車飾名稱中的用法》，《湖北大學學報（哲學社會科學版）》1991年第1期，第35—44頁。

　　② 張亞初、姚孝遂、劉桓諸先生已把此字釋爲"漆"，參看張亞初：《古文字分類考釋論稿》，《古文字研究》第十七輯，中華書局，1989年6月，第242頁。于省吾主編：《甲骨文字詁林》"桼"條姚孝遂按語，中華書局，1999年12月，第1476—1477頁。劉桓：《釋桼》，《甲骨徵史》，黑龍江教育出版社，2002年11月，第398—403頁。

　　③ "髹"字睡虎地秦簡整理者釋爲"髹（髟）"，依秦漢用字習慣，不如釋爲"漆"好，參睡虎地秦墓竹簡整理小組：《睡虎地秦墓竹簡》，文物出版社，2001年12月，第44頁。又參于豪亮：《秦律叢考》，《于豪亮學術文存》，中華書局，1985年1月，第135頁。"髹"的字形參看張守中：《睡虎地秦簡文字編》，文物出版社，1994年2月，第92頁。

《集成》9456：矩又取赤虎兩、麀B兩、B韐一。
《集成》4268：賜汝朱黄(衡)、①B襯、玄衣黹純。
《集成》4260：賜汝B、朱黄(衡)、玄衣黹純。
《集成》9722：賜幾父开B六。
《文物》1998年第4期(《新收》62)：贈匍于柬：麀B韋兩、赤金一鈞。

與上面字形相近的還有一個字，多用在甲骨文及西周早期金文中(下或代稱C)：

[圖] (《合集》1439)　　[圖] (《合集》10112)　　[圖] (《集成》4132.2)

C以前多釋爲"求"，後來陳漢平、冀小軍先生發表文章，認爲甲骨文已經出現了"[圖]"(字形出自《合集》2119)這個"求"字，②所以C再釋爲"求"就不合理了，他們認爲C即《說文》的"桒"字，從"丮"得聲，讀爲"禱"。③ 經上面論證，我們可以知道，C其實就是"棗"的本形，驗之以金文、郭店《緇衣》中的"[圖]""[圖]"與"仇""述"相通，即可知C讀爲"求"更直截，它和甲骨文中的"[圖]"字形不同，主要是來源不同，但都可以用爲"求"。④ 不過，陳、冀二先之說也不能算錯，因爲上文已經說過，《說文》的"桒"本來就從"棗"演變而來，並且，"求""禱"音義皆近，二字本出一源。⑤

――――――――

① "衡"從唐蘭釋，參看唐蘭：《毛公鼎"朱韍、蔥衡、玉環、玉瑹"新解——駁漢人"蔥珩佩玉"說》，《唐蘭先生金文論集》，紫禁城出版社，1995年10月，第86—93頁。
② 參看裘錫圭：《釋"求"》，《古文字論集》，中華書局，1992年8月，第59—69頁。
③ 陳漢平：《釋丮、梼、擣、禱》，《屠龍絕緒》，黑龍江教育出版社，1989年10月，第52—56頁。冀小軍：《說甲骨金文中表祈求義的桒字——兼談桒字在金文車飾名稱中的用法》，《湖北大學學報(哲學社會科學版)》1991年第1期，第35—44頁。按，可參《合》10127、10130等，其中"[圖]""[圖]"互用，爲一義至爲明顯。
④ 具體論證可參看李零：《郭店楚簡校讀記(增訂本)》，北京大學出版社，2002年3月，第76—77頁；孟蓬生：《釋"桒"》，《古文字研究》第二十五輯，中華書局，2004年10月，第267—272頁。
⑤ 魏克彬先生對"桒""禱"相通的問題也有論證，參看魏克彬：《說溫縣盟書中讀爲"討"的𢦏/𢧕》，上海："中國古文字研究會第十九屆學術年會"會議論文，2012年10月。

我們也不能否認,C 或有用爲"檮"的情況存在。

再説小文剛開頭提到的 A 字,A 所從的"▦"無疑與上面的"孃""奏""拜""戴""遠""棗"是一樣的,也就是説,它是一個從"棗"從"食"的字,可隸定爲"饡"。我們把古文字中從 A 的字形、音讀及意義疏理後,可以發現,它們大多屬幽部,①並且(3)中的"饡"可省爲"棗","棗"必是聲旁,所以"饡"無疑爲幽部韻。上文已説,"饡"與"饗"互文,應該與"饗"意思一致,結合這兩點,我們感覺"饡"可以讀爲"羞"(或"饈"),用爲膳饈或進膳饈之義。② 從韻母來説,"羞"也屬幽部;從聲紐來説,"羞"是心紐,"棗"是精紐,二者皆屬齒頭音,前面已説《説文》訓"饓"(饡)爲"潃飯","潃"亦心紐幽部,所以"羞""饡"二字古音是密合的。

(1)—(11)的"饡"做修飾語,有膳饈的意思,可與如下金文中的"羞"的辭例參照:

《集成》550:仲姞作羞鬲。

《集成》581:鄭井叔蒦父作羞鬲。

《集成》2443:伯氏作孃(曹)氏羞鼎。

《文物》1994 年第 8 期(《新收》889):楊姞作羞醴壺。

在金文中,同一含義的詞用不同的字表示是很常見的,這不能成爲否認"饡"可讀爲"羞"的理由。

(11)—(14)的"饡"則爲進膳饈之義,可與如下典籍的"羞"相對照:

《尚書·酒誥》:爾大克羞耇惟君,爾乃飲食醉飽。……爾尚克羞饋祀,爾乃自介用逸。

《國語·楚語下》:成王聞子文之朝不及夕也,於是乎每朝設脯一束、糗一筐,以羞子文。

《儀禮·有司》:乃羞。宰夫羞房中之羞,司士羞庶羞于尸、祝、主人、主婦,內羞在右,庶羞在左。……其薦脀、其位、其酬醋皆如儐

---

① "奏""拜"二字是會意字,是例外。

② "羞"字含義參看宗福邦、陳世鐃、蕭海波主編:《故訓匯纂》"羞"條,商務印書館,2003 年 7 月,第 1804—1805 頁。

禮。……卒,乃羞于賓、兄弟、内賓及私人,辯。

值得一提的是,雖然在戰國文字裏,各國"棗"字的寫法已與甲骨文及西周金文的"棗"有着不小的差别,但在秦系文字裏,"棗"的這種早期寫法一直存在,如《石鼓文·鑾車》:"□□鑾車,[棗]秋真□。"(因殘缺過甚,"[棗]秋"含義無法解讀,不知與金文的"述即"有無關係。①)睡虎地《日書甲種》六〇背貳+六一背貳:"人無故而髮撟若虫及鬚眉,是是惡氣處之,乃煮【六〇背貳】[棗]屨以紙,即止矣。"《説文》系統中的"[棗](棗)"正與它們一脉相承。

[編按]"餕"字在楚簡中也出現過,作"[餕]"形,出自葛陵甲三212+199-3,辭例爲"[餕]祭昭王大牢",其字亦應讀爲"饈"。

[發表情況]單育辰:《釋餕》,"復旦大學出土文獻與古文字研究中心"網,2013年1月23日。後以《釋"餕"》爲名,刊於《考古與文物》2017年第5期,第116—119轉123頁。

---

① 參看董珊:《石鼓文考證》,《出土文獻與古文字研究》第三輯,復旦大學出版社,2010年7月,第129頁。

我方鼎新詁

《我方鼎》於民國年間出土,傳出洛陽,蓋(《集成》2763.1)、器(《集成》2763.2)同銘,蓋現藏"中研院"歷史語言研究所,器現藏臺北故宫博物院。《我方鼎》的蓋銘字體肥滯,而器銘偏瘦勁。前些年姚孝遂依字體風格等一些特點曾懷疑器銘爲僞,[①]而《殷周金文集成》"備注"反疑蓋銘爲僞。近年游國慶在臺北故宫博物院通過對蓋、器的 X 光檢視及目驗,認爲蓋、器二銘皆不僞,現今蓋、器或有可疑之處,實爲當時轉手的古董商補綴銅器、剔銹時操作不善所造成,[②]其説可信。

《我方鼎》從内容、用字習慣及字體特點上,頗近晚商,但也有不少學者從器形考慮,認爲是西周早期之物。由於《我方鼎》銘文古簡,且包含了幾個難以識讀的文字,雖然經過于省吾、楊樹達、郭沫若、李學勤、連劭名、馬承源、賈連敏、張亞初、葉正渤、趙平安、曹兆蘭等學者考釋,[③]很多地方

---

　　① 姚孝遂:《〈禦鼎〉辨僞》,《古文字研究》第八輯,中華書局,1983 年 2 月,第 23—28 頁。

　　② 參看張世賢:《破鼎也是寶》,《故宫文物月刊》第一卷第二期,1983 年 5 月,第 88—89 頁;游國慶:《我方鼎蓋器真僞考辨》,《古文字研究》第二十三輯,2002 年 6 月,第 52—58 頁。

　　③ 于省吾:《我鼎銘》,《雙劍誃吉金文選》,中華書局,1998 年,第 237 頁;楊樹達《我作父己甗》,《積微居金文説》,中華書局,1997 年 12 月,132—133 頁;郭沫若:《周彝銘中之傳統思想考》,《金文叢考》,人民出版社,1954 年 6 月,第 17 頁;李學勤、王宇信《周原卜辭選釋》,《古文字研究》第四輯,中華書局,1980 年 12 月,第 248—249 頁;李學勤《古文字學初階》,中華書局,1997 年 10 月,第 41 頁;李學勤:《從亞若方彝談到我方鼎》,《中國古代文明研究》,華東師範大學出版社,2005 年 4 月,第 39—41 頁;連劭名:《〈我簋〉銘文新考》,《殷都學刊》1987 年第 1 期,第 7—10 頁;馬承源等:《我方鼎》,《商周青銅器銘文選》卷三,文物出版社,1988 年 4 月,第 85 頁;賈連敏:《古文字中的"祼"和"瓚"及相關問題》,(轉下頁)

仍存在疑點。

現在諸家考證的基礎上，重做釋文並訓解如下：

唯十月又一月丁亥，
我乍（作）祊（禦），祟（衁）且（祖）乙匕（妣）乙、
且（祖）己匕（妣）癸，征（誕）祊、敕
二女（母），咸。發遣祼二、
☒貝五朋，用乍（作）
父己寶尊彝。亞若。

第二行"我"各家都釋爲人名，是沒有問題的。但我們要注意不能把它釋爲第一人稱代詞，因爲在紀念性的銘文中，某人作某事，都必稱自己名氏，而沒有用人稱代詞來替代的。賓組卜辭甲橋記事刻辭常有"我來十"（《合》1027 反）等語，其中"我"也是人名，但同《我方鼎》的"我"應沒有關係。"禦"是祭名，卜辭屢見。卜辭中凡是舉行禦祭的，一般都是因某人遭受某種憂患而向其祖先祈求禳除之祭。① "祟"字原篆作"☒"，李學勤認爲同"衁"，並言卜辭中"禦"祭常和"衁"連用，可從。"我"所禦祭的"祖乙、妣乙，祖己、妣癸"是其先祖。

第三行"征"，與此字相同的辭例可見《保卣》（《集成》5415）"乙卯，王令保及殷東域五侯，征兄（祝）六品"；《盠父鼎》（《集成》2671）"盠父作寶鼎，征令曰：有汝多兄，毋有□汝，唯汝率我友以事"等銘。多數學者都

（接上頁）《華夏考古》1998 年第 3 期，96—112 頁；張亞初：《殷周金文集成引得》，中華書局，2001 年 7 月，第 47 頁；葉正渤：《我方鼎銘文今釋》，《故宮博物院院刊》2001 年第 3 期，第 61—64 頁；趙平安：《從〈我鼎〉銘文的"祟"談到甲骨文相關諸字》，《追尋中華古代文明的蹤迹——李學勤先生學術活動五十年紀念文集》，復旦大學出版社，2002 年 8 月，第 4—6 頁；曹兆蘭：《金文中的女性人牲——我方鼎銘文補釋》，《古文字研究》第二十五輯，中華書局，2004 年 10 月，150—156 頁；林文華：《〈我方鼎〉銘文新釋——兼考周原甲骨（H11：1）》，高雄：中山大學中國文學系：《第十四屆中國文字學全國學術研討會論文集》，2003 年；蔡鴻江：《我方鼎研究》，高雄：高雄師範大學國文系"第十一屆所友學術討論會"，2004 年。後二文筆者未見。

① 參看張玉金：《論殷代的禦祭》，《中國文字》新廿九期，藝文印書館，2003 年 12 月，第 53—75 頁。

把它讀爲"誕",認爲是一種表示時間先後關係的連詞,筆者又進一步論證有近於"乃"的意思。① "礿"字是一種祭名,亦見於卜辭,但具體方法無從得知。"敊",通"叔",甲骨文中常見,于省吾讀爲"塞禱"之"塞",②在這裏也是一種祭祀方式。此字應與第四行"二女"連讀爲"敊二女"。其中的"女"字諸家多讀爲"母",認爲"二母"即上文所提到的"妣乙、妣癸",似可從。

第四行"咸"是"完成"的意思,金文常見。③ 第四字原篆作"",爲四手持一弓形,或和"發"字有關,爲了方便起見,姑且隸爲"發"。從此銘上下文考慮,"發"是人名,也就是作器者,説詳下。"遣"下一字,陳夢家、黃盛璋、賈連敏等學者都論證爲"祼"字,已被大多數學者認同。④ "祼"字在金文中多用爲動詞,但也有例外,比如《伯公父瓚》(《集成》9935)"伯公父作余祼,用獻用酌,用享用孝"、《史獸鼎》(《集成》2778)"尹賞史獸祼"、《榮簋》(《集成》4121)"王休賜厥臣父榮瓚、王祼、貝百朋",這些銘文中的"祼"同《我方鼎》一樣都用爲名詞。趙平安認爲這些當名詞用的"祼"通"瓚";我們認爲也有可能是《毛公鼎》(《集成》2841)"祼圭瓚寶"的"祼圭"之省,《周禮·冬官考工記·玉人》"祼圭尺有二寸,有瓚,以祀廟",鄭注:"祼之言灌也,祼謂始獻酌奠也。瓚如盤,其柄用圭,有流前注。"

第五行""在古文字中還沒有發現和此字完全一樣的字形,學者們多把它理解爲地名,做"貝"的定語。當然我們也可以考慮把""歸上讀爲"祼二",這樣的話,從字形上看""似乎是邕草一類的植物,"祼二"又可理解爲"祼禮用的二束",但這只是我們的一種猜測而已。

---

① 可參看單育辰:《說"祉"》,待刊。
② 于省吾:《釋叔》,《甲骨文字釋林》,中華書局,1979年6月,第35—37頁。
③ 參看陳絜:《金文"咸"字詞義、用法縷析——兼論〈尚書·康誥〉等篇的年代問題》,《中華文史論叢》第七十一輯,上海古籍出版社,2003年5月,第272—288頁。
④ 參看陳夢家:《祼瓚篇(未作完)》,《西周銅器斷代》,中華書局,2004年4月,第456—459頁;黃盛璋:《穆世標準器——鮮盤的發現及其相關問題》,《徐中舒先生九十壽辰紀念文集》,巴蜀書社,1990年6月,第23—52頁;賈連敏:《古文字中的"祼"和"瓚"及相關問題》,《華夏考古》1998年第3期,96—112頁。

第四行和第五行的"發遣祼二、👤貝五朋"是銘文關鍵所在,我們來考察這句話應如何解釋。

金文中記載被賞賜物品而作器的,必然記載作器者之名及爲何者所賜。以往諸家皆認爲作䙆者"我"即是作器者,我們認爲是講不通的。試看銘文"發遣祼二👤貝五朋"已有"貝五朋"字樣,則其中必應有"賞賜"之類的動詞及動作的受動者或施動者,句意方稱完整。馬承源等首先認爲"遣"有"送"義,這是很好的意見。"遣"做"送"義講,學者舊多未注意,我們還可以舉出幾例爲之佐證:《晉姜鼎》(《集成》2826)"嘉遣我,賜鹵責(積)千兩",此處的"遣"可理解爲"贈送";《否叔尊》"否叔獻彝,疾不已,爲母宗彝則備,用遣母霝",其意猶作這些器物來送於已去世的母親,使之在陰間享用;①又《作册虎卣》(《集成》5432.1):"公大史咸見(獻)服于辟王,辨于多正。雩(粵)四月既生霸庚午,王遣公大史。公大史在豐,賞作册虎馬。"以往多理解"遣"爲"派遣"之"遣",實於文義無説,現在把它理解爲:公大史完成奉獻"服貢"的任務後,王贈送公大史物品,而後公大史又賞賜作册虎。把其中的"遣"解爲"贈送"是很合適的。"遣"作"送"講,在後世文獻中也有遺留,《儀禮·既夕禮》"書遣於策",鄭玄注:"遣,猶送也。"

把"遣"字論定後,我們便可知道,"遣"上的"👤"字一定是一個人名。馬承源等即如此理解,不過他們把"👤"隸定爲"昇",和我們隸定作"發"不同。我們從馬承源等所做《我方鼎》的注釋中揣摩其意,似可認爲他們把"發遣祼二、👤貝五朋"理解爲主動句,其中省略了被賞賜者"我",因而此句意爲"'發'贈送('我')祼圭二、👤貝五朋"。我們的考慮與之不同,我們認爲,如果把"發"理解爲賞賜者,則"發"的出現没有上文交待,在銘文中頗顯突兀,並且下面"用作父己寶尊彝"的主語也没有了着落。所以"發遣祼二、👤貝五朋"的意思應是"'發'(被'我')贈送祼圭二、👤貝五

---

① 張光裕:《西周遺器新識——否叔尊銘之啓示》,《"中研院"歷史語言研究所集刊》第七十本第三分,1999年9月,第761—776頁。

朋"。下面就此問題做一些論證：

1. 從記載某人受賜作器的金文看，銘文一般都是先説某甲做某事，然後某甲賞賜某乙物品，某乙因此作器。比如《德方鼎》(《集成》2661)："唯三月，王在成周，祉武王祼自郊，咸，王錫德貝二十朋，用作寶尊彝。"《不㫊方鼎》(《集成》2736)："唯八月既朢戊辰，王在上侯應，華祼，不㫊賜貝十朋，不㫊拜稽首，敢揚王休，用作寶鬻彝。"《作册大方鼎》(《集成》2760)："公來鑄武王、成王異鼎，唯四月既生霸己丑，公賞作册大白馬，大揚皇天尹大保宁，用作祖丁寶尊彝。"其他如《矢令方彝》(《集成》9901.1)、《作册䰯卣》(《集成》5432.1)等也都是如此。這些銘文的格式是：記錄賞賜者(施事者)的活動是主要的，而對受賜者(受事者，即作器者)一般只提及被賞賜這個動作，《我方鼎》正同其例。

2. 在銘文中出現"我作禦，祟祖乙妣乙、祖己妣癸"，通常，禦祭的先祖會是最近的祖先，那麽，"祖乙"有可能是"我"的高祖，而"祖己"有可能是"我"的祖父。然而銘末説"用作父己寶尊彝"，若"我"就是作器者的話，則祖父和父親日名同用一個干支"己"，這是不可能的。①

3. 我們再看"發遣祼二、🌂貝五朋"應該如何解釋。雖然在金文中常用"受事者＋V＋于＋施事者"的方法來表被動，但省略"于＋施事者"的情況也非常多見。比如《蔡尊》(《集成》5974)："王在魯，蔡錫貝十朋，對揚王休。"《何尊》(《集成》6014)："王咸誥，何錫貝三十朋。"《麥尊》(《集成》6015)："王以侯入于寢，侯賜玄琱戈。"這三處銘文中的"蔡""何""侯"都是"賜"這個動作的受事者。② 所以，我們認爲"發遣祼二、🌂貝廿朋"也省略了"于＋施事者"，要想表達得更清楚一些，我們可以把它擴充爲"'發'(被)遣(贈)祼二、🌂貝五朋(于'我')"。

"亞若"是族氏銘文，李學勤已有詳細考證，這裏不再贅述。

依上所述，此銘可以翻譯成：十一月丁亥那天，名叫"我"的人(因遭

---

① 關於日名制，歷來有各種説法，但相接的兩輩不會用同一個干支來表示則是肯定的。

② 參看楊五銘：《西周金文被動句式簡論》，《古文字研究》第七輯，中華書局，1982年6月，309—317頁。

受某種憂患）對祖乙妣乙和祖己妣癸舉行禦祭，又舉行衦祭、叔祭於妣乙、妣癸，完事後，"發"（因服務於禦祭等原因）被"我"贈以祼圭二個、㯥地的五朋海貝（或可理解爲"祼禮用的二束㯥、五朋海貝"），"發"因此鑄作用來祭祀"發"的父親"父己"的祭器。

從上面的釋讀不難看出，以往絕大多數的學者把銘文命名爲《我方鼎》是有問題的，此器應命名爲《發方鼎》。

《發方鼎》是具有殷商文字特征的爲數甚少的長銘之一，內容甚可珍異。其中作器者"發"的家族爲"亞若"，可以和其他有"亞若"族氏銘文青銅器繫聯。此銘中出現的數處祭名，也爲我們進一步探討殷人祭法提供了重要的材料。

【**發表情況**】單育辰：《我方鼎新詁》，《考古與文物（2007—先秦考古）》，第 216—218 頁。

再論沈子它簋

《沈子它簋》收錄於《集成》4330號,僅存蓋。據傳1931年出土於洛陽,現藏比利時布魯塞爾皇家美術歷史博物館。此銘文字歷來號稱難讀。據筆者所見,對此器進行考釋的主要有以下數文:

郭沫若《沈子毁》、①平心《甲骨文金石文剳記(二)》、②陳夢家《它毁》、③唐蘭《沈子也簋蓋》、④李學勤《它簋新釋——關於西周商業的又一例證》、⑤馬承源等《沈子也簋蓋》、⑥劉雨《金文中的饗祭》、⑦張亞初《殷周金文集成引得》等。⑧經過以上學者的努力,有不少問題已經得到了解決。然而由於銘文頗爲詭異,有些關鍵字還未得到釋讀,銘文大意尚難通解。有鑒於此,我們準備在前輩的基礎上,對其做進一步的考證。

我們先把自己所作的釋文抄寫於下,然後擇要說明,其中已經被學者考證過的,就不再細說了:

---

① 郭沫若:《沈子毁》,《兩周金文辭大系圖錄考釋》(下),上海書店,1999年7月,46—49頁;又,郭沫若:《沈子簋銘考釋》,《金文叢考》,《郭沫若全集·考古編》第五卷,科學出版社,2002年10月,第659—672頁。
② 平心:《甲骨文金石文剳記(二)》,《華東師大學報》1958年第3期,第101—113頁。
③ 陳夢家:《它毁》,《西周銅器斷代》,中華書局,2004年4月,第113—115頁。
④ 唐蘭:《沈子也簋蓋》,《西周青銅器銘文分代史徵》,中華書局,1986年12月,第320—326頁。
⑤ 李學勤:《它簋新釋——關於西周商業的又一例證》,《文物與考古論集:文物出版社成立三十週年紀念》,文物出版社,1986年12月,第271—275頁。
⑥ 馬承源等:《沈子也簋蓋》,《商周青銅器銘文選》卷三,文物出版社,1988年4月,第56—58頁。
⑦ 劉雨:《金文中的饗祭》,《故宮博物院院刊》1998年第4期,第78—82頁。
⑧ 張亞初:《殷周金文集成引得》,中華書局,2001年7月,第89頁。

它曰：拜稽首,敢𠈂昭告。朕
吾考令(命)乃鵙沈子作𧛻于周公
宗,陟二公,不敢不𧛻。休同公克成
綏吾考,以于顯顯受令(命)。嗚
呼,唯考肇念自先王先公,
𠨘妹克卒告剌(烈)成工(功)。戲(嗟),吾考
克淵克,乃沈子其頯懷多公能福。
嗚呼,乃沈子妹克蔑見厭
于公,休。沈子肇敼(畢)𠬪(付)賈畜(積),
作茲簋,用𥂴(載)卿(饗)己公,用各(格)多公,其
孔(夙)哀(夜)乃沈子它唯福,用水(永)靈令(命),
用綏公唯壽。它用懷㚔(佐)我多弟、
子、我孫,克又(有)井(型)敼,懿父𠨘是子。

　　第一行"𠈂"字,原篆作" ",下作" "與一般金文所從"又"形有異,故或有隸定爲"叉"的,因古文字中"又""叉"二旁實常通用,故仍按"又"隸定。我們懷疑此字或是"又"之繁文,這裏讀爲"有"。

　　第二行"吾"字上部所從爲" ",和金文中常見的"五"字相比,中間多了一豎,有些學者認爲不是"吾"字,似太過審慎。唐蘭已言" 就是吾字,《毛公鼎》'干吾王身'的吾字,薛氏《鐘鼎彝銘款識》師𩛥簋作" ",可證"。"乃"應依陳夢家、李學勤訓爲第二人稱領格代詞。"𧛻"字原篆作" ",平心隸定爲"𧛻",是,可參看《金文編》"祼"條①所從之"夗",與" "右旁並無區別。平心、劉雨讀爲"祼",認爲是"觀"或"新死之父袝入宗廟的祭禮";而唐蘭讀之爲"祼",認爲是"祼禮"。按"祼"字又見於《呂方鼎》(《集成》2754)、《士上卣》(《集成》5421)、《高卣蓋》(《集成》5431)、《麥方尊》(《集成》6015)等數器,但皆爲王所舉行。此數説證據都不充分。不過我們可以

---

① 容庚、張振林、馬國權：《金文編》,中華書局,1996年8月,第362頁。

從"作繩于周公宗,陟二公"這句話猜測,此"繩"字應同祭祀活動有關。

第三行"同公"之"同"原篆作"囗",李學勤認爲"同公"即指上文的周公,舊以爲"同"是封號,是不對的。似可信。按"同公"之稱亦見《小臣宅簋》(《集成》4201)"囗(同)公在豐,令宅事伯懋父",這個所謂的"同"從字形上看更像是"周"的一種變體,可參《袁盤》(《集成》10172)的"囗(周)"即少一豎與"囗"類同。不過,即使把"同公"讀爲原字,我們仍可認爲它是周公的另一種稱號,並不妨礙對文意的理解。

第五行第四字原篆作"囗",上從"妞"下從"又"。唐蘭認爲是一個字,隨後劉雨釋爲"肇",文義頗爲順暢。若"妞"果是"攺"的變體的話,第四字也有可能仍是兩個字而讀爲"妞(肇)又(有)"。這裏姑從劉雨說。

第六行之"卒"字是"完成"的意思,相關考釋又可見李學勤《論多友鼎的時代及意義》、裘錫圭《殷墟卜辭中的"卒"和"䍙"》二文。① "叡"字在金文中甚爲常見,除作連詞"且"外,還有不少是作爲語氣詞用的。楊樹達在《積微居金文說》中已論證這些做語氣詞的"叡"應讀爲典籍的"嗟",②其說確不可易。除了楊樹達所舉例證外,我們還可以再做一些補充:《說文解字》卷十二鹵部:"䴬,鹹也。從鹵、差省聲。河內謂之䴬,沛人言若虘。"《漢書·地理志》沛郡鄼縣下注:"應劭曰:音嵯。師古曰:此縣本爲酇,應音是也。中古以來借酇字爲之耳。"保利藝術博物館1999年入藏的一把短劍銘文中的"大叡"即文獻中的"夫差"。③ 包山楚簡的"瘥"字,已爲多位學者論證通"瘥"。④ 這些都是"虘"和"差"相通的例子。所以我們把金

---

① 李學勤:《多友鼎的"卒"字及其他》,《新出青銅器研究》,文物出版社,1990年6月,第134—137頁;裘錫圭:《殷墟卜辭中的"卒"和"䍙"》,《中原文物》1990年第3期,第8—17頁。
② 楊樹達:《縣改殷跋》《全盂鼎跋》《小臣謎殷跋》,《積微居金文說》,中華書局,1997年12月,第2、41—42、103頁。
③ 李學勤:《試論夫差短劍》,《中國古代文明研究》,華東師範大學出版社,2005年4月,第63—64頁。
④ 參看周鳳五:《包山楚簡文字初考》,《王叔岷先生八十壽慶論文集》,大安出版社,1993年,第361—363頁;曾憲通:《包山卜筮簡考釋(七篇)》,《第二屆國際中國古文字學研討會論文集》,香港中文大學中國語言及文學系,1993年10月,第422—424頁。

文中的"虡"讀爲"嗟",應該是没有什麼問題的。

第七行"淵克"唐蘭已指出同於典籍之"剛克""柔克""温克"。"頷"李學勤讀爲"於",認爲是助詞;馬承源等併認爲此銘的"頷懷多公能福"和《詩經·大雅·大明》"聿懷多福"相類。

第九行"歀"李學勤讀爲"畢",甚是。其下的一個字原篆作" ",郭沫若釋爲"狃",我們對比金文中的"犬"形自可明瞭其所釋非是;李學勤讀爲"肆",亦與字形不合。我們認爲," "字左旁實即"寸"的變形,不過是在"寸"的下部贅加了一小横,從而形成類似"十"之形,①而"寸"所從的一點又受此横影響,再加以彎曲而已。所以這個字可隸定爲從"寸"從"又"的"扝",我們認爲它即"付"字。《説文解字》卷八人部説"付""從寸持物對人",這裏的"扝"不過是把人旁改造成手旁罷了。此字釋爲"付"還有一種可能,就是"付"字所從的"人"旁訛變成"又",並把左右旁互倒(参看本銘第九行"沈"字即左右旁互倒)。②"付"字在金文中常見,如《蠆鼎》(《集成》2765)"因付厥且僕二家"、《嘼攸從鼎》(《集成》2818)"我弗具付嘼從"、《五祀衛鼎》(《集成》2832)"邦君厲眾付裘衛田"、《曶鼎》(《集成》2838)"則付四十秭"、《散氏盤》(《集成》10176)"我既付散氏田器"等。和這些辭例相比,也可知釋"扝"爲"付"也是頗爲通順的。"賈"字的考釋可参看李學勤《魯方彝與西周商賈》、裘錫圭《釋"賈"》二文。③"積"字從陳夢家釋。

第十行"甙"字從唐蘭讀爲"載",訓"始"。按"載"字典籍常見,也有人認爲是副詞"乃"的意思。④"丮哀",郭沫若讀爲"劇愛"、唐蘭讀爲"揚哀"、馬承源等讀爲"慈愛",於"丮"字皆不能合。"丮"在其他金文中尚有

---

① "寸"字下部形成類似"十"形在春秋戰國文字也有類似的情況,参看《侯馬盟書》(文物出版社,1976年12月)"守"作" "(一:一六)、" "(九八:一〇)及《三十五年鼎》"釺"作" "(《集成》2611.1)或" "(《集成》2611.2)等。

② "付"字形可参看容庚、張振林、馬國權:《金文編》,中華書局,1996年8月,第563—564頁。

③ 李學勤:《魯方彝與西周商賈》,《當代學者自選文庫——李學勤卷》,安徽教育出版社,1999年5月,第302—308頁;裘錫圭:《釋"賈"》,南京:中國古文字研究會第九届學術討論會論文,1992年11月。

④ 参看裴學海:《古書虚字集釋》,中華書局,1982年6月,第646—647頁。

出現,如《伯中父簋》(《集成》4023.1)"白(伯)中父丮夜事嬰考"、《蔡簋》(《集成》4340)"敬丮夕勿灋(廢)朕令",①這兩個"丮"字無疑是"𥎦"的省"夕"之形,用爲"夙"。所以沈子它簋的"丮"也應用爲"夙"。我們考慮,金文常見"夙夜"一詞,那麼,下個"哀"便可能是"夜"的訛字,"哀""夜"金文字形相近。"水"字,原篆作"[字]",唐蘭讀爲"順",李學勤讀爲"矢",馬承源等讀爲"賜",皆不確,唯《殷周金文集成釋文》釋爲"永"可信。② 按金文中"永""水"字形相近,二字相訛的情況多見,如《格伯作晉姬簋》(《集成》3952)"子子孫孫其[字]寶用"、《不嬰簋》(《集成》4328)"用匃多福眉壽無疆、[字]屯(純)霝終","[字]""[字]"二字看似"水"形,但對比辭例可知都用爲"永"字,這裏的"[字]"也應讀爲"永",金文常見"永令(命)"或"永令(命)霝終",可與之相較。

第十二行"扶",劉釗注意到,"差"和"螯"等字所從的"[字]"旁有時也從"木"作"[字]",故此字應隸定爲"遳"。③ 可從,這裏讀爲"差(佐)"。

把這些疑難字考釋過後,其中紛繁的人名就可以理順了。銘文裏的"周公""同公""公"都是一個人,從第十二行"用綏公唯壽"來看,其人仍然在世。而沈子它的父親在銘文裏被稱爲"朕吾考""吾考""考",可見已經過世。本銘文的大意是:沈子它的父親在去世之前命令沈子它對周公宗作一次"紲"的祭祀活動,並"陞二公"。從中我們可以看出,沈子它同周公這一族是有密切關係的,很可能沈子它之父就是剛從周公一族分立出來的小宗。這裏的"二公"應指周公家族中過世的先公。然後沈子它說他的父親得到了大宗周公的關照(銘文"休同公克成綏吾考,以于顯顯受命"),終使沈子它在其父親去世後成功地舉辦了"紲"(銘文"廼妹克卒告烈成功")。沈子它的這次行動贏得周公的滿意(銘文"妹克蔑見厭于公,休")。此後,沈子它把自己的"賈積"(應指財物之類)全部拿出來,作了這個簋。

---

① 此爲摹刻本,然字形應可靠。
② 參看中國社會科學院考古研究所:《殷周金文集成釋文》第三卷,香港中文大學中國文化研究所,2001年10月,第465頁。
③ 劉釗:《古文字構形學》,福建人民出版社,2006年1月,第281頁。

希望歆饗"已公"的靈魂——這個"已公"很可能指沈子它的父親,①又希望招徠"多公"的靈魂享用——這裏的"多公"應指周公一族中已去世的先公。接着又祝願作器者沈子它常有福氣,在世的周公壽考,並使自己的弟、子、孫子能有效法的榜樣。

金文銘文雖然大多鑄寫得比較規範方正,但也有一些鑄造得草率、或因某種原因文字變化頗爲奇異的銘文,比如《縣妃簋》(《集成》4269)的 ▨ (敢)、《𪭢叔作叔班盨》(《集成》4430)的 ▨ (霸)、▨ (午)等字,如果没有上下文例的推勘,恐怕很難辨識。這種字體詭異的銘文爲數尚不算太少。對於這些金文,如果過於膠着字形,可能會使我們陷於困境。楊樹達曾説自己"妄欲用王氏校書之法治彝銘,每釋一器,首求字形之無牾,終期文義之大安,初因字以求義,繼復因義而定字。義有不合,則活用其字形,借助於文法,乞靈於聲韻,以假讀通之"。② 如果我們能利用各種手段,反復考察,對於這些疑難銘文的解讀,或許會有所創獲。

【編按】新見《中旬人簋》"㱃(夙)夜"之"㱃"亦寫爲"卂",參謝堯亭:《倗、霸及其聯姻的國族初探》,《金玉交輝——商周考古、藝術與文化論文集》,"中研院"歷史語言研究所,2013年11月,第293頁。

【發表情况】單育辰:《再論沈子它簋》,北京:"2007北京師範大學全國博士生學術論壇(中國語言文學)"會議論文,2007年7月。後刊於《中國歷史文物》2007年第5期,第8—11頁。

---

① 唐蘭説"已公當即沈子也所説的吾考"。
② 楊樹達:《積微居金文説》自序,中華書局,1997年12月,第1頁。

軹伯豐鼎考

上海古籍出版社出版的吴鎮烽先生的《商周青銅器銘文暨圖像集成》洋洋三十五册，是新近公布的一部重要的金文資料彙編，①收集不少未曾著録過的銘文。其中第2426號一器，吴先生命名爲《軹白豐鼎》，裘錫圭先生在爲此書作的序中舉例的"對古文字學和相關研究具有很重要的價值"的十七篇新收銘文中，此件即居其一。書中所録圖版尚稱清晰，但由於印製原因，此書所有圖像皆變爲黑白圖版，若參照吴先生早先推出的電子版《商周金文資料通鑒》（版本1.2）所收同號銘文彩圖參照，識字效果會更好。

此篇銘文文例怪異，一時不易考索。吴鎮烽先生對其釋文作：

唯十月既生霸甲辰，在成周，𨚵史至，以兹令（命）曰：内史曰：告軹伯，戲！伯氏宕。卿旋（事）𦘦（司）曰：龠，今我既即令（命）曰：先王令（命）尚付。軹伯豐作寶鼒彝。

由於體例原因，吴先生對銘文未加注解，但吴先生的釋字和斷句有些問題，沈培先生《西周金文"宕"字釋義重探》、李學勤先生《一篇記述土地轉讓的西周金文論》兩文皆對此有所討論，②我們的意見與他們有所不同，今爲之重新疏解。先把我們做的釋文列於下：

---

① 吴鎮烽：《商周青銅器銘文暨圖像集成》，上海古籍出版社，2012年9月。
② 沈培：《西周金文"宕"字釋義重探》，《"中研院"第四屆國際漢學會議論文集——出土材料與新視野》，"中研院"，2013年9月，第381—417頁補記引論文審查人的意見。李學勤：《一篇記述土地轉讓的西周金文論》，《故宫博物院院刊》2015年第5期，第29—30頁。

唯十月既生霸甲辰，在成周，寇（御）史至，以兹命曰：＂内史曰：＇告軏伯，戲（嗟）！伯氏宕（託）卿旋（事-士）嗣（辭）曰：＂命，今我既即命，曰：＇先王命，尚（當）付。＇＂＇＂軏伯豐作寶𩰫彝。

首先，吴先生隸定的"轈"字，原篆作"▨"形，謝明文先生認爲從"臺""軏"聲，可信。① 其書 14365 號新著録一盤，被命名爲《旂伯盤》，銘文作："▨伯作旅盤。""▨"與此顯爲一字，亦是"軏"。附帶說一下，此二器器形時代相同（吴先生皆定爲西周早期），疑爲一墓所出。爲方便起見，"轈"字下文皆用"軏"來表示。

此外，銘文中有幾個字，我們的破讀與吴先生不同：如"寇"，我們認爲可讀作"御"，二者皆從"午"得聲，"御史"典籍和金文都常見，如其書 5121、5122 號《御史競簋》即有"卸（御）史競"一人，"御史"爲官稱，"競"爲人名。又如"戲"應讀爲典籍中常見的歎詞"嗟"，早已爲楊樹達先生所言。②

吴先生把銘文中"伯氏宕"三字斷讀，甚爲不辭，我們認爲"宕"應讀爲"託"，石，禪紐鐸部，託，透紐鐸部，二字聲紐皆屬舌音，同爲鐸部，古音甚近。其書 2489 號《戎方鼎》"則尚（當）安永宕乃子戎心"其中之"宕"，王占奎先生即讀爲"度"，"度"本從石，亦定紐鐸部。③《方言》卷二："凡寄爲託。"《左傳·襄公十五年》："司城子罕以堵女父、尉翩、司齊與之，良司臣而逸之，託諸季武子，武子寘諸卞。"《孟子·梁惠王下》："王之臣有託其妻子於其友而之楚遊者，比其反也，則凍餒其妻子。""託"即寄託、交付的意思。後面的"嗣"我們改讀爲"辭"。"卿旋（事）"即"卿士"，典籍、金文常見，如 2438 號《伯碩父鼎》、2518 號《毛公鼎》、5383 號《番生簋蓋》、5976 號《伯公父簠》、14532 和 14533 號《叔多父盤》皆有之，《叔多父盤》即云：

---

① 小文與謝先生文基本同時寫成，並互相傳閱，小文曾認爲"轈"應隸定爲"𨏩"，並讀爲"施"，今從謝先生說改。後面 14365 號的"▨"與此爲同一字，則爲同時發現。參謝明文：《釋西周金文中的"垣"字》，《中國文字學報》第六輯，商務印書館，2015 年 8 月，第 69—72 頁。

② 楊樹達：《縣改毁跋》《全盂鼎跋》《小臣謎毁跋》，《積微居金文說》，中華書局，1997 年 12 月，第 2、41—42、103 頁。

③ 參看王占奎：《瑂生三器銘文考釋》，《考古與文物》2007 年第 5 期，第 106 頁。

"利于辟王、卿事(士)、師尹、朋友、兄弟、諸子婚媾。"銘文相關幾字可重新句讀爲"伯氏託卿士辭曰",意思是伯氏把某些話(這些話或爲書面語或爲口語)交付給卿士。伯氏,有可能是他人對軨伯豐的尊稱,不過,從此銘内容看,伯氏應指不同於器主的某位高官,如5083號《敔簋》:"伯氏賜敔,錫敔弓、矢束、馬匹、貝五朋。敔用從,永揚公休。"5387號《不嬰簋》:"伯氏曰:不嬰(忌),汝小子,汝肇敏于戎工……不嬰(忌)拜稽首休,用作朕皇祖公伯、孟姬尊簋。"都是"伯氏"和器主分爲兩人,且地位高於器主的例子。《軨伯豐鼎》未說伯氏官爵名氏,這在其他銘文裏也是常見的,並且,此銘對"御史""內史"亦未稱名,其簡略情況相近。

其中"尚"字可讀爲"當","當"即從"尚"得聲,是應該、應當的意思,我們在舊文《戰國卜筮簡"尚"的意義——兼説先秦典籍中的"尚"》中已經論證過,①如2489號《𢦏方鼎》:"𢦏曰:'嗚呼!朕文考甲公、文母日庚必休,則尚安宕(度)乃子𢦏心,安永襲𢦏身,厥復享于天子,唯厥事(使)乃子𢦏萬年辟事天子,毋又尤于厥身。'"2515號《曶鼎》:"曶迺誨于觝曰:'汝其舍䵼矢五秉。'曰:'必尚俾處厥邑,田厥田。'"這些"尚"都應該讀爲"當",與此銘相同。

此篇銘文的難點是說話者衆多,引語繁雜。我們認爲,"御史以兹命曰"以下至"當付"結束,都是御史所說的話,但御史的話中又摻雜了幾個人的話,一是内史所說之語,從"告軨伯"以下至"當付"結束,其中内史又引用了伯氏所說的話;二是伯氏之語,從"俞"以下至"當付"結束,即銘文中的"俞,今我既即命,曰:'先王命,當付。'";三即"先王命,當付"這句話,是伯氏引用某人之語,至於這句話是誰說的,可以先對銘文加以翻譯後再說明。

這篇銘文的意思是,在十月既生霸甲辰這天,某人在成周,從銘文慣例看,一般多說"王在成周",但這裏省略主語,故很可能是說軨伯而不是說王在成周。御史來了,他轉述内史的話說:"内史說:'要御史告訴軨伯,伯氏曾託付卿士的話說:"俞,現在我既然已經接受命令,那個命令說:'先

---

① 單育辰:《戰國卜筮簡"尚"的意義——兼説先秦典籍中的"尚"》,《中國文字》新三十四期,藝文印書館,2009年2月,第107—126頁。

王的命令,應當付給軌伯。'"'"這裏的"侖"應該是"卿士"之名,"即命"的"即"是依就、接受的意思,如《左傳·定公四年》"用即命于周"。那麼,伯氏所"即"之"命",所接受的是誰的命令呢? 或者説,"先王的命令,應當付給軌伯",這是誰説的呢? 從文義看,所説者應該是比内史、御史、伯氏更高一級別的官員,也可能就是周王。正因爲軌伯在成周(銘文"在成周"),所以有機會見到這些高官,能聽到這些高官乃至周王的命令。銘文主要的内容到這裏戛然而止,因爲銅器鑄造不易,文語簡略,但從銘文最後的"軌伯豐作寶齍彝"可以看出,軌伯一定是得到了他所希望得到的東西,也就是説大小官員都按照上峰的命令執行了,所以軌伯鑄造此鼎以爲祝賀。

這樣,我們可以看出,這篇銘文裏,御史的話中引用了内史的話,内史的話中又引用了卿士的話,卿士的話的來源爲伯氏,而伯氏的話中又引用了高官某人(或爲周王)的話。一篇銘文頭緒如此紛雜,又壓縮到僅五十一個字的短篇中,難怪頗顯奇異了。《集成》5998 著録一件《由伯尊》,在短短的三十一個字中出現了四個"曰"字,裘錫圭先生曾有解讀,①和本銘之繁難略有類似。《商周青銅器銘文暨圖像集成》還有很多有意思的材料,這裏只選擇一篇略作闡釋,或可引起大家的興趣。

【發表情況】單育辰:《施伯豐鼎考》,北京:"文字·文本·文明:出土文獻研究青年論壇"會議論文,2015 年 12 月。後以《軌伯豐鼎考》爲名,刊於《歷史語言學研究》第十輯,商務印書館,2016 年 10 月,第 217—220 頁。

---

① 裘錫圭:《從幾件周代銅器銘文看宗法制度下的所有制》,《裘錫圭學術文集》第五卷,復旦大學出版社,2012 年 6 月,第 202—209 頁。

作册嗌卣初探

《作册嗌卣》(《集成》5427),原藏潘祖蔭處,後歸上海博物館,以往拓本漶漫不清,自從《商周青銅器銘文選》第一册發表新拓後(著録於第 142 號),清晰度方大爲改觀。此銘異於常例,號稱難懂,可惜討論它的文章並不多見。這裏按我們的理解先把釋文寫在下面,再作進一步討論:

作册嗌作父辛尊,
厥名義(宜)曰:"子子孫寶。"
不彔(禄)嗌子,子徣(誕)先盡
死。亡子,子引(矧)有孫。不
敢弟擾,軏(況)鑄彝,
用作大衶(御)于厥祖
妣、父母、多神,母(汝)念
哉,必勿刂(剝)嗌鰥寡,
遺祏石(祐)宗不刺。

以往如陳夢家先生、張亞初先生、連劭名先生認爲其中的"徣"和"引"是人名,[①]是"作册嗌"的兒子;馬承源等先生認爲只有"引"是人名,是"作

---

① 參看陳夢家:《乍册益卣》,《西周銅器斷代》,中華書局,2004 年 4 月,第 124—126 頁。其中"引"字誤釋爲"弘",此正。張亞初:《金文新釋》,《第二届國際中國古文字學研討會論文集》,香港中文大學中國語言及文學系,1993 年 10 月,第 297—303 頁;連劭名:《商周青銅器銘文新證》,《古文字論集》三,《考古與文物》2005 年增刊,第 49 頁。

册嗌"的兒子。① 如果按諸先生的理解，把"祉"當作人名的話，則應説"不录（禄）嗌子祉，祉先盡死"。但銘文卻言："不录（禄）嗌子，子祉先盡死。"可見若把"祉"理解爲人名，則他的出現頗爲突兀；如果把"引"理解爲人名，這幾個人物之間的關係將很難説清楚，並且，這篇銘文是爲了祈禱有後代而作的，如果"子引"這個人"有孫"，那麼"作册嗌"也就有了孫子，已有後代，自然談不上銘文最後兩行説的"一定不要傷害'作册嗌'，使'作册嗌'鰥寡孤獨，要遺留自己這一宗族使後嗣不絶"了。其實，這篇銘文裏涉及的人物很簡單，一個是器主"作册嗌"，一個是作册嗌已死的父親"父辛"，一個是"子"——也就是"作册嗌"的兒子（他的名稱銘文中並未出現）。這篇銘文的難點，在於以前學者認爲是人名的"祉""引"，其實，它們應理解爲虛詞。下面我們將對此銘重加解釋，並着重梳理一下這幾個虛詞的含義。

此銘首句："作册嗌作父辛尊，厥名義（宜）曰：'子子孫寶。'"意思是説器主"作册嗌"作父辛尊彝。它的名字應該稱作："子子孫孫寶用。"② 與此相類的銘文又見《秦公鐘》"作淑龢鐘，厥名曰旹（固）邦"（《集成》270），《懷后磬》"自作造磬，厥名曰懷后"（《考古圖》7.17）。③ 這裏用"厥名義（宜）曰"而不是"厥名曰"，是因爲"作册嗌"作此卣是爲了祈求有子而作（詳後），此時他尚無子孫，故這裏用了一個比較委婉的"宜"。銘文中有"父辛"之稱，從金文通例看，"作册嗌"的父親已死，這同銘後"用作大祤（御）于父母"，其中"御"的對象爲死者的情況是一致的。

第二句"不录（禄）嗌子，子祉（誕）先盡死"。"禄"的意思是"福""善"，典籍常見。④ "祉"，西周金文中多見，其意義可以肯定即典籍中的"誕"，

---

① 馬承源等：《作册嗌卣》，《商周青銅器銘文選》三，文物出版社，1988 年 4 月，第 95—96 頁。
② 張崇禮先生提示，這裏的"名"更有可能讀爲"銘"，即銘刻上"子子孫寶"之類的話。
③ 參看第 66 頁注①陳夢家文。
④ 宗福邦、陳世鐃、蕭海波主編：《故訓匯纂》，商務印書館，2003 年 7 月，第 1607—1608 頁。按《禮記·曲禮下》："天子死曰崩，諸侯曰薨，大夫曰卒，士曰不禄，庶人曰死。"鄭注："不禄，不終其禄。"鄭釋"不禄"之義似不甚確，因《禮記·曲禮下》又曰："壽考曰卒，短折曰不禄。"若短折則或有不能得其禄者，何來終其禄之説？頗疑"不禄"之"禄"仍是"福禄"義。此銘與《曲禮下》"短折曰不禄"一語尤合。

是表示一種時間先後關係的連詞,其意義大概近於"乃"。① 與此字相當的辭例可見《麥方鼎》(《集成》2706)"唯十又一月,井侯征(誕)贊于麥,麥錫赤金,用作鼎";《沬司土逘簋》(《集成》4059)"王來伐商邑,征(誕)令康侯鄙于衛";《師遽簋蓋》(《集成》4214)"王在周客新宮,王征(誕)正師氏,王呼師朕錫師遽貝十朋"等。銘文"不录(禄)嗌子,子征(誕)先盡死"的意思是"上天不福祐'作册嗌'的兒子,其子乃先死去"。其中的"盡",《說文·血部》:"傷痛也。"

第三句"亡子,子引(矧)有孫"。"引",在這裏也應該是虛詞,通"矧","矧"金文及古文獻中常見,古多訓爲"況",裘錫圭先生認爲還有"亦"的意思,②裘先生的說法可信。但我們還發現一種特殊的情況,就是在兩個(或幾個)並列的結構中,如果前句用了否定式,後句用"矧"的時候,雖然不加否定詞,但後句也表示否定,有"也沒有""也不"的意思,也可說相當於"亦弗"(或"亦亡""亦無""亦不"等)。如:

> 《毛公鼎》(《集成》2841):越之庶出入事,于外敷命敷政,藝小大楚賦,無唯正聞,引(矧)其唯王知,乃唯是喪我國。

這裏的"矧"承上句"無"而爲"亦不"的意思,"無唯正聞,矧其唯王知"是說不僅大臣正長不能聽到,周王也不能知道。

> 《臣諫簋》(《集成》4237):臣諫□亡母弟,引(矧)庸有長子。

《作册嗌卣》與《臣諫簋》内容全不相及,但二者相關句文意和句式相當,且都有"引"字出現,可見《作册嗌卣》中的"引"不能是人名。《臣諫簋》的"矧"亦承上句否定詞"亡"而作"亦無"的意思,整句是說:"臣諫沒有弟弟,也沒有長子。"

> 《逸周書·度邑》:旦,汝維朕達弟,予有使汝,汝播食不遑暇食,矧其有乃室。

> 《詩經·大雅·抑》:神之格思,不可度思,矧可射思!

---

① 可參看單育辰:《說"征"》,待刊。
② 參看裘錫圭:《說金文"引"字的虛詞用法》,《古文字論集》,中華書局,1992年8月,第359—363頁。

這兩例的"矧"亦承上句"不"而有"亦不"的意思。

《尚書·大誥》：若考作室，既厎法，厥子乃弗肯堂，矧肯構？厥父菑，厥子乃弗肯播，矧肯穫？

王國維説："矧，亦也。'矧'下省'弗'字，言亦不肯構也。"①可謂一語中的。不過這裏的"矧"已經由"亦弗"引申出"何況"的含義了，②與後世訓"矧"爲"況"很是相近。

那麼，我們可以推知，《作册嗌卣》的"亡子，子引（矧）有孫"中的"矧"也是"亦亡（無）"的意思。這句是説，器主作册嗌"没有兒子，也没有孫子"。

銘文第四句"不敢娣擾，兄鑄彝，用作大神（御）于厥祖妣、父母、多神"。"娣擾"，"娣"應從"弟"得聲，"弟"似可通"夷"，《周易·涣》"匪夷所思"，《經典釋文》"夷荀作弟"；《周易·明夷》"夷于左股"，《經典釋文》"夷，子夏作睇"等。③ "夷"有"悦"的意思，《詩經·商頌·那》"亦不夷懌"，毛傳"夷，説也"。"擾"字字形又可參見《雠匜》（《集成》10285），《周禮·地官》"以佐王安擾邦國"，鄭注"擾亦安也"。"不敢娣（夷）擾"可能是"不敢安悦"的意思。"神"即"御"，古文字中常見，一般是攘除災害時用"御"這種祭法。④ "作册嗌"因無子而作御祭，自然屬於攘災範圍。

其中"兄"字比較重要，長期以來未有學者對"兄"的意義作專門考證。學者或對它避而不談，或把它釋作"兄長"的"兄"，或認爲它讀爲"貺"。其實，"兄"在西周銅器銘文中，還有一種特殊的用法。下面我們把這些銘文

---

① 劉盼遂：《觀堂學書記》，《王國維全集》第二十卷，浙江教育出版社、廣東教育出版社，2009年12月，第97頁。

② 在《尚書》中，在兩個（或幾個）並列的結構中，前句用否定式而後句用"矧"時，"矧"還常與"曰"連用，"矧曰"具有更強烈的反詰色彩，引申有"更何況"的意思。如《尚書·盤庚上》："今不承于古，罔知天之斷命，矧曰其克從先王之烈？"（此句可對比肯定句《尚書·召誥》："今沖子嗣，則無遺壽耇；曰其稽我古人之德，矧曰其有能稽謀自天。"）《尚書·大誥》："洪惟我幼沖人，嗣無疆大歷服。弗造哲迪民康，矧曰其有能格知天命？"《尚書·酒誥》："惟御事厥棐有恭，不敢自暇自逸，矧曰其敢崇飲？"《尚書·多士》："在今後嗣王，誕罔顯于天，矧曰其有聽念于先王勤家？"

③ 參看高亨、董治安：《古字通假會典》，齊魯書社，1989年7月，第531頁。

④ 參看張玉金：《論殷代的禦祭》，《中國文字》新廿九期，藝文印書館，2003年12月，第53—75頁。

列舉於下：

《帥鼎》(《集成》2774)：帥唯懋恘念王母董(勤)匋,自作後。王母㫚商厥文母魯公孫用鼎。

《史楳簋》(《集成》3644)：史楳恘作祖辛寶彝。

《叔趯父卣》(《集成》5428)：唯汝悠其敬乂乃身,毋尚爲小子。余恘爲汝茲小鬱彝,汝其用饗乃辟軹侯。

從這幾處銘文看,無論把"恘"釋爲"貺賜"還是"兄長"都是完全無法講通的。那麽,我們只能另起爐竈,依文例比定它的含義。在以上四處銘文中,如果把"恘"字去掉,並不妨礙對文義的理解,這樣就可看出,這些"恘"是作爲虛詞使用的。同時我們也注意到,《帥鼎》起首就說"帥唯懋恘念王母董(勤)匋",《史楳簋》更是只有"史楳恘作祖辛寶彝"這幾個字,那麽,這些"恘"既不能是表因果也不能是連接的虛詞。我們還發現:"恘"在句法中的位置和"肇"字是比較接近的。比如:《叔尸鎛》"汝肇敏於戎攻"(《集成》285)、《鑄子叔黑頤鼎》"鑄子叔黑頤肇作寶鼎"(《集成》2587)、《郜伯鼎》"郜伯肇作孟妊膳鼎"(《集成》2601)等。以往學者都認爲"肇"是無義語詞,朱鳳瀚先生認爲"肇"應有"始"的意思。① 當然,這裏我們只是把兩者在句法結構上相比附,並不認爲"恘"與"肇"有相同的詞義。

我們認爲,這些銘文中的"恘"即文獻的"況"字,二者皆從兄聲,無疑可通。② 王引之《經傳釋詞》云：

況,滋也、益也。《詩·常棣》曰："每有良朋,況也永歎。"(辰按,此例"況"似形容詞,與下舉不同。)《出車》曰："僕夫況瘁。"傳、箋並曰："況,茲也。"(茲,與滋同。)《晉語》曰："衆況厚之。"又曰："今子曰中立,況固其謀也。"韋注並曰："況,益也。"益,亦"滋"也。古通作

---

① 朱鳳瀚：《論周金文中"肇"字的字義》,《北京師範大學學報(人文社會科學版)》2000 年第 2 期,第 18—25 頁。

② 李學勤先生已談到,《帥鼎》中的恘(兄)"在銘中是虛詞,如《詩·召旻》'識兄斯引'之例,意思是滋、益,字或作'況'。……'兄念'就是益思"。見李學勤:《魯器帥鼎》,《綴古集》,上海古籍出版社,1998 年 10 月,第 88—91 頁。此文承謝明文先生示知。另悉謝先生亦對金文中作虛詞用法的從"兄"諸字做過搜集與討論,認爲它們"可能與含有敬義的'皇'有關",詳其未刊稿《臣諫簋銘文補釋》《談金文中的幾例盡字》。

"兄",又作"皇"。《桑柔》曰:"倉兄填兮。"《召旻》曰:"職兄斯引。"傳並曰:"兄,兹也。"《書·無逸》曰:"厥或告之曰:小人怨女詈女,則皇自敬德。"《漢石經》"皇"作"兄",王肅本作"況",注曰:"況,滋,益用敬德也。"①

楊樹達先生又補充了"兄"用爲"滋""益"的一例:《墨子·非攻下》:"遝至乎商王紂,天不序其德,祀用失時,兼夜中十日雨土於薄,九鼎遷止,婦妖宵出,有鬼宵吟,有女爲男,天雨肉,棘生乎國道,王兄自縱也。"②

王引之、楊樹達所言"兄"有"滋""益"義之説很有道理,但不算完備。我們認爲典籍中的"況"其實就是"更"的一種早期寫法,"更"見紐陽部,"貺(況)"曉紐陽部,二者古音很相近。典籍及《帥鼎》中的"貺(況)"偏重於"益、愈、更加"的詞義,其他三處銘文中的"貺(況)"偏重於"再、又"這種詞義。而古代漢語中的"更",既有"益、愈、更加"的詞義、也有"再、又"這種詞義,③正可與"貺(況)"的詞義類比,這也是"更"就應是"貺(況)"早期寫法一證。④

《左傳·僖公五年》:"虞不臘矣。在此行也,晋不更舉矣。"《韓非子·外儲説右上》:"寡人託國於子,安更得賢相?"《戰國策·楚策一》:"張儀相秦,謂昭雎曰:'楚無鄢、郢、漢中,有所更得乎?'曰:'無有。'曰:'無昭雎、陳軫,有所更得乎?'曰:'無所更得。'"《荀子·成相》:"聖知不用愚者謀,前車已覆,後未知更何覺時!"《史記·管晏列傳》:"吾嘗爲鮑叔謀事而更窮困,鮑叔不以我爲愚。"這些"更"不僅與典籍、金文中的"貺(況)"的語法位置完全相同,語意也是完全相同的。

附帶説一下,原爲羅振玉舊藏,今在故宫博物院的《展敄簋蓋》(《集成》4213),其銘爲:"戎獻金于子牙父百車,而賜盠(魯)展敄金十鈞,賜不諱(違)。展敄用報用璧,用佰(稽)首。其右子歓史孟。展敄黃用豹皮于

---

① [清]王引之:《經傳釋詞》,嶽麓書社,1990年12月,第83—84頁。
② 楊樹達:《詞詮》,中華書局,1978年9月,第109頁。
③ 漢語大字典編輯委員會:《漢語大字典》縮印本"更"條,四川辭書出版社、湖北辭書出版社,1993年11月,第9頁。
④ 按,《尚書·無逸》:"繼自今嗣王,則其無淫于觀、于逸、于遊、于田,以萬民惟正之供。無皇曰:'今日耽樂。'"《尚書·秦誓》:"惟截截善諞言,俾君子易辭,我皇多有之!"這兩文中的"皇"疑亦與"況(更)"義同。

史孟。用作寶簋,展敖其子子孫孫永寶。"①此銘中的"黄",舊多隸爲"堇"讀爲"謹"②或"觀",③從字形上看,其下無"堇"所從的"火"旁,故應改釋爲"黄"。④ 頗疑此銘的"黄"也通"況","黄"匣母陽部,"況"曉母陽部,古音極近,"黄"通"況",猶上引《尚書·無逸》"則皇自敬德"的"皇"通"況"。⑤ 這裏"況"也應讀爲"更",是"又"的意思。其相關文句是説:"展敖"被"子牙父"賜金之時,其右者爲"子歔史孟"(後簡稱"史孟"),故"展敖"又用豹皮贈與"史孟"。改讀之後,文義頗爲順暢。

此銘最後説:"母(汝)念哉,必勿刂(剥)⑥嗌鰥寡,遺祏⑦石(祐)⑧宗不刴。"袁金平認爲,"母"爲"女"之誤(辰按"母""女"古文字可通用,不必當成誤字),讀"汝",如清華一《祭公》簡8、簡17有"女(汝)念哉"、《逸周書·祭公》《尚書·康誥》亦有"汝念哉"一語。⑨ 其言是,上古上對下或下

---

① "佰(稽)首""豹皮"爲馬承源等首釋,參看馬承源等:《屐敖簋蓋》,《商周青銅器銘文選》三,文物出版社,1988年4月,第335頁;"報"爲《殷周金文集成釋文》首釋,參看中國社會科學院考古研究所:《殷周金文集成釋文》,香港中文大學中國文化研究所,2001年10月,第340頁;"展"從陳劍先生釋,參看陳劍:《釋展》,《追尋中華古代文明的蹤迹——李學勤先生學術活動五十年紀念文集》,復旦大學出版社,2002年8月,第49—56頁。
② 郭沫若:《〈屐敖簋銘〉考釋》,《考古》1973年第2期,第66—70頁;馬承源等:《屐敖簋蓋》,《商周青銅器銘文選》三,第335頁;張亞初:《殷周金文集成引得》,中華書局,2001年7月,第77頁。
③ 參看中國社會科學院考古研究所:《殷周金文集成釋文》,香港中文大學中國文化研究所,2001年10月,第340頁。
④ "黄""堇"字形參看容庚、張振林、馬國權:《金文編》"黄""堇"條,中華書局,1996年8月,第898—900、888—889頁。
⑤ "皇""黄""況"典籍通用的例子可見高亨、董治安:《古字通假會典》,齊魯書社,1989年7月,第276—277頁。
⑥ "刂",《説文·刀部》:"剥,裂也,從刀、從彔。彔,刻割也,彔亦聲。刂,剥或從卜。"參看馬承源等:《作册嗌卣》,《商周青銅器銘文選》三,第95—96頁。辰按,《尚書·泰誓中》"剥喪元良",孔傳釋"剥","傷害也"。
⑦ "祏"的隸定參看趙平安:《續釋甲骨文中的"毛"、"舌"、"祏"——兼及舌(昏)的結構、流變以及其他古文字資料中從舌諸字》,《華學》第四輯,紫禁城出版社,2000年8月,第9—11頁。
⑧ "石"通"祐"可參看[清]方濬益:《益卣》,《綴遺齋彝器款識考釋》,商務印書館,1935年,卷十二第32頁;于省吾:《作册卣銘》,《雙劍誃吉金文選》,中華書局,1998年9月,第352—353頁。按,《説文·示部》:"祐,宗廟主也,《周禮》有郊宗石室。一曰大夫以石爲主。"《左傳·莊公十四年》:"先君桓公命我先人典司宗祏。"
⑨ 袁金平:《利用清華簡考證古文字二例》,《清華大學學報(哲學社會科學版)》2011年第4期,第45頁。

對上,第二人稱皆可以用"汝"來表達。《作册嗌卣》中的"汝"是指"厥祖妣、父母、多神",《禹簋》"朕文考其用作厥身,念禹哉,亡害",①其"念"的主語也是器主之文考,和《作册嗌卣》類同。連劭名先生曾引《詩經·大雅·文王》"無念爾祖,聿修厥德",毛傳"無念,念也",《左傳·文公二年》引此句"無"作"毋",以爲此銘之證。② 現在看來,《詩經》中的"無(毋)念"似亦爲"女(汝)念"輾轉傳抄之訛。"剌",《廣雅·釋詁》:"斷也。"③

把銘文中的難點理順之後,我們再總結一下《作册嗌卣》的內容:"作册嗌"作父辛寶尊彝器。它的名字應該稱作:"子子孫孫寶用。"上天不福祐"作册嗌"的兒子,其子乃先死去。"作册嗌"没有兒子,也没有孫子。"作册嗌"不敢安寧,更作彝器,向先祖、先妣、先父、先母及諸多神靈作御祭以祈求有後代。他們要多多考慮"作册嗌"的處境,一定不要傷害"作册嗌"、使"作册嗌"鰥寡孤獨,要遺留自己這一宗族使後嗣不絶。

由此可見,《作册嗌卣》是一篇内容和體例都非常獨特的銘文,對於探討當時的社會心態很有意義。從這篇銘文也可以看出,商及早周的語言及用字習慣還有很多爲我們忽視、誤認和不瞭解,值得長時間全面、深入而細心地發掘。

【編按】"盡"馬楠先生讀爲"盡",是正確的,參看馬楠:《〈尚書〉、金文互證三則》,《中國國家博物館館刊》2014年第11期,第43—46頁。

【發表情況】單育辰:《作册嗌卣初探》,"復旦大學出土文獻與古文字研究中心"網,2012年3月3日。後刊於《出土文獻研究》第十一輯,中西書局,2012年12月,第24—31頁。

---

① 吴振武:《新見西周禹簋銘文釋讀》,《史學集刊》2006年第2期,第84—88頁。
② 參看連劭名:《商周青銅器銘文新證》,《古文字論集》三,《考古與文物》2005年增刊,第49頁。
③ 此爲于省吾先生言,參第72頁注⑧。

燹卣補釋

《燹卣》或稱《叔趞父卣》，1978年出土於河北元氏縣西張村，①共二卣，每卣蓋、器皆有銘，拓本著録於《集成》5428、5429，銘文内容相同，文字如下：

叔趞父曰："余考（老），不克御事，唯汝燹覞（其）敬乂乃身，毋尚爲小子。余覞（兄）爲汝兹小鬱彝，汝覞（其）用饗乃辟軝侯，逆洀（復）出納事人。嗚呼！燹，敬哉！兹小彝妹（未）吹見，余唯用諆（其）徣（延）汝。"

這篇銘文比較好懂，但也有少數疑難字，如"覞（兄）""洀""吹""徣"等，下面就主要談一談這幾個字，以爲舊釋之補充。銘文中"覞（兄）"字，我們以前發表文章認爲，它即文獻的"況"字，其實就是"更"的一種早期寫法，"更"見紐陽部，"覞（况）"曉紐陽部，二者古音完全相同，在銘文裏是"再"的意思。②

銘文中的"洀"字，吳匡、蔡哲茂先生釋爲"復"，並引《周禮·夏官·太僕》"大僕掌正王之服位，出入王之大命。掌諸侯之復逆"、《周禮·天官·宰夫》"敘群吏之治，以待賓客之令，諸臣之復，萬民之逆"等證之。③ 其説可存。

---

① 河北省文物管理處：《河北元氏縣西張村的西周遺址和墓葬》，《考古》1979年1期，第23—26頁。
② 單育辰：《作册嗌卣初探》，《出土文獻研究》第十一輯，中西書局，2012年12月，第24—31頁。
③ 吳匡、蔡哲茂：《釋金文 㫃、夘、夘、洀 諸字》，《盡心集——張政烺先生八十慶壽論文集》，中國社會科學出版社，1996年11月，第137—145頁。湯餘惠：《洀字別議》，《容庚先生百年誕辰紀念文集（古文字研究專號）》，廣東人民出版社，1998年4月，第164—171頁。

銘文中唯有"㱃"字①一直不得其解，或從"㱃"聲出發讀爲"瀎"，並把"妹"讀爲"末"，認爲"末瀎"是不要毁壞的意思。② 近年《郳公鈹父鎛》的發現，③爲此字的釋讀帶來轉機，相關幾句銘文作：

　　受貯吉金，型鑄和鐘，敬臨歠（祼）祀，作朕皇祖嚳公、皇考惠公彝，稱歠（祼）瓚，用祈壽考。

"歠"字銘文甚清晰，從"果"，從"㱃"。這使我們想到，《㽙卣》的"㱃"與之應爲一字，不過《郳公鈹父鎛》的"㱃"加了聲符"果"而已。金文中"㱃"爲會意字，象一人張口而飲，與後世"吹噓"的"吹"全無關係。《㽙卣》的"㱃"亦應讀爲"祼"。銘文"茲小彝妹㱃見"，我們認爲"妹"可讀"未"，如甲骨文中的"妹"多用爲否定詞，李宗焜先生已有詳論。④ "見"疑讀爲"獻"，見，見紐元部；獻，曉紐元部，二字古音甚近。⑤《作册䰚卣》（《集成》5432）："公大史咸見服于辟王，辨（遍）于多正。"亦有學者讀其中之"見"爲"獻"。此句是説，這幾個小銅器（即銘文上面所提到的"小鬱彝"，是用來貯藏鬱草做的"鬯酒"的）還未用在祼禮上，獻與神靈。

銘文中"徧"作 [字形]、[字形] 形，從"徝"從"西"，⑥從辭例上看，"征"和"徝"也常常出現在相同的辭例中。比如《虘父鼎》（《集成》2672）、《渚司土迻簋》（《集成》4059）、《臣諫簋》（《集成》4237）銘文中的"征令"，在《矢令方

---

① 此字亦見於《合集》9361、9362 與《集成》2179、9694 等，爲人名。
② 李學勤、唐雲明：《元氏銅器與西周的邢國》，《考古》1979 年 1 期，第 57 頁。又，李學勤：《元氏青銅器與西周的邢國》，《新出青銅器研究》，文物出版社，1990 年 6 月，第 62—63 頁。
③ 吴鎮烽：《商周青銅器銘文暨圖像集成》，上海古籍出版社，2012 年 9 月，第 29 册第 15815—15818 號。董珊：《郳公鈹父二器簡釋》，"復旦大學出土文獻與古文字研究中心"網，2012 年 4 月 10 日。董珊：《郳公鎛"乍正朕保"補釋》，"復旦大學出土文獻與古文字研究中心"網，2012 年 5 月 13 日。周亞：《郳公鎛銘文及若干問題》，《古文字研究》第二十九輯，中華書局，2012 年 10 月，第 386—397 頁。董珊：《郳公鈹父二器簡釋》，《出土文獻》第三輯，中西書局，2012 年 12 月，第 158—132 頁。
④ 李宗焜：《論殷墟甲骨文的否定詞"妹"》，《"中研院"歷史語言研究所集刊》第六十六本第四分，1995 年 12 月，第 1129—1147 頁。
⑤ 學者已多指出，甲骨文中的有些"見"字可讀爲"獻"，參蔡哲茂：《釋殷卜辭的"見"字》，《古文字研究》第二十四輯，中華書局，2002 年 7 月，第 95—99 頁。
⑥ 張世超、孫凌安、金國泰、馬如森：《金文形義通解》"徝"條，中文出版社，1996 年 3 月，第 400—403 頁。

尊》(《集成》6016)中作"徣令",所以"徏""徣"在金文中是一個字應該是沒什麼問題的。① 而"徏"即"延"字,早已爲很多學者指出,這裏再綜合諸家說法,總結如下:

1. 周原甲骨 FQ3 中有一短語作"徏隹乎",對比《尚書·酒誥》中的"誕惟厥縱淫泆于非彝",② 可知"徏"可能相當於典籍中的"誕"字。

2. 《碧落碑》中的"先妣含貞載德,克懋瓊儀,延慶台華,正位藩闈"之"延",正作"徏"。

3. 《説文》有一個 㣆 字和"徏"的字形幾乎完全相同,訓爲"安步延延也。從廴、從止。凡延之屬皆從延"。而 㣆 部首下有一"延"字,作 延,訓爲"長行也。從延、丿聲"。許慎認爲"延"從丿聲不確,在古文字中丿從無作聲旁者,"延""延"應爲一字。還值得注意的是,《説文》中 廴 旁不見於古文字,所謂的 廴 旁實由彳旁訛變而來。③

4. 戰國文字中有在豎畫的頂端左側加一斜畫的情況。李家浩先生曾舉出"匋""瓔""歲""陳"四個例子。④ 到了戰國秦漢時期,人們習慣上把"徏"所從的"止"的豎畫的頂端左側也加一斜畫,小篆中的 延 形即應由此演變而來。它的字形演變在早期隸書中還有一些蹤迹可尋,比如在睡虎地秦簡、馬王堆帛書及銀雀山漢簡中,延字寫作 延、延、延,⑤ 雖然豎畫頂端加了一斜畫,但還保留着"徏"字的鮮明特徵。

---

① 白川静《金文通釋》第四輯《康侯殷》已言"徏""徣"兩字聲義有可通之處,見《白鶴美術館誌》第四輯,1940年9月,第149—150頁。
② 此例承蔣玉斌先生示知。
③ 郭沫若:《小孟鼎考釋》,《兩周金文辭大系圖録考釋》(下),上海書店,1999年7月,第37頁。李零:《爲〈説"引"字〉釋疑》,《古文字論集》一,《考古與文物叢刊》第2號,1983年11月,第116—117頁。宋華強:《新蔡簡"延"字及從"延"之字辨析》,"簡帛"網,2006年5月3日;又,宋華強:《新蔡簡"延"字及從"延"之字辨析》,《新蔡葛陵楚簡初探》,武漢大學出版社,2010年3月,第347—358頁。
④ 李家浩:《傳遽鷹節銘文考釋》,《著名中年語言學家自選集·李家浩卷》,安徽教育出版社,2002年12月,第82—100頁。
⑤ 參看《睡虎地秦簡文字編》《秦漢魏晉篆隸字形表》"延"條,見張守中:《睡虎地秦簡文字編》,文物出版社,1994年2月,第25頁。漢語大字典字形組:《秦漢魏晉篆隸字形表》,四川辭書出版社,1985年8月,第127頁。

"徣（延）"或許應依《尚書·顧命》"逆子釗於南門之外，延入翼室"，《儀禮·覲禮》"擯者延之曰升，升成拜，乃出"，《儀禮·士虞禮》"尸及階，祝延尸，尸升"，《韓非子·説林下》"衛將軍文子見曾子，曾子不起，而延於座席"之例，作"引進、接待"的意思講。此字又加"酉"旁，應與《悆卣》用來喝酒的性質有關。

【發表情況】單育辰：《悆卣補釋》，《古文字研究》第三十輯，中華書局，2014年9月，131—133頁。

四十二年逑鼎"淅"字考

四十二年逑鼎2003年出土於陝西眉縣楊家村銅器窖藏,共兩鼎,都鑄有西周晚期單逑所作的長篇銘文,極爲珍貴。該鼎已公布近20年,經過很多學者的努力,銘文基本能夠通讀,不過也有少量的字詞尚無法確解。比如在銘文裏有這幾句話,見下(釋文無異議者直接破讀):

余弗遐忘聖人孫子,余唯閈乃先祖考有勞(功)于周邦,肆余作汝A詢。余肇建長父,侯于楊,余命汝奠長父,休,汝克奠于厥師,汝唯克型乃先祖考。

A作下形,下面分甲、乙兩鼎列出,左圖列的爲拓本,右圖列的是彩照:

《四十二年逑鼎甲》(《銘圖》2501)

(《陝西金文集成》6.644)

《四十二年逑鼎乙》(《銘圖》2502)

(《陝西金文集成》6.645)

拓本筆畫有缺落,由《陝西金文集成》所揭示的彩照看,拓本所表現的字形還是很準確的,筆畫缺落是鑄造時有缺陷而導致的。

學術界在探討這篇銘文的時候,對A字大都以"□"表示,表明是認不出的。也偶有學者試圖辨識此字。如李零先生釋此字爲"朝";董珊先生釋爲"流",並加問號表示此釋不確定;《商周金文摹釋總集》《陝西金文集成》則隸定爲"盨"。① 前兩者所釋與銘文中的字形差別很大,是不正確的;《陝西金文集成》的編者有更清晰的彩色照片,但細察該字圖版,無論如何也容不得這麼多筆畫,其隸定也肯定是有問題的。在當時的情況下,對此字的考釋是有相當的難度的。

那 A 字應該如何釋讀呢？在我們對它進行研究之前,先延展說一下近年楚簡中相關字形考釋的進展。

在楚簡中常見"淋""沐"二字,應爲一字異體,多用作地名。如新蔡簡甲三 414＋412"刲於淋☐",清華一《楚居》簡 8"至文王自疆郢徙居淋郢"、簡 9"至成王自郢郢徙襲淋郢"、簡 13"白公起禍,焉徙襲淋郢"、簡 14"王太子以邦復於淋郢"、簡 14＋15"王太子自淋郢【14】徙居疆郢",清華二《繫年》簡 85"楚共王立七年,令尹子重伐鄭,爲沐之師"、簡 130"鄭皇子、子馬、子池、子封子率師以邀楚人,楚人涉沐,將與之戰"。這些簡中的"淋""沐"都作地名講,難以準確考釋。不過《繫年》簡 85 所載的史事可對應《左傳·成公七年》"秋,楚子重伐鄭,師于氾",可以看出"沐"似與"氾"字有關,這爲它的考釋帶來一綫希望。早先公布的楚簡,該字不作地名講的只出現在上博八《蘭賦》簡 2"☐早其不雨,何淋而不沽"中。

該字舊釋紛繁,如宋華強先生認爲它可能是"黍"字的異體、李學勤先生釋爲"淋"、"有鬲散人"認爲"禾"爲"朿"之變、劉剛先生釋爲"染"、董珊先生和陳劍先生釋爲"氾"。② 黄德寬先生發現,安大一《詩經》簡 84"淋彼

---

① 李零:《讀楊家村出土的虞逑諸器》,《中國歷史文物》2003 年第 3 期,第 18 頁。董珊:《略論西周單氏家族窖藏青銅器銘文》,《中國歷史文物》2003 年第 4 期,第 41 頁。張桂光、秦曉華:《商周金文摹釋總集》,中華書局,2010 年 3 月,第七册第 2094—2095 頁。張天恩主編:《陝西金文集成》,三秦出版社,2016 年 6 月,第六册第 110、116 頁。諸家說法可參看劉漪迪:《眉縣楊家村窖藏青銅器銘文集釋》,吉林大學碩士學位論文,指導教師:李春桃,2019 年 5 月,第 149—150 頁。

② 宋華強:《新蔡葛陵楚簡初探》,武漢大學出版社,2010 年 3 月,第 449 頁。李學勤:《清華簡〈楚居〉與楚徙鄩郢》,《江漢考古》2011 年第 2 期,第 108 頁。董珊:《讀清華簡〈繫年〉》,"復旦大學出土文獻與古文字研究中心"網,2011 年 12 月 26 日,"有鬲散人"2011 年 12 月 26 日第 3 樓的發言。劉剛:《釋染》,《中國文字學報》第八輯,商務印書館,2017 年 12 月,第 102—109 頁。董珊:《讀清華簡〈繫年〉》,"復旦大學出土文獻與古文字研究中心"網,2011 年 12 月 26 日;又載《簡帛文獻考釋論叢》,上海古籍出版社,2014 年 1 月,第 108 頁。蘇建洲、吳雯雯、賴怡璇:《清華二〈繫年〉集解》引陳劍說,萬卷樓,2013 年 12 月,第 641 頁。

兩髦",簡84+85"淋彼【84】兩髦",今本《詩經·鄘風·柏舟》皆作"髧彼兩髦",他說,據此,以往公布的楚簡中的"淋""沐"可釋爲"湛",也就是"沈"(沉)的古字,造字本意應與沈祭有關,①《繫年》簡85的"湛"與《左傳》的"氾"地理位置相近,還可能"湛"就讀作"氾"。《蘭賦》的"淋"也可釋爲"湛",是濕潤的意思。《集成》2782亦有相關形體"盂",辭例爲:"君既安惠,亦弗其盂雀。"②在黄先生文章發表後,清華八、清華九中又出現了相關字形"㴴""浽",黄德寬先生又做了補充。③兩字所處的辭例爲:清華九《治政之道》簡43"㴴瘞圭璧"、清華八《心是謂中》簡2+3"百體【2】四相莫不當浽",這兩字與"淋""沐"字形傳承比較明顯,但加了"牛"形與"又(手)"形而已。其中"㴴瘞圭璧"可與《左傳·襄公十八年》"沈玉而濟"、《國語·晉語四》"沈璧以質"、《史記·河渠書》"沈白馬玉璧于河"對照。由黄先生兩篇論文的論證來看,"淋""沐"確實是可以釋爲"沈"或"沉"一類字的。

在清華簡中還見有從雙或單"水"從"恩"的"灑""㳅"之字,如清華五《厚父》簡9"天命不可灑斯"、清華九《廼命二》簡9"天命非灑"、《廼命二》簡13"灑遂不勸"。早先出現的"㳅"字亦多有誤釋。④清華五《厚父》簡9"天命不可灑斯",最早是馬楠先生認爲它可與《詩經·大雅·大明》"天難

---

① 黄先生文章發表後,不少學者認同"淋"可釋爲"湛(沈)",但在"淋"爲什麽表示"沈"的意見上有不同看法,如董珊先生認爲"淋"是"稻"的初文,可讀爲"湛(沈)";黄錫全先生認爲"禾"可能還具有表音作用,參看董珊:《釋"沐"——兼説哀成叔鼎銘文》,北京:"紀念清華簡入藏暨清華大學出土文獻研究與保護中心成立十週年國際學術研討會"會議論文,2018年11月,後載《半部學術史 一位李先生——李學勤先生學術成就與學術思想國際研討會論文集》,清華大學出版社,2021年4月,第458—464頁;黄錫全:《談談楚國"淋郢"的問題》,上海:"第一届'出土文獻與中國古代史'學術論壇暨青年學者工作坊"會議論文,2019年11月,後以《談談楚國"淋郢"問題》爲題,載於《出土文獻》2020年第1期,第56—66頁。從"淋"的異體看(見下),這些説法可能是有問題的。

② 黄德寬:《釋新出戰國楚簡中的"湛"字》,《中山大學學報(社會科學版)》2018年第1期,第49—52頁。

③ 黄德寬:《清華簡新見"湛(沈)"字説》,《清華大學學報(哲學社會科學版)》2020年第1期,第35—38頁。

④ 如大家多認爲從"恩"得聲,或讀爲"撞",或讀爲"酗""總",或讀爲"從"等,參李學勤主編:《清華大學藏戰國竹簡(伍)》,中西書局,2015年4月,第114頁。中間兩説見"ee":《清華五〈厚父〉初讀》,"簡帛"網論壇,2015年4月9日,"苦行僧"2015年4月9日第2樓、"蚊首"2015年4月10日第11樓的發言。後說見黄國輝:《清華簡〈厚父〉補釋》,"復旦大學出土文獻與古文字研究中心"網,2015年4月27日。

忱斯"對應,但她把"瀗"讀爲"聰";①"奈我何"曾誤以爲"瀗"是"沁"形,而把它讀爲"忱";"子居"則表示贊同,認爲"釋該字爲'沁'讀爲'忱'甚確,雖然這個字與清華簡《祭公》篇的'沁'字稍有差別,……偶有字形上的不一致並不奇怪",最早有意識把"瀗"釋讀爲"忱"的應該就算是"子居"。② 後來馬文增先生讀"瀗"爲"湛",但未說明理由;③侯乃峰先生也認爲"瀗"仍是"沁"而讀爲"忱"。④ 清華九《廼命二》發表後,黄德寬先生則認爲"瀗"與"淋"爲一字異形。⑤ "天命不可瀗斯""天命非瀗"可與《尚書·大誥》"天棐忱辭"及"越天棐忱"、《尚書·康誥》"天畏棐忱"、《尚書·君奭》"若天棐忱"及"天難諶"、《詩經·大雅·大明》"天難忱斯"、《詩經·大雅·蕩》"天生烝民,其命匪諶"對照。看來"淋""瀗"一定是對應典籍的"忱",它們除了釋"沈(忱)"外實無別的路子可想。另外,"瀗"或變爲"貝"作"淋",見於清華九《成人》簡9"五梟淋遂",從其中的"淋遂"可與清華九《廼命二》簡13"瀗遂不勸"中的"瀗遂"對照看,"淋"是"瀗"的另一種寫法,其造字之義把"淋"所沈之"禾"變爲所沈之"貝"。⑥

除了"淋""淋""瀗"諸字外,在楚簡中還有一種形體,作兩"水"中間爲"心"形的"泋"。如上博六《用曰》簡16"泋文惠武,恭淑以成",整理者張光裕先生把"泋"釋作"沁"(字形見後 B 所示),凡國棟先生把它隸定爲"淋",蘇建洲先生認爲是"流"的訛體,劉雲先生釋爲"灂",單曉偉先生隸定爲"燚"讀爲"施","子居"釋爲"順"。⑦ 細察字形,只有"淋"與"燚"兩説

---

① 清華大學出土文獻讀書會:《清華簡第五册整理報告補正》引馬楠説,"清華大學出土文獻研究與保護中心"網,2015年4月8日。
② "子居":《清華簡〈厚父〉解析》,"清華大學出土文獻研究與保護中心"網,2015年4月28日。
③ 馬文增:《清華簡〈厚父〉新釋、簡注、白話譯文》,"簡帛"網,2015年5月12日。
④ 侯乃峰:《讀清華簡(伍)雜志》,《中國文字》新四十三期,藝文印書館,2017年3月,第75—77頁。
⑤ 黄德寬:《清華簡新見"湛(沈)"字説》,《清華大學學報(哲學社會科學版)》2020年第1期,第35—38頁。按,更早把"瀗""瀗"釋讀爲"忱"者,見黄德寬主編:《清華大學藏戰國竹簡(玖)》,中西書局,2019年11月,第160,178—179頁。
⑥ 黄德寬:《清華簡新見"湛(沈)"字説》,《清華大學學報(哲學社會科學版)》2020年第1期,第37頁。
⑦ 張光裕:《〈用曰〉釋文考釋》,《上海博物館藏戰國楚竹書(六)》,上海古籍出版社,2007年7月,第302頁。凡國棟:《上博六〈用曰〉篇初讀》,"簡帛"網,2007年(轉下頁)

於字形最爲接近,但"㳠"説的問題是楚簡"也"的上部並不這樣寫,並且下面的一點其實是右部"水"形的左下一點,所以只有凡先生的隸定是準確的。其實相同形體更早出現在《楚帛書甲篇》中:"是惟四時。……四曰 C 墨榦。"(C 字形見後,C1 出自《楚帛書》圖版第 18 頁,C2 出自《子彈庫楚帛書》上册第 9 頁)學者對 C 字也多有誤釋。如商承祚先生釋爲"戮"、曾憲通先生引或説釋爲"油"、何琳儀先生釋爲"洩"、李零先生釋爲"淵"等,①後來李零先生又説"今仍細辨認,乃從雙水,中間是心,疑同沁字",②清華大學出土文獻研究與保護中心則釋爲"淵",③李零先生認爲 C 是從雙"水"從"心"的"泌"是正確的,但不是"沁"字。

新公布的清華五《封許之命》失收簡 4 及清華十《四告》簡 35 有字作從雙"水"從"心"的"泌",辭例爲"畏天之非泌""畏天非泌"(字形見後 D、E 所示),從上揭典籍文例如與《尚書·康誥》"天畏棐忱"等對讀看,它們也應釋爲"忱"。④ 那麼我們就知道"泌""灥""淵""淋"都是一個字的變體,但或從"心"或從"恩"或從"貝"或從"禾"而已。另外,清華一《祭公》簡 15 "既 [字], 乃有履宗", 乍看起來, "[字]"可隸定爲"沁", 該字亦或是"泌"省水之形,⑤可參清華二《繫年》簡 85 和簡 130 的"沃"、清華九《治政之道》

(接上頁)7月 10 日。蘇建洲:《讀〈上博(六)·用曰〉筆記五則》,"簡帛"網,2007 年 7 月 20 日。劉雲:《釋〈用曰〉中的"灑"字》,"復旦大學出土文獻與古文字研究中心"網,2009 年 7 月 1 日。單曉偉:《上博六〈用曰〉中"施文惠武"考釋》,"復旦大學出土文獻與古文字研究中心"網,2010 年 1 月 18 日。"子居":《上博六〈用曰〉再編連》,"簡帛研究"網,2010 年 7 月 2 日。諸家説法可參看吴佩瑜:《〈上海博物館藏戰國楚竹書(六)·用曰〉研究》,臺灣師範大學碩士學位論文,指導教師:季旭昇,2011 年 6 月,第 247—253 頁。

① 商承祚:《戰國楚帛書述略》,《文物》1964 年第 9 期,第 16 頁。曾憲通:《楚帛書文字編》,《楚帛書》,中華書局香港分局,1985 年 9 月,第 319 頁。何琳儀:《長沙帛書通釋》,《江漢考古》1986 年第 2 期,第 77、81 頁。李零:《〈長沙子彈庫戰國楚帛書研究〉補正》,《古文字研究》第二十輯,中華書局,2000 年 3 月,第 170—171 頁。

② 李零:《子彈庫帛書》下册,文物出版社,2017 年 1 月,第 63 頁。

③ 黄德寬主編:《清華大學藏戰國竹簡(玖)》,中西書局,2019 年 11 月,第 156、160 頁。

④ 黄德寬主編:《清華大學藏戰國竹簡(拾)》,中西書局,2020 年 11 月,第 120 頁釋爲"諶"。

⑤ 程浩先生最早把《祭公》"沁"與《厚父》的"灥"聯繫在一起,但把兩字都釋爲"沁"。參清華大學出土文獻讀書會:《清華簡第五册整理報告補正》引程浩説,"清華大學出土文獻研究與保護中心"網,2015 年 4 月 8 日。

簡43"㴷",以及清華五《厚父》簡9"㴲"亦省一"水"形,但據新公布的圖版,該字實作"㶖"形,是"洄(没)"字,①與"沝"不相干。

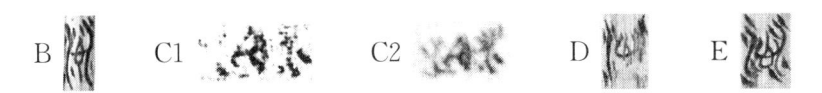

　　　B 㶖　　C1 㴲　　C2 㴷　　D 㴲　　E 㴲

　　"㴲"所從的"㫺"形在造字來源上很不好講,現在看它所從的"㫺"應是"心"之訛變,黃德寬先生説"㴲"是"其聲符'㫺'替代了所'湛(沈)'之物",②"㫺"與"湛(沈)"古音關係很遠,難以説成是聲符。若參黃先生對"㴲""㴲"造字本義的理解,則"沝(㴲)""㴲""㴲"這些字大概就是象把心或貝或禾投入水中沈祭之"沈"狀,因爲所投之物的不同而造成上述種種異體。在甲骨文中,表示"沈"的字多作兩"水"中間爲正"牛"倒"牛"形的如"㶖"(《合》780)、"㶖"(《合》32028)諸形,但也有把"牛"形變成"羊"如"㶖"(《合》16186)、變成"玉"如"㶖"(《屯南》2232)、變成"小宰"如"㶖"(《合》14558)等,它們也是象把牛或羊或玉或小宰投入水中沈祭之"沈"狀,但都應該是表示"沈",正可以和楚簡的這種情況類比。③ 賈連翔先生認爲"沝"所從的"心"是聲符,④這種可能是存在的,但"沝"主要還是表示把心投入水中沈祭之"沈"狀。⑤

　　上文已提到這些字形都出現在楚簡中,出現的時代都是戰國中晚期,

---

① 賈連翔:《清華簡〈祭公〉對應傳世本"既畢丕乃有利宗"段異文討論》,彰化:"首屆出土文獻語言文字研究國際學術研討會"會議論文,2022年12月。按,最早李松儒已言:"《祭公》簡15與簡19的'沁'也有都讀爲'没'的可能。"參復旦大學出土文獻與古文字研究中心研究生讀書會:《清華簡〈祭公之顧命〉研讀札記》,2011年1月5日,"復旦大學出土文獻與古文字研究中心"網,李松儒2011年1月6日第13樓的發言。

② 黃德寬:《清華簡新見"湛(沈)"字説》,《清華大學學報(哲學社會科學版)》2020年第1期,第36頁。

③ 參于省吾主編:《甲骨文字詁林》,中華書局,1999年12月,第1526—1529、1544—1545頁;中國社會科學院考古研究所:《小屯南地甲骨》,中華書局,1983年10月,下册第991頁。

④ 賈連翔:《〈封許之命〉綴補及相關問題探研》,《出土文獻》2020年第3期,第16頁。

⑤ 先秦祭祀用心之例如《禮記·明堂位》:"有虞氏祭首,夏后氏祭心,殷祭肝,周祭肺。"《禮記·郊特性》:"血祭,盛氣也。祭肺、肝、心,貴氣主也。"此承陳民鎮先生示知。

那麼有沒有更早的字形出現呢？清華十《四告》很多字形都有着悠久的來源，①簡 35 既出現"淐"字，已經暗示着"淐"字大概是有更早的字形的。

《銘三》60 著録一西周中期的《沁鼎》，銘文只"沁乍（作）"兩字，書中所謂的"沁"作"▨"形，該書"備注"言："'沁'字從二水。"②此字隸定爲"沁"是不準確的，應隸定爲"淐"，就是楚簡"淐"字的早期形體。黃德寬先生曾認爲"淐"所從的"心"可能爲"囟"之省，③則是顛倒了字形的先後關係。

現在有了這麼多金文與楚簡的"淐"的字形作參照，我們反過來再看《四十二年逨鼎》的 A，可以看出，其字左右兩旁爲"水"形，中間的形體雖然因鑄造缺陷的原因不是特別清楚，但也可以很明顯地看出是"心"形，所以 A 字就可以隸定爲"淐"。

那《四十二年逨鼎》銘文中的"肆余作汝淐訽"是什麼意思呢？"淐訽"在金文中唯此一例，要想準確地考證它是什麼意思，已經相當困難。我們只能在現有條件的基礎上，對"淐訽"這個詞作一推測。

先談一談《四十二年逨鼎》"肆余作汝淐訽"這個句式，在典籍中，句式和它相類的還有：

《尚書·洪範》：于其無好德，汝雖錫之福，其作汝用咎。

《尚書·君奭》：前人敷乃心，乃悉命汝，作汝民極。

《洪範》"其作汝用咎"孔傳"其爲汝用惡道以敗汝善"，《君奭》"作汝民極"孔傳"爲汝民立中正矣"，孔傳似把這兩個"爲"理解成"因爲"或"爲了"，但這個意義上的"爲"與"作爲"的"作"其實不是一個詞義。以往似未見有學者對此類句式專門加以探討，今結合《四十二年逨鼎》相關句做統一的考察，可以看出這些句子中的"作"應有使動用法。"其作汝用咎"，就是使汝作（事）因而得咎的意思。"作汝民極"的意思是，使汝作民極（民之

---

① 趙平安：《清華簡〈四告〉的文本形態及其意義》，《文物》2020 年第 9 期，第 72—76 頁。
② 吳鎮烽：《商周青銅器銘文暨圖像集成三編》，上海古籍出版社，2020 年 8 月，第 62 頁。
③ 賈連翔：《〈封許之命〉綴補及相關問題探研》，《出土文獻》2020 年第 3 期，第 16 頁引黃德寬先生説。

準則)。如周秉均先生解釋上句說"將使汝施行惡政"、解釋下句說"使汝作民之準";①屈萬里先生解釋下句說"使汝成爲民衆之準則也",②正都是這樣理解的。"肆余作汝淋詢"的意思則應該是"我使汝作淋詢",其中"肆"一般理解爲無實義的虚詞。

其次再考察"淋詢"的意思,要把"淋詢"弄明白,先應對"詢"字的意思加以瞭解,"詢"字諸家理解都差不多,如李零先生説是"問政"的意思,王輝先生解爲"謀""問",周曉陸先生解爲"咨詢"等。③ 聯繫上下文看,這樣理解應該是比較合理的。"淋"與"詢"的意思應該相近,即"淋詢"是一個近義複詞的可能比較大。如果真是這樣的話,我們認爲"淋"可讀爲"參","參"清紐侵部,"沈"定紐侵部,二字古音很近,上文已述黄德寬先生認爲"湛"就是"沈"的古字,④"湛"亦爲定紐侵部,而"甚"系字與"參"系字常可通用,如《荀子·宥坐》"藜羹不糁",楊注"糁與糝同",《吕氏春秋·孝行覽·慎人》作"藜羹不糂";《説文》卷七"糂,古文糁從參"。"參"有察考、商討的意思,如《荀子·解蔽》"參稽治亂而通其度";《韓非子·内儲説上》"夫聽所信之言,而子父爲人僇,此不參之患也"。"淋"也可以讀爲"審",如《禮記·檀弓下》"爲榆沈",《釋文》"沈,本又作審";《吕氏春秋·仲冬紀》"湛饎必潔",高注"湛讀潘釜之潘"。"審"有察的意思,《尚書·吕刑》"其罪惟均,其審克之",孔傳"其當清察,能使之不行";《周禮·考工記》"或審曲面執",鄭注引鄭司農云"審察五材曲直方面形執之宜"。由以上論述推知,"肆余作汝淋詢"的意思是説"我使你作參謀、咨議"。因爲當時周受到戎族的威脅,周王讓逑商量參議如何應對,其後周王開始做這件事情:讓長父建立邦國,並使長父做楊地之侯。正是因爲逑一直參與處理其情勢的咨議,故周王讓逑去保定長父,從情理來説是非常合適的。

---

① 周秉均:《尚書易解》,華東師範大學出版社,2010年6月,第131、236頁。
② 屈萬里:《尚書集釋》,中西書局,2014年8月,第215頁。
③ 李零:《讀楊家村出土的虞逑諸器》,《中國歷史文物》2003年第3期,第25頁。王輝:《四十二年逑鼎銘文箋釋》,《第四屆國際中國古文字學研討會論文集——新世紀的古文字學與經典詮釋》,香港中文大學中國語言及文學系,2003年10月,第78頁;又載《高山鼓乘集:王輝學術文存二》,中華書局,2008年11月,第61頁。周曉陸:《〈俅鼎〉讀箋》,《西北大學學報(哲學社會科學版)》2003年第4期,第109頁。
④ "湛""沈"在典籍中相通用的情況參看高亨、董治安:《古字通假會典》,齊魯書社,1989年7月,第237頁。

蔡偉先生提示，《尚書·立政》"古之人迪惟有夏，乃有室大競，籲俊尊上帝，迪知忱恂于九德之行"之"忱恂"與《四十二年逨鼎》之"沊訽"可對應，《尚書·立政》的"忱恂"相關句，孔傳"禹之臣蹈知誠信於九德之行"，蔡沈《書集傳》"忱恂者，誠信而非輕信也"，《方言》卷一"允，訦，恂，展，諒，穆，信也。齊魯之間曰允，燕代東齊曰訦，宋衛汝潁之間曰恂"，"忱恂"爲同義複詞，《四十二年逨鼎》"肆余作汝沊(忱)訽(恂)"意思就是今我使汝作誠信(之人/事)。① 蔡先生把兩者互相聯繫，確實是有一定可能的。然而若如蔡先生的理解方式，誠信是一種心理特徵，沒有使令去做的用法，如上引《尚書》"作汝民極"中的"極"也不是一種心理特徵；若在誠信後面加上"人"或"事"，則有添字解經之嫌。另外，孔傳所謂"知誠信於九德之行"，爲何在九德之行這方面，還要去知道誠信，意義其實是難以揉合在一起的，雖然前人對"忱恂"已有異說，如吳汝綸認爲"忱恂"的"恂"應讀爲"徇"，是行之義，②曾運乾認爲"忱恂"的"忱"應讀爲"審"，是審諦之意，但又分別把"忱"或"恂"理解爲誠的意思，仍不脫舊注之窠臼。③ 若《尚書·立政》的"忱恂"與《四十二年逨鼎》之"沊訽"確有關聯，則《立政》的"忱恂"不應用舊說"誠信"來理解，而是讀爲"參詢""審詢"，"迪知忱恂于九德之行"是說在九德之行這方面，知道去咨詢參議。這樣理解比舊注要更加順暢。

小文得到董珊、馬楠、王挺斌先生的指正，特此致謝！

[**發表情況**] 單育辰：《由清華簡〈封許之命〉〈四告〉釋四十二年逨鼎"沊"字》，重慶："出土'書'類文獻研究高端學術論壇"會議論文，2021年3月。後以《四十二年逨鼎"沊"字考》爲名，刊於《文史》2023年第1輯，第241—248頁。

---

① 蔡偉：《試說〈四十二年逨鼎〉之"忱恂"》，《古文獻叢札》，花木蘭文化事業有限公司，2022年9月，第211—212頁。
② 吳汝綸：《尚書故》，中西書局，2014年11月，第263頁。
③ 曾運乾：《尚書正讀》，華東師範大學出版社，2011年7月，第261頁。

近出金文詞語考釋兩則

一

《齜鐘》(《近出》51—59、《新收》482—488)、《齜鎛》(《近出》98—105、《新收》489—496)於 1979 年出土於河南淅川下寺 M10,有六套共十七件,[①]銘文發現以來,有不少學者對其作過研究。其中有句作:"余吕王之孫,楚成王之盟僕,男子之埶,余不貳(特)甲天之下,余臣兒難得。"

本文中我們主要討論的是"男子之埶"中的"埶"字,此字或加心旁作"慹"。趙世綱先生讀之爲"藝",訓爲"才能";李零先生讀爲"孽",訓爲"支庶";張亞初先生讀爲"邇",訓"近";李家浩先生讀爲"槷(臬)",認爲是"標準、榜樣"之義;馮勝君先生釋爲"藝",認爲是"治"的意思;[②]不過"男子之孽""男子之槷(臬)""男子之藝"這樣的説法依古代語言習慣來看,還是有些奇怪。

[①] 河南省文物研究所、河南省丹江庫區考古發掘隊、淅川縣博物館:《淅川下寺春秋楚墓》,文物出版社,1991 年 10 月,第 247—292 頁。
[②] 趙世綱:《淅川下寺春秋楚墓青銅器銘文考索》,《淅川下寺春秋楚墓》,文物出版社,1991 年 10 月,第 366 頁。張亞初:《金文新釋》,《第二屆國際中國古文字學研討會論文集》,香港中文大學中國語言及文學系,1993 年 10 月,第 303—309 頁。李零:《再論淅川下寺楚墓——讀〈淅川下寺楚墓〉》,《文物》1996 年第 1 期,第 47—60 頁。李家浩:《齜鐘銘文考釋》,《北大中文研究》,北京大學出版社,1998 年 6 月,第 249—263 頁;又載氏著《著名中年語言學家自選集·李家浩卷》,安徽教育出版社,2002 年 12 月,第 64—81 頁。馮勝君:《齜鐘銘文解釋》,《吉林大學古籍整理研究所建所十五週年紀念文集》,吉林大學出版社,1998 年 12 月,第 40—45 頁。又可參看郭國權:《河南淅川縣下寺春秋楚墓青銅器銘文集釋》,吉林大學碩士學位論文,指導教師:李守奎,2008 年 4 月,第 80—117 頁。李匯洲:《齜鐘銘文疏證》,"簡帛"網,2009 年 6 月 16 日。

088　佔畢隨錄

我們認爲,銘文中的"埶"應讀爲"傑",埶,疑紐月部;桀,群紐月部,疑、群二紐皆屬牙音,韻部相同,二字古音相通。在典籍中,"某某之傑"這樣的用法很常見,如《荀子・非相》"古者桀、紂長巨姣美,天下之傑也";《淮南子・泰族》"守職而不廢,處義而不比,見難不苟免,見利不苟得者,人之傑也";《新書》卷四"降者之傑也";蔡邕《彭城姜伯淮碑》"不隕穫於貧賤,不充詘於富貴,拔乎其萃,出乎其類,生民之傑也",皆其比,而"男子之孽""男子之埶(槷)""男子之藝"諸語則未嘗一見。

二

《史惠鼎》(《近出》346、《新收》724)於 1980 年出土於陝西長安灃西,①銘文中有一句作:"惠其日就月將,褐化諲蔑,寺(持)屯魯令(命)。"

第一句"日就月將"有很多學者作過解釋,第三句"寺(持)屯魯令(命)"很容易懂,這裏不再贅述。我們主要討論的是第二句"褐化諲蔑",此四字李學勤先生釋爲"祭(察)化惡臧",②胡長春先生釋爲"祱(視)化諲處",③劉雨先生釋爲"祭化諲蔑",④楊澤生先生釋爲"祱(蠲)化惡怒",⑤依我們看,都有一些問題。

此句第一字作▨形(其右旁下面以 A 指代)。我們認爲此字左從示;右上從日,右旁即"曷"字,全字應隸定爲"褐"。西周金文中的"曷"形見於《叔偈父簠》之▨("偈"右所從,《集成》6458)、《五祀衛鼎》之▨("屬"右所從,《集成》2832)右上從日,與 A 同;但右下從"匃",似與 A 有一定差距,但 A 下所從亦應該是"匃"形的訛變,如《五祀衛鼎》"屬"所從之"曷"與《叔偈父簠》"偈"所從之"曷"相較,亦有訛變。A 字形與戰國時期晉系

---

① 陳穎:《長安縣新旺村出土的兩件青銅器》,《文博》1985 年第 3 期,第 89—90 頁。
② 李學勤:《史惠鼎與史學淵源》,《文博》1985 年第 6 期,第 14—16 頁;又載氏著《新出青銅器研究》,文物出版社,1990 年 6 月,第 122—124 頁。
③ 胡長春:《新出殷周青銅器銘文整理與研究》,綫裝書局,2008 年 10 月,第 143—145 頁。
④ 劉雨、盧岩:《近出殷周金文集錄》,中華書局,2002 年 9 月,第 203 頁。
⑤ 楊澤生:《釋"怒"》,《中山大學學報(社會科學版)》2010 年第 6 期,第 39—52 頁。

的"曷"形,如《璽彙》0816之■("渴"左所從)、《璽彙》1303之■("渴"右所從)等相比,①字形甚近,只是圈形間筆畫或交叉或不交叉而已。另外,直承《五祀衛鼎》"屬"所從"曷"之形體出現在後世秦系文字中,如《秦漢南北朝官印徵存》1.7之■("褐"右所從)、《璽彙》0182之■("竭"左所從)。

第二字"化"可讀"過"。在楚文字中,"化"多通"咼",如郭店《老子》甲簡12、上博三《周易》簡56之"伀";郭店《老子》丙簡13、郭店《緇衣》簡20之"辿";郭店《性自命出》簡38之"忔"即通"過"。②

第三字"誣"從亞得聲,可通"去"。亞,影紐魚部;去,溪紐魚部。二字古音至近。

第四字"蘆"原篆作■形,楊澤生先生已指出此字可讀爲"怒"。此字的早期形體見於花束卜辭,如《花束》3之■、《花束》183之■。"蘆"從"女"得聲,"女",泥紐魚部;"怒",泥紐魚部。郭店《老子》甲簡34、郭店《性自命出》簡2、上博六《鄭子家喪》甲簡3的"苍",上博二《從政》乙簡3的"妏"皆讀爲"怒"。故"蘆"也可與"怒"字相通。按,與"蘆"形甚近者又見於上博五《三德》簡13"蘆爲首";及本簡"不隨祭祀,唯蘆是備(服)"。其中二字作■、■,與《史惠鼎》的"蘆"相比,多一心旁,亦被一些學者讀爲"怒"。

所以,本句的"褐化誣蘆"可讀爲"遏過去怒",是遏止過錯,除去怨怒之意。"遏過"一語見於《説苑·貴德》"正言謂之誹謗,遏過謂之妖言"。"去怒"一語見於《禮記·禮運》"用人之勇去其怒,用人之仁去其貪";《管子·版法解》"虚氣平心,乃去怒喜";《墨子·貴義》"必去喜,去怒,去樂,去悲,去愛,而用仁義"。

---

① 按,在晋系中,"曷"上的"日"形已經變爲三角形,在春秋齊系文字中,如《國差繪》之■("遨"中上所從,《集成》10361、《銘文選》846)中"曷"上所從亦已如此。

② 參看白於藍:《簡牘帛書通假字字典》,福建人民出版社,2008年1月,第135—137頁。

金文中祝福語多程式化，以非吉祥類詞的否定義來做祝福是很少見的，《史惠鼎》的"遏過去怒"或許和作器者本人的性格有關，故特書之以自警，斯亦此銘文的一個可珍之處。《周易·損》："君子以懲忿窒欲。"睡虎地秦簡《爲吏之道》簡22a＋23a："反赦其身，止欲去願。"嶽麓秦簡一《爲吏治官及黔首》簡40b＋41b："瘱忿止欲，雖怒必顧。"在秦印中，有一方印文作"毋思忿，欲深冥（眠）"，①其義都與此銘有類似的地方。

　　【發表情況】單育辰：《新出金文詞語考釋兩則》，上海："'簡帛文獻與古代史'國際學術研討會暨第二屆出土文獻青年學者論壇"會議論文，2013年10月。後刊於《考古與文物》2014年第5期，第114—115頁。

---

　　① 董珊：《秦郝氏印箴言款考釋——〈易·損〉"懲忿窒欲"新證》，《考古與文物》1999年第3期，第87—88頁。

新見三種金文探微

一、霸伯諸器

近期李建生先生在網上公布了幾件霸國器,①銘文圖像皆遠勝最初公布者,②據此可以釋讀。其中公布的《格仲鼎》及《格仲簋》爲同銘,銘作:"唯正月甲午,戎戬于喪(桑)原,格仲率追,獲訊二夫、馘二,對③揚祖考福,用作寶簋。"其中"戬"作 A 形。另《霸伯搏戎盤》(後被收入《銘續》30949):"唯正月既死霸丙午,戎大戬于霸,伯搏戎,獲訊一夫,伯④對揚,用作西姬寶盤,孫子子其萬年永寶用。"⑤其中"戬"作 B 形:

A 〔圖〕《格仲鼎》   B 〔圖〕《霸伯搏戎盤》

A 形從"戈"從上下兩"中"從"邑",B 形則從"戈"從上下四"中"從"邑",又

---

① 李建生:《"佣""霸"國家性質辯證》,"復旦大學出土文獻與古文字研究中心"網,2014年12月10日。
② 《格仲鼎》及《格仲簋》最初公布於《2010年山西重要考古發現》,《中國文物報》2011年1月7日第6版。《霸伯搏戎盤》公布於《山西翼城大河口西周霸國墓地》,《2010中國重要考古發現》,文物出版社,2011年4月,第71頁。
③ "對"原文未釋,且句逗有誤,此字應從"對"從"貝"("對"左下一橫變爲口),即是"對"字,與下連讀爲"對揚"。網友"重耳"又指出"對"字尚見於《彔伯戓簋》(《集成》4302,參李文後重耳評論),其辭例亦爲"對(對)揚"。
④ "伯"前原釋文有"霸"字,承謝明文先生告知不應有,其言是。
⑤ 李先生文斷爲"戎大捷于,霸伯搏戎",今改逗如上;"一夫"二字原未釋;"西姬"釋爲"白(伯)姬",與本銘常見之"白"字不合,暫釋爲"西"。

從一不知何義之"✦"形。與此大致相同形體金文已數見，如《憲鼎》(《集成》2731)"王令趞C東反尸（夷）"、《師衛鼎》(《銘圖》2185)"豐公D反夷"(《師衛簋》同銘，E，《銘圖》4937)、《呂行壺》(《集成》9689)"呂行F，孚馬"、《庚壺》(《集成》9733.2B)"庚G其兵甲車馬"、《四十二年逨鼎》(《吉金鑄華章》)"戎玁狁出，H于井阿，于歷巖。汝不✦戎，汝✦長父以追博戎"，字形如下所示：

C　D　E　F　G　H

此字在戰國文字中亦多見，如：

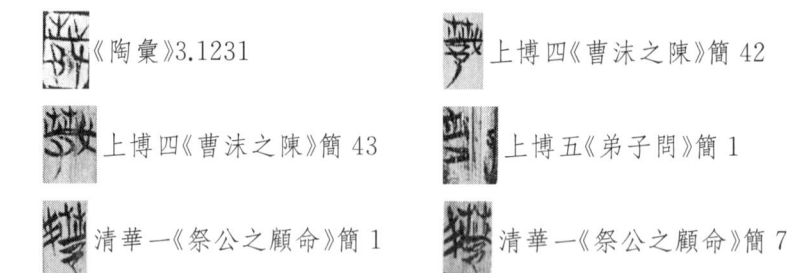

《陶彙》3.1231　　　上博四《曹沫之陳》簡42

上博四《曹沫之陳》簡43　　上博五《弟子問》簡1

清華一《祭公之顧命》簡1　　清華一《祭公之顧命》簡7

與西周金文不同的是，諸字"中"皆加飾筆，但爲一字無疑。《曹沫之陳》簡43、《弟子問》簡1把"邑"省去，把"戈"下之"中"變作"又"形，因《曹沫之陳》簡42、簡43辭例一致，正是一從"邑"一從"又"，這些都是一字也沒有問題。《祭公之顧命》的形體又省去"戈"，加了"耂"作聲符，顯是"戠"的另一變體。①

三體石經《春秋·僖公三十二年》有"✦"("敊-戠")②字，即用爲今本"鄭伯捷卒"之"捷"，"戠"與古文字"戠"相比，只是"中"及飾點訛爲木形而已，學者很早就已經發現"戠"與"戠"爲一字，故"戠"一定也是與"捷"音相

―――――――

① 參復旦大學出土文獻與古文字研究中心研究生讀書會：《清華簡〈祭公之顧命〉研讀札記》，"復旦大學出土文獻與古文字研究中心"網，2011年1月5日。

② 拓本采自孫海波：《魏三字石經集錄》，藝文印書館，1975年9月，第三十七頁。摹本采自施謝捷《魏石經古文彙編》上編95頁，未刊稿。

同或相近的一個字。① 但"戠"本字及其所會意已不詳,不知是否與以戈斷木(或草)有關? 但從"邑"、從"✕"則不知會何意,後者或是象木鋸之形。

銘文中"戠"網友或釋讀"徇",或認爲有"及"義,或認爲是被動語態或賓語前置,是"戎被捷"的意思。② 從典籍用語習慣來説,都不如把"捷"讀爲"接"好,是接戰、接觸的意思,"捷"從紐葉部、"接"精紐葉部,二字古音甚近,典籍中也常見相通之例,如《春秋·僖公三十二年》"鄭伯捷卒",《公羊傳》"捷"作"接";《禮記·内則》"接以大牢",鄭注"接讀爲捷"等。③ "接"之用例可與如下典籍相較:《孟子·梁惠王上》"兵刃既接,棄甲曳兵而走"、《吴子·勵士》"夫發號布令而人樂聞,興師動衆而人樂戰,交兵接刃而人樂死"、《尉繚子·戰威》"刑如未加,兵未接而所以奪敵者五"、《吕氏春秋·仲秋紀·簡選》"晋文公造五兩之士五乘,鋭卒千人,先以接敵,諸侯莫之能難"、《史記·項羽本紀》"乃令騎皆下馬步行,持短兵接戰"、《史記·韓長孺列傳》"始約虜入馬邑城,兵與單于接,而臣擊其輜重,可得利"、《史記·李將軍列傳》"廣結髮與匈奴大小七十餘戰,今幸從大將軍出接單于兵,而大將軍又徙廣部行回遠"、《吕氏春秋·孝行覽·長攻》"夫吴之與越,接土鄰境,道易人通,仇讎敵戰之國也"。

《詩經·小雅·采薇》:"戎車既駕,四牡業業。豈敢定居,一月三捷。"清人周悦讓《倦遊庵槧記·經隱》:"'一月三捷',《傳》:'捷,勝也。'按:《古今字詁》:'古文捷,今作接,同子葉反,相接也。'則本經'捷',宜詁如'接',謂三交兵也。乃與上'豈敢定居'、下'豈不曰(辰按,曰《詩》他本多作日)戒'語義相協。"④張世超等指出:"毛傳:'捷,勝也。'案毛氏此傳未

---

① 金文中的"戠"字最早爲郭沫若、吴闓生釋出,參郭沫若:《兩周金文辭大系圖録考釋》,科學出版社,1957年12月,第六册第20、25頁。吴闓生:《吉金文録》,1933年南宫邢氏刻本,卷一第十二頁、卷四第十八頁。楚簡中的"戠"爲周鳳五首先識出,參陳斯鵬:《上海博物館藏楚簡〈曹沫之陣〉釋文校理稿》,"簡帛研究"網,2005年2月20日;又,陳斯鵬:《戰國竹簡散文文本校理舉例之二——〈曹蔑之陣〉校理》,《簡帛文獻與文學考論》,中山大學出版社,2007年12月,第109頁注20引周鳳五説。又,謝明文:《霸伯盤銘文補釋》,《中國文字》新四十一期,藝文印書館,2015年7月,第159—174頁對此字也有討論,本文與謝文基本同時寫成,並曾互相傳閲。
② 參李先生文後網友"重耳"、王寧、"環保地球"、"wangwei7706"的發言。
③ 參高亨、董治安:《古字通假會典》,齊魯書社,1989年7月,第701—702頁。
④ (清)周悦讓:《倦遊庵槧記》,齊魯書社,1996年8月,第129頁。

塙,'捷'應訓爲截擊,迎擊或交戰義。《詩》上句言'豈敢定居',其義甚明。"其言都很有道理。①今由《格仲鼎》《格仲簋》《霸伯搏戎盤》讀"捷"爲"接"看,《采薇》相關句讀爲"豈敢定居,一月三接"更爲確詁矣。"謝雨田"還指出:《四十二年逑鼎》"戔獫猶出,戡于井阿,于歷巖"之"戡"也應與霸伯三器同例,②甚是,此處之"戡"也應讀爲"接"。

二、魚鼎匕

吳鎮烽先生在網上公布了一件新的《魚鼎匕》,③與羅振玉舊藏後歸於遼寧省博物館的一件《魚鼎匕》(《集成》980)同銘,新見的這件《魚鼎匕》在2010年左右曾流傳於網上,後被收録於《銘圖》6320,但當時只公布匕匙正背圖像,最重要的匕柄圖像則未公布。現在吳先生刊布後,可知應爲真物。羅振玉舊藏中段已有缺損,我們在《談羅振玉舊藏的一件羹匕》曾據舊有圖録及遼博藏原物説道:"匕柄正面'祰□(此字下面殘缺,或是'又'字)'與'□(此字上面殘缺,下面是'蠱'形)匕'之間殘斷了,中間有缺文。相應的,匕柄反面在'參'與'蠱(蚩)'之間折斷,中間也有缺文。"④而新見《魚鼎匕》則比較完整,可以證實小文所言正確。而此匕又可補充三個整字(目、取、⑤之),兩個半字(寸、氏)的缺文,終於完整可讀。今綜合

---

① 張世超、孫凌安、金國泰、馬如森:《金文形義通解》,中文出版社,1996年3月,第2813頁。

② 參李先生文後網友"謝雨田"的發言。

③ 吳鎮烽:《"魚鼎匕"新釋》,"復旦大學出土文獻與古文字研究中心"網,2014年11月24日。新《魚鼎匕》圖像又可見"盛世收藏"網,http://bbs.sssc.cn/viewthread.php?tid=768806。

④ 單育辰、李松儒:《談羅振玉舊藏的一件羹匕》,長春:《羅振玉學術論著集》出版座談會"會議論文,2011年3月;後以《介紹一件羅振玉舊藏的羹匕》爲名,發表於《經學文獻研究集刊》第十三輯,上海書店出版社,2015年4月,第325—331頁。

⑤ "取"字吳文圖版作類"人"之形。"正月初吉"說:吳文所揭示的魚鼎匕已斷,"取"字被誤修爲"人"形。細查吳文圖版,"人"形確是後修且訛誤(所謂的"人"形右撇錯位且抖動,顯非原刻),今從"正月初吉"所發表的第三把魚鼎匕的圖版而改釋爲"取"。參"正月初吉":《"魚鼎匕"補識》,"復旦大學出土文獻與古文字研究中心"網論壇,2016年3月14日。又,因"正月初吉"僅公布第三把《魚鼎匕》中與"取"字相關一小段的圖片,文字細節也不清晰,《魚鼎匕》匕匙、匕柄相應部分的釋文還有再修改的可能。又,李學勤先生認爲近年新見的一件《魚鼎匕》有問題,似即指吳鎮烽先生公布的此件,參李學勤:《當前青銅器 (轉下頁)

兩匕銘文新做釋文如下：

　　　　曰：誕寸氏〈氒-厥〉①蚰匕，述（遂）玉（語）魚顝（鼎），曰：欽哉！
出游水虫。下民無知，參（三）目取之。蠹（䖵）蚘（尤）命，薄命入羹。
稊入稊出，毋處其所。

羅振玉舊藏"寸""氏"都只殘存一半，舊文把"氏"形下面的"土"旁連下"蚰"字合併爲"蠹"是不正確的，應向看過小文的讀者致歉；其中"參（三）目取之"意義尚待研究；其他的釋文我們則仍保留原來的意見；唯新補出的匕柄正面的第三個字（下面用 I 代替）吳先生仍釋爲"又"並讀"有"，應該不確，此字在吳先生所公布的圖片上頗爲清晰，亦可參盛世收藏網公布的圖像及吳先生所做的摹本，如下形：

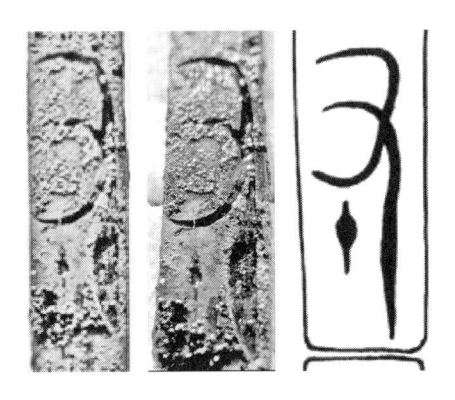

古文字"又"從無作此形者，I 應是"寸"字，可對比以下諸字：

《銘文選二》881（1）　　　　《集成》2590

《珍秦齋藏金吳越三晋篇》第 147 頁

（接上頁）研究的幾個問題——在北京大學"西周金文與青銅器"研討班上的講話》，《青銅器與金文》第一輯，上海古籍出版社，2017 年 3 月，第 9 頁。

①　吳先生釋爲"氏"，其字作" "形，正是如《集成》10098 之"氏"作" "形斷裂而來，吳先生讀爲"氏（是）"，自然沒有問題，不過我們考慮戰國文字"氏""氒"多混用的情況，從先秦習語考慮，把它釋爲"氒（厥）"。

它們即三晉常見的從"金"從"寸"的"釙"字，I 和"釙"右旁完全一樣，所以就是"寸"字。I 即可能是"釙"字去"金"的省文，讀爲"鑄"；也可能直接由"寸"讀爲"鑄"，我們看三晉銘文從"寸"的"釙"皆用爲"鑄"，即可知矣。所以，《魚鼎匕》相關文句應釋爲"誕寸（鑄）氏〈氒-厥〉蚰匕"，"蚰"字或許即"虫（蟲）"字繁文，與下文"出游水虫"之"虫（蟲）"爲一字異形，"虫匕"大概就是用爲吃那些水蟲（魚）的餐匕。當然"蚰"字的釋讀還可以再斟酌，但從吳先生新公布的《魚鼎匕》的"寸（鑄）"字看，以往何琳儀先生把"蚰匕"釋爲"昆夷"之説已不能成立了。①

三、晉公盤

吳鎮烽先生於網上首發《晉公盤》圖片（後收入《銘續》30952），②與舊有之《晉公盎》（《集成》10342、《銘圖》6274）文字基本一致，舊有《晉公盎》銘文多漶漫不清，《晉公盤》可以補充舊銘者甚多，內容極爲重要，吳先生大作已經解決了很多問題，在吳文後的評論也有很多好的意見，今綜合大家意見，寫定釋文並略加闡述：

唯王正月初吉丁亥，晉公曰：我皇祖唐公膺受大命，左右武王，敠威百蠻，廣闢四方，至于不廷，莫不及。王命唐公，建宅京師，君百姓，作邦。我烈考憲公，克□□猷，彊武魯宿（肅），龗（寵）名（?）不□，赫赫才上，以嚴襛（寅）恭□天命，以乂朕身，孔嘉晉邦。公曰：余雖（雖）今小子，敢帥（率）型先王，秉德醽，珅（柔）燮萬邦，諒（哀）諒（哀）莫不日頓觀。余咸畜胤士，乍虎（吾）左右，保乂王國，剌褺鑢（畏）辰（忌），以嚴虢若否。作元女孟姬宗彝盤，將廣啓邦，虔恭盟祀，昭答皇卿（享），珅（柔）憠百鎛。雖（雖）今小子，瞽（整）乂爾家，宗

---

① 何琳儀：《魚顛匕補釋——兼説昆夷》，《中國史研究》2007年第1期，第32—33頁；又收入《安徽大學語言文字研究叢書：何琳儀卷》，安徽大學出版社，2013年3月，第111—123頁。
② 吳鎮烽：《晉公盤與晉公盎銘文對讀》，"復旦大學出土文獻與古文字研究中心"網，2014年6月22日。

婦楚邦，於昭萬年，晉邦唯翰，永康寶。

吳先生把"烈考憲公"讀爲"烈考獻公"，獻公之子繼爲晉公者有公子卓、晉惠公、晉文公，他認爲符合作盤的晉公條件者爲晉文公重耳的可能性極高。吳鎮烽、網友"wqpch"、黃傑都發現《秦公簋》（《集成》4315）與此銘有很多文句類同，《晉公盤》"以嚴寅恭□天命"一句各字鑄得有些錯位，即由《秦公簋》"嚴恭夤（寅）天命"識出。《晉公盞》"覺"字形繁複難解，謝明文先生已指出與其相類字還見於《師衛鼎》（《銘圖》2378）、《師衛簋》（《銘圖》5412、5413）"臨射于覺𢆶城"，①"覺𢆶城"應是地名。這些都是很好的意見。在諸位先生意見的基礎上，我們認爲一些地方還可加以補充：

"莫☐及☐"中"及"字作"☐"形，吳文疑爲"秉"字，從字形看，應是"及"字。"莫"字後與《晉公盞》相較，似少鑄一"不"字，暫補上。"霝（寵）名（？）不□"，吳文釋讀爲"霝名□不"，從圖片看"不"字應乙至"名"後。"以嚴襘（寅）恭□天命"的"恭"和"天"之間是否一定有缺文不能確知，但第一字作"☐"形，是"台"字，可讀爲"以"，吳文釋爲"啓"，誤。"作虎左右"之"虎"作"☐"形，吳文從舊説釋爲"馮"，《晉公盞》此字作"☐"，舊多釋"馮"，自是錯誤，"虎"應讀爲"吾"或"乎"。"將廣啓邦"，第一字作"☐"形，略有不清，但還很容易分辨，吳文釋爲"甾"，誤，應隸定爲"☐"，是從"廾"從"甶"之字，字形可參《毛公鼎》（《集成》2841）"☐""☐"、《虢季子白盤》（《集成》10173）"☐"，此字應如《毛公鼎》一樣讀爲"將"。

《晉公盞》不少只殘存部分筆畫，由新見之《晉公盤》銘文，當時無法辨識者今亦可重新釋讀，釋文如下：

唯王正月初吉丁亥，晉公曰：我皇祖唐公，□受大命，左右武王，毅□百蠻，廣闢四方，至于□廷，莫不及□。□命□□，成宅京師，□□□，□□。□烈考憲□，□□□□，疆武□宿（肅），□□□□，赫

---

① 謝明文：《晉公盞銘文補釋》，《出土文獻與古文字研究》第五輯，上海古籍出版社，2013年9月，第256—257頁。

赫在□,□□□□□□,以乂□□,□□□邦。公曰：余雖(雖)今小子,敢帥(率)型先王,秉德劙,珋(柔)燮萬邦,諒(哀)諒(哀)莫不日頓覺。余咸畜胤士,作虎(吾)左右,保乂王國,剌寴(?)飌(畏)屜,□□虩若否。作元女□□□□媵簋四□,□□□□,虔恭盟□,□答□皇卿(享),珋(柔)燹百辥。雖(雖)今小子,整乂爾家,宗婦楚邦。於昭萬年,晉邦唯翰,永康寶。

【發表情況】本文最初觀點發表於李建生：《"佣""霸"國家性質辯證》,"復旦大學出土文獻與古文字研究中心"網,2014 年 12 月 10 日,單育辰 2014 年 12 月 10 日第 1 樓、第 2 樓,2014 年 12 月 15 日第 15 樓,2014 年 12 月 16 日第 16 樓(對應本文第一則)的發言；及吳鎮烽：《"魚鼎匕"新釋》,"復旦大學出土文獻與古文字研究中心"網,2014 年 11 月 24 日,"ee"2014 年 11 月 24 日第 2 樓(對應本文第二則)的發言；及吳鎮烽：《晉公盤與晉公𥂴銘文對讀》,"復旦大學出土文獻與古文字研究中心"網,2014 年 6 月 22 日,單育辰 2014 年 6 月 22 日第 6 樓(對應本文第三則)的發言。後加以訂補,以《新見三種金文探微》爲名,刊於《古文字研究》第三十二輯,中華書局,2018 年 8 月,第 207—211 頁。

北坪子及羑河吴劍銘文合考

1983年,山東沂水略畔村北坪子一座春秋墓出土一枚吴劍,其上刻有銘文。① 李學勤先生在該劍剛公布時就對其做了釋文:"工䖍王乍(作)元巳用,□乂江之台,北南西行。"他説此劍應是當時流傳到該處的,並指出與此劍銘最相似者,爲淮南蔡家崗趙家孤堆出土的吴劍,②並説第九字"中間似有一竪筆,有些象'不'字,暫釋爲'乂'。'乂',訓爲治、理。'台',讀爲'涘'。'其乂江之涘',意思是平定長江兩岸"。③

因吴國長銘劍罕見,所以此劍很受研究者重視。董楚平先生因此劍銘與《集成》11718銘文極近似,懷疑此劍的"工䖍王"即諸樊。④

何琳儀先生則釋讀爲:"工(句)䖍(吴)王,乍(作)元巳(祀),用冢乂,江之台(涘)。北南西行。""冢"字拓本很不清楚,何琳儀先生目驗原器,摹作"𠂤",釋爲"塚",又説第九字"釋'乂'應無疑問","塚乂"是"大治"的意思,並説它"似是一篇韻文","王"與"行"押陽部韻,"巳"與"台"押之部韻。⑤

---

① 沂水縣文物管理站:《山東沂水縣發現工䖍王青銅劍》,《文物》1983年第12期,第11—12頁。
② 趙家孤堆吴劍最先發表於安徽省文化局文物工作隊:《安徽淮南市蔡家崗趙家孤堆戰國墓》,《考古》1963年第4期,第204—212頁。後收録於《集成》11718。
③ 李學勤:《試論山東新出青銅器的意義》,《文物》1983年第12期,第21—22頁;又載其《新出青銅器研究》,文物出版社,1990年6月,第252—253頁。
④ 董楚平:《吴越文化新探》,浙江人民出版社,1988年12月,第334頁。又載其《吴越徐舒金文集釋》,浙江古籍出版社,1992年12月,第92—94頁。
⑤ 何琳儀:《句吴王劍補釋——兼釋冢、主、开、丂》,《第二届國際中國古文字學研討會論文集》,香港中文大學中國語言及文學系,1993年10月,第249—263頁。

施謝捷先生則釋爲:"工獻王乍(作)元巳(祀),用冢(重)其江之台(浂),北南西行。"他說"'冢其'二字,在銘文照片中猶能分辨,原釋'其'爲'又',失之"。他把"冢"讀爲"重",認爲"重""加"義同,有"增益"的意思,"用重其江之浂"的意思是"用以增益拓展吳國長江兩岸的疆土"。①

董珊先生釋讀作:"攻(句)獻(吳)王乍(作)元巳(以=用),用冢其江之台(浂),北南西行。"並說:"古文字中的'巳'與'以'本是同字分化,'以''用'常常相通。……因下文又有'用'字,此處寫作假借字'巳(以)',大概是爲了避免重複。"又說:"冢"的意思是治理、主宰。他也把此銘的"攻獻王"定爲諸樊。②

馬曉穩先生釋讀爲:"工盧王乍(作)元巳(祀)用冢(?)又江之台(浂),北南西行。"其釋文較諸家沒有新意,但他有一個比較重要的發現,他說:"該劍工盧王後無吳王名,與其他吳王劍格式不同。且銘文不少筆畫書寫順序也頗爲奇特。以'元''南'二字爲例,與太子諸樊劍相較,……'元'中人形似先寫一豎,下接弧筆,與一般'人'形寫法不同。'南'字中間豎筆斷開,分作兩次書寫。該劍莖身分界明顯,折肩呈直角,有脊,這種型制廣泛分佈於燕國、兩周三晉、齊魯等北方地區,吳越罕見。從格式、文字、器形、出土地等角度考量,我懷疑該劍可能是北方地區仿製的,即春秋晚期其他國家製造的吳越劍贗品。"③查其銘文字體,確如馬先生所言"纖弱無力",與吳越所鑄劍銘之剛勁有力迥然不同,從各方面考慮,其爲其他國家仿造的可能性很高。

此劍後來收錄於《集成》11665,其拓片也不算清晰,但可參照《吳越文字彙編》044、《集成(修訂本)》11665所附的摹本。參考各家意見,該劍可釋作"工(攻)獻(吳)王乍(作)元巳用冢其江之台北南西行",但諸家的讀法都不算通順,如何琳儀先生認爲它是一篇韻文,但"又"被施謝捷先生改釋爲"其"字後,韻文說顯然不確了;施謝捷先生把"用冢(重)其江之

---

① 施謝捷:《吳越文字彙編》,江蘇教育出版社,1998年8月,第540—541頁。
② 董珊:《吳越題銘研究》,科學出版社,2014年1月,第9—10頁。
③ 馬曉穩:《吳越文字資料整理及相關問題研究》,吉林大學博士學位論文,指導教師:吳振武,2017年5月,第155—157頁。

台(涘)"的"重"理解爲"增益",也不符合古書用字習慣;董珊先生則把"用冢其江之台(涘)"的"冢"理解爲治理、主宰,吴王何以只治理長江之兩岸,也難以理解。所以,雖然經過三十餘年的研究,北坪子吴劍銘距離讀懂還有一定距離。

2018年,河南湯陰庵上村羑河一座春秋墓又發掘出土一枚吴劍,發掘者請宋鎮豪先生釋讀爲:"工䫋王姑發者反自乍元用巳(祀)用豙(劍),獲,莫敢御余。余處江之陽,台(以)北南西行。"①並説:"'自乍元用巳(祀)用豙(劍)',即自己製作,用於祭祀和佩戴使用的寶劍。"這樣理解不是很順。首先,其所謂的"豙"作 形,與"豙"無關,可與金文中的"龍",如《作龍母尊》(《集成》5809)作 、《昶仲無龍匜》(《集成》10249)作 形比較,應該是"龍"字。其次,吴劍多在"元用"下斷讀,所以此劍也應在"元用"下斷讀。並且"獲"單讀成句,辭例也很奇怪。我們認爲,該劍銘文應斷讀爲:"工(攻)䖒(吴)王姑發者反(反)自乍(作)元用,巳(以)用龍隻(獲),莫敢御(禦)余。余處江之陽,台(以)北南西行。""巳"疑讀爲"以",後面的"台"也用爲"以",二者應屬於有意避複。"龍"可讀爲"重","龍"來紐東部,"重"定紐東部,二字古音很近,"重獲",大獲。

羑河吴劍銘文和前面已經提到過的趙家孤堆吴太子諸樊劍(《集成》11718)銘文"工(攻)䫋(吴)大(太)子姑發胄反,自乍(作)元用,才(在)行之先,云用云隻(獲),莫敢卸(禦)余。余處江之陽,至于南北西行"非常接近。② 趙家孤堆劍是諸樊爲太子時所做,而羑河吴劍是諸樊爲吴王時所做,兩者文字也有所不同。

更可注意的是,羑河吴劍銘文也與北坪子吴劍銘文相近。在主語上,羑河吴劍作"工䖒王姑發者反"、北坪子吴劍作"工䫋王";羑河吴劍銘的"自乍",北坪子吴劍銘省作"乍";羑河吴劍銘比北坪子吴劍銘多"莫敢御余余處"數字,北坪子吴劍則省略爲"其";還有一處不同,就是羑河吴劍銘

---

① 安陽市文物考古研究所:《河南湯陰羑河東周墓地M1發掘簡報》,《中原文物》2019年第4期,第19—32頁。
② 此劍更爲清晰的照片可參安徽博物館:《安徽文明史陳列》,文物出版社,2012年9月,第152頁。

的"龍"字,北坪子吳劍作"豖",但"豖"古音端紐東部,"龍"古音來紐東部,"龍""豖"二字古音也很近,所以,它們表示的是同一個詞。那麼,羑河吳劍銘其實包含了北坪子吳劍銘的所有文字。

現在看來,北坪子吳劍其實有缺刻,對照羑河吳劍,它可復原爲:"工(攻)敔(吴)王乍(作)元 用,巳(以)用豖 獲,其江之 陽,台(以)北南西行。"正是缺了"用""獲""陽"三個字,所以北坪子吳劍銘文一直無法讀通,在羑河吳劍被發現之前,再聰明的研究者也難以想象。因爲北坪子吳劍是北方諸國仿製之物,並不具有實際的紀念意思,所以銘文的完整性並不被仿制工匠所在意。而董楚平、董珊等先生認爲北坪子吳劍的"工敔王"是諸樊是正確的,不過正因爲它是仿刻,所以劍主歸屬也並不那麼重要了。

北坪子吳劍
《集成》11665

北坪子吳劍
《集成》修訂本
11665

趙家孤堆吳劍
《集成》11718

羑河吳劍
《中原文物》
2019 年第 4 期

【**編按**】後來曹錦炎先生《河南湯陰新發現吳王諸樊劍考》(《中原文物》2019 年第 6 期,第 92-95 轉 121 頁)、李家浩先生《沂水工盧王劍與湯陰工盧王劍》(《出土文獻》2020 年第 1 期,第 52—55 頁)對北坪子及羗河吳劍銘文亦有過研究,但與本文都有較大不同,讀者可以參看。

北坪子吳劍目前最清晰的照片發表在李伯謙主編:《中國出土青銅器全集 6・山東下》(科學出版社、龍門書局,2018 年 12 月)第 363 頁,可惜最關鍵的第一行的最後一字仍無法辨識。

【**發表情況**】本文最初觀點發表於"崧高":《夏餉鋪鄂國墓及羗河東周墓銅器銘文雜識》,"簡帛"網論壇,2019 年 10 月 14 日,"崧高"2019 年 10 月 14 日第 1 樓的發言。後加以訂補,以《北坪子及羗河吳劍銘文合考》爲名,刊於《漢語字詞關係研究(二)》,中西書局,2021 年 10 月,第 207—210 頁。

燕尾布"忻"字考

　　戰國貨幣有一品燕尾布面文作"橈比當忻",背文作"七展",形狀及銘文如圖一所示。它們的出土範圍集中在江蘇、安徽、浙江、山東西南部等地,黄錫全、吴良寶先生在前人基礎上進行深入論證,證明這種類型的燕尾布是戰國晚期楚國所鑄,①他們的意見令人信服。長期以來,"橈比當忻""七展"這幾個字考釋紛紜不定。現在,面文第一字的右旁同上博《容成氏》簡 12、13 等的"堯"字相對照,已證明湯餘惠先生釋爲"橈"②是可信的,具體含義應該是"幣"的一種修飾詞;李家浩先生釋面文第二字爲"比",讀爲"幣"的意見也已經得到了大多數學者的認同;③背文第二字的釋讀還有分歧,我們從陳劍先生説把它隸定爲"展",④是一種質量單位,一"展"之值約爲 3.89 克,"七展"應是一枚燕尾布的實際質量(燕尾布的質量詳下)。只是面文第四字"忻"字到目前還没有得到一個公認的結論。吴良寶先生在《中國東周時期金屬貨幣研究》一書中所引各家解釋説:

　　初尚齡《吉金所見録》引劉青園説釋爲"十斤";李佐賢《古泉匯》釋爲"十化";鄭家相《中國古代貨幣發展史》釋爲"釿";陳偉武《舊釋"折"及從

---

① 參看黄錫全:《"枎比堂忻"應是楚幣》,《先秦貨幣研究》,中華書局,2001 年 6 月,第 213—218 頁。吴良寶:《中國東周時期金屬貨幣研究》,社會科學文獻出版社,2005 年 10 月,第 242—244 頁。

② 參看湯餘惠:《略論戰國文字形體研究中的幾個問題》,《古文字研究》第十五輯,中華書局,1986 年 6 月,第 16—18 頁。

③ 參看李家浩:《戰國貨幣文字中的"
"和"比"》,《中國語文》1980 年第 5 期,第 373—376 頁轉第 372 頁。

④ 參看陳劍:《釋展》,《追尋中華古代文明的蹤迹——李學勤先生學術活動五十年紀念文集》,復旦大學出版社,2002 年 8 月,第 49—56 頁。

"折"之字平議》釋爲"慎";李天虹《楚幣文"折"字别解》釋爲"所",認爲指二鈏。①

其中劉青園釋"折"爲"十斤",與古幣合文情況不符,並且,楚國也没有"斤"這個衡制單位;李佐賢釋爲"十化"在字形上没有根據;陳偉武先生釋爲"慎"在文義上難以講通;鄭家相釋"鈏"一説影響很大,李家浩、何琳儀等先生均從之。不過正如吴良寶先生所言,第一,釋"鈏"之説並没有解決"折"左旁爲何從"十"的問題。第二,戰國三晋貨幣"鈏"的質量並不固定,與銅器的"鈏"的質量相對比,存在減重情況,楚燕尾布"折"難以和"鈏"的實際質量聯繫起來,並且"鈏"是三晋的衡制單位,楚衡制未見使用;李天虹先生釋"所"依據的是陳劍先生考證爲"慎"的楚簡"訢"這一種字形,陳先生認爲"訢"形的來源是西周金文中的"晉"和"悉",②不過裘錫圭先生後來認爲這種寫法的"訢"應從"十"得聲,③這樣,李先生的證據就有了可懷疑之處。具體情況請參看吴良寶先生《燕尾布與連布》一文的駁議,這裏就不多討論了。④ 此外,我們或可考慮把"橈幣當折"的"折"同三晋橋形布中的"陰晋一鈏""甫(蒲)反一鈏""高女(奴)一鈏"中的"鈏"聯繫起來,認爲"橈幣當折""當"的是這個"鈏",不過在戰國貨幣中,都是本國貨幣間相互聯繫("橈幣"所"當"的應爲楚國蟻鼻錢,詳下),没有異國貨幣間相聯繫的例子。我們或可考慮把"橈幣當折"同魏國橋形布"梁重鈏五十當寽""梁重金百當寽""梁正幣百當寽""梁半幣二百當寽"的辭例相對比,⑤把"當折"也理解爲一種對燕尾布的標準質量的規定,不過我們看此幣背文已有"七展"這種質量標記,所以,"折"不大可能再是一種質量單

---

① 參看吴良寶:《中國東周時期金屬貨幣研究》,社會科學文獻出版社,2005年10月,第238—242頁。
② 參看陳劍:《説慎》,《簡帛研究二〇〇一》,廣西師範大學出版社,2001年9月,第212頁。
③ 參看裘錫圭:《釋郭店〈緇衣〉"出言有丨、黎民所䚧"——兼説"丨"爲"針"之初文》,《中國出土古文獻十講》,復旦大學出版社,2004年12月,第298頁。
④ 參看吴良寶:《中國東周時期金屬貨幣研究》,社會科學文獻出版社,2005年10月,第235—244頁。
⑤ 比如"梁重鈏五十當寽"的"寽"是質量單位而非貨幣單位,它的意思是"一種五十個這樣的重鈏幣的質量與一鋝相當",這是對每個這種梁重鈏的標準質量的規定(此處爲陳劍先生告知)。

位,而"當忻"也不能是對燕尾布的標準質量的規定了。

到目前爲止,"忻"字只出現在楚幣中,沒有其他的辭例可供探索,所以要解決這個字,還應由字形入手。這個字的右旁從"斤"是沒有問題的,關鍵是它的左旁。很多學者都認爲它的左旁就是"十",下面我們再略加申證:在楚國文字中,"十"既可以在一豎中間加圓點寫作"●"(《集成》12113B《鄂君啓節》)、"●"(郭店《緇衣》簡 47);也可以在一豎中間加一橫寫作"十"(《集成》85《楚王酓章鎛》)、"十"(《隨縣曾侯乙墓》簡 120)、"十"(郭店《六德》簡 45)。① 所以,此字左旁從"十"應是無可懷疑的。由此出發,我們再分析一下這個字的字形結構。"忻"字的字形結構有幾種可能:一、此字爲非形聲字,不過戰國文字形聲字已經占了很大比重,從"忻"字看,這個字結構簡單,左從"十",右從"斤",很難用會意、省體或字形演變等其他方法來分析,所以把它看作是非形聲字是有困難的。二、此字爲形聲字,其中又有三種可能:A. 左形右聲字,但是在戰國文字中,我們尚未發現有用"十"作形旁的確切例證;B. 雙聲字,然而"十"爲禪紐緝部,"斤"爲見紐文部,古音相差很大;那麽只剩下最後一條"C. 左聲右形字"是理想的解釋。漢字的形聲字多是左形右聲結構,然而左聲右形也占有一定比重。就拿和"斤"旁有關的字來說,"新""斫"的聲旁就在左邊,所以,"忻"可能即從"十"得聲。我們認爲,"忻"應該就是"十"字,只不過增加了"斤"旁繁化罷了。

值得注意的是,《上海博物館藏戰國楚竹書(四)》《曹沫之陣》簡 30 "位、厚食使爲前行。三行之後,茍見短兵,牧"的編聯一直未能確定,後來高佑仁先生在簡帛網上發了一篇文章,把它拼接到簡 26"五之間必有公孫公子,是謂軍紀。五人以敔(伍),一人"之前,認爲"牧五"二字應連讀爲"什伍"。其中,簡 26"敔(伍)"從"攵",暗示了"牧"也可能與軍隊編制有關;並且,"什伍"一詞也常見於先秦文獻。② 這樣編聯之後,文義頗爲順

---

① 參看湯餘惠主編:《戰國文字編》"十"條,福建人民出版社,2001 年 12 月,第 132 頁;李守奎:《楚文字編》"十"條,華東師範大學出版社,2003 年 12 月,第 137 頁。
② 參看高佑仁:《談〈曹沫之陣〉"爲和於陣"的編聯問題》,"簡帛"網,2006 年 2 月 28 日。

暢。其中的"攼"從"十"得聲,讀爲"什",也是左聲右形。

我們認爲,燕尾布面文"橈幣當忻(十)"的意思就是"橈幣"這種幣可以兌換成十個某種貨幣。在魏國橋形布中有"梁重①釿五十當寽""梁重金百當寽""梁正幣②百當寽""梁半幣二百當寽",其中的"寽"字字義難以確解,但學者一般認爲它們表示一種質量單位;在楚銅錢牌中的"視金一朱""視金二朱""視金四朱"則表示的是一種兌換關係,③和它們不同的是,"橈幣當十"表示兌換關係的貨幣名稱被省略了。④ 我們推測,被省略的原因可能是當時人都理所應當知道能與"橈幣"兌換的是哪種貨幣,所以就沒必要再標明了。在新莽發行的貨幣中,有"大泉五十"幣種,指這一枚大泉可兌換五十枚五銖錢;有"契刀五百"幣種,指這一枚契刀可兌換五百枚五銖錢;其他還有"幺泉一十""幼泉二十""中泉三十""壯泉四十""小布一百""幺布二百""幼布三百""序布四百""差布五百""中布六百""壯布七百""第布八百""次布九百""大布黃千"等幣種;在孫吳赤烏年間鑄造的貨幣有"大泉五百""大泉當千";在清朝咸豐年間鑄造的"咸豐重寶"的背文有"當十""當五十";"咸豐元寶"的背文有"當百""當二百""當五百""當千"等,它們都沒有標明所應兌換的是何種貨幣,這與楚幣"橈幣當十"是一個道理。

"當"字的這種用法在典籍中也能見到,比如:

  《孫子·作戰》:"故智將務食於敵,食敵一鍾,當吾二十鍾;萁秆一石,當吾二十石。"⑤

---

① "重"字從吳振武師考釋,參看吳振武:《説梁重釿布》,《中國錢幣》1991年第2期,第25頁。

② "幣"字從李家浩先生考釋,參看李家浩:《戰國貨幣文字中的""和"比"》,《中國語文》1980年第5期,第373—376頁轉第372頁。

③ 黃錫全先生認爲"視金幾朱"的意思是可以兌換"黃金幾銖",參看黃錫全:《楚銅錢牌"見金"應讀"視金"》,《先秦貨幣研究》,中華書局,2001年6月,第222頁。因爲"銖"是稱量單位,所以需要標明可以兌換的稱量品種"金"。

④ 黃錫全先生曾刊布過一種新品圓錢,並釋其面文爲"異泉",而裘錫圭先生則改釋爲"當泉",我們認爲應以裘先生所釋爲是。參看黃錫全:《新見"異泉"小議》,《中國錢幣》2004年第3期,第16—19頁;裘錫圭:《關於"異泉"或可讀爲"當泉"的一點意見》,《中國錢幣》2004年第4期,第9頁。我們懷疑此幣有可能鑄造於先秦,其中的"當"字值得注意。

⑤ 李零:《吳孫子發微》,中華書局,1997年6月,第37頁。

《六韜·犬韜·均兵》:"故車騎不敵戰,則一騎不能當步卒一人。三軍之衆成陳而相當,則易戰之法:一車當步卒八十人,八十人當一車;一騎當步卒八人,八人當一騎;一車當十騎,十騎當一車。"①

《史記·平准書》:"郡國多奸鑄錢,錢多輕,而公卿請令京師鑄鍾官赤側,一當五,賦官用非赤側不得行。"②

以上的"當"字和楚幣"橈幣當十"的語法地位也是相同的。

下面探討一下與"橈幣"所"當"的是何種貨幣。考古發現表明,楚國蟻鼻錢發行量很大,應是楚國最通行的幣種。它們的面文常見"君""行""陽""巽""坙朱""全""忻"等字樣,這些文字到底代表什麽意思,現在尚不得知,③不過我們知道,這些面文並不是代表着蟻鼻錢的名稱就叫"君""行""陽"。所以,"忻"也不會是蟻鼻錢的名稱,而是表示楚國有一種面文是"忻"的蟻鼻錢。④ 既然有種蟻鼻錢面文和燕尾布面文文字相同,那麽表明蟻鼻錢很可能與燕尾布有一定的關係。⑤ 燕尾布的"橈幣當十",就應該表示"橈幣"這種貨幣能兑换成十枚蟻鼻錢。面文爲"巽"和"坙朱"的是楚國最爲流行的蟻鼻錢,據統計,它們的質量大都爲 3.2 克左右,而一枚燕尾布的質量爲 28—35 克,⑥質量比恰好是 10∶1。

除燕尾布"橈幣當十"外,楚國還發行過一品連布,形狀爲足部合鑄在一起的兩枚小布,面、背文作"四比(幣)當忻(十)",如圖二所示。吴良寶

---

① 《中國軍事史》編寫組:《武經七書注譯》,解放軍出版社,1991 年 5 月,第 411 頁。本文引用此段文字時對原書文字及標點有所校訂。

② 《史記》,中華書局,1989 年 9 月,第 1434 頁。

③ 參看吴良寶:《中國東周時期金屬貨幣研究》,社會科學文獻出版社,2005 年 10 月,第 271—275 頁。

④ 楚蟻鼻錢的面文不像其他國家一樣標明這種貨幣的名稱,燕尾布"當十"下沒有標明貨幣名稱,也是這個道理。

⑤ 此條承吴良寶先生示知。另,我們不能想象"橈幣當忻"這種"橈幣"只可以兑换一枚帶有"忻"面文的蟻鼻錢,這不合於先秦貨幣的兑换方式,也和戰國貨幣中的"當"義相抵觸。

⑥ 參看黄錫全:《先秦貨幣通論》,紫禁城出版社,2001 年 6 月,第 365 頁表三四、第 371 頁。我們要注意的是,各種不同面文的蟻鼻錢質量很不固定,其中"忻"字蟻鼻錢質量大多在 4.25 克左右。學者一般認爲"忻"字蟻鼻錢流通於戰國早期,而燕尾布流通於戰國晚期,並且除"巽"和"坙朱"字蟻鼻錢外,其餘各類蟻鼻錢發行量都不大,所以,只有用"巽"和"坙朱"字蟻鼻錢和燕尾布進行質量對比才是合理的。

燕尾布"折"字考 109

先生認爲這種連布應以單枚爲單位,①是非常合理的。從連布實物及鑄範(《貨系》4194—4195)看,它們絕大多數都是足部合鑄在一起的兩枚小布作爲一個整體,合鑄印記非常明顯,似不能人爲地剪斷分做兩枚獨立的小布,所以所謂的"四幣",就是指兩枚足部相連,一共包含四枚小布的連布。它的面、背文的意思是"四幣"可以兑换十枚蟻鼻錢;也就是説,一枚連布可以兑换五枚蟻鼻錢。

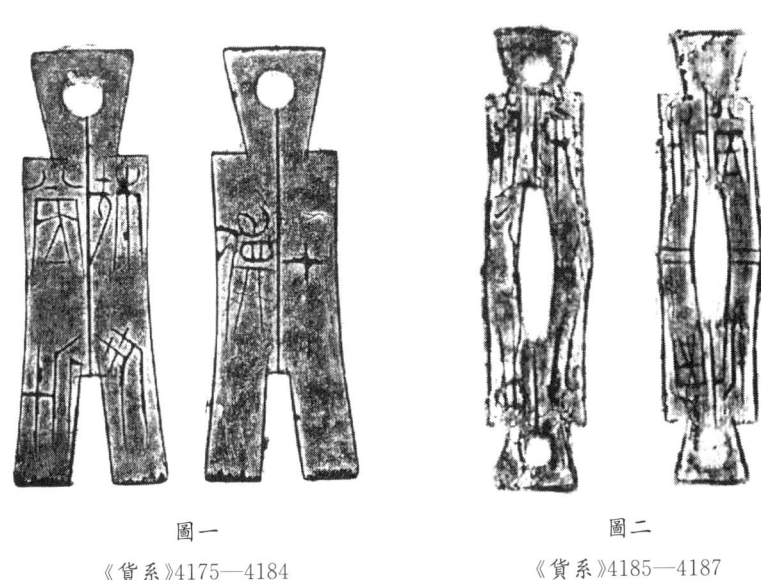

圖一　　　　　　　　　　　圖二
《貨系》4175—4184　　　《貨系》4185—4187

附記:本文初稿完成後,承蒙吴良寶先生、陳劍先生指出一些問題,按照他們的意見,筆者作了進一步的修改,在此謹致謝忱!

【**編按**】燕尾布字體與常見的楚系、齊系、晋系文字皆有差異,小文認爲其國别爲楚,有誤,李家浩先生認爲它是宋國文字,應該是可信的,參看李家浩:《忏距末銘文研究》,《古文字與古代史》第二輯,"中研院"歷史語言研究所,2009年12月,第189—212頁。

---

① 參看吴良寶:《中國東周時期金屬貨幣研究》,社會科學文獻出版社,2005年10月,第235頁。

戰國時期"十"字字形基本一致，小文以"忻"的左旁與楚系文字的"十"相比，結論是没有問題的。

燕尾布中所謂的"橈"字應改釋爲"枋"，參王强：《燕尾布幣文新解》，《中國錢幣》2014年第2期，第10—13頁，同屬宋之《忓距末》"四方"之"方"正如此作，"方幣"有可能是長方形的貨幣的意思。

〖**發表情況**〗單育辰：《燕尾布"忻"字考》，《中國錢幣》2008年第2期，第9—12頁。

談晉系用爲"舍"之字

在晉系文字中,常見一個"㐱"字,作下形:

![字形]（《璽彙》0112）　　![字形]（《集成》9647.1）

其辭例爲:

(1) 㐱嗇夫　　　　　　　　　　　　　　　（《璽彙》0112）
(2) 㐱寵　　　　　　　　　　　　　　　　（《璽彙》3058）
(3) 齊㐱·王子中府·三原　　　　　　　　　（《集成》2530.1）
(4) 㐱㐱　　　　　　　　　　　　　　　　（《集成》1345）
(5) 右啬（廩）㐱莆官私鎬（鼎）　　　　　　（《集成》2307）
(6) 徝㐱右自（官）　　　　　　　　　　　（《集成》1945）
(7) 徝㐱右自（官）　　　　　　　　　　　（《集成》9543）
(8) 徝㐱左自（官）　　　　　　　　　　　（《集成》9590.2）
(9) 徝㐱左自（官）　　　　　　　　　　　（《集成》9591.2）
(10) 徝㐱左自（官）　　　　　　　　　　 （《集成》9647.1）
(11) 徝㐱左自（官）　　　　　　　　　　 （《集成》9660.2）
(12) 六年格氏命（令）韓熋,工帀（師）互㐱,冶□。（《集成》11327）
(13) 䢼㐱　　　　　　　　　　　　　　　 （《陶文圖錄》[①]5.62.3）
(14) 互客㐱　　　　　　　　　　　　　　 （《陶文圖錄》3.614.1）

---

① 王恩田:《陶文圖錄》,齊魯書社,2006年6月。

(15) 畲　　　　　　　　　　　　　（《古陶文彙編》①6.13）

此字早年曾釋爲"宫""公"等,但其字形與晋系文字的"宫""公"等相差甚遠,②實難成立。那麽,這個字應如何釋讀呢?爲了更好了解此字,我們先談一談戰國文字中的"豫"。

劉釗、何琳儀、陳漢平先生曾先後考釋過古文字中的"豫",③其中以何琳儀先生論證較詳,今徵引如下:

《璽彙》"姓名私璽"著録一奇字,形體詭異。凡四見:

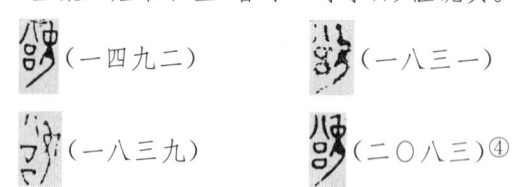

［圖］（一四九二）　　　［圖］（一八三一）

［圖］（一八三九）　　　［圖］（二〇八三）④

此字左從"八",從"吕";右從"象",抑從"兔",遽難確定。但此字應與下列金文有關:

［圖］（蔡侯鎛,辰按《集成》210）

［圖］（竃于公戈,辰按《集成》11124）⑤

在辨認此字左旁所從爲何字以前,首先討論"野"字。《説文》:

---

① 高明:《古陶文彙編》,中華書局,2004年10月。
② 何琳儀:《戰國古文字典——戰國文字聲系》"宫""公"條,中華書局,1998年9月,第268、407—408頁。按,《集成》4014、4015 蘇公子簠之"公"作"［圖］",但其形或"公"之訛變,且此二器時代爲春秋早期,與上揭諸例時代亦不同。
③ 劉釗:《〈金文編〉附録存疑字考釋》之十《釋象》,太倉:"中國古文字研究會第八届年會"會議論文,1990年;又,劉釗:《古文字構形研究》,吉林大學博士學位論文,指導教師:姚孝遂,1991年,第557—559頁;又,劉釗:《古文字構形學》,福建人民出版社,2006年1月,第323—324頁;何琳儀:《古璽雜識續》,《古文字研究》第十九輯,中華書局,1992年8月,第478—480頁;陳漢平:《釋録、豫》,《金文編訂補》,中國社會科學出版社,1993年9月,第358—360頁;又,董蓮池:《金文編校補》,東北師範大學出版社,1995年9月,第93—95頁。
④ 筆者按,這裏還應補充《璽彙》1894一例的［圖］字,其左旁"吕"上無何先生上揭四璽左旁所從的"八",但"八"爲飾筆(詳下),此字與上揭四璽乃同一字。
⑤ 筆者按,和上揭字形相關的金文還可補充陳𫘽車戈(《集成》11037)一例。

談晉系用爲"舍"之字　113

"野，郊外也。從里，予聲。壄，古文野。從里省，從林。"案，古文字"野"均作"埜"，秦漢以後才出現"野"，但並不從"里"。如"野"（《秦陶》三三五）、"野"（《相馬經》三一下）、"野"（漢石經《詩·東山》）。至於"野"的異體"壄"（《睡虎》六·四五）、"様"（《隸辨》三·五二），則與《説文》古文吻合。值得注意的是，這些"野"字所從"予"作"吕""ㄖ""ㄕ"等形，與"予"（予）形體有別。在早期古文字中並未發現有"予"字，戰國秦文字才出現"予"形（石鼓文"迃"），六國文字"予"尚作"ㄖ"形（《璽彙》三四五七"抒"）。凡此可證，"予"本作"吕"形。（"予"疑即"吕"的分化，留待後考。）其形體演變順序如次：

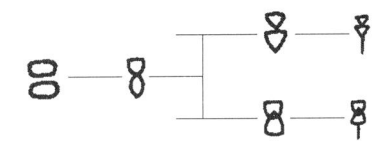

......

蔡侯鏄銘奇字所從"吕"，與秦陶文"野"之所從"吕"形體吻合，聲符均爲"吕"（予）。至於鏄銘所從"八"，應是裝飾筆畫，無義。古文字"膞"或作"膻"，"宀"或作"杰"，可資佐證。然則鏄銘此字應隸定"鯀"，即小篆"豫"的繁化字……"豫"與"舍"音近可通。《書·洪範》"曰豫"，《史記·宋世家》《漢書·五行志》引"豫"作"舒"。《爾雅·釋地》"河南曰豫州"，釋文引李巡云"豫，舒也"。《古文四聲韻》有下列古文：

舍　　　　　　　　　　　　　（四·三三）

捨　　　　　　　　　　　　　（三·二二）

舒　　　　　　　　　　　　　（一·二二）

……《古文四聲韻》"豫"讀"舍""捨""舒"等,是鎛銘"豫"讀"舍"的佳證。①
……

　　確認鎛銘、戈銘之"豫",上揭古璽奇字即可迎刃而解。此字左從"㕣"(圖),與鎛銘"豫"所從"㕣"(圖)形體吻合,應釋"予"。② 此字右從"多"(圖),乃戈銘"象"(圖)之變,應釋"象"。然則璽文"䦒"無疑亦應釋"豫"。

何琳儀先生的論證雖然在細節上可能會有學者有不同意見(比如其中說"'予'疑即'吕'的分化",就還有待進一步考證),但其把"䦒"釋爲"豫"的結論已被後來不斷出土的簡牘所證實。在楚簡中,有的"䦒"字與何先生所舉《璽彙》的字形相同;有的在"䦒"的左旁"㕣"上又贅加了一個"八"形,但從辭例上看,它們與"䦒"爲同一個字是沒有問題的。下面我們把迄今爲止楚簡中出現的"豫"列舉出來:

　　　　在陳䦒(豫)之典。　　　　　　　　　　　　　(包山簡11)
　　　　邔司馬䦒(豫)　　　　　　　　　　　　　　　(包山簡24)
　　　　番䦒(豫)　　　　　　　　　　　　　　　　　(包山簡52)
　　　　東宅人舒䦒(豫)　　　　　　　　　　　　　　(包山簡171)
　　　　䣙䦒(豫)　　　　　　　　　　　　　　　　　(包山簡174)
　　　　舒䦒(豫)　　　　　　　　　　　　　　　　　(包山簡191)
　　　　䦒(豫)其志,求養親志,害(蓋)亡不以也。　　(郭店《六德》簡33)
　　　　賤民而䦒(豫)之,其用心也將何如?　　(上博一《孔子詩論》簡4)
　　　　舉而所知,而所不知,人其䦒(豫)之諸?　　(上博三《中弓》簡10)
　　　　䦒(豫)爾靈龜,觀我敚頤。　　　　　　　(上博三《周易》簡24)
　　　　且臣之聞之:不和【18】於邦,不可以出䦒(豫)。不和於䦒(豫),不可以出陳。不和於陳,不可以戰。是故夫陳者,三教之【19】末。
　　　　　　　　　　　　　　　　　　(上博四《曹沫之陳》簡18+19+20)

---

①　筆者按,關於傳抄古文的各種寫法,又可參看黃錫全:《汗簡注釋》,武漢大學出版社,1993年12月,第280頁。
②　"䦒"所從爲"予",還可以從"舒"字得到證明,《說文》四下:"舒,從舍從予,予亦聲。"古文字中"舒"多見,作"㪥"(圖)形,從"余"從"吕"(也可以說成從"余"從"㕣","余"下與"㕣"上共用"八"形)。這也可以證明"㕣"確爲後世的"予"字。

爲和於䑓(豫)如何？　　　　　　　（上博四《曹沫之陳》簡22）
爲和於䑓(豫)。　　　　　　　　　（上博四《曹沫之陳》簡23）
三軍未成陳,未䑓(豫),行阪濟障,此捷果之幾(忌)。
　　　　　　　　　　　　　　　　（上博四《曹沫之陳》簡43）
既戰復䑓(豫),號令於軍中【50】曰,
　　　　　　　　　　　　　　（上博四《曹沫之陳》簡50+51）
厲公無道,虐於百䑓(豫),百䑓(豫)反之。苦成家父以其族三邻征百䑓(豫),不思(使)反。　　（上博五《姑成家父》簡1）
苦成家父乃寧百䑓(豫),不思(使)從【5】已立(涖)於廷。長魚矯典自公所,拘人於百䑓(豫)以内囚之。
　　　　　　　　　　　　　　　（上博五《姑成家父》簡5+9）
参(三)節之未得,䑓(豫)命乃縈。　　（上博六《用曰》簡1）

其中,上博三《中弓》簡23:"舉而所知,而所不知,人其䑓(豫)之諸?"今本《論語·子路》作"舉爾所知,爾所不知,人其舍諸";上博三《周易》簡24:"䑓(豫)爾靈龜,觀我散頤",今本《周易·頤》作"舍爾靈龜,觀我朵頤";上博四《曹沫之陳》簡18+19+20:"不和【18】於邦,不可以出䑓(豫)。不和於䑓(豫),不可以出陳。不和於陳,不可以戰。是故夫陳者,三教之【19】末。"今本《吳子·圖國》作"有四不和:不和於國,不可以出軍;不和於軍,不可以出陳;不和於陳,不可以進戰;不和於戰,不可以決勝"。其中"出豫(舍)"與"出軍"意義相當。① "豫",余紐魚部;"舍",書紐魚部,二字古音相近,故在出土文獻中"豫"常用爲"舍"。② 在古璽中,也有"䑓"應釋爲"豫"的證據,《璽彙》2218有一字作"䑓",與上揭的"䑓"字形略有不同,但爲一字無疑,其文作"邲豫之",施謝捷先生指出:"'豫之'即秦漢私印常見人名'舍之'。"③ 這些例子更加證明了劉釗、何琳儀、陳漢

---

① 《曹沫之陳》此句與《吳子·圖國》相對照爲陳劍先生指出。參看陳劍:《上博竹書〈曹沫之陳〉新編釋文(稿)》,"簡帛研究"網,2005年2月12日。

② 附帶說一下,從文義看,郭店《六德》簡33、上博一《孔子詩論》簡4、上博六《用曰》簡1的"䑓"很可能也讀爲"舍",此不詳述。

③ 參看施謝捷:《古璽雙名雜考(十則)》,《中國古文字研究》第一輯,吉林大學出版社,1999年6月,第130頁;又見施謝捷先生2007年10月30日給筆者的電子郵件。

平諸先生釋"舍"爲"豫"確不可易。劉釗先生在《古文字構形學》中提到《馬王堆漢墓帛書(肆)》《天下至道談》"煓(喘)息,氣上相薄,自宮(字)張",其中"宮"應讀爲"舒",這也是"合"釋爲"予"之證。①

從上面的論證我們可以看出,晉系、楚系文字和秦漢古隸的"豫"和"舒"所從的"合"確實用爲聲符,即是後世的"予"字。那麼,晉系文字的"合"與其字形全同,無疑也是"予"。早在1992年,裘錫圭先生在收於《古代文史研究新探》中的《嗇夫初探》一文討論(1)"合嗇夫"這方印時在"編按"中就提到:"此印見《古璽彙編》112,第一字作 ,李家浩同志認爲非'公'字,而可能是從'予'聲之字,待考。"②雖然沒有詳細論證,但其結論是非常正確的。其後,何琳儀先生在《戰國古文字典——戰國文字聲系》中把"合"釋爲"予",並對一些辭例做了自己的理解:③

(1):晉璽予,疑讀序,《孟子·滕文公上》:"夏曰校,殷曰序,周曰庠,學則三代共之。"

(5):"廪予",疑官名,掌管發放倉廪。参《太平御覽·器物·斗》引《史記》曰:"其廪予民,以大斗。"

(6)—(11):金村器予,疑讀伃。《説文》:"伃,婦官也。從人,予聲。"

不過,我們可以看到,雖然何先生正確地辨認出"予"來,但對此字的解釋都是比較勉強的:

(1):《孟子·滕文公上》"殷曰序","序"是殷周時代"學"的名稱。戰國時代早已不用。

(5):《太平御覽·器物》引《史記》曰"其廪予民","予"是動詞,與官名並無關係。

(6)—(11):《説文》:"伃,婦官也。"我們未能發現"伃"字在典籍中使用過的例證,不過學者都認爲,此字應是"婕妤"的"妤"的一種變體,"婕

---

① 劉釗:《古文字構形學》,福建人民出版社,2006年1月,第323—324頁。
② 裘錫圭:《嗇夫初探》,《古代文史研究新探》,江蘇古籍出版社,1992年6月,第451頁。
③ 何琳儀:《戰國古文字典——戰國文字聲系》"予"條,中華書局,1998年9月,第567—568頁。

"好"是宫中女官名,但"好"都與"婕"連稱而没有單稱"仔(好)"的。①

那麽,這些晉系文字的"舎"應該解釋成什麽呢? 我們認爲,上揭15個文例中的"舎(予)",大都應讀爲"舍"。其實,李家浩先生曾在《九店楚簡》一書的注中提到他寫有《戰國文字中的"序"和"舎"》一文,此文一直未見刊發,且其在注中亦未提及"舎"應釋爲什麽字,但從注中他把楚文字的""釋爲"序"、讀爲"舍"(又言"名詞的'舍'大概是指館舍")的意見看,李先生可能也是把"舎"讀爲"舍"的。不敢掠美,特記於此。② 下面我們對"舎"讀爲"舍"做一些論證。

我們知道,"舍"(書紐魚部)從"余"得聲,而"余"和"予"都是余紐魚部,多互用,其例不勝舉,比如在《古字通假會典》中,就列出了"余"與"舒"、"余"與"予"、"余"與"豫"、"忿"與"豫"、"敘"與"序"、"徐"與"舒"、"徐"與"序"、"餘"與"豫"、"畲"與"畀"、"除"與"抒"、"豫"與"舒"相通的大量例證。③ 此外,上舉《璽彙》2218、上博三《中弓》23、上博三《周易》24的"豫",後世文獻用爲"舍",更證明了"予"和"舍"相通是没有問題的。

其次説一下"舍"的意義。《周禮·天官·宫正》"以時比宫中之官府次舍之衆寡","舍"同"官府"連稱,可見和"官府"是一個性質的機構。孫詒讓正義:"凡吏士有職事常居宫内者爲官府,官府之小者爲舍。"典籍中常見"舍人"一職,《周禮·地官·舍人》言:"舍人掌平宫中之政,分其財守,以灋掌其出入。凡祭祀,共簠簋,實之,陳之。賓客,亦如之,共其禮,車米,筥米,芻禾。喪紀,共飯米、熬穀。以歲時縣穜稑之種,以共王后之春獻種。掌米粟之出入,辨其物。歲終,則會計其政。"

---

① 段玉裁云:"'婦官'上當有'健仔'二字,淺人删之。"參看[清]段玉裁:《説文解字注》,上海古籍出版社,1993年11月,第367頁。
② 此條承蒙陳劍先生示知。李家浩此説見湖北省文物考古研究所、北京大學中文系:《九店楚簡》,中華書局,2000年5月,第114—115頁,注196。本文初稿失於檢引,甚爲疏失。如果李先生之文正式發表,本文或可作爲它的一種補充。另,李先生所考釋的楚文字中讀爲"舍"的"序"(即"")字,現在學者大都釋爲"宛",從新公布的楚簡看,"宛"字應該是正確的。
③ 高亨、董治安:《古字通假會典》,齊魯書社,1989年7月,第834—840頁。又"舍""予"直接相通的例子可看周鳳五:《讀上博楚竹書〈從政〉甲篇劄記》(《上博館藏戰國楚竹書研究續編》,上海書店出版社,2004年7月,第181—182頁)一文所引諸例。

順便說一下，與上揭(6)—(11)同出於洛陽金村的戰國秦國銀器有如下二銘：

卅七年工右舍□重八兩十一朱□□・十一・右
卅年中舍四枚重□中□□□①

又，包山 18、145 有"中舒"、145 反有"舒人"，上博三《柬大王泊旱》9、10、15 有"中余"之職官，周鳳五、劉信芳先生曾論證它們即"中舍""舍人"，②陳偉先生又指出《呂氏春秋・去宥》《史記・張儀列傳》等書有"中謝"（《韓非子・十過》《韓非子・說林》《戰國策・楚策四》作"中射"），即《柬大王泊旱》"中余"，③"謝"（邪紐鐸部；"射"，船紐鐸部）、"舍"（書紐魚部）音近可通，從"索隱"以"中謝""謂侍御之官也"看，這些辭例中的"謝""射"同"舒""余"一樣，應轉寫爲後來的"舍"。周鳳五、陳斯鵬、劉信芳先生的釋讀可以信從。"中舍"一職疑與傳世文獻中的"舍人"相類。以上是秦系、楚系文字中用爲"舍"之字，與晉系的"舍"寫作"合"不同。

(1)"合(予)嗇夫"之"合(予)"，應讀爲"舍"，從《周禮・地官・舍人》所述舍人之職看，此"舍嗇夫"或爲管理"舍"的官長。三晉國家尚有"府嗇夫""庫嗇夫"等官名，可與"舍嗇夫"相較。④

(5)"右虞合(予)莆官"，可與(6)—(11)的"筵合(予)右官""筵合(予)左官"相較，⑤也應讀爲"舍"，其中的"舍"是一個相對略大的部門，其下有

---

① 梅原末治：《增訂洛陽金村古墓聚英》，同朋舍，1984 年 8 月，第 30—31 頁；又，《書道全集》第一卷，平凡社，1954 年，第 34 頁圖 58；又，黃盛璋：《新出戰國金銀器銘文研究（三題）》，《古文字研究》第十二輯，中華書局，1985 年 10 月，第 344 頁。
② 周鳳五：《包山楚簡〈集箸〉〈集箸言〉析論》，《中國文字》新廿一期，藝文印書館，1996 年 12 月，第 40 頁；劉信芳：《竹書〈柬大王泊旱〉試解五則》，"簡帛研究"網，2005 年 3 月 14 日。又，陳斯鵬先生亦言《簡大王泊旱》之"中余"與包山簡之"中舍"似爲同一職官，參看陳斯鵬：《〈柬大王泊旱〉編聯補議》，"簡帛研究"網，2005 年 3 月 10 日。
③ 陳偉：《〈簡大王泊旱〉新研》，《簡帛》第二輯，上海古籍出版社，2007 年 11 月，第 267 頁。
④ 裘錫圭：《嗇夫初探》，《古代文史研究新探》，江蘇古籍出版社，1992 年 6 月，第 448—455 頁。
⑤ "官"的釋讀可參看朱德熙、裘錫圭：《戰國銅器銘文中的食官》，《朱德熙古文字論集》，中華書局，1995 年 2 月，第 83—88 頁。朱、裘二先生認爲例 6—11 的"右官""左官"都是食官，其文又引《賓虹草堂藏古璽印》"北宮皮官"一方古璽，認爲當是掌六宮皮革之事的職官。

"官"這個機構。此"廩舍"應是掌管糧廩的,其職正可參《周禮·地官·舍人》舍人之職"掌米粟之出入,辨其物。歲終則會計其政"。且此"廩舍"還分左右,①其下轄"莆官","莆官"大概是管理"莆"之職官(參上文注中所引"北宫皮官"),"莆"應讀爲"桶",是一種容器,《吕氏春秋·仲春紀》:"日夜分,則同度量,鈞衡石,角斗桶,正權概。"畢沅注:"《月令》'角斗甬','桶'與'甬'通用,《史記·商君傳》'平斗桶',鄭康成音勇,小司馬音統;《淮南》作'稱',亦'桶'之訛;李善注《文選》陸佐公《新刻漏銘》引作'角升桶','升'字誤。"②《商君書·墾令》:"令有甬官食槩。"蔣禮鴻注:"甬官,主斗斛之官。"③(6)—(11)之"𠷎",或把它們讀爲"厨",④如果其所言不誤的話,"厨舍"就與"厨房"有關,其下轄"右官""左官"。

(3)、(4)的"齊""䇦"應爲地名,(3)銘文中有楚系文字"王子中府",與"齊舍(予)""三原"皆非一時所刻。但從"王子中府"看,此處的"舍(予)"亦讀爲"舍"較合適,"齊舍"或是"齊"地某宫中"官府"之類。(4)亦同。

除了上揭幾例"舍(舍)"義爲"官府"外,下面幾例"舍"應有别的意思。(13)出土於鄭韓故城,⑤其中的"舍"殘泐了右旁的一撇,但爲"舍"字無疑。《説文》卷九下:"㑹,芻藁之藏。"按,"舍"有"庫"的意思,《初學記》卷二四引《春秋文曜鈎》"五帝車舍也",宋均注曰:"舍,庫也,五帝車之庫也。"《釋名·釋宫室》"故齊魯謂庫曰舍也"。"㑹舍(舍)"也就是藏芻藁之庫。

(14)王恩田先生把它收入卷三"邾國下附滕薛魯"類,但從字體看,有可能仍爲晋系文字。此處的"舍"也通"舍","客舍"古書多見,如《史記·商君列傳》"商君亡至關下,欲舍客舍"、《風俗通義·過譽》"將妻子出客舍中"等,乃旅店之義,此陶文中的"互"則爲地名。

---

① 陳劍先生看過初稿後指出:"右廩""左廩",鉨印、金文多見,也有可能"廩舍"不連讀而斷爲"右廩/舍",即屬於"右廩"的"舍"。筆者按,如依陳劍先生斷讀,則"右廩舍"也可能是"右廩"的繁稱。
② 陳奇猷:《吕氏春秋校釋》,學林出版社,1984年4月,第64、70頁。又,鳳凰山M8漢墓遣策簡114有"箬筩"即"箬筒","箬""桶""筒"三字可互通。
③ 蔣禮鴻:《商君書錐指》,中華書局,1986年4月,第15頁。
④ 參看張亞初:《殷周金文集成引得》,中華書局,2001年7月。
⑤ 參看河南省博物館新鄭工作站、新鄭縣文化館:《河南新鄭鄭韓故城的鑽探和試掘》,《文物資料叢刊》第3輯,文物出版社,1980年5月,第60—61頁。

(15) 出土於河南鄭州崗社，只有一個字，但讀爲"舍"的可能性較大。

(2)的"台(予)寵"的"台(予)"是姓，或許是"舒"的別體。(12)的"工帀(師)互台(予)"的"互台(予)"是名，似應讀爲"恒舒"。

【編按】《集成》2530.1 中的"王子中府"原文誤定爲楚系文字，黃錦前先生告知，此應是晉系文字。

清華三《祝辭》簡 1"乃![字]幣"之"台"，整理者讀爲"舍"，此是戰國文字"台"應讀爲"舍"之强證。

【發表情況】單育辰：《談晉系用爲"舍"之字》，"簡帛"網，2008 年 5 月 3 日。後刊於《簡帛》第四輯，上海古籍出版社，2009 年 10 月，第 161—168 頁。

介紹一件羅振玉舊藏的羹匕

羅振玉的學術視野非常廣博,其研究領域涉及甲骨、青銅器、古文獻、碑刻、書畫、敦煌學、歷史、璽印、古器物、明清檔案等許多方面。並且,羅振玉善於傳播新材料,開拓新領域,他公布的很多文物、文獻,後來都成爲各種專門之學。

我們不準備全面述評他的貢獻,這裏只擇取羅氏一件舊藏,來做一些評論,以紀念這位學術界的偉大人物。

羅振玉曾獲一件羹匕,匕頭圓,是䀇鼎中的魚羹之用,即後世名爲《魚鼎匕》者,據羅振玉《貞松堂集古遺文》所述:"此匕數年前出山西,予初見之都市,僅見金書十餘言,訝爲奇物,亟以重金購歸,鄭重摩洗,表裏文字,乃均可辨,惜上截損佚。"①《丁戊稿》與此所述略同,唯作"此匕數年前出山西渾源州"較上加詳。② 據後人考察,此匕應是山西渾源李峪村青銅器群中物。③ 匕柄、匕勺正反面都有字,羅氏在《貞松堂集古遺文》中公布摹

---

① 羅振玉:《貞松堂集古遺文》,收入《金文文獻集成》,綫裝書局,第二十四冊第224—225頁,2005年7月(影印一九三〇年石印本,原第十一卷第10—12頁)。此文又見羅振玉:《待時軒傳古別録》,1927年上虞羅氏石印本,第1頁。
② 羅振玉:《魚匕跋》,《丁戊稿》,民國鉛印本,第21—22頁。
③ 參看容庚:《商周彝器通考》,上海人民出版社,2008年8月,第9頁。山西省考古研究所:《山西渾源縣李峪村東周墓》,《考古》1983年第8期,第695—700頁。李夏廷:《渾源彝器研究》,《文物》1992年第10期,第61—75頁。李零:《考古發現與神話傳説》,《李零自選集》,廣西師範大學出版社,1998年2月,第76—80頁。何琳儀:《魚顛匕補釋——兼説昆夷》,《中國史研究》2007年第1期,第32—33頁。

本，後又把摹刻本收錄於《三代吉金文存》，上有"羅福頤手摹金石文字"印。①

因爲摹刻本酷肖拓本，乍視很可能誤作拓本。按，《待時軒傳古別錄》所收之圖皆爲摹刻本，中有《魚鼎匕》圖，即《三代吉金文存》所收者，羅福頤於書前說明："古金文有錯金銀爲文不可施氊墨者，家大人病其不能流傳，每命以花乳石橅刻，久之，得十種。已又得唐封泥墨書硃印，文字黯淡，不可影照，復命橅於末。總得十二種。家大人謂爲下真一等，各爲題識，戊辰冬取付影印，顏之曰《待時軒傳古別錄》。嗣有所見，將續橅之。上虞羅福頤記於津沽嘉樂里寓居。"可見《三代吉金文存》所收的摹刻本是用花乳石摹刻的。

近見趙叔孺舊藏《魚鼎匕》摹刻本一紙，其跋云："爲上虞羅叔言參事新得自京師尊古齋，文字精美，俱黃金嵌背間，文畫爲青綠朱斑積沒，不能氊拓，左爲叔言世兄子期昌頤用青田石勾刻者，余乙丑初夏入都，閏四月初八日過津門，叔言出以見眎，誠有生未有之奇珍，宜叔言定爲雪堂四寶之一也。叔言攷爲食魚之器，🐟釋鼎字。"②其所言用青田石勾刻，與上敘不同，應以羅福頤所言爲準。其言此匕乃羅氏購自尊古齋，則爲新知。

其拓本第一次公布於《殷周金文集成》，編號980A，在書後所附的匕類銘文説明云："魚鼎匕，柄殘，有缺字，銘文錯金，過去未見拓本著錄。"《集成》所收《魚鼎匕》凡三號，980A用考古所拓本，980B用貞松摹本，980C用考古所藏羅氏摹刻本：③

---

① 羅振玉：《三代吉金文存》，中華書局，1983年12月，第1887頁（影印1937年影印本，原第十八卷第30頁）。
② 盛世收藏網，http://bbs.sssc.cn/viewthread.php?tid=768806。
③ 中國社會科學院考古研究所：《殷周金文集成》第三冊，中華書局，1989年4月，第61頁。附帶更改此書一個小錯誤，此書於《魚鼎匕》在出土地下注"山西渾源（貞松）"，貞松指《貞松堂集古遺文》，查《貞松》只言出於山西，説出於山西渾源者，實出《丁戊稿》。

魚鼎匕

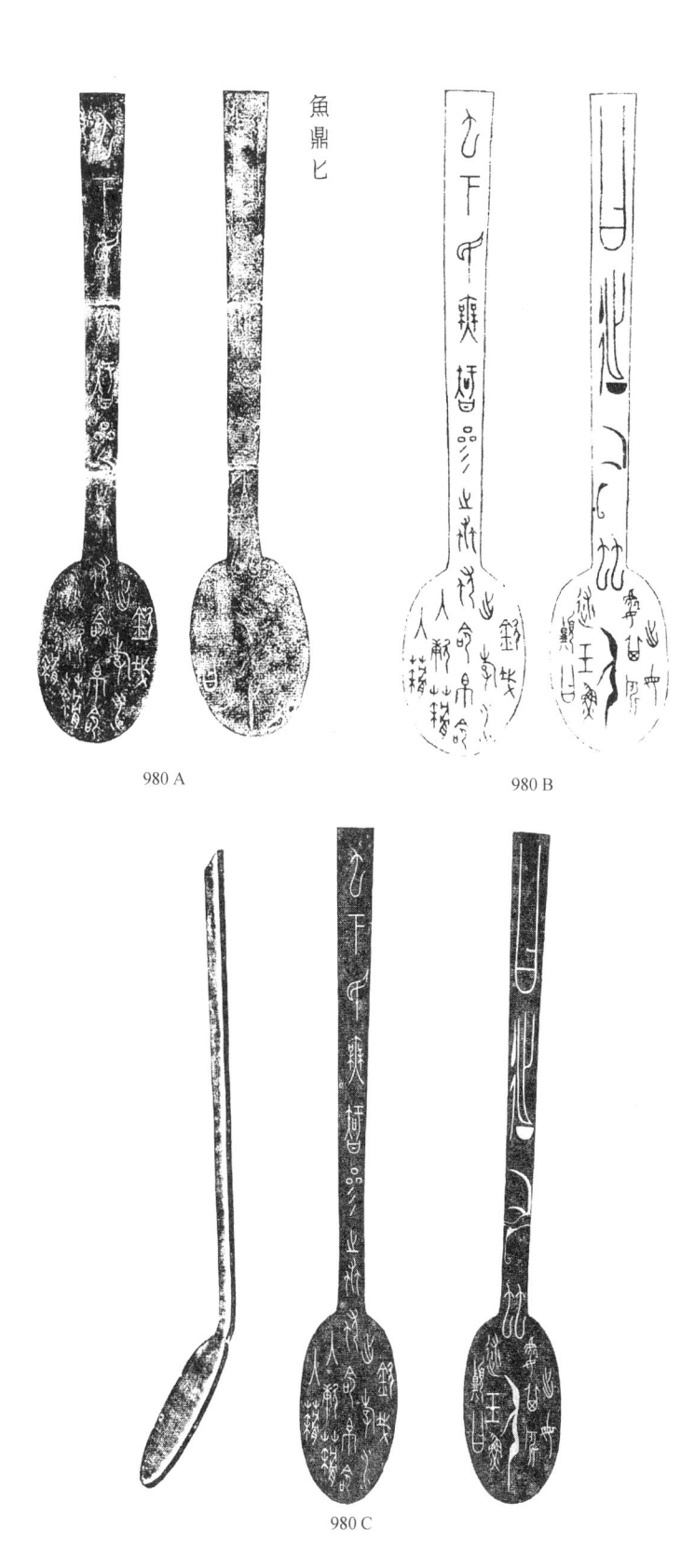

980 A

980 B

980 C

《貞松堂吉金圖》中也收錄了《魚鼎匕》摹刻本,並首次公布了《魚鼎匕》黑白照片。① 此外,《集成》書後所附匕類銘文説明中的"著録"項下還有《小校》一書,查《小校經閣金石文字》中所收仍爲摹刻本。② 又,《貞松堂吉金圖》公布的照片後來被《商周彝器通考》所轉録,但圖版不清,後來出版的《殷周青銅器通論》所轉録的圖版較清楚,但仍不如《貞松堂吉金圖》所載清晰。③

下面先把我們的釋文列於下,然後作進一步的討論:

曰:曰□□□匕,述(遂)王(語)魚顛(鼎),曰:欽哉(哉)! 出游(游)水虫。下民無智(知),參□蟲(蚩)蚘(尤)命。帛(薄)命入欵(羹),穮入穮出,毋處其所。

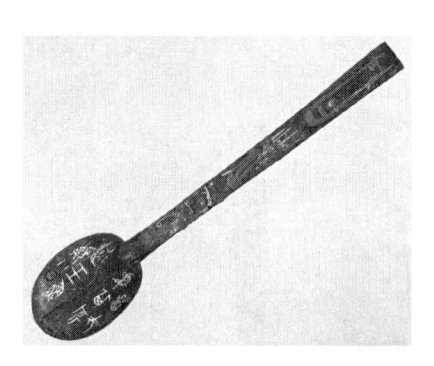

首先,"曰□□□匕"大家多連讀作"曰又(有)蚘匕",這是不正確的,詹鄞鑫指出:從字符所占空間位置看,舊所釋的"又蚘"不是兩字而是一字,應

〈《中國青銅器全集》第 8 卷彩照〉

改釋爲"蚩"(詹氏把"又"改釋爲"尤")。④ 陳劍賛成詹説。⑤ 沈之傑在一篇未刊稿中指出:其實"蚘"形上面還有一極明顯的"土"形,《貞松堂集古遺文》所收録的摹本和《三代吉金文存》收録的摹刻本皆漏摹。但從《殷周金文集成》所收録的拓本(980A)及《中國青銅器全集》第 8 卷二書所收的彩照⑥來看,"土"形十分明顯。沈

---

① 羅振玉:《貞松堂吉金圖》,1935 年墨緣堂景印本,中册第 42 頁。
② 劉體智:《小校經閣金石文字》,1935 年石印本,第九册第 98 頁。
③ 容庚:《商周彝器通考》,哈佛燕京學社,1941 年 3 月,附圖四一四。容庚、張維持:《殷周青銅器通論》,文物出版社,1984 年 10 月,圖版肆柒 92。
④ 詹鄞鑫:《〈魚鼎匕〉考釋》,《中國文字研究》第二輯,廣西教育出版社,2001 年 10 月,第 175—179 頁。
⑤ 陳劍:《釋造》,《出土文獻與古文字研究》第一輯,復旦大學出版社,2006 年 12 月,第 90 頁。
⑥ 中國青銅器全集編輯委員會:《中國青銅器全集》第 8 卷·東周(二),文物出版社,1995 年 12 月,第 137 頁。辰按,據我們所知,《魚鼎匕》彩照最早公布於中國美術全集編輯委員會編:《中國美術全集·工藝美術編·青銅器》,文物出版社,1985 年 7 月,第 65 頁。此圖要比《中國青銅器全集》第 8 卷公布者清晰一些。

先生認爲舊釋的"又蚰"兩字應改釋爲"螽",不過他説,釋"螽"的前提是"匕柄在此處(辰按,指"螽"字,下同)完整無損或者雖然斷裂但不缺損";他又提到"或者此處前後竟非連續的兩段,而是後經拼接連在一起的,當中可能有脱文"。① 我們認爲後説是正確的。

上引羅振玉《貞松堂集古遺文》言:"此匕……表裏文字乃均可辨,惜上截損佚。"其後引王國維説:"右魚匕銘,柄端折去寸許。其銘自匕面中間一行讀起,左行轉至匕陰,又轉至匕陽第二行止。……匕面柄上折處當闕一字,匕背當闕二字,匕背所闕或是'中有'二字。其銘四字爲句,唯一句五字。"② 最早經手《魚鼎匕》的兩位學者都認爲匕柄文字有缺佚之處。但他們所説的"上截損佚""匕面柄上折處當闕一字,匕背當闕二字"在什麽地方,都未説清楚。後來有不少學者認爲他們所説的損佚之處在匕的最上端,③但我們反復查看匕最上端,實無殘損迹象。我們認爲他們説的缺佚之處可能是:匕柄正面"蟲"形之上缺一個大字,相應的,匕柄反面"螽"形之上缺兩個小字。

目前《魚鼎匕》器柄最清晰的照片是《貞松堂吉金圖》所公布者,從此照片上看,"蟲"形之上的斷裂痕非常明顯(亦可參看《集成》980C 摹刻本相應之處),並且柄上半部與下半部的碴口不能密合:

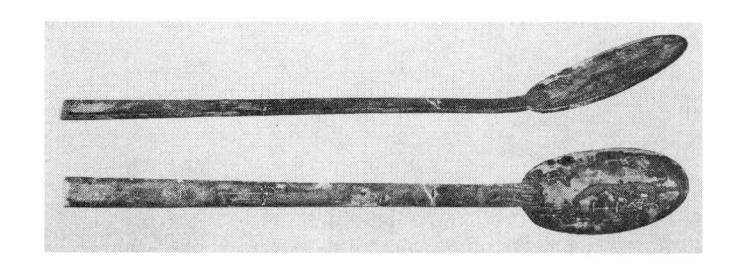

---

① 沈之傑:《試論"魚鼎匕"首句大字銘文的幾個問題》,未刊。
② 此跋又收入王國維:《魚匕跋》,《觀堂別集》,《觀堂集林(附別集)》,中華書局,1961年6月,第 1210—1211 頁。
③ 如郭沫若:《魚鼎匕》,《金文韻讀補遺》,《郭沫若全集·考古編》第五卷,科學出版社,2002 年 10 月,第 313—314(原 145—146)頁。羅福頤:《三代吉金文存釋文》,問學社,1983 年 3 月,第 844 頁。容庚:《商周彝器通考》,上海人民出版社,2008 年 8 月,第 286頁。另,據王國維所言"'参之蛉蜽',謂虫與二物性本不同,下民以此三者爲相似也"。其把"参"與"之"(即"螽"之誤分誤釋)連讀,則又似乎不認爲折斷處在匕柄反面"参"與"螽"之間(《貞松堂集古遺文》中之摹本與釋文亦看不出此點,但摹本與釋文皆羅福頤参與,並不等於羅振玉意見),這大概是王氏一時疏忽,不能引以爲證。

匕柄部"蟲"形之上的斷裂點細部圖如下：

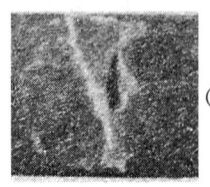

（正視圖） 　（側視圖）

《魚鼎匕》後歸遼寧省博物館收藏，遼博所藏文物圖片也顯示，此匕柄處確實折斷，折斷位置處於"蟲"形之上（文物檔案中亦説此匕"把斷"）：

並且，從字形來看，匕柄正面上部所殘留的字形爲"A"（見下圖），下部所殘留的字形爲"B"，這兩個字形拼不成一字，尤其是左邊的" "這一筆憑空冒出，毫無所承，也讓人感到奇怪。從匕柄反面看，其折斷處應在"C"，如果我們不承認匕柄反面折斷處有殘缺的話，那麼其相應文字則連讀爲"下民無知，參蠱（蛊）蚘（尤）命"。這裏的"參蛊尤命"也很難理解。

A 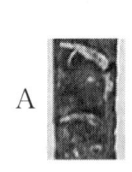　B 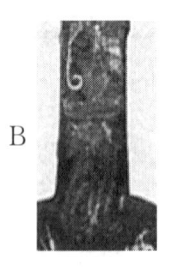　C

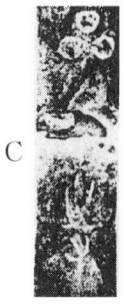

所以，我們認爲，匕柄正面"徣□（此字下面殘缺，或是"又"字）"與"□（此字上面殘缺，下面是"蟲"形）匕"之間殘斷了，中間有缺文。相應地，匕柄反面在"參"與"蠱（蛊）"之間折斷，中間也有缺文。至於是不是王

國維所言匕柄正面缺失一個大字,匕柄反面缺失兩字小字,並不能確定,也有可能缺失的字數更多。

把缺佚之處論定後,我們就來看匕上的文字。先看匕的正面:"蠹"形下的"匕"從羅振玉釋(見《貞松堂集古遺文》),或釋爲"人""尸",①不確,此字是"匕"的一種美術化了的字體。"玉",舊多釋"王",容庚改釋爲"玉"。② 在金文中,"玉"的三横等距,而"王"最上兩横與最下一横距離較大,可翻看《金文編》相關字條即明。"鼎"從王國維釋,他説:"'顓'即籀文'頂'字,《説文》'顯'籀文'頂',此借爲'鼎'。或讀爲"顛",③不確,"魚鼎"是指烹魚之鼎,而"魚顛"不詞。

"述(遂)玉魚顯(鼎)","玉",疑紐屋部,疑讀爲"語","語",疑紐魚部,二字語音相近。在古文字中,"語"的用字習慣比較固定,似未見用"玉"表示"語"者,但古文字也常常會在固定用字習慣之外出現一些特殊的用字方法,所以"玉"通"語"的可能也不能排除。"遂玉(語)魚鼎"是説"羹匕於是對魚鼎説","語"和後面的"曰"正好能對照。銘文中的談話者是匕和魚鼎,是把物品擬人化了,這種擬人手法古籍是經常能見到的。

其後"欽哉",又見於《尚書·堯典》:"帝曰:欽哉!""欽"是"敬"的意思。④ 近出上博二《子羔》(港簡3+《子羔》簡12)亦有:"生乃呼曰:'欽!'是契也。"清華簡《保訓》簡4亦有:"欽哉!勿淫。"(《保訓》簡11則説:"敬哉!毋淫。")

再看匕的反面:"蠹(蛊)蚘(尤)"爲于省吾所釋,⑤李零據馬王堆帛書

---

① 釋"人"如郭沫若:《魚鼎匕》,《金文韻讀補遺》,《郭沫若全集·考古編》第五卷,科學出版社,2002年10月,第313—314(原145—146)頁。釋"尸"如何琳儀:《魚顛匕補釋——兼説昆夷》,《中國史研究》2007年第1期,第32頁。

② 容庚:《金文編》"玉"條,科學出版社,1959年5月,第20頁。容庚、張振林、馬國權:《金文編》,中華書局,1985年7月,第24頁(按此字被重複收録於"王"條,見第19頁)。何琳儀:《魚顛匕補釋——兼説昆夷》,《中國史研究》2007年第1期,第32—33頁。

③ 裘錫圭、李家浩:《曾侯乙墓竹簡釋文與考釋》,《曾侯乙墓》,文物出版社,1989年7月,第512頁。

④ 何琳儀:《魚顛匕補釋——兼説昆夷》,《中國史研究》2007年第1期,第32—33頁。

⑤ 何琳儀:《魚顛匕補釋——兼説昆夷》,《中國史研究》2007年第1期,第33頁引于省吾説。

《十六經·正亂》"黃帝身遇之(蚩)尤,因而擒之。……腐其骨肉,投之苦醯,使天下誰(進)之",發現帛書所述以蚩尤作羹之事正可與匕銘對照。①"歟"讀爲"羹"也是于省吾的意見。②"蒔入蒔出"李零言或讀爲"忽入忽出",③可存以備考。

經過以上討論,我們終於可以把匕銘大意串講一下:

……羹匕於是對魚鼎説:要慎重啊,那些游來游去的水蟲!下層的民衆混沌無知,……象蚩尤一樣做了肉羹。它們在羹裏又出又入,後人不要像它們那樣處在魚鼎裏啊!④

補記:在本文寫完後,我們有機會到遼寧省博物館文物庫房查驗原物,又得到更爲清晰的照片,匕柄正面"蠱"形之上的斷裂點如圖一所示,匕柄反面"參"與"蠱(蚩)"之間的斷裂點如圖二所示,對比二圖,可以發現其間確有殘缺,現在發表的此匕圖片皆屬誤拼。此處斷裂點有焊過痕迹,爲1954年7月修復所致(據文物檔案)。匕的最上端圖像依圖三、圖四所示,也如上文所説,没有任何殘損迹象。

圖一

---

① 李零:《考古發現與神話傳説》,《李零自選集》,廣西師範大學出版社,1998年2月,第76—80頁。
② 于省吾:《雙劍誃吉金文選》,中華書局,1998年9月,第227—228(原第30)頁。
③ 李零:《考古發現與神話傳説》,《李零自選集》,廣西師範大學出版社,1998年2月,第76—80頁。
④ "毋處其所"的句意承沈之傑先生指正,參看詹鄞鑫:《〈魚鼎匕〉考釋》,《中國文字研究》第二輯,廣西教育出版社,2001年10月,第175—179頁。

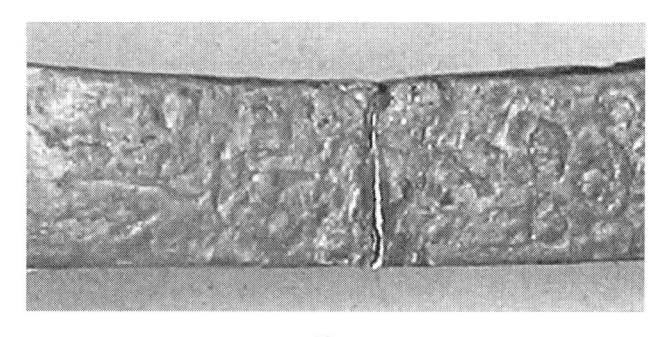

圖二

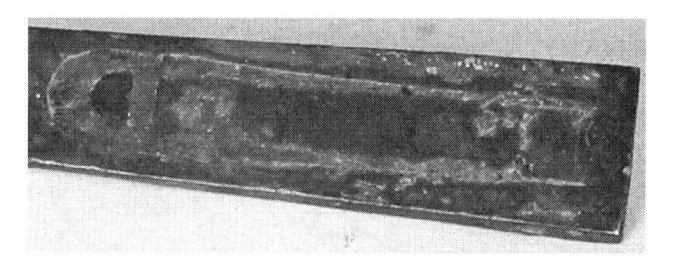

圖三

圖四

【發表情況】此文係與李松儒合寫。

單育辰、李松儒:《談羅振玉舊藏的一件羕匕》,長春:"《羅振玉學術論著集》出版座談會"會議論文,2011年3月。後以《介紹一件羅振玉舊藏的羕匕》爲名,刊於《經學文獻研究集刊》第十三輯,上海書店出版社,2015年4月,第325—331頁。

《商周青銅器銘文暨圖像集成續編》釋文訂誤

　　新出版的《商周青銅器銘文暨圖像集成續編》(下簡稱《銘續》)集録了2012年以後三年多時間内所見的青銅器銘文1509件,[①]其中700餘件銘文以前未被著録,非常寶貴。《銘續》對每件銘文都做了釋文,但該書内容豐富,釋文訛誤自所難免。爲了方便大家更好地研究,今擇出其中誤釋的地方,供學界參考。小文只收入本人的新的更訂,其中有些銘文舊時發表時,時賢已對其釋文有了很好的修訂意見,但《銘續》未能加以注意,這些學者的修訂意見不再收録,[②]不過有少數幾則時賢的意見,學界可能關注不多,則亦附於文中,以便大家查驗。

　　第136號《鑄客爲王后鼎》其中"少府"實爲"七府"之誤釋。[③]

　　第182號《魯伯鼎》,所謂的"魯伯隹","隹"作" "形,實爲"魯伯鳧",其左下的兩點應爲隹尾之泐痕,而右下之形則爲"勹"。

　　第192號《皇毂鼎》,所謂的"千歲之外,我是以遣","遣"作" "形,

[①] 吳鎮烽:《商周青銅器銘文暨圖像集成續編》,上海古籍出版社,2016年9月。

[②] 其他學者對《銘續》釋文做出的修訂可參看石小力:《〈商周青銅器銘文暨圖像集成續編〉釋文校訂》,"清華大學出土文獻研究與保護中心"網,2016年11月6日(後刊於《商周青銅器與先秦史研究論叢》,科學出版社,2017年6月,第142—155頁)。又,小文最初發表於"ee":《〈商周青銅器銘文暨圖像集成續編〉釋文校訂》,"簡帛"網論壇,2016年11月4日,與石小力先生文同名,石文亦與小文個人意見有重合之處,爲第136、202、224、1214、1232、1234、1286號。

[③] 參程鵬萬:《安徽壽縣朱家集出土青銅器銘文集釋》,黑龍江人民出版社,2009年12月,第136—137、196—198頁。

《商周青銅器銘文暨圖像集成續編》釋文訂誤　131

此字右旁與楚簡用爲"噬"或"逝"之字"▨"（上博三《周易》簡33）、"▨"（郭店《語叢四》簡19）、"▨"（郭店《老子》甲簡22），其左旁字形完全一致，①實爲"逝"字。《侯古堆鎛》（《銘圖》15806—15813）"其永鼓之，百歲外，遂以之逝"，與之辭例非常相近，其"逝"作"▨""▨"等形，仍與"▨"形右旁一致，②這兩句的"外"和"逝"押月部韻。

第197號《伯渚鼎》，所謂的"林君孫伯渚"的"林君"作"▨"形，實爲一字，即"樊"，但"林"下的兩手形合拱而已。③

第202號《遺仲白虡鼎》，所謂的"遺仲伯虡"的"虡"作"▨"形，實爲"虞"字，清華一《楚居》簡12之"虞"作"▨"，與此字形可互參。④

第208號《王子桓匕鼎》，"王子逗人叒其吉金，自作登鼎"，其中"叒"作"▨"形，《説文》卷六"叒"小篆作"▨"，並説："叒，日初出東方暘谷，所登榑桑叒木也。""叒木"即"若木"，則知《説文》認爲"叒"即相當於"若"字，而《説文》卷一"若"小篆作"▨"，並説："若，擇菜也。"可見"若"有擇義，《國語·晉語二》："吾誰使先若夫二公子而立之？"段玉裁以爲此"若"亦擇義。⑤

第224號《昭王之即鼎》，"殜宣之既巺"實爲"殜旮之既䣭（卒）"，⑥"䣭"作"▨""▨"，上部很明顯從"宀"，相同銘文又見第225、226、

---

① 單育辰：《楚地戰國簡帛與傳世文獻對讀之研究》，中華書局，2014年5月，第64—66頁。
② 參謝明文：《固始侯古堆一號墓所出編鎛補釋》，"復旦大學出土文獻與古文字研究中心"網，2010年12月8日，後發表於《出土文獻與古文字研究》第四輯，上海古籍出版社，2011年12月，第102—111頁。又參謝明文：《侯古堆一號墓編鎛"音"字補釋》，《華夏考古》2016年第3期，第123—124頁。
③ 黃錦前先生未刊稿《樊孫伯渚鼎考釋》（後刊於《中國文字》新四十五期，藝文印書館，2019年3月，第125—130頁）亦釋此字爲"樊"。
④ 黃錦前先生未刊稿《遺仲白虞鼎及相關銅器的繫聯》亦釋此字爲"虞"。
⑤ "若"有擇義，古人於此多有討論，參丁福保：《説文解字詁林》，雲南人民出版社，2006年9月，第458—459頁。
⑥ "旮"字小文原釋爲"各（冬）"，此承石小力先生説改。

515、516號等，銘文字體比較古怪。"殂旦之既衣（卒）"意思是時期終了，大概就是去世的委婉語。

第231號《伯或父鼎》，原釋文"凡姬乃新亲（親？），宗人曰"，所謂的"亲"實爲"于"字，拓片上"于"左右似有兩小點，實爲銹痕，曹錦炎先生先前已釋此字爲"于"，此句可重新斷讀爲"凡姬乃新（親）于宗人曰"。①

第248號《外伯鬲》，"外伯作鬲，旨鸞壽人"。"旨鸞"一詞又見清華三《赤鵠之集湯之屋》簡1："乃命小臣曰：'脂（旨）彊之，我其鬻之。'""鸞""彊"顯爲一字異體，此是清華簡與出土金文詞辭嚴密對應之例。上博二《容成氏》簡21及上博四《曹沫之陳》簡11的"鸞"，陳斯鵬先生認爲從"才"得聲，讀爲"哉"，我們認爲是正確的。②

第280號《曾公子棄疾甗》，所謂的"噔虜（甗）"承《江漢考古》釋文而來，③"噔"作 形，實爲"葬"字，其字又見第486號《曾公子棄疾簠》，"暮四郎"、禤健聰先生已改釋。④

第436號《伯斿簠》，"唯二月初吉丁卯"之"初"已訛爲"刅"形，釋文未指出。

第437號《𠤳簠》"庚寅"實爲"庚午"之誤。

第449號《左右簠》，所謂的"更乃祖考作豭（家）司立（位）于蔡"，所謂的"更"實是"尸"字，謝明文先生認爲"尸"下有小點，是"尻（續）"字；謝先生又認爲"立"應改釋爲"工"。⑤ 所謂的"豭"實是"豢"字，不過是"豭"的訛字。

---

① 曹錦炎：《宗人鼎銘文小考》，《吉林大學古籍研究所建所三十週年紀念論文集》，上海古籍出版社，2014年11月，第19—22頁。
② 陳斯鵬：《戰國簡帛文獻與文學考論》，中山大學出版社，2007年12月，第96—97頁。單育辰：《新出楚簡〈容成氏〉研究》，中華書局，2016年3月，第185—187頁。
③ 湖北省文物考古研究所、隨州市博物館：《湖北隨州義地崗曾公子去疾墓發掘簡報》，《江漢考古》2012年第3期，第9—12頁。
④ "暮四郎"：《隨州義地崗曾公子去疾墓所出銅器銘文中的"葬"字》，"簡帛"網論壇，2012年11月5日；禤健聰：《曾公子棄疾銅器銘文辨讀二則》，《中原文物》2016年第4期，第81—84頁。
⑤ 參"ee"：《〈商周青銅器銘文暨圖像集成續編〉釋文校訂》，"無語"2016年11月6日第4樓的發言（後刊於謝明文：《說豭》，《青銅器與金文》第三輯，上海古籍出版社，2019年12月，123—127頁）。

《商周青銅器銘文暨圖像集成續編》釋文訂誤　133

第518、519號《曾伯克父簠》，"采夫無若，雍人孔臭（澤）"，謝明文先生已改讀爲"采（宰）夫無若，雍人孔臭（懌）"，不過他説"無若""讀法不詳"，"蒿耳"則讀爲"無慝"。① 按，"無若"的"若"是相類、相當的意思，《孟子·滕文公上》："布帛長短同，則賈相若；麻縷絲絮輕重同，則賈相若；五穀多寡同，則賈相若；屨大小同，則賈相若。""無若"即没有相類相當的，就是没有比得上的意思。

第521號《一斗半升敦》爲戰國秦銘刻，所謂"容"作"□"，實爲數字卦，可看到者爲"六六一六"。

第530號《斁子煩豆》，所謂"作麋行鉦"之"麋"作"□"形，下部肯定不從"米"，其字實從"鹿"從"奔"。

第752號《匕弓尊》，所謂的"匕弓"實爲"元弓"。

第820號《曾孫卲壺》，其銘文作"曾孫卲之大行之壺"，"大行"應爲死亡之諱語，又見《敬事天王鐘》(《集成》73—81)"百歲之外，以之大行"。

第827號《盩壺》，所謂的"友"實爲"羽"。

第875號，《婦闌卣》所謂的"文"字吳書隸定爲"仌"，按，"文"中實從"心"。

第878號《亚其卣》，"者（都）魯戍公"，"者（都）魯"可參清華五《厚父》簡5"者（都）魯天子"，田率已經指出。② 此亦清華簡與出土金文詞辭嚴密對應之例。

第905號《王子名缶》，所謂的"菫俏（道）鎣（鑄）□"，其所謂的"菫"很明顯是"黄"字，"鎣"是"瞏（眉）"字。"俏"謝明文先生認爲是"焆"字，讀爲"髪"，最後一字不清，他認爲是"壽"，則此四字爲"黄焆（髪）瞏（眉）壽"。③

第909號《昭王之即缶》，"盅（孟）春"之"盅"實爲"盟"字異體，④下文

---

① 參謝明文：《曾伯克父甘婁簠銘文小考》，"復旦大學出土文獻與古文字研究中心"網，2016年10月30日，及"蒿耳"2016年10月31日第1樓的評論。
② 田率：《中國國家博物館新入藏西周青銅器選介》，《中國史研究動態》2017年第5期，第51—53頁。
③ 參"ee"：《〈商周青銅器銘文暨圖像集成續編〉釋文校訂》，"無語"2016年11月4日第2樓的發言（後刊于謝明文：《金文叢考（三）》，《商周青銅器與先秦史研究論叢》，科學出版社，2017年6月，第56—57頁）。
④ 同人所做的《昭王之即鼎》（《銘續》30224、30225、30226）銘文與此略同，《昭王之即缶》中的"盅"則逕作"孟"。

所謂"羕(永)用之。□□"後二字實爲"毋㧑(墜)",此句也應重斷讀爲"羕(永)甬(用)之毋㧑(墜)"。

第910、911號《諻旖缶》,"繺土是保",從器主所在地"鄀"來看,"繺土"似可讀爲"蠻土"。

第937號《克盤》,所謂的"作𥅆(禦)王","王"很明顯是"于"字,此字吳鎮烽先生的《金文通鑒》電子版已改釋爲"于"。

第944號《妃子季父盤》,"其乍(作)"實應倒爲"乍(作)其"。此字《金文通鑒》電子版已更正。

第1010號《十三年右工室鐘乙》,所謂的"工頁"之"頁",上實從"网",很明顯是"買"字。

第1029號《曾侯與鐘》,所謂的"伐武之表",是承《江漢考古》釋文而來,①陳劍已更正爲"代武之堵"。② 又,"堵"似以讀爲"緒"好。③

第1082號《用擗戈》,"用璧(擗)"實爲"用揚"。

第1103號《上鄀戟》,所謂的"上鄀之戒(戟)"的"之"實爲"乍(作)"。

第1136號《陰晉右庫戈》,所謂的"右庫信","信"應爲"計"。

第1149號《澨公㮯戈》,所謂的"㮯"實爲"梥"。

第1155號,《楚子黑臊戈》,所謂的"臊"作 形,此圖黃錫全先生也刊布過,他認爲此字從"舟"從"脊"。④ 二説皆誤,此字其實應從"舟"從"拳"。據謝明文先生示知,2016年10月在北京召開的"中國古文字研究會第二十一屆年會"上李家浩先生和他都指出該字應從"拳"。⑤

第1199號《滕侯夫人戈》,所謂的"滕侯"應爲"坪(平)侯"。

第1209號《武王攻郞戈》,所謂的"郞"字實從"阝"從"土","武王攻

---

① 湖北省文物考古研究所、隨州市博物館:《隨州文峰塔M1(曾侯與墓)、M2發掘簡報》,《江漢考古》2014年第4期,第16頁。

② 董珊:《隨州文峰塔M1出土三種曾侯與編鐘銘文考釋》,"復旦大學出土文獻與古文字研究中心"網,2014年10月4日,陳劍2014年10月5日第11樓、第15樓的評論。

③ 參王睿、薛培武:《據楚簡説金文中的"堵"字》,"簡帛"網,2017年3月23日。

④ 黃錫全:《介紹一件新見楚子黑臊戈》,《古文字研究》第三十一輯,中華書局,2016年10月,第169—172頁。

⑤ 參"ee":《〈商周青銅器銘文暨圖像集成續編〉釋文校訂》,"無語"2016年11月4日第2樓的發言。

邘",是説楚武王攻打邘國之事。與此戈同銘者又見《銘圖》17096,但其銘"邘"字甚不清晰,無法辨識。

第1214號《鄡公遂戈》,第四個字其書未釋,實爲"爲"字。

第1227號《卅三年戈》,所謂的"鄭□庫工帀(師)□冶□",從圖版看,應爲"鄭工帀(師)□諭冶□"。

第1232號《州令慶□戈》,"慶"下一字作"[圖]"形,可隸定爲從"尤"從"日"從"心",實即"忧"字,可參看上博三《周易》簡51"抗"作"[圖]"、清華三《良臣》簡2"忧"作"[圖]"。

第1234號《廿八年公乘戈》,所謂的"嗇夫兒",實爲"嗇夫卬"。

第1253號《蜀守顥戈》,所謂的"丞間"是承《飛諾藏金》所釋,①實爲"丞睢"。又"顥"字隸定亦有誤,可參看《飛諾藏金》摹本。

第1254號《榆次令弟羔戈》,所謂的"榆即(次)令弟羔,工庫工帀(師)欺明","弟羔"實爲"鄡樣","欺明"實爲"邵明"。

第1259—1262號《趙氏余戈》,"趙氏余穀馨塦""趙氏余之兵"的"余"可讀爲"舍""予",是給予的意思,此戈陳光軍先生也曾發布,"蒿耳"讀"余"爲"與",和小文所釋基本一致。②

第1266號《公族申戈》,"下大"後之字未釋,實是"絢"字。又,"下大"二字之釋也可疑,但圖版不清,無法確認。

第1283號《漆垣矛》,吴書釋文較爲混亂,其所缺釋之圖2的刻銘爲"高望",二字倒看即可辯識。

第1286號《宅陽令隃登矛》,其中"右庫工帀(師)夜疟所□",最後一字吴書缺釋,實是"爲"字。又《七年宅陽令矛》(《集成》11546)之"隃鐙""夜疟"與此銘爲同人。

第1304號《歆公子伐劍》,所謂的"歆"作"[圖]"形,明顯從"禾",應爲"穌(蘇)"字。

---

① 宛鵬飛:《飛諾藏金》,中州古籍出版社,2012年12月,第18頁。
② 陳光軍:《新見晉地鑄吴國兵器之小議》,"復旦大學出土文獻與古文字研究中心"網,2016年5月27日,"蒿耳"2016年5月28日第8樓的評論。

第1352號《攻吳王姑讎亓雝劍》，"余壽夢之子，余叡銊郯之歔（嗣）弟"，所謂的"歔"字《兵與禮》一書照片最爲清晰，作"[圖]"形，①左下很明顯有一橫（但因鑄造原因，此一橫筆略有小折），該字從"皿"，可隸定爲"歔"，應即"盟"之異形。"盟弟"似以讀爲"名弟"好，"盟"明紐陽部，"名"明紐耕部，二字皆屬明紐，韻部旁轉，古音很近，在典籍中也有"明"與"名"相通之例，②所以"盟"可讀爲"名"。"名弟"即有名聲之弟。

第1387號《衣鼻帶鈎》，釋文爲"衣自（鼻）□□，百金鼬（鎦）之，□吾"。此釋文實承陳治軍先生所釋，③但略有修改。若參照第1388—1390諸號《吳王光帶鈎》銘文，便可知諸銘基本一致，但《銘續》1387刻得更草率，其銘應爲"工（攻）吾（吳）王光初䢖（得）䎱（鎦）金，作用丩（鈎）"，其中"䎱"的"𠃨"與"曰"分鑄於兩處，④董珊先生已經改釋。⑤

【發表情況】本文最初觀點發表於"ee"：《〈商周青銅器銘文暨圖像集成續編〉釋文校訂》，"簡帛"網論壇，2016年11月4日，"ee"2016年11月4日第1樓、第2樓的發言。後加以訂補，以《〈商周青銅器銘文暨圖像集成續編〉釋文訂誤》爲名，刊於《出土文獻研究》第二十輯，中西書局，2021年12月，第80—86頁。

---

① 蘇州博物館：《兵與禮——蘇州博物館新入藏吳王餘眛劍研討會論文集》，文物出版社，2015年12月。
② 參看高亨、董治安：《古字通假會典》，齊魯書社，1989年7月，第72頁。
③ 陳治軍：《安徽出土青銅器銘文研究》，黃山書社，2012年3月，第13頁。又，此圖最早著錄於韓自強：《阜陽·亳州出土文物文字篇》，阜陽市博物館、阜陽市老年專家協會，2004年5月，第41頁。
④ 曹錦炎先生也發表過類似的器，銘文字數更多，參其《越王者旨帶鈎小考——兼説初吉與初干吉日》，《出土文獻與中國古代文明——李學勤先生八十壽誕紀念論文集》，中西書局，2016年12月，第73—76頁。
⑤ 參董珊：《吳越題銘研究》，科學出版社，2014年1月，第32頁，本釋文與董珊先生釋文略有不同。

《商周青銅器銘文暨圖像集成三編》釋文校訂

　　在《商周青銅器銘文暨圖像集成續編》一書出版後，我們在"簡帛"網"簡帛論壇"發表《〈商周青銅器銘文暨圖像集成續編〉釋文校訂》，羅列了書中釋文存在的一些問題。[①] 近期得觀《商周青銅器銘文暨圖像集成三編》，該書又收錄了2015年6月至2020年12月間發現的青銅器銘文1 772件。[②] 其書出版後，雖然已有不少學者對其進行訂正，但仍可補充之處。此書的一個新的體例，就是附錄六爲"首次著錄器物名錄"，把該書首次著錄的銘文的號碼列出，有多達1 043件銘文以前未被著錄（但也有一些銘文其實已經發表過）。小文對該書釋文的訂正，僅限於"首次著錄器物名錄"中所收之器，下面分別條列於下。

　　第122號《縣盜鼎》，相關器亦見於1111號《縣盜卣》，原釋文皆釋爲"槢（縣）盜尊彝"（無異議字直接破讀，下同），所謂的"槢盜"作下形，應爲一字（下以A代稱），其中從"首"從"女"之形即象人形（也可隸定爲"頁"），又從"木""水""皿"，"木"旁之形（下以B代稱）即黃傑、徐在國等先生將楚簡中如"[字]"（包山簡260）、"[字]"（安大一《詩經》簡84）、"[字]"（長臺關

---

　　① "ee"：《〈商周青銅器銘文暨圖像集成續編〉釋文校訂》，"簡帛"網論壇，2016年11月4日。

　　② 吴鎮烽：《商周青銅器銘文暨圖像集成三編》，上海古籍出版社，2020年8月。在圖版質量上，2020年12月發售的"金文通鑒"電子版要更清楚，以下圖片皆來源於此。

簡 2—8)等(除去"水"或"鳥"之形)相聯繫的形體。① 黄傑先生文中已引蔣玉斌先生説指出《集成》6428 有"■"字,象沐髮之形。② 現在看來與 A 就是一字異體,略微不同的是 A 又多一"水"與"木"形而已。從文字構造來看,A 中的"木"更可能是贅加的聲符,而其中的"■"本也表音,黄傑先生把相應字釋爲"沐"應該無誤("■""■"也可能是由"■"與"■"形糅合而成)。B 的來源現在難以完全肯定,徐在國先生認爲是"矛"形的意見確實值得考慮。③

A1　　　A2　　　A3

第 139 號《𦎟乳子鼎》,原釋文爲"𦎟乳子貞(鼎)",其所謂的"貞"作"■",下從"土",非"貞"字甚明。此字可對比清華一《楚居》簡 9 的"■"形,但左右兩點拉長,且"曰"形中間變爲二横而已,在楚文字中一横變爲二横是很常見的。以前我們根據學術界的成果,把《楚居》相應字釋爲"甾(笸)",在《子陝□之孫鼎》(《集成》2285、《頌續》圖十六)中亦有相應字,銘文作"子陝□之孫□行甾",我們試讀該銘的"甾"爲"盇",④《𦎟乳子鼎》的"甾"顯然也是器物自銘,從器型來看,二者也是極爲相近的。

---

① 黄傑:《釋古文字中的一些"沐"字(摘要)》,"復旦大學出土文獻與古文字研究中心"網,2015 年 12 月 2 日;又,黄傑:《釋古文字中的一些"沐"字》,《中國文字》新四十三期,藝文印書館,2017 年 3 月,第 107—128 頁。徐在國:《試説古文字中的"矛"及從"矛"的一些字》,《簡帛》第十七輯,上海古籍出版社,2018 年 11 月,第 1—6 頁。

② 其詳説見蔣玉斌:《説與戰國"沐"字有關的殷商金文字形》,《戰國文字研究的回顧與展望》,中西書局,2017 年 8 月,第 46—49 頁。

③ 由此看,有學者認爲"■""■"上面的符號爲指示符,全字爲"標"或"杪"的初文的説法應不正確,諸説參賈連翔:《論"標"字本義與字形的關係——兼釋戰國竹書中的"標"字》,《簡帛》第二十一輯,上海古籍出版社,2020 年 11 月,第 13—19 頁。安徽大學漢字發展與應用研究中心:《安徽大學藏戰國竹簡(一)》,中西書局,2019 年 8 月,第 127 頁;又,黄德寬:《釋古文字中的"杪"及相關字》,《漢字漢語研究》2021 年第 1 期,第 3—8 頁。

④ 單育辰:《釋甲骨文"甾"字》,《清華簡〈繫年〉與古史新探》,中西書局,2016 年 12 月,第 497—511 頁。

《銘三》139　　　　　　《頌續》圖十六

第164號《史⬚鼎》，"⬚"字該書只按原形摹寫，其字實從兩"止"從"水"，但略有變形，應釋爲"涉"。

第189號《雁子鼎》，原釋文作"雁子□□之廚鼎"，其未釋兩字應是"赤耳"。

第271號《虞子鼎》，原釋文中的"蠶（眉）嘼（壽）無諆（期）"，從圖片看，所謂的"眉"應是"其"的誤釋。

第404號《⬚夲祖辛簋》，原釋文作"⬚夲且（祖）辛"，所謂的"⬚夲"應合爲一字，即"執"字，"且"爲"父"之誤釋。

第469號《伯□父簋》，器主"伯□父"中間的缺字作"⬚"，比較清晰，爲"林"字。

第508號《聖簋》，原釋文中的"邢仲黠遣子聖，叡□終畏叡忌"，所謂的"子"頭部有一小弧筆，應改釋爲"孔"，其後的缺釋作"⬚"，可以看出有"母"形，從辭例上看有可能是"敏"字。據此，該句應斷讀爲"邢仲黠遣孔聖叡（且）敏，終畏叡（且）忌"，器名也應調整爲《邢仲黠遣簋》。

第595號《槳可忌敦》，器主亦見於《銘圖》6152，原釋文中的"男子□□咎"，第一個缺字應是"母（毋）"字。

第640號《獸爵》，所說的獸形應直接釋爲"虎"。

第843號《亞鷩觚》，所謂的"鷩"應改釋爲"雋"，在甲骨文中其字作"⬚"（《合》15944）、"⬚"（《屯南》341）等形。

第1069號《曾伯黍壺》，原釋文中的"孔武元犀（遲）"，"元"字之釋應是采用了沈培先生的意見，[1]此字拓本作"⬚"，不算清楚，然而"金文通

---

[1] 沈培：《新出曾伯黍壺銘的"元犀"與舊著錄銅器銘文中相關詞語考釋》，"復旦大學出土文獻與古文字研究中心"網，2018年1月23日。

鑒"電子版彩圖中（書中未收此彩照）作"[圖]"，確是"下"字，董珊先生已指出《曾子斿鼎》（《銘圖》2388）"溫龏（恭）下屖"，亦有"下屖"一詞，"下"應從董先生讀爲"舒"。① 另外，《嬭加編鐘》（《江漢考古》2019 年第 3 期）"余滅（蔑）泆（勉）下屖"，學者已言"下"亦應讀爲"舒"。②

第 1241 號《厝厝觥盉蓋》，銘文"厝厝觥作召公祖乙尊彝"中的"觥"應該是副詞，辭例可參看《史楳簋》（《集成》3644）"史楳觥作祖辛寶彝"、《帥鼎》（《集成》2774）"帥唯懋觥念王母董（勤）匋"、《叔趯父卣》（《集成》5428）"余觥爲汝兹小鬱彝"、《作册嗌卣》（《集成》5427）"觥鑄彝"等等，此銘尤其與《史楳簋》辭例相近，"觥"應即典籍中的"況"字。③

第 1250 號《楚媿歸母匜》，所謂的"媿"從字形上看是"嬭"，讀爲"芈"。

第 1351 號《戎散戈》，所謂的"戎"應改釋爲"成"。

第 1461 號《鴅子圂燹戟》，原釋文中"鴅子圂燹之所戟"的"圂燹"二字不是很清楚，其中的"所"可讀爲"御"，郭店《尊德義》簡 24"爲邦而不以禮，猶圂之亡策也"，陳劍先生把"圂"讀爲"御"，④即"所""御"相通之證。

第 1480 號《合陽戈》，"合"應隷定爲"仺"，讀爲"合"。

第 1496 號《亭陽嗇夫蛮戈》，原釋文"冶倡"的"倡"應改釋爲"晶"，左側筆畫有磨損。此戈曾被吳良寶先生著錄，但亦未釋出"晶"字，且有誤摹。⑤

第 1506 號《疾曹令狐嗇戈》，所謂的"疾"作"[圖]"形，應改釋爲"兟"。所謂的"曹"作"[圖]"形，上從"甫"或"叀"，下從"止"，不過全字也可能是

---

① "御簡齋"：《曾伯棶壺銘簡釋》，"復旦大學出土文獻與古文字研究中心"網，2018 年 1 月 17 日。

② "夏立秋"：《嬭加編鐘銘文補釋》，"復旦大學出土文獻與古文字研究中心"網，2019 年 8 月 9 日。"小新"：《新見嬭加編鐘銘文補説》，"復旦大學出土文獻與古文字研究中心"網，2019 年 8 月 9 日。

③ 參單育辰：《作册嗌卣初探》，《出土文獻研究》第十一輯，中西書局，2012 年 12 月，第 24—31 頁。

④ 參看蘇建洲：《也説〈君人者何必安哉〉"人以君王爲所以醫"》，"復旦大學出土文獻與古文字研究中心"網，2009 年 1 月 10 日。

⑤ 吳良寶：《戰國兵器銘文四考》，《商周青銅器與先秦史研究論叢》，科學出版社，2017 年 6 月，第 6—8 頁。

"慮"字之變。所謂的"任夷"似應改釋爲"長告"。吴良寶先生曾提及的一件私家收藏的"□年歔曹令戈",①或即此件。曹磊同學則認爲"[圖]"是"曹"之誤刻。

第1577號《成陽劍》,所謂的"成"應改釋爲"戎"。

第1666號《莫赵絮權》,原釋文爲"莫赵絮,一斤"。從圖片文字排列看,應斷爲"莫赵,絮一斤"。這應該是量絮用的權,《問陶之旅——古陶文明博物館藏品掇英》第148頁著録一枚新蔡故城出土戰國封泥作下形,原書釋爲"紋垣",實應改釋爲"絮鹽",即絮和鹽,②可見絮在先秦社會是一種重要物資。

《問陶之旅》第148頁

第1673號《大府量》,是罕見的楚國長篇刻銘,非常重要,可惜圖版清晰度不高,且多爲銹掩,在"長江文明館"網站亦録有其器圖片,但未展示全,清晰度亦不佳。③ 書中原釋文爲:"秦客張義狟(桓)楚之歲□月丙戌(?)之日,□□都宛尹邘□競□□集易鑄冶毂(穀)於大府其□少(筲),□易(陽)。"其中有些字可以勉强辨出,另外還可根據辭例補出被銅銹遮蓋的一些字。王磊先生曾對此量作過考釋,④他所釋讀的"儀""宰""爲""安陽"皆可從,但仍有一些問題未得到解決。我們認爲此銘文可改釋如下:"秦客張義(儀)迈楚之歲,□月丙戌(?)之日,郊(?鄢)都宰(宰)尹邘命競(景)□爲安易(陽)鑄剒(半)毂(穀)於大府,其昔(措)才(在)安易(陽)。"其中"狟(桓)"及"都"前多一"□"之誤,電子版"金文通鑒"因後

---

① 吴良寶:《戰國兵器銘文四考》,《商周青銅器與先秦史研究論叢》,第2頁。
② 參單育辰:《楚地戰國簡帛與傳世文獻對讀之研究》,中華書局,2014年5月,第103頁。
③ "長江文明館"網,http://www.changjiangcp.com/view/8627.html。
④ 王磊:《新見楚"秦客銅量"考》,"簡帛"網,2020年11月19日。

出,已據王磊先生文改正。"命"字可據文例補出,如《鄂君啓舟節》(《銘圖》19181、19182):"大司馬卲陽敗晉師於襄陵之歲,夏屎之月,乙亥之日,王居於蔵郢之遊宮,大工尹脽以王命命集尹悼糈、箴尹逆、箴令阢。"《鄩客量》(《集成》10373=《銘圖》18816):"鄩客臧嘉問王於蔵郢之歲,享月己酉之日,羅莫囂臧師、連囂屈上,以命工尹穆丙、工佐競之、集尹陳夏、少集尹鞶賜、少工佐李癸。"這些記載鑄造某器原由的記事刻辭的謂語動詞都是"命"。"剞(半)"是量器名,如《鄩客量》"鑄二十金剞,以益故爵",其"剞(半)"亦是量器名。

【發表情況】單育辰:《〈商周青銅器銘文暨圖像集成三編〉釋文校訂》,"簡帛"網,2021年1月11日。後刊於《古文字研究》第三十四輯,中華書局,2022年9月,第221—224頁。

温縣盟書"憥亟視之"解

侯馬盟書和温縣盟書是目前發現的春秋晚期戰國早期的最重要一批晋國文字資料,不過由於字體古奧,還有不少文字尚未得到確解,有待學者的進一步考釋與研究。在侯馬盟書的最後部分常見有"吾君其明亟覘之"(如《侯馬盟書》1∶38)、"丕顯岳公大冢明亟覘之"(如《侯馬盟書》67∶6)、"吾君其覘之"(如《侯馬盟書》200∶2)、"則永亟覘之"(如《侯馬盟書》156∶20)。其中的"明"是"明白、明顯"的意思,"永"是"永遠"的意思。在温縣盟書中,則作"岳公大冢 A 亟覘之"(如《新出簡帛研究》WT1 K17∶129)、"岳公大冢早 A 覘之"(如《新出簡帛研究》WT1 K14∶867)。

以《中國法書全集·第一卷·先秦秦漢》(文物出版社,2009 年 1 月)中所收圖版爲例,A 作下形:[①]

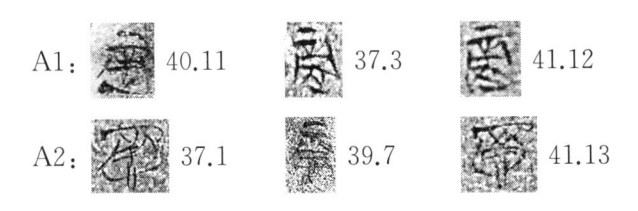

A1: ![] 40.11　　![] 37.3　　![] 41.12

A2: ![] 37.1　　![] 39.7　　![] 41.13

從已發表的圖版看,A 字上部字形基本一致,下部則或從"止"或從"心"。A 字,温縣盟書發掘者説:

> 愙或作㡭、俤、遆。古文字從心與從言往往相通,愙可讀作諦。

[①] 參湯志彪:《三晋文字編》,作家出版社,2013 年 10 月,第 216—218 頁"遆"條、第 314—315 頁"諦"條。

144　佔畢隨録

　　《三國志・魏志・明帝紀》注引《魏略》:"君諦視之。"《說文》載:"諦,審也。""宷,悉也,知宷諦也。"宷篆文作審。《周禮・考工記》注以審爲察。《爾雅・釋詁》:"察,審也。"覗即視,"覗之"是鑒察之義。此句意思是"仔細鑒察你",與侯馬盟書的"明亟視之"相類似。①

　　研究者對 A 字的考釋多無異辭,或有學者釋此字爲"謫""適",②其實亦從"帝"聲而來。按,這些字"止"或"心"上所從和"帝"形並不相同,"帝"字下部一豎筆一般伸出兩橫之外,而 A 字基本不伸出;並且"帝"下部的左右兩撇必不可少,而 A 字除了有兩個字保留兩撇外,絕大多數都沒有(極少數保留兩撇的字形可以用與"帝"形混同來解釋)。③ 從這些方面來看,A 和"帝"字其實並不一樣。相對於"帝",A 字和以下幾字字形卻更爲接近:

B　　C　　D　　E　　F

新蔡簡零 189:☐使平夜君成 B 瘥速瘥☐

上博五《融師有成氏》簡 8:顧聞 C 揚,顔色深晦,而志行顯明。

清華一《保訓》簡 2+3:發,朕疾 D 甚,恐不汝及【2】訓。

上博九《卜書》簡 1+2:兆俯首内趾,是謂【1】陷。處官無咎,有疾乃 E。

清華六《子儀》簡 8:鳥飛兮 F 永,余何矰以就之?

B、C、D、E、F 的考釋經歷了一個比較複雜的過程。

―――――――

①　河南省文物研究所:《河南温縣東周盟誓遺址一號坎發掘簡報》,《文物》1983 年第 3 期,第 78—89 轉 77 頁。

②　董珊:《侯馬、温縣盟書中"明亟視之"的句法分析》,《古文字研究》第二十七輯,中華書局,2008 年 9 月,第 356—362 頁。沈培:《侯馬、温縣盟書"明亟視之"及傳世古籍相關問題合論》,《中國語文》2017 年第 3 期,第 353—361 頁。

③　參湯志彪:《三晉文字編》第 18 頁"帝"條,收有兩例 A 作類"帝"形但下缺一撇,且下無"止"或"心"形之例,皆出自《河南温縣東周盟誓遺址一號坎發掘簡報》,爲早年摹本(其一即 T1:3797,其中"興適宋"之"適"作 ,則是從"辵"從"帝",與 A 字形也不一樣);第 216—218 頁"適"條收有三例從"止"從所謂"帝"的 A 字,二例爲早年摹本,一例出自《新出簡帛研究》(文物出版社,2004 年 12 月)WT1 K1:3556,此種訛變之形數量極少,也應該是與"帝"字形訛混而類同,可參下揭 E 字。

首先,在郭店和上博簡《緇衣》中,有個字作"▆""▆"等形:

郭店《緇衣》簡 16＋17:長民者,衣服不改,▆容有常,則民德【16】一。

上博一《紂衣》簡 9:長民者,衣服不改,▆容有常,則☐

今本《緇衣》作:長民者,衣服不貳,從容有常,以齊其民,則民德壹。可見"▆""▆"對應今本的"從"。

上博三《周易》簡 14:由豫,大有得,勿疑,朋盍▆。

馬王堆帛書《周易》:允豫,大有得,勿疑,朋甲讒。
今本《周易·豫卦》:由豫,大有得,勿疑,朋盍簪。

"▆",馬王堆本作"讒"、今本作"簪",這就進一步證實了郭店《緇衣》的"▆""▆"有"從"音。"從",從紐東部,"讒",崇紐談部,"簪",精紐侵部,三字語音較近。如今本《周易·豫卦》的"簪"字,陸德明《經典釋文》引荀爽説一作"宗","宗"與"從"語音關係密切;今本《周易·豫卦》中的"簪"字,《經典釋文》又引京房説一作"撍";《詩·小雅·巷伯》"取彼譖人"《禮記·緇衣》鄭注、《後漢書·馬援傳》引"譖"作"讒";《左傳·昭公三年》"讒鼎之銘"孔穎達《正義》引服虔云:"讒鼎,疾讒之鼎,《明堂位》所云'崇鼎'是也。"

據此,史傑鵬考釋新蔡簡的 B 字説:

就算因爲"逯"在《周易》簡中和今本的"簪"相對,與其將它讀爲"疌",還不如直接將它讀爲"憯",因爲"憯"和"簪"聲符相同,讀音更近。"憯"在古代有"疾速"的意思,《墨子·明鬼下》:"凡殺不辜者,其得不祥。鬼神之誅,若此之憯遫也。"孫詒讓《閒詁》:"憯、遫義同。"①

C 字,宋華强把它釋爲"崇",並引《韓詩外傳》卷六"君子崇人之德,揚

---

① 史傑鵬:《先秦兩漢閉口韻詞的同源關係研究》,北京師範大學博士學位論文,指導教師:王寧,2004 年 5 月,第 47 頁。

人之美,非道諛也"以證成之。① D字,我們把它也讀爲"憯",②孟蓬生則讀爲"漸","憯""漸"古音很近,"漸甚"可與《尚書·顧命》"疾大漸"對照。③ E字與該篇簡1的"適"作從"辵"從"帝"的"**"形不同,它與《卜書》簡2"陷"押侵部韻(《卜書》簡1"兆仰首出趾,是謂闢。卜人無咎,將去其里,而它方焉適","闢""適"押錫部韻。二者句式一致),我們讀E爲"憯",④後網友"mpsyx"及"一上示三王"引陳劍説在此基礎上讀爲"漸"。⑤ F字,我們也讀爲"漸"。⑥

上揭B、C、D、E、F字形雖然不完全一致,但由字形變化及辭例看,實爲一字異形。而A和B、C、D、E、F字形基本是一樣的,尤其從A1看,它們都從"止",其爲一形更爲顯然。更要注意的是,上舉E字下部從兩撇,亦與"帝"形相混。那麼,我們也就明白温縣盟書的A應該也就同新蔡簡、《保訓》中的相關字一樣,用爲"憯"字,是急速的意思。

温縣、侯馬盟書中的"亟"字,一般讀爲"殛",認爲是誅罰的意思,現在看,應該是急速的意思,與"憯"屬同義連用。⑦ 温縣盟書中的"岳公大冢A亟覞(視)之"中的"覞"應從温縣盟書發掘者的説法,讀爲"視",有鑒察、察視的意思。其句意思是説"岳公大山會很快地察視你",其隱含意思是你既已違背盟誓,則神靈很快會察視這種情況,來懲罰你。"岳公大冢早

---

① 宋華强:《新蔡簡與"速"義近之字及楚簡中相關諸字新考》,"簡帛"網,2006年7月13日;又載《中國文字》新三十二期,藝文印書館,2006年12月,第149—164頁。
② 單育辰:《楚地戰國簡帛與傳世文獻對讀之研究》,中華書局,2014年5月,第121—124頁。
③ 孟蓬生:《〈保訓〉"疾□甚"試解》,"復旦大學出土文獻與古文字研究中心"網,2009年7月10日。
④ "ee":《上博九識小》,"簡帛"網論壇,2013年1月5日,"ee"2013年1月5日第0樓的發言。又,單育辰:《〈上海博物館藏戰國楚竹書(九)〉雜識》,《簡帛》第十一輯,上海古籍出版社,2015年11月,第49—52頁。
⑤ "youren":《〈卜書〉初讀》,"簡帛"網論壇,2013年1月5日,"mpsyx""一上示三王"2013年1月8日第11樓第14樓、第15樓的發言。
⑥ "ee":《清華六〈子儀〉初讀》,"簡帛"網論壇,2016年4月16日,"ee"2016年4月16日第6樓的發言。
⑦ 温縣、侯馬盟書中的"亟"字與《左傳·僖公二十八年》"有渝此盟,明神殛之"、《五年琱生尊》(《銘圖》11816、11817)"公則明亟"、《仲䢅父簋》(《銘圖》4845)"其或貿易,則盟(明)諏"句法位置不一樣,其意義應也不同,後三者的"殛""亟""諏",舊多認爲是誅罰的意思。

A 睨（視）之"則是説"岳公大山會盡早盡快地察視你"。這樣理解，比把 A 釋爲"諦"，理解爲動詞"審察"或理解爲副詞"仔細地"要更加順暢。

〖發表情況〗單育辰：《溫縣盟書"憎亟視之"解》，長春："新出土文獻與古文字考釋青年學者學術研討會"會議論文，2017 年 9 月。後刊於《考古與文物》2022 年第 4 期，第 111—113 頁。

談戰國文字中的"鳬"

戰國早期的曾侯乙墓竹簡中記有一種旗,作"A㫃",辭例爲:
A1 䧹(㫃),墨毛之首。簡 46
A2 䧹(㫃),朱毛之首。簡 86
A3 䧹(㫃),翠首,貂定之頸。簡 89
A 分別作:

A1 [圖]、A2 [圖]、A3 [圖]

由於圖版不清,故認清字形有些難度,但細看之下,它們的筆畫還是可以分辨出來。爲了明瞭起見,我們再把《曾侯乙墓竹簡文字編》中簡 46、簡 86、簡 89 中此字的摹本轉引於下:①

A1 [圖](摹)、A2 [圖](摹)、A3 [圖](摹)

就筆者所見,到目前爲止,學者們對此字主要有以下幾種釋法:
(1) 裘錫圭、李家浩兩位先生説:"䧹"從"鳥"從"隹","隹"即"堆"字。174 號簡"難"字所從"隹"旁原文作"隹",與此字右半相同。據此,"䧹"當是"雒"字的異體。望山二號墓竹簡記車上的旌旗有"隹(堆)旜(旃)","堆"亦當讀爲"雒"。《説文·鳥部》:"雒,祝鳩也。從鳥隹聲。

---

① 張光裕、滕壬生、黃錫全:《曾侯乙墓竹簡文字編》,藝文印書館,1997 年 1 月,第 186 頁。

隼,雖或從佳一。一曰鴳字。"……古代旌旗上畫有鳥。《周禮‧春官‧司常》："鳥隼爲旟。"此謂畫隼於旟。《禮記‧曲禮上》："前有水,則載青旌;前有塵埃,則載鳴鳶;前有車騎,則載飛鴻。"此謂畫鳥於旌。簡文"雖旆"疑是指畫有隼的游。望山二號墓竹簡"雖旌"疑是指畫有隼的旌。①

(2) 滕壬生先生説:雖,從鳥從隹。②

(3) 何琳儀先生説:隼,從佳,下加圓點(辰按,此指《集成》122.1《者汈鐘》之" "形)或短横(辰按,參下文"隼"字所列字形)爲分化符號。短横或與豎筆演變爲厸旁,遂作 ,或簡省作 。③

(4) 李守奎先生説:曾簡《考釋》所釋"雖""難"二字聲旁,當隸作"堆"……"隼""佳"聲可通轉,用爲聲旁可構成異體,"堆"可視爲"堆"字異體,"雖""難"二字最終依舊可釋爲"雖""難"二字。④ 又,李守奎先生的《楚文字編》把 A 收入"雖"條。⑤

(1) 認爲 A 應隸定爲"雖",是"雖"字異體,又引《説文》"隼,雖或從佳一",認爲"雖"即"隼"字。但其關鍵的一點是把 A 字右半"佳"下"土"上的" "形忽略掉了,從字形角度看是有缺陷的,其所釋"雖"自然難以成立。

(2) 之誤同於(1)。

(3) 有兩個問題:一是《者汈鐘》(《集成》122.1)的所謂"隼"字作" "形,實是"佳"形加圓點贅飾,參同銘的"佳"(《集成》132.1)作" "。且其辭例爲"佳(唯)越十又九年",自不能讀爲"隼"。二是戰國文字"隼"形多

---

① 裘錫圭、李家浩:《曾侯乙墓竹簡釋文與考釋》,《曾侯乙墓》,文物出版社,1989年7月,第516頁注113。
② 滕壬生:《楚系簡帛文字編》"鷦"條,湖北教育出版社,1995年7月,第316頁。
③ 何琳儀:《戰國古文字典——戰國文字聲系》"隼"條,中華書局,1998年9月,第1207頁。
④ 李守奎:《楚文字考釋(三組)》,《簡帛研究》第三輯,廣西教育出版社,1998年12月,第26—28頁。
⑤ 李守奎:《楚文字編》,華東師範大學出版社,2003年12月,第241頁。

見,作"▣"("韓",曾侯乙簡45)、"▣"("隼",曾侯乙簡206)、"▣"("韓",包山簡24)、"▣"("膞",《鄂君啓車節》,《集成》12110)等形,①和A差別很大。何先生認爲"(隼的)短橫或與豎筆演變爲厽旁(筆者按,即"厸"),遂作▣,或簡省作▣",問題是其假設的字形演變並不合理。首先,上舉"隼"字所從的"隹"的左邊一豎全都下延,而"▣"上部所從皆爲"隹",左邊一豎並不下延。其次,即使我們假設"▣"所從"隹"左邊的一豎確實下延,我們可以"萬"字爲例,看其字形的演變方式:"萬"下所從的"古"(或"乙")可繁化爲"厸",但其演變方式是"▣"(或"▣")→"▣",②而不是"▣"→"▣",更不是"▣"→"▣",其中關鍵的一點是"一"是居於豎筆中上部與之交叉,而不是位於豎筆之下。從這幾方面看,何先生的結論是不可信的。

(4)認爲A的右半邊爲"埻",並認爲"埻"可視爲"堆"字異體,與(3)一樣,也存在對"▣"旁認識不足的毛病。

所以,以上這些説法都是有問題的。我們認爲A字所從的"▣"實爲"勹"。

于省吾先生在《釋勹、㝋、匍》一文中談到:③

> 甲骨文從勹的字常見,例如芶字(陳一四九)從勹作▣,芍字屢見,從勹作▣。▣與▣象人側面俯伏之形,即伏字的初文……説文:"匍,手行也,從勹甫聲。"又:"匐,伏地也。從勹畐聲。"匍匐二字

---

① 何琳儀:《戰國古文字典——戰國文字聲系》"隼"條,中華書局,1998年9月,第1207—1209頁。

② 參看裘錫圭:《釋"虫"》,《古文字論集》,中華書局,1992年8月,第13頁;何琳儀:《九里墩鼓座銘文新釋》,《文物研究》第十一輯,黃山書社,1998年10月,第295—296頁,按,此文"▣"形多處誤摹,應注意。

③ 于省吾:《釋勹、㝋、匍》,《甲骨文字釋林》,中華書局,1979年6月,第374—378頁。

係由象形的勹字附加甫和畐以爲音符,遂發展爲雙聲諧語……說文勹部凡十四字,除去匋、匍二字本應從勹(甲骨文以勹爲旬),其餘諸字均應從勹……第一期甲骨文……鳧字作▨……鳧字上從隹,古文從隹從鳥每無别。下從▨,即伏之本字。鳧字後世典籍中作鳧。說文:"鳧,舒鳧,鶩也,從鳥几聲。"又:"几,鳥之短尾飛几几也,讀若殊。"林義光文源謂鳧"不從几,從人,人所畜也,取其近人"。按許氏謂鳧從几是錯誤的,林氏從人之説也不足據。周代金文的鳧字,冉簋(辰按:見《集成》3913)作▨,鳧弔匜(辰按:見《集成》10181)作▨,均從勹。

裘錫圭先生在《釋"鳧"》一文中也談到:①

(甲骨文的▨,《合集》18328)也見於周代金文:

▨《仲鳧父簋》　▨《冉簋》　▨《鳧弔匜》②

前人釋爲鳧。古文字隹旁、鳥旁通用。釋此字爲鳧應該是可信的。《說文》鳧字小篆從几,隸書、章草和早期楷書裏的鳧字,下部從力,③都是金文鳧字下部所從人形的訛變……細審甲骨、金文鳧字下部所從,實象俯身人形,而非一般人字。頗疑此即俯字表意初文(原編按,高亨《文字形義學概論》176頁謂"勹疑即俯之古文",可參考),鳧字蓋以此爲聲旁。

于、裘二先生所言確切可信。劉釗先生在此基礎上又有深入論證,可

---

① 裘錫圭:《釋"鳧"》,《古文字論集》,中華書局,1992年8月,第45頁。
② 辰按,除于、裘二先生所引的數例外,金文中的"鳧"字還可補一例:▨《鳧叔盉》(《集成》4425)。
③ 辰按,隸書的"鳧"字字形參看漢語大字典字形組:《秦漢魏晋篆隸字形表》"鳧"條,四川辭書出版社,1985年8月,第207頁;陳松長、鄭曙斌、喻燕姣:《馬王堆簡帛文字編》"鳧"條,文物出版社,2001年6月,第123頁。

參看。① A 和以上甲骨文、金文相比，只多了一土旁，在古文字中，土旁是常見的贅符，多不表義。劉釗先生曾指出：金文中從"勹"得聲的"陶"作"㚘""㚘"（《金文編》2231"陶"條），或加"土"作"㚘"（《金文編》0427"鞄"條），如果其言不誤的話，那其構形方式正與 A 類同。② 所以，A 應隸定爲"䵇"，從"勹"得聲，就是"梟"字。可注意的是，在典籍中有"梟旍"一辭，《逸周書·王會解》"堂後東北，爲赤弈焉，浴盆在其中。其西，天子車立馬乘，亦青陰羽梟旍"，孔晁注："鶴梟羽爲旍旄也。"③ 王應麟云："公羊説《王度記》云：'天子駕六，析羽爲旌。'梟似鴨而小，長尾，背上有文。陸璣曰：'青色、卑腳、短喙。'《曲禮》：'前有水則載青旌。'注：'青，青萑，水鳥。'"朱右曾云："陰羽以飾，蓋梟羽以爲旌，皆建於車上。"④ 此處的"梟旍"恰可以和曾侯乙墓竹簡的"梟旃"對照。"旃"和"旍"都是旗名，"梟"是修飾語，自可施於二者。可見我們把 A 釋爲"梟"還是很合適的。這裏的"梟旃"依諸家注及竹簡裏的"墨毛之首""朱毛之首""翠首，貂定之頸"⑤ 來看，其義

---

① 劉釗：《古文字構形學》，福建人民出版社，2006 年 1 月，第 160—166 頁。
② 劉釗：《古文字構形學》，第 163—164 頁。又可參看何琳儀：《古璽雜識續》，《古文字研究》第十九輯，中華書局，1992 年 8 月，第 471—474 頁。
③ 按，《王會解》上文有"堲上張赤弈陰羽"一句，孔晁注："弈，帳也。陰，鶴也。以羽飾帳也。"王引之云："今案陰羽與赤帝對文，謂淺黑色之羽也。《説文》：'陰，闇也。'闇謂之陰，故淺黑色亦謂之陰。《爾雅·馬》：'陰白雜毛駰。'孫炎曰：'陰，淺黑色。'是其證。下文青陰羽亦謂青黑色之羽也，孔亦誤以爲鶴羽。"何秋濤云："《説文》：'陰，會聲。'而黑部：'黔，黧也'，亦從今聲，蓋陰、黔古音相同，故可假借也。"見黃懷信：《逸周書彙校集注》，上海古籍出版社，1995 年 12 月，第 851—852 頁。
④ 黃懷信：《逸周書彙校集注》，上海古籍出版社，1995 年 12 月，第 868—869 頁。
⑤ 裘錫圭、李家浩：《曾侯乙墓竹簡釋文與考釋》注 53 釋"墨毛之首""朱毛之首""翠首"：古代旗杆之首繫有鳥羽或牦牛尾。《詩·鄘風·干旄》"孑孑干旄"，毛傳："注旄於干首。"《周禮·春官·司常》"全羽爲旞，析羽爲旌"，鄭玄注："全羽、析羽皆五采，繫於旞、旌之上，所謂注旄於干首也。""翠首"是指用翠鳥之羽繫於旗杆之首。"玄羽之首"是指用黑色的鳥羽繫於旗杆之首。"墨毛之首""朱毛之首"之"毛"和"白敊之首"之"敊"，疑皆讀爲"旄"，分別指用黑色的、朱色的和白色的"旄牛尾"繫於旗杆之首。望山二號墓竹簡記旌有"翡翠之首""冢（蒙）毛之首"，也是指用翡翠鳥之羽和雜色的牦牛尾繫於旌旗杆首。見《曾侯乙墓》第 509 頁。注 65 釋"貂定"：《詩·召南·麟之趾》"麟之定"，毛傳："定，題也。"或從"頁"作"顁"。《爾雅·釋言》："顁，題也。"陸德明《釋文》："顁，本作定。"疑"貂定"之"定"用爲"顁"。"貂定"猶 11 號等簡的"貂首"。見《曾侯乙墓》第 511 頁。注 69 釋"頸"：《文選·魏都賦》"旍（旌）旗躍莖"，劉良注："莖，旗竿也。""頸""莖"二字並從"巠"聲，疑簡文"翠頸""貂定之頸"之"頸"當讀爲"莖"。見《曾侯乙墓》第 511 頁。

談戰國文字中的"鳧"　153

很可能是飾鳧羽於斿旗之義，而不是畫鳧形於斿上。由於羽毛易朽，現在不好說清此鳧羽裝飾在斿的哪個部分，依出土文物所畫的圖像來看，它們或許以某種方式綴於斿的邊幅。① 又，《北堂書鈔》卷一二〇"黑旍"虞世南注"《周書》云'樓煩黑旍者，乃斿也，常四張羽鳧旗也'"，孔廣陶校注："今案陳、俞本删'者乃'以下七字，'羽鳧'作'鳧羽'。考讀騷樓本《周書》卷十七只有'樓煩星施'句，《文選·甘泉賦》注引'施'作'斿'，無'黑旍'以下。"②其中的"常四張羽鳧（鳧羽）旗也"也正是用鳧羽飾旗的例證。

在望山簡 2-13 中，有一個字作下形：

B 〔字形〕　　其辭例爲"B 翠（斿），白巿（旆），③翡翠之首"。④

李家浩先生把 B 釋爲"堆"，並説："曾侯乙墓竹簡記車上載的旗有'雈斿'。'雈斿'之'雈'與此'堆斿'之'堆'當是同一個字的異文。'雈'從'鳥''堆'聲，而'堆'又從'隹'得聲，疑'雈'即'雒'字的異體。《説文·鳥部》：'雒，祝鳩也，從鳥隹聲。隼，雈或從隹一。一曰鶉字。'古代斿旗上畫有鳥。《禮記·曲禮》：'前有水，則載青旌；前有塵埃，則載鳴鳶；前有車騎，則載飛鴻。'此皆謂畫鳥於斿。鳶與隹同類，並是鷙鳥。簡文'堆斿'當指畫有隹的斿。"⑤

李家浩先生認爲 B 與曾侯乙墓的 A 爲一字之異，從辭例上看，應該

---

① 王厚宇、谷玲二先生曾論證"羽斿"一物爲"多支羽毛和纖維類物質編綴而成"，可與此"鳧斿"相較。參看王厚宇、谷玲：《戰國時代的羽斿》，《社會科學戰綫》1997 年第 5 期，第 169—173 頁（此文爲田河先生示知）。
② ［隋］虞世南、［清］孔廣陶校注：《北堂書鈔》，天津古籍出版社影印孔氏三十三萬卷堂影鈔本，1988 年 12 月，第 497 頁。不過此處《北堂書鈔》的引文也有可能不是《周書》原文，而是《周書》的某種古注。
③ 朱德熙、裘錫圭、李家浩：《釋文與考釋》注 58："'巿'亦作'韍'，從'犮'聲，古音與'旆'相近。旆是古代斿旗正幅之下所接的一段旗的名稱。《詩·小雅·六月》'白旆央央'，毛傳：'白旆，繼旐者也。'"見《望山楚簡》，中華書局，1995 年 6 月，第 121 頁。
④ 朱德熙、裘錫圭、李家浩：《釋文與考釋》注 59："《周禮·春官·司常》'全羽爲旞，析羽爲旌'，鄭注：'全羽、析羽皆五采，繫之於旞、旗之上，所謂注旌於干首也。'斿以繫鳥羽於旗杆之首爲特徵，此斿蓋用翡翠鳥之羽，故稱翡翠之首。"見《望山楚簡》，中華書局，1995 年 6 月，第 121 頁。筆者按，此簡的"翡翠之首"猶曾侯乙墓竹簡簡 89 的"翠首"，參本書第 152 頁注⑤。
⑤ 李家浩：《信陽楚簡"澮"字及從"关"之字》，《著名中年語言學家自選集·李家浩卷》，安徽教育出版社，2002 年 12 月，第 204 頁。筆者按，朱德熙、裘錫圭、李家浩：《釋文與考釋》注 57 又曾言："'隹'當即'堆'字，在此疑當讀爲'綏'。古代稱斿旗上所加的羽旄之類裝飾爲'綏'。"與上揭考釋不同。見《望山楚簡》，中華書局，1995 年 6 月，第 120—121 頁。

是正確的。和 A 相比，B"土"上所從爲"隼"之省聲，①但其右半"隹"和"土"二形還保留下來。不過李家浩先生隸作"堆"，在字形上看還有問題，此字應嚴格隸定爲"隼"。上文已考釋 A 爲"鳧"字，那麽，此處的"隼旌"正是《逸周書·王會解》的"鳧旌"。

《九里墩鼓座》(《集成》429.1)亦出現過與 A 形類同的字，辭例爲"自乍(作)𰀀鼓"，舊釋"𰀀"爲"建"、②"𨾈(隼-晋)"、③"雋(晋)"、④"隼(晋)"，⑤從字形看，都是有問題的。從此字的上半"隹"看，此字爲反文。我們利用圖像處理軟件把它反轉，即成"𰀀"形。⑥ 這樣我們可以看出，此字所從仍是"勹"，應隸定爲"𨾈"而釋成"鳧"，所謂的"鳧鼓"是一種鼓名。按馬王堆 M3 簡 9 有"建鼓一，羽旌劎(飾)；卑(鼙)二。鼓者二人，操枹"。⑦古時鼓上多以鳥羽爲飾，其狀見於戰國銅器紋飾及漢畫像石者甚夥。⑧或許此鼓以鳧羽爲飾，故名"鳧鼓"。⑨

在包山簡 183 中，也有三個與 A 相類的字：

---

① 戰國文字中聲符省減的現象可參看何琳儀：《戰國文字通論》(訂補)，江蘇教育出版社，2003 年 1 月，第 207—208 頁。

② 安徽省文物工作隊：《安徽舒城九里墩春秋墓》，《考古學報》1982 年第 2 期，第 234 頁。

③ 陳秉新：《舒城鼓座銘文初探》，《江漢考古》1984 年第 2 期，第 73—74 頁。

④ 殷滌非：《舒城九里墩墓的青銅鼓座》，《古文字研究》第十四輯，中華書局，1986 年 6 月，第 28—30 頁。

⑤ 何琳儀：《九里墩鼓座銘文新釋》，《文物研究》第十一輯，黃山書社，1998 年 10 月，第 295—297 頁。

⑥ 另，此句的"乍"和"鼓"也是反文。何琳儀先生已指出，此銘多反書，其中亦提到了此字。參看何琳儀：《九里墩鼓座銘文新釋》，《文物研究》第十一輯，第 294 頁。

⑦ 此從伊强釋，參看伊强：《談〈長沙馬王堆二、三號漢墓〉遣策釋文和注釋中存在的問題》，北京大學碩士研究生學位論文，指導教師：李家浩，2005 年 5 月，第 5—7 頁。

⑧ 戰國銅器中所刻畫的鼓上飾羽之形可參河南汲縣山彪鎮出土銅鑒紋飾，參看王厚宇、谷玲：《戰國時代的羽旌》，《社會科學戰綫》1997 年第 5 期，圖二 1，第 170 頁。漢畫像石中所刻畫的鼓上飾羽之形參看張從軍：《黃河下游的漢畫像石藝術》，圖 43"建鼓舞"所列諸圖，齊魯書社，2004 年 8 月，第 178 頁。

⑨ 何琳儀先生説："九里墩鼓座'有兩個對稱的虎頭'，這令人不禁想起楚墓中習見的鳥鼓架，見信陽 M2(《信陽楚墓》彩版一〇)、江陵葛陂寺 M34、江陵拍馬山 M4(《文物》1964.9)、湘鄉牛形山 M1、M2(《文物資料叢刊》三集)、包山 M1(《包山楚墓》彩版二·一)。這類鼓架底座爲漆木雕伏虎形，其上插兩根漆繪木雕鳥形立柱，用以懸挂鼓。河南南陽畫像石也有類似圖象……九里墩銅鼓座上面的鼓架很可能也作鳥形。"(引文出處參本頁注⑥)若依此說，則鼓座上的鳥形鼓架即是"鳧"形，其鼓以之稱爲"鳧鼓"。

鄰人 C1 翜

己未，C2 公拡，陽 C3 司敗鄒

其字形分別作：

C1 ▮、C2 ▮、C3 ▮

滕壬生先生隸定 C1 爲"鱃"、C2 爲"鱃"、C3 爲"雋"，①但他所隸定的"隹"下"土"上中間之形與原篆顯然不合；何琳儀先生認爲這些字都從"隼"，②如上文所言，C 所從爲"隹"，"隹"左邊的一豎不下延，且其中的" ▮ "明顯處於豎筆之下而不是居於豎筆中上部與之交叉，所以，釋從"隼"是不可信的；李零先生隸定 C3 爲"雋"。③ 另外，乍看起來，C1、C2、C3 尤其是 C1 的右半"隹"下"土"上所從之形和"九"字相類，因此，有的學者就把它們隸作從"九"。④ 但從 C2、C3 二形的所從的" ▮ "看，其撇後的" ▮ "頗平直，不如古文字中的"九"彎曲（參包山簡 91" ▮ "、包山簡 175" ▮ "等⑤），可見二者還是有一定的區別。我們懷疑 C1、C2、C3 所從的" ▮ "實是"勹"的訛變。可能有些書手在書寫此字的時候，習慣上把"勹"一撇用一橫穿出，即形成此種" ▮ "形。我們再看 C2 這個字，除了" ▮ "中的一橫探出一撇外與"勹"不同，其他部分和"鱃"完全相同，也很難認爲會是不同的字。這種"勹"訛變與漢隸"勹"訛變爲"力"的情況相類。⑥ 所以，此處的 C1、C2、C3 都從"勹"，李零先生的隸定是正確

---

① 滕壬生：《楚系簡帛文字編》"鱃""鱃""雋"條，湖北教育出版社，1995 年 7 月，第 825、317、311 頁。

② 何琳儀：《戰國古文字典——戰國文字聲系》，中華書局，1998 年 9 月，第 1208—1209 頁。

③ 李零：《讀〈楚系簡帛文字編〉》，《出土文獻研究》第五集，科學出版社，1999 年 8 月，第 144 頁。按此頁亦有對 C2 的隸定，作"鱃"，但此形與所訂正的字完全相同，肯定有印刷錯誤，尋其意亦應隸定爲"鱃"。

④ 施謝捷：《包山楚簡釋文》，未刊稿；何有祖：《包山楚簡試釋九則》，"簡帛"網，2005 年 12 月 15 日。何有祖先生釋此字爲"鳩"。按，上博一《孔子詩論》簡 22 有"鳩"字，作"鴉"，與此不同。

⑤ 參看滕壬生：《楚系簡帛文字編》"九"條，湖北教育出版社，1995 年 7 月，第 1051—1052 頁。

⑥ 參看第 152 頁注①。

的,即應隸定爲"鱣""䲴""雀",可釋爲"鳧"。C1 的"鳧"是姓;C2"鳧公"應是"鳧"地的官長;C3 的"陽鳧"也是地名,此二地不詳所在。按《越絕書·越絕外傳記吳地傳第三》:"壽春東鳧陵亢者,古諸侯王所葬也。"不知和"鳧"或"陽鳧"有無關係。

新蔡簡乙四 76 説:

禱於 D 鄭之袿(社)一豢

D 字作:

其"隹"下"土"上所從之形看不太清,似與 C2 同形,這裏也是"鳧"字。"鳧鄭",地名,不詳所在。

在三晉私璽中,有兩印作下形:

此兩印據説同時出土。前一例著錄於《鑒印山房藏古璽印菁華》第 30 號;[1]後一例爲私人藏品。第一枚印文爲"得(?)歈之雀(鳧)",第二枚印文爲"得(?)歈雀(鳧)",這兩璽姓名相同,只是第二枚印文無"之"字,且將第一枚印文"雀"字所從的"勹"移到了"隹"的上方。[2] 由此亦可見"雀"所從的"勹"形絕非"隹"左邊一豎的飾筆。

最後,我們再看一下包山簡 258 中的"　　"二字,李家浩先生説:"'鳧芘'之'蒆',原文寫作從'艸'從'隹'從'几'。'几'的左側一畫與'隹'

---

① 參看許雄志編:《鑒印山房藏古璽印菁華》,河南美術出版社,2006 年 7 月,第 16 頁。

② 此二印由審稿意見得知。後一例係私人藏品,特此致謝。

的左側一豎公用，右側一畫的中間加有一點，這種筆畫公用和加點的情況，在戰國文字中常見。金文'裊'所從'鳥'旁作'隹'。於此可見，簡文此字應該釋爲'蘱'。《包山》釋爲'葷'，謂是'蒦'字之誤，非是。《玉篇》艸部：'蘱，音符，蘱茈。''蘱茈'即荸薺，字或作'荂茈''符訾'。《後漢書·劉玄傳》'王莽末，南方飢饉，人庶群入野澤，掘蘱茈而食之'，李賢注：'蘱茈，《續漢書》作"符訾"。'包山2：52-2號、2：188-1號竹笥所繫竹簽蘱茈作'苻茈''苻茈'。'裊''蘱''符''苻'都是並母侯部字，'茈''訾'都從'此'得聲，故可通用。2：52-2號竹笥内盛的是荸薺，與簡文所記相合。"①

對照包山竹簽的"苻茈"，可見李先生釋"[字]"爲"裊"可信，"[字]"字"艸"下所從和戰國文字中常見的"隹"確有一定的區别，不過要如李家浩先生所説"'几'的左側一畫與'隹'的右側一豎公用，右側一畫的中間加有一點"，在字形上講也比較曲折。我們認爲此字也有可能仍如《包山楚簡》整理者所言從"艸"從"隹"，②但其"隹"旁爲"裊"旁誤寫。

【發表情况】 單育辰：《談戰國文字中的"裊"》，"簡帛"網，2007年5月30日。後刊於《簡帛》第三輯，上海古籍出版社，2008年10月，第21—28頁。

---

① 李家浩：《信陽楚簡中的"柿枳"》，《簡帛研究》第二輯，法律出版社，1996年9月，第6頁。
② 湖北荆沙鐵路考古隊：《包山楚簡》，《包山二號楚墓簡牘釋文與考釋》，文物出版社，1991年10月，第60頁注529。

楚地遣策"宛"字的用法

在近年公布的上博簡中表示"怨"這個詞的字,有一種形體比較特別:

A　　B　　C　　D

其辭例爲:

(1) 日暑雨,小民惟日 A;晉冬耆(祁)寒,小民亦惟曰 B。

(上博一《緇衣》簡 6)

(2) 故君不與小謀大,則大臣不 C。 （上博一《緇衣》簡 12)

(3) 百【4】姓皆 D{悁},濾(奄)①然將亡。

(上博五《鮑叔牙與隰朋之諫》簡 4+5)

以上四形略有不同,但從辭例上看,無疑是一個字。

(1)的 A、B,在郭店《緇衣》簡 9+10 中有相應的簡文,作"日暑雨,小【9】民惟曰悁;晉冬旨(祁)寒,小民亦惟曰悁"。在傳世本《禮記·緇衣》相關文句則作:"夏日暑雨,小民惟曰怨,資冬祁寒,小民亦惟曰怨。"

(2)郭店《緇衣》簡 21+22 中,也有相應的簡文,作"故【21】君不與小謀大,則大臣不悁"。在傳世本《禮記·緇衣》相關文句則作:"君毋以小謀大,……,則大臣不怨。"

從 A、B、C 與傳世文獻對照上看,它們可以肯定就是"宛"字。在(1)、(2)中,郭店簡是用"悁"來表示上博一《緇衣》中的"宛",而傳世本《禮記·緇

---

① "奄"字從季旭昇先生釋,參看季旭昇:《上博五芻議(上)》,"簡帛"網,2006 年 2 月 18 日。

衣》則用"怨"來表示。李零先生在提及上博一《緇衣》中的"宛"時已談到：

"怨"，簡文兩見，都是假"宛"字爲之，其寫法，可參看《説文》卷十下(辰按，指"🔲")、《汗簡》四十頁正(辰按，指"🔲")、《古文四聲韻》卷四第十九頁背(辰按，指"🔲""🔲""🔲""🔲")和四十頁正的古文"怨"，不是"命"或"令"字。①

其所言無疑是正確的。

(3)的"宛"字整理者陳佩芬先生隸定爲"宮"而讀爲"悒"，②誤，季旭昇先生根據上博一《緇衣》把它正確改釋爲"宛"並讀爲"怨"。③ 至於此簡的"宛悁"都代表的是"怨"，爲什麽會連寫在一起，"一上示三王"和陳劍先生都已指出："百姓皆宛悁"的"悁"應該是衍文，因爲底本是齊系文字，抄寫者可能爲了説明"宛"即楚系文字通常使用的"悁"，有意無意把"悁"抄入正文，從而衍了一個字。在出土文獻中，這種情況是不乏其例的，如上博六《競公瘧》簡10："是皆貧苦約{疛}疾，夫婦皆詛。"上博六《孔子見季趄子》簡3："上不皋〈親〉仁，而絭{專}問其辭於失人乎？"其中的"約"與"疛"、"絭"與"專"，代表的都是一個詞，而後一字是衍文。④

附帶説一下，在晉系的《侯馬盟書》中，也有一個"惌"字(即下揭之E)，其"心"上所從的"宛"和楚系文字基本相同，可見"宛"字的這種形體通用於戰國時代的很多地域。

---

① 李零：《上博楚簡校讀記(之二)：〈緇衣〉》，"簡帛研究"網，2002年1月12日；又，李零：《上博楚簡三篇校讀記》，萬卷樓，2002年3月，第51頁。又可參看季旭昇：《由上博詩論"小宛"談楚簡中幾個特殊的從月的字》，《第十三届全國暨海峽兩岸中國文字學學術研討會論文集》，萬卷樓，2002年4月，第539—554頁；又，季旭昇：《由上博詩論"小宛"談楚簡中幾個特殊的從目的字》，《漢學研究》第20卷第2期，2002年12月，第377—395頁。按，"怨"字在傳抄古文中的寫法又可參看徐在國：《傳抄古文字編》"怨"條，綫裝書局，2006年11月，第1060頁。

② 馬承源主編：《上海博物館藏戰國楚竹書(五)》，上海古籍出版社，2005年12月，第187頁。

③ 參看季旭昇：《上博五芻議(上)》，"簡帛"網，2006年2月18日。

④ 參看"復旦大學出土文獻與古文字研究中心"網論壇《關於〈鮑叔牙〉中的"怨悁"》"一上示三王"(2008年12月10日)、"小疋"(2008年12月11日)的發言。《競公瘧》《孔子見季趄子》二例最早爲陳劍先生指出，參看陳劍：《〈上博(六)·孔子見季桓子〉重編新釋》，《出土文獻與古文字研究》第二輯，復旦大學出版社，2008年8月，第172—174頁。

160　佔畢隨録

E 㝐

(4)"不俾衆人 E 死☐"　　　　　　　(《侯馬盟書》詛咒類 105－3)

(4)《侯馬盟書》整理者説:"㝐——借用爲冤字,音淵,冤屈的意思。《説文》以爲㝐是怨的古體字。《一切經音義》:'怨,屈也。'《詩・都人士》注:'苑,猶屈也。'《説文》:'冤,屈也。'故㝐字可與冤字通用。"①整理者所言基本可信,這裏我們就不再多談了。

除了作"怨"義講的"宛"字,在楚地竹簡中,"宛"字還有一些其他用法:如楚簡中常見地名+"宛"+"大夫"或地名+"行"+"宛"+"大夫"等,趙平安先生對這種用法的"宛"有詳細研究,認爲從語音上講,它們可能通"縣"("宛"影紐元部,"縣"匣紐元部),這是一種值得考慮的説法。② 不過我們對此種用法的"宛"不準備多談,我們要討論的是楚地遣策中出現的"宛"字。

據現有材料看,"宛"字在遣策中共出現了六次,我們把相關辭例列舉如下:

(5) 一大羽翣。一大竹翣。一小翣。一小敝(雕)羽翣。四膚,皆麇(文)F。一机(几),一丹緅(繡)之因(茵),綠裏。一需(靈)光之尻(几)。二瑟,皆秋(繡)③衣。　　　　　(望山簡 2－47)

(6) ☐衛以二膚,丹秋(繡)之 G。　　　　(望山簡 2－58)

(7) 二緹婁(屨),皆䌟純。一縫(巾)笲:六縫(巾)、一緯粉、四柳(櫛)。一笲。一橫枳,又(有)䋺(錦)縛〈綉-韜④〉,縞 H。一縞箬(席),☐☐　　　　　　　　　　(包山簡 259)

---

① 山西省文物工作委員會:《侯馬盟書》,文物出版社,1976 年 12 月,第 43—44 頁。
② 趙平安:《戰國文字中的"宛"及其相關問題研究——以與縣有關的資料爲中心》,《第四屆國際中國古文字學研討會論文集——新世紀的古文字學與經典詮釋》,香港中文大學中國語言及文學系,2003 年 10 月,第 529—540 頁;又,趙平安:《戰國文字中的"宛"及其相關問題研究(附補記)》,"簡帛"網,2006 年 4 月 10 日。辰按,這種用法的"宛"又見"上博五"《姑成家父》簡 1 的"士宛",它們的意義也可能和"獄"有關,而非讀爲"縣"。
③ "繡"的釋讀參看劉國勝:《楚簡文字中的"绣"和"緅"》,《江漢考古》2007 年第 4 期,第 78—79 頁。
④ "綉"讀爲"韜"參看李家浩:《仰天湖楚簡剩義》,《簡帛》第二輯,2007 年 11 月,第 31—35 頁;劉國勝:《楚簡文字中的"绣"和"緅"》,《江漢考古》2007 年第 4 期,第 76—78 頁。

(8) 一羽翣。二竹翣。一敝犀。一寢荐。① 一角□。一竹枳,綌(錦)
     I。一□。一缶。   （包山簡 260）
(9) 一弓,紡 J。   （天星觀簡）
(10) 綌(錦)K。   （天星觀簡）②

其字形爲：

F [圖]   G [圖]（右摹）   H [圖]   I [圖]
J [圖]（摹）   K [圖]（摹）

這些字舊曾釋爲"宫"或"序",如《包山楚簡》整理者把 H 釋爲"宫",並説"宫,讀如囊。《説文》以爲書囊,簡文指套在枕外的囊";③李家浩先生把 F、H、I、J 釋爲"序",認爲是"袋子"的意思。④ 此兩説從字形上看,已經難於成立了。F 至 K 和我們上舉的那些"宛"字的字形(尤其是 D、E)基本是一樣的,故它們也應釋爲"宛"。趙平安先生把 F、G、H、I 解釋爲"宛",並説:"其中枳和膚是器物名,宛是與之有關的飾物,可以讀爲帉,《説文·巾部》:'帉,幡也。'"⑤趙先生之説於字形是正確的,但於字義的解説則有誤,查《説文》卷七下巾部説"帉"爲"幡也",又言"幡,書兒拭觚布也",即"帉"是兒童練習書寫時用來擦拭木觚上字迹的布,其與遣策所記並不相干。

我們認爲,上揭例(5)至(10)的"宛"應讀爲"緣",是"緣飾"的意思。

---

① "荐"的釋讀參看李家浩:《包山楚簡中的"枳"字》,《著名中年語言學家自選集·李家浩卷》,安徽教育出版社,2002 年 12 月,第 294 頁。
② (5)、(6)二例未發表,其辭例轉引自滕壬生:《楚系簡帛文字編》,湖北教育出版社,1995 年 7 月,第 616 頁;又見滕壬生:《楚系簡帛文字編(增訂本)》,湖北教育出版社,2008 年 10 月,第 698 頁。
③ 湖北省荆沙鐵路考古隊:《包山楚簡》,文物出版社,1991 年 10 月,第 62 頁注 554。
④ 李家浩:《包山楚簡中的"枳"字》,《著名中年語言學家自選集·李家浩卷》,安徽教育出版社,2002 年 12 月,第 293 頁。
⑤ 趙平安:《戰國文字中的"宛"及其相關問題研究——以與縣有關的資料爲中心》,《第四屆國際中國古文字學研討會論文集——新世紀的古文字學與經典詮釋》,香港中文大學中國語言及文學系,2003 年 10 月,第 538 頁注 19;又,趙平安:《戰國文字中的"宛"及其相關問題研究(附補記)》注 19,"簡帛"網,2006 年 4 月 10 日。

"宛"影紐元部,"緣"喻紐元部,影紐與喻紐有可通之例,如《國語·晉語九》"以鼓子苑支來",《左傳·昭公二十二年》"苑支"作"鳶鞮",其中"苑"爲影紐,"鳶"爲喻紐,且二字同爲元部。從以上證據看,"宛""緣"二字應該是可以相通的。

先談談例(7)、(8)。信陽2-23:"一䋣(錦)素枕。一寢莞、一寢筵,屯結芒之純。六簟(箯)筵,屯䋣(錦)純。一柿柉,䋣(錦)純,組繢,又(有)骮、綏。枕、柉皆☐"此簡的"柉"與(7)、(8)的"柉"都位於枕、席、筵之間,應爲同類物品。李家浩先生認爲(7)、(8)的"柉"應讀作"攱",是一種枕頭,①又認爲信陽2-23的"柿柉"是一種席子;②田河先生則認爲"柿柉"的"柉"也應釋爲"枕頭"義的"攱"。③ 我們揣摩信陽2-23"一柿柉,䋣(錦)純,組繢,又(有)骮、綏"這句話,推想其中的"繢"(又見信陽2-7"弁繢"),似乎同於後世的"旒"字,即流蘇狀的紡織飾物的意思;④其中的"骮"⑤又見包山277,簡中似乎是指骨質的可以扣住兩邊的鈎或扣子;而其中的"綏"似指捆綁用的繩子。從各方面(又如簡文言"枕、柉皆☐","柉"與"枕"連言而不與席類連言)考慮,把信陽2-23的"柉"也理解爲某種枕頭似乎比較合適。當然,我們可以先不管這三簡"柉"的意思,而單把信陽2-23的"一柿柉,䋣(錦)純"與(7)的"一檟柉,……,縞宛"及(8)的"一竹柉,䋣(錦)宛"相對比,就可以認識到"宛"與"純"的地位相當。"純"大家公認是"緣飾"的意思,我們把"宛"讀爲"緣"後,正與"緣飾"的意義相符。⑥

---

① 李家浩:《包山楚簡中的"柉"字》,《著名中年語言學家自選集·李家浩卷》,安徽教育出版社,2002年12月,第289—294頁。

② 李家浩:《信陽楚簡中的"柿柉"》,《簡帛研究》第二輯,法律出版社,1996年9月,第1—5頁。

③ 參看田河:《出土戰國遣册所記名物分類匯釋》,吉林大學博士學位論文,指導教師:吳振武,2007年6月,第204—206頁。

④ 信陽2-23"組繢"的"繢",疑從"棗"聲,讀音同是幽部的"旒"(古文字"來"形與"棗"形常混同,參看陳劍:《據郭店簡釋讀西周金文一例》,《甲骨金文考釋論集》,綫裝書局,2007年4月,第20—38頁),疑是流蘇狀的紡織飾物的意思。

⑤ "骮"字從李守奎先生隸定,參看李守奎:《楚文字編》,華東師範大學出版社,2003年12月,第255頁,但此書出處的"望2·23"應爲"信2·23"之誤。

⑥ 筆者以前曾把遣策中的"宛"有可能讀爲"緣"的意見告訴給田河先生,承蒙田先生不棄,把此意見收入其博士學位論文中,並做了一些論證,信陽簡2-23的"純"與包山259、包山260的"宛"意義應相當即是田先生指出來的,見田河:《出土戰國遣册所記名物分類匯釋》,吉林大學博士學位論文,指導教師:吳振武,2007年6月,第205頁。不敢掠美,特記於此。

在漢代遣策中,常用"掾(緣)"來表示"緣飾"這個詞:

素乘雲繡枕巾一,繢(繪)周掾(緣),素綾。 （馬王堆 M1 遣策簡 253）
紗綺繝一兩：素掾(緣),千金絛飭(飾)。 （馬王堆 M1 遣策簡 266）
瑟一,越閏〈閏〉錦衣一,赤掾(緣)。 （馬王堆 M1 遣策簡 276）
大扇一,錦周掾(緣),鞔秉(柄)。 （馬王堆 M1 遣策簡 279）
坐莞席：三錦掾(緣),二青掾(緣)。 （馬王堆 M1 遣策簡 290）
柧(弧)弩一具,象機一,越邦盾(楯),緹裏,李繻掾(緣)。
　　　　　　　　　　　　　　　　（馬王堆 M3 遣策簡 36）
瑟一,繡綉(韜),素裏,繢(繪)掾(緣)。 （馬王堆 M3 遣策簡 55）
滑辟(篦)席一,錦掾(緣)。 （馬王堆 M3 遣策簡 307）
鹽(鏧)①几巾一,素裏,繢(繪)掾(緣),素旗。②
　　　　　　　　　　　　　　　　（馬王堆 M3 遣策簡 334）
紫枕巾一,素裏、掾(緣)。 （馬王堆 M3 遣策簡 336）
皂複衣一,皂掾(緣)。 （馬王堆 M3 遣策簡 401）③

這些"掾(緣)"在句中所處的位置和楚地遣策的"宛"相比,也是比較接近的。

其次再談例(9),《爾雅·釋器》:"弓有緣者謂之弓,無緣者謂之弭。"郭璞注:"緣者繳纏之,即今宛轉也。"郝懿行義疏:"緣者,上云'緣謂之純',此以爲弓飾之名。《既夕記》云'有弭飾焉',鄭注:'弓無緣者謂之弭,弭以骨角爲飾。'《左氏·僖廿三年》正義引李巡曰:'骨飾兩頭

---

① 此字又見於馬王堆 M3 遣策簡 354、366、400；它在馬王堆 M1 遣策簡 265、267 二簡中作"䀛"。馬王堆 M3 遣策簡 407 所述的"（鏧）"與簡 400 的"鹽"爲一字,可見此字舊釋爲"鏧",是正確的。參看伊強:《談〈長沙馬王堆二、三號漢墓〉遣策釋文和注釋中存在的問題》,北京大學碩士學位論文,指導教師：李家浩,2005 年 5 月,第 20—22 頁。

② "旗"字原形作"　",此字若嚴格說不從"來",而是從"棗"的。馬王堆 M3 遣策 389 有字作"　",在馬王堆 M1 遣策 251 同一位置的字作"　",由文義及字形可推知"　""　"都應讀爲"絞",所以此簡的"　"亦應爲"絞"字或爲"絞"音,但此字是否即"絞帶"的意思,還有待進一步研究。

③ 馬王堆 M3 遣策的釋讀參考了伊強:《談〈長沙馬王堆二、三號漢墓〉遣策釋文和注釋中存在的問題》,北京大學碩士學位論文,指導教師：李家浩,2005 年 5 月。但有的地方我們的釋讀與伊文不同。

曰弓,不以骨飾兩頭曰弭。'孫炎曰:'緣謂繳束而漆之,無緣謂不以繳束,骨飾兩頭者也。'二説不同,孫及鄭義爲長。云'繳束'者,繳生絲也。郭云'今宛轉'者,'宛轉',繩也。……《爾雅》'弓''弭'對言,止別有緣、無緣之異名耳,今弓有絲纏弭者,亦有骨飾弭者,以今證古,鄭、孫二義蓋不誣矣。"①結合古注可知(9)"一弓,紡J"應該是説有一張弓,此弓的弓身用紡綫纏束。

例(5)、(6)中"膚"的釋讀至今未有確定的結論,所以這兩例的"宛"是什麽器物上的緣飾,也難以講清。以往很多學者都認爲"膚"是漆木杯類的器物,如果真是這樣的話,"廑(文)宛(緣)""丹秋(繡)之宛(緣)"或許指漆杯口沿的文飾。

例(10)滕壬生先生僅摘録兩字,所存信息太少,這裏就没辦法多加解釋了。

另外,在楚地遣策裏還有一種字形,其辭例如下:

(11) 一丹緅(繡)之衱,素裏,組緤(攝),繪(錦)緣(繻)。七布巾:一絲L。一紡冡與絹,紫裏,組【15】緣(繻)。二紡絹,帛裏,組緣(繻)。

(信陽簡2-15+13)

(12) 二霝(靈)光之中干。一秦高之中干,其篝,丹秋(繡)之M。

(望山簡2-13)

L　M　(右摹)②

L、M 舊皆隸定爲"裏",和上面所考釋的"宛"字相比,可以看出舊釋是有問題的,它們應改隸爲"袤",與上六例的"宛"應爲一字異體。

例(11)"七布巾:一絲袤"的意思是:一共有七條布巾,其中有一條布巾的边缘是以絲爲飾的。

---

① 〔清〕郝懿行:《爾雅義疏》,上海古籍出版社影印同治四年郝氏家刻本,1983年6月,第702—704頁。

② 望山簡圖版采自湖北省文物考古研究所:《江陵望山沙塚楚墓》,文物出版社,1996年4月;摹本采自湖北省文物考古研究所、北京大學中文系:《望山楚簡》,中華書局,1995年6月。

例(12)中的"干"是旗杆的意思。① 其中的"篁",劉國勝先生認爲通"幢",《漢書·韓延壽傳》:"建幢棨,植羽葆。"顏師古注:"晉灼曰:'幢,旌幢也。棨,戟也。'師古曰:'幢,麾也。'"②《穀梁傳·莊公二十五年》:"天子救日,置五麾。"范甯注:"麾,旌幡也。"(12)的"一秦高之中干,其篁,丹秋(繡)之褮"是說:有一個爲"秦高"這種絲織物纏繞的旗杆,旗杆頂所懸挂的幢上,有丹繡的緣飾。

最後說一下,楚地遣策中舊有釋爲"彖"而讀爲"緣"的字,看起來,它們似乎是"緣"的另一種寫法,不過舊釋是有問題的,何琳儀先生已正確地把它們改釋爲"劃",他說:

> (信陽)"遣策"有一字,見 2－01、2－03、2－018、2－026、2－028 號簡,凡五見:▆。舊多隸定"彖",讀"緣",似是而非。此字可與隨縣簡(6 號)一字比較:▆。裘錫圭、李家浩分析"從刀從𢍏。𢍏與畫字所從𦘒旁相同"。……信陽簡與隨縣簡二字形體基本相同,唯前者省中間竪筆而已。……楚簡與晉璽此字均應隸定"劃",乃"劃"之省。《説文》:"劃,錐刀畫曰劃。從刀,從畫,畫亦聲。"……《説文》"畫"古文作"劃"……在信陽簡中"劃"讀"畫"均可通。③

【**發表情況**】單育辰:《楚地遣策"宛"字的用法》,"簡帛"網,2008 年 12 月 27 日。後刊於《湖南省博物館館刊》第八輯,嶽麓書社,2012 年 3 月,第 291—295 頁。

---

① 參看田河:《出土戰國遣冊所記名物分類匯釋》,吉林大學博士學位論文,指導教師:吳振武,2007 年 6 月,第 148—149 頁。
② 參看田河:《出土戰國遣冊所記名物分類匯釋》,吉林大學博士學位論文,指導教師:吳振武,2007 年 6 月,第 143 頁引劉國勝先生《楚喪葬簡牘集釋(修訂本)》(2005 年修訂)説。
③ 參看何琳儀:《信陽楚簡選釋》,《文物研究》第八輯,黃山書社,1993 年 10 月,第 171—172 頁;又可參看陳劍:《金文"彖"字考釋》,《甲骨金文考釋論集》,綫裝書局,2007 年 4 月,第 263 頁。

戰國卜筮簡"尚"的意義

——兼說先秦典籍中的"尚"

在戰國卜筮簡中,出現過很多"尚"字,它的意義歷來多有爭論,此文即準備對其做進一步的探討。由於出現"尚"字的戰國卜筮簡數量較多,且文例相差不大,下面我們僅列舉其中有代表性的幾條簡文,其他簡文的"尚"字可以類推。

(1) ☐貞:"走趣事王、大夫,以其未有爵位,尚速得事?"占之:"吉,將得事☐ (望山 22)

(2) ☐聚(骤)歆(變),足骨疾,尚毋死?"占之:"恒貞吉。不死☐ (望山 39)

(3) 盬吉以保家爲左尹蛇貞:"自荊尸之月以就荊尸之月,出入事王,盡卒歲,躬身尚(尚)毋有咎?"占之:"恒貞吉。少有慼【197】於躬身,且志事少遲得。"以其故敓之。   慇(使)攻解於人愚(禹)。占之:"甚吉。凸(幾①)中有憙。" (包山 197+198)

(4) 盬吉以寶家爲左尹蛇貞:"既腹心疾,以上氣,不甘食,久不瘥,尚速瘥?毋有祟?"占之:"恒貞吉。② 疾難瘥。"以【236】其故敓之。

---

① "凸(幾)"義與"期"同,參看裘錫圭:《釋戰國楚簡中的"凸"字》,《古文字研究》第二十六輯,中華書局,2006 年 11 月,第 250—256 頁;李家浩:《談包山楚簡"歸鄧人之金"一案及其相關問題》,《出土文獻與古文字研究》第一輯,復旦大學出版社,2006 年 12 月,第 18 頁。

② 包山簡中的"恒貞吉"爲一種並不表實際卜筮結果的例語。因爲若是卜筮結果,則此處既言"恒貞吉",緊接着又說的"疾難瘥"就不好解釋了。在卜筮簡中,此種例語多見,如包山 197"恒貞吉"、包山 249"恒貞不死"等,這種例語的特點是句首都帶"恒"字,如果句首不帶"恒"字而說"吉""不死",那一般就是卜筮的結果了。

戰國卜筮簡"尚"的意義——兼說先秦典籍中的"尚"　167

舉禱犬①一牂,后土、司命各一牂;舉禱大水一牂;二天子各一牂;危山一羖。舉禱楚先老僮、祝融、媸熊,各兩羖;享祭築之高丘、下丘,各一全【237】豢。囟(使)左尹㐌遷復處。恩(使)攻解於歲。鹽吉占之曰:"吉。"　　　　　　　　　　　(包山 236＋237＋238)

(5) 鄦(許)吉以駁霝爲左尹㐌貞:"既腹心疾,以上氣,不甘食,久不瘥,尚速瘥? 毋有祟?"占之:"恒貞吉。病有篤,②以【247】其故敓之。舉禱大水一犧馬;舉禱邡公子春、司馬子音、蔡公子家,各特豢,饋之;舉禱社一豬。"囟(使)攻解日月與不辜。鄦(許)吉占之曰:"吉。"　　　　　　　　　　　　　　(包山 247＋248)

(6) 觀義以保家爲左尹昭㐌貞:"以其有癰(腫)病,上氣,尚毋死?"義占之:"恒貞不死。有祱,見於絕無後者與漸木立,以其故敓之。舉【249】禱於絕無後者各肥豬,饋之。"命攻解於漸木立,且徙其處而桓(樹)之。"尚吉?"義占之曰:"吉。"　　　　(包山 249＋250)

(7) 或爲君貞:"以其遲出之故,尚毋有祟?"嘉占之曰:"無恒祟。"或爲君貞:"以其無恒祟之故□　　　　　　　　(新蔡甲三 112)

(8) □以郘䏁爲君貞:"在郢,爲三月,尚自宜順也?"鷺占之:"亡(無)咎□　　　　　　　　　　　　　　　　(新蔡乙四 35)

(9) □以髀䏁爲坪夜【零 311】君貞:"既有疾,尚速瘥? 毋有咎?"占之:"難瘥。"以【甲三 194】其故敓之,舉□

　　　　　　　　　　　　　　(新蔡零 311＋甲三 194＋乙四 3)③

學者對"尚"字所作的解釋主要有以下幾種:
A. 李學勤先生解釋戰國卜筮簡中的"尚"字時說:

　　尚,意思是庶幾。文獻所見古代卜筮辭,多有以"尚"冠首的語

---

① "犬"董珊先生釋爲"㹱",待考。參看董珊:《楚簡中從"犬"聲之字的讀法》,"簡帛"網,2007 年 7 月 8 日。
② "篤"字從劉釗先生釋,參看劉釗:《釋"價"及相關諸字》,《古文字考釋叢稿》,嶽麓書社,2005 年 7 月,第 226—237 頁。
③ 以上所揭三例新蔡簡的編聯及釋文參看宋華強:《新蔡楚簡的初步研究》,北京大學博士學位論文,指導教師:李家浩,2007 年 6 月。

句。卜辭例如《左傳》昭公十七年：……（辰按，此處《左傳》原文略，詳下）筮辭如《左傳》昭公七年：……（辰按，此處《左傳》原文略，詳下）可見當時命辭含有冠"尚"字之句乃是常例。①

B.《望山楚簡》整理者對望山簡9"不内(人)飤(食)，尚毋爲大蚤"的注解(21)中解釋道："以上是貞問之辭，大意説：'恐固有病，不能進食，希望不至於成爲大問題吧。'"②很明顯是把"尚"理解成"希望"的。

C.《包山楚簡》整理者解釋簡197的"𢝊"時説："𢝊：讀作尚。"③沒有進一步解釋其意義。按，有的書手在書寫包山簡時，常加"心"形爲飾符，如簡198的"恩(囚)""愚(禹)"等，此類"心"形並不代表什麼意義。

D. 李零先生在《中國方术考》中説："'貞'字以下的命辭是講待決之事，其中有表示這種語氣的'尚'字，意思是庶幾，義如當。"又説："'當兼瘥'是當漸愈('兼'字原從辵從兼)。""簡文'尚毋有恙'也屬占問病情。意思是説庶幾無憂無病。"④李零先生把"尚"的意思理解爲"庶幾"，又認爲義如"當"，這二者是有矛盾的(見下文)。在《漢語大字典》"當"字所列的義項裏，沒有"庶幾"這個意思，⑤而舊多把"尚"訓爲"庶幾"。從李零先生的行文看，似乎偏向於把"尚"理解"庶幾"。

E. 陳斯鵬先生在《論周原甲骨和楚系簡帛中的"囟"和"思"——兼論卜辭命辭的性質》⑥一文中順便論及了"尚"的用法，陳先生在文中説：

――――――

① 李學勤：《竹簡卜辭與商周甲骨》，《周易溯源》，巴蜀書社，2006年1月，第268—269頁。
② 湖北省文物考古研究所、北京大學中文系：《望山楚簡》，中華書局，1995年6月，第69、90頁。按，此簡中的"蚤"應讀爲"尤"，上博六《競公瘧》簡10有"蚤"字，今本正作"尤"，可證。參陳劍：《據楚簡文字説"離騷"》，《新出土文獻與古代文明研究》，上海大學出版社，2004年4月，第137—139頁。(此承蘇建洲先生示知。)
③ 湖北省荆沙鐵路考古隊：《包山楚簡》，文物出版社，1991年10月，第53頁注345。
④ 李零：《中國方術考》，人民中國出版社，1993年12月，第265、267頁。按，此文所釋的"兼"應改釋爲"速"。
⑤ 漢語大字典編輯委員會：《漢語大字典(縮印本)》，湖北辭書出版社、四川辭書出版社，1993年11月，第1064—1065頁。
⑥ 陳斯鵬：《論周原甲骨和楚系簡帛中的"囟"與"思"——兼論卜辭命辭的性質》，《第四届國際中國古文字學研討會論文集》，香港中文大學中國語言及文學系，2003年10月，第410—411頁；又，陳斯鵬：《論周原甲骨和楚系簡帛中的"囟"和"思"——兼論卜辭命辭的性質》，《文史》2006年第1輯，第18—19頁。

《左傳》《國語》所載卜辭和楚卜筮竹簡中的"尚",傳統訓爲"庶幾",應該不錯,但恐怕不是表示命令,而是表示揣度。這一類句子,如果把它們理解爲問句也是完全没有困難的。"尚吉"就是"應該吉利吧","尚無有咎"就是"差不多没有禍咎吧"。……

按常理,人們進行占卜活動,表面上是想知道吉凶禍福或者作出某種選擇,但内心一般都會有某種心理期待,特别是當涉及吉凶禍福的時候。這種心理期待無疑是指向積極意義的,這是再自然不過的事情。周原卜辭和竹簡卜辭命辭的末尾問休咎時,一般都用積極意義的詞語,正是卜問者心理期待的外化。形式上的疑問和内心的期待指向,二者並無矛盾。

夏含夷先生認爲"尚"是希冀的意思,並引《儀禮正義》"云'尚,庶幾也'者,《説文》同,蓋願望之辭"等爲證。但其實"尚"在命辭中只是表達一種揣度。就以例(1)"躬身尚毋有咎"來説,我們知道占卜者内心是希望"毋有咎"的,但不能直接解釋爲"希望自身没有差錯",而應理解爲"自身差不多没有差錯吧"。一般情况下,人們當然只往好的方面"揣度",另如"尚吉""尚毋有恙""尚速瘥""尚毋死"(以上包山卜筮簡)、"尚無及期"(《左傳·文公十八年》)、"余尚得天下"(《左傳·昭公十三年》)、"尚大克之"(《左傳·昭公十七年》)等等,所謂希冀、願望,實際上都是語言背後的心理期待,而非語言形式層面的東西,古人或有"願望之辭"之説,正是未辨此間關係所致。其實,就是例(15)、例(16)、例(17)那樣明顯的禱願之辭,都不一定要出現"願"之類的字眼,更何况卜辭命辭呢?要之,卜辭中的"尚……"應理解爲"差不多/應該……吧",形式上仍然是問句。因此,以卜辭"尚……"是非問句爲基礎而推論周原卜辭,甚至殷墟卜辭的命辭也是非問句,自然是可疑的。

同樣值得懷疑的是,張玉金先生以"尚……"爲祈使句,並試圖以此爲基礎,説明卜辭經歷由疑問句到祈使句的變化。實際上,卜辭的性質决定於占卜活動本身的性質,也即由占卜的特殊語境所規定。只要占卜活動的性質不變,命辭爲問句的性質也不會變。殷墟卜辭存在大量正反對貞和一正一反的反復貞問,而周原甲骨、楚簡及《左傳》《國語》所載卜辭則基本上只朝積極方向發問,這種變化最多只能說明人們趨吉和避諱的心理更加自覺和強烈,同時把主觀的心理期待表露得更加直接明顯,而不會改變命辭語言形式上的性質。

F. 沈培先生在《周原甲骨文裏的"囟"和楚墓竹簡裏的"囟"或"思"》①一文中論及"囟"字的意義時,也論述了卜筮簡中"尚"字的意義:

"囟攻解……"是表示占卜者對命題的一種推斷,前引李學勤說它是"帶有判斷口吻的話",這是正確的。例(36)的"囟攻解……"前面還有"囟左尹𨚵踐復處"一句,也屬於整條命辭的最後部分,這兩個"囟"的語法性質應當是一樣的。我們認爲,楚墓竹簡裏的這種"囟"字跟周原甲骨文裏的"囟"是一脈相承的,都是義爲"應、當"的語氣副詞。② 不過,"尚"與"囟"或"思"都出現在命辭中表示結果的話裏,二者有没有區别呢? 李學勤(1989=1992)"囟"或"思"當讀爲"斯",認爲在辭中意義同於"尚"。這種看法大概是不確切的。一般認爲"尚"的含義是"庶幾",現在人往往常將其譯爲"差不多"。楊伯峻(1981:140)指出:

"尚"可表示希冀,尤其在卜筮命辭中用得多。……這種"尚"字,譯作"庶幾",僅僅接近原意,還不能說密合原意。可惜尚未發現其他辭可以對譯。

再看看其他各家的解說。《爾雅·釋言》"庶幾,尚也"邢昺疏說:"尚,謂心所希望也。"《漢書·敘傳上》"尚粵其幾"顔師古注:"尚,願

---

① 沈培:《周原甲骨文裏的"囟"和楚墓竹簡裏的"囟"或"思"》,《漢字研究》第一輯,學苑出版社,2005年6月,第345—366頁。
② 沈培先生把戰國卜筮簡的"囟(思)"讀爲《詩經》《尚書》中的虚詞"式",訓爲"應、當",對此我們有不同意見:一是,沈培先生已論證在非卜筮簡中的"囟"(思)都應讀爲"使",那麽卜筮簡中的"囟"字形及語法地位與之相同,爲什麽單要讀爲"應、當"義的"思"呢? 二是,表意願的"式"在戰國時代已經不用;三是,包山238"囟攻解於歲"與包山250"命攻解於漸木立",正是"囟"與"命"互文(沈培先生認爲包山250後有"尚吉"一詞,而包山238後無"尚吉"一詞,所以"囟"和"命"不算是互文見義,是由於誤解"尚"字的意義,似不可信。包山238後無"尚吉"一詞,應如陳斯鵬先生所言,是省略之故,且此兩簡"攻解"與"攻除"的語法地位也相同,這正是"囟"作使令講的明證;四是,把"思"讀爲"式",没有訓詁上依據;五是,我們下文將要談到,卜筮簡中的"尚"其實就是後世文字"當"的早期寫法,則"囟"不可能如沈培先生所言再表示"應、當"之義了。所以我們仍把卜筮簡中的"囟"讀爲"使"。

也。"《經傳衍釋》卷九:"尚,庶幾也,……尚訓庶幾。庶幾則爲幸詞。《左傳》文十八年:尚無及期。言幸無及出師之期也。"(以上分別參看宗福邦等主編 2003:612"尚"第 65、66 義項)結合諸家説法,可知"尚"含有明顯的"希望"義,但這種"希望"準確地説是一種"冀幸"。《助字辨略》卷四説:"幸,冀幸也,義與庶幾相近。《漢書·高帝紀》:諸侯王幸以爲便於天下之民,則可矣。《文帝紀》:願大王幸聽臣等。"(參看宗福邦等主編 2003:686"幸"第 23 義項)在這個意義上把"尚"理解成"庶幾"才是正確的。

G. 夏含夷先生在解釋"尚"時説:①

在該小文裏,我引用了《左傳》《國語》和《儀禮》的卜筮紀録,每一條以"尚某某積極結果"爲結語,現在不再贅述,就列出使用"尚"字的結語:

《左·文公 18 年》: 　　　　尚無及期。
《左·昭公 5 年》: 　　　　尚可知之。
《左·昭公 13 年》: 　　　　余尚得天下。
《左·昭公 17 年》: 　　　　尚大克之。
《左·昭公 7 年》: 　　　　元尚享衛國,主其社稷。
　　　　　　　　　　　　　余尚立縶,尚克嘉之。(原注:從這一個例子,我們可以看出,沈培要將動詞和副詞分得很清楚實在是一種誤解。在這些例子當中,"尚"通常起着副詞的作用,正如"尚克嘉之"這一句。然而,在前面的"余尚立縶"的句子,"尚"只能説是一個動詞。《昭公 13 年》的"余尚得天下"也一樣。②)
《國語·晉語》: 　　　　尚得晉國。
《儀禮·少牢饋食禮》: 　　　　尚饗。
《儀禮·特牲饋食禮》: 　　　　尚饗。

---

① 夏含夷:《再論周原卜辭囟字與周代卜筮性質諸問題》,臺北:"中國簡帛學國際論壇 2007"會議論文,2007 年 11 月。
② 夏含夷先生認爲"余尚得天下""余尚立縶"的"尚"是動詞,不知由何看出。其實,"尚"之後的"得"與"立"是動詞,從文獻中相應的辭例看,處於動詞前的"尚"是副詞是完全没有問題的。

在該小文裏，我也引用了當時已經公布的一條出土資料，即天星觀楚簡的卜筮紀錄：

《天星觀楚簡》：　　　　　　　尚毋以其故有大咎。

現在，包山以及其他墓葬已經提供甚多同樣的例子……

在古代詮釋上，諸如鄭玄注《儀禮》和杜預注《左傳》，"尚"一律訓爲"庶幾也"，《儀禮正義》就更清楚，謂"云尚庶幾也者，《説文》同，蓋願望之辭"。特別值得考慮的是《儀禮》的"尚饗"兩例。如上面已經引用那樣，"尚饗"正好是《儀禮·士虞禮》裏（亦即後代任何文獻）的禱告的結語，表示"希望祖先還是鬼神會接受我們進獻的祭祀和願望"。那麽，使用"尚"的卜筮記錄也正好應該理解爲一種禱告。①

我們可看出《望山楚簡》整理者（B）、夏含夷先生（G）把"尚"理解爲"希望"；李學勤先生（A）、李零先生（D）把"尚"理解爲"庶幾"；而沈培先生（F）把"尚"理解爲"冀幸"義的"庶幾"。這五説雖然在意義上有細微的差別，但都是把"尚"理解爲"希冀之辭"的。陳斯鵬先生（E）則認爲"尚"訓爲"庶幾"應該不錯，但恐怕不是表示命令，而是表示揣度。我們認爲陳斯鵬先生説"尚"是一種表示揣度的意義是正確的，但其所説的"庶幾"則仍偏向"希冀"之義，兩者仍有一定的差距。我們認爲，這些簡文中的"尚"，其實就是後世典籍中的"當"。下面就此做一些論證：

一、"尚"禪紐陽部，"當"端紐陽部，二字古韻同部，聲則皆爲舌音，可以通假，典籍常見，如《史記·司馬相如列傳》"自以得使女尚司馬長卿晚"，索隱"尚本或作當也"；②《史記·淮南衡山列傳》："即宫車晏駕，非大王立當誰哉！"《漢書·淮南衡山濟北王傳》"當"作"尚"等。③

---

① 夏含夷先生此處説"使用'尚'的卜筮記錄也正好應該理解爲一種禱告"，從其論證中無法證實，是我們不能同意的。關於占卜與禱祝的區别可參看陳煒湛：《從文獻記述看占卜的性質及其與禱祝的區别》，《甲骨文論集》，上海古籍出版社，2003年12月，第119—126頁。
② 參看高亨、董治安：《古字通假會典》，齊魯書社，1989年7月，第298頁。
③ 參看蕭旭：《古書虚詞旁釋》，廣陵書社，2007年2月，第201頁。

二、我們再談談卜筮簡中的"尚"爲什麼不能理解爲"希冀之辭"。

《左傳·桓公十一年》説"卜以決疑,不疑何卜",正因爲占卜者對其所處的某種狀態或進行的某種行爲將出現何種後果存在疑問,才會占卜。假如"尚"是"希冀之辭"的話,以(4)爲例,則昭佗"有腹和心的疾病,並且腹氣往上竄,不能吃好飯,很長時間也不痊愈,希望(或冀幸)趕快痊愈,希望(或冀幸)没有災禍"。既然是希望痊愈、希望没有災禍,則昭佗所做的應該是向神靈祈禱以求免災得福,而不需要占卜問疑了。但是簡首出現的"以保家爲左尹昭佗貞"則表明貞人正在做的事是貞問昭佗在現有狀態下將出現什麼後果,而非向神靈祈禱。且簡文後又説"疾難瘥"。即"鹽吉"這個人占卜後發現其占卜的結果是"疾病將難以痊愈"。是一種非常不利的結果,這也是把"尚"理解爲"希冀之辭"無法解釋的。

三、我們再通過檢索典籍中"當"的意義及用法,看看如果把卜筮簡中的"尚"讀爲"當",句子是不是更容易理解。

《古漢語虛詞》:

> 兩漢魏晋人有時用"當"作"會"講,表示很快可能發生,位置也在謂詞之前,如何和前一義(辰按,指"當"作"應該"講的意思)區別,則看上下文義哪種意義講得更爲通暢恰切:
>
> 設使國家無有孤,不知當幾人稱帝,幾人稱王。(三國志·魏志·武帝紀注引曹操己亥令)——假如天下没有我,不曉得會有多少人稱帝,多少人稱王。
>
> 天果積氣,日月星宿,不當墜耶?(列子·天瑞)——天果真是氣體的累積,日頭、月亮和星星不會跌落下來麽?①

《古漢語語法及其發展》:

> 當,表示將會怎樣。如:
> 兵着晋陽三年矣,旦暮當拔之。(戰國策·趙策一)《韓非子·十

---

① 楊伯峻:《古漢語虛詞》,中華書局,1983年1月,第21—22頁。

過》作"今旦暮將拔之"。①

以上對"當"的兩種解釋和陳斯鵬先生所釋的"尚"義其實是相同的,換言之,這些辭例中"當"的意義就是對未來的某種預測或揣度。

古文獻與卜筮簡句法類同,且其中的"當"與"尚"字處於相同位置的例子也很多,除上二書所引幾例外,我們還可以多列舉一些,以便做進一步的瞭解:

《史記·扁鵲倉公列傳》:爲火齊米汁飲之,七八日而當愈。

《史記·扁鵲倉公列傳》:肺傷,不治,當後十日丁亥溲血死。

《漢書·天文志》:熒惑在妻,逆行至奎,法曰:"當有兵。"

《漢書·天文志》:蓬星出西方,當有大臣戮死者。

《漢書·佞幸傳》:上使善相人者相通,曰:"當貧餓死。"

《漢書·外戚傳》:自卜,數日當爲侯。

《漢書·外戚傳》:臧兒長女嫁爲金王孫婦,生一女矣,而臧兒卜筮曰兩女當貴,欲倚兩女,奪金氏。

《金匱要略·水氣病脉證并治》:右三味,以苦酒一升,水七升,相和,煮取三升,溫服一升,當心煩,服至六七日乃解。

《論衡·骨相篇》:相者指之曰:"此婦人當大富貴,爲封侯者夫人。"

以上數例是用於肯定句中的"當",如果要比附的話,其中與卜筮、相術有關的辭例相當於甲骨文及戰國卜筮簡中的占辭。

《史記·李將軍列傳》:豈吾相不當侯邪?且固命也?

《漢書·趙充國辛慶忌傳》:上遣問焉,曰:"將軍度羌虜何如,當用幾人?"

《漢書·趙充國辛慶忌傳》:皇帝問後將軍,言欲罷騎兵萬人留田,即如將軍之計,虜當何時伏誅?兵當何時得決?

《東觀漢記·郭伋》:諸兒復送到郭外,問:"使君何日當還?"

《東觀漢記·公孫述》:漢兵守成都,公孫述謂延岑曰:"事當

---

① 楊伯峻、何樂士:《古漢語語法及其發展》,語文出版社,1992年3月,第236頁。

奈何?"
　　《太平御覽》八百七十二引《春秋考異郵》：黃者土精，赤者火熒，爵者賞也。余當立大功乎？
　　以上數例中的"當"，都處在疑問的語氣中，如果加以比附的話，其中與相術、方術有關的辭例相當於甲骨文及戰國卜筮簡中的命辭。《春秋考異郵》的文例與戰國卜筮簡尤爲相近。
　　古文獻中記述卜筮時與"當"地位類似的還有"將"字，我們可以之相比：
　　《楚辭·卜居》：屈原既放，三年不得復見。竭知盡忠，而蔽鄣於讒。心煩慮亂，不知所從。往見太卜鄭詹尹曰："余有所疑，願因先生决之。"詹尹乃端策拂龜，曰："君將何以教之？"屈原曰："吾寧悃悃款款朴以忠乎？將送往勞來斯無窮乎？寧誅鋤草茅以力耕乎？將游大人以成名乎？寧正言不諱以危身乎？將從俗富貴以婾生乎？寧超然高舉以保真乎？將哫訾栗斯，喔咿儒兒以事婦人乎？寧廉潔正直以自清乎？將突梯滑稽，如脂如韋，以潔楹乎？寧昂昂若千里之駒乎？將氾氾若水中之鳧乎，與波上下，偷以全吾軀乎？寧與騏驥亢軛乎？將隨駑馬之迹乎？寧與黃鵠比翼乎？將與雞鶩爭食乎？此孰吉孰凶？何去何從？"
　　古人常把"當"和"將"互訓，如《戰國策·趙策一》"兵著晋陽三年矣，旦暮當拔之而饗其利"，《韓非子·十過》"當"作"將"，其例甚繁，這裏不備舉。① 而"尚"也有釋爲"將"的。如《廣釋詞》引《史記·留侯世家》："雖有矰繳，尚安所施？"後説"'尚'一作'將'"。②《助字辨略》："如《詩·小雅》'有菀者柳，不尚息焉'，言此菀然者柳，無亦將止息於斯也。不，猶無也，疑辭也。尚，猶將也。尚得爲將者，庶幾亦有將義也。《左傳·襄公二十九年》：'先君若有知也，不尚取之？'言先君若有知，無亦將取叔侯於地下治之。義與《詩》同。以《詩》爲庶幾息焉，猶可通也。若《傳》，豈可云庶

---

① 參看裴學海：《古書虛字集釋》，中華書局，1982年6月，第450頁。
② 參看徐仁甫編著、冉友僑校訂：《廣釋詞》，四川人民出版社，1981年5月，第497頁。

幾取叔侯於地下治之乎？"①

　　從以上論述中我們可以看出，不僅卜筮簡的"尚"和傳世文獻的"當"所處句子的語氣一樣，且"尚"所處的位置也和"當"完全相同；又前已言"尚"和"當"的字形和字音也有極爲密切的關係，所以卜筮簡中的"尚"就應通"當"。或者說，"尚"是表示"對未來的某種預測或揣度"這個意義的早期寫法，而"當"是晚期寫法。②

　　另外，在戰國卜筮簡中，"尚"字有時也可以省略，比如新蔡甲三 155 "𥎦，毋有大咎？'占之☐☐"、新蔡乙四 44 "☐君貞：'既在鄂，將見王，還返毋有咎？'趕鼄☐"，在"毋有大咎""毋有咎"前省略了"尚"字，這也可同表示"對未來的某種預測或揣度"的"當"在句中時可省略相對應。

　　還要指出的一點是，戰國卜筮簡在卜問中出現"當"時，都會在不好的情況前加否定詞"毋"，現代漢語裏也有幾乎一樣的特點，這體現在副詞"會"和"該"上：

　　現代漢語裏常常用"會"表示"對未來的某種預測或揣度"的意思：比如說："他會來吧？""會"字前不用加否定詞；然而在表示疾病等不吉利的行爲時，卻常常在"會"前面加否定詞，如人們常說："我不會有病了吧？"而不說："我會有病了吧？"常說："我不會沒得到獎品吧？"而不說："我會沒得到獎品吧？"現代漢語的"該"也有類似情況，比如常說："他該出國了吧？""我不該病了吧？"卻不說："我該病了吧？"戰國卜筮簡中的"尚（當）"與現代漢語的"會""該"有很大相同性，都是表示一種疑問語氣。

　　特別需要指出的是：我們認爲"尚"通"當"，有"對未來的某種預測或揣度"這個意義，並不是否認"尚（當）"的意義中含有"希望"這種語氣，而是認爲，在卜筮簡裏，"尚（當）"最主要的意義是"對未來的某種預測或揣度"。當然，人們内心對一種行爲出現的後果是希望指向吉利的方向（此處陳斯鵬先生已言，見上引陳文）。所以卜筮簡裏句中的"尚（當）"也隱含

---

① ［清］劉淇：《助字辨略》，中華書局，1983 年 8 月，第 226 頁。
② 表示"對未來的某種預測或揣度"義的"當"最早只出現於晚期秦系文字中，除此外，先秦文字表示相同意義的只有"尚"字，這種時間上的互補現象也可以說明這種意義的"尚"後來用"當"字代替了。

了一種希冀的意義,但希冀的意義只是隱含,而非主要的。與我們上舉現代漢語中的"會""該"的意義相參,這種隱含性即可明瞭。

關於卜辭命辭是否是問句的問題,學界曾有一些爭論,筆者支持卜辭命辭是問句,這從支持卜辭命辭是問句的學者所寫的論文中可以得到很多證明,此處無須再談。① 對於卜辭命辭是否是問句的爭論,不可避免地牽涉到戰國卜筮簡的命辭是否爲問句的問題。② 此文我們論證戰國卜筮簡的"尚"即"對未來的某種預測或揣度"義的"當",故其中含有"尚"的命辭還是用問號來表示比較合適。③ 這也爲甲骨文和戰國卜筮簡的命辭爲問句增添了一個有利的證據。

近來楚簡中也出現意義相關的"尚":

---

① 認爲卜辭命辭不是問句或大部分不是問句的主要學者及論文有: David N. Keightley, *Shih Cheng: A New Hypothesis about the Nature of Shang Divination*, Paper Presented at the Conference of Asian Studies on the Pacific Coast, Monterey, California, 1972; Paul L-M Serruys, *Studies in the Language of the Shang Oracle Bone Inscriptions*, *T'oung Pao*, Vol. LX.1-3, 1974, P21-27;高島謙一:《殷代貞卜言語的本質》,《東京大學東洋文化研究所紀要》第110册,1989年;李學勤:《續論西周甲骨》,《周易溯源》,巴蜀書社,2006年1月,第199—201頁;裘錫圭:《關於殷墟卜辭的命辭是否問句的考察》,《古文字論集》,中華書局,1992年8月,第249—276頁等。認爲卜辭命辭是問句的主要學者及論文有:王宇信:《申論殷墟卜辭的命辭爲問句》,《中原文物》1989年第2期,第20—21頁;陳煒湛:《論殷墟卜辭命辭的性質》,《甲骨文論集》,上海古籍出版社,2003年12月,第154—168頁;張玉金:《論殷墟卜辭命辭的語氣問題》,《古漢語研究》1995年第3期,第6—12頁;張玉金:《論殷墟卜辭命辭語言本質及其語氣》,《甲骨卜辭語法研究》,廣東高等教育出版社,2002年6月,第1—86頁;唐鈺明:《甲金文詞義辨析兩則》之《貞、卜辨》,《著名中年語言學家自選集·唐鈺明卷》,安徽教育出版社,2002年4月,第136—141頁;朱歧祥:《殷墟卜辭的命辭是問句考辨》,《容庚先生百年誕辰紀念文集》,廣東人民出版社,1998年4月,第178—204頁等。

② 認爲卜筮簡中的命辭不是問句的主要學者及論文有:夏含夷:《再論周原卜辭囚字與周代卜筮性質諸問題》,臺北:"中國簡帛學國際論壇2007"會議論文,2007年11月。認爲卜筮簡中的命辭是問句的主要學者及論文有:陳斯鵬:《論周原甲骨和楚系簡帛中的"囚"與"思"——兼論卜辭命辭的性質》,《第四届國際中國古文字學研討會論文集》,香港中文大學中國語言及文學系,2003年10月,第393—413頁;陳斯鵬:《論周原甲骨和楚系簡帛中的"囚"和"思"——兼論卜辭命辭的性質》,《文史》2006年第1輯,第5—20頁。

③ 戰國卜筮簡的命辭和卜辭的命辭一樣,也可以不用問號而用句號表示,因爲漢語的疑問句在一些情況下也可以用句號表示。但我們整理古代文獻,尤其是古文字方面的文獻,要考慮到盡可能用最清晰的整理方式把它們展現給讀者,標點符號是其中一個很重要的部分。所以,我們在命辭後面用問號來表示這個命辭是含有疑問時,對於讀者來説,遠比在命辭後面用句號所表達的容易理解得多。

王以告相徙與中舍①:"今夕不穀【9】夢若此,何?"相徙、中舍答:"君王尚以問太宰晋侯,彼聖人之子孫。"

(上博四《柬大王泊旱》9+10)

這裏的"尚"整理者讀爲"當",②是非常正確的,假如我們把它釋爲"希望、庶幾",那麽,相應句子將被翻譯成:相徙、中舍回答君王説"君王希望(或庶幾)問太宰晋侯",這將是完全不通的。

受以上論證的啓發,我們再看看典籍記録卜筮行爲中的"尚"的用法:

《左傳·文公十八年》:十八年春,齊侯戒師期,而有疾。醫曰:"不及秋,將死。"公聞之,卜,曰:"尚無及期?"惠伯令龜。卜楚丘占之,曰:"齊侯不及期,非疾也;君亦不聞。令龜有咎。"二月丁丑,公薨。

《左傳·昭公五年》:吳子使其弟蹶由犒師,楚人執之,將以釁鼓。王使問焉,曰:"女卜來吉乎?"對曰:"吉。寡君聞君將治兵於敝邑,卜之以守龜,曰:'余亟使人犒師,請行以觀王怒之疾徐,而爲之備,尚克知之?'龜兆告吉,曰:'克可知也。'……"

《左傳·昭公七年》:晋韓宣子爲政聘于諸侯之歲,婤姶生子,名之曰元。孟縶之足不良能行。孔成子以《周易》筮之,曰:"元尚享衛國,主其社稷?"遇《屯》。又曰:"余尚立縶?尚克嘉之?"遇《屯》之《比》。

《左傳·昭公十三年》:初,靈王卜曰:"余尚得天下?"不吉。

《左傳·昭公十七年》:吳伐楚,陽匄爲令尹,卜戰,不吉。司馬子魚曰:"我得上流,何故不吉?且楚故,司馬令龜,我請改卜。"令曰:"魴也以其屬死之,楚師繼之,尚大克之?"吉。

《國語·晋語》:公子親筮之,曰:"尚有晋國?"得貞《屯》、悔

---

① 此從劉信芳先生釋,參看劉信芳:《竹書〈柬大王泊旱〉試解五則》,"簡帛研究"網,2005年3月14日。又可參看筆者《談晋系用爲"舍"之字》,未刊稿。
② 濮茅左:《〈柬大王泊旱〉釋文考釋》,《上海博物館藏戰國楚竹書(四)》,上海古籍出版社,2004年12月,第204頁。

《豫》,皆八也。筮史占之,皆曰:"不吉。閉而不通,爻無爲也。"司空季子曰:"吉。是在《周易》,皆利建侯。不有晉國,以輔王室,安能建侯?我命筮曰:'尚有晉國?'筮告我曰:'利建侯。'得國之務也,吉孰大焉!"

《儀禮·特牲饋食禮》:筮人取筮于西塾,執之,東面受命于主人。宰自主人之左贊命,命曰:"孝孫某,筮來日某,諏此某事,適其皇祖某子,尚饗?"筮者許諾,還即席,西面坐。卦者在左。卒筮,寫卦。筮者執以示主人。主人受視,反之。筮者還,東面。長占,卒,告于主人:"占曰'吉'。"若不吉,則筮遠日,如初儀。宗人告事畢。

《儀禮·特牲饋食禮》:前期三日之朝,筮尸,如求日之儀。命筮曰:"孝孫某,諏此某事,適其皇祖某子,筮某之某爲尸,尚饗?"

舊多把"尚"釋爲"希冀之辭"。如前所述,這些處於卜筮中表示對未來有疑問的"尚"並不是"希冀"的含義,它們也是後世的"當"字,是"對未來的某種預測或揣度"的意思。上揭後四條文獻皆有"令(命)曰""命筮曰"字樣,其後是卜問做什麼事吉利,此可比於卜辭中的命辭,而卜辭中的命辭爲疑問句,"尚"字正處於此命辭中,故這些"尚"爲表示"對未來的某種預測或揣度"的"當"應無疑。

其次我們再看看典籍中一些非關卜筮的"尚"應怎麼理解:

《尚書·湯誓》:爾尚輔予一人致天之罰,予其大賚汝。

《尚書·盤庚下》:嗚呼!邦伯、師長、百執事之人,尚皆隱哉!

《尚書·牧誓》:勖哉夫子,尚桓桓,如虎、如貔、如熊、如羆,于商郊。

《尚書·呂刑》:爾尚敬逆天命,以奉我一人。雖畏勿畏,雖休勿休。

《尚書·呂刑》:非德于民之中,尚明聽之哉!

《詩經·菀柳》:有菀者柳,不尚息焉?上帝甚蹈,無自暱焉。

《逸周書·大匡解》:不穀不德,政事不時,國家罷病,不能胥匡,二三子尚助不穀,官考厥職,鄉問其人,因其耆老,及其總害,慎問其故,無隱乃情。

180　佔畢隨録

《國語·楚語》：蔡聲子將如晋，遇之於鄭，饗之以璧侑，曰："子尚良食，二先子其皆相子，尚能事晋君以爲諸侯主。"

《左傳·襄公二十九年》：晋悼夫人愠曰："齊也取貨，先君若有知也，不尚取之？"

《左傳·昭公二十一年》：平公之靈，尚輔相余。

《六韜·武韜·發啓》：文王在酆，召太公曰："嗚呼！商王虐極，罪殺不辜，公尚助予憂民，如何？"

這些"尚"舊多訓爲"命令副詞"的"庶幾"的意思，①如果更準確地界定詞義的話，我們不如把它解釋成現代漢語的"應該"。② 這些辭例裏的"尚"也應通"當"，可和下列文獻中的"當"相較：

《穆天子傳》卷一：帝曰："穆滿，女當永致用時事！"

《晏子春秋·內篇雜下》：使狗國者，從狗門入；今臣使楚，不當從此門入。

《穀梁傳·定公十年》：齊人使優施舞於魯君之幕下，孔子曰："笑君者罪當死。"使司馬行法焉，首足異門而出。

《史記·廉頗藺相如列傳》：臣知欺大王之罪當誅，臣請就湯鑊。

《漢書·高帝紀》：嗟乎，大丈夫當如此矣！

《漢書·張馮汲鄭傳》：文帝曰："吏不當如此邪？"

《漢書·匈奴傳》：令天下騷動思漢，莽卒以敗而漢復興，亦我力也，當復尊我！

這些"尚"和"當"在辭例和用法上也是相同的。值得一提的是，《六韜·武韜·發啓》中"公尚助予憂民"（《群書治要》本作"汝尚助余憂民"）一句，銀雀山漢簡677作"女（汝）當助予務謀"，其中的"尚"正作"當"。③

《儀禮·士虞禮》《儀禮·少牢饋食禮》等還有幾例"尚"字，其文如下：

---

① 參看楊樹達：《詞詮》，中華書局，1982年6月，第239—240頁。
② 當然，如果隨着文義來翻譯，一些文例中的"尚"解釋成"將"也不能算錯，參第176頁注①所引《助字辨略》。"將"有時也含有"應該"之義。下文所引文例中某些"當"的解釋亦同此。
③ 銀雀山漢墓竹簡整理小組：《銀雀山漢墓竹簡［壹］》，文物出版社，1985年9月，第113頁及第114頁注5，原釋文把"當"釋爲"嘗"，從圖版和摹本看，顯然是誤釋。

《儀禮·士虞禮》：死三日而殯，三月而葬，遂卒哭。將旦而祔，則薦。卒辭曰："哀子某，來日某，隮祔爾于爾皇祖某甫。尚饗。"女子，曰："皇祖妣某氏。"婦，曰："孫婦于皇祖姑某氏。"其他辭，一也。饗辭曰："哀子某，圭爲而哀薦之。饗。"

《儀禮·少牢饋食禮》：祝祝曰："孝孫某敢用柔毛、剛鬣、嘉薦、普淖，用薦歲事于皇祖伯某，以某妃配某氏。尚饗。"主人又再拜稽首。

其中《儀禮·士虞禮》《儀禮·少牢饋食禮》中的"尚饗""尚"的字義可以說是最接近於"希冀之辭"的，其實這個意思也是由"將來"義的"當"發展而來，只不過其中隱含的"希望"義更爲明顯而已。至於《儀禮·特牲饋食禮》中的"尚饗"是卜筮的命辭，爲疑問語氣，與此兩例截然不同，是應該注意的。

上博四《柬大王泊旱》另一處的"尚"也應讀爲"當"：

王以問釐尹高："不穀燥，①甚病，聚（屢）②夢高山深溪。吾所得【8】地③於膚（莒）④中者，無有名山名溪欲祭於楚邦者乎？⑤ 尚祕（祕）⑥而卜之於【3】大夏。如故，⑦將祭之。"釐尹許諾，祕（祕）而卜之，故。【4】

---

① 此字原從疒旁從杲，這裏試讀爲"燥"。
② "聚"在典籍中多用爲"屢"義，參看宗福邦、陳世鐃、蕭海波主編：《故訓匯纂》"聚"條，商務印書館，2003年7月，第2554頁。
③ 此爲沈培先生引郭永秉先生說，參看沈培：《從戰國簡看古人占卜的"蔽志"——兼論"移祟"說》，臺北："第一屆古文字與古代史學術討論會"會議論文，2006年9月。
④ 此字從陳斯鵬先生釋，包山簡84、簡191亦有此字。"膚""莒"二字的上部都從虘（參看《戰國文字編》，福建人民出版社，2001年12月，第288頁），且皆屬魚部。參看裘錫圭：《戰國貨幣考（十二篇）》，《古文字論集》，中華書局，1992年8月，第444—445頁；吳振武師：《釋戰國文字中的從"虘"和從"朕"之字》，《古文字研究》第十九輯，中華書局，1992年8月，第490—499頁。又參看《金文編》第296頁（中華書局，1985年7月）、上博二《容成氏》簡26之"箇"字，學者一般讀爲"莒"。又參看《史記·楚世家》："簡王元年，北伐滅莒。""得地於莒中者"猶言滅莒得地。
⑤ 此句猶言楚邦之君應該祭祀被占領莒國國中的名山名溪。
⑥ "祕"字又見於《彭祖》簡1，在這裏試讀爲"祕"。
⑦ "故"字陳劍先生讀爲"孚"，待考。參看沈培：《從戰國簡看古人占卜的"蔽志"——兼論"移祟"說》，臺北："第一屆古文字與古代史學術討論會"會議論文，2006年9月。

這裏的"尚"也應同簡 10 之"尚"用爲"當"。① 由於人們習慣了卜筮簡中的"尚",而此條正好和卜筮有關,所以有一些學者把兩者聯繫起來,認爲也是希冀之辭。其實它應破讀爲"當",不過和卜筮簡命辭無關,它是"應該"的意思,相關句義爲:楚王認爲應該讓贅尹高去秘密卜問自己的病情是不是莒地山川作祟所致。

上博二《子羔》簡 12:"禱曰:帝之武,尚史(使)☐""史(使)"字後竹簡佚缺,但從文義看,此處的"尚"也明顯是"應該"義的"當","當使"連稱,典籍常見。

附帶説一下,在金文中也出現過幾個"尚"字:

(10)《戎方鼎》:戎曰:"嗚呼！朕文考甲公、文母日庚[圖]休,則尚安永宕(度)②乃子戎心,安永襲戎身,厥復享于天子,唯厥事(使)乃子戎萬年辟事天子,毋又尤于厥身。" （《集成》2824）

(11)《曶鼎》:曶廼誨于䢐曰:"汝其舍矢五秉。"曰:"[圖]尚俾處厥邑,田[厥]田。" （《集成》2838）

既然戰國卜筮簡及古文獻中的"尚"就是"當",那麽,從文義和辭例看,(10)的"尚"也可讀爲"當",是"應該"的意思。(11)的"尚"亦應如此。以前多把"[圖]尚"連讀爲"必當",後來裘錫圭先生在《卜辭"異"字和詩、書裏的"式"字》③一文中,結合《詩經》《尚書》中的"式",把"[圖]"改釋爲"式",認爲它是"勸令之辭"。然而,這就出現了一個問題,就是"[圖]"應該如裘錫圭先生讀爲"式"還是依舊説讀爲"必"呢？我們知道,典籍中"必""當"多連稱,如:

---

① 濮茅左先生已言"尚"通"當",參看濮茅左:《〈柬大王泊旱〉釋文考釋》,《上海博物館藏戰國楚竹書(四)》,上海古籍出版社,2004 年 12 月,第 198 頁。
② "宕"讀爲"度"從王占奎先生説,參看王占奎:《琱生三器銘文考釋》,《考古與文物》2007 年第 5 期,第 106 頁。
③ 裘錫圭:《卜辭"異"字和詩、書裏的"式"字》,《古文字論集》,中華書局,1992 年 8 月,第 122—140 頁。

《戰國策·張丑爲質於燕章》：今子且致我，我且言子之奪我珠而吞之，燕王必當殺子，刳子腹及子之腸矣。

《尉繚子·攻權》：故爭必當待之，息必當備之。

《史記·魏公子列傳》：晉鄙嚄唶宿將，往恐不聽，必當殺之，是以泣耳，豈畏死哉？

若依舊釋把"尚"讀爲"必當"，讀起來是很順暢的。若依裘錫圭先生對"![]"的考釋，把它們讀爲"式當"（或裘先生所釋的"式尚"），古書中無此文例；並且把"![]"讀爲"式"，則西周文字中就沒有了古漢語極常見的當"必須"講的"必"字，[①]這也是令人懷疑的。然而，若"![]"是"必"的話，我們又不禁要問，《詩經》《尚書》中的"式"在古文字中又作什麼？會不會古文字的"![]"和典籍中的"式"及金文作"器柄"講的"必"後來混同了呢？但這種想法目前還沒有什麼切實的依據。[②] 看來，"![]"字的釋讀還有待今後做進一步的探討。

【編按】沈培先生把戰國卜筮簡的"囟（思）"讀爲《詩經》《尚書》中的虛詞"式"，巫雪如先生也不同意其意見，可參看巫雪如：《楚國簡帛中"囟/思""使"問題新探》，《臺大文史哲學報》第七十五期，2011年11月，第1—34頁。

【發表情況】單育辰：《戰國卜筮簡"尚"的意義——兼説先秦典籍中的"尚"》，《中國文字》新三十四期，藝文印書館，2009年2月，第107—126頁。

[①] 西周金文中有"必"字，作"![]"形（《金文編》第51頁"必"條），但都是作"器柄"的"柲"講。

[②] 裘錫圭先生説"![]"是"弋"字，"弋"與"必"在字形與字音上都不一樣，參看裘錫圭：《釋"柲"》，《古文字論集》，中華書局，1992年8月，第17頁。

包山簡案例研究兩則

包山簡中有大批司法文書,是研究當時人們社會生活的好資料,可是由於簡文用語特殊,案情記載簡略,一些文書長期以來並沒有得到很好的解釋。下面我們準備摘取其中兩個案例,對其做進一步的研究。

一、包山簡 129—130

東周客許緹歸胙於戚郢之歲,夏层之月,期思少司馬鄧瘟言謂:甘固之歲,左司馬适以王命,命期思舍(予)柊黄王之貪一青犧之齋(資)足金六鈞。【129】是歲也,期思少司馬屈鷔以足金六鈞聽命於柊,柊宛大夫、左司馬越虩弗受。盛公邊之歲,期思少司馬邢勝又以足金六鈞舍(予)柊,柊宛大夫、集陽公蔡逯▇(弗)受。【130】須左司馬之羿行,將以聞(問)之。【130反】

對這個案例的研究長期以來進展不大,但近年對此二簡的文字考釋有一個發現,簡 130 的"▇"舊或釋爲"虐""虙"等,①陳偉、陳劍兩位先生幾乎同時指出,此字實即"弗"之異寫,②他們的意見是可信的。不過,此

---

① 湖北省荆沙鐵路考古隊:《包山楚簡》,文物出版社,1991 年 10 月,第 26 頁。施謝捷:《包山楚簡釋文》電子版,未刊稿。

② 陳偉、劉國勝、胡雅麗:《包山 2 號墓簡册(附簽牌)》,《楚地出土戰國簡册[十四種]》,經濟科學出版社,2009 年 9 月,第 64 頁注 41。陳劍:《楚簡"羿"字試解》,《簡帛》第四輯,上海古籍出版社,2009 年 10 月,第 154—155 頁。

篇文書還有兩個難點沒有解決,一是"命期思舍柊黃王之夋一青犧之齎足金六鈞"是什麼意思,一是整篇文書應該怎樣理解。

先說"命期思舍柊黃王之夋一青犧之齎足金六鈞",其中"黃"字之釋從劉釗先生說,①我們認爲,"黃王之夋"是人名。董珊先生在2008年發表了一篇文章,認爲出土文獻中常常見到的"謚(王)+之+名"這些形式是人名。如"龔王之卯""臧王之墨""競坪王之定""卲王之諻""武王之童胡",表示這五個人分別是楚共王、楚莊王、楚平王、楚昭王、楚武王的後代,因以此王之謚爲氏,而後面的"卯""墨""定""諻""童胡"是名。② 我們認爲"黃王之夋"也是這種命名方式,"黃王"大概是某位楚王(或許是楚康王,"康""黃"古音接近)或其他異族某王的謚號,這裏用爲氏,而後面的"夋"是名。

接下再看"一青犧之齎足金六鈞",有很多學者把"黃王之夋一青犧之齎"中的"夋"讀爲"爨",認爲"黃王之夋""一青犧之齎(資)"是同位語,但"爨"只有名詞"竈"和動詞"做飯"的意思,③"爨"和"一青犧之齎(資)"並沒有語義和邏輯上的聯繫,我們把"黃王之夋"理解爲人名後,就不存在這個問題了。"足金六鈞"是修飾"一青犧之齎(資)"的,是説"一青犧"這個物品的價值爲"成色十足的金六鈞","青犧"一詞又見新蔡簡乙一15、乙二38+46+39+40,是青色犧牲之義。這裏的"齎"通"資",有價值、錢財的意思,如《周禮・春官・巾車》:"毀折,入齎于職幣。"鄭玄注引杜子春云:"齎,讀爲資。資謂財也。"《周禮・天官・掌皮》:"歲終,則會其財齎。"④在秦簡中,也有很多"齎"通"資"的例子,如《秦律十八種》簡177"以

---

① 劉釗:《包山楚簡文字考釋》,《出土簡帛文字叢考》,臺灣古籍出版社有限公司,2004年3月,第21頁。

② 董珊:《出土文獻所見"以謚爲族"的楚王族——附說〈左傳〉"諸侯以字爲謚因以爲族"的讀法》,"復旦大學出土文獻與古文字研究中心"網,2008年2月17日;又載《出土文獻與古文字研究》第二輯,2008年8月,第110—130頁。

③ 漢語大字典編輯委員會:《漢語大字典(縮印本)》,四川辭書出版社、湖北辭書出版社,1993年11月,第942—943頁。如《包山楚簡》整理者注:"夋,爨字。《儀禮・少牢禮》'概鼎七俎於雍爨',注:'竈也。'"參看湖北省荆沙鐵路考古隊:《包山楚簡》,文物出版社,1991年10月,第48頁注220。

④ 參看漢語大字典編輯委員會:《漢語大字典》縮印本,第1986頁。又,劉釗:《包山楚簡文字考釋》,《出土簡帛文字叢考》,第21頁。

《齎律》論及償,毋齎(資)者乃值之"、《法律答問》簡 202"視檢知小大以論及,以齎(資)負之"。① 又包山簡 145 反:"小人以八月甲戌之日舍(予)肉禄之舍人□□歸(饋)客之◯金十兩又一兩。""◯"字下部不清,舊不識,朱曉雪先生認爲亦是"齎",有"資"之義。② 《璽彙》3744 收有"犧牲金璽"一方楚璽,可見犧牲確以"金"來衡價。

簡文"甘固之歲,左司馬适以王命,命期思舍(予)柊黄王之臾一青犧之齎(資)足金六鈞"。這句話的意思是:"甘固的那年(甘固爲人名,此爲以事紀年),左司馬叫'适'的人奉楚王之令,命令期思(期思爲楚邑)給予柊(柊爲楚邑)邑的名叫'黄王之臾'的人一頭青色犧牛的錢,其價值爲成色十足的金六鈞。"簡文中的"舍"通"予",是給的意思。③

這句話理解的重點是"左司馬适以王命",因爲包山楚簡是司法文書,簡中左司馬是掌訴訟之官,且左司馬又"以王命",由這些可以推知,期思邑在以前因爲某種原因拿了柊邑叫"黄王之臾"的人的一頭青色犧牛,但没有付給"黄王之臾"錢,"黄王之臾"通過上訴,把案件上報到楚王那裏,所以左司馬奉楚王之命,命令期思邑償還柊邑與一頭青色犧牛等價的"足金六鈞"。這就是簡 129 所記訴訟案件發生的背景。接下來簡 130 所載事件的經過是:這年,期思邑少司馬"屈籔"這個人用"足金六鈞"給柊邑,當時柊邑相關事務的主事者是"柊宛大夫、左司馬越虢",但他不接受。到了"盛公邊之歲"(盛公邊也是人名,此亦是以事紀年),期思邑少司馬"邘勝"這個人又用"足金六鈞"給柊邑,當時柊邑相關事務的主事者是"宛大夫、集陽公蔡逯",他也没有接受。因爲柊邑主事者兩次都没接受期思邑償還的金錢,所以期思邑無法向"左司馬适"尤其是楚王交差,只好向上報告給國家的訴訟主管(即包山墓主人"左尹昭佗")。左尹官署的批文是:

---

① 參看彭浩:《睡虎地秦簡"王室祠"與〈齎律〉考辨》,《簡帛》第一輯,上海古籍出版社,2006 年 10 月,第 239—248 頁。
② 參看朱曉雪:《包山 145 號簡析論》,《簡帛》第六輯,上海古籍出版社,2011 年 11 月,第 242—244 頁。
③ 參看李零:《包山楚簡研究(文書類)》,《李零自選集》,廣西師範大學出版社,1998 年 2 月,第 142 頁。又,"舍""予"相通的問題參看單育辰:《談晉系用爲"舍"之字》,《簡帛》第四輯,上海古籍出版社,2009 年 10 月,第 161—168 頁。

"等左司馬返回的時候,①再去問他們。"(即簡 130 反)

至於爲什麼期思邑的"足金六鈞"没有直接償還給柊邑"黄王之冕"這個人而是給柊邑相關事務的主事者,這大概是期思邑先把錢財交給柊邑相關部門,再由柊邑相關部門轉給"黄王之冕";或者柊邑相關部門已經向"黄王之冕"墊付了"足金六鈞",所以期思邑直接償還柊邑即可。還有爲什麼期思邑拿走了"黄王之冕"的一頭青色犧牛,包山墓所存竹簡記録不詳,已不可究詰矣。

在本文之前,對此二簡簡文比較流行的解釋是史傑鵬先生的,他說:"129 號和 130 號簡涉及的整個案件内容是:左司馬以王命叫恒思邑給葉縣(辰按,即本文的柊縣)一筆錢,葉縣官員不接受。第二年重新給時,葉縣官員纔接受了。這份文書也許是恒思縣上呈給中央的,中央主管部門在 130 號簡的反面做了批示。因爲當初給恒思縣傳達命令的是左司馬,所以中央準備等左司馬下去巡視時查問這件事。"②陳劍先生對此修正補充說:"史傑鵬先生對此兩簡的内容有很好的解釋,……頗疑此字(辰按,指"⿰弓㐬")係'弗'之譌體……,事實很可能是第二年柊邑官員仍然没有接受其金,所以才會有期思官員作爲案件(糾紛)上報、中央要批示等左司馬下去巡行之時向兩次拒不受金的柊邑官員查問此事。"③史、陳兩先生的解釋已經解决了一些問題,爲本文的研究打下了基礎,但史、陳兩先生未談及簡文案件發生的背景,④故我們再對簡 129—130 做如上申論。

---

① "羿"(返)字的考釋參看程燕:《説樊》,"簡帛"網,2011 年 1 月 6 日。李守奎:《〈楚居〉中的樊字及出土楚文獻中與樊相關文例的釋讀》,《文物》2011 年第 3 期,第 75—78 頁。
② 史傑鵬:《讀包山司法文書簡札記三則》,《簡帛研究二〇〇一》,廣西師範大學出版社,2001 年 9 月,第 23—24 頁。
③ 陳劍:《楚簡"羿"字試解》,《簡帛》第四輯,第 154—155 頁。
④ 又如李零先生說:"前年左司馬古受王命派恒思的少司馬執'舍葉煮(?)王之饗、一青豢之資,足金六鈞',但葉縣的邑大夫左司馬越虢卻拒不接受,只是上年,恒思的另一位少司馬再次以此數之金舍葉,葉縣的另一位邑大夫才接受。他特將越虢拒受王金的這種網(柱)行奏上。"又如李佳興先生說:"這是一份舉發行政人員疏失的文書。文中將'邑大夫左司馬陂虞,弗受'和'邑大夫集昜公鄹逡虐(?)受'來作比較,前者的行爲顯然是有過失的。"他們未正確釋出"弗"字,故所作的解釋亦不正確,參看李零:《包山楚簡研究(文書類)》,《李零自選集》,第 142 頁;李佳興:《〈包山楚簡〉司法文書簡研究——以訴訟事件爲例》,暨南國際大學碩士學位論文,指導教師:林素清,2000 年 6 月,第 52 頁。

二、包山簡 156

　　二執命爲王穀（穀），取◇，不涅（盈）穀（穀）而逃命，屬之政。　　左尹冠以其不得執之處，弗能詣。夏柰癸丑，子陵尹屬之。【156】

　　第一個字作"◇"形，諸家未釋，細察圖版應是"二"字，"二執命"猶言"兩個奉命辦事的人"。簡文中的"◇"，舊多釋爲"邿"，應該是可信的，"取邿"是攻取邿邑的意思。"詣"，陳偉等已言："睡虎地秦法律簡指將疑犯送交官府。"①

　　由於此簡所記過於簡略，故過去學者皆以爲難懂，如李零、李佳興先生都説：本簡内容不詳。② 其實，本簡的難點主要就兩個字，一個是"穀"，一個是"涅"。雖然這個兩字字形並不難認，但它們如何通假，在郭店簡未公布之前，確實難有頭緒可尋。不過，由於近年郭店、上博簡陸續發表，這個問題已經變得簡單。

　　在近年發表的楚簡中，"穀"常常通爲"穀"，陳偉等先生已言："穀，讀爲'穀'。上博竹書《孔子見季桓子》14 號簡'五穀'、《申公臣靈王》7 號簡'不穀'，簡文皆作'穀'。"③除了陳偉等先生舉的兩例外，還有上博二《容成氏》簡 28"復穀豢土"和上博四《柬大王泊旱》簡 8、簡 9 之"不穀"，皆讀爲"穀"。簡文中的"王穀"是名詞詞組，猶"楚王之穀"，前面的"爲"是動詞。

　　而"涅"字，從近年公布的楚簡來看，絕大多數讀爲"盈"：如郭店《老子甲》簡 37+38"持而涅【37】之"、郭店《老子乙》簡 14"大涅若沖"，今本皆作"盈"；郭店《太一生水》簡 7"一缺一涅"、郭店《語叢四》簡 24"金玉涅

---

① 陳偉、劉國勝、胡雅麗：《包山 2 號墓簡册（附簽牌）》，《楚地出土戰國簡册［十四種］》，經濟科學出版社，2009 年 9 月，第 76 頁注 149。
② 李零：《包山楚簡研究（文書類）》，《李零自選集》，第 145 頁。李佳興：《〈包山楚簡〉司法文書簡研究——以訴訟事件爲例》，第 36 頁。
③ 陳偉、劉國勝、胡雅麗：《包山 2 號墓簡册（附簽牌）》，《楚地出土戰國簡册［十四種］》，第 76 頁注 146。

室"、上博三《亙先》簡 4"信涅天地"、上博六《用曰》簡 8"積涅天之下",從文義看也讀爲"盈"。所以,包山簡 156 的"涅"也當讀爲"盈"。"盈穀"是使穀物充滿的意思。在文獻中,"盈"字也有類似用法,如《史記・殷本紀》"而盈鉅橋之粟"、《論衡・論死篇》"以囊橐盈粟米"。

解釋了"穀"和"涅"這兩個字之後,整支簡的文義也就很清楚了,這個案件是説:"兩個奉命辦事的人打理楚王所需的穀物,它是爲攻打邾邑準備的,但他們没有把穀物裝滿到固定限額就逃跑了,因此陵尹把這事交給左尹辦理。"後面的批文説:"叫'冠'的左尹因爲不知道在何處執捕這兩個人,所以没法把他們交給官府。這件事,是夏㭁之月癸丑之日,陵尹('子陵尹'是'陵尹'的尊稱)交辦的。"

本文的寫作參考了朱曉雪先生 2011 年吉林大學博士學位論文《包山楚墓文書簡、卜筮祭禱簡集釋及相關問題研究》,特此致謝。

〖發表情况〗單育辰:《包山簡案例研究兩則》,北京:"中國古文字研究會第十八次年會"會議論文,2010 年 10 月。後刊於《吉林大學社會科學學報》2012 年第 1 期,第 66—68 頁。

郭店簡文字研究三則

近來筆者在研讀郭店簡儒籍的時候，對一些文字的釋讀產生了一點想法，今臚列於下，以向大家求教。

一、《成之聞之》簡36：君子曰：從允懌（釋）怹（過），則先者余，埜（來）者信。

其中的"余"，顏世鉉先生讀爲"豫"，並引馬王堆帛書《繫辭》："重門擊柝，以待旅客，蓋取余也。"其中"余"通行本作"豫"等爲證；李零先生讀爲"除"或"舍"；廖名春先生引周鳳五説讀爲"舒"；崔永東先生以爲余、身、親含義相通；涂宗流、劉祖信先生讀爲"餘"；郭沂先生讀爲"虛"。① 按，此字釋法應以顏世鉉先生讀"豫"爲確，"余""豫"相通之例典籍頗有，如《莊子·外物》之"漁者余且"，《史記·龜策列傳》作"漁者豫且"；又典籍中"余"與"予"常通，而"豫"則從"予"得聲，參看《古字通假會典》"余與豫"

---

① 顏世鉉：《郭店楚墓竹簡儒家典籍文字考釋》，《經學研究論叢》第六輯，臺灣學生書局，1999年6月，第179—180頁。李零：《郭店楚簡校讀記》，《道家文化研究（"郭店楚簡"專號）》第十七輯，生活·讀書·新知三聯書店，1999年8月，第511—525頁。廖名春：《郭店楚簡〈成之聞之〉篇校釋》，《清華簡帛研究》第一輯，清華大學思想文化研究所，2000年8月，第89—111頁。陳偉：《郭店簡書〈德義〉校釋》，《楚地出土簡帛文獻思想研究》（一），湖北教育出版社，2002年12月，第77—90頁；又，陳偉：《〈德義〉校釋》，《郭店竹書別釋》，湖北教育出版社，2003年1月，第135—151頁。崔永東：《郭店楚簡〈成之聞之〉字義零釋》，《清華簡帛研究》第一輯，清華大學思想文化研究所，2000年8月，第182—183頁；又，崔永東：《讀郭店楚簡〈成之聞之〉與〈老子〉札記》，《簡帛研究二〇〇一》，廣西師範大學出版社，2001年9月，第69—74頁。涂宗流、劉祖信：《郭店楚簡先秦儒家佚書校釋》，萬卷樓，2001年2月，第107—141頁。郭沂：《〈大常〉（原題〈成之聞之〉）考釋》，《郭店竹簡與先秦學術思想》，上海教育出版社，2001年2月，第208—229頁。

"余與予"條。① "豫"有悦義。"先者豫，來者信"是説先靠近君子的人内心歡悦，後靠近君子的人也能信服。今再補充兩則典籍文例，以作顔説佐證：《禮記·儒行》："儒有委之以貨財，淹之以樂好，見利不虧其義；劫之以衆，沮之以兵，見死不更其守；鷙蟲攫搏不程勇者，引重鼎不程其力；往者不悔，來者不豫；過言不再，流言不極；不斷其威，不習其謀。其特立有如此者。"《大戴禮記·曾子立事》："君子不絶人之歡，不盡人之禮，來者不豫，往者不慎也，去之不謗，就之不賂，亦可謂忠矣。"其中"往者不悔，來者不豫""來者不豫，往者不慎"，句式相當於簡文"先者豫，來者信"，"來者"與"豫"連言，與此二書相近，此二書中的"豫"亦應爲"悦"義，舊或釋爲"豫備"之義，不確。

二、《六德》簡 21＋22："子也者，會墫長材【21】以事上，胃（謂）之宜（義）。"

其中的"會墫"，李零先生釋爲"會準"；劉信芳先生釋爲"和惇"；丁原植先生釋"會墫"訓爲匯聚依據；廖名春先生訓爲學習、看齊；林素清先生、劉釗先生釋爲"會最"；張光裕等先生則隸作"會墫"，陳偉先生依此讀爲"會埔"；涂宗流、劉祖信先生釋爲"會享"。② 按，此字作 ，從字形上看是"墫（埔）"，但楚文字中"臺""臺"形體經常訛混，須由文義來定其釋讀。從文義上看，此字應隸爲"墫"，"墫"即"埻"，此可讀"匯"；從"臺"之"敦"，

---

① 高亨、董治安：《古字通假會典》，齊魯書社，1989 年 7 月，第 834—835 頁。
② 李零：《郭店楚簡校讀記》，《道家文化研究（"郭店楚簡"專號）》第十七輯，第 511—525 頁。劉信芳：《郭店竹簡文字考釋拾遺》，《江漢考古》2000 年第 1 期，第 42—46 轉 32 頁。丁原植：《郭店楚簡儒家佚籍四種釋析》，臺灣古籍出版有限公司，2004 年 9 月，第 224 頁。廖名春：《郭店簡〈六德〉校釋劄記》，《新出楚簡試論》，臺灣古籍出版社有限公司，2001 年 5 月，第 125—132 頁；又，廖名春：《郭店簡〈六德〉校釋劄記》，《金景芳教授百年誕辰紀念文集》，吉林大學出版社，2002 年 10 月，第 102—112 頁。林素清：《郭店竹簡〈六德〉文字新考》，《語言文字學研究》，中國社會科學出版社，2005 年 12 月，第 12—15 頁。劉釗：《郭店楚簡校釋》，福建人民出版社，2003 年 12 月，第 107—147 頁。張光裕主編：《郭店楚簡研究·第一卷·文字編》，藝文印書館，1999 年 1 月，第 138、708 頁。陳偉：《郭店簡書〈大常〉校釋》《楚地出土簡帛文獻思想研究》（一），湖北教育出版社，2002 年 12 月，第 35—57 頁；又，陳偉：《〈大常〉校釋》，《郭店竹書別釋》，湖北教育出版社，2003 年 1 月，第 109—134 頁。涂宗流、劉祖信：《郭店楚簡先秦儒家佚書校釋》，第 189—219 頁。

端紐文部,匯,匣紐微部,二字音近。且在典籍中,"臺"與"隹"往往可通,如"敦與雕""鶉與隼""埻與準""焞與推""綧與准"等,①此即"埻""匯"相通之明證。上一字"會"可如字讀,亦可讀"合","合""會"相通至常見。"合匯"猶合聚、匯合。"合匯長材以事上",合聚子孫的材幹來事奉父君。

三、《六德》簡 36＋37：君子言,信言尒言,煬言尒諬（語）,外【36】内皆尋（得）也。

其中的 煬,整理者釋"煬",由此出發,學者或讀爲"揚";或讀爲"養"或"祥";或讀爲"誠";或讀爲"陽"或"佯";或訓之爲"融鑠";或訓温和;或訓遮蔽;②唯周鳳五先生認爲此字右從"尋"而讀爲"靭"。③ 按,此字右旁作 ,上從"目",而"易"一般作 、 (包山簡 184、《緇衣》簡 5"湯"所從),與此不同。而此字與 (《尊德義》簡 16"燖")、 (《成之聞之》簡 24"燖")所從則相同,故它亦可能從"尋",應如周鳳五先生說隸爲"煬"。"煬"或可讀爲"諶(或訦)","煬"邪紐侵部,"諶""訦"禪紐侵部,二字音近,"諶""訦",誠也、信也。不過,此字也確有從"易"的可能,如《尊德義》簡 6 之"湯"作 ,其上亦從"目"而非"日",但釋爲從"易"之字在意義難以講通。

其中的 ,整理者隸定爲"諬";李零釋爲"設",後來學者多從此說;涂宗流、劉祖信先生釋爲"敨";沈培先生引裘錫圭說認爲是"故"

---

① 高亨、董治安:《古字通假會典》,第 128—130 頁。

② 顏世鉉:《郭店楚簡〈六德〉箋釋》,《"中研院"歷史語言研究所集刊》第七十二本第二分,2001 年 6 月,第 443—500 頁。廖名春:《郭店簡〈六德〉校釋劄記》,第 125—132 頁。李零:《郭店楚簡校讀記(增訂本)》,北京大學出版社,2002 年 3 月,第 121—144 頁。陳偉:《郭店〈六德〉校讀》,《古文字研究》第二十四輯,中華書局,2002 年 7 月,第 395—399 頁。丁原植:《郭店楚簡儒家佚籍四種釋析》,第 254—255 頁。涂宗流、劉祖信:《郭店楚簡先秦儒家佚書校釋》,第 189—219 頁。吕浩:《〈郭店楚墓竹簡〉釋文訂補》,《中國文字研究》第二輯,廣西教育出版社,2001 年 10 月,第 278—288 頁。

③ 周鳳五:《郭店竹簡文字補釋》,《古墓新知——紀念郭店楚簡出土十週年論文專輯》,香港國際炎黃文化出版社,2003 年 11 月,第 64—71 頁。

郭店簡文字研究三則　193

之誤字。① 按，諸家於字形辨認有誤。《郭店楚墓竹簡》一書中有些簡的圖版亮度略高，以致有些筆畫不是很真切，但在荆門市博物館《簡帛書法選》編輯組編的《郭店楚墓竹簡·六德》一書中，此字筆畫分明，作❑（大圖見下），②"言"上分明從"五"，可參鄰簡 34 ❑（信），其所從之"言"旁字形與之全然不同。《成之聞之》簡 36"語"作❑，"五"旁也寫得很小，與此相類（《成之聞之》與《六德》是同一書手）。此字應隸定爲"䛔"，從"五"得聲，應即讀爲"語"。此字另從之"訏"，我們懷疑即是"許"的省變形體（"許"字參上博二《民之父母》簡 9 ❑、清華一《祭公》簡 16 ❑），"許""語"二字古音甚近，故此字是一個從"五"、從"訏（許）"兩聲字。此句的"䛔（語）"與前句的"言"正好相互爲文。

此句句讀應從陳偉先生《郭店〈六德〉校讀》一文之說，③今重新釋讀爲："君子言，信言尔言，烖（諶）言尔䛔（語），外【37】内皆得也。"意思是君子出言，所言必信，所語必誠，故外内皆能成就。

❑《郭店楚墓竹簡》本圖版　　❑《郭店楚墓竹簡·六德》本圖版

【發表情況】單育辰：《佔畢隨錄之十四》，"簡帛"網，2011 年 3 月 25 日。後選擇其中第二、四、五共三則，刊於《郭店簡文字研究三則》，《中國文字研究》第二十輯，上海書店出版社，2014 年 10 月，第 24—26 頁。

---

　① 李零：《郭店楚簡校讀記》，《道家文化研究（"郭店楚簡"專號）》第十七輯，第 511—525 頁。涂宗流、劉祖信：《郭店楚簡先秦儒家佚書校釋》，第 189—219 頁。沈培：《郭店楚簡：六德》，華東師範大學教育部重點研究基地重大項目"戰國楚簡集釋長編"之一，2004 年 3 月。
　② 荆門市博物館《簡帛書法選》編輯組：《郭店楚墓竹簡·六德》，文物出版社，2003 年 6 月。
　③ 陳偉：《郭店〈六德〉校讀》，第 395—399 頁。

新見白起破鄢的楚簡

2012年7月,荊州博物館在對湖北省荊州市荊州區紀南鎮高臺村一處編號爲J67的戰國古井的發掘中,出土了3枚有字殘簡,整理者認爲竹簡時代大約在戰國中晚期,這是第一次在近距離靠近紀南城的古井中發現楚簡,意義重大。《簡帛》第十二輯發表了這3枚楚簡,並附有彩照、紅外綫兩種圖版及摹本,整理者的釋文爲:①

簡1:☒又(?)一婦人從䣜(鄢)言☒
簡2:☒胃(謂)䣜(鄢)既逾邑造以☒
簡3:僕駝造告䣜陵公䣜公☒☒

整理者説:"我們暫時没有發現3枚殘簡内容上的邏輯先後關係,故未對其進行拼合、編聯。"又説:"簡3所記内容與包山簡'集箸言'15號簡'僕五師宵倌之司敗若敢告視日'較爲接近。那麽,簡3大概是名爲'駝'的'僕'向'䣜陵公、䣜公'二位縣公爲某事而'告'的記載。據此,我們認爲高臺戰國古井J67出土的3枚楚簡亦可能屬於文書簡,具體内容還需進一步探討。"

整理者的釋文很是精當,把這3枚殘簡與包山簡對比,把它們定位爲文書簡也是非常正確的。不過略爲遺憾的是,整理者對這3枚殘簡的釋文和拼合尚有一些問題。首先看釋文,雖然《簡帛》第十二輯圖版質量不佳,但細察仍可看出其中有誤釋之處。如簡2所謂的"邑"作A形,很明

---

① 蔣魯敬、劉建業:《湖北荆州高臺戰國古井群J67出土楚簡初探》,《簡帛》第十二輯,上海古籍出版社,2016年5月,第29—34頁。

新見白起破鄢的楚簡　　195

顯是"也"字；而"造以"下面還有一個模糊不清的字（參圖 B），整理者未能指出，此字下則再無墨迹，從文例看，B 有可能是"告"字；另外簡 3 的"告"字作 C1 形，紅外綫圖像對字形有干擾，但據《簡帛》第十二輯所載的彩照（C2）來看，釋"告"是正確的。

A　　B　　C1　　C2

在看到《簡帛》第十二輯之後，承蒙蔣魯敬先生惠賜更清晰的紅外綫圖版，其中 A、B、C 三字作下形：

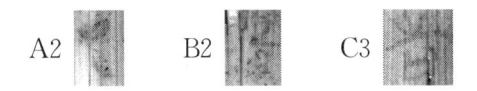

A2　　B2　　C3

可以看出，A 確是"也"，C 確是"告"，B 的圖版也清晰不少，但仍只是淡淡的墨痕，若無放大的原圖，還是不能看得太清楚，爲了明晰起見，我們把其中的墨痕勾勒出來：

B3

可以看出，B 確實是"告"字。

其次再看拼合。從"邑""辵""口"等字部來看，這三支殘簡顯爲一人所書。又據整理者言，簡 1、簡 2 簡首簡尾均殘斷，簡 3 簡首完整，文字頂簡書寫，簡尾殘斷。查驗圖版，簡 1 磋口處爲　　，簡 2 磋口處爲　　，二者磋口密合，試着把它們拼合後，這兩簡的釋文爲：

簡 1＋2：□一婦人從郊言【1】胃（謂）："郊既逾也。"造以告。

這兩簡都有"郊"字，內容相關性很強；而在與高臺古井簡格式相類的包山楚簡裏，"言謂"兩字連稱是十分常見的，如下揭數例：

簡 80：少臧之州人冶士石佢訟其州人冶士石脾，言胃（謂）傷其弟石耴毗。

簡 90：鰷丘少司敗遠悸復筝，言胃（謂）鰷丘之南里信有龔西。

簡 120：𤞷言胃（謂）郣倈竊馬於下蔡而鬻之於陽城。

簡 121：倈言胃（謂）小人不信竊馬。

簡 126＋127：大宛痎、大駉尹師言胃（謂）陽鋤不與其父【126】陽年同室。

簡 152：左司馬适命左令默定之，言胃（謂）戌有後。

可見文義上簡 1 與簡 2 的拼合也是很順暢的。簡 2 下部雖然有殘損，但由於"告"字下已是空白簡，沒有任何文字，所以文義還是完整的。

簡 3 中有"僕駝"，其中"僕"是謙稱，其後的"駝"是名，"僕駝造告"這種稱謂格式可參包山簡 137 反"僕軍造言之"，包山簡中"僕"亦是謙稱，"軍"是名（即包山簡 135 反之"湯公"、簡 131 之"湯公競軍"）。這些簡裏的"造"可理解爲"詣"（《廣雅・釋言》"造，詣也"）。① 高臺古井簡 2 的"造以告"與簡 3 的"造告"關係密切，在高臺古井僅存的三支簡裏，這種情況絕非巧合。所以簡 3 與簡 1＋2 拼合的可能性也是很大的，簡 3 的最下部有殘留的墨痕，而簡 1 首字下部爲"又"形，上部也有殘留的墨痕，很可能可以拼爲一字，可惜漶漫不清，已無法辨識了。

那麼，我們可以進一步把這三支殘簡拼合爲簡 3＋1＋2：

僕駝造告郊陵公、郢公：【3】□一婦人從郊言【1】胃（謂）："郊既逾也。"造以告。

其中的"郊"整理者讀爲"鄢"，非常正確。"郊"字在楚簡中也常出現，如包山簡 19、49、66、81、95、155、157、167、170、171、174、176、188、194，清華一《楚居》簡 15 等；亦稱"郊（鄢）郢"，見清華一《楚居》簡 14、《集成》419 等。② 據《楚居》所述，"郊（鄢）郢"是楚惠王時代的都城，後人多認爲其地在今湖北宜城市南（但仍有一些不同意見，此不詳述）。雖然戰國後期"鄢"早已不是楚國都城，但它仍是除楚都外最重要的城市之一。整理者誤把"也"字釋爲"邑"，以致簡文讀不通，經過改釋後，我們可以看出"逾"

---

① "駝"也有破讀爲"馳"的可能，"僕馳造告"之義即某人飛奔到某地（或某官府）告訴某事，其中的"僕"後未加人名，其人名應該在另一支已佚失的簡上。

② 關於《集成》419"郊（鄢）郢"的考釋參董珊：《東周題銘校議（五種）》，吉林大學碩士學位論文，指導教師：劉釗、何琳儀，1997 年 5 月，第 14—15 頁。

的主語是"郊(鄢)",根據"逾"在楚簡中的使用情況,以及本簡文義、語法的限制,它應該讀爲"降",是攻降、投降的意思。

郭店《老子》甲簡 19"以逾甘露",馬王堆帛書《老子》甲、乙"以俞甘露",今本《老子》作"以降甘露"。"逾(俞)",喻紐侯部;"降",見紐冬部,二者語音有密切的關係,所以今本《老子》的"降"在楚簡中可寫作"逾(俞)"。後來發表的很多楚簡也證明"逾"可讀爲"降":

新蔡簡乙四 96:荆王就禱荆牢,兆;文王以逾(降)就禱大牢,兆。

新蔡簡甲一 12:將逾(降)取虞,還返當毋有咎?

上博六《莊王既成》簡 3+4:載之專車以上乎,抑四舫(舫)以【3】逾(降)乎?

上博七《武王踐阼》簡 2:武王齋三日,端服、冕,逾(降)堂階。

清華二《繫年》簡 131:楚師圍之於鄶,盡逾(降)鄭師與其四將軍。

清華二《繫年》簡 133:王命平夜悼武君率師侵晉,逾(降)郜。

另外由簡帛帶來的綫索,可知在傳世典籍中如《楚辭·大司命》"君迴翔兮以下,踰空桑兮從女"、《淮南子·道應》"子發攻蔡,踰之",這些"踰(逾)"也應讀爲"降"。① 值得注意的是,《繫年》《淮南子》與高臺古井楚簡的"降"都用爲攻降的意思。

經過上述的改釋與拼合,我們知道高臺古井楚簡記錄的事情是:"駝"這個人去某地(或某官府)告訴郯陵公、鄧公,一個婦人從鄢來,説鄢已經被攻降了。這支簡記錄的事情比較完整,但因某種原因被扔入井中。其原因雖不可究詰,但恐非整理者所言的"竹簡出土於古井內,可能是書手由於抄寫錯誤而丟棄"這麼簡單。

簡文所記載的鄢被攻降之事在史書上有明確記載:《史記·楚世家》:"(楚頃襄王)二十一年,秦將白起遂拔我郢,燒先王墓夷陵。楚襄王兵散,遂不復戰,東北保於陳城。"《史記·白起王翦列傳》:"其明年(秦昭襄王二十九年),攻楚,拔郢,燒夷陵,遂東至竟陵。楚王亡去郢,東走徙

---

① 參單育辰:《楚地戰國簡帛與傳世文獻對讀之研究》,中華書局,2014 年 5 月,第 183—186 頁。

陳。秦以郢爲南郡。"《史記·平原君虞卿列傳》:"白起小豎子耳,率數萬之衆,興師以與楚戰,一戰而舉鄢郢,再戰而燒夷陵,三戰而辱王之先人。"對比這些史事可以看出,此簡所記的就是楚頃襄王二十一年(公元前278年)白起破郢的事件,它是目前發現的唯一一枚對此歷史事件的即時記錄,是唯一一支可以把書寫時間準確定位到楚頃襄王二十一年的戰國楚簡,對楚簡字體與同出器物的斷代有着重要的標尺意義。

小文得到朱曉雪先生的指正,特此致謝!

【編按】有關楚國的歷次遷都所在地,學界有相當大的爭議,本文對此也敘述不清。經過考慮及向郭珏先生請教,此簡所記的相關背景似可假定如下:戰國中後期楚悼王以後的某個楚王遷都於藏郢,即今荆州市紀南城,後來一直到楚頃襄王時白起攻破楚都郢的郢,仍是藏郢,藏郢被破後,楚徙都於陳。此簡是楚國的大城市郊(鄢)郢(據清華一《楚居》所述,戰國初期楚惠王時曾都於郊郢)被攻破後,官員向楚都藏郢匯報的文書,當時因某種原因,被折成三段,扔入藏郢附近的古井裏。

【發表情況】本文最初觀點發表於"ee":《高臺古井楚簡》,"簡帛"網論壇,2016年10月10日,"ee"2016年10月10日第1樓、第2樓,2016年10月26日第3樓的發言。後加以訂補,以《新見白起破鄢的楚簡》爲名,刊於《江漢考古》2019年第6期,第143—145頁。

安大簡《仲尼曰》札記三則

今年剛剛發布的《安徽大學藏戰國竹簡(二)》中收有《仲尼曰》一篇竹書，①整理者做了十分精彩的釋文注釋，該篇共有十三支竹簡，幾無缺損，非常難得，其中有很多文字可以與傳世文獻對讀，對於《論語》等文獻的形成與流傳有非常重要的意義，如其中"慎獨"之語簡文標明出自孔子，據簡文而知《中論》所引孔子的"小人何以壽爲"確有所本，甚可涵味。其中也有一些不見於典籍的孔子言論，因竹書文字精練，隱去了不少信息，索解是有相當的難度的。今不揣冒昧，草寫幾條札記於下，以求教於大方之家。

一、《仲尼曰》簡4＋5：仲尼曰：回，汝幸，汝有過，【4】人不堇汝，汝能自改。賜，汝不幸，汝有過，人弗疾也。

《仲尼曰》簡6：仲尼曰：仁而不惠於我，吾不堇其仁。不仁不惠於我，吾不堇其不仁。

簡5的"堇"，整理者讀爲"謹"，認爲是謹敕的意思。簡6的"堇"，整理者也讀爲"謹"，認爲是恭敬的意思。這樣理解在文義上不是很合適，這兩個"堇"字應統一起來考慮。按，簡5的"疾"，整理者認爲是憎恨的意思，很正確，而"疾"與"堇"文義應有關聯。由此看，簡5"堇"及簡6兩處的"堇"都應讀爲"憾"，"堇"見紐文部，"憾"匣紐侵部，二者聲紐屬牙喉音，韻部旁轉，古音很近。"憾"是怨望的意思，正與"疾"相應。

---

① 黃德寬、徐在國主編：《安徽大學藏戰國竹簡(二)》，中西書局，2022年4月。

"憾"在《論語》中即有用例，如《公冶長》："願車馬衣輕裘與朋友共，敝之而無憾。"這個意義上的"憾"後世多寫作"恨"，"恨"古音匣紐文部，與"憾"語音也非常密切，應即一音之轉。在古文字材料中，"堇"聲與"艮"聲常有相通之例，如郭店《老子甲》簡24"各復其堇"，"堇"今本作"根"；上博三《周易》簡22"利堇貞"，"堇"今本作"艱"；上博三《周易》簡48"艮其瞳"，"瞳"今本作"限"；郭店《窮達以時》簡2"何慬之有哉"，"慬"讀爲"艱"；上博七《凡物流形》甲篇簡1"既本既槿"，"槿"讀爲"根"等等，這也説明《仲尼曰》的"堇"讀爲"憾"是很有可能的。另外，簡6"仁而不惠於我，吾不堇其仁。不仁不惠於我，吾不堇其不仁"前面的"仁"和"不仁"只能是"仁者"和"不仁者"的省語，如《論語·微子》："微子去之，箕子爲之奴，比干諫而死。孔子曰：'殷有三仁焉。'"所謂的"三仁"即"三仁者"，其省略形式與此同。本句前面的"仁"和"不仁"不能是一種道德狀態，若是道德狀態則既不能在本句中作主語，也是不能施加於人（即簡文中的"我"）的。本句後面的"仁"和"不仁"才指的是一種道德狀態，這也是要注意的。

又，《仲尼曰》簡10+11：仲尼曰：見善【10】如弗及，見不善如遻堇，以避難静居，以成其志。伯夷叔齊死於首陽，手足不掩，必夫人之謂乎？

"遻"與"堇"整理者分屬兩句，把"遻"讀爲"襲"，把"堇"讀爲"僅"，按，第一個"如"後僅一"遻"字文意似未完，也不是很好理解，今把"堇"屬上讀爲"遻堇"，如上文"如弗及""如"後即是"弗及"兩字，可與"如遻堇""如"後的"遻堇"也是兩個字對應。"遻"有可能如整理者引李家浩先生説讀爲"及"，下面"堇"似可讀爲"艱"。

二、《仲尼曰》簡9：仲尼曰：以同異難，以異易。

"易"下有一橫，整理者在竹簡圖版旁的釋文中在"易"下加一小橫，在後面的釋文注釋中則直接理解爲重文符號。整理者説："簡文意謂：把同類之物變成不同性質的很困難，把不同類之物變成不同性質的比較容易。"又引或説："簡文大意是：因爲相同而區別起來困難，因爲相異而改變起來容易。大概是談禮樂之用的。"

按，查全篇，重文及合文符號皆是兩橫，所以此處"易"下的一橫更可能是句讀符號，①表示一章結束，但這一橫比本篇其他的句讀符號略長而已。"易"與前句的"難"對應，是容易的意思。簡文是說把不同之處統一起來是困難的，分異起來卻容易。此簡應結合儒家治民之道來考慮，如典籍常說"政以一其行"（《禮記·樂記》）、"是故散地，吾將一其志"（《孫子·九地》）、"而一其志，而寢其兵，而官其材"（上博二《容成氏》簡 2）、"同其心，一其力"（《淮南子·兵略》）、"以靜生民之業而一其俗"（《史記·范雎蔡澤列傳》）、"然後能一其道而定其操"（《新語·思務》）等，簡文内涵應是說把人民的意志、行爲等統一起來很困難，但讓人民的意志、行爲等分異起來很容易。

三、《仲尼曰》簡 12：仲尼曰：顛於鉤產，吾所不果爰者，唯心弗知，而色爲知之者乎？

整理者釋"鉤"爲鉤梯，"產"爲牲畜，"唯"如字讀，並説："簡文'鉤產'，正指戎事用於攻城之器械和戰馬，……'爰'，讀爲'援'，指攀援、執持。此條簡文的意思是：顛覆於鉤產，我之所以不能攀援執持（鉤產）的原因，是不知其心性而只知其表象的緣故吧（黄德寬）！或釋'爰'爲'家'，'鉤'讀爲'厚'。"

此解有些曲折，"鉤"可讀爲"溝"，二字皆見紐侯部，如清華七《越公其事》簡 28"汋墜"即可讀爲"溝塘"，"鉤""汋"皆從"句"得聲。② 其下的"產"字整理者隸定有誤，其下不從"生"而從"土"，可参簡 5"堇"、簡 7"坪"等所從之"土"形與此全同。"産"可讀爲"岸"，其所從的"土"旁也表示應與土地有關，"溝岸"即水溝的岸邊。③《漢書·古今人表》"屠顔賈"即《史記·

---

① 小文最初於 2022 年 8 月 19 日在"安徽大學漢字發展與應用研究中心"網發表，後見王寧先生亦認爲"易"下的一橫是章節符號，但對文句的解釋與小文不同。王寧説見"潘燈：《安大簡〈仲尼曰〉初讀》，"簡帛"網論壇，2022 年 3 月 31 日，王寧 2022 年 8 月 31 日第 60 樓的發言。再後見梁靜先生亦認爲"易"下的一橫是停頓或章節符號，並把該章理解爲："消弭差異十分艱難；保持區别（維持現狀／或區别對待），相對容易。"和小文理解略爲相近。梁靜説見梁靜：《安大簡〈仲尼曰〉獻疑一則》，"簡帛"網，2022 年 10 月 1 日。
② 李學勤主編：《清華大學藏戰國竹簡（柒）》，中西書局，2017 年 4 月，第 128 頁。
③ 小文最初於 2022 年 8 月 19 日在"安徽大學漢字發展與應用研究中心"網發表，後見侯乃峰先生亦指出"爰（援）"是"救助"的意思，"產"字應隸定"産"，讀"鉤産"爲"溝岸"，但他認爲"溝岸"是"水溝或者懸崖"，且對整章的文義理解亦與小文不同。參侯乃峰：《讀安大簡（二）〈仲尼曰〉札記》，"復旦大學出土文獻與古文字研究中心"網，2022 年 8 月 20 日。

趙世家》之"屠岸賈","顔""産"所從聲符一致,可見"産"與"岸"可通。清華七《子犯子餘》簡 12＋13"見【12】紂若大陸將具崩","陸"整理者即讀爲"岸";①又,清華十二《參不韋》簡 36"高離爲淵,深淵爲陵","離"整理者亦讀爲"岸"。②《後漢書·朱穆傳》"不自知亡失衣冠,顛隊阬岸"、《顔氏家訓·文章》"勿使流亂軌躅,放意填坑岸也"。"阬(坑)岸"正可與"溝岸"類比,范曄"顛隊阬岸"一語或有所承亦未可知。"果",終於、終能的意思,典籍常見,又如清華二《繫年》簡 33＋34"我【33】苟果入","果"亦此義。"爰"讀爲"援"是正確的,但應是援助的意思,如《孟子·離婁上》:"天下溺,援之以道;嫂溺,援之以手。""唯"可讀爲"雖"。簡文意思是説:(見到有人)在溝岸跌倒,我没有最終援助到,雖然心裏不知道,但是臉色不是知道的嗎? 後句其實是説心裏雖然還没反應出(没有幫助到要跌倒的人的後悔),但是臉色上馬上就反應出來了。

【**發表情况**】單育辰:《安大簡〈仲尼曰〉札記三則》,"安徽大學漢字發展與應用研究中心"網,2022 年 8 月 19 日。後刊於《戰國文字研究》第七輯,安徽大學出版社,2023 年 5 月,第 27—31 頁。

---

① 李學勤主編:《清華大學藏戰國竹簡(柒)》,中西書局,2017 年 4 月,第 92、98 頁。清華簡《子犯子餘》中"陸""岸"相通的證據已爲"汗天山"指出,見"潘燈":《安大簡〈仲尼曰〉初讀》,"簡帛"網論壇,2022 年 3 月 31 日,"汗天山"2022 年 8 月 22 日第 39 樓的發言。
② 黄德寬主編:《清華大學藏戰國竹簡(拾貳)》,中西書局,2022 年 10 月,第 120 頁。

楚文字兩考

一、戔

子彈庫《楚帛書》甲篇有句作：

> 乃上朕（騰）逆（登），山陵不戔，乃命山川四海，熱氣寒氣，以爲其戔，以涉山陵。瀧汨凶滿，未有日月，四神相代，乃𦉢以爲歲。是唯四時。

第一句的"逆"作 A 形，舊多隸定爲"遹"，釋爲"傳""轉"等，①陳嘉凌先生已指出，它與楚帛書甲篇的"遹"字（即 B）不同，其右所從與後來發表的楚簡文字（如下所揭包山 138 反之形）相比較，可以看出它即"升"，此説甚確。② 我們把 A 隸定爲"逆"，在此讀爲"升"或"登"，它與前面的"朕"字連讀爲"朕（騰）逆（登）"。"朕逆"前面的 C 字下面殘損，其下有豎筆殘留，學者多從巴納補爲"上下"的合文，但這樣的補法實不能確定，從文義看，可能還是"上"字。

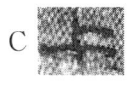

A　　　B　　　C　　　　包山 138 反

---

① 各家考釋可參看陳嘉凌：《〈楚帛書〉文字析議》，臺灣師範大學博士學位論文，指導教師：季旭昇，2008 年，第 93—94 頁。劉波：《〈楚帛書·甲篇〉集釋》，吉林大學碩士學位論文，指導教師：李守奎，2009 年 4 月，第 79—81 頁。

② 陳嘉凌：《〈楚帛書〉文字析議》，臺灣師範大學博士學位論文，指導教師：季旭昇，2008 年，第 111—115 頁；又，陳嘉凌：《釋〈楚帛書〉：㤅（愠）、逞（升）、宎（妖）、𦉢（滋）四字》，《中國文字》新三十四期，藝文印書館，2009 年 2 月，第 140—145 頁。

我們重點要考釋的是第二句的"𢓜"和第五句的"𢓜"字。前者加了"止"符,但與後者無疑是一字。此字異說紛紜,如學界多從饒宗頤先生說認為從爻從武即"延"之異構,認為是"疏通"的意思,也有學者釋為"殷"或"序"。① 後來上博簡陸續公布,為這個字的破解帶來了曙光。

上博三《周易》簡 22：九三：良馬逐,利艱貞,曰班車𢓜,利有攸往。

馬王堆帛書《周易》作：九三：良馬遂,利根貞,曰闌輿衛,利有攸往。
今本《周易·大畜》作：九三：良馬逐,利艱貞,曰閑輿衛,利有攸往。

"𢓜"字,馬王堆帛書本與今本皆作"衛",可見"𢓜"應與"衛"音相近。按,今本《周易》"閑輿衛"之"閑",《經典釋文》引馬鄭云："習也。""衛"字不好解釋,但應與車有關,李零先生疑"衛"讀為"害",害,匣紐月部,與"衛"古音全同。②"閑輿害"的意思大概是嫻習駕車技術,故追逐"利有攸往"。

上博六《孔子見季桓子》簡 17：塝(閑)𨊥(車)𢓜,興道學,淫言不當其所,皆同其□,此與民也。

"塝(閑)𨊥(車)𢓜"一語顯用《周易》語,應該也是嫻習駕車技術的意思。

上博四《逸詩·交交鳴鷪》簡 3＋4：交交鳴鷪(鳥),集于中溝(瀨)。愷【3】悌君子,若□若貝。君子相好,以自爲𢓜。豈汝是好,唯心是萬(賴)。間關謀治,偕小偕大。

"𢓜"與月部的"溝(瀨)""貝""萬(賴)""大"相押,此亦"𢓜"與"衛"音近之證。

---

① 饒宗頤：《楚繒書疏證》,《"中研院"歷史語言研究所集刊》第四十本上冊,1968年10月,第5—6頁。饒宗頤：《楚繒書新證》,《楚帛書》,中華書局香港分局,1985年9月,第16—19頁。李零：《古文字雜識(五則)》,《國學研究》第三卷,北京大學出版社,1995年12月,第269頁。各家考釋又可參看陳嘉凌：《〈楚帛書〉文字析議》,臺灣師範大學博士學位論文,指導教師：季旭昇,2008年,第93—94頁。劉波：《〈楚帛書·甲篇〉集釋》,吉林大學碩士學位論文,指導教師：李守奎,2009年5月,第81—94頁。

② 李零：《讀上博楚簡〈周易〉》,《中國歷史文物》2006年第4期,第59頁。

上博六《用曰》簡6：凡恭人，非人是恭，厥身是𢦏。

"𢦏"字無疑也是讀爲"衛"的。①

在上博三發表後不久，林祥祺先生最早指出，楚帛書中的"𢦏""𢦏"與"滿""月""代""歲"是押韻的，都押月部韻。② 受上博簡啓發，學者多把楚帛書的"𢦏"讀爲月部字，如陳斯鵬先生讀爲"衛"、李守奎先生讀爲"列"，③但亦難講通文義。

其實，楚帛書"𢦏""𢦏"的考釋可以在早先發表的上博二中得到綫索。上博二《容成氏》簡31＋32中有一句作：

東方爲三俈，西方爲三俈，南方爲三俈，北方爲三俈，以衛於溪谷，濟於廣川，高山陞，蓁林【31】入，焉以行政。

其中的"衛"字大家都從李零先生釋爲"𧾷"，但李說不僅於字義不合（《說文》卷二下訓"𧾷"爲"衛也"），且其以《改併四聲篇海》引《龍龕手鑑》訓"踐也"之"蹣"字爲釋，④也嫌引證的時代過晚。後來，淩瑜、秦樺林、孫飛燕幾位先生都發表文章，指出從字音和用字習慣上看，上博二《容成氏》簡31"以衛於溪谷"的"衛"可讀爲"越度"的"越"。⑤ 這是很正確的。

由《容成氏》中的"衛"讀爲"越"可知，楚帛書中的"𢦏"和"𢦏"也可以讀爲"越"。"越"匣紐月部，而"𢦏"也爲月部字，且典籍中與匣紐月部的

---

① 張光裕：《〈用曰〉釋文考釋》，《上海博物館藏戰國楚竹書（六）》，上海古籍出版社，2007年7月，第292頁。

② 林祥祺：《上博三〈周易〉"乂"字與〈楚帛書〉韻讀》，"簡帛研究"網，2004年6月13日。按，"代"亦押韻，林文未指出。

③ 陳斯鵬：《戰國楚帛書甲篇文字新釋》，《古文字研究》第二十六輯，中華書局，2006年11月，第345—346頁。劉波：《〈楚帛書·甲篇〉集釋》，吉林大學碩士學位論文，指導教師：李守奎，2009年5月，第87頁引李守奎說。另外，上博三《周易》發表後，對"𢦏"字的討論很多，可參看金俊秀：《〈上海博物館藏戰國楚竹書（四）〉疑難字研究》，花木蘭文化出版社，2008年9月，第46—59頁；侯乃峰：《〈周易〉文字彙校集釋》，安徽大學博士學位論文，指導教師：劉信芳，2007年5月，第218—227頁；又，侯乃峰：《〈周易〉文字彙校集釋》，臺灣古籍出版有限公司，2009年3月，第214—223頁。

④ 李零：《〈容成氏〉釋文考釋》，《上海博物館藏戰國楚竹書（二）》，上海古籍出版社，2002年12月，第275頁。

⑤ 淩瑜、秦樺林：《釋楚竹書〈周易〉之"𢦏"》，《周易研究》2007年第5期，第16—17頁。孫飛燕：《讀〈容成氏〉札記二則》，"復旦大學出土文獻與古文字研究中心"網，2009年1月17日。

"衛"相通。所以"戉"和"𢼸"可以讀爲"越"。

在本文寫成之前,秦樺林先生已經把楚帛書的"戉"和"𢼸"讀爲"越",但他把此句釋寫爲:"山陵不越,乃命山川四海,□㝵(繆)气害(豁)气,以爲其越,以涉(陟)山陵。"其中的"㝵""豁"誤從舊釋,且"涉"本身就有"升越"之義,破讀爲"陟"實無必要,其訓"越"爲"治",更不可信。①

我們認爲,楚帛書"山陵不戉(越)""以爲其𢼸(越)"的"越"與下句"以涉山陵"的"涉"文意正好相成,是"跨越""踰越"的意思。那麼,楚帛書此句應釋寫爲:

乃上朕(騰)进(登),山陵不戉(越),乃命山川四海,熱氣寒氣,以爲其𢼸(越),以涉山陵。

可翻譯爲:

(四神)於是向上走,但山陵居於其前,越不過去,於是命令山川四海和熱氣寒氣,(借助它們上升的水蒸氣的力量),幫助四神跨越這些山陵。

另外,在上博四《昭王與龔之脾》裏也出現了"𢼸"形,但於其下加了一個"日"符:

上博四《昭王與龔之脾》簡9+10:楚邦之良臣所晵【9】骨,吾未有以憂其子。

陳劍先生釋"晵"爲"曝",從文義上看非常合理,但於字音卻不相合。② 我們認爲金俊秀先生把"晵"讀爲"韎"是一個比較理想的讀法,"韎"與"曝"同義,且"韎"匣紐月部,與"衛"古音極近。如銀雀山漢簡《六韜》簡664"日中必衛",此即今本《六韜·守土》的"日中必彗",《漢書·賈誼傳》作"日中必蘱(韎)"。③

---

① 秦樺林:《釋"𢼸""𢾲"》,"簡帛研究"網,2004年8月17日。
② 陳劍:《上博竹書〈昭王與龔之脾〉和〈柬大王泊旱〉讀後記》,"簡帛研究"網,2005年2月15日。
③ 金俊秀:《〈上海博物館藏戰國楚竹書(四)〉疑難字研究》,花木蘭文化出版社,2008年9月,第54—59頁。

在葛陵簡也出現了"�"形,但加了一"又"符:

葛陵簡甲三 380:☐ 梘獲 戠尹 ☐☐

此處的文義不明,"戠尹"似讀爲"越尹",似官名。

葛陵簡甲三 363+甲三 364:☐一社一豢,刉於戠【甲三 363】、芒、鄘二豬(瑕),禱二冢。

這裏的"戠"是地名。①

秦樺林先生在其文中還提出了一個觀點,認爲"戠"是"歲"字的訛變。②這大概也不正確。楚帛書甲篇已有"歲"字,作"[圖]"形(上揭楚帛書"乃持以爲歲"),與"戠"在同一篇出現,所以二者應非一字。況且"戠"字字形來源可能很早,何琳儀已指出,甲骨文中有"[圖]"形,可隸作"戠",似是"戠"的原始寫法。③ 它在甲骨文裏作地名,其辭例爲:

《合》199:己卯卜,爭貞:今[圖]令兔田,從戠至于瀧,獲羌?王占曰:艱。(賓組)

二、㚔

上博七《凡物流形》甲本的簡 7 和乙本的簡 6 有字作 B 形:

[圖] 甲本   [圖] 乙本

此字無疑是從"六"從"又"從"土"的,應隸定爲"㚔"。

這不由使得我們聯想到以前發表的上博二《容成氏》簡 47 的一個字,

---

① 此二簡的編連從宋華強,參看宋華強:《新蔡葛陵楚簡初探》,武漢大學出版社,2010 年 3 月,第 450 頁。對字義的探討參看徐在國:《新蔡葛陵楚簡劄記》,"簡帛研究"網,2003 年 12 月 7 日。

② 秦樺林:《釋"戠""[圖]"》,"簡帛研究"網,2004 年 8 月 17 日;又,秦樺林:《"譖"字所從聲旁"戠"試說》,"簡帛研究"網,2005 年 9 月 4 日。

③ 何琳儀、程燕:《滬簡〈周易〉選釋》,"簡帛研究"網,2004 年 5 月 16 日。

其形作：

A

此字舊認爲從"䀠"從"夲"從"穴"從"又"或從"䀠"從"夲"從"衣"從"又"，從字形上看，都是有問題的。郭永秉先生已指出：

> 簡文從六又土之怪字（辰按，指 B），和《容成氏》47 號"素端 A 裳"之"A"字下所從相同，疑應分析爲從土從交聲。①

郭先生所言無疑是正確的。依郭先生言，《容成氏》簡 47 的 A 則應隸定爲"𡔷"。

上博二《容成氏》簡 47：文王於是乎素端、𡔷、裳以行九邦，七邦來服，豐、鎬不服。

筆者過去根據文義而把《容成氏》的 A 字釋爲"屨"，當時所言如下：

> 我們考慮，A 字或許以"䀠"爲聲。在古文字中，以"䀠"爲聲的字很多，如"瞿""懼""思"等。"䀠"，群母魚部，可通"屨"。"屨"，見母侯部，群、見同爲牙音，魚、侯旁轉，在典籍中也有很多魚、侯互用的例子，故二字可以相通。從上舉典籍諸例看，"端"或"裳"或"屨"也常連言，可見我們的推測是合理的。②

現在筆者仍然認爲 A 字應讀爲"屨"，但當時對字形的解釋並不圓滿，A 應該是雙聲字，構成 A 字的"𢾭"（此字以"䀠"爲聲）和"奎"（此字以

---

① 復旦大學出土文獻與古文字研究中心研究生讀書會：《〈上博（七）·凡物流形〉重編釋文》，"復旦大學出土文獻與古文字研究中心"網，2008 年 12 月 31 日，後所附郭永秉 2009 年 1 月 2 日的發言。又，筆者在未見到上博六之前也提到："按，本文寫完後，再細察 A 字，也可能從'䀠'、從'夲'、從'六'、從'又'，但其從'衣'與從'六'與否，對本文的考釋都沒有影響。"（按，筆者早先對 A 字的隸定是從張通海先生"䀠"從"夲"從"衣"從"又"的意見。）參看單育辰：《〈容成氏〉中的"端"和"屨"》，《湖南省博物館館刊》第五輯，嶽麓書社，2009 年 4 月，第 378 頁。

② 參看單育辰：《佔畢隨錄之三》，"簡帛"網，2007 年 12 月 1 日；又，單育辰：《〈容成氏〉中的"端"和"屨"》，《湖南省博物館館刊》第五輯，嶽麓書社，2009 年 4 月，第 376—378 頁。

"交"爲聲)這兩個字都表音。那麼,再來看《凡物流形》的 B 字,我們就可以猜測到,它應該讀爲"屢","屢"爲來紐侯部,它和"屨"(見紐侯部)、"眗"(群母魚部)三字古音甚近。水土先生已言:"那個'窒'字應該是個副詞,修飾'祭祀'的,表示頻繁祭祀。"我們把"窒"釋爲"屢"後,恰與水土先生的推測相符。

《凡物流形》甲本簡 6+7 或乙本簡 5+6 相應的那段話是(釋文依甲本):

> 鬼生於人,吾奚故事之?骨肉之既靡,身體不見,吾奚自祠之?其來無度,【甲 6】吾奚待之?窒(屢)祭異(祀),奚逐?吾如之何使飽?順天之道,吾奚以爲首?①

其中的"窒(屢)祭祀,奚逐?吾如之何使飽","逐"爲覺部,"飽"和"首"爲幽部,三字正好押韻。這句話中的"逐",應該如郭永秉先生所釋有"求"義,其意爲:"人們頻繁地去祭祀,但人們追求的是什麼呢?我們怎麼樣才能使鬼神吃飽?"

【發表情況】本文第二則最初發表於單育辰:《佔畢隨錄之八》,"復旦大學出土文獻與古文字研究中心"網,2009 年 1 月 3 日,其中之第二則。後加上第一則,刊於《楚文字兩考》,《簡帛》第六輯,上海古籍出版社,2011 年 11 月,第 317—322 頁。

---

① 其中的"逐"和"祀"爲郭永秉先生和整理者曹錦炎先生首釋,"水土"又對"異"讀爲"祀"的問題有補充説明。參看復旦大學出土文獻與古文字研究中心研究生讀書會:《〈上博(七)·凡物流形〉重編釋文》,"復旦大學出土文獻與古文字研究中心"網,2008 年 12 月 31 日,後所附郭永秉 2009 年 1 月 2 日及"水土"的 2009 年 1 月 1 日發言。又可參看蘇建洲:《〈上博七·凡物流形〉"一""逐"二字小考》,"復旦大學出土文獻與古文字研究中心"網,2009 年 1 月 2 日。

戰國簡帛文字雜識(十一則)

一、子彈庫《楚帛書·甲篇》：参祡 A 逃，爲恩(瘟)①爲厲。

"参祡 A 逃"諸家解釋衆多，如饒宗頤先生釋爲"参化瀘跳"、李零先生釋爲"参化廢逃"、何琳儀先生釋爲"参化號咷"、劉信芳先生釋爲"参化虐逃"等。② 按，"参祡"應讀爲"三禍"，③即"三種禍害"，在楚文字中，"化"多通"咼"，如上博二《容成氏》簡 16 之"祡"、上博五《競建内之》簡 8 之"祂"即通"禍"。④ 這裏的關鍵字是 A，作下形：

A ![字形]

它正處於帛書折縫處，字迹有重疊，不是很清楚，但從其中"口"符所處的位置看，應是"若"字，此處應讀爲"匿"，"匿"從"若"得聲，"三禍匿逃"即三種禍害躲藏逃跑之意。

二、郭店《語叢三》簡 14＋15：遊【14】![字形]，益。嵩(崇)志，益。才(存)

---

① "恩"從白於藍先生隸定，參看白於藍：《簡牘帛書通假字字典》，福建人民出版社，2008 年 1 月，第 353 頁，但他把此字讀爲"愠"，我們這裏讀爲"瘟"。
② 諸家考釋意見可參看劉波：《〈楚帛書·甲篇〉集釋》，吉林大學碩士學位論文，指導教師：李守奎，2009 年 5 月，第 63—68 頁。徐在國：《楚帛書詁林》，安徽大學出版社，2010 年 8 月，第 14—15、69—71 頁。
③ "禍"字的釋讀見陳嘉凌：《〈楚帛書〉文字析議》，臺灣師範大學博士學位論文，指導教師：季旭昇，2008 年，第 93—94 頁。
④ 又可參看白於藍：《簡牘帛書通假字字典》，第 135—137 頁。

心，益。【15】

"▨"字，何琳儀先生認爲從"菡"，讀爲"佚"；①蘇建洲先生認爲從"菡"，讀爲"豫"。② 按，"▨"應分析爲從"艸"從"思"，只不過"囟"中加了飾點而已，可隸定爲"蒠"，讀"思"。依此釋則簡文"遊思""崇志""存心"，其中"思""志""心"詞類完全一致。"遊思"一詞典籍多見，如《文選·張景陽雜詩十首》："養真尚無爲，道勝貴陸沈。遊思竹素園，寄辭翰墨林。"《晉書》卷九十四："（索襲）游思於陰陽之術，著天文地理十餘篇，多所啓發。"《魏書》卷四十八引高允《徵士頌》："敦心六經，遊思文藻，終辭寵命，以之自保。"《廣弘明集》卷二十九高允《鹿苑賦》："恬仁智之所懷，眷山水以肆目。玩藻林以遊思，絕鷹犬之馳逐。"

三、上博二《容成氏》簡 35 整理者李零先生拼合有誤，陳劍先生已把它正確地分離成兩段，③簡 35b 的上半段已殘，最前幾個字是"B 是（氏）之有天下"，B 字甚殘，但尚存下形：

B ▨

此字諸家皆未釋，我們與上博三《周易》簡 9 的"▨（汲-盈）"④字相比，發現二字很有一致的地方，我們懷疑此字亦爲"盈"字之殘，簡文的"□盈氏"應即文獻中的"大庭氏"，"盈"喻母耕部，"庭"定母耕部，二字古音極近。

---

① 何琳儀：《郭店竹簡選釋》，《簡帛研究二〇〇一》，廣西師範大學出版社，2001 年 9 月，第 167 頁。
② 蘇建洲：《〈郭店·語叢三〉簡 15"菡"字考》，"復旦大學出土文獻與古文字研究中心"網，2011 年 7 月 15 日。
③ 陳劍：《上博簡〈容成氏〉的竹簡拼合與編連問題小議》，"簡帛研究"網，2003 年 1 月 9 日。
④ 關於《周易》簡 9"盈"字的字形來源，可參看趙平安：《關於卂的形義來源》，"簡帛"網，2007 年 1 月 23 日；又，趙平安：《關於"卂"的形義來源》，《中國文字學報》第二輯，商務印書館，2008 年 12 月，第 17—22 頁。

四、上博二《容成氏》簡 36＋37：湯乃溥爲征籍，以征關市。民乃宜怨，虐疾始生，於是【36】乎有瘖、聾、跛、眇、癭、寒、僂始起。

"宜"字諸家多無釋，蘇建洲先生認爲"宜"有"難怪""怪不得"的意思；①趙建偉先生言："《說文》所載'宜'字之古文與'多'字形近，疑此處之'宜'爲'多'字之譌（欒調甫《梁任公五行說之商榷》一文中疑《墨子·經下》'五行無常勝，說在宜'的'宜'字爲'多'字之譌，見《古史辨》第五册）。"②趙建偉先生釋"宜"爲"多"是正確的，但"宜"並不是"多"的譌字，而是"宜"可讀爲"多"，"宜"疑紐歌部，"多"端紐歌部，二字古音甚近。如《說文》卷七下"宜"字的古文作"𡧧"，即從"多"。

五、上博四《柬大王泊旱》簡 9＋10：王若將鼓而涉之，王夢三。閨未啓，王以告相徙與中舍："今夕不穀【9】夢若此，何？"

此簡前當缺一簡。"王夢三"從陳斯鵬先生斷句，大意是言"王若將鼓而涉之"這個夢楚王一夜連做了三次。③ 與此事相似者還可見《晏子春秋·內篇諫上·景公將伐宋夢二丈夫立而怒晏子諫》："景公舉兵將伐宋，師過泰山，公夢見二丈夫立而怒，其怒甚盛。公恐，覺，辟門召占瞢者，至。公曰：'今夕吾夢二丈夫立而怒，不知其所言，其怒甚盛，吾猶識其狀，識其聲。'"其中的"辟門"相當於《柬大王泊旱》中的"閨未啓"，不同的是，因《柬大王泊旱》篇中宮門還沒開，所以楚王先告訴了宮中的近侍（即"相徙"與"中舍"）。簡中的"閨"爲宮中小門之義，此字亦在上博四《昭王毀室》簡 1＋2＋3 中出現，相關文句作："有一君子，喪服、曼（絻），廷（徑）將之閨。雍人止之，曰：【1】'君王始入室，君之服不可以進。'不止……雍人弗敢止。至【2】閨，卜命尹陳眚爲視日……"這兩處的"閨"也是作宮中小門講。

---

① 蘇建洲：《〈容成氏〉譯釋》，收入季旭昇主編，陳美蘭、蘇建洲、陳嘉凌合撰：《〈上海博物館藏戰國楚竹書（二）〉讀本》，萬卷樓，2003 年 7 月，第 164 頁。
② 趙建偉：《讀上博竹簡（二）劄記七則》，"簡帛研究"網，2003 年 11 月 9 日。又，趙建偉：《楚簡校記》，《楚地簡帛思想研究（三）——"新出楚簡國際學術研討會"論文集》，湖北教育出版社，2007 年 6 月，第 188 頁。
③ 陳斯鵬：《〈柬大王泊旱〉編聯補議》，"簡帛研究"網，2005 年 3 月 10 日。

六、上博四《曹沫之陳》簡 32：其將帥盡傷，軙連皆栽（載），曰將早行。

"軙連"，陳劍先生讀爲"車輦"、王連龍先生讀爲"轘輦"。① 按，陳劍先生讀"連"爲"輦"甚確，范常喜先生已言："'連'與'輦'可通，《戰國策·趙策四》：'老婦恃輦而行。'漢帛書本輦作連。"並引《周禮·地官·縣師》《左傳·莊公十二年》之"車輦"以證成陳劍先生之說。② 范先生所言可信。若與典籍用字習慣相對照，"連（輦）"前面的"軙"還可以讀作"輂"。"輂"見紐侯部，"車"見紐魚部。二字古音極近。《周禮·地官·鄉師》："大軍旅會同，正治其徒役與其輂輦，戮其犯命者。"鄭玄注："輂，駕馬；輦，人輓行，所以載任器也。"賈公彥疏："輂，駕馬所以載輜重，輦，所以載任器。"又，《周禮·地官·稍人》："若有會同、師田、行役之事，則以縣師之法作其同徒、輂輦，帥而以至，治其政令，以聽於司馬。"《周禮》之"輂輦"正用於戰場，與《曹沫之陳》之"軙連"若合符節。

七、上博五《季庚子問於孔子》簡 5：其蘻（勸）而強之，則邦有榦童，百姓送之以□☒

"榦童"，濮茅左先生讀爲"姦動"，福田哲之先生把"榦"屬上句讀爲"榦"，"童"屬下句讀爲"動"。③ 按，"榦童"應讀爲"榦常"，"童"定紐東部；"常"禪紐陽部，定禪皆屬舌音，陽東旁轉，可通。如《詛楚文》"今楚王熊相康回無道"、《楚辭·天問》"康回馮怒，墜何故以東南傾"，"康回"即《尚書·堯典》《左傳·文公十八年》之"庸違""庸回"，此即陽、東二部相通之例。"榦常"又見於馬王堆帛書《十大經》"天有恒榦，地有恒常"，又上博五

---

① 陳劍：《上博竹書〈曹沫之陳〉新編釋文（稿）》，"簡帛研究"網，2005 年 2 月 12 日。王連龍：《上博楚竹書（四）〈曹沫之陳〉"軙連"釋義》，《古代文明》2009 年第 2 期，第 47—50 頁。

② 范常喜：《〈上博四·曹沫之陳〉"車輦皆栽（載）"補議》，"簡帛研究"網，2005 年 4 月 15 日。按，《周禮·地官·鄉師》鄭注亦云："故書'輦'作'連'，鄭司農云：'連讀爲輦。'"

③ 濮茅左：《〈季庚子問於孔子〉釋文考釋》，《上海博物館藏戰國楚竹書（五）》，上海古籍出版社，2005 年 12 月，第 210 頁。福田哲之：《上博五〈季庚子問於孔子〉的編聯與結構》，《楚地簡帛思想研究（三）——"新出楚簡國際學術研討會"論文集》，湖北教育出版社，2007 年 6 月，第 65 頁。

《三德》簡 5"邦失榦常","榦常"之義猶紀綱。"送",濮茅左先生如字讀,季旭昇先生讀爲"遜",唐洪志先生讀爲"訓",福田哲之先生讀爲"尊"。①按,此字應讀爲"遵",如上博六《慎子曰恭儉》簡 5"送畎服畎"的"送",沈培、陳劍二先生即據文獻對照而讀爲"遵",②"送(遵)"後簡文殘損,但這裏的"遵"大概是遵行的意思。

八、上博六《競公瘧》簡 2:公疥且瘧,逾歲不已,是吾無良祝史也。吾欲誅諸祝史。

文中所言因祈禱不利而欲誅殺祝史之事,除了學者所舉出的《晏子春秋》幾例可對照外,③尚有《晏子春秋·內篇諫上·景公將伐宋夢二丈夫立而怒晏子諫》:"公曰:'占夢者之言曰:"師過泰山而不用事,故泰山之神怒也。"今使人召祝史祠之。'"銀雀山漢簡 545 相應文字作:"□者之言曰:'師過大山而不用事,故大山之神怒。'今吾欲使人誅祝史。"④銀雀山簡所述應比今本近古。我們由此可以想見,祝史若祈禱不驗而被誅殺在古代是一種較常見的做法。

九、上博六《競公瘧》所述之事除了可以和學者所舉的《晏子春秋》諸篇相比外,⑤還能與《新序·雜事》相對照,雖然事件的主角不一樣,但主體情節頗類:

《新序·雜事》:"中行寅將亡,乃召其太祝而欲加罪焉。曰:'子爲我祝,犧牲不肥澤耶?且齊戒不敬耶?使吾國亡何也?'祝簡對曰:'昔者吾

---

① 濮茅左:《〈季庚子問於孔子〉釋文考釋》,《上海博物館藏戰國楚竹書(五)》,第 210 頁。季旭昇:《上博五芻議(上)》,"簡帛"網,2006 年 2 月 18 日。唐洪志:《上博簡(五)孔子文獻校理》,華南師範大學碩士學位論文,指導教師:白於藍,2007 年 5 月,第 23 頁。福田哲之:《上博五〈季康子問於孔子〉的編聯與結構》,《楚地簡帛思想研究(三)——"新出楚簡國際學術研討會"論文集》,第 65 頁。

② 沈培:《〈上博(六)〉字詞淺釋(七則)》,"簡帛"網,2007 年 7 月 20 日。陳劍:《讀〈上博(六)〉短札五則》,"簡帛"網,2007 年 7 月 20 日。

③ 參看梁靜:《〈景公瘧〉與〈晏子春秋〉的對比研究》,"簡帛"網,2007 年 7 月 28 日。

④ 銀雀山漢墓竹簡整理小組:《銀雀山漢墓竹簡[壹]》,文物出版社,1985 年 9 月,第 89 頁。

⑤ 參看梁靜:《〈景公瘧〉與〈晏子春秋〉的對比研究》。

先君中行穆子,皮車十乘,不憂其薄也,憂德義之不足也。今主君有革車百乘,不憂德義之薄也,唯患車不足也。夫舟車飾,則賦斂厚;賦斂厚,則民怨謗詛矣。且君苟以爲祝有益於國乎,則詛亦將爲損,世亡矣。一人祝之,一國詛之,一祝不勝萬詛,國亡,不亦宜乎！祝其何罪？'中行子乃慚。"①按,此事又被收入於《論衡·解除篇》。

十、上博六《用曰》簡6：用曰：脣亡齒寒。

其中"脣"作"▨"形,整理者認爲此字從"敗"得聲,蘇建洲先生認爲從"遷"得聲。②按《中山王譽鼎》(《集成》2840)"奮桴振鐸"之"振"作"▨"形。《用曰》簡6的"虍"下之形很可能是"▨"的變形,《中山王譽鼎》的"▨"雙手所持的杵與一般文字相較已變形爲橢圓形,《用曰》簡6則再加繁飾而已。那麽,此處"脣亡齒寒"之"脣"字就應如《中山王譽鼎》"振"的省"辰"之體得聲。

十一、清華二《繫年》簡51+52：襄夫人聞之,乃抱靈公以號于廷,曰："死人何罪？【51】生人何辜？舍其君之子弗立,而召人于外,而焉將寘此子也？"

《繫年》簡52的"寘"作"▨"形,整理者與《左傳·文公七年》"穆嬴日抱大子以啼于朝,曰：'先君何罪？其嗣亦何罪？舍適嗣不立而外求君,將焉寘此？'"對讀而釋"寘"爲"寘",甚確。③由此可釋出包山簡中舊未能識讀的一個字。

包山簡257："食室所以▨笑：豕脯二笑,脩二笑,蒸豬一笑,炙豬一

---

① 本則最初以《佔畢隨録之四》爲題發表於"復旦大學出土文獻與古文字研究中心"網,2008年1月12日。後見李天虹先生亦有此説,且指出《史記·齊太公世家》亦有類似之語,見李天虹：《上博六〈景公瘧〉編聯試析》,《新果集：慶祝林澐先生七十華誕論文集》,科學出版社,2009年1月,第647頁。

② 蘇建洲：《讀〈上讀(六)·用曰〉筆記五則》,"簡帛"網,2007年7月20日。

③ 清華大學出土文獻研究與保護中心：《清華大學藏戰國竹簡(貳)》,中西書局,2011年12月,第158頁。

笩，……"包山簡整理者把"▢"釋爲"食"，誤；①施謝捷先生改釋爲"旬"，②已較接近原形。湯志彪先生指出，"▢""貝"上所從是"宀"字，他說："'宀'旁作⊓形習見於包山簡。可參看包山 255 號、257 號簡'室'字，140 號、145 號簡'客'字。"因而把"▢"隸定爲"寅"，其言甚確，可參本簡的"▢(室)"上所從亦似"勹"之形。③ 但湯先生從郭店《老子》甲簡 19 的"萬物將自▢(寅)"中的"寅"今本作"賓"的角度考慮，把包山簡 257 的"寅"亦釋爲"賓"，現在看來，應該不正確。因爲"食室所以寅(賓)笩"，語感上比較彆扭。若依《繫年》簡 52 而把包山 257 讀爲"食室所以寅(實)笩"，則十分順暢了。郭店《老子》甲簡 19"寅"應是"賓"的省"丏"之體，從而與"寅(實)"字同形，"寅(實)"或許是會意字，會室中放置貝之義，與省"丏"的"寅(賓)"來源並不一樣。④

寫此一則前，曾咨詢過湯志彪先生，承湯先生告知，他看到清華二《繫年》後，也認爲包山簡 257 的"寅"有可能讀爲"實"，不敢掠美，特記於此。

[發表情況]小文第十則最初發表於單育辰：《佔畢隨録之二》，"簡帛"網，2007 年 7 月 28 日，其文第一則；小文第五、八、九則最初發表於單育辰：《佔畢隨録之四——"上博"簡與傳世文獻合勘筆記》，"復旦大學出土文獻與古文字研究中心"網，2008 年 1 月 12 日，其文第一、二、三則；小文第三則最初發表於單育辰：《佔畢隨録之九》，"簡帛"網，2009 年 1 月 19 日，其文第一則；小文第一、四、六、七則最初發表於單育辰：《佔畢隨録之十》，"簡帛"網，2009 年 6 月 19 日，其文第一、二、三、四則；小文第

---

① 湖北省荆沙鐵路考古隊：《包山楚簡》，文物出版社，1991 年 10 月，第 37 頁。
② 施謝捷：《包山楚簡釋文》電子版，未刊。
③ 湯志彪：《包山遣册簡補釋一則》，《古籍研究 2008 卷·上》，安徽大學出版社，2008 年 12 月，第 6—8 頁。
④ 對"寅"用爲"實"原由的討論可參看"海天"：《關於〈繫年〉的"賓"字》，"復旦大學出土文獻與古文字研究中心"網論壇，2011 年 12 月 20 日，以及相關跟帖。

二則最初發表於蘇建洲:《〈郭店·語叢三〉簡 15"蒚"字考》,"復旦大學出土文獻與古文字研究中心"網,2011 年 7 月 15 日,單育辰 2011 年 7 月 15 日第 1 樓,"ee"2011 年 7 月 15 日第 3 樓的發言;小文第十一則最初發表於單育辰:《由清華二考釋舊有文字一例》,"復旦大學出土文獻與古文字研究中心"網論壇,2012 年 1 月 6 日。後加以訂補,以《戰國簡帛文字雜識(十一則)》爲名,刊於《簡帛》第七輯,上海古籍出版社,2012 年 10 月,第 87—93 頁。

《容成氏》雜談（三則）

上博二《容成氏》公布已有五年多，相關研究論著也達到兩百餘篇，但《容成氏》文字考釋難度很大，現仍有不少疑難沒有解決；一些文句的考釋，各家説法紛紜不定，也令研究者無所適從。本文即準備在時賢研究成果的基礎上，對《容成氏》的一些難點做進一步的整理與研究。

一、上博二《容成氏》簡 23 有這樣一句話：

　　䌛（舜）聖（聽）正（政）三年，山陸（陵）不尻，水潦（潦）不 A，乃立䌛（禹）㠯（以）爲司工（空）。

首先説"山陸（陵）不尻"，李零先生解釋爲：

　　即"山陵不序"。子彈庫楚帛書"山陸（陵）不𣂰"或與此同（"𣂰"疑同"疏"，讀爲"序"，"疏"是生母魚部字，"尻"同"處"，是昌母魚部字，讀音相近），意思是山陵没有秩序。①

蘇建洲先生言：

　　應讀作"山陵不疏"，處（昌魚）與疏（山魚），舌齒鄰紐疊韻。意指山陵横攔阻塞導致水患，故簡文下接"水潦不滑"。②

---

① 李零：《〈容成氏〉釋文考釋》，《上海博物館藏戰國楚竹書（二）》，上海古籍出版社，2002 年 12 月，第 268 頁。另外，李先生所言的子彈庫帛書的"𣂰"，其實應隸定爲"𣂔"，現在很多學者已據上博三《周易》簡 22 認爲是與"衛"音近的字，可參看侯乃峰：《〈周易〉文字彙校集釋》，安徽大學博士學位論文，指導教師：劉信芳，2007 年 5 月，第 218—227 頁。
② 蘇建洲：《〈容成氏〉柬釋（一）》，"簡帛研究"網，2003 年 3 月 27 日；又，蘇建洲：《〈容成氏〉譯釋》，收入季旭昇主編，陳美蘭、蘇建洲、陳嘉凌合撰：《〈上海博物館藏戰國楚竹書（二）〉讀本》，萬卷樓，2003 年 7 月，第 134—135 頁。

陳偉先生言：

（"處"）疑當如字讀，爲居處之義，與下文諸州"始可處"呼應。①

白於藍先生言：

（"凥"）讀爲"處"，訓爲"止"，"山陵不處"指山陵崩解而壅塞川谷造成水患。②

張通海先生的意見和陳偉先生基本一樣，他說：

（"凥"）此字應釋爲"處"的確，然當訓爲"居、居處"……"山陵不處"即"不處山陵"，《淮南子·本經》："龍門未開，呂梁未發。江、淮通流，四海溟涬，民皆上丘陵，赴樹木。"③

我們認爲李、蘇、陳、張四先生之說或不合文義或不合語法，皆難成立，只有白於藍先生的說法大體可從。不過此句之義應泛指因山體移動而造成的災害，並不見得如白先生說那樣專指"山陵崩解而壅塞川谷造成水患"，下面我們引些文獻以證成其說：

《大戴禮記·誥志》：聖人有國，則日月不食，星辰不勃（孛），海不運，河不滿溢，川澤不竭，山不崩解，陵不施，川浴不處，深淵不涸。

《焦氏易林·剝》：夬，高阜所在，陰氣不臨。洪水不處，爲家利寶。

---

① 陳偉：《竹書〈容成氏〉所見的九州》，《中國史研究》2003年第3期，第42頁。此文承孫飛燕先生示知。

② 陳劍：《上博楚簡〈容成氏〉與古史傳說》，臺北："中國南方文明研討會"會議論文，2003年12月；又，陳劍：《上博楚簡〈容成氏〉與古史傳說》，"復旦大學出土文獻與古文字研究中心"網，2008年7月31日，二文引白於藍《讀上博簡（二）劄記》（待刊稿）說；牛新房：《〈容成氏〉研究》，華南師範大學碩士學位論文，指導教師：白於藍，2007年6月，第44頁引白於藍先生說。辰按，陳劍先生引及白先生的待刊稿《讀上博簡（二）劄記》後來發表於以下二處：白於藍：《讀上博簡（二）劄記》，《上博館藏戰國楚竹書研究續編》，上海書店出版社，2004年7月，第484—494頁；白於藍：《讀上博簡（二）劄記》，《江漢考古》2005年第4期，第69—74頁，但此二文並未見有考證"凥"字的地方。

③ 張通海：《上博簡〈容成氏〉補釋數則》，《中國文字研究》第六輯，廣西教育出版社，2005年10月，第68頁。

《大戴禮記》《焦氏易林》的這兩個"處"即是停留、居止之意，①因爲川谷、洪水不停留，就不會造成災害，所以，上揭文獻中水之"不處"是作爲好的事情説的。相反，《容成氏》説"山陸（陵）不尻"，山陵不能停留、居止，也就是説山陵因地震、水力沖刷等原因不居其位，移動遷變，就會造成災害了。

下面的"水滎（潦）不 A"的 A 作下形：

A 〔圖〕

李零先生把它釋爲"湝"，並認爲似有"瀉導"義；陳劍先生後來發現 A 與"湝"字形並不相符，他説："'洞'字圖版有模糊之處，原釋爲'湝'，諦審字形不類，且文意難通。今改釋爲'洞'讀爲'通'，'水潦不通'正承上山陵崩解而言。"

陳先生釋 A 爲"洞（通）"在文義上講較合適，但 A 字形與"洞"仍然不合。細審此字，其實是從"水"從"谷"的"浴"，若用 A 和同篇出現的三處"浴"對比（此三處"浴"原篆見下，其中 B 見簡 31、C 見簡 27、D 見簡 28），其爲"浴"字更可瞭然。

B 〔圖〕 C 〔圖〕 D 〔圖〕

我們認爲，"水滎（潦）不浴"的"浴"應讀爲"谷"，如上舉簡 31 的"以壅於溪浴（谷）"，簡 27 的"禹乃從漢以南爲名浴（谷）五百"，簡 27＋28 的"從漢以北爲名浴（谷）五百"，即皆用"浴"爲"谷"；又如上揭《大戴禮記·誥志》"川浴不處"的"浴"也是用爲"谷"的。因此，簡 23 的"浴"通"谷"是没有問題的，此處之"谷"應該指遵山谷而行之義。在《淮南子·脩務》中，有與此簡文義頗近的一句話："夫地勢，水東流，人必事焉，然後水潦得谷行。"簡文的"水滎（潦）不浴（谷）"的"谷"在句中的用法，猶相當於《淮南子》的"水潦得谷行"中"谷"的用法。不過就文義看，前者是從有害方面説

---

① "處"訓爲"停留""居止"可參看宗福邦、陳世鐃、蕭海波主編：《故訓匯纂》"處"條，商務印書館，2003 年 7 月，第 1997 頁。

《容成氏》雜談(三則)　221

的,後者是從有利方面説的。

二、《容成氏》簡 23＋15＋24：

　　蠆(禹)既已【23】受命,乃卉(草)備(服)、薑(箁)若(箬)、冒芙、埶◯,足◯◯,【15】面旃(奸)鱛(皸),烃(脛)不生之毛。

此句的"旃(奸)鱛(皸)""烃(脛)""不生之毛"的釋讀分別從孟蓬生、徐在國、沈培諸先生説。①

簡 15 是一支上半段殘簡,簡 24 是一支下半段殘簡,把兩者排列在一起,是陳劍先生的意見。② 但陳先生以及後來的學者多未把這兩段殘簡直接拼合。他們未直接拼合的理由,我們猜想是從上博二一書最前所載的彩色小圖版看,如果兩支殘簡直接拼合的話,就明顯要比别的簡長出一大截。但是我們發現,從小圖版簡 15 字迹的大小看,簡 15 的縮放比例明顯與他簡不同,與他簡相比,其縮放比例是偏大的。若依没有縮放的原大黑白圖版的尺寸來看,簡 15 爲 15.5 釐米;簡 24 爲 29 釐米,二者拼合後 44.5 釐米,與他簡的長度完全相合。並且,簡 15 與簡 24 文義緊密相聯,不可能再缺損一簡以上的字了。所以,這兩支殘簡應該直接拼合。③ 這樣,簡 15 除了"足"下那個殘字外,下面還應佚失一字,緊接着就是簡 24 的"面"字了。

這裏我們還要解决的是"卉(草)備(服)、薑(箁)若(箬)、冒芙、埶◯"中的"冒芙"。李零先生把"冒"屬上"箬"讀爲"箁箬帽";陳劍先生把"帽"

---

① 孟蓬生:《上博竹書(二)字詞劄記》,"簡帛研究"網,2003 年 1 月 14 日;又,孟蓬生:《上博竹書(二)字詞劄記》,《上博館藏戰國楚竹書研究續編》,上海書店出版社,2004 年 7 月,第 472—477 頁;徐在國:《上博竹書(二)文字雜考》,"簡帛研究"網,2003 年 1 月 14 日;又,徐在國:《上博竹書(二)文字雜考》,《學術界》2003 年第 1 期,第 98—103 頁;沈培:《説上博簡〈容成氏〉中的"脛不生之毛"》,《出土文獻與古文字研究》第一輯,復旦大學出版社,2006 年 12 月,第 33—44 頁。
② 陳劍:《上博簡〈容成氏〉的竹簡拼合與編連問題小議》,"簡帛研究"網,2003 年 1 月 9 日;又,陳劍:《上博簡〈容成氏〉的竹簡拼合與編連問題小議》,《上博館藏戰國楚竹書研究續編》,上海書店出版社,2004 年 7 月,第 327—334 頁。
③ "子居"已把簡 15 與簡 24 直接拼合,但未説明理由。參看"子居":《上博二〈容成氏〉再編連》,"復旦大學出土文獻與古文字研究中心"網站,2008 年 6 月 7 日。

連下"芺"讀,後又改從李零先生屬上讀,且把"芺"連下"藪"讀爲"蒲笠";黄人二先生把讀"芺"爲"轉",①此數說於文義皆不順暢。我們現把相關諸字重新斷讀爲"蘆若、冒芺、藪※"。"蘆若"應從李零先生讀爲"笞箬"。"冒芺"我們認爲應讀爲"茅蒲","茅蒲"一辭典籍亦見,如《國語·齊語》"脱衣就功,首戴茅蒲,身衣襏襫,霑體塗足,暴其髮膚",韋昭注:"茅蒲,簦笠也。""冒""茅"皆明母幽部;"芺""蒲"皆並紐魚部,在古音上相通没有問題。又如上博六《慎子曰恭儉》簡5:"首戴茅芺(蒲)。"其中之"芺"即用爲"蒲"。② 其後"藪※"似乎是一種鞋的名稱,但具體釋讀尚待考證。此句的"草服""笞箬""冒芺""藪※"都是兩字連言,形容禹身所着服裝之簡陋。

三、上博二《容成氏》簡49+50還有這樣一段話:

文王堋(崩),武王即立(位)。武王【49】曰:"成(盛)悳(德)者,虔(吾)敓(説)而弋(代)之;亓(其)即(次),虐(吾)伐而弋(代)之。含(今)受(紂)爲無道,䛚者百眚(姓),至約者(諸)矦(侯),天牀(將)戔(誅)安(焉),虐(吾)歔(勵)天畏(威)之。"

其中"成(盛)悳(德)者,虐(吾)敓(説)而弋(代)之;亓(其)即(次),虐(吾)伐而弋(代)之"怎麽理解,就筆者所見,主要有如下幾種説法:

李零先生把此句隸定成:

"成悳者,虐(吾)敓(悦)而弋(代)之。其即(次),虐(吾)伐而

---

① 參看李零:《〈容成氏〉釋文考釋》,《上海博物館藏戰國楚竹書(二)》,第261頁;陳劍:《上博簡〈容成氏〉的竹簡拼合與編連問題小議》,《上博館藏戰國楚竹書研究續編》,第327—334頁;陳劍:《上博楚簡〈容成氏〉與古史傳説》;黄人二:《〈孟子·萬章上〉篇諸章與上博藏簡〈容成氏〉涉及堯舜禪讓之竹簡》,《儒家文化研究》第一輯,生活·讀書·新知三聯書店,2007年6月,第188—217頁。

② 《慎子曰恭儉》"茅蒲"的釋讀參看何有祖:《〈慎子曰恭儉〉札記》,"簡帛"網,2007年7月5日;劉洪濤:《上博竹書〈慎子曰恭儉〉校讀》,"簡帛"網,2007年7月6日,引劉建民説;又,劉洪濤、劉建民:《上博竹書〈慎子曰恭儉〉校讀》,《簡帛》第三輯,上海古籍出版社,2008年10月,第107—113頁。

弋(代)之。"

可見李先生是把其中的"敓"讀爲"悦"的。

蘇建洲先生言：

　　成惪者：《管子·内業》："敬守勿失，是謂成德。""成德"，謂修成聖德……本簡的"敓"亦應釋爲"説"。《吕氏春秋·孟冬（辰按，原文如此，應作"秋"）紀·禁塞》："凡救守者，太上以'説'，其次以'兵'。"高誘注："説，説言也。"……《吕覽》所論述的順序（先説後兵）與簡文相似，則本簡的"説"亦指游説之意。①

范常喜先生言：

　　"成惪者，吾悦而式之。"大意爲"修成聖德者，我愛慕他並且效法他"……"伐"，不當是"征伐"之義，在此可理解爲"誇美、贊許"。……如：《小爾雅·廣詁》："伐，美也。"……"其次，吾伐而式之"大意爲"次於成德者，我贊美他並且效法他"。②

李先生把"説"釋爲"悦"，放在簡文中很難理解；范先生的解釋頗迂曲；蘇先生的理解應該大體可從，但我們認爲，其中的"成"應讀爲"盛"，"成（盛）德者，吾敓（説）而代之"指周之能成盛德者，是我勸説紂就能取代紂而爲王；"其次，吾伐而代之"指盛德之次，是我只能攻伐紂而爲王。

其下的"餌者百眚（姓），至約者（諸）侯（侯）"又見於簡53，這八個字的解釋衆説紛紜。李零先生把"餌者"讀爲"昏捨"，疑同《書·牧誓》"昏棄厥肆祀弗荅；昏棄厥遺王父母弟不迪"的"昏棄"，把"至約"讀爲"制約"；孟蓬生先生把"至約"讀爲"質約"，意爲"訂立攻守同盟"；黄人二先生把"餌者"讀爲"泯諸"；季旭昇先生把"至約"讀爲"桎約"，認爲"有箝制諸侯的意思"；趙建偉先生把"餌者"讀爲"泯屠"，並認爲"謂棄絶屠戮百姓，《尚書》的《泰誓》《牧誓》謂商王紂'作威殺戮''暴虐百姓'與此相近"；張通海先生

---

① 蘇建洲：《〈容成氏〉譯釋》，《〈上海博物館藏戰國楚竹書（二）〉讀本》，第177—178頁；又，蘇建洲：《上海博物館藏戰國楚竹書（二）校釋》，花木蘭文化出版社，2006年9月，第252—253頁。

② 范常喜：《〈上博二·容成氏〉武王伐紂"誓詞"新釋》，"簡帛"網，2007年6月10日。

認爲"至約"即"極端約束";范常喜先生把"聑者"讀爲"聞諸",並認爲其中"聞"義爲"聽説、知道",把"至約"讀爲"致約";白於藍先生把"至約"讀爲"縶約",認爲"'縶'指拘禁、束縛,'縶約諸侯'似指商紂拘禁文王之事";蘇建洲先生認爲"約"或可隸定爲"紐","至紐"或讀爲"制斂"。①

我們認爲,其中"聑"讀爲"昏"應該没有問題,而"者"應依趙建偉先生讀爲"屠";"至"應依季旭昇先生讀爲"桎",但"桎約諸侯"並非如季先生所言是"有箝制諸侯的意思",而應如白於藍先生所言"指商紂拘禁文王之事",但並不需要像白先生那樣把"至"讀爲"縶"。依上所述,我們可以把"聑者百眚(姓),至約者(諸)矦(侯)"轉寫爲"聑(昏)者(屠)百眚(姓),至(桎)約者(諸)矦(侯)"。下面我們做一些解釋:

首先看"聑(昏)者(屠)"二字,"屠"定紐魚部,"者"章紐魚部,二字古音極近,"屠"即從"者"聲,所以"者""屠"二字相通是没有問題的。"昏屠"猶言"昏殺",《逸周書·商誓解》云:"今在商紂,昏憂天下,弗顯上帝,昏虐百姓,奉天之命。"其中之"昏虐百姓"與此"昏屠百姓"文例頗近。李零先生把"昏者"讀爲"昏捨",並引《書·牧誓》的"昏棄"之例證之,曾得到不少學者的認同,不過我們認爲李先生的説法還可以斟酌,一是"者""捨"這兩個聲系的字在出土材料和傳世文獻中通假之例較少;二是把"者"讀爲"捨"遠不如把它讀爲"屠"更直接,故我們認爲把"聑者"讀爲"昏屠"更爲恰當。

其次看"至(桎)約"二字,按典籍多見"文王桎梏"一類話,如:

《鶡冠子·世兵》:舜有不孝,堯有不慈,文王桎梏,管仲拘囚。

《韓非子·難二》:使文王所以見惡於紂者,以其不得人心耶?則雖索人心以解惡可也。紂以其大得人心而惡之已,又輕地以收人

---

① 李零:《〈容成氏〉釋文考釋》,《上海博物館藏戰國楚竹書(二)》,第290頁;孟蓬生:《上博竹書(二)字詞劄記》,《上博館藏戰國楚竹書研究續編》,第477頁;黄人二:《讀上博藏簡容成氏書後》,"簡帛研究"網,2003年1月15日;又,黄人二:《讀上博藏簡容成氏書後》《出土文獻論文集》,高文出版社,2005年8月,第245頁;蘇建洲:《〈容成氏〉譯釋》,《〈上海博物館藏戰國楚竹書(二)〉讀本》,第179頁引季旭昇先生説;張通海:《〈上博簡〉(一、二)集釋》,安徽大學碩士學位論文,指導教師:徐在國,2004年4月,第197頁;范常喜:《上博二·容成氏》武王伐紂"誓詞"新釋》;牛新房:《〈容成氏〉研究》,第73頁引白於藍先生説;蘇建洲:《上海博物館藏戰國楚竹書(二)校釋》,第254頁。

心,是重見疑也,固其所以桎梏、囚於羑里也。

《呂氏春秋·貴直論·過理》:糟丘酒池,肉圃爲格,雕柱而桔(梏)諸侯,不適也。

《賈誼新書·君道》:紂作梏數千,睨諸侯之不謟(諂)己者,杖而梏之。文王桎梏於羑里,七年而後得免。

簡文中的"桎"猶《鶡冠子》《韓非子》《賈誼新書》之"桎梏",《呂氏春秋》之"桔(梏)"。

而"約"在典籍中有"拘囚束縛"之義,如:

《詛楚文》:内之則暴虐不辜,刑戮孕婦,幽刺(約)親戚,拘囿其叔父,寘諸冥室櫝棺之中。①

《呂氏春秋·審應覽·具備》:湯嘗約於郼薄矣。

《焦氏易林·中孚》:比,威約拘囚,爲人所誣。皋陶平理,幾得脱免。

《焦氏易林·既濟》:旅,威約拘囚,爲人所誣。皋陶平理,剖械出牢,脱歸家間。

所以,此處"桎""約"二字爲同義連用,即相當於典籍中的"束縛桎梏"。② 當然,簡文中的"桎約諸侯"在簡文中也可能只是泛指拘囚諸侯而言,並不見得像白於藍先生所説的僅僅指拘禁文王。既然簡文没有明説,我們也就不必多加討論了。

又,與此簡的"今紂爲無道,昏虐百姓,桎約諸侯"一語相類的話還可參看以下文獻:

《北堂書鈔》卷一一四引《六韜》:太公曰:"夫紂無道,流毒諸侯,欺侮群臣,失百姓之心,秉明德以誅之。"

---

① 此例承蒙馮勝君老師示知,特此致謝。
② "束縛桎梏"一辭可參看《戰國策·齊策六·燕攻齊取七十餘城》:"昔管仲射桓公中鉤,篡也;遺公子糾而不能死,怯也;束縛桎桔(梏),辱身也。"《淮南子·氾論訓》:"管仲輔公子糾而不能遂,不可謂智;遁逃奔走,不死其難,不可謂勇;束縛桎梏,不諱其恥,不可謂貞。"《史記·魯仲連鄒陽列傳》:"昔者管夷吾射桓公中其鉤,篡也;遺公子糾不能死,怯也;束縛桎梏,辱也。"

銀雀山漢簡《六韜》：太公望曰："夫受爲无道，忍☒百生（姓）。君方（秉）明德而誅之。"①

《北堂書鈔》卷一一四所引《六韜》和銀雀山漢簡《六韜》應該是同一種文獻的異文，不過此兩文説話者是太公，與《容成氏》説話者爲武王不同。

最末的"虗（吾）歔（勵）天畏（威）之"一辭亦見於簡 53，陳劍先生已有很好的説法，我們就不必贅述了，陳先生所言如下：

勵，助也；"威"原寫作"畏"，兩字相通習見。……《國語·越語上》記句踐伐吴之前"乃致其衆而誓之曰：'……今夫差衣水犀之甲者三千，不患其志行之少恥也，而患其衆之不足也。今寡人將助天威之……'"（據明道本）"助天威之"顯即簡文之"勵天威之"。②

【發表情況】單育辰：《〈容成氏〉雜談（三則）》，《簡帛研究二〇〇七》，廣西師範大學出版社，2010 年 4 月，第 37—43 頁。

---

① 銀雀山漢墓竹簡整理小組：《銀雀山漢墓竹簡［壹］》，文物出版社，1985 年 9 月，第 120—122 頁。
② 陳劍：《上博楚簡〈容成氏〉與古史傳説》。

《容成氏》中的"端"和"屨"

上博二《容成氏》簡47：

文王於是虍(乎)素耑(端)、A、裳㠯行九邦，七邦逨(來)備(服)，豐、喬(鎬)不備(服)。

我們要討論的是其中的"素耑、A、裳"。
李零先生認爲：

素耑：即"素端"，見《周禮·春官·司服》等書，是凶事所服，其服作縞冠，白布衣，素裳，素屨。兵事爲凶事，故文王服之。①

蘇建洲先生認爲：

素耑：即"素端"。《周禮·春官·司服》："其齊服有玄端、素端。"鄭注曰："士齊有素端者，亦爲札荒有所禱請。變素服言素端者，明異制。"《禮記·雜記上》："素端一，皮弁一，爵弁一，玄冕一。"孫希旦《集解》曰："素端制若玄端，而用素爲之，蓋凶札祈禱致齊之服也。"總之，"素端"指凶事齋戒時所服，其服縞冠，白布衣，素裳，素屨（參錢玄《三禮辭典》671頁）。②

"耑"字大家都認爲通"端"，相當於《周禮·春官·司服》《禮記·雜記

---

① 李零：《〈容成氏〉釋文考釋》，《上海博物館藏戰國楚竹書（二）》，上海古籍出版社，2002年12月，第287—288頁。
② 蘇建洲：《〈容成氏〉譯釋》，《〈上海博物館藏戰國楚竹書（二）〉讀本》，萬卷樓，2003年7月，第176頁。

上》等"素端"之"端",這是非常正確的,但"端"字的含義究竟是什麼,李零、蘇建洲二先生似乎都未説清。比如李零先生説:"'素端'……是凶事所服,其服作縞冠,白布衣,素裳,素屨。"蘇建洲先生説:"'素端'指凶事齋戒時所服,其服縞冠,白布衣,素裳,素屨(參錢玄《三禮辭典》671頁)。"這兩種説法都是有問題的。查蘇建洲先生所引的《三禮辭典》"素端"條説:"素端,凶事齋戒時所服,其服縞冠,白布衣,素裳,素屨。"①此辭條本身的解釋亦有問題。"素端""玄端",除顔色不同外,是同一種服裝。《三禮辭典》"玄端"條説:"玄端,黑色布上衣。因其袖正直端方,故名玄端。玄端亦爲一種服制之名。指玄冠、緇布衣、玄裳、爵韠。"②這是正確的。所謂的"端",在典籍中大部分是指上衣,只有在某些特定的情況下,才會指以"玄端"(黑色上衣)或"素端"(白色上衣)爲代表的一整套服裝。不知何故,《三禮辭典》"素端"的條目只列出了它在特定情況下的意義而未列出常用義。爲了更清晰地了解"端"的含義,我們把相關典籍及其注解擇要列下:

　　《儀禮・士冠禮》:"玄端,玄裳、黄裳、雜裳可也,緇帶,爵韠。"鄭注:"玄端即朝服之衣,易其裳耳,上士玄裳,中士黄裳,下士雜裳。"

　　《儀禮・士冠禮》:"屨,夏用葛。玄端,黑屨,青絇繶純,純博寸。"鄭注:"屨者順裳色,玄端、黑屨,以玄裳爲正也。"

　　《儀禮・特牲饋食禮》:"及筮日,主人冠、端玄,即位于門外,西面。"鄭注:"冠、端玄,玄冠、玄端,下言玄者,玄冠有不玄端者。"

　　《儀禮・特牲饋食禮》:"特牲饋食,其服皆朝服,玄冠、緇帶、緇韠。唯尸、祝、佐食玄端,玄裳、黄裳、雜裳可也,皆爵韠。"

　　《論語・先進》:"宗廟之事,如會同,端章甫,願爲小相焉。"鄭注:"端,玄端也,衣玄端,冠章甫,諸侯日視朝之服。"

　　《禮記・樂記》:"吾端冕而聽古樂,則唯恐卧。"鄭注:"端,玄衣也。"

　　《禮記・雜記上》:"端衰、喪車,皆無等。"孔疏:"端衰,謂喪服上衣

---

① 錢玄、錢興奇:《三禮辭典》"素端"條,江蘇古籍出版社,1998年3月,第671頁。
② 錢玄、錢興奇:《三禮辭典》"玄端"條,第305頁。

以其綴六寸之衰於心前,故衣亦曰衰。端,正也。吉時玄端服身與袂同,以二尺二寸爲正,而喪衣亦如之。而今用縓綴心前,故曰端衰也。"

《周禮·春官·司服》:"其齊服有玄端素端。"鄭注:"士齊有素端者,亦爲札荒有所禱請。變素服言素端者,明異制。鄭司農云:'衣有襦(襦)裳者爲端。'玄謂端者取其正也。士之衣袂皆二尺二寸而屬幅,是廣袤等也。"

《荀子·哀公》:"夫端衣、玄裳,絻而乘路者,志不在於食葷。"楊倞注:"端衣、玄裳,即朝玄端也。絻,與冕同。"

《釋名·釋衣服》:"玄端,玄衣也,其袖(幅)下正直端方,與要接也。"①

從上揭辭例可看出,典籍中"端""裳"多對言,分別指上衣、下衣,從《容成氏》簡47"端""裳"在一起看,此簡的"端"也指上衣。因爲若此處的"素端"是指包括上衣、下衣的一整套服裝,那麼其下緊接着又言"裳"則是毫無必要的了。

其次我們談談 A 的含義。

A 作下形:

李零先生隸之爲"襅",並説:

襅裳:疑讀"褰裳"。《詩經·鄭風·褰裳》"褰裳涉溱",意爲撩起下裳。古人常以"褰裳"形容不辭勞苦,説幹就幹之狀。②

蘇建洲先生認爲:

(A)字的下方似不從衣,應從"宀"從"父"……即是"府","宀"

---

① "玄衣也"及"袖"爲"幅",從王先謙引"吳校"訂補,參王先謙:《釋名疏證補》,上海古籍出版社,1984年3月,第248頁。
② 李零:《〈容成氏〉釋文考釋》,《上海博物館藏戰國楚竹書(二)》,上海古籍出版社,2002年12月,第287—288頁。

與"广"當作偏旁可互通……其次,《集成》5697象尊"廣"……字聲化從"父"……換言之,▨可分析爲從"眗"從"弁"從"府"。李零先生讀作"襄"(溪元)但與▨的三個偏旁韻部較遠。①

季旭昇先生認爲：

(▨)下似從穴、從又。②

張通海先生認爲：

該字可析爲四個構字部件：最上是"雙目",下邊爲"弁",再下是"衣",最下是"又",是個會意兼形聲之字,疑讀爲從"弁"得聲的"拚","拚"即"掩",意爲"掩上、別上"。③

從字形上看,張通海先生的分析應是正確的,即 A 字從"眗"、從"弁"、從"衣"、從"又",因其下"衣"形的最後兩筆與其上下的"宀"及"又"形略有黏連,故很多學者都未能釋出。④

但張通海先生讀 A 字爲"掩",恐怕是有問題的。不僅古書中"掩裳"一詞未見;且凶事別下裳,也是沒有禮俗依據的。我們考慮,A 字或許以"眗"爲聲。在古文字中,以"眗"爲聲的字很多,如"瞿""懼""思"等。"眗",群母魚部,可通"屨"。"屨",見母侯部,群、見同爲牙音,魚、侯旁轉,在典籍中也有很多魚、侯互用的例子,故二字可以相通。

從上舉典籍諸例看,"端"或"裳"或"屨"也常連言,可見我們的推測是合理的。不過按服裝由上到下的順序來說,應言"端""裳""屨",而不是"端""屨""裳",但可能是要求讀起來更順暢的緣故,簡文把陽聲韻的"裳"放到後面。如前所舉《論語·先進》的"端章甫"、《禮記·樂記》的"端冕",

---

① 蘇建洲：《〈容成氏〉譯釋》,《〈上海博物館藏戰國楚竹書(二)〉讀本》,第 176 頁。
② 蘇建洲：《〈容成氏〉譯釋》,《〈上海博物館藏戰國楚竹書(二)〉讀本》,第 176 頁。
③ 張通海：《〈上博簡〉(一、二)集釋》,安徽大學碩士學位論文,指導教師：徐在國,2004 年 4 月,第 192 頁。
④ 按,本文寫完後,再細察 A 字,也可能從"眗"、從"弁"、從"宀"、從"又",但其從"衣"還是從"宀",對本文的考釋都沒有影響。

依鄭玄注，也是上衣在上，而冠在下；①《荀子·哀公》"端衣、玄裳、絻"之"絻"（冕）亦在下；又《禮記·曲禮下》"大夫、士去國，逾竟，爲壇位，鄉國而哭，素衣、素裳、素冠"，其服飾順序亦錯亂，故《容成氏》簡47"屨""裳"順序顛倒，實不足深究。

〖發表情況〗單育辰：《佔畢隨錄之三》，"簡帛"網，2007年12月1日。後以《〈容成氏〉中的"端"和"屨"》爲名，刊於《湖南省博物館館刊》第五輯，嶽麓書社，2009年4月，第376—378頁。

---

① 《大戴禮記·武王踐阼》中的"端冕"，廖名春先生公布的相關上博簡文作"端服、帽"，可見《禮記·樂記》鄭注"端冕"爲二物之確。參看何有祖：《上博簡〈武王踐阼〉初讀》，"簡帛"網，2007年12月4日。又，《左傳·哀公七年》"大伯端委以治周禮"，孔穎達正義引王肅注："委貌之冠，玄端之衣也。"此"端委"亦衣在上，冠在下。或以有"端委"爲一物者，但《國語·晋語五》云："擊之以杖，折委笄。""委"上有笄則必是冠，可見王肅注確。

《昭王毀室》的再研究

上博四《昭王毀室》經過學者數年的研究,已大體可讀,不過尚有一些難點,下面先按我們的意見把釋文抄錄於下,再對這些疑難字做進一步的討論,其中爲大家公認的釋讀可參看梁靜先生的學位論文《上博(四)〈采風曲目〉等六篇集釋》,①這裏就從略了:

　　昭王爲室於死澨之滸,室既成,將落之。王誡邦大夫以飲酒,既剭柔之,王入,將落。有一君子,喪服、曼(絻),廷(徑)將迲閨。雍(寺)人止之,曰:【1】"君王始入室,君之服不可以進。"不止,曰:"小人之告A,將斷於今日。尔必止小人,小人將召寇。"雍(寺)人弗敢止。至【2】閨,卜命尹陳眚爲視日,告:"僕之母(毋)辱君王,不幸僕之父之骨在於此室之階下,僕將垾(掩)②亡老,□□□【3】以僕之不得并僕之父母之骨,私自塼(祔)。"卜命尹不爲之告。"君不爲僕告,僕將召寇。"卜命尹爲之告。王【4】曰:"吾不知其尔墓。尔姑須,既落,焉從事。"王徙處於平瀨(瀨),卒以大夫飲酒於平瀨(瀨),因命至(致)俑(庸)毀室。【5】

　　先説簡1的"喪服、曼(絻),廷(徑)將迲閨"。學者多把它讀爲"喪服曼廷,將蹠閨"。其中的"曼"整理者陳佩芬先生讀爲"蹣";邱德修先生讀

---
①　梁静:《上博(四)〈采風曲目〉等六篇集釋》,武漢大學碩士學位論文,指導教師:李天虹,2006年6月,第37—47頁。
②　此從劉樂賢先生言,參看劉樂賢:《讀上博(四)劄記》,"簡帛研究"網,2005年2月15日。又上博七《鄭子家喪》乙本簡5+6"敥之城【5】基","敥"即用爲"掩"。

《昭王毀室》的再研究　233

爲"趨",陳偉武先生讀爲"邁";劉洪濤先生讀爲"鬩";張崇禮先生讀爲"曼",①然而它們於古書語法、文例都不甚合。我們把"曼"讀爲"絻","絻"是喪冠的意思(《左傳·哀公二年》"使大子絻"陸德明釋文;《左傳·哀公十二年》"季氏不絻"杜預注;又《左傳·僖公十五年》"使以免、服、衰、絰逆",孔穎達疏"初死則有免、服,成則衰、絰,皆爲遭喪之服","免""絻"二字通),與喪服正好相配。② 楚簡"曼"聲和"免"聲字多通用,如郭店《老子》乙本簡12"大器曼成",今本《老子》"曼"作"晚";郭店《成之聞之》簡7"袀襓"應讀爲"袀冕";上博四《曹沫之陳》簡10"曼哉"應讀爲"晚哉",③故"曼"可讀爲"絻"。

"廷",這裏讀爲"徑","廷"定母耕部,"徑"見母耕部,二字古音可通。"徑",《禮記·祭義》"是故道而不徑"鄭玄注"步邪趨疾也"。"迈"字楚簡常見,學者多讀爲"蹠",然"蹠"經籍罕用,實有可疑,我們認爲"迈"應讀爲"之",是"往、去、到"的意思。④ 如九店 M56 簡 32:"是謂外害日,不利以行作。迈四方埜外,必無遇寇盜,必兵,是故謂不利於行作、埜事。"睡虎地秦簡《日書甲種》九正貳有與之幾乎相同的一句話,作:"外害日,不可以行作。之四方野外,必遇寇盜,見兵。""迈"正作"之"。

又,簡1的"剮条"似可參看清華一《楚居》簡4+5:"至酓繹與屈紃使鄀嗌卜,徙於夷屯,爲梗室,室既成,無以入之,乃竊鄀人之犝以【4】祭。懼

————————

① 陳佩芬:《〈昭王毀室·昭王與龔之脾〉釋文考釋》,《上海博物館藏戰國楚簡書(四)》,上海古籍出版社,2004年12月,第183頁。邱德修:《〈上博〉(四)〈楚昭王毀室〉簡"剮条之"考》,臺北:"出土簡帛文獻與古代學術國際研討會"會議論文,2005年12月。陳偉武:《讀上博藏簡第四册零剳》,《古文字研究》第二十六輯,中華書局,2006年11月,第276頁。劉洪濤:《讀上博竹書〈昭王毀室〉剳記一則》,"簡帛"網,2007年6月10日。張崇禮:《讀上博四〈昭王毀室〉剳記》,"簡帛"網,2007年4月21日。
② 史傑鵬先生釋此句爲:"喪服冕,廷,將迈閫。"(辰按,"迈"字原漏印,今補)其釋"曼"爲一種頭飾與本文相同。參看史傑鵬:《昭王毀室》,《中華文化畫報》2006年第3期,第70頁。
③ 參看陳劍:《上博竹書〈曹沫之陳〉新編釋文(稿)》,"簡帛研究"網,2005年2月12日。
④ 上博六《平王與王子木》簡1、簡3兩見"迈"字,可與《説苑·辨物》《韓非子·喻老》相關句相對照,和簡文"迈"有關的字,二書一作"守"、一作"狩"。參看郝士宏:《初讀〈上博簡(六)〉》,"簡帛"網,2007年7月21日。可見"迈"可能有"守""狩"一類的音,"守""狩"皆書母幽部,"之"章母之部,書、章二母屬舌上音,幽、之旁轉,二字音近。

其主,夜而入尾,抵今曰'㚟',㚟必夜。""劆"不知可否讀爲"荆",①"条"或許是一種祭祀方式,"劆条"或即"荆楚式的祭祀儀式"的意思。

接下再看簡2的A與簡4的"尃",此兩字學者釋讀不一。其實,董珊先生很早就指出:與《昭王毀室》情節類似者,有《禮記·檀弓上》、《晏子春秋·内篇諫下》"景公路寢臺成逢于何願合葬晏子諫而許"章、《晏子春秋·外篇上》"景公臺成盆成适願合葬其母晏子諫而許"章。② 而與此篇尤類者,則爲《晏子春秋·外篇上》"景公臺成盆成适願合葬其母晏子諫而許"章。我們把它引於下:

> 景公宿于路寢之宫,夜分,聞西方有男子哭者,公悲之。明日朝,問于晏子曰:"寡人夜者聞西方有男子哭者,聲甚哀,氣甚悲,是奚爲者也? 寡人哀之。"晏子對曰:"西郭徒居布衣之士盆成适也。父之孝子,兄之順弟也。又嘗爲孔子門人。今其母不幸而死,柎柩未葬,家貧、身老、子孤,恐力不能合柎,是以悲也。"公曰:"子爲寡人弔之,因問其偏柎何所在?"晏子奉命往弔,而問偏之所在。盆成适再拜,稽首而不起,曰:"偏柎寄于路寢,得爲地下之臣,擁札掺筆,給事宫殿中右陛之下,願以某日送,未得君之意。窮困無以圖之,布唇枯舌,焦心熱中,今君不辱而臨之,願君圖之。"晏子曰:"然。此人之甚重者也,而恐君不許也。"盆成适蹙然曰:"凡在君耳! 且臣聞之,越王好勇,其民輕死;楚靈王好細腰,其朝多餓死人;子胥忠其君,故天下皆願得以爲子。今爲人子臣,而離散其親戚,孝乎哉? 足以爲臣乎? 若此而得柎,是生臣而安死母也;若此而不得,則臣請輓尸車而寄之於國門外宇霤之下,身不敢飲食,擁轅執輅,木乾鳥栖,袒肉暴骸,以望君愍之。賤臣雖愚,竊意明君哀而不忍也。"晏子入,復乎公,公忿然作色而怒曰:"子何必患若言而教寡人乎?"晏子對曰:"嬰聞之,忠不避危,愛無惡言。且嬰固以難之矣。今君營處爲游觀,既奪人有,又禁其葬,非

---

① 張崇禮、黄人二已言"劆"或可讀爲"荆",張文見本書第233頁注①。黄文見《上博藏簡〈昭王毀室〉試釋》,《考古學報》2008年第4期,第463—464頁。

② 董珊:《讀〈上博藏戰國楚竹書(四)〉雜記》,"簡帛研究"網,2005年2月20日。又,其中《晏子春秋·内篇諫下》"景公路寢臺成逢于何願合葬晏子諫而許"章可與《昭王毀室》相對照,劉樂賢先生已先指出,見本書第232頁注②。

仁也；肆心傲聽，不恤民憂，非義也。若何勿聽？"因道盆成适之辭。公喟然太息曰："悲乎哉！子勿復言。"迺使男子袒、免，女子髮笄者以百數，爲開凶門，以迎盆成适。适脱衰、絰，冠條纓、墨緣，以見乎公。公曰："吾聞之，五子不滿隅，一子可滿朝，非迺子耶！"盆成适於是臨事不敢哭，奉事以禮，畢，出門，然後舉聲焉。①

從以上引文可以看出，其中的"願以某日送"與《昭王毀室》"小人之告A，將斷於今日"句義頗類。由此出發，我們討論一下 A 的含義。A 作下形：

[字形圖]

學者對它的解釋頗爲紛繁，如董珊先生疑讀爲"綆"、楊澤生先生讀爲"窆"、李佳興先生讀爲"塍"、鄒濬智先生讀爲"省"、張崇禮先生疑讀爲"禰"，②此數説於字形、字義似皆無所據。對比《晏子春秋》的相關文句，我們認爲 A 似可讀爲"送"。從字形看，A 右上所從的"[圖]"，其中"[圖]"左邊的一點和"糸"旁有所粘連，且其上的"一"符和其中的"口"符都是羨符，故其形可還原爲"[圖]"，這樣的話，"[圖]"與《説文》卷二下的"[圖]（送）"的右旁相比，僅少了一"又"符，而古文字中"[圖]"省爲"又"的情況是很常見的。並且從音理上説，A 下從"生"，"生"生母耕部，"送"心母東部，二字皆屬齒音，"耕""東"二部旁轉，典籍中有"耕""東"二部互通的例子，如《書·金縢》"乃并（幫母耕部）是吉"，《論衡·卜筮篇》引"并"作"逢（並母東部）"；《爾雅·釋詁》"噰噰（影母東部）"，《文選·南都賦》李善注引作

---

① 傳世本或有訛脱之處，可參看吳則虞：《晏子春秋集釋》，中華書局，1962年1月，第457—463頁。

② 參看董珊：《讀〈上博藏戰國楚竹書（四）〉雜記》，"簡帛研究"網，2005年2月20日。楊澤生：《讀〈上博四〉劄記》，"簡帛研究"網，2005年3月24日；又，楊澤生：《讀〈上博四〉劄記》《古文字研究》第二十六輯，中華書局，2006年11月，第336—337頁。李佳興：《〈昭王毀室〉中的䢃字（簡2）》，"簡帛研究"網，2005年5月9日。鄒濬智：《〈上海博物館藏戰國楚竹書（四）·昭王毀室〉校注》，《東方人文學誌》第四卷第三期，文津出版社，2005年9月，第41—55頁。張崇禮：《讀上博四〈昭王毀室〉劄記》，"簡帛"網，2007年4月21日。

"嚶嚶(影母耕部)"。所以,把 A 讀爲"送"是可行的。《晏子春秋》和《昭王毀室》這兩處的"送"大概是"送死、送葬"的意思。

簡 4 的"垺",整理者陳佩芬先生讀爲"敷"、袁國華先生疑讀爲"赴"、鄒濬智先生亦讀爲"敷"、禤健聰先生讀爲"撫"、張崇禮先生讀爲"甫"(後又改讀爲"敷")。① 其實,與上引《晏子春秋》中的"祔柩未葬""恐力不能合祔""偏柎寄于路寢""若此而得祔"相比,"垺"無疑應讀爲"祔"。"付"聲的字一般屬幫母侯部,"尃"聲的字一般屬幫母魚部,魚、侯二部旁轉,關係極爲密切。典籍中"尃"聲系與"付"聲系相通的例子甚多,如"付"與"傅"、"拊"與"搏"、"附"與"傅"等,可參看《古字通假會典》相關條目,②此處就不一一列舉了;又如郭店《忠信之道》簡 9"親附"之"附"作"尃",③亦"尃"聲與"付"聲相通之證。故此中的"垺"可通"祔","祔"是"合葬、附葬"的意思。梁靜先生曾言:"'垺'讀爲'敷',似更符合文意。指施行合葬'父母之骨'的行爲。"但並未破讀"垺"爲"祔",可謂失之眉睫。④

雖然《昭王毀室》還有一些難點尚待解決,但經過以上釋讀,整篇文義更爲明晰了。

【發表情況】本文最初發表於單育辰:《佔畢隨錄之五》,"復旦大學出土文獻與古文字研究中心"網,2008 年 1 月 17 日。後以《〈昭王毀室〉的

---

① 陳佩芬:《〈昭王毀室·昭王與龔之脽〉釋文考釋》,《上海博物館藏戰國楚簡書(四)》,上海古籍出版社,2004 年 12 月,第 185 頁;袁國華:《上博楚竹書(四)〈昭王毀室〉新釋》,臺北:中國文化大學:"第三屆簡帛學術討論會"會議論文,2005 年 5 月;又,袁國華:《上博楚竹書(四)〈昭王毀室〉字詞考釋》,臺北:"出土簡帛文獻與古代學術國際研討會"會議論文,2005 年 12 月;鄒濬智:《〈上海博物館藏戰國楚竹書(四)·昭王毀室〉校注》,《東方人文學誌》第四卷第三期,文津出版社,2005 年 9 月,第 41—55 頁;禤健聰:《上博簡〈昭王毀室〉篇字詞補釋》,《戰國楚簡字詞研究》,指導教師:陳偉武,中山大學博士學位論文,2006 年 4 月,第 122 頁;張崇禮:《讀上博四〈昭王毀室〉劄記》,"簡帛"網,2007 年 4 月 21 日;張崇禮:《釋〈景公瘧〉中的"敷情不倫"》,"簡帛研究"網,2007 年 7 月 24 日。

② 高亨、董治安:《古字通假會典》,齊魯書社,1989 年 7 月,第 365—368 頁。

③ 參看李零:《郭店楚簡校讀記(增訂本)》,中國人民大學出版社,2007 年 8 月,第 131 頁。

④ 見梁靜:《上博(四)〈采風曲目〉等六篇集釋》,第 46 頁。但梁靜先生是以"敷"這個字還是以"敷"字所在整句的意思是"指施行合葬'父母之骨'的行爲",則不甚清楚。

再研究》爲名,發表於重慶:"西南大學 2009 全國博士生學術論壇(出土文獻語言文字研究與比較文字學研究領域)",2009 年 11 月。又發表於武漢:"楚簡·楚文化與先秦歷史文化國際學術研討會",2011 年 10 月。後刊於《楚簡楚文化與先秦歷史文化國際學術研討會論文集》,湖北教育出版社,2013 年 8 月,第 421—425 頁。

《昭王與龔之脾》的再研究

收入於《上海博物館藏戰國楚竹書(四)》的《昭王與龔之脾》①是一篇語類的歷史文獻,早先學者們的考釋,已經爲本篇的釋讀打下了良好的基礎,不過還存有一些難點,這裏我們準備對此篇做進一步的整理與研究,爲清晰起見,我們先把全文抄寫於下,並加以翻譯,具體論證後面再敘。

邵(昭)王逊(之)【5】逃璈(寶),龏(龔)之脾駿(馭-御)王。牆(將)取車,大尹遇之,被(披)襦=(袿衣)。大尹内(入)告王:"僕(僕)遇脾牆(將)取車,被(披)襦=(袿衣)。脾尔(邇)趣君王,不【6】蒦(獲)瞑(引)頸之辠(罪)[於]君王,至於定(正)夅(冬)而被(披)襦=(袿衣)!"王訇(召)而余(舍)之袞(縕)祩(袍)。龏(龔)之脾被(披)之,亓(其)裣(衿)視〈現〉。羿逃璈(寶),王命龏(龔)之脾【7】母(毋)見。大尹昏(聞)之,自訟於王:"老臣爲君王獸(守)視之臣,辠(罪)亓〈不〉容於死。或(又)昏(昧)死言:僕(僕)見脾之寒也,㠯(以)告君王。今君王或(又)命【8】脾母(毋)見,此則僕(僕)之辠(罪)也。"王曰:"大尹之言脾,可(何)訧〈過?〉又(有)安(焉)?天加禍於楚邦,息(暴)君吴王身至於郢。楚邦之良臣所酱(曝)【9】骨,虐(吾)未又(有)㠯(以)憂亓(其)子。脾既與虐(吾)同車,或(又)[被(披)襦(袿)]衣,囚(使)邦人㠯(皆)見之!"三日,安(焉)命龏(龔)

---

① 馬承源主編:《上海博物館藏戰國楚竹書(四)》,上海古籍出版社,2004年12月,其圖版見第37—42頁;其釋文見陳佩芬:《〈昭王與龔之脾〉釋文考釋》,第186—190頁。

之脾見。【10】

　　楚昭王去"逃寶"這個地方,一個叫"龏之脾"的人爲昭王駕車。他將要取車子的時候,大尹碰到了他,他披着苴衣(麻布做的粗衣)。大尹進去告訴昭王説:"我看到龏之脾要取車,披着苴衣。龏之脾在君王的身邊,没有什麽罪過,竟然在正冬而披着麻布做的粗衣!"昭王召見龏之脾,給他一件冬天穿的舊絮填襯的緼袍。龏之脾披上它,(緼袍没有徹底罩住苴衣),苴衣的領子露了出來。到了逃寶,昭王叫龏之脾不要見他。大尹知道後,向昭王訴説道:"老臣爲您的守邦視政的臣子,死不足以抵罪。又昧死向你説件事:我見龏之脾(衣服穿的少)很冷,因此告訴您。現在您又命令龏之脾不要見您,這則是我的罪過。"昭王説:"大尹向我告訴龏之脾很冷這件事,有什麽過錯呢? 老天加禍於楚國,吳王親身到了郢都。楚國的良臣曝骨於野外,我都没有憂慮這些人。龏之脾即使爲我駕車,也穿着苴衣,使國人都看到了!"(這幾句意思是説,連昭王自己身邊的人穿得很少昭王都没有關心,所以當龏之脾以前穿的苴衣的領子露出來被人看到後,昭王覺得很羞愧,不敢見龏之脾。)三日之後,(昭王)才命令龏之脾見自己。

　　下面擇要説明具體考釋理由,篇中學者已經公認的釋讀,可參看梁静先生的《上博(四)〈采風曲目〉等六篇集釋》①及張繼凌、季旭昇先生的《〈昭王與龏之脾〉譯釋》,②這裏就不再多説了:

　　篇中"龏之脾"爲人名,是楚共王的後代,在楚王謚字後加"之"字再加名的起名方法可參看董珊先生的《出土文獻所見"以謚爲族"的楚王族——附説〈左傳〉"諸侯以字爲謚因以爲族"的讀法》一文。③

　　簡5的"迈"學者都把它讀爲"蹠",我們從上博六《平王與王子木》

---

①　梁静:《上博(四)〈采風曲目〉等六篇集釋》,武漢大學碩士學位論文,指導教師:李天虹,2006年6月,第42—52頁。
②　張繼凌撰寫,季旭昇改訂:《〈昭王與龏之脾〉譯釋》,《〈上海博物館藏戰國楚竹(四)〉讀本》,萬卷樓,2007年3月,第62—72頁。
③　董珊:《出土文獻所見"以謚爲族"的楚王族——附説〈左傳〉"諸侯以字爲謚因以爲族"的讀法》,《出土文獻與古文字研究》第二輯,復旦大學出版社,2008年8月,第110—130頁。

簡1、簡3兩見的"迶"字,相關典籍一作"守"、一作"狩"來看,猜測"迶"似乎可以讀爲"之"("守""狩"皆書母幽部,"之"章母之部,書、章二母屬舌上音,幽、之旁轉,二字音近),參看筆者《〈昭王毁室〉的再研究》一文。①

簡6、簡7的"襦衣"凡三見,原篆作A,其下有合文符號,整理者陳佩芬釋爲"襦衣"的合文,讀爲"裀衣",陳劍、孟蓬生先生從之:陳佩芬先生認爲它是"衣服之中部"之義;陳劍先生認爲是"複衣、夾衣"的意思;孟先生認爲是"近身衣"之義。周鳳五先生讀爲"茵衣",認爲是"以虎皮爲飾的華麗的上衣"的意思。② 按:"衣服之中部"不能"披",陳佩芬先生之說難以成立;陳劍先生引《廣雅·釋器》:"複襂謂之裀。"及王念孫《疏證》:"此《説文》所謂重衣也。襂與衫同。《釋名》云:'衫,芟也,芟末無袖端也。'《方言》注以衫爲襌襦。其有裏者則謂之裀。裀,猶重也。"諸語解之爲"複衣、夾衣",此説有兩個疑點,一是先秦秦漢典籍中"襂(衫)"多指無袖之衣,此衫着於正冬着實過於寒冷;二是作爲"複衣、夾衣"的"裀"尚未見典籍使用;孟先生解之爲"近身衣",按從篇中所言"其衿現""使邦人皆見之"來看,"A"一定是外衣,因爲若是内衣則不僅無"衿",並且内衣即使露出來也没什麽讓國人奇怪的。若依周先生釋的"以虎皮爲飾的華麗的上衣",則與篇中的"至於正冬"和"僕見脾之寒也"相抵觸。

A字中部的字形陳斯鵬先生與本篇同一書手連鈔的《昭王毁室》簡5之"因"作""對比,認爲A非從"因",而是從"角"。從字形上看,此説是有道理的,可參看《楚文字編》《上海博物館藏戰國楚竹書(一—五)文字編》相關諸字之形。③ "襦",陳先生讀爲"縠衣",但"縠衣"是至華貴之服,非御夫宜服,更非冬天所着;張崇禮先生也認爲A應隸作"襦",但他認爲

---

① 單育辰:《〈昭王毁室〉的再研究》,待刊。
② 陳劍:《上博竹書〈昭王與龔之脾〉和〈柬大王泊旱〉讀後記》,"簡帛研究"網,2005年2月15日;孟蓬生:《上博竹書(四)閒詁》,"簡帛研究"網,2005年2月15日;周鳳五:《上博四〈昭王與龔之隼〉新探(初稿)》,芝加哥:"中國古文字:理論與實踐國際研討會"論文,2005年5月。
③ 李守奎:《楚文字編》,華東師範大學出版社,2003年12月,第272—275頁;李守奎、曲冰、孫偉龍:《上海博物館藏戰國楚竹書(一—五)文字編》,作家出版社,2007年12月,第232頁,又此書第858—862頁的"釋文"部分也是釋A爲從角的"襦"(但第664頁"合文"部分此字卻隸定從"因",應是一時筆誤)。

"襦"即"虎",同"鳶",讀爲"襌",又認爲"襌衣"是深衣,乃貴族所服,其説曲折難信。① 我們認爲:"襦"從"虎"從"角","襦"所從"虎"聲和"且"聲、"角"聲和"鹿"聲多相通。② 並且"粗"與"觕"也有相通之例,故"襦"可通"苴"或"麤"或"粗"。③ "苴衣"也可寫作"麤衣""粗衣",是麻布做的粗衣,爲平民春夏所服,冬天穿之自然寒冷。可參看如下典籍:

《墨子·兼愛下》:"昔者晉文公好苴服,當文公之時,晉國之士,大布之衣,牂羊之裘,練帛之冠,且苴之屨,入見文公,出以踐之朝。故苴服爲其難爲也,然後爲而文公説之,未踰於世而民可移也,即求以鄉其上也。"

《莊子·讓王》:"顔闔守陋閭,苴布之衣而自飯牛。"《經典釋文》"苴,本或作麤",《太平御覽》卷八九〇引"苴"作"麤"、卷八二〇引"苴"作"粗"。

《新書·先醒》:"於是革心易行,衣苴布,食鱗鮫,晝學道而夕講之。"

《荀子·正名》:"心平愉,則色不及傭而可以養目,聲不及傭而可以養耳,蔬食菜羹而可以養口,麤布之衣、麤紃之履而可以養體。"

《説苑·敬慎》:"孫叔敖爲楚令尹,一國吏民皆來賀。有一老父衣麤衣,冠白冠,後來弔。"

又,長臺關簡2-07有字作"▆",可隸定爲"襦",與本篇的A應是一字,可惜此簡上部有些字渙漫不清,故暫且不予討論。

簡6的"尔"作B形,學者多把它釋爲"介",但釋"介"文意難以講通。此字或是"尔"之訛變,可參看《楚文字編》《上海博物館藏戰國楚竹書(一—五)文字編》的"尔"字形。④ 此篇訛字不少,比如下面將要談到的

---

① 陳斯鵬:《初讀上博竹書(四)文字小記》,"簡帛研究"網,2005年3月6日;張崇禮:《讀上博四〈昭王與龔之脽〉劄記》,"簡帛"網,2007年5月1日。
② 張儒、劉毓慶:《漢字通用聲素研究》"角通鹿""虎通且"條,山西古籍出版社,2002年4月,第308、395頁。
③ 這幾個字混同的情況可參看高亨、董治安:《古字通假會典》"苴"與"粗"、"苴"與"麤"、"粗"與"麤"、"粗"與"觕"條,齊魯書社,1989年7月,第902—903頁。
④ 李守奎:《楚文字編》"尔"條,華東師範大學出版社,2003年12月,第52—53頁;李守奎、曲冰、孫偉龍:《上海博物館藏戰國楚竹書(一—五)文字編》"尔"條,作家出版社,2007年12月,第39—40頁。

簡7的"視"和簡8的"亓"也是訛字。又如《尚書·召誥》"比介于我有御事","介"足利本及孔傳作"尒",此亦"介""尒(尔)"可混之證。"尔"讀爲"邇","邇趣"猶"促邇",是"在……身邊"的意思。

簡7的"於"字抄缺,依文意擬補。

簡7"緼"字作C,衣中之形陳佩芬先生認爲是"壬",陳劍、張崇禮先生認爲是"壬",陳斯鵬先生認爲是"氐",何有祖先生認爲是"身",①但它與楚文字的這些字形實有不同(此形與"氐""身"字形較近,但筆勢甚異)。細察此字,可見其中乃從"人","人"所從的一小橫乃飾筆,此種形體的"人"楚文字多見(如"信"字所從的"人"旁)。"人"下尚有一彎筆。我們認爲,衣中之形其實是"囚"所從的"囚"(與"囚犯"之"囚"同形,但非一字),楚文字"囚"本來是把"人"全部圈括的,②但因此字上部借用了"衣"的"亠"形,故只於底部書寫了一彎筆。此字應隸定爲"袞",這裏讀爲"緼","緼袍"是指舊絮填襯的袍子,是古代很常見的冬服,如:

《禮記·玉藻》"纊爲繭,緼爲袍",鄭注:"衣有着之異名也。纊,謂今之新棉也;緼,謂今纊及舊絮也。"

《論語·子罕篇》:"衣敝緼袍,與衣狐貉者立,而不恥者,其由也與?"

《東觀漢記·茨充傳》:"俗不種桑,無蠶織絲麻之利,類皆以麻枲頭緼着衣。"

簡7的"視"是立人之形,與楚簡及本篇常見的作跪跽之形的"見"不同。但此處"視"應爲"見"之訛,在楚簡中"視"和"見"多互通。③

簡7"王召而舍之袞(緼)袍。龔之脾披之,其衿現"是説龔之脾本來穿着一件麻布做的粗衣(裯衣),昭王給了他一件袍子後,龔之脾把袍子罩

---

① 何有祖:《上博楚竹書(四)劄記》,"簡帛研究"網,2005年4月15日。
② 楚文字的"囚"形參看李守奎:《楚文字編》"囚""緼"條,華東師範大學出版社,2003年12月,第309、615頁,其中郭店《語叢二》簡30"緼"作"㿻""㿻"。又上博六《競公瘧》簡5"緼"作"㿻"。
③ 裘錫圭:《甲骨文中的見與視》,《甲骨文發現一百週年學術研討會論文集》,文史哲出版社有限公司,1998年5月,第4—5頁;禤健聰:《楚簡文字與〈説文〉互證舉例》,《戰國楚簡字詞研究》,中山大學博士學位論文,指導教師:陳偉武,2006年4月,第90—91頁。

在襦衣外面,這樣,原來作爲外衣的襦衣的領子露了出來,國人才會看到龏之脾裹面還穿着一件麻布做的粗衣(也就讓人想到了他以前只是穿着它)。其中"袍"是能遮蓋全身的有夾襯的冬服,與麻布做的"襦(苴)衣"對言。

簡7"䢘"字又見包山簡130反、上博二《容成氏》簡41、天星觀簡等,范常喜先生讀爲"往",①然而此處的"䢘"似有"到"之意,而非强調動作進行的"往",此字如何考釋,還有待進一步斟酌。

簡8的"辠(罪)亓〈不〉容於死"的"亓"是"不"字之訛是劉樂賢先生最早提出來的。②

簡9的"息"這裏暫讀爲"暴"及"晉"暫讀爲"曝",是從周鳳五及陳劍先生説。

簡10缺二字,所缺的第一字殘存最上的一小部分,如下面D所示之形,以往學者多從陳劍先生補爲"余(舍)之",但秦樺林先生補爲"被裯",周鳳五先生從之,③從殘存的字形上看,"宀"下的一筆更像是"被"字中上部所從的一小豎,④可與本篇的"被"字之形參看,並且,在文義上把所缺兩字補爲"被(披)襦(苴)"也要比"余(舍)之"合適,此從秦樺林先生補。但要注意的是,前三處的"苴衣"都作有合文符的"襦₌",而此處缺字後"衣"字單見,故知不用合文。

此篇的難點是簡10楚昭王説的"楚邦之良臣所晉(曝)【9】骨,吾未又(有)以憂。其子脾既與吾同車,或(又)披襦(苴)衣,囟(使)邦人皆見之"應如何理解。

陳劍先生的解釋是:"那些楚國的忠良之臣在這場國難中捐軀,屍骨曝露於中野的,我還没有什麽行動來表示我的關切。現在有死難者之子龏之脾既跟我同車,我賜給他衣服,想讓國人都看見,以瞭解我存恤烈士之後的心意啊。"

---

① 范常喜:《〈上博(四)·昭王與龏之脾〉簡8補釋》,"簡帛研究"網,2005年5月9日。
② 劉樂賢:《讀上博(四)劄記》,"簡帛研究"網,2005年2月15日。
③ 秦樺林:《楚簡〈昭王與龏之脾〉補釋》,"confucius2000"網,2005年2月24日。
④ 陳劍先生已言:"'舍'字尚存頭部,不過與簡7之'余(舍)'字頭部不完全相同。"

秦樺林先生的解釋是："龔之脾是昭王的近侍之臣，其待遇自然很高，但在楚國陣亡將士的屍骨還有很多曝露於野的情況下，龔之脾在冬季仍然着單衣，可以向邦人宣示楚王對捐軀者心存惦念，還來不及惠及左右近臣，體現了一定的政治用意。"

周鳳五先生的解釋是："楚國的良臣慘遭荼毒。我還沒有撫恤他們的後代。龔之隼爲我駕車，卻穿着虎皮華服，讓國人都看到了。"

季旭昇先生的解釋是："楚國的良臣慘遭犧牲，暴骨荒野，我還沒有表達我的關切。現在死難忠臣之子龔之脾爲我駕車，我又賜給他舊袍子，我應該使得全國人民都看見龔之脾三天，來彰顯我的過失啊！"①

張崇禮先生的解釋是："國家新敗之後，那些陣亡的忠臣良將的遺孤，昭王還沒來得及撫恤，而自己身邊的車夫，袍子裏面卻穿着一件不合禮制衣服，讓邦人都看見了。昭王怕引起別人的誤會，所以不願意見龔之脾，以示懲戒。"

陳劍先生説法的問題是：其言"我賜給他衣服，想讓國人都看見"與篇中"王命龔之脾毋見"相抵觸；秦樺林先生説法的問題是：其言"龔之脾在冬季仍然着單衣"與篇中的"王召而舍之褮（縕）裋（袍）。龔之脾被（披）之"相抵觸；周鳳五先生説法的問題是：其言"龔之隼爲我駕車，卻穿着虎皮華服，讓國人都看到了"與篇中的"至於正冬"和"僕見脾之寒也"相抵觸，且釋"茵衣"爲"虎皮華服"亦無據可尋；季旭昇先生説法的問題是：其言"我又賜給他舊袍子"是從何有祖釋"褮"爲"裋"，並讀爲"陳"，認爲是"舊"的意思，但我們前面已言，"裋"字的考釋是有疑問的；張崇禮先生説法的問題是：其言"袍子裏面卻穿着一件不合禮制衣服"，是把"襦（苴）衣"解爲貴族所服的深衣，我們前面已言其説不可信。

排除這些説法之後，從簡文整體考慮，比較符合邏輯的解釋即是我們前文所翻譯的："楚國的良臣曝骨於野外，我都沒有憂慮這些人。龔之脾即使爲我駕車，也穿着苴衣，使國人都看到了！"它的含義是説連昭王自己身邊的人穿得很少，昭王都沒有關心，所以當龔之脾以前穿的苴衣的領子

---

① 季旭昇先生前面已言："昭王聽了太尹的勸諫，敷衍了事，隨便給龔之脾一件舊袍子。結果舊袍子又不是很合身，讓龔之脾裋衣的衣襟露了出來，所以昭王就要龔之脾不要露臉。"即以此來"來彰顯我的過失"。

露出來被人看到後,昭王覺得很羞愧,不敢見龔之脾。尤其是篇中"其子脾既與吾同車,或(又)披(襝)苴衣,囟(使)邦人皆見之"的"既"和"又"更是於句中起着強調作用。①

A 𥏻 B 𥎞 C 𤔔 D 𢔮

【補記】本文完成後,經與同學討論,筆者發覺此文應有更正的地方,特補記於下:

文中問題主要出在簡7"王訋(召)而余(舍)之衷(緼)裖(袍)。龏(龔)之脾被(披)之,亓(其)袷(衿)視〈現〉"中"其衿視〈現〉"的"其"指代的是什麼。談到"袍",大家第一感覺是袍爲最外層之服,最外層衣服的衣領(文中的"衿")當然會曝露,而不必用"現"來表示,所以,大家都把"其"理解爲上文所說的"襝=(苴衣)",又認爲苴衣穿在袍子裏,故"現"字表示苴衣的領子顯露出來。然而,這就出現了一個問題,即從"龔之脾披之,其衿視〈現〉"這句話看,"其"應該與"之"指代的是同一事物,即前句的"緼袍"。如果"其"是指代"苴衣"的話,"苴衣"與"其"在文中位置遠隔,從邏輯上看是有問題的。

其實,在古代,"袍"並不是最外層的衣服,"袍"上還應該有一件衣服。這點我們可以從古代典籍中看的很清楚:

《儀禮·士喪禮》:"祿衣。"鄭玄注:"黑衣裳、赤緣謂之祿。祿之言緣也,所以表袍者。"

《禮記·喪服大記》:"袍必有表,不襌,衣必有裳,謂之一稱。"鄭玄注:"袍,褻衣,必有以表之,乃成稱也。《雜記》曰'子羔之襲:繭衣裳與稅衣、纁袡爲一'是也。《論語》曰:'當暑,袗絺綌必表而出之。'亦爲其褻也。"孔穎達正義:"'袍必有表,不襌'者,袍是褻衣,必須在上有衣以表之,不使襌露,乃成稱也。引《雜記》者,證子羔之襲有袍,繭衣上加稅衣爲表,乃成

---

① "既"和"又"在句中的作用季旭昇先生亦已提到。

稱;引《論語》者,證衣上加表。死則冬夏並用袍,上並加表。"

按,注中的"褻衣"是指裏面穿的衣服,並非今世所云的貼身內衣。

《莊子·讓王》:"曾子居衛,縕袍無表,顏色腫噲,手足胼胝。三日不舉火,十年不製衣。"①

《說苑·立節》:"子思居於衛,縕袍無表,二旬而九食。"

以上兩節是說曾子和子思窮得連套在縕袍上的外衣都沒有。這裏的"縕袍"可比於現今的棉襖,今人在棉襖之外還須套有一件外衣,這也爲大家所知。

《列女傳·賢明傳》:"其妻出戶,曾子弔之。上堂,見先生之尸在牖下,枕墼席槀,縕袍不表,覆以布被。"

通過以上例證我們可以看出:簡7"王召而舍之縕袍。龏之脾披之,其衿視〈現〉"句中的"之"和"其"即指"縕袍"。龏之脾把"縕袍"穿在裏面,外面罩的是"苴衣"(即作爲"表")。此句就可翻譯成:"昭王召見龏之脾,給他一件冬天穿的舊絮填襯的縕袍。龏之脾披上它,(外面穿的苴衣沒有罩住縕袍),縕袍的領子露了出來。"按,古人衣裳寬大,故苴衣內自可再穿上一件縕袍。

文末簡10所缺二字筆者曾補爲"被(披)襨(苴)衣",並言:"但要注意的是,前三處的'苴衣'都作有合文符的'襨_',而此處缺字後'衣'字單見,故知不用合文。"但這也未嘗不是所缺第二字不應補爲"襨(苴)"字之證。② 所以,我們把簡10所缺二字重補爲"被(披)之衣",這裏擬補的"之"指代的是"龏之脾"。那麼簡9+簡10"楚邦之良臣所眚(曝)【9】骨,虜(吾)未又(有)目(以)憂亓(其)子。脾既與虜(吾)同車,或(又)被(披)之衣,囟(使)邦人虜(皆)見之!'三日,安(焉)命龏(龏)之脾見"也應改譯爲:"'老天加禍於楚國,吳王親身到了郢都。楚國的良臣曝骨於野外,我都沒有憂慮這些人。龏之脾既爲我駕車,我又給他披上縕袍,使國

---

① 成玄英疏"縕袍無表"爲:"以麻縕袍絮,無復表裏也。"誤。
② 季旭昇先生已言:"(補爲)'又[披裯]衣'……的可能性不大,因爲本篇'裯衣'寫作合文(辰按,即本文的"襨_"),此處不應分書。"見張繼凌撰寫、季旭昇改訂:《〈昭王與龏之脾〉譯釋》,《〈上海博物館藏戰國楚竹(四)〉讀本》,萬卷樓,2007年3月,第72頁。

人都看到了！'(這幾句意思是説昭王連那些在外打仗的良臣都沒有憂恤，卻讓國人看到了自己身邊的人還能穿上禦寒的緼袍，這會令國人產生昭王光優待身邊人的想法，所以昭王覺得很羞愧。)三日之後，(昭王)才命令龏之脾見自己。"

奧卡姆剃刀(Ockham's Razor)是科學上多用的原理，它常見的表述是："如果你有兩個原理，它們都能解釋觀測到的事實，那麼你應該使用簡單的那個，直到發現更多的證據。對於現象最簡單的解釋往往比較複雜的解釋更正確。如果你有兩個類似的解決方案，選擇最簡單的。需要最少假設的解釋最有可能是正確的。"或者以這種自我肯定的形式出現："讓事情保持簡單！"我們把早先的解釋與本補記的解釋相比，前者確實要曲折、複雜一些。所以，按照奧卡姆剃刀原理，現在，筆者更傾向選擇補記的這種理解方法。

【**發表情況**】單育辰：《佔畢隨錄之六》，"簡帛"網，2008年8月5日。後以《〈昭王與龏之脾〉的再研究》爲名，刊於《全國楚簡帛書法藝術研討會暨作品展論文集》，湖北人民出版社，2009年7月，第89—93頁。小文補記發表於單育辰：《〈佔畢隨錄之六〉補記》，"簡帛"網，2008年9月2日。

上博竹書虛字研究三題

《上海博物館藏戰國楚竹書》(四)、(五)①自出版以來,研究文章不斷發表,取得了很多重要的成果,但是由於竹簡編聯難度較大,再加上不少文字字形難以辨識,至今還有不少問題尚未得到解决。這裏我們試着對其中幾個疑點進行探討,不當之處,還請批評。

一、上博四《曹沫之陳》簡 46 下 + 簡 33:卒欲少以多;少則惕(易)𩫣(察),圪成則惕(易)【46 下】治,果勝矣。②

此句釋解紛紜。"卒欲少以多",李零先生疑指"卒欲少而精,以質量彌補數量",③似把"多"理解爲"能以少當多"之意。按此中的"以"是轉折連詞,義如"而"。《黄帝内經素問·標本病傳論》:"夫陰陽逆從標本之爲道也,小而大,言一而知百病之害。少而多,淺而博,可以言一而知百也。"④其"少而多"的修辭與此類同。

"𩫣"字諸家多未釋,蘇建洲先生疑讀"潛"或"遷",意爲"潛師"或"遷師",⑤

---

① 馬承源主編:《上海博物館藏戰國楚竹書》(四),上海古籍出版社,2004 年 12 月;馬承源主編:《上海博物館藏戰國楚竹書》(五),上海古籍出版社,2005 年 12 月。
② 此二簡從陳劍先生編聯,參看陳劍:《上博竹書〈曹沫之陳〉新編釋文(稿)》,"簡帛研究"網,2005 年 2 月 12 日。
③ 李零:《〈曹沫之陳〉釋文考釋》,《上海博物館藏戰國楚竹書(四)》,第 241—285 頁。
④ 郭靄春主編:《黄帝内經素問校注》,人民衛生出版社,1996 年 2 月,第 793—794 頁。
⑤ 蘇建洲:《〈上博(四)·曹沫之陳〉三則補議》,"簡帛研究"網,2005 年 3 月 10 日;又,蘇建洲:《〈上博竹簡(四)〉考釋三則》,《出土文獻語言研究》第一輯,廣東高等教育出版社,2006 年 6 月,第 56—66 頁。

迂曲難通；我們看《曹沫之陳》簡45"其賞淺且不中，其誅重①且不察"的"察"作"謥"，其右旁與"輚"字完全相同，故"輚"也應讀爲"察"。②

"圪"，從李零、陳劍先生隸定。陳劍先生疑"圪"爲"壐"；③陳斯鵬先生釋爲"坅"，並連上字"輚"讀"輚坅"爲"轄坅（管）"；④李鋭先生又釋"坅"爲"自（師）"，⑤於形、音、義似無所據。蘇建洲先生把"圪"所從的" "旁與上博三《周易》簡44的"气（汔）"作" "相對照，認爲完全同形，從而肯定隸定爲"圪"之説；他又説："筆者以爲或許讀作'既'，楚簡的'氣'，通常寫作從'既'從'火'。' 成'，即'既成'。"⑥我們認爲他的釋讀是正確的。不過蘇先生於此作猶疑之辭，所舉證又頗薄弱，故後來學者都未能信從。這裏我們再做下補充：在銀雀山竹簡《十問》中，"气"常可通"既"，如："交合而舍，敵人氣衆以强，勁捷以剛，鋭陳以胥，擊之奈何？""彼氣貴氣武，三軍徙舍，前後不相睹。""下上氣亂，三軍大北，此擊鋭之道也。"其中的"气"都讀爲"既"。⑦又如新蔡葛陵楚簡的"㱃"，賈連敏、劉釗都認爲就是"刉"字的異體。⑧ 典籍中也有"氣""既"相通的例子，如《論語・鄉黨》"不使勝食氣"，《説文》引"氣"作"既"，又《説文》"氣"或作"槩"。《曹沫之陳》的"圪"字與"气"相比，只多了一土旁，但仍從"气"得聲（"乞""气"古本一字），所以，把"圪"讀爲"既"是没有問題的。"圪"應與下一個"成"字連讀爲"圪（既）成"。我們看第二小句的"少"字與第三小句"少"相照應，

---

① "重"字從李守奎先生釋，參看李守奎：《〈曹沫之陣〉之隸定與古文字隸定方法初探》，《漢字研究》第一輯，學苑出版社，2005年6月，第492—499頁。

② 李鋭：《〈曹劌之陣〉釋文新編》，"confucius2000"網，2005年2月22日，已讀爲"察"，但未論證。

③ 同第248頁注②。

④ 陳斯鵬：《上海博物館藏楚簡〈曹沫之陣〉釋文校理稿》，"簡帛研究"網，2005年2月20日。

⑤ 同第249頁注②。

⑥ 同第248頁注⑤。

⑦ 參看王輝：《古文字通假釋例》，藝文印書館，1993年4月，第667頁。值得注意的是，銀雀山竹簡出土地屬魯國範圍，而《曹沫之陳》故事發生地也在魯國。看起來，"氣"用爲"既"，似乎是齊魯的一種語言習慣。

⑧ 賈連敏：《新蔡葛陵楚簡中的祭禱文書》，《華夏考古》2004年第3期，第89—101頁；劉釗：《釋新蔡葛陵楚簡中的"㱃"字》，"簡帛研究"網，2003年12月28日。

則第二小句"多"字也應與第三小句的"既成"相照應。"多"義前文已論證是"以少當多",從第二小句和第三小句相照應的角度考慮,並參以上下文,①這裏的"既成"應同於《左傳·僖公二十二年》"宋人既成列,楚人未既濟"、《韓非子·外儲説左下》"三軍既成陣,使士視死如歸"之"既成"。

這樣,整句話可翻譯成:"士卒要少而能以少當多;(士卒)少則容易(被)按察,(士卒)已經排好陳列則容易(被)治理,(這樣)必然會勝利。"

二、上博五《季庚子問於孔子》簡 19:民之逆(?)美棄惡母歸。②

第三字在簡文中看不清楚,似從"毛"從"辵",這裏暫時寫作"逆"。不過無論什麽字,它都應與"棄惡"互文,有"迎""向"的含義。"母歸"之"母",濮茅左先生把它釋爲"毋",後來學者皆從之,不過"毋歸"在簡文裏頗覺不辭。我們考慮,"母"字有可能是"女"字的錯寫,二字的區別只在於"女"字中間兩點的有無,故容易相混。③ 如郭店《成之聞之》簡 29 引《君奭》"毋有合才音",今本作"汝有合哉言","毋""母"古爲一字,此爲"母"被寫成"女"而讀爲"汝"的例子;又如《睡虎地秦墓竹簡·日書乙種》簡 117 "正月、七月朔日,以出母(女)、取婦,夫妻必有死者"的"母"即"女"之訛。④

在典籍中,常有"如歸"之説,比如《左傳·昭公十三年》"故從亂如歸"、《左傳·襄公二十八年》"懷服如歸"、《左傳·襄公三十一年》"賓至如歸"、《管子·小匡》"鼓之而三軍之士視死如歸"、《説苑·指武》"義死不如視死如歸"、《文選·齊故安陸昭王碑文》卷五十九"望德如歸",而戰國文

---

① 我們反復權衡各家意見,並參以己意,把此處的簡文排序如下:莊公或(又)問曰:"吾有所聞之:一【59 下】出言三軍皆懽(勸),一出言三軍皆往,有之乎?"答曰:"有。明【60 上】……不可不慎。不卒則不恒,不和則不輯,不兼畏【48 上】則不勝。卒欲少以多。少則易察,圪(既)成則易【46 下】治,果勝矣。親率勝,使人不親則不敦,不和則不輯,不義則不服。"(《曹沫之陳》的簡文排序詳另文)其中的"一出言三軍皆勸,一出言三軍皆往",自與"既成列""既成陳"有關。

② "美"字從季旭昇先生釋,參看季旭昇:《上博五芻議(上)》,"簡帛"網,2006 年 2 月 18 日,"歸"字從陳劍先生釋,參看陳劍:《談談〈上博(五)〉的竹簡分篇、拼合與編聯問題》,"簡帛"網,2006 年 2 月 19 日。

③ 當然我們也可以認爲把"女"寫成"母"是《季庚子問於孔子》抄手的個人用字習慣,不見得非得把它理解爲訛字。

④ 《睡虎地秦墓竹簡》,文物出版社,2001 年 12 月,第 241 頁。

字資料中"女"和"如"通用之例甚多,這樣看來,把"母歸"釋爲"如歸"還是比較恰當的。

我們再看看《季庚子問於孔子》簡7:"君子敬成其德,小人母寐。"

"母寐",李天虹及陳伟兩先生皆讀爲"晦昧",認爲有"懵懂"或"愚昧"義,①在簡文中"母寐"和"敬成其德"連用,語法結構似應一致,如果理解爲"晦昧",是一個形容詞詞組作謂語,和"敬成其德"的語法結構就不太一樣了。現在看起來,這裏的"母"也可能是"女"的錯字,通"如","小人如寐"猶言小人對德行的表現像睡了一樣無動於衷。

三、上博五《融師有成氏》簡5:融師有成,氏狀若生。有耳不聞,有口不鳴。有目不見,有足不趨。名則可畏,亭(實?)則可侮。②

曹錦炎先生把此處斷爲"融師有成氏,狀若生有耳不聞,有口不鳴,有目不見,有足不趨。名則可畏,步則可柔",並把篇題命名爲《融師有成氏》。認爲"融師有成氏"的意思是祝融的老師有仍氏,按,"成"與"仍"古音較遠,且古史傳說中祝融的時代也難和有仍氏聯繫起來。曹先生又引或說認爲與"容成氏"有關,"容"和"有"的音韻相差更遠,就可以不討論了。

從《融師有成氏》全篇看,除簡5"我曰且苓乎"、簡6"我曰且喬(驕)乎"、簡7"昔融之是師"、簡8"而志行顯明"使用了一個虛字而五字一逗外,其他都是四字一逗。③ 若把"融師有成氏"連讀,則"狀若生有耳不聞"七字一逗,於全篇體例頗爲抵牾。所以,我們認爲此十六字應斷爲"融師有成,氏狀若生。有耳不聞,有口不鳴"。④ "氏"可通"是",戰國文字其例

---

① 李天虹:《讀〈季康子問於孔子〉劄記》,"簡帛"網,2006年2月24日;陳偉:《〈季康子問孔子〉零識(續)》,"簡帛"網,2006年3月2日。

② "實"從陳斯鵬先生釋,參看陳斯鵬:《讀〈上博竹書(五)〉小記》,"簡帛"網,2006年4月1日;"侮"字從廖明春先生釋,參看廖名春:《讀〈上博五・融師有成氏〉篇劄記四則》,"confucius2000"網,2006年2月19日。

③ 簡8"不及愧焚(怂),而正固"數字處於簡尾,語義明顯未完,但從同簡"而志行顯明"看,"而正固"後應缺二字,亦應爲五字一逗,其中的"而"是虛字。

④ 廖名春先生已把"狀若生"和"有耳不聞"斷開,不過廖先生標點爲"融師有成氏,狀若生,有耳不聞",參看廖名春:《讀〈上博五・融師有成氏〉篇劄記四則》,"confucius2000"網,2006年2月19日。

甚繁。比如簡 7 的"昔融之氐師"就是"昔融之是師"。典籍中"是"和"其"在用作代詞的時候,有相近的意思,如《説苑·善説》:"吾聞夫羊殖者賢大夫也,是行奚然?"就是這種用法。我們從古書中"是"和"其"常常互用也可以看出這一點,比如《國語·齊語》"桓公擇是寡功者而譴之",《管子·小匡》作"擇其寡功者";《韓詩外傳》卷四"無他,由是道故也",《荀子·議兵》《史記·禮書》並作"由其道故也"。① 所以"氏狀若生"猶"其狀若生"。② 這樣斷開後,這兩句的"成""生""鳴"屬耕部,下面兩句的"趨""侮"屬侯部,從文章韻腳看也是非常合適的。

"有成"在句中應是動詞詞組做謂語,"融師"做主語,簡 7 有"昔融之是師,訐尋夏邦","融"和"師"單獨使用,這個詞組既可能是偏正結構,也有可能是動賓結構,具體的意思,因爲簡文有些殘缺,還有待進一步的探討(我們初步猜測《融師有成》或許是古代賦體的隱語,如果我們猜測不誤的話,這篇小文章的謎底有可能就是"筆"),不過我們現在知道,篇題應改名爲《融師有成》。

附記:本文的第二、第三兩則先被收入《上博五短劄(三則)》一文,發布於"簡帛"網,2006 年 4 月 30 日。由於成文倉促,有一些考慮不周之處,這次收入本文時又進行了一些增訂。

【**編按**】第一則,"圪成",安大簡整理者讀安大二《曹沫之陳》簡 23 的"圪成"爲"氣盛"(黄德寬、徐在國主編:《安徽大學藏戰國竹簡(二)》,中西書局,2022 年 4 月,第 66 頁),要比小文讀爲"既成"好。

第二則,上博六《競公瘧》簡 7"毋薄情忍辠乎,則言不聽,情不獲;女(如)順言奌惡乎,則恐後誅於使者"中之"毋"亦應爲"女

---

① 參看裴學海:《古書虛字集釋》,中華書局,1982 年 6 月,第 816—818 頁。
② 陳劍先生看過此文後指出:此處的"氏"或是"乎"字之誤,上博一《性情論》簡 19"⋯⋯集大命於氏身",郭店《性自命出》簡 37"其集大命於乎身",今本作"其集大命於乎躬",上博一《孔子詩論》簡 16"吾以《葛覃》得氏初之詩",其"氏"亦疑"乎"字之誤。(參看裘錫圭:《談談上博簡和郭店簡中的錯別字》,《中國出土古文獻十講》,復旦大學出版社,2004 年 12 月,第 310 頁)這樣,把此句讀爲"融師有成,乎狀若生",甚爲通順。

(如)"之誤,①此亦是楚文字"毋""女(如)"互用之一例。古文字中"毋""女"互用之例亦可參陳劍:《清華簡與〈尚書〉字詞合證零札》,《出土文獻與中國古代文明——李學勤先生八十壽誕紀念論文集》,中西書局,2016年12月,第215頁。

〖**發表情況**〗其中第二、三則發表於單育辰:《上博五短劄(三則)》,"簡帛"網,2006年4月30日。後加上第一則,以《上博竹書研究三題》爲名,刊於《簡帛研究二〇〇五》,廣西師範大學出版社,2008年9月,第44—48頁。

---

① 參看凡國棟:《上博六〈景公瘧〉劄記》,"簡帛"網,2007年7月17日;又陳劍:《讀〈上博(六)〉短劄五則》,"簡帛"網,2007年7月20日。

佔 畢 隨 錄

一、上博六《平王與王子木》簡 2—簡 4：

城（成）公起曰："臣將有告，吾先君【2】莊王迡河雍①之行，曙②食於貅蒐，盬（酪）盉（菜）不 A1，王曰：'盬不盉（蓋）。'先君【3】知盬不盉（蓋），盬（酪）不 A2，王子不知痲，王子不得君楚邦，或不得【4】

其中 A1、A2 爲一字，作下形：

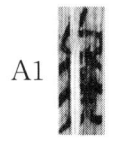

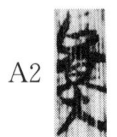

A1　　　A2

整理者把它們隸定爲"㱃"，③讀爲"爨"。從九店楚簡"㱃月"和睡虎地秦簡"爨月"相對應看，楚系文字"㱃"讀爲"爨"自無問題。④ 但我們認爲，A1、A2 的"㱃"，應讀爲"酸"。理由如下：

第一，"爨"古音在清母元部；而"酸"古音在心母元部，清、心二紐屬齒頭音，且韻部相同，故"爨"可讀"酸"。"酸"字典籍甚常見，如《禮記·月

---

① 此從陳偉先生釋，"河雍"一詞見《韓非子·喻老》"楚莊王既勝，狩於河雍"等。參看陳偉：《讀〈上博六〉條記》，"簡帛"網，2007 年 7 月 9 日。
② 此字暫從何有祖先生讀，參看何有祖：《讀〈上博六〉札記（二）》，"簡帛"網，2007 年 7 月 9 日。
③ "㱃"字形可參看何琳儀：《戰國古文字典——戰國文字聲系》，中華書局，1998 年 9 月，第 1342—1343 頁。
④ 湖北省文物考古研究所、北京大學中文系：《九店楚簡》，中華書局，2000 年 5 月，第 62—63 頁，注 19；第 67—68 頁，注 37。

令》"其味酸,其臭羶",《荀子·勸學》"樹成蔭而衆鳥息焉,醯酸而蜹聚焉"等,不勝枚舉。在三晉酸棗戈(《集成》10922)中,亦有從酉從允的"酸"字,詳見吴振武師《東周兵器銘文考釋五篇》。①

第二,如果把"臽"讀爲"爨","盬盂不爨"與"盬不盍(蓋)"没有必然的因果關係,是不可信的。陳偉先生看到此點,把"盬"讀爲"醯",把"盍"讀爲"淹"。不過,"醯"和醃菜之醃義的"淹"辭例出現過晚,②恐不可從。

第三,何有祖、陳偉先生已指出,"盬"即先秦典籍的"酪",指"醋"。如《禮記·禮運》"以亨以炙,以爲醴酪",鄭玄注"酪,酢酨"。《楚辭·大招》"鮮蠵甘雞,和楚酪只",王逸注"酪,酢酨也"。③"盬"後面的"盂"字,何有祖先生讀爲"菜",④應可從。其中的"盬(酪)"自和"酸"義有關。

這樣我們可以看出,簡3、簡4的"盍"字,仍應從整理者讀爲"蓋"。因爲楚莊王發現所食的"酪盂(菜)"不"酸",因此他想到在用"盬"這種器皿醃製酸菜時没有蓋上蓋子才會出現如此結果。從常識看,我們醃製酸菜時,必須把醃菜用的罈罐嚴密蓋住,其中的酸性物質方能産生理想效果。所以,成公認爲這是楚莊王懂得日常生活的一種表現,要比王子木强多了。在楚國遣策中,多見一個"筮"字,是一種盛食器的名稱,⑤和"盬"似爲一字異體,不過此文中的"盬"從"酉"從"皿",顯然是作爲醃菜用的。

有意思的是,陳偉先生已指出,本簡的内容也見於《説苑·辨物》,其中相關文句作:"成公乾曰:'昔者莊王伐陳,舍于有蕭氏,謂路室之人曰:

---

① 吴振武:《東周兵器銘文考釋五篇》,《容庚先生百年誕辰紀念文集(古文字研究專號)》,廣東人民出版社,1998年4月,第552—553頁。

② 陳偉先生在文中引用的爲《集韻·腫韻》"醃,鹹菹"及明人周履靖《群物奇制·飲食》中的"喫到明年也不淹"語,參看陳偉:《〈王子木蹠城父〉校讀》,"簡帛"網,2007年7月20日。

③ 何有祖:《讀〈上博六〉札記(二)》,"簡帛"網,2007年7月9日;陳偉:《〈王子木蹠城父〉校讀》,"簡帛"網,2007年7月20日。

④ 參看何有祖:《讀〈上博六〉札記(二)》。按,《説文》卷一下"菹,酢菜也",《太平御覽》卷八五六引《倉頡解詁》:"醋,酢菹也。"其中的"酢菜""酢菹"正可與此簡之"酪菜"相較。又按,在上博三《容成氏》篇21、上博四《曹沫之陳》簡11曾出現"鬻"字,張新俊先生讀爲"醯",參看張新俊:《説醯》,"簡帛研究"網,2004年4月29日。

⑤ 參看田河:《出土戰國遣册所記名物分類匯釋》,吉林大學博士學位論文,指導教師:吴振武,2007年6月,第233—235頁。

巷其不善乎，何溝之不浚也？莊王猶知巷之不善，溝之不浚；今吾子不知疇之爲麻，麻之爲衣；吾子其不主社稷乎？'"①本簡成公評述莊王之事爲"醯不盍（蓋），醢（酪）不夋（酸）"，而《説苑・辨物》成公評述莊王之事爲"巷之不善，溝之不浚"，二者在内容上全然不同，但卻出現了聲近之字（浚、夋）。雖然我們不好臆測何以會如此，但這應是一個很可玩味的事情。

順便提一下，沈培先生認爲《平王問鄭壽》與《平王與王子木》應是兩篇合鈔，並把《平王問鄭壽》簡6與《平王與王子木》簡1連讀爲"臣弗智（知）"，②應當是十分正確的。同時，沈先生又認爲《平王問鄭壽》簡7從其字體與内容看，皆與此兩篇無關，亦是。不過，這樣處理後的問題是：《平王與王子木》簡4即成這兩篇的最後一支簡，《平王與王子木》文章的結語就成了"王子不知麻，王子不得君楚，邦或（國）不得"。③ 其中，不僅"王子不得君楚""邦或（國）不得"二語語義重遝，我們於"邦或（國）不得"下也有語意未完的感覺。且何有祖先生亦言："沈培先生所確信的《平王問王子木》篇經凡國棟先生編聯後的末簡，其末字收筆處既没有表示符號，也没有留白，似乎已經脱離了同一簡牘書寫規則。"④其實，這個問題還是比較容易解決的。我們認爲，《平王與王子木》簡4其實並不是最末一簡，其後還應有一簡，上博未收或已佚失，從《左傳・哀公十六年》"楚大子建之遇讒也，自城父奔宋；又辟華氏之亂于鄭。鄭人甚善之。又適晉，與晉人謀襲鄭，乃求復焉。鄭人復之如初。晉人使諜於子木，請行而期焉。子木暴虐於其私邑，邑人訴之。鄭人省之，得晉諜焉，遂殺子木"⑤來看，《平王與王子木》簡4的那句話應釋爲"王子不知麻，王子不得君楚邦，或（又）不得"，其後應缺失了最後一簡"其死"這樣的文字。

---

① 陳偉：《讀〈上博六〉條記》，"簡帛"網，2007年7月9日。
② 沈培：《〈上博（六）〉中〈平王問鄭壽〉和〈平王與王子木〉應是連續抄寫的兩篇》，"簡帛"網，2007年7月12日。
③ 此爲凡國棟先生釋文，參看凡國棟：《〈上博六〉楚平王逸篇初讀》，"簡帛"網，2007年7月9日。
④ 何有祖：《〈平王問鄭壽〉末簡歸屬問題探論》，"簡帛"網，2007年7月13日。
⑤ 王子木見於《左傳・哀公十六年》爲陳偉先生最先指出，參看陳偉：《〈王子木蹠城父〉校讀》。

二、上博六《天子建州》乙本簡5—簡6：

天子坐以【5】矩，食以義（宜），立以懸，行以興。

其中的"興"字從劉洪濤先生釋，①陳偉先生認爲"興"有"奮發"之義。不過從文義考慮，此處應以釋"繩"爲佳。"興""繩"二字相通没有問題，如上博一《孔子詩論》"青蠅"之"蠅"即從"興"得聲。② 古書"矩""繩"多連言，如《禮記·深衣》"以應規、矩、繩、權、衡""故規矩取其無私，繩取其直，權衡取其平"、《孟子·離婁上》"繼之以規矩準繩"、《大戴禮記·哀公問五義》"行中矩繩"、《墨子·法儀》"百工爲方以矩，爲圓以規，直以繩，正以縣"等。尤其是《吕氏春秋·離俗覽》"進退中繩，左右旋中規"、《史記·孫子吴起列傳第五》"婦人左右前後跪起皆中規矩繩墨"這些話，可爲此文"行以繩"之佐證。

楚文字中"興"應通"繩"而以前未能認出者還可以舉出以下幾例：

楚帛書·乙篇③："三恒發（廢），四興毁，④以 亂 天常。群神、五正、四興堯羊。建恒懷民，五正乃明，群神是享。""繩"有"直""正"的意思，⑤此兩處的"興"也應讀爲"繩"，"繩"與此段"恒""正"二字的意義相類。

《荆門左塚楚墓》⑥一書中收録的左塚漆梮，從外往裏數第3欄有一"纆"字，與"紀""經"等字爲一組，從這些字的排列規律看，它們的意義當相近，則此字也應讀爲"繩"。⑦

---

① 劉洪濤：《讀上博竹書〈天子建州〉劄記》，"簡帛"網，2007年7月12日。又，何有祖：《楚簡散札六則》，"簡帛"網，2007年7月21日；蘇建洲：《讀〈上博（六）·天子建州〉筆記》，"簡帛"網，2007年7月22日，二文於此字又有補充説明。
② 可參看康少峰：《〈詩論〉簡制、簡序及文字釋讀研究》，四川大學博士學位論文，指導教師：彭裕商，2005年4月，第138頁。
③ 饒宗頤、曾憲通：《楚帛書》，中華書局香港分局，1985年9月。
④ "毁"從劉釗先生釋，參看劉釗：《古文字構形學》，福建人民出版社，2006年1月，第133頁。
⑤ 參看宗福邦、陳世鐃、蕭海波主編：《故訓匯纂》，商務印書館，2003年7月，第1780—1781頁。
⑥ 湖北省文物考古研究所、荆門市博物館、襄荆高速公路考古隊：《荆門左塚楚墓》，文物出版社，2006年12月，彩版四三。
⑦ 左塚一條之釋爲陳劍先生轉述董珊先生的意見，特此致謝。

【**編按**】清華一《皇門》簡 11"是楊（陽）是纕"，"纕"今本《逸周書·皇門》正作"繩"。可爲本文佐證。

【**發表情況**】本文第一則發表於單育辰：《佔畢隨錄》，"簡帛"網，2007年7月27日；第二則發表於單育辰：《佔畢隨錄之二》，"簡帛"網，2007年7月28日，其文之第二則。後加以訂補，以《佔畢隨錄》爲名，發表於長春："紀念中國古文字研究會成立三十週年國際學術研討會"，2008年10月。後以《〈上海博物館藏戰國楚竹書（六）〉研究二題》爲名，刊於《寧夏大學學報（人文社會科學版）》2010年第4期，第12—14頁。

《君人者何必安哉》的再研究

上博七《君人者何必安哉》是一篇歷史小故事,分爲甲、乙兩本,這兩種本子用字基本相類。甲、乙兩篇字形不算複雜,可是語句苟省,再加上通假較多,很容易產生歧義。下面我們準備對此篇作進一步的研究。下面所揭之釋文,是照甲本抄錄的,並用乙本做了校勘,除了特別指出的地方是我們自己的意見外,其他的考釋吸取了各家的説法,但各家説法如果一一指出的話,將十分繁瑣,因此這裏一般就從略了:

范戊曰:"君王有白玉三回(圍)而不戔(展),命爲君王戔(展)之,敢告於見〈視〉日。"王乃出而【甲1】見之。王曰:"范乘,吾㦯(焉)有白玉三回(圍)而不戔(展)哉?"范乘曰:"楚邦之中有食【甲2】田五頃(傾),竽瑟衡(横)於前;君王有楚,不聽鼓鐘之聲,此其一回(圍)也。珪玉之君,百【甲3】姓之主,宫妾以十百數;君王有楚,侯子三人,一人杜門而不出,此其二回(圍)也。州徒【甲4】之樂,而天下莫不語(御),之〈先〉王之所以爲目觀也;君王龏(隆)其祭而不爲其樂,【甲5】此其三回(圍)也。先王爲此,人謂之安邦,謂之利民。今君王盡去耳【甲6】目之欲,人以君王爲虺以戮(夭)。民有不能也,鬼無不能也,民作而思(使)A(勸)【甲7】之。君王唯(雖)不B(長)年,可也。戊行年七十矣,言(然)不敢睪(懌)身。君人者何必安哉!桀、【甲8】紂、幽、厲,戮死於人手,先君靈王乾溪、云萬(麇)。君人者何必安哉!【甲9】"

簡1及簡2的"回"字,整理者濮茅左先生以爲作量詞,義同"塊";①陳偉先生讀"回"爲"瑋",認爲是"稱美、珍視"義;②董珊先生認爲"回"可讀爲"塱",爲裂縫之義;③"苦行僧"讀爲"純"。④ 我們認爲以上説法於文義或聲韻都有問題,此兩簡的"回"應讀爲"圍",是一種表示周長的單位。"回"在楚簡中常用爲"圍",比如上博六《申公臣靈王》簡5的"王子回"即"王子圍";上博七《鄭子家喪》甲本簡3及乙本簡3的"起師回鄭"即"起師圍鄭";又如上博七《凡物流形》甲本簡9及乙本簡7之"十回(圍)之木,其始生如糵"(《漢書·枚乘傳》作:"夫十圍之木,始生如糵。")中的"回"即用爲"圍"。⑤

古人常把表示周長的單位稱爲"圍",其所施用者不僅限於樹木,還見於以下幾種:

(1)《墨子·備高臨》:筐大三圍半,左右有鈎距,方三寸,輪厚尺二寸。

(2)《漢書·眭弘傳》:孝昭元鳳三年正月,泰山萊蕪山南匈匈有數千人聲,民視之,有大石自立,高丈五尺,大四十八圍,入地深八尺,三石爲足。

(3)《漢書·王莽傳下》:有奇士,長丈,大十圍,來至臣府,曰欲奮擊胡虜,自謂巨毋霸。

(4)《論衡·祀義篇》:中人之體七八尺,身大四五圍,食斗食,歠斗羹,乃能飽足。

這説明,筐、人腰以及石頭的周長都可以用"圍"來表示。而玉與石爲

---

① 濮茅左:《〈君人者何必安哉(甲本、乙本)〉釋文考釋》,《上海博物館藏戰國楚竹書(七)》,上海古籍出版社,2008年12月,第191—218頁。
② 陳偉:《〈君人者何必安哉〉初讀》,"簡帛"網,2008年12月31日。
③ 董珊:《讀〈上博七〉雜記(一)》,"復旦大學出土文獻與古文字研究中心"網,2008年12月31日。
④ 復旦大學出土文獻與古文字研究中心研究生讀書會:《〈上博七·君人者何必安哉〉校讀》,"復旦大學出土文獻與古文字研究中心"網,2008年12月31日,"苦行僧"2009年1月1日第16樓的發言。
⑤ 按,上博五《姑成家父》簡9"✿(回)而予之兵"的"回"的寫法與上舉表示"圍"義的"回"字不同,是因爲"✿"是用來表示"回轉、回還"的"回"義,而非用來表示"包圍""周長"的"回(圍)"義,這兩個詞義在某些楚簡裏字形上應該是有區別的。

一類,可見玉也用"圍"來表示是不足爲奇的。①

簡1及簡2出現了三個"戔"字,濮茅左先生疑讀爲"殘"或者"賤";何有祖先生讀"戔"爲"踐",並説:"指履行;實現。……或指陳列整齊貌。《詩·小雅·伐木》:'籩豆有踐,兄弟無遠。'鄭玄箋:'踐,陳列貌。'這裏指爲楚王展示白玉。"②"水土"把"戔"讀爲"遷";③陳偉先生讀亦"戔"爲"踐",認爲是"居處、擔當"的意思;董珊先生讀"戔"爲"察";"苦行僧"把"戔"讀爲"薦",認爲是"籍墊"的意思。我們認爲此篇的"戔"應讀爲"展",是省視的意思。"展",端紐元部,"戔",精紐元部,二字音近可通。《新書·容經》:"古者年九歲入就小學,蹍小節焉,業小道焉。束髮就大學,蹍大節焉,業大道焉。"盧文弨注:"蹍,踐也。"④此可爲"戔""展"相通之一證。何有祖先生已引《詩經》"籩豆有踐"及鄭箋"踐,陳列貌",認爲"戔"義爲"陳列整齊貌",但此"有踐"之"踐"爲形容詞,不如讀動詞的"展"爲佳。在典籍中,有"展車"(《國語·周語》)、"展幣"(《儀禮·聘禮》)、"展犧牲"(《周禮·春官·宗伯》)、"展器陳"(《周禮·春官·宗伯》)等語,亦有"展玉"之文,如《史記·周本紀》:"命南宫括、史佚展九鼎保玉。"可見我們把"戔"讀爲"展"是比較合理的。

篇中其餘的三處"回"字,濮茅左先生讀爲"違",認爲是"違先祖之道";復旦讀書會亦讀爲"違",以爲是"差異、不一致"的意思,並以爲這個"回"與簡1、簡2表示量詞的"回"爲諧音雙關;⑤而董珊先生把所有的"回"都讀爲"璺",認爲這四處的"璺"爲"缺點"的意思。如果依從大家的理解,則篇中所言的"君王不聽鐘鼓之聲;君王只有妻妾三人;君王隆其祭祀而不爲其樂"這三種品行,范戊認爲都是缺點。如董珊先生即認爲本篇

---

① 又《北史·于謹傳》:"得宋渾天儀、梁日晷、銅表、魏相風烏、銅蟠螭跌、大玉徑四尺圍七尺及諸興輦法物以獻,軍無私焉。"此中"圍"的用法雖與上揭有所不同,但亦可參看。
② 何有祖:《上博七〈君人者何必安哉〉校讀》,"簡帛"網,2008年12月31日。
③ 參看復旦大學出土文獻與古文字研究中心研究生讀書會:《〈上博七·君人者何必安哉〉校讀》,"水土"2008年12月31日第5樓的發言。
④ 閻振益、鍾夏:《新書校注》,中華書局,2000年7月,第238頁。
⑤ 復旦大學出土文獻與古文字研究中心研究生讀書會:《〈上博七·君人者何必安哉〉校讀》注4、注11。

的内容是"反對居上位者過分節儉，提倡有等級制度的耳目聲色娛樂"。可是這種提倡君王享樂的思想是在先秦典籍中絶不一見的，並且文末范戊以"桀、紂、幽、厲，戮死於人手，先君靈王乾溪、云萬（麇）"舉例來看，也是明顯反對君王享樂的。如果我們往簡單的方向考慮，此三處的"回"應和簡1、簡2的"回"一樣，都應讀爲"圍"。簡2至簡5范戊相應之話的意思是説："君王不聽鐘鼓之聲，此爲一圍之玉；君王只有妻妾三人，此爲一圍之玉；君王隆其祭祀而不爲其樂，此爲一圍之玉。這些美好的品行加起來猶如三圍之大的白玉。"這些是范戊稱贊楚王的話。

簡3的"貞"讀爲"傾"從"苦行僧"説。①

范戊下面所説的話（簡5至簡9）文句簡約，且有一些疑難字，對大家探討此篇的意義造成了一定的干擾。下面我們對其作一些解讀：

簡6的"先王爲此，人謂之安邦，謂之利民"的"此"，從邏輯上看，只能是指代"君王不聽鐘鼓之聲；君王只有妻妾三人；君王隆其祭祀而不爲其樂"這三種品行的。

簡7的"㚒"又見郭店《尊德義》簡24"爲邦而不以禮，猶㚒之亡策也"。陳劍先生把那處的"㚒"讀爲"御"，很可能是正確的。②"㚒"大概是與"戳"意義相類的詞，其後的"以"，相當於"而"，表示並列關係。但"㚒"在本篇應該怎麽讀，還有待進一步研究。

簡7的"戳"及其所從的聲符"囂"字在古文字材料中出現的次數較多，常用爲"連敖""莫敖"之"敖"，除此之外，又見於：

（5）上博一《孔子詩論》簡21："《將大車》之囂也，則以爲不可如何也。"《將大車》指《詩·小雅·無將大車》，其文爲："無將大車！祇自塵兮。無思百憂！祇自疧兮。無將大車！維塵冥冥。無思百憂！不出于熲。無將大車！維塵雍兮。無思百憂！祇自重兮。"

（6）上博五《三德》簡5："變常易禮，土地乃坼，民乃囂死。"此"囂"字李天虹先生讀爲"夭"，認爲："囂"曉紐宵部，"夭"影紐宵部，二字音甚近，

---

① 見復旦大學出土文獻與古文字研究中心研究生讀書會：《〈上博七·君人者何必安哉〉校讀》，"苦行僧"2009年1月1日第16樓的發言。
② 參看蘇建洲：《也説〈君人者何必安哉〉"人以君王爲所以囂"》，"復旦大學出土文獻與古文字研究中心"網，2009年1月10日。

並舉《大戴禮記·易本命》及孔家坡漢簡《歲》篇之"夭死"爲證,甚確。①

(7)上博五《三德》簡16:"喪以係(繼)樂,四方來囂。"此文又見《呂氏春秋·喪農》:"喪以繼樂,四鄰來虐。"②可見此簡的"囂"義應與"虐"同,有"災害"義,由例(6)推之,我們懷疑此例的"囂"或可讀爲"妖"。

由(6)、(7)可知楚簡的"囂"常表示一個不好的意思。由此再看甲本簡7"人以君王爲疢以戳"的"戳"似亦應如(6)一樣讀爲"夭",是"夭死"的意思,且"戳"字從"戈",也可能用意符會其不好之意。這樣解讀之後,此處"夭死"之義的"戳"與甲本簡8"君王唯(雖)不長年"中的"長年"正相對應。

簡7的A字甲、乙兩本作下形:

A1 [圖] A2 [圖]

從字形上看,A右旁應爲"堇"簡省之形,③此字可隸定作"謹",這裏讀爲"勸",即"勸善罰惡"之"勸"。此"勸"字寫成從"言"的"謹"大概是爲了和簡5的"觀看"義的"觀"字相區別。

簡8的B字甲、乙兩本作下形:

B1 [圖] B2 [圖]

濮茅左先生釋B爲"長";而董珊先生則認爲B從"人""亡"聲而讀作"荒",把"君王唯不荒年"理解爲"今君王之世並非荒年";季旭昇先生從董先生之說,把B隸定爲"亢"讀爲"荒",但認爲"荒"是"從樂"的意思,把"君王唯不亢年"理解爲"君不(辰按,"不"應爲"王"之筆誤)卻不知道好好享

---

① 李天虹:《〈上博(五)〉零識三則》,"簡帛"網,2006年2月26日;又,李天虹:《〈上博竹書(五)〉零識》,《簡帛研究二〇〇六》,廣西師範大學出版社,2008年11月,第34頁。
② 簡文可與《呂氏春秋》相參照爲范常喜先生指出,參看范常喜:《〈上博五·三德〉劄記三則》,"簡帛"網,2006年2月24日;又,范常喜:《〈上博五·三德〉與〈呂氏春秋·上農〉對校一則》,《文獻》2007年第1期,第25—29頁。
③ 參看復旦大學出土文獻與古文字研究中心研究生讀書會:《〈上博七·君人者何必安哉〉校讀》,"ee"2008年12月31日第4樓的發言。後來季旭昇先生亦有此說,但季先生把"謹"解釋爲"歡樂"的意思,與我們不同,參看季旭昇:《上博七芻議》,"復旦大學出土文獻與古文字研究中心"網,2009年1月1日。

受生命"。從這兩位先生的釋讀可以看出,把 B 讀爲"荒",將很難解釋簡文。並且,與"君王唯(雖)不 B 年"緊密相接者爲"戊行年七十矣",這兩個"年"的意思應相同,都是年齡的意思。我們反復斟酌,認爲 B 還應理解爲"長"的訛變爲好,"長年"一辭典籍多見。① 濮茅左先生已言:"'長',《古文四聲韻》引《汗簡》作'㠯',引《古老子》作'㠯',所引字形與本簡同。"B 與楚簡常見的"長"字相較,只是最上端缺失了一橫,如果説 B1 的下部還象"人"形的話,B2 下部曲折之撇筆則與楚簡中多見的"長"的下部完全相合了。② 上博四《逸詩·交交鳴鶊》簡 1 的"長"作"㠯"形,左邊多寫了一撇,其訛書情況與此有點相似。③

簡 8 的"言(然)不敢睪(懌)身"中的"然"和"懌",我們從復旦讀書會的考釋,"睪(懌)身"一詞又可見上博三《彭祖》簡 6"心白身澤(懌)"之"身澤(懌)"。簡 8 和簡 9 的"君人者何必安哉"的"安",我們認爲是"安全"之義,"何必安"應讀成"何-必安"而不是"何必-安",整句意思是説統治人民的君王怎麽就一定能是安全的? 此句是承上文"鬼無不能也,民作而思(使)觀之"而言的,猶言:君王如果荒淫享樂,那他們也不是安全的,會受到鬼神的懲罰。《墨子·所染》"凡君之所以安者何也,以其行理也",其中"安"之字義與句式與《君人者何必安哉》皆極近。

"䩵"字從羅小華先生隸定,"云䩵(廩)"應是地名。④

這樣,簡 5 至簡 9 戊的那些話的大意就是:

楚邦先王如果爲此"不聽鐘鼓之聲、只有妻妾三人、隆其祭祀而不爲其樂"這三種品行,人們會説這樣的行爲是安邦利民。現在君王您盡去聲色耳目之欲,有人卻認爲您的這種行爲猶如夭死(一樣享受不到什麽樂趣)。人有不能做到的事,鬼神卻没有不能做到的事,人做事而使鬼神依

---

① "長年"一詞在上博五《鬼神之明》簡 2 中也出現過,辭例爲"富有天下,長年有與(譽)"。
② 參看滕壬生:《楚系簡帛文字編(增訂本)》"長"條,湖北教育出版社,2008 年 10 月,第 824—826 頁。
③ 此承孫飛燕先生告知,特此致謝。
④ 參看羅小華:《〈鄭子家喪〉〈君人者何必安哉〉選釋三則》,"簡帛"網,2008 年 12 月 31 日。

據他們的行爲來勸善罰惡。君王您即使到不了高齡，也可以了（言鬼神也會以其他方式賞其品行）。我范戊快七十歲了，然而也不敢使身心安逸。統治人民的君王怎麼就一定是安全的？然後范戊又舉出幾個荒淫享樂的君王卻身死國亡的記載再次說明統治人民的君王不一定就是安全的來説明君王還是應該儉約爲好。

我們這樣翻譯，就較好地解決了簡甲 8"君王唯（雖）不長年，可也"一句爲什麼會用"雖"（"即使"之義）來強調的問題。並且，由此可以看出"今君王盡去耳目之欲，人以君王爲戾以戮"、"民有不能也，鬼無不能也，民作而思（使）謹（勸）之"、"君王唯（雖）不長年，可也"、"戊行年七十矣，言（然）不敢䆮（懌）身"這四句話是有很強的邏輯關係的："戮（夭）""長年""行年七十"一個接一個地出現，都與"年齡"有關係，其間插入的"鬼神没有不能做到的事"，是從"人有不能做到的事"這句話來的，而"人有不能做到的事"又是由"有人認爲您的這種行爲猶如夭死"這句話來的。也就是説：君王您不用管人們的意見如何，您只要繼續做這種儉約之舉。那些説閑話的人有做不到的事，鬼神卻没有做不到的事，鬼神可以依據您美好的品行對您進行獎勵。君王您即使到不了高齡，也可以了，鬼神照樣會以其他方式對您的品行進行獎勵。

在這篇文章裏，我們力求運用奥卡姆剃刀的原理，剔除一切曲折而複雜的思維，從而使《君人者何必安哉》這篇簡文的解釋變得簡單而有邏輯，而這個方法，正是愛因斯坦在科學研究中體現的簡單性思想。① 雖然我們還不能做到這一點，但我們正朝這個方向努力。

【**發表情況**】本文最初觀點以網名"ee"發表於復旦大學出土文獻與古文字研究中心研究生讀書會：《〈上博七·君人者何必安哉〉校讀》，"復旦大學出土文獻與古文字研究中心"網，2008 年 12 月 31 日，"ee"2008 年 12 月 31 日第 4 樓、第 7 樓、第 15 樓的發言。後加以訂補，以《佔畢隨

---

① 參看孫世雄：《論邏輯簡單性思想的歷史發展》，《南京師範大學學報（社會科學版）》1989 年第 1 期，第 47—52 頁；朱亞宗：《愛因斯坦簡單性思想述評》，《哲學研究》1985 年第 7 期，第 33—40 頁；又，單育辰：《〈佔畢隨録之六〉補記》，"簡帛"網，2008 年 9 月 2 日。

錄之七》爲名,發表於"復旦大學出土文獻與古文字研究中心"網,2009年1月1日,及此文下"ee"2009年1月1日第2樓、單育辰2009年1月7日第5樓的評論。又單育辰:《佔畢隨錄之八》,"復旦大學出土文獻與古文字研究中心"網,2009年1月3日,其中第一則對《君人者何必安哉》部分有所修訂。再加以訂補,以《〈君人者何必安哉〉的再研究》爲名,發表於長春:"吉林大學第二屆博士生學術論壇",2009年12月。後刊於《吉林大學第二屆博士生學術論壇論文集(文科)》,吉林大學出版社,2010年5月,第67—70頁。

上博七《凡物流形》《吴命》札記

一

　　上博七《凡物流形》甲本（下或簡稱《凡甲》）簡 27 的竹簡形制和字迹與《凡物流形》甲本的其他竹簡都不一樣,李鋭先生已言:"此簡字形似與其他不類（試將此篇相關字與簡 18、20、25 之'言'字,簡 16 之'聖'字,5、6、9、10、16、18 之'其'字比較）,疑非本篇。"[1]其言甚是,《凡甲》簡 27 與《凡物流形》甲本其他簡的具體字形對比可參看文末表一,從表中可以看出,二者的字迹確實是不一致的。[2] 還需要補充的是:《凡甲》簡 27 的編連情况也是與《凡物流形》甲本不同的。此簡上端完整,[3]下殘,其編連間距據整理者曹錦炎先生介紹:現存簡長 29.5 釐米,第 1 契口距頂端 8 釐米,第 1 契口距第 2 契口 18 釐米,第 2 契口距尾端 3.5 釐米(辰按,此簡簡尾已殘,3.5 釐米這個數值是第 2 契口到現存簡尾的殘長)。[4] 這與《凡物流形》甲本的編聯間距一般是第 1 契口距頂端 10 釐米,第 1 契口距第 2 契口 14.7 釐米,第 2 契口距尾端 8.4 釐米(這裏我們

---

[1]　參看李鋭:《〈凡物流形〉釋文新編（稿）》,"confucius2000"網,2008 年 12 月 31 日。
[2]　《凡甲》的字迹可分爲 A、B 兩組（參看李松儒:《〈凡物流形〉甲乙本字迹研究》,"簡帛"網,2009 年 6 月 5 日),《凡甲》簡 27 的字迹與此 A、B 兩組皆不相同。表一的製作爲李松儒幫助完成。
[3]　整理者曹錦炎先生説此簡上端亦殘,我們從書上所附的三種圖版反覆觀察,實無殘損迹象,並且從此簡簡首明顯的修飾痕迹" "看,也不可能是殘簡。
[4]　曹錦炎:《〈凡物流形（甲本、乙本）〉釋文考釋》,《上海博物館藏戰國楚竹書（七)》上海古籍出版社,2008 年 12 月,第 268 頁。

用了《凡物流形》甲本簡 1 來舉例)是全然不同的。故此簡該從《凡物流形》甲本中剔出。

《凡物流形》甲本簡 27 現存 24 字,内容爲:"敬牆而禮,屏氣而言,不失其所然,故曰努(堅)。和尻和氣,令聲好色。"①我們認爲此簡應歸入上博六《慎子曰恭儉》(下或簡稱《慎》),並可與《慎》簡 5 連讀,由此出發,我們把《慎子曰恭儉》重新排序如下:

  慎子曰:恭儉以立身,堅強以立志,忠寔(實)以反俞(?),干友以載道,精(清)法以巽(循)勢,……【慎 1】

  干(焉);恭以爲體,道莫偏干(焉);信以爲言,□莫偏干(焉);強以秉②志,……【慎 2】

  敬牆而禮,屏氣而言,不失其所然,故曰努(堅)。③ 和尻和氣,令聲好色,爵【凡甲 27】禄不累其志,故曰強。首戴茅芙(蒲),撰篠執鉏,遵畎服畝,必於……【慎 5】

  勿以坏(倍)身,中尻而不頗,任德以俟,故曰青(清)。斷口……【慎 3】

  讓。得用於世,均分而廣施,持德而方(傍)義。民之……【慎 4】

  踐今(?),爲民之故,仁之至。是以君子向方知道,不可以疑。臨……【慎 6】

下面談談我們把《凡物流形》甲本簡 27 歸入上博六《慎子曰恭儉》的理由:

---

① 我們的釋文吸收了各家的説法,爲避免繁瑣,各家説法的出處如無特别需要的話,就不一一指出了,下同。

② "秉",整理者李朝遠先生釋爲"庚",從字形上看,似爲"秉"之訛變,參看滕壬生:《楚系簡帛文字編(增訂本)》"秉"條,湖北教育出版社,2008 年 10 月,第 283 頁;李守奎、曲冰、孫偉龍:《上海博物館藏戰國楚竹書(一—五)文字編》"秉"條,作家出版社,2007 年 12 月,第 154 頁。

③ 整理者曹錦炎先生把"努"讀爲"賢";復旦讀書會把"叕"釋爲"堅",但又疑讀爲"賢",參看復旦大學出土文獻與古文字研究中心研究生讀書會:《〈上博(七)·凡物流形〉重編釋文》,"復旦大學出土文獻與古文字研究中心"網,2008 年 12 月 31 日。按,"努"字從力,與楚簡中"賢"一般所作之形是不一樣的,宋華强先生已言:"'努'字從'力',與'勞'字從'力'同意,大概是堅強之'堅'專字。"參看宋華强:《〈上博(七)·凡物流形〉散札》,"簡帛"網,2009 年 1 月 6 日。

一、從句式看，《凡甲》簡 27：

敬牆而禮，屏氣而言，不失其所然，故曰勢（堅）。

和上博六《慎子曰恭儉》簡 5 和簡 3 頗爲一致：

(1) 禄不累其志，故曰强。【慎 5】
(2) 勿以坏（倍）身，中處而不頗，賃（任）德以俟，故曰青（清）。
【慎 3】

《凡甲》簡 27 是說"堅"所具有的特徵，而《慎》簡 5 是說"强"所具有的特徵，兩者其實都是解釋《慎》簡 1"堅强以立志"中"堅""强"的意思。

《慎》簡 3 的"青"，以前或讀爲"清""情""静"。① 現在看來，這個"故曰青"與"故曰堅""故曰强"一樣，也應是解釋《慎》簡 1"精法以巽（循）勢"中"精"的意思，"精""青"二字表示的應爲同一個詞。這裏的"精"和"青"，都應讀爲"清"，即"公正"的意思。

二、從竹簡的形制看，《凡甲》簡 27 與上博六《慎子曰恭儉》的形制相同。《慎子曰恭儉》整理者李朝遠先生對《慎子曰恭儉》的編聯間距的描述是：完簡僅一支，簡長 32 釐米，有上下二編繩，第 1 契口（辰按，李先生用的是"編繩"這個術語，爲了與《凡甲》簡 27 相對照，今改稱"契口"）距頂端 7.8 至 8 釐米，第 1 契口距第 2 契口 18.1 釐米，第 2 契口距尾端 6.1 釐米。此篇除存有一支完簡外，其它五支簡均上端完好，下端殘缺。簡頂端均削爲平頭，第一字和整簡的最後一字上下幾無天頭地腳。②

《凡甲》簡 27 與《慎子曰恭儉》竹簡形制的三個特徵（編聯間距、下端多殘、幾無天頭地腳）都相吻合，尤其是兩者編聯間距密合，這怎麼也不能說是偶然的巧合。從這二點看，《凡甲》簡 27 與《慎子曰恭儉》應爲一篇。

---

① 陳偉：《上博竹書〈慎子曰恭儉〉初讀》，"簡帛"網，2007 年 7 月 5 日。劉洪濤：《上博竹書〈慎子曰恭儉〉校讀》，"簡帛"網，2007 年 7 月 6 日；又，劉洪濤、劉建民：《上博竹書〈慎子曰恭儉〉校讀》，《簡帛》第三輯，上海古籍出版社，2008 年 10 月，第 107—113 頁。李鋭：《〈慎子曰恭儉〉學派屬性初探》，"簡帛"網，2007 年 7 月 9 日。
② 李朝遠：《〈慎子曰恭儉〉釋文考釋》，《上海博物館藏戰國楚竹書（六）》，上海古籍出版社，2007 年 7 月，第 275 頁。

需要指出的是，《凡甲》簡 27 與《慎子曰恭儉》的字迹特徵也是不一致的，但字迹不同並不能成爲《凡甲》簡 27 可歸入《慎子曰恭儉》的反證。在楚地竹簡中，同一篇竹書爲兩個抄手所寫還是比較常見的，如郭店《五行》（可對比其中簡 9 與簡 10）、上博一《性情論》（可對比其中簡 2 與簡 38）、上博三《周易》（可對比其中簡 7 與簡 24）等即有兩種字迹存在。即使在同一支簡中，也出現過兩種字迹相雜的情况，如上博五《競建内之》簡 19、簡 20 等。①

隨着上博藏簡的陸續公布，把《凡甲》簡 27 歸入《慎子曰恭儉》的說法或許可以得到驗證或補充。

附記：此文寫出後，程少軒先生告訴我，他在一篇文章中也認爲從形制看，《凡甲》簡 27 不屬於《凡物流形》甲本，並也發現《凡甲》簡 27 與《慎子曰恭儉》竹簡的形制相一致。② 但程先生認爲從字體看，《凡甲》簡 27 不太可能屬於《慎子曰恭儉》篇，很可能來自與上博六《慎子曰恭儉》篇同一批抄寫的、内容類似的古書。今把程先生的意見記於此，以供大家參考。

二

上博七《吴命》現存 9 支竹簡，較爲殘斷，文意互不連屬，且其詞語及通假常有特異之處，雖經過整理者的辛勤工作，但問題仍然不少，現對有關問題重新考證如次：

一、《吴命》簡 3："兩君之弗順，敢不芒（亡）道以告。"吴請成於楚。

整理者曹錦炎先生斷爲："兩君之弗順，敢不喪？ 導以告吴，請成於楚。"復旦讀書會讀斷爲："兩君之弗順，敢不芒（亡）？ 道以告吴，請

---

① 參看李松儒：《郭店楚墓竹簡字迹研究》，吉林大學碩士學位論文，指導教師：吴振武，2006 年 6 月，第 18—19 頁。
② 此文名爲《也談〈凡物流形〉的編聯及相關問題》，後來發布在"復旦大學出土文獻與古文字研究中心"網論壇，2009 年 1 月 20 日。

成於楚。"①魯家亮先生斷讀爲:"君之順之,則君之志也。兩君之弗順,敢不芒(忙)道以告,吴請成於楚。"

魯先生斷讀大體可從,但他釋爲"芒"讀爲"忙",把"敢不芒(忙)道以告"解釋爲"怎麽敢不急忙告知",這是同古人語言習慣不合的;②林文華先生依魯先生斷讀,但把"芒道"讀爲"往道",並認爲"往道以告",即"往來道路以告之意",③此説亦頗爲不辭;禤健聰先生亦從魯先生斷讀,但又把"芒"釋爲"喪",並謂"喪道"爲喪禮之義。④

按,郭店《緇衣》簡9之"芒",今本作"亡";郭店《語叢四》簡3、簡6之"芒"亦用爲"亡";上博三《周易》簡32的"芒",今本和馬王堆帛書本皆作"亡";上博七《鄭子家喪》甲本簡1、乙本簡1"鄭子家芒"之"芒",原整理者陳佩芬先生釋爲"喪",從典籍用字習慣上看,亦應讀爲"亡",即"死亡"之義;⑤《吴命》簡3"攼(殘)亡"的"亡"亦作"芒",只比此篇簡3的"芒"多一"中"頭而已。故簡3的"芒"亦應從復旦讀書會讀爲"亡","敢不亡道以告"也就是"敢不以亡道告","亡道"猶"無道"。"敢不以亡(無)道告"的意思是説:如果兩個君王没有和順,那麽,我們也只好向您告訴我們將做無道(不合禮宜)的行爲了。這裏所謂的"無道",應是交戰的一種委婉的説法。

二、《吴命》簡8上:"垄先王之福,天子之靈,孤也何勞力之有焉。孤也敢致先王之福,天子之靈。"

此句斷讀從復旦讀書會,但他們把"垄"讀爲"理"或"俚",並訓爲"賴"。從典籍用字習慣看,不如把"垄"直接讀"賴"爲好,典籍相同句式都是用"賴"而不用"理"或"俚"來表示,如《新序·雜事》"賴國家之福,

---

① 參看復旦大學出土文獻與古文字研究中心研究生讀書會:《〈上博七·吴命〉校讀》,"復旦大學出土文獻與古文字研究中心"網,2008年12月31日。
② 參看魯家亮:《〈吴命〉札記二則》,"簡帛"網,2009年1月1日。
③ 參看林文華:《〈吴命〉1、3號簡文補説》,"簡帛"網,2009年1月9日。
④ 參看禤健聰:《上博(七)零劄三則》,"簡帛"網,2009年1月14日。
⑤ 參看復旦大學出土文獻與古文字研究中心研究生讀書會:《〈上博七·鄭子家喪〉校讀》,"復旦大學出土文獻與古文字研究中心"網,2008年12月31日,對"亡"字的考釋。

社稷之靈,使寡人得吾子於此"、《韓詩外傳》卷十"寡人賴宗廟之福,社稷之靈,使寡人遇叟於此"、《公羊傳·僖公二十一年》"吾賴社稷之神靈,吾國已有君矣"、《吳越春秋·勾踐伐吳外傳》"幸賴宗廟之神靈,大王之威德,以敗爲成"、《史記·秦始皇本紀》"賴陛下神靈明聖,平定海內"等,本篇也不應例外。按,"來"來紐之部,"賴"來紐月部,兩字聲紐相同,而韻部則有距離,但從文義及與典籍相對照看,"來"似乎也只能讀爲"賴"。我們推想,"來"字在戰國末期會不會已經產生了音變而與"賴"音接近了呢?這個問題值得進一步研究。另外,上博三《中弓》簡18"昔三代之明王,有四海之內,猶垈☐","垈"後殘損,但從文義看,似亦讀爲"賴"。

三、《吳命》簡9:"唯三大夫其辱問之,今日唯(雖)不惎(謀)既犯(犯)矣,自是日以往,必(比)五六日,皆敝邑之期也。"吳走陳。

整理者曹錦炎先生把其中的"惎"讀爲"敏",並認爲"不敏"是説話者的謙稱,劉雲先生讀爲"悔"。① 按,從楚簡用字習慣來看,"惎"一般都是用爲"謀"的,此處也應讀爲"謀"。② "不謀"也就是没有料想到的意思,"今日雖不謀既犯矣"是説現在雖然没料想到已經侵犯到您了。

附帶説一下,"是日"的"是"字,整理者曹錦炎先生釋爲"望",陳偉先生改釋爲"是",③沈培先生從之,④這個意見應該是正確的。此字復旦讀書會釋爲"暑",但敵國約定日期一定不會用一個比較含混且不定點的"暑日"來表示,故"暑日"説不可從;"大丙"讀爲"曙日",⑤"曙日"一詞典籍則未見其例,故我們仍從陳偉先生説讀爲"是日"。

---

① 劉雲:《説〈上博七·吳命〉中所謂的"走"字》,"復旦大學出土文獻與古文字研究中心"網,2009年1月16日。

② 張崇禮先生已釋此字爲"謀",但其釋"不謀"爲"没有準備"的意思,則有誤。參看孟蓬生:《〈吳問〉一得》,"復旦大學出土文獻與古文字研究中心"網,2009年1月16日,張崇禮2009年1月16日第4樓的發言。

③ 陳偉:《讀〈吳命〉小札》,"簡帛"網,2009年1月2日。

④ 沈培:《〈上博(七)〉字詞補説二則》,"復旦大學出土文獻與古文字研究中心"網,2009年1月3日。

⑤ "大丙":《〈吳命〉篇"暑日"補説》,"復旦大學出土文獻與古文字研究中心"網,2009年1月5日。

四、《吳命》簡 9："楚人爲不道,不思其先君之臣事先王。① 廢其贆(貢)獻,不共承王事。"

"廢其贆獻"的"贆",整理者曹錦炎先生讀爲"賓",但"賓獻"不辭,此字應讀爲"貢","贆"所從之"童"爲定紐東部;"貢"爲見紐東部,二字聲韻相近。"貢獻"一詞典籍常見,如《國語•吳語》："吳王親對曰:'天子有命,周室卑約,貢獻莫入,上帝鬼神而不可以告。'"

五、"▬"這種長方形大墨釘從歷來發現的楚地竹簡看,都是用作分章或分節的標志。"▬"前後的簡文大都不會是一件完整的事件,而是各種事件或説話人歷次談話的彙編。《吳命》中"▬"凡四見:

(1) 簡 3："君之順之,則君之志也。兩君之弗順,敢不亡道以告？"吳請成於楚。▬

(2) 簡 7："故用使其三臣,毋敢有遲速之期,敢告刉日。"▬

(3) 簡 8 下:☐於周。▬

(4) 簡 9："自是日以往,必(比)五六日,皆敝邑之期也。"吳走陳。▬

長方形大墨釘前的那些短語如"吳請成於楚""吳走陳"等,除了例(3)不詳外,(1)、(2)、(4)都是用這幾個字來敘述某件歷史事件,那些短語是在本章節説話者所説的外交辭令之外的。我們認爲這些短語應該是標示此章節所載的外交辭令是在什麽歷史事件下發生的,或者説,它們充當着補充文義的小標題的作用。

所以,《吳命》此篇也應爲有關吳國的外交辭令之彙抄("吳命"猶言"吳國的辭命或辭令"),而並非如整理者曹錦炎先生認爲的那樣,是記載某一件或某兩件的歷史事件的前後經過。

六、《吳命》簡 5 上："以此前後之,猷不能以牧民,而反志〈忘-望〉下之相敵(濟)也,豈不左哉！"

此簡爲《吳命》簡 5 之上半段,"飛虎"引"一上示三王"的意見,認爲此

---

① 句中的"思"字承蒙陳偉先生在 2009 年 6 月 29 日於武漢召開"中國簡帛學國際論壇 2009"時指正,特此致謝！

274　佔畢隨録

　　上半段不應歸入《吳命》篇,甚確。① 我們爲討論方便起見,暫把它附於本文末。整理者曹錦炎先生把它斷爲:"以此前後之獸,不能以牧民而反志,下之相戠(擠)也,豈不右(佑)哉!"復旦讀書會斷讀爲:"以此前後之,獸不能以牧民而反志,下之相戠(擠)也,豈不左(差)哉!"

　　我們認爲應重新斷讀爲:"以此前後之,獸不能以牧民,而反志〈忘-望〉下之相戠(濟)也,豈不左哉!"其中的"志"應是"忘"之訛,二字字形相近,容易訛混,②這裏讀爲"望"。"戠",應讀爲"濟","相濟"一語典籍多見。

表一:《凡物流形》甲本簡 27 與《凡物流形》甲本 A 組、B 組字迹對照表

	而	而	不	聖	曰	言	遊	所
簡 27								
A 組	2	13	2	16	14	18	3	16
B 組	17	17	22	13	20	20	19	22

【編按】《左傳·昭公十三年》:"寡君有甲車四千乘在,雖以無道行之,必可畏也。"《吳命》簡 3"亡(無)道"二字文例可參此。

【發表情況】小文二部分第二、四、五、六則發表於單育辰:《佔畢隨録

---

　　① 參看復旦大學出土文獻與古文字研究中心研究生讀書會:《〈上博七·吳命〉校讀》,"飛虎"2009 年 1 月 12 日第 19 樓的發言。
　　② 比如上博七《武王踐阼》簡 6:"席後左端曰:'民之反側(側),亦不可志。'"今本作:"後左端之銘曰:'一反一側,亦不可以忘。'"此即"志""忘"訛混之例。又如《韓非子·制分》:"有姦心者不令得忘,闚者多也。"此"忘"亦"志"之訛。

之八》,"復旦大學出土文獻與古文字研究中心"網,2009年1月3日;小文第一部分發表於單育辰:《佔畢隨錄之九》,"簡帛"網,2009年1月19日,其文第三則;小文第二部分第一、三則發表於單育辰:《佔畢隨錄之九》,其文第四、五則。後加以訂補,以《上博七〈凡物流形〉〈吴命〉札記》爲名,發表於武漢:"中國簡帛學國際論壇2009",2009年6月;又發表於"簡帛"網,2009年6月5日。後刊於《簡帛》第五輯,上海古籍出版社,2010年10月,第277—283頁。

《上海博物館藏戰國楚竹書(八)》文字考釋

上博八出版後,筆者隨即繹讀復旦吉大古文字專業研究生聯合讀書會對上博八所做的九篇校釋,深覺其水平頗高,解決了諸多疑難,不過在學習的過程中,也產生了一些小的想法,今羅列於此,以向大家求教。

一、《顏淵問於孔子》簡 2B+2A+11:羞〈敬〉又(宥)▨(過),所以爲▨也;先【2B】有司,所以【2A】得青(情)也。

"羞"爲蘇建洲先生釋,字形可參清華一《皇門》簡 3,但在此處應爲"敬"字之訛,如本篇簡 4"庸言之信,庸行之羞",可對比《周易·乾》"庸言之信,庸行之謹","羞"爲"敬"之訛,"敬""謹"義同,上博一《性情論》簡 33"義,羞之方也",郭店《性自命出》簡 39"羞"作"敬","羞"亦爲"敬"之訛;"▨",蘇建洲先生釋爲"禍";鄭公渡與前一字連讀爲"又(宥)過"。讀書會已引上博三《中弓》簡 7"老老慈幼,先有司,舉賢才,惑(宥)過赦罪"與此句對讀。其中"青"下有"="符,似是省代符,表示承上"▨也"而省略了這句話中的"也"字。① 其中"▨",整理者釋爲"退";讀書會釋爲"樂",有誤。此字實爲

---

① 參看陳劍:《關於"營="與早期出土文獻中的"省代符"》帖子,"復旦大學出土文獻與古文字研究中心"網,2011 年 7 月 9 日。又,黃傑先生也把"青="釋讀爲"情也",但他認爲"="是合文符,"青"下部的"口"符同時是"也"上部的口符,見黃傑:《初讀〈上海博物館藏戰國楚竹書(八)〉筆記》,"簡帛"網,2011 年 7 月 19 日。與我們所述不同。

"緩"之訛變，楚簡"緩"字多見，對比包山簡 76、簡 96 之"緩"作"▣""▣"，"▣"右上所從與它們右上之形基本相同，右下所從的"土"應即"又"之訛變。"緩"應讀爲"寬"，"寬"與簡文前面的"又(宥)過"意義正好相成。

二、《成王既邦》簡 11：先弌(二)史(事)之攸(修)也。

"弌史"，整理者讀爲"國變"。第一字作"▣"形，整理者認爲是"或"，按，應釋爲"弌"，參上博八《李頌》簡 1 背之"▣(弌)"，與之同形。上博八《志書乃言》簡 2 之"或"的另體作"▣"，與它們差別較大。上博八《志書乃言》簡 4 之"▣"亦應釋爲"或"，但其"二"形非常靠下，與《成王既邦》《李頌》之"弌"不同。第二字作"▣"形，整理者認爲是"弁"，按，此字爲"史"字無疑。"弌史"在簡文疑讀爲"二事"。

三、《成王既邦》簡 13：其狀膏(高)危，以睪(澤)罙(深)夌(陵)▢

"▣"，整理者釋爲"脞"；讀書會釋爲"坴"，並連上"膏"讀爲"驕淫"。按，此字實爲"危"字，"膏危"或可讀爲"高危"。末字整理者釋爲"季"；讀書會識出字形上部爲"來"。按，此字應隸定爲"夌"。"睪罙夌▢"首二字應如整理者讀爲"澤深"，此三字似可讀爲"澤深陵▢"。

四、《命》簡 2：先大夫之風▣遺命，亦可以告我。

其中"▣"整理者釋爲"訏"，讀書會釋爲"詧"，有誤。此字左從"言"右從"才"，可參郭店《語叢三》簡 3 之"才"作"▣"，字形甚類。簡文的"風𧥷"即"風裁"，《後漢書·黨錮傳》："是時朝廷日亂，綱紀穨阤，膺獨持風裁，以聲名自高。"

五、《命》簡 6+7：黔(黔)首萬民，【6】莫不欣喜；四海之内，莫弗"▣"。

"▣"，整理者隸定爲"瞍"，於字形辨認有誤，此字應從"耳"從"身"，

278　佔畢隨錄

在這裏讀爲"信"。

六、《命》簡 8+9：君王之所以命與所爲於楚【8】邦，必内偶之於十友又三，皆亡🆎焉而行之。

"🆎"，整理者釋爲"慭"，甚誤。此字從"留"從"心"，上部實爲"留"的訛寫，對比上博一《紂衣》簡 21"🆎"草下所從之"留"形即可瞭然。"㤖"應讀爲"留"，古書常見"留令""留事""留治"的説法，"留"爲"稽留""滯留"之義，如《管子·兵法》："中處而無敵，令行而不留。"《荀子·君道》："兼聽齊明而百事不留。"《荀子·彊國》："聽決百事不留。"《商君書·靳令》："靳令則治不留，法平則吏無奸。"

七、《王居》簡 4：願大夫之毋🆎徒，以損不穀之□

"🆎"整理者隸定爲"䣈"，誤。此字上從"茆"，包山、新蔡之"卯"多如此作，參包山簡 207 之"卯"作"🆎"形；下從"冃"，此字應從卯得聲而讀爲"留"。後面的"徒"指彭徒，《王居》簡 2 楚王亦單稱他爲"徒"。又，此篇篇末應按《王居》簡 3、簡 4、簡 7 的順序排列，三支簡相聯處有缺文，篇末大意是説楚王雖然覺得觀無畏所言彭徒之事是讒言，但讒言已經在楚邦中傳開了（參《王居》簡 3："是言既聞於棠已，邦人其沮志解體，謂□"）；所以《王居》簡 4 説"願大夫之毋留徒，以損不穀之□"，即不留彭徒於楚王身邊；然後《王居》簡 7 説出彭徒爲洛卜尹。

八、《命》簡 5+《志書乃言》簡 5：非而所以遻（報）我，不能聊（穿）壁而視聽。【命 5】吾以尔（爾）爲遠目耳，而縱不爲吾禹（稱）睪（擇）吾父兄甥舅之又（有）亡善，【志書乃言 5】

讀書會指出，《命》《王居》《志書乃言》這三篇竹簡形製及字迹一致。讀書會已把《王居》及《志書乃言》混編，"ljltom"又把《命》簡 4、簡 5 歸入《王居》及《志書乃言》，這都是很正確的。① 不過，《志書乃言》簡 5 還應上

---

① "ljltom"：《关於〈王居〉的編排》，"簡帛"網論壇，2011 年 7 月 18 日。

接《命》簡 5。相關編聯即爲《王居》簡 1+《志書乃言》簡 1+《志書乃言》簡 2+《志書乃言》簡 3+《命》簡 4+《命》簡 5+《志書乃言》簡 5。其中《命》簡 4、《命》簡 5、《志書乃言》簡 5 的"而"皆爲"爾"義(《命》簡 5"而"爲"爾",整理者已言),此篇作第二人稱講的"尔(爾)""而"互用;①《命》簡 5"复""聊"整理者讀爲"復""貫",當然沒有問題,但如把它們讀爲"報"及"穿",文義會更加顯豁;②整理者原於"我"字前加逗,應從高佑仁先生説於"我"字後加逗,③一是簡文"我"字下有標點,二是此篇於第一人稱主格、領格用"吾",賓格用"我",這都是應於"我"字後加逗之證;《志書乃言》簡 5 之"目耳",整理者誤釋爲"自爲";"罜"從陳劍先生讀爲"擇";④"▢"整理者不釋,似爲"亡"字。

九、《蘭賦》簡 2:緩哉蘭兮,□□搖落而猷不失厥芳,芳涅(盈)訛(密)迡(邇)而達聞于四方。

其中的"緩"應讀爲"遠","緩""遠"皆匣紐元部,從袁與從爰之字在典籍中亦常相通。⑤ 簡文中"遠"指蘭香氣所傳達之遠。

十、《蘭賦》簡 4+5:信蘭其穢也,風旱【4】之不罔。

"穢"應讀爲"邁","穢""邁"皆明紐月部,此處形容蘭品質之高邁。

十一、《有皇將起》簡 6:▢也今兮,詮(舍)三夫之旁也今兮。膠膰秀(誘)余今兮,獨論〈詮-舍〉三夫今兮。膠膰之脽也今兮,論〈詮-舍〉夫三夫之精(精)也今兮。

---

① 蘇建洲先生已指出上博四《曹沫之陳》簡 37、簡 7 亦"而""尔(爾)"互用,參看陳劍:《〈上博(八)·王居〉復原》,"復旦大學出土文獻與古文字研究中心"網,2011 年 7 月 20 日,蘇建洲 2011 年 7 月 20 日第 13 樓的發言。
② 如《南史·儒林列傳》:"王乃微服往榮宅,穿壁以觀之。"
③ 復旦吉大古文字專業研究生聯合讀書會:《上博八〈命〉校讀》,"復旦大學出土文獻與古文字研究中心"網,2011 年 7 月 17 日,高佑仁 2011 年 7 月 18 日第 28 樓的發言。
④ 陳劍:《〈上博(八)·王居〉復原》,"復旦大學出土文獻與古文字研究中心"網,2011 年 7 月 20 日。
⑤ 高亨、董治安:《古字通假會典》,齊魯書社,1989 年 7 月,第 170 頁。

"諕"作"■"形,參看本簡之"余"作"■",可知右確爲"余",但略有訛變。本簡的兩個"論"字作"■""■",從文義看,這兩個"論"實爲"諕"之訛變,上面略有訛變的"■"即是"■""■"形更進一步訛變的中間形態。這三個"諕"應讀爲"舍",施予之義,若如整理者釋爲"論"讀"命"則文義不可通矣。

【發表情況】本文最初觀點發表於復旦吉大古文字專業研究生聯合讀書會:《〈上博八·顏淵問於孔子〉校讀》,"復旦大學出土文獻與古文字研究中心"網,2011年7月17日,單育辰2011年7月18日第17樓的發言(對應本文第一則);及復旦吉大古文字專業研究生聯合讀書會:《上博八〈成王既邦〉校讀》,"復旦大學出土文獻與古文字研究中心"網,2011年7月17日,單育辰2011年7月17日第3樓(對應本文第二、三則)的發言;及復旦吉大古文字專業研究生聯合讀書會:《上博八〈命〉校讀》,"復旦大學出土文獻與古文字研究中心"網,2011年7月17日,單育辰2011年7月17日第7樓(對應本文第四、五則)、2011年7月18日第26樓(對應本文第六則)的發言;及復旦吉大古文字專業研究生聯合讀書會:《上博八〈王居〉〈志書乃言〉校讀》,"復旦大學出土文獻與古文字研究中心"網,2011年7月17日,單育辰2011年7月17日第3樓、2011年7月19日第16樓(對應本文第八則)、2011年7月17日第4樓、2011年7月18日第9樓、2011年7月19日第17樓(對應本文第七則)的發言;及復旦吉大古文字專業研究生聯合讀書會:《上博八〈蘭賦〉校讀》,"復旦大學出土文獻與古文字研究中心"網,2011年7月17日,單育辰2011年7月17日第8樓(對應本文第九、十則)的發言;及復旦吉大古文字專業研究生聯合讀書會:《上博八〈有皇將起〉校讀》,"復旦大學出土文獻與古文字研究中心"網,2011年7月17日,單育辰2011年8月22日第40樓(對應本文第十一則)的發言。後加以訂補,以《佔畢隨錄之十五》爲名,發表於"復旦大學出土文獻與古文字研究中心"網,2011年7月22日,及此文下單育辰2011年8月22日第4樓的評論。後以《〈上海博物館藏戰國楚竹書(八)〉文字考釋》爲名,刊於《出土文獻語言研究》第二輯,暨南大學出版社,2015年3月,第174—176頁。

《上海博物館藏戰國楚竹書（九）》雜識

《上海博物館藏戰國楚竹書（九）》終於在 2012 年底出版了，①内容仍然十分豐富，我們拿到書後，反復繹讀數過，感覺此書的分篇工作做得並不理想，被整理者歸爲一篇的，其實摻雜了好幾篇的簡文，更會有一些應入此書而失收的竹簡，估計得等後面幾册刊布後才能細論了。上博九發表後，學者已經在網上更正了很多分篇、拼聯、釋字錯誤，今暫把學者未能談及的一些問題寫出，權供大家參考。

一、《陳公治兵》簡 3：熊雪子麻與䣚（巴）②人戰於䝞州，師不絶，焉得其鍰旗。

"鍰旗"應讀爲"猿旗"，於動物名加鼠旁，曾侯乙簡常見。學者多已指出，此句可與《左傳·哀公二年》"鄭人擊簡子中肩，斃于車中，獲其蠭旗"文例相參照。③

二、《陳公治兵》簡 11：五人於伍，十人於行。行𣎵不成，卒率卒，命從瀘。

"𣎵"整理者誤釋作"栽"，今據《説文》"列"作"𣎵"及簡文文意看，

---

① 馬承源主編：《上海博物館藏戰國楚竹書（九）》，上海古籍出版社，2012 年 12 月。
② 參看李學勤：《包山楚簡"䣚"即巴國説》，《四川師範大學學報（社會科學版）》2006 年第 6 期，第 5—8 頁。
③ 如馬楠：《上博九〈陳公治兵〉初讀》，"清華大學出土文獻研究與保護中心"，2013 年 4 月 22 日。

"▨"就應是"列",此字寫得像楚文字的"戚"形(如郭店《尊德義》簡 7"▨"、《語叢一》簡 34"▨"),但六豎並不折曲,所以不是"戚"字。楚文字中的"列"在已公開發表的簡文中似尚未見,①但照正常的楚文字"列"來比,應有訛變。

三、《舉治王天下》簡 4+16:☐子訪之,上父與辭。文王曰:"日短而世意【4】矣。"

此兩支簡拼合從"松鼠"所言,②"意"整理者誤釋作"悃"。按,應釋爲"意"讀"億","日短而世意(億)矣"是説每天時間很短,但一世光陰則很多了。

四、《舉治王天下》5+6:文【5】王訪於上父曰:"我左患右難,吾欲達中持道,昔我得中,世世毋有後悔。"

其"中"即清華一《保訓》文王臨終傳與武王之"中"。二文相較,若合符節。可見先秦時確有文王得"中"的記載。所謂的"中"爲抽象概念,大體相當於"道"。上博五《季庚子問於孔子》簡 2+3:"孔子曰:'君子在民【2】之上,執民之中,施教於百姓而民不服焉,是君子之恥也。'"此處亦言"中"。

五、《舉治王天下》簡 24:堯曰:"嗚呼,日月閉間,歲建☐☐"
"建"整理者釋作"聿"。

六、《舉治王天下》簡 28:宛丘之衆人也,非能合德於世者也。
"宛丘"整理者釋作"怨并"。按,此二字作▨、▨,可參上博一《孔子詩論》簡 21"宛丘"二字作▨、▨。《詩·陳風·宛丘》鄭注:"帝舜之胄有

---

① 楚文字中的"列"在已公開發表的材料中尚未見到,但據聞在未公布的楚簡中有"列"字,與小篆字形略有類似之處。在楚文字中,還有一個"戮"可讀爲"列",如上博二《容成氏》簡 16"▨"讀"癘"、上博三《周易》簡 45"▨"讀"冽",與小篆的"列"應非出一源,其來源不詳。

② 參看"youren":《〈舉治王天下〉初讀》,"簡帛"網論壇,2013 年 1 月 5 日,"松鼠"2013 年 1 月 7 日第 44 樓的發言。

虞閼父者,爲周武王陶正。武王賴其利器用,與其神明之後,封其子嬀滿於陳,都於宛丘之側,是曰陳胡公,以備三恪。""宛丘"是舜後裔所在地,或許此篇就用來指舜所居之地。

七、《舉治王天下》簡 31＋32：首糾旨,身鱗鱋,禹使民以二和,民乃盡力。百川既【31】導,天下能極。

"首",整理者誤釋爲"百"。許多學者都已指出,此句"首糾旨,身鱗鱋"可對應上博二《容成氏》15＋24:"手足胼胝,【15】面矸鱋(皸),脛不生之毛。"

八、《舉治王天下》簡 32＋33：禹奮衷疾志,有欲而弗【32】達,深實固定,有功而弗發(伐)。

"達"整理者釋作"遺",誤,參上博八《成王既邦》簡 12、《舉治王天下》簡 6 之"達"即如此作,從押韻亦可看出"達""發"皆押月部韻。又《舉治王天下》簡 21"遠而方(旁)達",整理者對"達"亦誤釋爲"遺"。

九、《邦人不稱》簡 2 拼合誤,應拆分,其中簡 2b:"☐髮而止女(汝)。"①"髮"整理者誤釋作"頫",此字與《靈王遂申》簡 2"申成公涉其子鹿未蓄髮"之"髮"字相同。②

十、《邦人不稱》簡 2：就昭王之亡,要(邀)王於隨寺。
"隨",整理者誤釋作"埒"。

十一、《邦人不稱》簡 3＋4：就復邦之後,蓋冠爲王獲,而邦人【3】不稱美焉。

"獲"作" "形,整理者誤釋作"秉",清華一《金縢》簡 14"則大穫"之

---

① "女"字也有可能是"安"字之誤寫,讀爲"焉",可參簡 3 之"安"字及相關辭例。
② 《靈王遂申》之"髮"字爲"汗天山"首釋,參"youren":《〈靈王遂申〉初讀》,"簡帛"網論壇,2013 年 1 月 5 日,"汗天山"2013 年 1 月 5 日第 5 樓的發言。

"穫"作▢,左旁與之同形。

十二、《邦人不稱》簡 12＋10：焉假爲司馬,不取其折,而邦人不稱還【12】焉。

此段編聯及釋讀從沈培説。① 其中"焉假爲司馬"辭例可參包山簡 158"畢得假爲右史",可知"假爲"一詞,大概是暫時授與、暫時任職的意思。徐在國曾認爲"畢得赧(賈)"之"賈"爲人名,②有誤。時賢已經提到"畢得"下有人名提示符,這也是"假(赧)"不能歸上讀之證。③

十三、《史蒥問於夫子》簡 6＋7：夫子曰："入與貨,幽(幼)色與酒,大鐘鼎,【6】美宗室,驅輕旼▢,與獄訟易,所以失▢"

"輕"字的隸定及"旼"字的考釋爲"youren"的意見,④在此基礎上,我們認爲相關四字應讀爲"驅輕(騁)旼獵"。"輕"與"騁"音可通,"▢"從"辵"從"車"從"鼠",讀"獵",⑤楚文字中的"轆"可參九店 M56 簡 31"▢"、上博五《鮑叔牙與隰朋之諫》簡 4"▢"、上博六《用曰》簡 14"▢"。"▢"字"辵"以外的部分,則把"車"與"鼠"的形體揉合在一起。《孟子·盡心下》："般樂飲酒,驅騁田獵,後車千乘。"北大漢簡《老子》簡 150："驅騁田獵令人心發狂。"(今本《老子》作："馳騁田獵令人心發狂。")

---

① 沈培：《清華簡和上博簡"就"字用法合證》,"簡帛"網,2013 年 1 月 6 日。
② 徐在國：《説楚簡"叚"兼及相關字》,"簡帛"網,2009 年 7 月 15 日。
③ 劉信芳：《包山楚簡解詁》,藝文印書館,2003 年 1 月,第 166 頁。
④ 參"youren"：《〈史蒥問於夫子〉初讀》,"簡帛"網論壇,2013 年 1 月 5 日,"youren"2013 年 1 月 5 日第 2 樓、第 11 樓的發言。
⑤ 本則最初發表於"ee"：《上博九識小》,"簡帛"網論壇,2003 年 1 月 5 日,"ee"2003 年 1 月 5 日第 1 樓的發言。後程燕《讀〈上博九〉劄記(二)》("簡帛"網,2013 年 1 月 7 日)對此四字釋讀亦與筆者相同,且引字形及《孟子》爲證,但其所引"獵"字形多非。程燕文後來以《讀〈上博九〉札記》爲名發表於《漢語言文字研究》第一輯,上海古籍出版社,2015 年 2 月,第 187—191 頁。

十四、《卜書》簡1+2：兆俯首内趾,是謂【1】陷。處宫無咎,有疾乃󰀀。

"󰀀"整理者釋作"適",按,應釋爲"憯",此字與簡1的"適"作"󰀁"形不同,它與簡2第一字"陷"(與"沈"一字分化)皆押侵部韻,參上博三《周易》簡14"󰀂"(簪)及史傑鵬、宋華强二先生文。① 本則意見在簡帛網論壇發表後,又見"mpsyx"及"一上示三王"引陳劍説皆讀爲"漸",②讀爲"憯""漸"皆可,二字古音本通,但讀爲"漸"更符合典籍用字習慣。

十五、《卜書》簡4：肹高上,𩰹純深,是謂開。

"𩰹"作"󰀃"形,整理者釋爲"炒",有誤,此字與本篇"炒"作"󰀄"(簡1)形並不一樣,其左旁從"嬰",③"𩰹"與"肹"一樣,都是兆象術語。

【發表情況】本文最初觀點發表於"ee"：《上博九識小》,"簡帛"網論壇,2013年1月5日,"ee"2013年1月5日第1樓、2013年1月7日第3樓、2013年1月8日第4樓的發言。後加以訂補,以《佔畢隨録之十六》爲名,發表於"簡帛"網,2013年1月9日。後以《〈上海博物館藏戰國楚竹書(九)〉雜識》爲名,發表於新竹："'出土文獻的語境'國際學術研討會暨第三届出土文獻青年學者論壇",2014年8月；後刊於《簡帛》第十一輯,上海古籍出版社,2015年11月,第49—52頁。

---

① 史傑鵬：《先秦兩漢閉口韻詞的同源關係研究》,北京師範大學博士學位論文,指導教師：王寧,2004年5月,第47頁。宋華强：《新蔡簡與"速"義近之字及楚簡中相關諸字新考》,"簡帛"網,2006年7月13日；又載《中國文字》新三十二期,藝文印書館,2006年12月,第149—164頁。

② 本則最初發表於"ee"：《上博九識小》,"ee"2003年1月5日第1樓的發言。參"youren"：《〈卜書〉初讀》,"簡帛"網論壇,2003年1月5日,"mpsyx"及"一上示三王"2013年1月8日第14樓、第15樓的發言。

③ "嬰"("瘦")字的考釋參看馮勝君：《試説東周文字中部分"嬰"及從"嬰"之字的聲符——兼釋甲骨文中的"瘦"和"頸"》,《出土文獻與傳世典籍的詮釋——紀念譚樸森先生逝世兩週年國際學術研討會論文集》,上海古籍出版社,2010年10月,第67—79頁。

由清華簡釋解古文字一例

　　2008年清華大學收購一批戰國楚簡，經過初步整理，短時間就在《文物》2009年第6期上公布其中《保訓》一篇的圖版及釋文，近來，整理者又發表了更清晰的圖版及修訂後的釋文，①由於整理者水平較高，其所作的釋文可訂正之處不多。不過值得注意的是，籍由新公布的清華簡，我們可以釋出舊未能認出的郭店簡的一個字。

　　清華《保訓》簡1：

　　　　戊子，自潢（瀕）水。己丑，昧【1】爽▨

　　時賢多已指出，此句可以和《尚書·顧命》的相關文句對照：②

　　　　《尚書·顧命》：惟四月哉生魄，王不懌。甲子，王乃洮頮水。相被冕服，憑玉几。

　　其中"潢水"二字爲合文，作下形：③

---

　　①　李學勤主編：《清華大學藏戰國竹簡（壹）》，中西書局，2010年12月，第142—148頁。

　　②　"CityofEmber"：《"清華簡"研究初見成果：解讀周文王遺言 zz》，"復旦大學出土文獻與古文字研究中心"網論壇，2009年4月13日，"子居"2009年4月23日第142樓的發言。清華大學出土文獻研究與保護中心：《清華大學藏戰國竹簡〈保訓〉釋文》，《文物》2009年第6期，第73—75頁。

　　③　合文符整理者失察，筆者已指出，見"公子小白"：《發一份清晰的〈保訓〉圖片並談簡文與傳抄古文的關係》，"復旦大學出土文獻與古文字研究中心"網論壇，2009年7月7日，"ee"2009年7月8日第11樓的發言。又可參看李零：《讀清華簡〈保訓〉釋文》，《中國文物報》2009年8月21日第七版對相關字的討論。

由清華簡釋解古文字一例　287

"▨"字(下稱爲 A),整理者釋爲"潰",並説:"'潰',讀爲'靧',字或作'頮''沬',洗面。"不過,在 2009 年 6 月 15 日召開的"清華簡《保訓》座談會"上,李守奎、李鋭等先生認爲此字爲"演"。① 從字形上看,A 字右旁確實與"寅"没有任何區别,但釋"演"文義實難講通,尤其我們認出 A 下有合文符,並與《尚書·顧命》相對照後,則 A 字只能認爲是從"貴"得聲了。爲了與"演"字相區别,我們把它隸定爲"㴒"。

《説文》卷六下"貴"作"▨",從"臾"從"貝",又説"'臾',古文'蕢'";卷一下"蕢"的古文作"▨"。在傳抄古文中,更有單從"臾"的"貴"字,如《古文四聲韻》4.8"貴"作:"▨"(引《古孝經》)、"▨"(引《古孝經》)、"▨"(引《裴光遠集綴》)、"▨"(引《古老子》)諸形。A 字與之相比,只多了一個"水"旁和"宀"旁,所以《保訓》整理者把 A 釋爲"潰"是没有問題的。在《璽彙》0410 有人名"王臾"、《六年格氏令戈》(《集成》11327)有人名"韓臾",從命名角度看,這兩個"臾"也應釋"貴"爲好。②

在郭店《成之聞之》中有段話作:

《成之聞之》簡 29＋30＋1:君子曰:"雖有其巫而【29】可,能終之爲難。""槁木三年,不必爲邦旗。"蓋言 B 之也,是以君子貴【30】成之。

B 作下形:

---

① 李鋭:《讀〈保訓〉劄記》,"confucius2000"網,2009 年 6 月 17 日。
② 《璽彙》0410、《六年格氏令戈》二説參看單育辰:《佔畢隨録之十一》,"復旦大學出土文獻與古文字研究中心"網,2009 年 8 月 3 日,"佑仁"2009 年 8 月 4 日第 5 樓、"海天"2009 年 8 月 4 日第 7 樓的發言。

B以前或釋爲"寅",認爲是"敬"的意思;①或隸定爲"曆",讀爲"朝",又讀爲"朽";②或認爲是"富"的誤寫而讀爲"逼";③或認爲從"寅"得聲而讀爲"偃";④或釋爲"夾",認爲是朽敗義的"挾斯";⑤或認爲從"寅"得聲而訓爲"陳舊"的"陳"。⑥ 其中以釋"寅"的觀點影響最大,從字形上看,B從"日"從"寅"沒有問題,不過,把B訓爲"敬",和簡文前後文義互不搭邊,感覺有些奇怪。現在知道《保訓》的"演"可讀爲"潰",那麼,我們也可以想象,B字"日"上所從也可以是"貴",可隸定爲"睯",讀爲"貴"。"'槁木三年,不必爲邦旗',蓋言睯之也"的"睯",是説"邦旗"之"貴重"。後面接着説:"是以君子貴成之。""睯"緊緊照應這句"貴成之"的"貴"。"貴成之"的"成"是"成就""完成"的意思,是照應前面"能終之爲難"的"終"的。⑦

那麼《成之聞之》簡29+30+1這一段話的意思是:君子説:"有急切的心情雖然是可以的,但最終完成卻很困難。""枯槁的木頭放了三年,不應該作爲國旗的旗杆了。"這是説國旗是貴重之物。所以君子貴重的是最終完成。

還有個問題,就是《成之聞之》這句已經有了一個"貴"字,這裏又用了"睯"來表示"貴"這個詞,會不會有些奇怪呢?其實,這是楚地簡帛中常常使用的一種字形避複的辦法(當然也不排除是底本原因而造成的一字寫成兩形),楚簡中同一個詞在相鄰的文句中,甚至在同一句中用不同的字來表示,是很常見的。比如郭店《忠信之道》簡7"群物皆成而百善磨(皆)

---

① 李零:《郭店楚簡校讀記》,《道家文化研究("郭店楚簡"專號)》第十七輯,生活·讀書·新知三聯書店,1999年8月,第515頁。陳偉:《郭店楚簡〈六德〉諸篇零釋》,《武漢大學學報(哲學社會科學版)》1999年第5期,第30頁。案,認爲此字形從"寅"從"日"最早見於張光裕主編:《郭店楚簡研究·第一卷·文字編》,藝文印書館,1999年1月,第10頁。
② 劉信芳:《郭店竹簡文字考釋拾遺》,《江漢考古》2000年第1期,第43頁。
③ 李學勤:《郭店簡"君子貴誠之"試解》,《中國歷史文物》2002年第1期,第30—32頁;又,李學勤:《郭店簡"君子貴誠之"試解》,《中國古代文明研究》,華東師範大學出版社,2005年4月,第232—233頁。
④ 李零:《郭店楚簡校讀記(增訂本)》,北京大學出版社,2002年3月,第124頁。
⑤ 周鳳五:《郭店竹簡文字補釋》,《古墓新知——紀念郭店楚簡出土十週年論文專輯》,香港國際炎黃文化出版社,2003年11月,第66—67頁。
⑥ 劉釗:《郭店楚簡校釋》,福建人民出版社,2003年12月,第144頁。
⑦ 參看郭沂:《郭店楚簡〈成之聞之〉篇疏證》,《郭店楚簡研究》(《中國哲學》第二十輯),遼寧教育出版社,1999年1月,第281—283頁。

立";上博三《周易》簡 42"乃亂迺啐";上博三《彭祖》簡 7"一命式俯";上博四《曹沫之陳》簡 36"陳功上賢,能治百人,史(使)長百人;能治三軍,思(使)帥"等,都是這樣的例子。

【**發表情況**】單育辰:《佔畢隨錄之十一》,"復旦大學出土文獻與古文字研究中心"網,2009 年 8 月 3 日,其文之第二則。後以《由清華簡釋解古文字一例》爲名,刊於《史學集刊》2012 年第 3 期,第 96—98 頁。

談清華簡中的"䑦舟"

清華簡第一册於近期出版，這批簡内容十分重要，整理者的公布速度與整理水平也很值得稱贊。不過對整理者的考釋我們偶有不同意見，這裏主要談談清華簡中的"䑦舟"。

清華一《皇門》簡13：既告汝元德之行，譬如䑦舟，輔余于險，嚻（營）余于濟。

此句《逸周書·皇門》作："爾假予德憲，資告予元，譬若衆畋，常扶予險，乃而予于濟。"今本已有訛誤，"䑦舟"被改爲"衆畋"，没法與簡文文字對應。那麽，我們只好離開今本，談一談簡文的"䑦舟"。

"䑦舟"，整理者認爲"䑦舟"是掌船的意思，又説"䑦字從舟，或專指掌船"；[1]復旦讀書會讀爲"主舟"。[2] 品味整理者及讀書會的意見，似把二字理解爲行船之人，但典籍中的"主"並無此義。"主舟"一語典籍並非無見，宋華强先生已引《禮記·月令》"命舟牧覆舟，五覆五反，乃告舟備具于天子焉"，鄭玄注："舟牧，主舟之官也。"《史記·齊世家》"蒼兕蒼兕"，《索隱》引馬融曰："蒼兕，主舟楫官名。"皆有"主舟"一語。但它們是掌管舟船之官的意思，非行船人之義。且"掌船"與險並無直接的邏輯關係，"主舟"用在句中很彆扭。

---

[1] 李學勤主編：《清華大學藏戰國竹簡（壹）》，中西書局，2010年12月，第171頁。
[2] 復旦大學出土文獻與古文字研究中心研究生讀書會：《清華簡〈皇門〉研讀札記》，2011年1月5日。

其後又有很多學者對此進行研討,比如沈培先生讀爲"同舟";①唐洪志先生讀爲"屬舟";②劉雲先生讀爲"造舟";③宋華强先生讀爲"主舟"或"櫂舟";④時兵先生讀爲"擢舟"。⑤ 這些意見可以分爲兩派,一種是把"舭舟"理解爲動賓結構,認爲"舭"是動詞,"舟"是名詞;另一種是把"舭舟"理解爲偏正結構,認爲"舭舟"是一種舟名。我們考慮,若把"譬如舭舟"這句的"舭舟"理解爲動賓結構的"同舟""櫂(擢)舟",則"譬如舭舟"這一短句缺少行爲者,不太符合語感。所以,把"舭舟"理解爲舟名可能更爲恰當,簡文後說"輔余于險,嚻(營)余于濟",即周王告訴大臣們要像"舭舟"這種船一樣,牢固可靠,輔佐他越險渡河。

從清華簡《皇門》中的"舭"所從"舟"旁亦可以悟出,"舭"應是一種舟的專稱。這使我們不由想到,"舭"應和《鄂君啓舟節》(《集成》12113)中的"艁"爲一字,二字除右上的"大"形或省或不省外,其他完全一樣,這是楚文字的一種字形簡省的方式。

《鄂君啓舟節》的"艁"從"奎",古文字中的"奎",陳劍先生已經有很好的論述,比如上博五《三德》簡10:"皇后曰:立,毋爲角言,毋爲人倡。毋作大事,毋殘常。毋壅川,毋斷陸。毋滅宗,毋虛牀。""陸"與"倡""常""牀"押韻,應讀爲陽部的"岡";又如左塚漆梮"絰"與"紀"處於一組而應讀爲"綱"。⑥

《鄂君啓舟節》辭例爲"屯三舟爲一艁,五十艁,歲罷(一)返","艁"字陳劍先生釋爲陽部的"航",陳先生論證"艁"爲陽部韻確切無疑,不過我們

---

① 沈培:《清華簡字詞考釋二則》,"復旦大學出土文獻與古文字研究中心"網,2011年1月9日。
② 唐洪志:《清華簡〈皇門〉"舭舟"試釋》,"復旦大學出土文獻與古文字研究中心"網,2011年1月10日。
③ 劉雲:《說清華簡〈皇門〉中的"眼"聲字》,"復旦大學出土文獻與古文字研究中心"網,2011年1月23日。
④ 宋華强:《清華簡〈皇門〉劄記一則》,"簡帛"網,2011年2月2日。
⑤ 時兵:《殷墟卜辭"擢舟"考》,"復旦大學出土文獻與古文字研究中心"網,2011年2月3日。
⑥ 陳劍:《試説戰國文字中寫法特殊的"亢"和從"亢"諸字》,《出土文獻與古文字研究》第三輯,復旦大學出版社,2010年7月,第152—182頁;又,"復旦大學出土文獻與古文字研究中心"網,2010年10月7日。

考慮"航"在典籍中雖也有舟義,但"航"字偏重航行的意思,不如直接讀爲同是陽部的"舫"更直截些。《爾雅·釋言》:"舫,舟也。"郭璞注:"竝兩船。"《戰國策·楚策》:"舫船載卒,一舫載五十人。"鮑彪注:"舫,併船也。"《太平御覽》卷七七〇引王隱《晉書·顧榮傳》:"遂解舫爲單舸,一日一夜行五六百里。"又,《南史·孫瑒傳》:"及出鎮郢州,乃合十餘船爲大舫。"可見合多船爲一大船亦可稱爲"舫"。在我的博士論文《楚地戰國簡帛與傳世文獻對讀研究》中,①已依羅長銘先生的意見,直接把《鄂君啓舟節》的"舿"讀爲"舫",②銘文"屯三舟爲一舿(舫)",與併船爲舫的"舫"文義密合。

同理,《皇門》簡 13 的"舽舟"亦應讀爲"舫舟",典籍中"舫舟"(亦寫成"方舟")多見,如《石鼓文·靈雨篇》:"濟濟□□,舫舟西逮。"《莊子·山木》:"方舟而濟於河,有虛船來觸舟,雖有惼心之人不怒。"《説苑·善説》:"水遊則連方舟,載羽旗,鼓吹乎不測之淵。"《文選·王仲宣贈蔡子篤詩》:"舫舟翩翩,以泝大江。"蔡邕《述行賦》:"乘舫舟而泝湍流兮,浮清波以橫厲。"而"航舟"未嘗一見。

因舫舟船體大,比一般船要安全,故典籍常以"舫舟"濟河以喻雖涉險而有所依恃(如前引《莊子·山木》《述行賦》)。清華《皇門》簡 13 相關之句是説"我已經告訴你們符合大德的行爲,你們要像舫舟一樣,輔佐我涉險濟河"。沈培先生認爲:"如果説'舫舟'因爲體積大而安全,就意味着不會有危險,但是爲什麼簡文又接着説'輔余於險'呢?"這種駁議是有問題的,正是因涉河有危險("輔余於險"之"河"之"險"),因此才需要舫舟這樣牢固的大船。

由《鄂君啓舟節》中的"舿"可省作《皇門》中的"舽"可以看出,陳劍先生認爲"舽"的右旁所從是"六國文字中添加飾筆而形成的特殊寫法的'亢'字",可能有問題。《鄂君啓舟節》的"舿"其實就是從"主"得聲,"主"

---

① 單育辰:《楚地戰國簡帛與傳世文獻對讀研究》,吉林大學博士學位論文,指導教師:吳振武,2010 年 6 月,第 41 頁。
② 參看羅長銘:《鄂君啓節新探》,《羅長銘集》,黄山書社,1994 年 12 月,第 92—93 頁。但羅先生把本文隸定的"舿"釋爲"舿",並説"夸古音在魚部,對轉陽爲舫"。與筆者認爲"舿"從"主"聲而讀爲"舫"不同。

章母侯部，"舫"幫紐陽部，二字音近，故"䑶"可讀爲"舫"。① 此外，前面已經說過，上博五《三德》簡 10 的"陸"讀爲"岡"、左塚漆桐的"絳"讀爲"綱"，"岡""綱"見紐陽部，和幫紐陽部"舫"古音也很近。

在晉系的橋形布中有"梁奎釿百當鋝""梁奎釿五十當鋝"，吳振武師讀"奎"爲"重"，學界信從者頗多，②陳劍先生則改讀爲"衡"。我們認爲，吳師的意見仍是正確的。古文字的"重"多寫作從"石"從"主"的"至"，"至"從"主"得聲。③ "主"，章母侯部；"重"，定紐東部。從"主"的"至"可讀爲"重"，從"主"的"奎"讀爲"重"自然也毫無問題。"重"與"岡""綱""舫"的古音也相近，所以古文字中，"奎"既可以讀爲"重"，也可以讀爲"岡""綱""舫"。

由此出發，再看郭店《語叢四》簡 26＋27："家事乃有貲：三雄一雌，三錘一莛（提），一王母【26】保（抱）三嬰兒。"④其中"錘"從"奎"，我們認爲此字亦應依橋形布"奎"讀"重"的結論而把它讀爲"鍾"，"鍾"是一種壺，典籍常見，考古實物亦多有發現。《語叢四》那句話是說"如果按以下方式持家，家事就會做不好：三個雄性和一個雌性在一起，三個酒壺共用一個提練，一個老祖母抱着三個嬰兒"。

值得注意的是，"奎"讀爲東部的"重"主要出現在晉系文字中（郭店《語叢四》中的"錘"是個例外，大概有底本或抄手個人的原因），而"奎"讀爲陽部的"岡""綱""舫"則出現在楚系文字中，是不是因爲國別的不同而導致"奎"的用字不同呢？這個問題以後可以繼續觀察。

【編按】清華一《皇門》簡 13"嚚余于濟"之"嚚"有很多釋法，唯復旦大

---

① 魚、鐸、陽與侯、屋、東的關係十分密切，各部之間常可通假。如《淮南子·原道訓》"形體能抗"，高誘注："抗，讀扣耳之扣。"扣，溪紐侯部，抗，見紐陽部。此即侯、陽二部相通一例。
② 吳振武：《說梁重釿布》《中國錢幣》1991 年第 2 期，第 21—26 頁。
③ 參看李守奎：《〈曹沫之陣〉之隸定與古文字隸定方法初探》，《漢字研究》第一輯，學苑出版社，2005 年 6 月，第 492—499 頁。陳劍：《試說戰國文字中寫法特殊的"亢"和從"亢"諸字》，《出土文獻與古文字研究》第三輯，復旦大學出版社，2010 年 7 月，第 155 頁；又"復旦大學出土文獻與古文字研究中心"網，2010 年 10 月 7 日。
④ 釋文參看單育辰：《〈容成氏〉文本集釋及相關問題研究》，吉林大學 2008 年"985 工程"研究生創新基金資助項目，完成日期：2009 年 2 月 20 日，第 144 頁。

學出土文獻與古文字研究中心研究生讀書會讀爲"營"應是正確的。《皇門》簡12+13:"毋【12】唯爾身之謀。"清華三《芮良夫毖》簡1:"厥辟、御事各綮其身。""謀""綮"辭例一致,皆以讀爲"營"好,故可知《皇門》簡13之"謀"亦以讀爲"營"好。參馬楠:《〈芮良夫毖〉與文獻相類文句分析及補釋》,《深圳大學學報(人文社會科學版)》2013年第1期,第76—78頁。

〖發表情況〗小文最初發表於單育辰:《佔畢隨錄之十三》,"復旦大學出土文獻與古文字研究中心"網,2011年1月8日,其文之第四則。後以《談清華簡中的"舭舟"》爲名,刊於《出土文獻》第二輯,中西書局,2011年11月,第39—42頁。

清華三詩、書類文獻合考

今年出版的清華三公布了六篇新竹書,其中涉及傳統典籍分類《詩》《書》者有《周公之琴舞》《芮良夫毖》《説命》三篇,①當即展讀數過,實飽饜我心。竹簡整理者水平也甚高,幾令他人無置喙之地。不過竹簡整理難度很大,非一朝可奏其功,清華三篇發表後,網上已經有不少好的意見,大大推動了文本的識讀,筆者在此基礎上,也對整理者的工作略有不同想法,今羅列於下,以求教於大方之家焉。

一、《周公之琴舞》首簡簡1説:"周公作《多士》,儆毖《琴舞》九絉。"其後有一"元内啓",《周公之琴舞》簡1+2又説:"成【1】王作儆毖《琴舞》九絉。"其後有另一"元内啓",再以"亂"結束。但之下"再啓"至"九啓",及這八個"啓"之後的"亂"都只有一個。那麽,《周公之琴舞》"再啓"至"九啓"(及"亂")到底是周公作還是成王作呢? 比如李學勤先生就説:"粗看起來,似乎前者(辰按,指簡1所説周公所作九絉)缺失了八篇,但如仔細析讀,不難看出後者九篇(辰按,指簡1+2所説成王所作九絉)不都是成王所作,有些是王的口氣,有些則是周公和多士即衆臣的口氣。猜想這組樂詩在傳流中間曾經過調整改編,纔成爲現在所見的面貌。"②李守奎先生説:"簡文明確説周公作詩,且歌舞九章。根據下文成王詩有九篇、歌舞

---

① 清華大學出土文獻研究與保護中心編:《清華大學藏戰國竹簡(叁)》,中西書局,2012年12月。
② 李學勤:《論清華簡〈周公之琴舞〉"遹天之不易"》,《出土文獻研究》第十一輯,中西書局,2012年12月,第1頁。

九章的情况推测，周公也應當作詩九篇，所謂的'琴舞九遂'就應當是歌舞周公之詩，但爲什麼對周公之詩不予記錄？周公之詩舞與成王之詩舞是一個儀典的樂舞組合，還是分屬不同用途的兩套？這些問題可以做種種推測，限於我們對周初樂舞的瞭解程度，目前還難以有一個確切的結論。筆者的推測是，在周公歸政，也就是成王親政大典上，演奏了周公的詩九章，主旨是訓誡多子奉侍成王。然後又演奏了成王的詩九章，這些詩類似於現在的就職演説，是成王表態自儆。《周公之琴舞》主要記錄了成王的詩，周公的詩則省略了。"①我們認爲，《周公之琴舞》"再啓"至"九啓"（及"亂"）既有周公所作，也有成王所作，簡文所謂的周公作《琴舞》九絉、成王作《琴舞》九絉是説《周公之琴舞》乃周公、成王共作，而不説是兩人分别作了九章。雖然本篇具體哪部分是周公作、哪部分是成王作並不能非常準確地區分，但還是有可以辨識的，如從四啓"孺子王矣"（簡 7）、從六啓之亂"式克其有辟"（簡 11）、從八啓"是王聰明"（簡 13+14）可以看出，四啓、六啓之亂、八啓應爲周公所作；從五啓之亂"曰享答余一人"（簡 9）、從六啓"其余沖人，服在清廟"（簡 10）可以看出，五啓之亂、六啓應爲成王所作。② 又如，七啓"不逸惟同"（簡 12）的"同"，就是要與六啓之亂中另一人説的"弗敢荒在位"（簡 11）的行爲"相同"，這也是本篇兩人互作互和之一證。李守奎先生説"曾懷疑啓與亂是君臣唱和關係"，從某些方面看還是有一定道理，但恐不如後世唱和詩那樣整齊分明。至於本篇自題爲"周公之琴舞"（簡 1 背），只是摘首句字詞爲之，而非簡文内容的概括，這是出土楚簡中常見的。

二、《周公之琴舞》簡 12+13：仡余恭【12】害（曷）③怠（以）？孝敬非絅（怠）荒。

"怠"整理者讀爲"怠"，文氣不順，且與緊下簡 13 讀爲"怠"之"絅"字

---

① 李守奎：《〈周公之琴舞〉補釋》，《出土文獻研究》第十一輯，中西書局，2012 年 12 月，第 8 頁。
② 這裏假定《周公之琴舞》確爲周公、成王親作，而非後世擬作。
③ "曷"字釋讀參蘇建洲：《初讀清華三〈周公之琴舞〉〈良臣〉札記》，"簡帛"網，2013 年 1 月 18 日。

形不同。"㠯"應讀爲"以(或台或似)",此點馬楠先生已經指出,①但限於體例,馬先生未加論述,今略補證如下:此句式與本篇簡5"德元惟何?曰淵亦印"、簡14"良德其如㠯(台)?曰享人大□"句式相當。又《芮良夫毖》簡24"咎何其如㠯(台)哉"的"㠯"亦用作"台"(《周公之琴舞》《芮良夫毖》兩篇爲一人所抄②)。可參《尚書·梓材》:"厥命曷以?"

三、《芮良夫毖》簡3+4:"母脜(羞)問訊,③度【3】毋有咎。""脜"整理者讀爲"擾",認爲有亂義,不通,"脜"應讀爲"羞",上博三《周易》簡28:"不恒其德,或承其愿(羞)。"上博三《中弓》簡4+26:"雍也懂【4】愚,恐貽吾子愿(羞)。"上博五《季庚子問於孔子》簡1:"肥從有司之後,一不知民務之焉在,唯子之貽脜(羞)。""脜(愿)"即讀爲"羞"。

四、《芮良夫毖》簡4:"毋惏貪、狩(悖)悢,滿盈、康戲而不知寤告(覺)。"④"㓞"整理者釋爲從孝從犬的字,認爲有亂義。按,左旁所謂的"孝",楚文字不如此寫,應是"孛"的訛形,參郭店《老子》乙簡10之"㸦(孛)",此字應隸定爲"狩",連下字讀爲"悖悢(或昏)"。

五、《芮良夫毖》簡5:"所而弗敬,譬之若【5】重載以行崝險,莫之扶導,其猶不顛覆?"⑤整理者認爲有簡5之"所"有職務的意思,並引《左傳·哀公十六年》"固其所也"爲證。但《左傳》之"所"可引申爲"職",並非

---

① 馬楠:《〈周公之琴舞〉與傳世文獻相類文句分析》,未刊稿。
② 經李松儒考察,清華一《尹至》《尹誥》《耆夜》《金縢》《祭公》、清華三《説命》《周公之琴舞》《芮良夫毖》《赤鵠之集湯之屋》都是同一抄手所抄,且《尹至》《尹誥》《耆夜》《金縢》《祭公》《周公之琴舞》《芮良夫毖》《赤鵠之集湯之屋》這幾篇形制大致相同。
③ "問訊"二字釋讀參黃傑:《再讀清華簡(叁)〈芮良夫毖〉筆記》,"簡帛"網,2013年1月16日;"魚游春水":《清華簡三〈芮良夫毖〉初讀》,"簡帛"網論壇,2013年1月5日,"暮四郎"2013年3月27日第35樓的發言。查"㥛"作㥛形,與本篇簡3"愿"作㥛字確不同。
④ "覺"字釋讀參"魚游春水":《清華簡三〈芮良夫毖〉初讀》,"簡帛"網論壇,2013年1月5日,"魚游春水"2013年1月8日第2樓的發言。
⑤ "顛覆"二字釋讀參"丁若山":《讀清華三懸想一則》,"簡帛"網,2013年1月12日。

本有義項。"所"應讀爲"御車""御民"之"御",《尊德義》簡 24"庎"陳劍先生讀爲"御",其字亦從"所"得聲。又《周易·漸》"利禦寇"之"禦",馬王堆帛書《周易·六十四卦》(第八十六行下)即作"所"。①

六、《芮良夫毖》簡 15:"天猶畏矣,豫命無成。"整理者認爲"豫命"讀"舍命",指發布號令。按此二字又見上博六《用曰》簡 1"參節之未得,豫命乃縈"。似非發布號令之義。

七、《芮良夫毖》簡 24+25:"非穀哲人,吾靡所援【24】詣。""穀"作"▆"形,整理者釋爲乳義,不通。"穀"應讀爲"由",如郭店《五行》簡 28、簡 31 讀爲"由"之"▆""▆"即從"穀"。參本篇簡 3"由求聖人,以陳尔謀猷"。

八、典籍載有漢前歸入《尚書》中《説命》佚文而頗有清華簡《説命》未見者,整理者認爲《説命》傳本有異所致。② 疑清華簡《説命上》非《尚書》三篇中之《説命》,因《説命上》論述及文體與清華另二篇《説命》不類。而清華《説命中》應爲《尚書》中《説命》上篇;清華《説命下》應爲《尚書》《説命》中篇或下篇;清華簡與《尚書》相較,實缺一篇,爲《尚書》《説命》下篇或中篇,即典籍所載佚文而清華簡無有者。③

九、《説命上》簡 5"説于㽙伐失仲"之"㽙",整理者讀爲"圍","子居"已釋爲地名,但他釋此地爲"湯之本國"之"鄩",④應有問題,"㽙"似讀爲"韋",即豕韋氏所在的"韋"。聯繫失仲氏生二牡豕的記載,此篇失仲氏似

---

① 參看高亨、董治安:《古字通假會典》"禦與所"條,齊魯書社,1989 年 7 月,第 852 頁。
② 亦見李學勤:《新整理清華簡六種概述》,《文物》2012 年第 8 期,第 68 頁。
③ 本意見最初發表於"魚游春水":《清華簡三〈説命〉初讀》,"簡帛"網論壇,2013 年 1 月 5 日,"ee"2013 年 2 月 1 日第 46 樓的發言,後見趙平安:《試析清華簡〈説命〉的結構》,"清華大學出土文獻研究與保護中心"網,2013 年 5 月 7 日亦有類似看法,並且他認爲《説命上》可能是《説命》之序。
④ "子居":《清華簡〈説命〉上篇解析》,"confucius2000"網,2013 年 1 月 6 日。

即典籍之豕韋氏。《詩·商頌·長發》："韋顧既伐,昆吾夏桀。"古注多言此"韋"即"豕韋氏",《國語·鄭語》："佐制物於前代者,昆吾爲夏伯矣,大彭、豕韋爲商伯矣。當周未有。己姓昆吾、蘇、顧、溫、董,董姓鬷夷、豢龍,則夏滅之矣。彭姓彭祖、豕韋、諸稽,則商滅之矣。"① 又,"于"應如整理者所言爲"往"義。

十、《説命下》簡3+4:"如飛雀,【3】罔畏覲(羅),不惟鷹隼? 廼弗虞民,厥其禍亦羅(罹)于罢衆。"整理者釋讀爲:"如飛雀【3】罔畏覲(離),不惟鷹隼,廼弗虞民,厥其禍亦羅于罢衆。"今把簡中的"覲"讀爲"羅",簡中的"羅"讀爲"罹","虞"有憂的意思,"罢"改釋爲"罢",② 並作如上句讀,這兩句意思是:就好像飛鳥,即使它們不怕網羅,但不還有鷹隼(可以捕獲它們)嘛? 如果不憂民愛民,那執政者的禍患不僅像飛鳥被鷹隼捕獲一樣,還有被網羅捉住的可能。

十一、《説命下》簡7:"若賈,汝毋非貨女(汝)毄石。"整理者釋讀爲:"若賈,汝毋非貨女(如)毄(墼)石。"解"非"爲失,解"貨"爲金玉,解"墼石"爲泥,把整句解釋爲"不要把寶貴的金玉誤認作泥土石塊",較曲折。今把"女"改讀爲"汝",此句意思是:就象賣東西一樣,你不要不把你的毄石賣給我們,即以此告誡傅説不要有所吝惜而不盡力。從文義看,毄石應該是一種好石頭。

【編按】《周公之琴舞》"再啓至九啓(及亂)既有周公所作也有成王所作"的觀點亦可參李學勤:《論清華簡〈周公之琴舞〉的結構》,《深圳大學

---

① 本意見最初發表於"魚游春水":《清華簡三〈説命〉初讀》,"簡帛"網論壇,2013年1月5日,"ee"2013年1月15日第32樓的發言,後來王志平:《清華簡〈説命〉中的幾個地名》,"清華大學出土文獻研究與保護中心"網,2013年12月25日;張卉:《清華簡〈説命上〉"説於寧伐失仲"考》,"復旦大學出土文獻與古文字研究中心"網,2013年12月28日,都有類似意見。
② "覲"讀"羅"、"羅"讀"罹"及"罢"字釋參黃傑:《讀清華簡(叁)〈説命〉筆記》,"簡帛"網,2013年1月9日。"虞"字義參"魚游春水":《清華簡三〈説命〉初讀》,"簡帛"網論壇,2013年1月5日,"海天遊蹤"2013年1月23日第41樓的發言。

學報(人文社會科學版)》2013 年第 1 期,第 58—59 頁,但其觀點與小文多有不同。

《芮良夫毖》簡 15 的"豫命"與上博六《用曰》簡 1"豫命"都應讀爲"舍(/施)命"或"舍(/施)令",指發布號令。參范常喜:《〈上博六·用曰〉劄記三則》,"復旦大學出土文獻與古文字研究中心"網,2013 年 6 月 24 日。又可參《蔡侯申鐘》《蔡侯申鎛》(《集成》210、211、216—222)"雈雈豫(舍/施)政""豫(舍/施)命(/令)祇祇",《嬭加編鐘》(《江漢考古》2019 年第 3 期)"龖龖豫(舍/施)政"。

【發表情況】本文最初觀點以網名"ee"發表於"易泉":《清華簡〈周公之琴舞〉初讀》,"簡帛"網論壇,2013 年 1 月 5 日,"ee"2013 年 1 月 31 日第 15 樓(對應本文第二則)、2013 年 3 月 6 日第 16 樓(對應本文第一則)的發言;及"魚游春水":《清華簡三〈芮良夫毖〉初讀》,"簡帛"網論壇,2013 年 1 月 5 日,"ee"2013 年 1 月 13 日第 17 樓(對應本文第四、七則)、2013 年 1 月 13 日第 18 樓(對應本文第三則)、2013 年 1 月 31 日第 27 樓(對應本文第五、六則)的發言;及"魚游春水":《清華簡三〈説命〉初讀》,"簡帛"網論壇,2013 年 1 月 5 日,"ee"2013 年 1 月 15 日第 32 樓(對應本文第九則)、2013 年 2 月 1 日第 46 樓(對應本文第八、十、十一則)的發言。後訂補爲單育辰:《清華三詩、書類文獻合考》,香港:"清華簡與《詩經》國際學術研討會"會議論文,2013 年 11 月。後刊於《清華簡研究》第二輯,中西書局,2015 年 8 月,第 227—230 頁。

由清華四《別卦》談上博四
《柬大王泊旱》的"鹿"字

上博四《柬大王泊旱》有這麼一段話，整理者原來的考釋問題較多，現重新編聯整理並加一些注解：①

　　王以問釐尹高："不穀燥，甚病，聚（驟）夢高山深溪。吾所得【8】地②於膚（莒）③中者，無有名山名溪欲祭於楚邦者乎？當④訯⑤而卜之於【3】大夏。如A，將祭之。"釐尹許諾，訯而卜之，A。釐尹致命於君王："既訯【4】而卜之，A。"王曰："如A，速祭之。吾燥，鼠（一）⑥病。"釐尹答曰："楚邦有常故，【5】焉敢殺祭？⑦ 以君王之身殺祭，未嘗有。"【7】

---

① 編聯意見從陳劍、陳斯鵬，參看陳劍：《上博竹書〈昭王與龔之脽〉和〈柬大王泊旱〉讀後記》，"簡帛研究"網，2005年2月15日。陳斯鵬：《〈柬大王泊旱〉編聯補議》，"簡帛研究"網，2005年3月10日。

② 沈培：《從戰國簡看古人占卜的"蔽志"——兼論"移祟"説》，《古文字與古代史》第一輯，"中研院"歷史語言研究所，2009年8月，第391—434頁引郭永秉説。

③ 此字從陳斯鵬釋，參陳斯鵬：《〈柬大王泊旱〉編聯補議》。按，包山簡84、簡191亦有此字。又參《金文編》第296頁（中華書局，1985年7月）、《容城氏》簡26之"簹"字，學者一般讀爲"莒"。又看《史記·楚世家》："簡王元年，北伐滅莒。""得地於莒中者"猶言滅莒得地。

④ "當"原作"尚"，應同本篇簡10之"尚"用爲"當"。

⑤ 此字又見於包山簡102反、上博三《彭祖》簡1、上博八《王居》簡6，讀爲何字待考。

⑥ 參劉洪濤：《讀〈上海博物館藏戰國竹書（四）〉劄記》，"簡帛"網，2006年11月8日。

⑦ 此似以不祭本國山川而祭別國山川爲殺祭。在東周，不祭本國山川而祭別國山川是屬於亂其紀綱的行爲。可參看《左傳·哀公六年》："初，昭王有疾，卜曰：'河爲祟。'王弗祭。大夫請祭諸郊。王曰：'三代命祀，祭不越望。江、漢、雎、漳，楚之望也。禍福之至，不是過也。不穀雖不德，河非所獲罪也。'遂弗祭。"釐尹所説的常故，即應本國山川而言。

302　佔畢隨錄

其中 A 字原篆按簡文次序排列如下：

[圖] [圖] [圖] [圖]

A 可隸定作"麀"，舊多以爲從"鹿"頭，應該是不正確的，①我們以前一直認爲 A 應從"薦"頭從"伙（衣）"。可參楚文字中"薦""薦""瀌""慶"所從"薦"頭的寫法，如"[圖]"（郭店《成之聞之》簡 9）、"[圖]"（上博二《容成氏》簡 48）、"[圖]"（上博四《曹沫之陳》簡 42）、"[圖]"（包山簡 13）、"[圖]"（包山簡 137）、"[圖]"（上博一《紂衣》簡 8）等，與 A 一致。② 不過，在楚文字中，"薦"頭與"鹿"頭的寫法多已混同，那麽，A 字所從有没有可能是"鹿"頭呢？答案是否定的。此字在上博三《周易》簡 6 中亦曾出現：

上九：或賜鞶帶，終【5】朝三 B 之。【6】

B 原篆作：

B [圖] [圖]摹

此形亦是從"薦"從"衣"，③但與 A 相比，加了"薦"足，並且"衣"上的"宀"

---

① 如陳劍據《集韻》卷六"麀"同"襛"的情況（辰按，《集韻》此例是後世楷書的"衤"訛爲"衣"形，不能據以考釋古文字），認爲 A 應讀爲"孚"。劉信芳則讀 A 爲"兆"。蘇建洲認爲 A 從"衣"聲，讀作"吉"。范常喜疑 A 爲"慶"的訛體。周鳳五認爲 A 從"薦"聲讀爲"食"。張桂光認爲 A 從"薦"釋爲"薦"。參陳劍：《〈上博竹書〈昭王與龔之脽〉和〈柬大王泊旱〉讀後記》。劉信芳：《竹書〈柬大王泊旱〉試解五則》，"簡帛研究"網，2005 年 3 月 14 日。蘇建洲：《楚文字考釋四則》，"簡帛研究"網，2005 年 3 月 14 日。范常喜：《讀〈上博四〉劄記四則》，"簡帛研究"網，2005 年 3 月 31 日。周鳳五：《上博四〈柬大王泊旱〉重探》，《簡帛》第一輯，上海古籍出版社，2006 年 10 月，第 119—135 頁。張桂光：《〈柬大王泊旱〉編聯與釋讀略說》，《古文字研究》第二十六輯，中華書局，2006 年 11 月，第 266—269 頁。

② 參滕壬生：《楚系簡帛文字編（增訂本）》，湖北教育出版社，2008 年 10 月，第 860—861、913 頁。李守奎：《上海博物館藏戰國楚竹書（一—五）文字編》，作家出版社，2007 年 12 月，第 459—460、485 頁。

③ 雖然上文已説楚文字中"薦"頭與"鹿"頭常常混同，但 B 字的頭部作兩角交叉形，可參新蔡甲三 401"[圖]"、上博三《周易》簡 51"[圖]"亦如此寫，它們大概是正規寫法的"薦"頭，但此種寫法的"薦"頭出現次數較少。

沒有省略而已。B 在今本《周易》中作"褫","薦"定紐支部,"褫"透紐支部,二字皆屬舌音支部,古音極近,所以 B 應該是從"薦"得聲的。① 《太玄·難》"角觟觟",司馬光集注:"范本'觟觟'作'解豸',……'觟觟'與'解豸'同。""解豸"即"獬薦",②此是"薦"與"褫"相通的典籍佐證。同理,A 也應從"薦"從"衣",與"褫"音較近,而非從"鹿"。不過,A 讀爲什麽一直令我們感到困擾,現在清華四《別卦》的發表,給我們帶來了曙光。

新近發表的清華四《別卦》存八簡,錄有四十九個卦名(缺一簡,另有八經卦卦名已見《筮法》),其卦名與《周易》六十四卦有非常嚴格的對應,其對應形式大都是語音通假關係。詳情請參看《別卦》整理者所作的注釋,這裏就不多介紹了。值得注意的是《別卦》簡 4 有一 C 字,與今本《周易》對應的字爲"解"。③

C

整理者把 C 隸定作"纏",並提出了兩種假設:一說 C 從"鹿"得聲通"解";一說 C 從"薦"得聲通"解"。但"鹿"爲來紐屋部字,與見紐錫部的"解"聲韻遠隔,一定是不可信的,只有從"薦"聲才可能與今本的"解"相通。"薦"定紐支部,從韻部來看,與"解"爲對轉關係,從聲紐看,見、定只有牙舌之異,所以"薦"與"解"古音也是非常相近的。④《左傳·宣公十七

---

① 參看季旭昇:《〈上博三·周易〉簡六"朝三褫之"說》,"簡帛研究"網,2004 年 4 月 18 日。但"薦"頭下的" "實爲薦足形(像其中三足),季先生把中間曲筆與"衣"合觀,認爲從"衣(狄)"不可信。又可參侯乃峰:《〈周易〉文字彙校集釋》,臺灣古籍出版社有限公司,2009 年 3 月,第 67—73 頁。

② 由後文可知,"獬"與"薦"音同,本應指同一種動物,但後世詞彙雙音化後,便複稱爲"獬薦"了。

③ C 字與上博三《周易》簡 37 對應的字爲" ",即"纏"字,它與今本《周易》的"解"字相較,只多一"糸"旁。

④ 整理者把"薦"歸入清紐元部(見李學勤主編:《清華大學藏戰國竹簡(肆)》,中西書局,2013 年 12 月,第 132 頁),不知何故,似認爲"薦"與精紐文部的"薦"語音相近? 但"薦"非形聲字,而是會意字,不應從"薦"得聲。楚簡中"薦"形或用"存",那其實是從"艹"從"薦"的"薦"之省形,從而與"存"通假("存"從文部,與"薦"古音至近),但這個省"艹"的"薦"字與支部的"薦"形混同而已。"薦"古來很多學者都是認爲是支部音的,參陳復華、何九盈:《古韻通曉》,中國社會科學出版社,1987 年 10 月,第 66、176 頁。又,本文所用古音皆依郭錫良:《漢字古音手冊(增訂本)》,商務印書館,2010 年 8 月。

年》："余將老，使郤子逞其志，庶有豸乎？"杜預注："豸，解也。""豸"與"廌"音同。此是"廌""解"相通之證。

上文已說上博三《周易》的 B 字亦從"廌"得聲，讀爲"褫"。《周易·訟》"終朝三褫之"，"褫"陸德明《釋文》："王肅云：解也。"《荀子·非相》"守法數之有司極禮而褫"，楊倞注："褫，解也。"《後漢書·杜林傳》"遂掠取財裝，褫奪衣服"，李賢注："褫，解也，音直紙反。""褫"古注正訓爲"解"，"褫""解"字義相同，古音也相近，本可通用。並且，從字形看，C 字從"糸"，而 B 字從"衣"，所從之形是絲織品或衣物，正是"解衣"的所需"解"之物。所以，上博三《周易》的 B 字、《別卦》的 C 字本用爲同一個詞，但或讀爲"褫"或讀"解"而已。

翻回來看上博四《柬大王泊旱》的 A 字，也一定從"廌"得聲，與"褫"或"解"音相近。細尋文義，我們就可發覺把 A 字讀爲"解"是非常適合的。"解"在典籍中還多用爲"免除""解除"之意。如九店 M56 簡 28："利以逢（解）兇，除不祥。"[①]新蔡簡甲三 21＋甲三 61："小臣成敢用解禍釋尤。"《孟子·萬章上》："天下之士悅之，人之所欲也，而不足以解憂。"《管子·四時》："毄屋行水，解怨赦罪，通四方。"《周易·繫辭下》："故惡積而不可揜，罪大而不可解。"《韓非子·說疑》："有務朋黨徇智尊士以擅逞者，有務解免赦罪獄以事威者。"《六韜·龍韜·王翼》："應偶賓客，論議談語，消患解結。"《楚辭·九章·悲回風》："愁鬱鬱之無快兮，居戚戚而不可解。"《淮南子·詮言》："患解憂除，然後食甘寢寧，居安遊樂。"《論衡·解除篇》："如祭祀可以得福，解除可以去凶，則王者可竭天下之財，以興延期之祀；富家翁嫗，可求解除之福，以取踰世之壽。"皆用此義。《柬大王泊旱》的"當祕而卜之於大夏。如 A，將祭之"一句意思是説："應該用大夏這種龜甲來占卜（是否要祭祀莒地的名山名川），如果這種方法可以解除疾病，那就要祭祀。"

又，九店簡 M56－20：

凡盍日，利以製衣裳，龛 D，製布褸，爲門閭。

[①] "逢（解）"字釋參陳偉武：《戰國楚簡考釋斠議》，《第三屆國際中國古文字學研討會論文集》，香港中文大學中國文化研究所，1997 年 10 月，第 637—661 頁。

D 〖圖〗 〖圖〗摹

D雖略有漶漫，與C相較，但無"糸"且下從"衣(衣)"而已，D字可以說是聯結A、B與C字形的一個中間環節。可惜此簡有兩個難字，D字尚不知怎麼讀，但或許亦與"解"義有關。又，其中"舭"應從"合"得聲。

另外，在甲骨文中，還有〖圖〗(《合》28156)、〖圖〗(《合》28159)、〖圖〗(《屯南》2499)、〖圖〗(《合》28163)諸字，原來我們認爲葉玉森釋"羈"之説"或可信"。① 現在看來，它與C字字形似有一定的關聯，並且"羈"見紐歌部，與"解"語音極近(聲紐相同，韻部屬旁對轉)，這就增大了甲骨文諸字釋"羈"的可能。

另外，在清華四中還有一些小的問題，爲整理者疏漏，這裏一並寫出，以供參考：

《筮法》簡5a+6a所謂的"參(三)吉同【5a】兇，寺(待)死"似應斷讀爲"參(三)吉同凶，寺(等)，死"。其中"等"似指卦象相同。同理，7a+8a亦應斷讀爲"參(三)兇同吉，寺(等)，死"。

《筮法》簡19a+20a"一卦〖圖〗之"。"〖圖〗"原釋讀爲"亢"，應讀爲"横"，如簡57"琥〖圖〗"即讀爲"琥璜"。

《筮法》簡13c所謂的"餌(昏)餌(聞)不至"，應讀爲"聞問不至"。②

《別卦》簡5的"〖圖〗"字，右上本從三木，兩林在上，一木在下，紅外綫照片甚爲明顯，整理者把其下的"木"誤認爲"丌"(在《字形表》中此字被處理爲"〖圖〗"，其誤亦同)。不過其下的"木"和正常"木"的寫法有所不同，上

---

① 單育辰：《甲骨文所見的動物"麇"和"鷹"》，《甲骨文與殷商史》新二輯，上海古籍出版社，2011年11月，第166—181頁。"鷹"字的問題又可參看單育辰：《古代典籍中"麟"之原形考》，《吉林大學古籍研究所建所三十週年紀念論文集》，上海古籍出版社，2014年11月，第584—589頁。

② 本小則意見最初發表於"暮四郎"：《初讀清華簡(四)筆記》，"简帛"網論壇，2014年1月8日，"ee"2014年1月8日第12樓的發言。後見季旭昇先生亦有相同看法，參季旭昇：《清華四芻議：聞問，凡是(征)》，"简帛"網，2014年1月10日。

面象一横的寫法，大概是地方比較局促，只能隨手寫一筆而已。楚文字中的"樂"，其"木"上亦是一横，變得有點象"大"形，與此類似。但這三"木"非今天楷書中的"森"字，而是衆木義之"林"，與今本"臨"卦的"臨"語音相通。

【編按】▉字中"鳶"下的"▉"小文認爲像鳶的三足，可能不確。該字中鳶兩足間的類"刀"形更可能是尾形的變體，如包山簡的"慶"字一般作"▉"（簡13），但簡133的"慶"字"▉"，兩足間的尾形簡省爲一撇，若與左足併觀，則很像"刀"形了。

《別卦》簡5的"▉"字，整理者把"林"下"土"上部分的字形認作"丌"是錯誤的。所謂的"丌"形中間確有一豎，但對此字更好的分析應該是從"林"從"㙷"，讀爲"臨"，古文字"㐭"上部寫作"亼"形，最上一筆又常拉直成"木"形，則成《別卦》"▉"中"林"下"土"上部分的字形。參石小力《清華簡〈五紀〉的"壇"與郭店簡〈唐虞之道〉的"禪"》（《出土文獻》2021年第4期，第39頁），但該文仍未意識到所謂"丌"形中間豎筆的存在，則是有問題的。

【發表情況】單育辰：《佔畢隨録之十七》，"清華大學出土文獻研究與保護中心"網，2014年1月7日。後以《由清華四〈別卦〉談上博四〈柬大王泊旱〉的"𢈔"字》爲名，刊於《古文字研究》第三十一輯，中華書局，2016年10月，第312—315頁。

《清華大學藏戰國竹簡(伍)》釋文訂補

《清華大學藏戰國竹簡(伍)》在 2015 年 4 月公開發行,內容依然非常豐富,我們拿到書後,及時反復繹讀,對整理者的考釋功力深感敬佩,同時也發現了一些小的問題。今分"文字考釋問題""文意理解問題"兩部分寫出,以向整理者及各位研究者求教。釋文中有些字詞的考釋還采納了其他學者的意見,爲了避免繁瑣,就不一一出注了。

一、文字考釋問題

(1)《厚父》簡 9+10:"天命不可漗(聰)斯,民心難測,民式克恭心敬畏,畏不祥,保教明德,【9】慎肆祀。""漗"整理者讀爲"撞",又認爲或"法"的訛字。還有學者認爲可理解爲"終",①或讀爲"酗"、釋爲"沁"、釋爲"總"。②馬楠先生認爲:"漗讀爲聰,《兔爰》毛傳'聞也',《説文》'察也',謂天命不可知曉察覺。"③我們認爲這是正確的,在典籍中"聰"多用爲名詞,但這裏名詞作動詞用,稍顯特殊。"天命不可聰斯,民心難測"是言天

---

① 清華大學出土文獻讀書會:《清華簡第五册整理報告補正》引程浩説,"清華大學出土文獻研究與保護中心"網,2015 年 4 月 8 日。
② "ee":《清華五〈厚父〉初讀》,"簡帛"網論壇,2015 年 4 月 9 日,"苦行僧"2015 年 4 月 9 日第 1 樓、"奈我何"2015 年 4 月 10 日第 3 樓、"蚊首"2015 年 4 月 9 日第 10 樓的發言。
③ 馬楠:《清華簡第五册補釋六則》,《出土文獻》第六輯,中西書局,2015 年 4 月,第 224—228 頁。

命不能聽察，民心也難測天命，故後面說民應敬畏天命諸事。但應提及的是，"天命不可聰斯"與"民心難測"並非並列句式，而是承接句式，"民心難測"後面省略了賓語"天命"。

(2)《厚父》簡12："天監司民，厥徵如厷（肱）之服於人。""厷"作"![字形]"形，整理者誤釋爲"左"。按，上博二《民之父母》簡9"厷"作"![字形]"，中間本用圈形表示手臂之肱（圈形實由甲骨文之半環形指示符演化而來），後來又在圈形中加一橫作飾筆，則成"日"形。上博三《周易》簡51"扰"作"![字形]"，清華三《良臣》簡2"忱"作"![字形]"，它們與《厚父》的"![字形]"相較，但左右手不同而已，左臂右臂皆可稱肱，參甲骨文"肱（厷）"字或作"![字形]"（《合》1772）、"![字形]"（《合》5532）等，或作"![字形]"（《合》13680）、"![字形]"（《合》21565）等，所以《厚父》的這個字也是"厷（肱）"字。簡12相關句意是說："上天監視下民，他的賞善罰惡就如人使用手臂一樣方便。"

(3)《封許之命》簡3："亦惟汝呂丁，扞輔武王，玫敦殷受，咸成商邑。""玫"整理者讀爲"干"，認爲是"犯"的意思。按，此字又出現於上博七《吳命》簡5b"余必玫亡爾社稷"，復旦讀書會已指出此句可與《國語·越語上》"吾將殘汝社稷，滅汝宗廟"句對讀，並認爲"玫芒"與"殘亡"同義。① 蘇建洲先生對"玫"與"翦""踐""殘"相通有過詳細論證。② 依據以上論斷，《封許之命》的"玫敦殷受"即應讀爲"翦（或踐等）敦殷受"。

(4)《封許之命》簡5："汝惟臧耆尔猷，虔恤王家，簡乂四方不斌，以勤余一人。"整理者把"臧"破讀爲"臧"，並認爲：臧，善也；耆，致也。按，"臧"應讀爲"壯"。《詩·小雅·采芑》："方叔元老，克壯其猷。"此是"壯"形容"謀猷"之例。清華一《祭公》簡11"宣臧厥心"，《逸周書·祭公》即作"寬壯厥心"。而"耆"也有強的意思，《左傳·昭公二十三年》"不儒不耆"，杜預注："耆，強也。"睡虎地《秦律十八種·司空》簡141"耆弱相當"，"耆"與"弱"對文。上博二《從政》甲簡9"志氣不旨"，王凱博先生把"旨"讀爲

---

① 復旦大學出土文獻與古文字研究中心研究生讀書會：《〈上博七·吳命〉校讀》，"復旦大學出土文獻與古文字研究中心"網，2008年12月30日。
② 蘇建洲：《〈上博楚竹書七〉考釋六題》，《出土文獻與古文字研究》第三輯，復旦大學出版社，2010年7月，第220—225頁。

"耆",認爲也是强的意思,並對"耆"訓强的字義做了疏理,可參看。①

(5)《封許之命》簡 5:"錫汝蒼珪、秬 A 一卣。"A 作"▨"形,整理者直接釋爲"鬯"。按,"鬯"字在楚簡中尚未見到,但 A 與金文中的"鬯"作"▨"(《集成》5421.1)、"▨"(《集成》4132.1)等形並不一樣,它是楚簡中常見的"兇"字,如郭店《五行》簡 15"▨"、簡 23"▨"的"聰"(簡文從兇聲讀爲"聰")的右旁,但於上端加了"十"形作裝飾而已。② 這種加十作裝飾的"兇"古文字亦多見,如上博五《融師有成氏》簡 6"▨"(簡文用爲"兇")、郭店《孔子詩論》簡 13"▨"(簡文從兇聲讀爲"寵")。從文義看,此簡的"兇"應讀爲"鬯","兇"曉紐東部,"鬯"透紐陽部,二字古音很近。③ 程燕先生把上揭《融師有成氏》《孔子詩論》的"兇"字直接釋爲"鬯",④從字形和文義上看是有問題的。

(6)《湯處於湯丘》簡 2:"以啜,身體順平,九竅發明,以道心嗌,B 快以恒〈極〉。""B"字整理者釋爲"惜",是不正確的。B 作"▨"形,"田"上的筆畫很明顯是從"衣",爲三筆,而非古文字"昔"相應處的四筆,B 字除了上部"宀"旁有所訛變外,其他部分與"奮"完全一致,正是因爲有整體字形作限制,所以 B 還應釋爲"奮"字。

(7)《湯處於湯丘》簡 10"此言弗又可得而聞已"、簡 14"若自史(事)朕身已",整理者把這兩個"已"字釋爲"也",是不正確的,可參本篇簡 10"也"字的寫法與之不同。它們都應改釋爲"已","已"的這類用法典籍多見,如《戰國策·秦策三》:"雖堯、舜、禹、湯復生,弗能改已。"

(8)《湯處於湯丘》簡 11"如幸余閑於天威,朕唯逆順是圖",其中之

---

① 王凱博:《楚簡字詞零識(三則)》,《簡帛研究二〇一四》,廣西師範大學出版社,2014 年 12 月,第 19—24 頁。
② 裘錫圭先生認爲這種寫法的是"恩"與"兇"的一種合體寫法,參看裘錫圭:《釋古文字中的有些"恩"字和從"恩"、從"兇"之字》,《裘錫圭學術文集》第三卷,復旦大學出版社,2012 年 6 月,第 451—463 頁。
③ 按,"兇"與"鬯"古文字字形有相似之處,二字因字形相近而訛混的可能也是相當大的。
④ 程燕:《清華五劄記》,"簡帛"網,2015 年 4 月 10 日。

"閕"應與《毛公鼎》(《集成》2841)"率懷不廷方,無不閈于文武耿光"、《中山王䇦鼎》(《集成》2840)"燕君子噲睿弇夫(博)悟,長爲人主,閈於天下之物矣"之"閈"表示的是一個詞,《中山王䇦鼎》的"閈"朱德熙、裘錫圭二先生讀爲"閑",並引《爾雅·釋詁》"閑,習也"爲訓,"lht"認爲《毛公鼎》的"閈"亦應讀爲"閑",當是。①《湯處於湯丘》的"閕"與"閈"一樣,亦可讀爲"閑(或嫺)",是熟諳的意思。

(9)《湯處於湯丘》簡15+16:"食時不嗜珍,五味【15】皆載,不有所C。"又《湯在啻門》簡17:"刑情以不妨,此謂美刑;刑D以無當,此謂惡刑。"C、D作下形:

C　　D

整理者把它們隸定爲"竱",有誤。C、D左邊從"立",右邊所從與曾侯乙編磬C.53.下.7上之"　"左上之形基本一致,其實就是古文字中常見的用爲"噬""逝"之字,字形又可參看郭店《語叢四》簡19"　"、上博三《周易》簡33"　"、固始侯古堆編鎛"　"、郭店《老子》甲簡22"　"、郭店《語叢四》簡21"　"等(上二字用爲"噬",下三字用爲"逝")。②

《湯處於湯丘》簡16的C字我們最初讀爲"制",③程燕先生後來把它讀爲"噬",④這應該是可信的。《湯在啻門》簡17"刑情以不妨"與"刑D以無當"相對爲文,"情"似是情實、真實之義,相應的D字試讀爲"滯","滯"定紐月部,"噬""逝"禪紐月部,二字古音很近,"滯"爲滯重之意。

---

① 朱德熙、裘錫圭:《平山中山王墓銅器銘文的初步研究》,《文物》1979年第1期,第49頁。張崇禮:《釋金文中的"閈"字》,"復旦大學出土文獻與古文字研究中心"網,2012年5月28日,"lht"在2012年5月31日第1樓的發言。
② 參單育辰:《楚地戰國簡帛與傳世文獻對讀之研究》,中華書局,2014年5月,第64—66頁。
③ "ee":《清華五〈湯處於湯丘〉初讀》,"簡帛"網論壇,2015年4月9日,"ee"2015年4月9日第2樓的發言;"ee":《清華五〈湯在啻門〉初讀》,"簡帛"網論壇,2015年4月10日,"ee"2015年4月10日第0樓的發言。
④ 程燕:《清華五劄記》,"簡帛"網,2015年4月10日。

《清華大學藏戰國竹簡(伍)》釋文訂補　311

(10)《湯在啻門》簡 8:"其氣朁緜發絈,是其爲長且好哉。""其氣朁緜發絈"整理者釋爲"其氣朁(崇)歊發治",我們認爲相關諸字應讀爲"其氣潛解發始",是説暗中散解發生開始。

(11)《湯在啻門》簡 9+10:"氣促乃老,氣徐乃猷,氣逆亂以妨,【9】是其爲疾殃。""猷"整理者認爲是"停止、終結"的意思,我們認爲"猷"可讀爲摇,典籍中"䌛"與"猷"、"䌛"與"猶"、"䌛"與"酉"相通之例甚多。①《禮記·檀弓下》"詠斯猶,猶斯舞"(郭店《性自命出》簡 34 亦作"詠斯猷,猷斯舞"),鄭注:"猶當爲摇,聲之誤也。""氣徐乃摇"是説氣徐舒則會摇動。

(12)《湯在啻門》簡 15+16:"起役時順,民備不俑,此謂【15】美役。""俑"整理者疑讀爲"庸",認爲是"勞"的意思。按,"俑"似不如直接讀爲"用"好,言人民備員而不用也。

(13)《湯在啻門》簡 21:"湯曰:'天尹,唯古之先帝之良言,則可以改之。'""可"整理者破讀爲"何"。按,如字讀即可,相關句意是説湯可以用古先帝之良言修改自己的治政舉措。

(14)《殷高宗問於三壽》簡 15+16:"遹則文之化,㡋象天時,往尼(度)毋諻(徙),申禮勸技,輔民之化,民勸毋皮(頗),【15】是名曰義。""往尼毋徙"整理者釋爲"往宅毋徙"。按,應讀爲"往尼(度)毋徙",即以往之法度勿改徙之意,本篇簡 23"我寅祗恭兹九尼(度)","九度"即簡文中的"祥、義、德、音、仁、聖、智、利、行"九種法度。又,"諻"暮四郎認爲即"諨"字,②此字下從"止",不從"出",非"諨"。又"民勸毋皮"之"皮",整理者讀爲"疲",今改讀爲"頗",即頗斜之意。

(15)《殷高宗問於三壽》簡 16:"揆中水衡不力,寺(時)刑罰赦。""不力"前整理者疑抄脱二字,是有道理的。其中"水"字整理者未破讀,但引《説文》訓爲"準也"。按,北大秦簡《魯久次問數於陳起》:"規矩水繩,五音六律六閒皆存。……斯鑿斧鋸、水繩規矩之所折斷,非數無以折之。"王寧先生、徐學炳先生都認爲其中的"水"可直接讀爲"準",並引《周禮·考工

---

① 參看高亨、董治安:《古字通假會典》,齊魯書社,1989 年 7 月,第 713—717 頁。
② "易泉":《清華五〈殷高宗問於三壽〉初讀》,"簡帛"網論壇,2015 年 4 月 10 日,"暮四郎"2015 年 4 月 12 日第 18 樓的發言。

記・輈人》"輈注則利準"鄭注"故書準作水"等爲證,①正確可從。由此可見《殷高宗問於三壽》簡 16"揆中水衡"的"水"亦應直接讀爲"準",《大戴禮記・四代》"夫規矩準繩鈞衡"、《淮南子・本經》"故謹於權衡準繩"、《淮南子・泰族》"規矩權衡準繩",皆"準""衡"連言。

二、文意理解問題

(1)《厚父》簡 4:"其在是後王之享國,肆祀三后,永敘在服,惟如台?"《厚父》簡 7+8:"惟是余經【7】念乃高祖克憲皇天之政功,廼虔秉厥德,作辟事三后,肆如其若龜筮之言亦勿可擅改。"整理者對"三后"的注釋説:"文獻中'三后'含義非常豐富,或指禹、湯、文王,或指太王、王季、文王,或指禹、契、后稷,等等,因語境而異。此處指夏代的三位賢君。"

程浩、李學勤先生均已指出:《孟子・梁惠王下》所引《書》:"《書》曰:'天降下民,作之君,作之師,惟曰其助上帝寵之。四方有罪無罪惟我在,天下曷敢有越厥志?'一人衡行於天下,武王恥之,此武王之勇也,而武王亦一怒而安天下之民。"其中所引《書》句與《厚父》基本相同,故孟子所引的《書》應即《厚父》篇。並且《厚父》篇尾"民式克敬德,毋湛於酒"一段,與《尚書・酒誥》和大盂鼎銘文關於酒禁之言相同,均爲針對商人荒淫於酒而言。由此可見《厚父》是周王與周臣對話,其中的"王"即應指周武王。②

這是非常正確的意見。從簡 7+8 可以看出:"余……作辟事三后"的"余"只能是指周武王,那麼"三后"也就只能是周的"太王、王季、文王"了。簡 4 的"三后"也只能這樣理解,其中的"其在是後王"其實就是説武王

---

① 王寧:《讀北大秦簡〈魯久次問數於陳起〉散札》,"復旦大學出土文獻與古文字研究中心"網論壇,2014 年 12 月 20 日。徐學炳:《北大秦簡〈魯久次問數於陳起〉補釋》,"簡帛"網,2015 年 4 月 21 日。王寧文承"溜達溜達"先生告知,特此致謝! 又,本則最初發表於"易泉":《清華五〈殷高宗問於三壽〉初讀》,"ee"2015 年 4 月 21 日第 63 樓的發言。後見王寧:《讀〈殷高宗問於三壽〉散札》,"復旦大學出土文獻與古文字研究中心"網,2015 年 5 月 17 日,亦有類似觀點。

② 參看程浩:《清華簡〈厚父〉"周書"説》,《出土文獻》第五輯,中西書局,2014 年 10 月,第 145—147 頁。李學勤:《清華簡〈厚父〉與〈孟子〉引〈書〉》,《深圳大學學報》2015 年第 3 期。

《清華大學藏戰國竹簡(伍)》釋文訂補　313

本人。

(2)《厚父》簡9以後有厚父所說的一大段話:

厚父曰:"嗚呼,天子! 天命不可聰斯,民心難測,民式克恭心敬畏,畏不祥,保教明德,【9】慎肆祀,惟所役之司民啓之。民其亡諒(良),廼弗畏不祥,亡顯于民,亦惟禍之攸及,惟司民之所取。今民【10】莫不曰余保教明德,亦鮮克以誨。"

曰:"民心惟本,厥作惟葉,矧其能貞良于友人,廼宣淑厥心。【11】若山厥高,若水厥深,如玉之在石,如丹之在桼(漆),①廼是惟人。"

曰:"天監司民,厥徵如肱之服于人。民式克【12】敬德,毋耽于酒。民曰惟酒用肆祀,亦惟酒用康樂。曰酒非食,惟神之饗。民亦惟酒用敗威儀,亦惟酒用恒狂。"

整理者對此處未分段,從簡9"厚父曰"後加冒號及左引號,一直到簡13"用恒狂"後加右引號結束,又於簡11處句逗作"曰民心惟本",於簡12處句讀作"曰天監司民"。今改逗如上。

其實這三個"曰"前的主語都是厚父,是分說不同的內容,其所言第一段是說:天命難測,其引導民衆惟在管理民衆者(司民)之所爲。第二段是說民心是本,訓教之舉措是枝葉,民心如玉之在石,如丹之在漆,乃惟此是人也。第三段是說民衆不要沈湎於酒。若按整理者句逗,則厚父所云這段脉絡不甚明朗。

(3)《殷高宗問於三壽》有一段話:

高宗乃言曰:"吾聞夫長莫長於【7】□,……君子而不讀書占,則若小人之聾狂而【9】不友。"

殷邦之妖祥並起,八紀則紊,四嚴將行。四海之夷則作,九牧九

---

① 相關諸字整理者釋爲"如丹之在朱",文義不好理解,所謂的"朱"作 形,中間兩筆從右起筆斜寫,古文字中"朱"未有此種寫法,實應是"桼(漆)"字("桼"字形參滕壬生:《楚系簡帛文字編(增訂本)》,湖北教育出版社,2008年10月,第593頁),其形應象表漆木上刻劃以漆之意。古代從漆樹中提取的漆本是乳白色汁液,接觸空氣後變成偏紅的棕褐色,疑《厚父》句意指此。

矣將喪。煌煌【10】先反,大路用見兵。龜筮孚忒,五寶變色,而星月亂行。

高宗恐懼,乃專(復)語彭祖【11】曰:"嗚呼! 彭祖。古民人迷亂,象督荒眊,而不知邦之將喪。敢問先王之遺訓,【12】……"

這是我們重新做的釋文及標點。按,整理者把簡 10—11"殷邦之妖祥並起"到"而星月亂行"這一段話歸到高宗語中,明顯不確。此處應單獨成段,是述敘時事者,正因殷邦有難,所以後面高宗恐懼而問(高宗恐懼,乃復語彭祖)。原書簡9"君子"前的右引號及左引號皆應刪除;簡10"聾狂而不友"後面的逗號應改爲句號,並加右引號;同簡"殷邦之妖祥並起"後之句號則應改爲逗號;簡11"而星月亂行"後的右引號應刪除。簡 10 的"煌煌"整理者讀爲"惶惶",認爲是"恐"的意思,若如此釋讀,則"先反"前缺少主語,我們認爲"煌煌"應是人名或國名,此爲先反湯者。在上博二《容成氏》簡 41+36 中有一段話:

湯於是乎徵九州之師,以震四海之内,於是乎天下之兵大起,於是乎叛宗離族殘群焉備。【41】當是時,強弱不辭讓,衆寡不聽訟,天地四時之事不修。湯乃溥爲征籍,以征關市。民乃宜(多)怨,虐疾始生,……

這也是説湯執政初期的亂象,與《殷高宗問於三壽》所敘大致相合。

【發表情況】本文最初觀點發表於"ee":《清華五〈厚父〉初讀》,"簡帛"網論壇,2015年4月9日,"ee"2015年4月9日第1樓(對應本文第一部分第二則)、2015年4月13日第19樓(對應本文第二部分第二則)、2015年4月16日第26樓(對應本文第二部分第一則)、2015年4月18日第30樓(對應本文第一部分第一則)、2015年4月19日第34樓(對應本文第313頁注①)的發言;及"ee":《清華五〈封許之命〉初讀》,"簡帛"網論壇,2015年4月9日,"ee"2015年4月9日第1樓(對應本文第一部分第四、五則)、2015年4月12日第23樓(對應本文第一部分第三則)的發言;及"ee":《清華五〈湯處於湯丘〉初讀》,"簡帛"網論壇,2015

年4月9日,"ee"2015年4月9日第1樓(對應本文第一部分第六則)、第2樓(對應本文第一部分第七則)、第3樓(對應本文第一部分第九則)的發言,"ee"2015年4月15日第20樓(對應本文第一部分第八則)的發言;及"ee":《清華五〈湯在啻門〉初讀》,"簡帛"網論壇,2015年4月10日,"ee"2015年4月10日第1樓(對應本文第一部分第十三、十、十一、九則)、2015年4月15日第11樓(對應本文第一部分第十二則)的發言;及"易泉":《清華五〈殷高宗問於三壽〉初讀》,"簡帛"網論壇,2015年4月10日,"ee"2015年4月16日第57樓、第58樓(對應本文第一部分第十四則)、第59樓(對應本文第二部分第三則)的發言,"ee"2015年4月21日第64樓(對應本文第一部分第十五則)的發言。後加以訂補,以《〈清華大學藏戰國竹簡(伍)〉釋文訂補》爲名,發表於上海:"'戰國文字研究的回顧與展望'國際學術研討會",2015年12月。後刊於《戰國文字研究的回顧與展望》,中西書局,2017年8月,第204—210頁。

由清華簡"隨"字的特殊寫法
考釋郭店簡一例

清華五《命訓》簡 8:"極命則民 A 乏,乃曠命以代其上,殆於亂矣。"A 字作下形:

A

對比今本《逸周書·命訓》作:"極命則民墮,民墮則曠命,曠命以誡其上,則殆於亂。"可見 A 應釋爲"陊(墮)"。①

清華六《管仲》簡 9:"刑政既萬,民人 B 怠。"B 字作下形:

B

"惰怠"或"怠惰"一詞古書常見,如《漢書·成帝紀》"民彌惰怠"、《漢書·司馬相如傳》"不敢惰怠"、《國語·魯語》"況有怠惰"、《荀子·禮論》"苟怠惰偷懦之爲安"、《史記·禮書》"怠惰之爲安"等,根據文義,B 也只能釋爲"陊(惰)"。據李松儒考察:清華六《管仲》與清華五《湯處於湯丘》《湯在啻門》爲同一抄手所寫,它們與清華五《命訓》非同一書手所抄。②

---

① "明珍"認爲 A 有可能是"陶",不確,參"蚊首":《清華五〈命訓〉初讀》,"簡帛"網論壇,2015 年 4 月 10 日,"明珍"2015 年 4 月 17 日第 21 樓的發言。
② 參"bulang":《清華六〈管仲〉初讀》,"簡帛"網論壇,2016 年 4 月 17 日,"ee"2016 年 4 月 17 日第 8 樓引李松儒說。又,李松儒:《〈清華大學藏戰國竹簡〉(陸)之〈管仲〉字迹研究》,《書法研究》2016 年第 4 期,第 34—45 頁。

而 A 與 B 寫法相當一致，看來"陊"的這種寫法並非孤例，在清華六公布前，有一些學者認爲《命訓》的 A "陊(墮)"是"偶然出現的錯字"，①現在看肯定不正確。

"隨""墮""隋""隓"本爲一字之變，本文提到這些字，統一用"隨"表示。它們在楚文字中常見，一般作如下形體，可以分作三型：

Ⅰ型：C [字形] 上博三《周易》簡 26　D [字形] 清華二《繫年》66

　　　E [字形] 包山簡 168

Ⅱ型：F [字形] 上博三《周易》簡 16　G [字形] 上博九《邦人不稱》簡 2

　　　H [字形] 郭店《唐虞之道》簡 26

Ⅲ型：I [字形] 郭店《老子甲》簡 16　J [字形] 包山簡 184

Ⅰ型和Ⅱ型都和 A、B 相像，但 A、B 省去了一個"土"，上面的"又"變成了類似於"㇇"的形體，從楚文字中的"隨"皆從"又"看，A、B 所從的"㇇"有可能是"又"形訛變的寫法，還有一種可能是 A、B 所從的"㇇"是受"勹"的影響類化所致。

與Ⅰ型相近的"隨"的寫法有如下的字形：

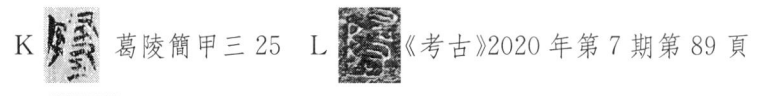

K [字形] 葛陵簡甲三 25　L [字形] 《考古》2020 年第 7 期第 89 頁

M [字形] 《追回的寶藏：隨州市打擊文物犯罪成果薈萃Ⅰ》封面②

---

① 如蘇建洲：《清華簡第五册字詞考釋》，《出土文獻》第七輯，中西書局，2015 年 10 月，第 150—156 頁。石小力：《談談清華簡第五輯中的訛字》，《出土文獻》第八輯，中西書局，2016 年 4 月，第 126—130 頁。

② 隨州市博物館、隨州市公安局：《追回的寶藏：隨州市打擊文物犯罪成果薈萃Ⅰ》，武漢大學出版社，2019 年 10 月，封面及第 11 頁。

這三個字形所從的"又"的手形寫成扁平狀,就很容易演化成"⁊"形了。所以,在字形的演變來説,A、B釋爲"隨"也是有根據的。

以前發表的楚簡中還有如下字形:

N [圖] 包山簡 111   O [圖] 上博九《陳公治兵》簡 19

包山簡 111:正陽莫敖達、正陽 N 公員、少攻尹哀爲正陽貪越異之黄金十益一益四兩以糴種。

上博九《陳公治兵》簡 19:陳於 O 岡,則雁飛。

N、O兩字都用爲地名。N字黄錫全、何琳儀先生都釋爲"陶",①朱曉雪先生認爲或可釋爲"隋"。② O字整理者隸定爲"陸",③有學者認爲其字亦應釋爲"陶"。④ 現在認爲N、O兩字應釋爲"陶"的學者比較多。⑤

很多學者把N、O釋爲"陶"的原因是認爲它們由下揭金文中的"陶"的Ⅰ型形體變化而來:

Ⅰ型: [圖]《集成》10105 [圖]《集成》2630 [圖]《集成》4328

[圖]《集成》4329 [圖]《集成》142.1(此略"革"旁)

Ⅱ型: [圖]《集成》5984 [圖]《集成》4167 [圖]《集成》4422.1

---

① 黄錫全:《〈包山楚簡〉部分釋文校釋》,《湖北出土商周文字輯證》,武漢大學出版社,1992年10月,第188頁。何琳儀:《戰國古文字典——戰國文字聲系》,中華書局,1998年9月,第237—238頁。

② 朱曉雪:《包山楚簡綜述》,福建人民出版社,2013年12月,第240頁。

③ 陳佩芬:《〈陳公治兵〉釋文考釋》,《上海博物館藏戰國楚竹書(九)》,上海古籍出版社,2012年12月,第187頁。

④ "youren":《〈陳公治兵〉初讀》,"簡帛"網論壇,2013年1月5日,"苦行僧"2013年1月5日第4樓的發言。

⑤ 參看林清源:《楚簡"陶"字考釋》,《戰國文字研究的回顧與展望》,中西書局,2017年8月,第223—233頁。又鄔可晶:《説古文字裏舊釋"陶"之字》,《文史》2018年第3輯,第5—20頁釋爲"陶"讀爲"覆"。

［圖］《集成》9639

乍看起來，N、O 確實與金文中的"陶"Ⅰ型比較相像。在西周及春秋時代的金文中，"勹"演變成"⺈"尚有其例，這種字形演變可參［圖］（《集成》2837）→［圖］（《集成》4467.2）；［圖］（《集成》2835）→［圖］（《集成》261.2）等。① 但問題是 A、B、N、O 四字都是戰國楚文字，與金文中的字形時代相距已遠。戰國楚文字中確切無疑的"匋"字作"［圖］"（郭店《窮達以時》簡 2）、"［圖］"（郭店《忠信之道》簡 1）、"［圖］"（上博二《容成氏》簡 13）、"［圖］"（葛陵簡甲三 244）、"［圖］"（上博二《容成氏》簡 29）、"［圖］"（上博二《容成氏》簡 29），是由金文"陶"的Ⅱ型形體演變而來，不過其所從的"勹"演變爲"宀"而已。戰國楚文字中尚未發現與金文"陶"Ⅰ型相同的字形，並且 A、B、N、O 四字現在有兩例已經可以確切釋出是"隨"而不是"陶"，那麼剩餘的兩字也釋"隨"的可能就很大了。

清華簡的 A、B 兩字，使我們不由想起以往公布過的字形：

P ［圖］ 上博九《邦人不稱》簡 3

上博九《邦人不稱》簡 2b+3：戰於長【2b】□、曲 P，三戰而三止，而邦人不稱勇焉。

P 整理者釋爲"隨"。② 有些學者則反對其說，他們認爲 P 應釋爲"陶"。③ 從字形看，P 最下的"土"形之上非常明顯是從"又"（其字形爲"［圖］"，與楚簡中的"又"相比方向相反，有訛變），它就應該是"隓（隨）"

---

① 參蘇建洲：《清華簡第五册字詞考釋》，《出土文獻》第七輯，第 150—156 頁。
② 濮茅左：《〈邦人不稱〉釋文考釋》，《上海博物館藏戰國楚竹書（九）》，上海古籍出版社，2012 年 12 月，第 245 頁。
③ "海天遊蹤"：《邦人不稱札記》，"簡帛"網論壇，2013 年 1 月 5 日，"遊俠"2013 年 1 月 5 日第 4 樓、"海天遊蹤"2013 年 1 月 5 日第 6 樓的發言。蘇建洲：《清華簡第五册字詞考釋》，《出土文獻》第七輯，第 150—156 頁。

字，上博整理者對它的考釋是準確的，P 在簡文中與地名有關。①

在郭店《語叢四》簡 22 中有句作：

山無 Q 則坨，城無蓑則坨，士無友不可。

Q ![字形]

其中"坨"，整理者讀爲"阤"，認爲是崩頹的意思，是沒有問題的，在這個意義上的"阤"，其實就是典籍經見"崩毁"義的"墮""隳"或典籍中不太常用的"陀"字。"坨""陀"皆透紐歌部，"墮"定紐歌部，"隳"曉紐歌部，四字古音至近，在典籍中也有"蛇"與"隋"相通的例子，②所以我們如果按典籍一般用字習慣來破讀的話，也不妨把"坨"括注爲"隳"。

Q 字林素清先生釋爲"墮"，認爲是狹長之貌；涂宗流、劉祖信兩先生釋爲"橢"，認爲是"橢圓"的意思；劉信芳先生釋爲"墮"，認爲是"小者也"，即"大山旁有小山之峰突起者"；劉釗先生釋爲"隋"（或"墮""嶞""崉"），認爲是"垂下、中高四下也"。③ 現在看，諸家釋之爲"墮"一類的字是正確的。從字形上看，Q 與 A、B 很相似，但 Q 把"土"放到最下，且"又"形又有訛變而已。和 Q 最爲相像的是 P，Q 與 P 相比除了缺少上面的"土"外，其他幾乎一致，其中"又"形又進一步訛變，④這樣看來 Q 確實應釋爲"陊（墮）"。

諸位先生雖然把 Q 正確地釋爲"墮"，但他們對字義訓說比較勉强，所以有很多學者未予采信。現在我們把 Q 確定爲"墮"之後，就可以更好地考慮它的釋讀了。首先看"城無蓑則坨"，郭店簡整理者把"蓑"理解爲

---

① 按，G 和 P 都出現在《邦人不稱》一篇中而用字不同，這種情況在楚簡中是很常見的。

② 參看高亨、董治安：《古字通假會典》，齊魯書社，1989 年 7 月，第 678 頁。

③ 林素清：《郭店竹簡〈語叢四〉箋釋》，《郭店楚簡國際學術研討會論文集》，湖北人民出版社，2000 年 5 月，第 393 頁。涂宗流、劉祖信：《郭店楚簡先秦儒家佚書校釋》，萬卷樓，2001 年 2 月，第 330 頁。劉信芳：《郭店〈語叢〉文字試解（七則）》，《簡帛研究二〇〇一》，廣西師範大學出版社，2001 年 9 月，第 205 頁。劉釗：《郭店楚簡校釋》，福建人民出版社，2005 年 1 月，第 233 頁。

④ 陳劍、蘇建洲先生認爲下一"土"形之上爲"勹"之反寫，不確，參蘇建洲《清華簡第五册字詞考釋》及其文引陳劍說。

"以草覆城",明顯不確,林素清、陳偉、劉釗諸先生皆認爲"蓑"是指衰差(遞減),放在簡文中即指城牆厚度而下到上的衰差(遞減),①十分正確。與"衰"同義互文的"墮"也一定會有相應的含意;並且"山無墮則坨"陳偉先生已經指出可與典籍中的如下文句對讀:《淮南子·繆稱》"城峭者必崩,岸峭者必陀"、《說苑·政理》"城峭則必崩,岸竦則必阤"。② 從這些方面看,李零先生認爲"墮""從文義看,似指陂、坂即山坡"、林素清先生認爲指"平緩的斜坡"、劉釗先生認爲"指山之緩緩垂下",③在意義上看是非常妥貼的,也能和典籍照應。現在我們認爲Q可以讀爲"阤"或"陊"。《周禮·考工記》"輪已庳,則於馬終古登阤也",鄭注:"阤,阪也。"《周禮·考工記·輈人》"及其登阤",鄭注:"阤,阪也。"《廣韻·哿韻》:"陊,下坂貌。""坂"即"阪",《說文》:"坡者曰阪。""墮""阤""陊"都是定紐歌部,典籍也有很多通用之例。④ 不過"阤""陊"的這個意義典籍不是很常用,後來就被含義相同的"陂""坡""阪""坂"所取代了。⑤

另外,需要特別指出的是:簡文中的"坨",整理者讀爲"阤",我們認爲是可以的,並且簡文中的"坨"也可以讀爲"墮"或"隳";而我們把Q釋爲"陵(墮)",認爲它可以讀爲"阤",從現代意義上的漢字用字來看,這似乎有些混亂。但楚文字的用字習慣與現代用字習慣大爲不同,至少在《語叢四》抄手的文字體系中,"坨"字就是表示"崩毀"義的"墮""隳""阤",而"陵(墮)"字就是表示斜坡義的"阤""陊"。

所以郭店《語叢四》簡22"山無陵(墮-阤)則坨(隳),城無蓑(衰)則坨(隳),士無友不可"的意思是說:"山沒有坡度就會崩頹,城牆(從下到

---

① 陳偉:《〈語叢四〉校釋》,《郭店竹書別釋》,湖北教育出版社,2003年1月,第241頁。林、劉二先生文見前注。
② 陳偉:《郭店簡〈語叢四〉考釋(七則)》,《新出簡帛研究——新出簡帛國際學術研討會文集》,文物出版社,2004年12月,第324頁。
③ 李零:《郭店楚簡校讀記》,《道家文化研究("郭店楚簡"專號)》第十七輯,生活·讀書·新知三聯書店,1999年8月,第481頁。
④ 參看張儒、劉毓慶:《漢字通用聲素研究》,山西古籍出版社,2002年4月,第576頁;宗福邦、陳世鐃、蕭海波主編:《故訓匯纂》,商務印書館,2003年7月,第2414、2420頁。
⑤ "陂""坡"滂紐歌部,"坂""阪"幫紐元部,它們無疑是一組同源詞。"阤""陊"與"陂""坡""坂""阪"韻部很近,但聲紐上唇音與舌音還有些距離,不過也不能排除由於古代音感相近,"陂""坡""坂""阪""阤""陊"皆爲一音之轉的可能。

上)没有衰減就會倒塌,士人没有朋友是不可以的。"

〖補記〗小文最初以《佔畢隨錄之十八》爲名發表於"簡帛"網(2015年4月22日)。當時只有清華五《命訓》"陵(墮)"的材料發表,或難以取信於讀者。後來清華六《管仲》及隨州春秋時期曾國墓地金文材料陸續刊布,小文又根據這些材料進行補充,以袪其疑焉。在校稿前看到《商周青銅器銘文暨圖像集成三編》,M字形被收錄於219號,同書220號還收錄一件以前未被著錄的《嬃侯鼎》,與《銘三》219號同文,"隨"字作"", "又"正簡化作""形,又爲小文添一力證。

〖發表情況〗單育辰:《佔畢隨錄之十八》,"簡帛"網,2015年4月22日。後加以增補,刊於《由清華簡"隨"字的特殊寫法考釋郭店簡一例》,《出土文獻》2021年第1期,第65—69頁。

清華六《鄭武夫人規孺子》釋文商榷

新近出版的《清華大學藏戰國竹簡(陸)》收有《鄭武夫人規孺子》《管仲》《鄭文公問太伯》《子儀》《子産》諸篇,①都是佚失已久的竹書,整理者已經做了非常好的釋文與注釋,大大方便了學界的研讀。其中《鄭武夫人規孺子》一篇是有關鄭莊公的歷史故事,正好處於《左傳·隱公元年》"鄭伯克段于鄢"記述之前,可以彌補史書不足。我們在拜讀之後,也有一些想法,下面把我們的意見羅列於下,以向大家求教。其中一些非關鍵地方的釋讀還採用了其他學者的説法,爲了簡潔起見,就不一一注出了,還望見諒。

一、《鄭武夫人規孺子》簡1+2:昔吾先君如邦將有大事,必再三進大夫而與之皆【1】圖。

"昔吾先君"後整理者原加逗號。按,"吾先君"是主語,其後的逗號不應有。

二、《鄭武夫人規孺子》簡2:故君與大夫毚焉不相得惡。

整理者言:"毚,上博簡《孔子詩論》中假爲'宛'字,在影母元部,此處讀爲同音的'晏'。《禮記·月令》鄭注:'晏,安也。'得,訓'獲'。不相得惡,意云不相互怨恨。"

按,"毚"不如讀爲"婉"更直接。《左傳·襄公二十六年》"惡而婉",杜

---

① 李學勤主編:《清華大學藏戰國竹簡(陸)》,中西書局,2016年4月。

注"貌惡而心順";《文選·爲曹公作書與孫權》"婉彼二人,不忍加罪",李注"婉,猶親愛也"。

三、《鄭武夫人規孺子》簡 5:今是臣,臣其可不寶? 吾先君之常心,其可不述?

整理者斷句爲:"今是臣臣,其可(何)不寶(保)? 吾先君之常心,其可(何)不述(遂)?"並言:"是臣,這樣的臣。其下'臣'字爲動詞。句云以這樣的臣爲臣。其何不保,'保'訓安定。遂,《逸周書·常訓》:'順政曰遂。'"

按,今改標點如上。兩"可"字不必破讀爲"何","可"是能的意思。① "寶"字没有必要改讀,直接如字讀即可,是寶貴的意思。"吾先君之常心其可不述?""述"是稱述,引申爲遵循之義,可參《孔子家語·困誓》"若以述先王好古法而爲咎者,則非丘之罪也",《漢書·外戚傳》"又不知推演聖德,述先帝之志"。

四、《鄭武夫人規孺子》簡 5+6:孺子【5】女毋知邦政。

用法相同的"女"又見於簡 8"孺子女恭大夫,且以教(學)焉"、簡 13"女慎重君葬而舊(久)之於上"。這三個"女"有兩種可能,一種是整理者把它們讀爲的"汝",是第二人稱代詞,但這種可能性不算太高,參簡 7、簡 8、簡 10 鄭武夫人對鄭莊公訓誡時,"孺子"後即不帶"汝"。第二種即劉光先生讀爲的"如"。② 查《鄭武夫人規孺子》,"女"字除此三例外,凡六見,皆讀爲"如",可見這三例讀爲"如"的可能性還是比較大的,但劉先生對"如"字未有解釋。按,若"女"讀爲"如","如"應訓爲"不如",沈培先生《由上博簡證"如"可訓爲"不如"》一文言之已詳,他還指出《左傳·僖公二十二年》"若愛重傷,則如勿傷;愛其二毛,則如服焉"、《左傳·定公八年》"然則如叛之"、上博六《平王問鄭壽》簡 2+3"女(如)毀新都戚陵、【2】臨

---

① "ee":《清華六〈鄭武夫人規孺子〉初讀》,"簡帛"網論壇,2016 年 4 月 16 日,"暮四郎"2016 年 4 月 18 日第 11 樓對"寶"字亦未破讀,但斷句與小文不同,且對"寶"未有解釋。
② 清華大學出土文獻讀書會:《清華六整理報告補正》,"清華大學出土文獻研究與保護中心"網,2016 年 4 月 16 日。

陽,殺左尹宛、少師無忌"等之例。① 另外,《鄭文公問太伯》甲本簡11"君女(如)由彼孔叔、佚之夷、師之佢鹿、堵之俞彌",這個"如",從文義上看,大概也是不如的意思。②

五、《鄭武夫人規孺子》簡10+11：邦人既盡聞之,孺子【10】或延告,吾先君如忍孺子之志,亦猶足。

整理者言："或,猶'若'也,見《古書虚字集釋》(第一六七頁)。誕,句中助詞,無義,見《經傳釋詞》。此云孺子屆時若告於先君。忍,動詞,《説文》：'能也。'"

"或"很明顯應讀爲"又",是再的意思。"延"不必破讀爲"誕",如字讀即可,《國語·晉語》"使張老延君譽於四方",韋昭注"延,陳也",《爾雅·釋詁上》"延,陳也"。"忍"整理者訓能,文意不通,且和上下文銜接不上。按,"忍"應讀爲"念",是念想的意思,"念"泥紐侵部,"忍"日紐文部,二字聲紐皆屬舌音,韻部旁轉,古音非常近。"亦猶足"的"足"應該就是簡10"欹吾先君而孤孺子,其罪亦足數也"中"其罪亦足數"的省語,即足數其臣之罪的意思。

六、《鄭武夫人規孺子》簡9+14：思(使)群臣得執焉,虔(且)【9】毋交(邀)於死。

整理者言："交,《小爾雅·廣言》：'報也。'即'效'字。於,猶'以',見《古書虚字集釋》(第五一頁)。句云幾個老臣未能以死報君。"

按,簡9與簡14編聯從"悦園""子居"説。③ "交"應讀爲"邀","交"見紐宵部,"邀"影紐宵部,古音很近,典籍中也有很多相通之例。④《繫

----

① 沈培：《由上博簡證"如"可訓爲"不如"》,"簡帛"網,2007年7月15日。
② 《鄭武夫人規孺子》簡8、《鄭文公問太伯》甲本簡11之例分別爲劉孟瞻、"bulang"指出,參"ee"：《清華六〈鄭武夫人規孺子〉初讀》,劉孟瞻2016年4月18日第20樓、"bulang"2016年4月18日第22樓的補充。
③ 參"ee"：《清華六〈鄭武夫人規孺子〉初讀》,"悦園"2016年5月30日第50樓、"子居"2016年5月31日第51樓的發言。又參"子居"：《清華簡〈鄭武夫人規孺子〉解析》,"中國先秦史"網,2016年6月7日；尉侯凱：《讀清華簡六札記(五則)》,《出土文獻》第十輯,中西書局,2017年4月,第124—125頁。
④ 參看高亨、董治安：《古字通假會典》,齊魯書社,1989年7月,第793—795頁。

年》簡 43"令尹子玉遂率鄭、衛、陳、蔡及群蠻夷之師以交文公","交"即讀爲"邀"。"邀"是謀取、招引的意思,"於"是引出"邀"的內容或對象,句式同此者可參《莊子·知北遊》"邀於此者"("此者"指"至道")。在這個意義上讀爲"要"也是可以的,如《文選·西征賦》"志勤遠以極武,良無要於後福"。"且【9】毋交(邀)於死",是説並且先王不讓臣子招致死亡,其中"死"字又呼應下文簡 14+15"毋措手趾,殆於【14】爲敗"、簡 15"豈既臣之獲罪"。又,其中"得執"的"執"應該是有所執守的意思。

七、《鄭武夫人規孺子》簡 14+15:毋措手趾,旨(殆)於【14】爲敗。耆寧君是有臣而爲蟄孽?豈既臣之獲罪,又辱吾先君。

整理者在"耆寧君"後加逗號,又言:"旨,讀爲'殆',義爲幾、近,見《詞詮》(第三九頁)。據簡背劃痕,第十四簡後或缺一整簡。耆,讀爲'姑',姑且。寧,安慰。句云姑且安慰一下邦君。"

首先,《鄭武夫人規孺子》簡 14 與簡 15 可直接編聯,"殆於爲敗"是近於失敗的意思,已經非常通順,中間不必再有缺簡。因竹簡削錯、寫錯等原因,可能抛棄一或數支簡,簡背劃痕只能起輔助作用。①

其次,"耆寧君"應與下連讀成:"胡寧君是有臣而爲蟄孽?""耆""胡"皆從"古"得聲,相通自無問題。"胡寧"是反問語氣,其例參《詩·大雅·雲漢》:"胡寧瘨我以旱?"②

八、《鄭武夫人規孺子》簡 17+18:今二三大夫畜孤而作焉,幾孤其足爲勉,抑無如【17】吾先君之憂何?

整理者言:"幾,讀爲'豈',語助詞。"

按,"幾"整理者讀爲"豈",上下文不通順,尤其與下句的"抑"銜接得

---

① 參賈連翔:《戰國竹書形制及相關問題研究——以清華大學藏戰國竹簡爲中心》,中西書局,2015 年 10 月,第 88—102 頁。賈先生指出如按簡背劃痕來看,清華一《尹至》簡 4 與簡 5 間缺一支簡、《尹誥》簡 3 與簡 4 簡缺兩支簡、《耆夜》簡 2 與簡 3 間缺兩支簡,但從文義看,諸篇這些簡之間並無缺簡等情況。

② "ee":《清華六〈鄭武夫人規孺子〉初讀》,王挺斌在 2016 年 4 月 18 日第 23 樓提到清華六發布會上陳偉先生已指出此點,陳偉文後發表於《鄭伯克段"前傳"的歷史敘事》,《中國社會科學報》2016 年 5 月 30 日。

很不好。① 按"幾"應讀爲"冀","冀"是希望的意思,"幾"見紐微部、"冀"見紐脂部,二字聲紐相同,韻部旁轉,古音很近,典籍相通之例也甚多,如《左傳·哀公十六年》"日月以幾",《釋文》"幾本或作冀";《史記·陳丞相世家》"乃冀我死也",《漢書·陳平傳》"冀"作"幾"等。②

【發表情況】本文最初觀點發表於"ee":《清華六〈鄭武夫人規孺子〉初讀》,"簡帛"網論壇,2016 年 4 月 16 日,"ee"2016 年 4 月 16 日第 1 樓(對應本文第四則)、2016 年 4 月 17 日第 8 樓(對應本文第二、七、三、六則)、2016 年 4 月 18 日第 15 樓(對應本文第一、三、五、七則)、2016 年 4 月 21 日第 34 樓(對應本文第五、八則)的發言。後以《清華六〈鄭武夫人規孺子〉釋文商榷》爲名,發表於上海:"'出土文獻與傳世典籍的詮釋'國際學術研討會",2017 年 10 月;後以《清華陸〈鄭武夫人規孺子〉釋文商榷》爲名,刊於《出土文獻與傳世典籍的詮釋》,中西書局,2019 年 11 月,第 124—127 頁。

---

① "ee":《清華六〈鄭武夫人規孺子〉初讀》,"暮四郎"2016 年 4 月 18 日第 21 樓已言讀"幾"爲"豈"不可信。
② 參看高亨、董治安:《古字通假會典》,第 375 頁。

清華六《管仲》釋文商榷

新近出版的《清華大學藏戰國竹簡（陸）》收有《鄭武夫人規孺子》《管仲》《鄭文公問太伯》《子儀》《子產》諸篇，①都是佚失已久的竹書，整理者已經做了非常好的釋文與注釋，大大方便了學界的研讀。其中《管仲》一篇記載齊桓公與管仲對治國方面的問答，對管子學派思想的研究有重大價值。我們在拜讀之後，也有一些想法，下面把我們的意見羅列於下，以向大家求教。其中一些非關鍵地方的釋讀還採用了其他學者的説法，爲簡潔起見，就不一一注出了，還望見諒。

一、《管仲》簡1+2：齊桓公問於管仲曰："仲父，君子孝與不孝，如何？"管仲答曰："君子孝哉，孝烏可以已？見善者【1】謹焉，見不善者戒焉。君子孝哉，孝烏可以已！"

整理者把"孝"都讀爲"學"，並言："《荀子·勸學》：'君子曰：學不可以已。'謹，讀爲'墨'。《太玄·盛》'盛不墨'，司馬光集注：'法也。'在此爲動詞，意爲效法。焉，此處用作指示代詞，與'之'同。戒，《説文》：'警也。'《論語·里仁》：'見賢思齊焉；見不賢而内自省也。'上博簡《從政》：'君子聞善言，以改其言；見善行，納其身焉。可謂學矣。'"

首先，這些"孝"也有可能不讀爲"學"而讀爲"教"。管仲與桓公問答都和施政有關，讀爲"教化人民"之"教"可能更合適一些。其中的"見善者【1】謹焉，見不善者戒焉"，"謹"字異説紛紜，有讀爲"牧""墨""悔""敏"

---

① 李學勤主編：《清華大學藏戰國竹簡（陸）》，中西書局，2016年4月。

"伴""慕"等,①其實都受"見"字的干擾,以爲"善者"和"不善者"是本人需要向其學習或警戒的對象。但這裏的"善者"和"不善者"其實應該理解爲要對其進行教育的對象。"謹"可讀爲"誨",②"墨"明紐職部,"誨"曉紐之部,古音很近,如睡虎地秦簡《日書》甲種155背"墨日"即"晦日";上博五《三德》簡1"平旦毋哭,⿳毋歌"之"",晏昌貴先生讀爲"晦",並引《顏氏家訓·風操》"道書又曰:晦歌朔哭,皆當有罪"爲證。③ 其字之左旁應即"墨"之省。④ 見到本性善良的人應該誘導、勸導,見到本性不善良的人應該警戒,這句話其實扣的是"善者"和"不善者"都需要被教化或學習,所以"教(或學)烏可以已"。

二、《管仲》簡6+7:翌礩不枉,執即(節)豙(緣-循)繩,可設於承;翌礩以奎,吉凶陰【6】陽,遠邇上下,可立於輔。

整理者把前幾句釋讀爲"翌(賢)礩(質)不枉,執即(節)豙(緣)繩,可設於承;翌(賢)礩(質)以亢(抗)",並言:"翌,疑讀爲'賢'。礩,從㞢,端母質部字,讀爲章母質部的'質',《小爾雅·廣言》:'信也。'……執,《論語·子路》'執事敬',劉寶楠正義:'猶行也。'即,讀爲'節'。《禮記·文王世子》'興秩節',鄭注:'猶禮也。'緣,順也,《管子·侈靡》:'緣地之利。'繩,《廣雅·釋詁三》:'直也。'抗,《淮南子·說山》'溺者不可以爲抗',高注:'高也。'下云吉凶陰陽等,皆高玄之事,故此處云高。"

按,"翌礩"在該句出現兩次。"翌"可讀爲"堅",二者皆從"臤"得聲,相通自無問題。"礩"可讀爲"實","㞢"端紐質部,"實"船紐質部,古音極近,上博五《鬼神之明》簡5"名則可畏,㞢(實)則可侮"、上博六《慎

---

① 參看"bulang":《清華六〈管仲〉初讀》,"簡帛"網論壇,2016年4月17日,"暮四郎"2016年4月18日第13樓、王挺斌2016年4月18日第19樓、"難言"2016年4月19日第39樓、"暮四郎"2016年4月21日第48樓、"苦行僧"2016年4月23日第50樓、劉偉浠2016年4月27日第65樓的發言。
② 王挺斌先生曾考慮讀爲"誨",後放棄,見"bulang":《清華六〈管仲〉初讀》,王挺斌2016年4月18日第19樓的發言。
③ 晏昌貴:《〈三德〉四札》,"簡帛"網,2006年3月7日。
④ 參白於藍:《戰國秦漢簡帛古書通假字彙纂》,福建人民出版社,2012年5月,第403頁。

子曰恭儉》簡 1"恭儉以立身,堅强以立志,忠寔(實)以反俞(?)",兩"寔"字何有祖、①陳斯鵬②先生讀之爲"實"。"堅實"一語典籍常見,如《釋名·釋言語》"築,堅實稱也"、《齊民要術》卷八"手按令堅實"等。《管仲》的"鋻"從"金"、"礇"從"石",也正是會堅實之義。請注意《慎子曰恭儉》正是"堅强"與"忠寔(實)"對言。另外石小力先生引《晏子春秋·内篇問下》"肥利之地,不爲私邑,賢質之士,不爲私臣"爲整理者作補證,③與《晏子春秋》相同用法的"質"舊訓爲實或誠,其實就是因爲"質"與"實"相通而得訓,"賢質"言賢良忠實之臣,與形容意志的"鋻(堅)礇(實)"用法也並不一樣。

又,後面的"奎"以讀爲"剛"好,"堅實"正好與"剛"相配,古文字中的"奎"也大都用爲"岡"系字。其中"緣"釋爲"循"從"海天遊蹤"說。④

三、《管仲》簡 9:刑政既蔑,民人陵(悽)怠。

整理者言:"蔑,讀爲'蔑'。《國語·周語》'不蔑民功',韋注:'棄也。'"

按,"刑政既蔑","蔑"讀爲"蔑"尚不如讀"厲"更簡單直接,"厲"是猛烈、嚴厲之義,參上博六《用曰》簡 13"兇刑厲政"。又,"墮怠"之"墮"作"⿱",清華五《命訓》簡 8"墮乏"的"墮"作"⿱"形,寫法相當一致。據李松儒考察:清華六《管仲》與清華五《湯處於湯丘》《湯在啻門》爲同一抄手所寫,它們與清華五《命訓》非同一書手所抄。⑤看來"墮"的這種寫法是比較常見的,曾有一些學者認爲《命訓》的"墮"是"偶然出現的錯字",⑥現在看肯定不正確。這兩例"墮"上面的"勹"形來源不詳,有可能是"又"的訛變,也有可能受"勹"的影響類化所致,但定非偶見訛形。

---

① 陳斯鵬:《讀〈上博竹書(五)〉小記》,"簡帛"網,2006 年 4 月 1 日。
② 何有祖:《〈慎子曰恭儉〉札記》,"簡帛"網,2007 年 7 月 5 日。
③ 清華大學出土文獻讀書會:《清華六整理報告補正》,"清華大學出土文獻研究與保護中心"網,2016 年 4 月 16 日。
④ 見"bulang":《清華六〈管仲〉初讀》,"海天遊蹤"2016 年 4 月 24 日第 57 樓的發言。
⑤ 參"bulang":《清華六〈管仲〉初讀》,"ee"2016 年 4 月 17 日第 7 樓的發言。
⑥ 如蘇建洲:《清華簡第五冊字詞考釋》,《出土文獻》第七輯,中西書局,2015 年 10 月,第 150—156 頁。石小力:《談談清華簡第五輯中的訛字》,《出土文獻》第八輯,中西書局,2016 年 4 月,第 126—130 頁。又,相關形體學者多釋爲"陶",又可參看林清源:《楚簡"陶"字考釋》,《戰國文字研究的回顧與展望》,中西書局,2017 年 8 月,第 223—233 頁。

四、《管仲》簡 17："湯之行正,而勤事也,必載於義,而成於度。"

整理者於"行正"未有注解。按,"正"應讀爲"政","行政"與"勤事"對應。參簡 19"既怠於正(政)","正"亦讀爲"政"。

五、《管仲》簡 19："既怠於政,又以民戲。"

整理者言："戲,曉母歌部字,讀爲匣母月部之'害'。'又以民害','以'猶'爲'也,見《古書虛字集釋》(第一四頁)。關於帝辛的統治情況,《書·牧誓》:'今商王受,惟婦言是用,昏棄厥肆祀,弗答;昏棄厥遺王父母弟,不迪。乃惟四方之多罪逋逃,是崇是長,是信是使,是以爲大夫卿士,俾暴虐于百姓,以姦宄于商邑。'"

按,如字讀爲"戲"也很通,即戲耍、戲虐之意,不必破讀爲"害"。《尚書·西伯戡黎》"惟王淫戲用自絶",可與此相比。

六、《管仲》簡 26："受命雖約,出外必張。脣童(動)蓮畏,假寵以放。既蔽於貨,冒亂毀常。既得其利,昏㝨以行。"

"脣動蓮畏",整理者言："脣童,讀爲'蠢動'。《爾雅·釋訓》:'蠢,動也。'前云'受命雖約',故此云始動之時貌作謹畏。"並把"蓮"括注爲"勤"。

按,"蓮"應讀爲"謹","謹畏"即謹慎小心之貌。其實整理者所注的"謹畏",已點出"蓮"有讀爲"謹"的可能,但未直接破讀,可謂失之交臂。

㝨,整理者在釋文中括注爲"㝨",但在注釋中又言："'㝨'字從彔聲,疑讀爲'逯',《方言》卷十二:'行也。'"兩者不統一。按,"㝨"字見《合》20964"乙巳㝨雨",黃天樹先生疑即甲骨文中所見的時稱"中㝨"之省。① 清華一《尹至》簡 1"惟尹自夏徂白(亳),㝨至在湯","月下聽泉"認爲《尹至》的"㝨"即甲骨文的時稱名"㝨",②即使其説正確,《管仲》中的"㝨"和《尹至》中的"㝨"一從"宀"一從"夕",字形還是有區別,並且戰國時

---

① 黃天樹:《殷墟甲骨文所見夜間時稱考》,《黃天樹古文字論集》,學苑出版社,2006年 8 月,第 185—188 頁。

② 復旦大學出土文獻與古文字研究中心研究生讀書會:《清華九簡研讀札記》,"復旦大學出土文獻與古文字研究中心"網,2010 年 5 月 30 日,"月下聽泉"2010 年 6 月 17 日的發言。

代的竹書是否還能用上時代如此之久且罕僻的古詞古義,非常值得懷疑。如把"彔"釋爲"逯"訓行,那麼"昏行以行"文意也實在不通。我們認爲,"彔"應讀爲"禄",二字皆從"录",相通自無問題。而"昏"應讀爲"昧"或"没","昏"曉紐文部,"昧""没"皆明紐物部,從韻部來説,它們韻屬對轉;在聲紐方面,"昏"系字與明紐關係極爲密切,其諧聲基本都和明紐有關,如"昏"常寫作"昬","民"即明紐;古文字"睧"常用爲"問"或"聞"(本篇即多見此例),"問"或"聞"皆明紐;又《説文》卷二"吻"重文作"脗",而"勿"系字又常與"没""昧"相通;① 又如"昏與民""昏與悶""昏與閔""昏與慗""昏與迷"等經常通假,② 而後字皆屬明紐。上博四《昭王與龔之脽》簡 8"又昏死言"之"昏"即通"昧"。③ 昧、没是貪的意思,典籍常見"昧財"(《晏子春秋·内篇諫下》)、"昧利"(《漢書·匈奴傳》)、"没利"(《新序·善謀》)等語,與"昧禄"一詞十分相近。

【發表情况】本文最初觀點發表於"bulang":《清華六〈管仲〉初讀》,"簡帛"網論壇,2016 年 4 月 17 日,"ee"2016 年 4 月 17 日第 5 樓、第 6 樓(對應本文第二則),2016 年 4 月 17 日第 8 樓(對應本文第三則),2016 年 4 月 17 日第 9 樓(對應本文第五則),2016 年 4 月 18 日第 12 樓(對應本文第三則),2016 年 4 月 21 日第 43 樓、第 44 樓(對應本文第一則),2016 年 4 月 24 日第 53 樓(對應本文第六則),2016 年 4 月 28 日第 63 樓(對應本文第四則),2016 年 4 月 28 日第 64 樓(對應本文第六則)的發言。後加以訂補,以《〈清華簡(陸)·管仲〉釋文商榷》爲名,刊於《古文字研究》第三十三輯,中華書局,2020 年 8 月,第 495—498 頁。

---

① 參看高亨、董治安:《古字通假會典》,齊魯書社,1989 年 7 月,第 608—609 頁。
② 參看高亨、董治安:《古字通假會典》,第 152—154 頁。
③ 參陳劍:《上博竹書〈昭王與龔之脽〉和〈柬大王泊旱〉讀後記》,"簡帛研究"網,2005 年 2 月 15 日。

清華六《鄭文公問太伯》釋文商榷

新近出版的《清華大學藏戰國竹簡(陸)》收有《鄭武夫人規孺子》《管仲》《鄭文公問太伯》《子儀》《子產》諸篇,[1]都是佚失已久的竹書,整理者已經做了非常好的釋文與注釋,大大方便了學界的研讀。其中《鄭文公問太伯》分甲、乙本,馬楠先生已經指出,《鄭文公問太伯》的這兩個本子是同一抄手對不同底本抄寫而成,[2]兩本用字大體一致,但也有一些不同,可以互相參照。我們在拜讀之後,也有一些想法,下面以甲本爲基礎,把我們的意見羅列於下,以向大家求教。其中一些非關鍵地方的釋讀還採用了其他學者的説法,爲了簡潔起見,就不一一注出了,還望見諒。

一、《鄭文公問太伯》甲本簡 2:不穀幼弱,閔喪【1】吾君,譬若鷄雛,伯父實被覆,不穀以能與邊(就)宋。

整理者把"宋"讀爲"次",並認爲:"次,謂所居之處。《周禮·宮伯》'授八次八舍之職事',鄭司農云:'庶子衛王宮,在内爲次,在外爲舍。'引申爲朝堂之位。《周禮·大史》:'祭之日,執書以次位常。'《左傳》僖公九年:'里克殺奚齊于次。'簡文'就次'指繼嗣君位。"

"就次"一語古書未見,且"次"能否引申爲君位值得懷疑。按,"就"應讀爲"遂"或"仇","就"從紐覺部,"遂""仇"皆群紐幽部,諸字韻部對轉,古

---

[1] 李學勤主編:《清華大學藏戰國竹簡(陸)》,中西書局,2016 年 4 月。
[2] 馬楠:《清華簡〈鄭文公問太伯〉與鄭國早期史事》,《文物》2016 年第 3 期,第 84—87 頁。

音較近。陳劍先生已指出：《汗簡》卷上之一"就"字古文作"󰀀",《古文四聲韻》卷四"就"字古文作"󰀁""󰀂",這些形體都與西周金文中的"䢱"形（文例見下）相當接近。① 這是"就"與"䢱"直接相通的例子。在金文中,常見"䢱即"一語,如《集成》9455"穆王蔑長甶以䢱即井伯"、《集成》2459"交從䚄（戰）,䢱即王"。"䢱即"在金文中又常寫作"䢱匹"（《集成》10175、《集成》82）,"䢱"即仇,是匹偶的意思,"即"應是接近、比次的意思,如《集成》9455"穆王饗醴,即井伯、大祝射,穆王蔑長甶以䢱即井伯"、《集成》9453"王在魯,合即邦君、諸侯、正、有司大射。義蔑曆,眔于王䢱"。這些"即"非常明顯可施於上對下。② 而"宋"所從的"宋"精紐脂部,"即"精紐質部,二字聲紐相同,韻部對轉,古音很近。所以,簡文的"遱（就）宋"應該讀爲"䢱（或仇）即",是匹偶、並列的意思。又,此處文字乙本作"遱（就）椊",③亦應讀爲"䢱（或仇）即","椊"爲心紐脂部,與"宋""即"古音也很近。

二、《鄭文公問太伯》甲本簡 5＋6："籔胄鞲甲,󰀃戈盾以媻【5】瑴。

"籔胄鞲甲"整理者隸定爲"籔胄鞲甲",認爲："籔,字又見上博簡《簡大王泊旱》,彼讀爲'篓（篓）'。簡文'籔'疑讀爲章組葉部之'攝',訓爲結。鞲,從專得聲,讀爲'擐',《說文》：'貫也。'《左傳》成公二年：'擐甲執兵。'《國語·吳語》：'夜中乃令服兵擐甲。'"

整理者已言"籔"字又見於上博四《簡大王泊旱》簡 13＋15："君王毋敢載害（蓋）【13】芥,相徙、中舍與五連小子及寵臣皆屬,毋敢執篓籔。"又上博二《容成氏》簡 14"舜於是乎始免蓺开褥薐（鍤）,价而坐之"、簡 15"乃草服、箁箬、冒（茅）芺（蒲）、蓺",其中之"蓺"與"籔"只有"艹""竹"之異,且

---

① 參陳劍：《據郭店簡釋讀西周金文一例》,《甲骨金文考釋論集》,綫裝書局,2007年 4 月,第 20—38 頁。

② 陳劍《據郭店簡釋讀西周金文一例》認爲金文中"䢱即"的"即（次）"是輔助、佐助之義,不確。

③ 馬楠：《關於〈清華大學藏戰國竹簡(陸)〉的一則說明》,《出土文獻》第九輯,中西書局,2016 年 10 月,第 286 頁。

用法相同，應是一字。從文意看，"䈴"或"䈞"應是一種遮陽及遮風雨的物品，且可以用爲動詞，《容成氏》中的"䈞"陳劍先生讀爲"笠"，《簡大王泊旱》中的"䈴"董珊先生亦讀爲"笠"，①"紫竹道人"則把此篇的"䈴"也讀爲"笠"，並認爲"䈴（笠）冑"的含意是"以盔頭爲斗笠"，②這些意見可供參考。

"𩰫"作"▨"形，整理者認爲從"喜"從"專"，讀爲"擐"，屬誤認字形，其實是"從喜從中從卑"，"中"是受"喜"的影響而類化，此字可參包山簡 145"▨"、上博九《陳公治兵》簡 13"▨"。③"喜"就是鼓，甲與戰爭有關，故加戰爭常用的"鼓"形。所以"𩰫"也可以説就是"鼙"，④實從"卑"聲而讀爲"被（或披）"，"卑"幫紐支部，"被"並紐歌部，"披"滂紐歌部，"卑"與"被（或披）"韻部屬旁轉，聲紐併屬唇音，古音很近。古書多見"被甲嬰冑"（《穀梁傳·僖公二十二年》《墨子·兼愛下》）、"被甲冒冑"（《戰國策·韓策一》）、"被甲蒙冑"（《史記·張儀列傳》）等，與"䈴冑𩰫（被）甲"一語極爲相近。

"▨戈盾以媢【5】𠣪"，整理者隸定爲"夋（攫）戈盾以媢（造）【5】勳"，認爲："夋，清華簡《金縢》用作'穫'，簡文讀爲'攫'，《説文》：'握也。''媢'字從早得聲，試讀爲'造'，《書·君奭》鄭注：'成也。'"

"▨"字來源不詳，不容易隸定，但在楚簡中已出現多次。如清華一《金縢》簡 9"秋大熟，未▨（穫）"及簡 13+14"秋【13】則大▨（穫）"，對比《尚書·金縢》可知相關字應是"穫"字；上博九《邦人不稱》簡 3+4"就

---

① 陳劍：《上博楚簡〈容成氏〉與古史傳説》，《戰國竹書論集》，上海古籍出版社，2013年 12月，第 63頁。董珊：《讀〈上博藏戰國楚竹書（四）〉雜記》，《簡帛文獻考釋論叢》，上海古籍出版社，2014年 1月，第 68頁。
② 參"心包"：《清華六〈鄭文公問太伯〉初讀》，"簡帛"網論壇，2016年 4月 16日，"紫竹道人"2016年 4月 20日第 26樓的發言。
③ 參"心包"：《清華六〈鄭文公問太伯〉初讀》，"暮四郎"2016年 4月 19日第 24樓、"明珍"2016年 4月 22日第 30樓的發言。
④ 此爲"bulang"補充，參"心包"：《清華六〈鄭文公問太伯〉初讀》，"bulang"2016年 4月 17日第 8樓的發言。

復邦之後,蓋冠爲王□(獲),而邦人【3】不稱美焉",從文義上看,相關字也應該用爲"獲"。① 由此可知《鄭文公問太伯》的"□"也一定是"獲"一類的音,整理者讀"攫"訓"握"。不過"攫"匣紐鐸部、"握"影紐屋部,二字韻部旁轉,聲紐皆屬喉音,古音相近,直接讀爲"握"也是可以的。暮四郎則讀"□"爲"舉",並引《集成》2840:"叀(與)其溺於人也,寧溺於淵。""叀""與"相通之例,《大戴禮記·五帝德》"舉干戈以征不享不道無道之民",也正見"舉干戈"一詞,②暮四郎説比整理者説有文例支持,可能更好一些。

所謂的"勛"字又見於《鄭文公問太伯》乙本簡5,實皆從"才",整理者未隸定出。見下圖:

□ 甲本　　□ 乙本

"才"應該是"勛"的聲符。從"才"的"存"(如本輯《子產》簡3、簡6"才"即用爲"存"),從紐文部;《成之聞之》簡35的用爲"津"的字作"□"形,是從"才"從"鳶"的雙聲字,"津"精紐真部。③ 它們和曉紐文部的"勛"古音都近,所以《鄭文公問太伯》的"勛"是個雙聲字。

"媛【5】勛"整理者讀爲"造勛","勛"即"勳","造勳"一詞雖未見於典籍,但在文義上也能通。按,《子產》簡17"勛勉救(求)善"之"勛"趙平安讀爲"勤",應可信。④《子產》簡27亦有"獻勛和意",亦應讀爲"勤"。對比《子產》的"勛"字,《鄭文公問太伯》簡5"媛勛"不知有無可能讀爲"求勤"?但"媛勛"讀爲"求勳"也算通順。相類詞語典籍未見,難以確釋。

---

① 此外又見於上博四《采風曲目》簡3"□也遭珙"、上博五《鮑叔牙與隰朋之諫》簡4"□民輒(獵)樂,篤□(歡?)怀(服)忨(願)",此兩字不能確釋,但也應該是"獲"一類的音。

② 參"心包":《清華六〈鄭文公問太伯〉初讀》,"暮四郎"2016年4月19日第24樓的發言。

③ 參劉波:《説楚文字中的"鳶"與"廈"》,《中國文字研究》第十六輯,上海人民出版社,2012年8月,第80—84頁。

④ 趙平安:《〈清華簡(陸)〉文字補釋(六則)》,"清華大學出土文獻研究與保護中心"網,2016年4月16日。

清華六《鄭文公問太伯》釋文商榷　337

三、《鄭文公問太伯》甲本簡 6：克鄶 A，如容社之處，亦吾先君之力也。

乙本簡 5 同文，但作 B 形，A 及 B 下皆有合文符。整理者隸定爲"䵣"，並説："䵣，甲本左下從'皀'，上半從楚文字'廟'字，下半即'刅'，《集韻》以爲'饗'字，試讀爲從刀得聲之'迢'，訓爲迢遰懸遠。鄶在所謂'溱、洧之間'，與函、訾等地相去迢遠。"

按 AB 上面從"宙"，下面從"飤"，① 不過"飤"所從的"人"訛爲"刀"形，A 的"刀"形訛變成"刃"，如上博二《魯邦大旱》簡 6 的"飤"就已近於"刀"形（參 C 字）。要注意的是 A 下左從"皀"，B 下左從"食"，在楚文字中，"飤"正好也是從"皀"從"食"互見，從"食"的"飤"其例甚多，無煩舉例；從"皀"的"飤"如郭店《成之聞之》簡 13"務飤（食）"之"飤"作"[圖]"、包山簡 245"不甘飤"之"飤（食）"作"[圖]"、包山簡 247"不甘飤（食）"之"飤"作"[圖]"。這也是 AB 下面是"飤"的訛變寫法的一個佐證。而此字上部的"宙"楚簡多見，常用爲"廟"字。② 由此看來，AB 應讀爲"廟食"，"廟食"一語古書多見，如《史記·滑稽列傳》"廟食太牢"、《漢書·淮南王傳》"高皇帝之神必不廟食於大王之手"。《鄭文公問太伯》是說鄭克鄶之後始得地以爲祖先之廟以供血食，正好與後面的"如容社之處"緊密銜接。從此處看，鄭東遷後之始都應在鄶地，古人已多言及。

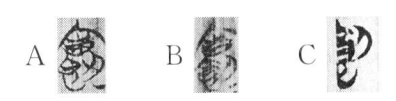

A [圖]　B [圖]　C [圖]

四、《鄭文公問太伯》甲本簡 9＋10：朝夕鬥鬩，亦不㥛斬【9】伐。

"㥛"，整理者讀爲"逸"，並説"逸，訓爲放失"。按，"逸"讀"失"更符合典籍用語習慣。"逸"喻紐質部，"失"書紐質部，古音很近。③ 在這種語境

---

① "問道"疑 AB 讀爲"傳食"，"食"字之釋與本文基本相同，但未有論證。參"心包"：《清華六〈鄭文公問太伯〉初讀》，"問道"2016 年 4 月 20 日第 27 樓的發言。
② 白於藍：《戰國秦漢簡帛古書通假字彙纂》，福建人民出版社，2012 年 5 月，第 126 頁。
③ 參趙平安：《戰國文字的"遊"與甲骨文"𢆶"爲一字説》，《新出簡帛與古文字古文獻研究》，商務印書館，2009 年 12 月，第 42—46 頁。

下的"不失"的用法很常見，也就是沒有丟掉的意思。

五、《鄭文公問太伯》甲本簡 10＋11：今及吾君，弱幼而滋長，不能莫（慕）吾先君之武徹（徹）壯功，色淫䍃于康，獲彼荊俑（寵），【10】爲大其宫。

"先君之武徹壯功"，整理者未加解釋，按典籍"武徹"未見，不如讀爲"武烈"。"徹"透紐月部，"烈"來紐月部，二字古音甚近。"武烈"可參《國語·周語》："成王能明文昭，能定武烈者也。"《後漢書·馮衍傳》："其一曰顯文德，二曰襃武烈，三曰修舊功，四曰招俊傑。"《鄭文公問太伯》用法與《後漢書》同，是指用武之功績。

"色淫䍃于康"，整理者認爲："色，乙本作'孚'，訓爲'信'。甲本疑因下'淫媱'等語誤作'色'。'䍃'字又見包山簡二七八，上博簡《容成氏》第三十八簡，後者辭例爲'瑶臺'。簡文讀爲'媱'，《方言》：'遊也。'康，《爾雅·釋詁》：'樂也。'清華簡《厚父》：'不盤于康。'陳曼簠（《集成》四五九五—四五九六）：'齊陳曼不敢逸康。'"按，甲本"色"不必是訛字，乙本"孚"可能是訛字。"色淫"是一個意思，應指貪淫於美色。其下的"䍃于康"又是一個意思，"䍃"字整理者已言《容成氏》中用爲"瑶"，我們認爲"䍃"可直接讀爲"遊"。"遊"喻紐幽部，"瑶"喻紐宵部，聲紐相同，韻部旁轉，古音很近，"遊于康"的意思是在康樂中嬉遊。《隸釋》卷三《楚相孫叔敖碑》"優嗜樂業"，"優嗜"即"優遊"。又清華一《楚居》簡 2"眷（盤）曹（遊）四方"，"曹"我們曾讀爲"遊"，[①]而"繇"與"由"經常相通，所以"䍃"讀爲"遊"是可以的。

六、《鄭文公問太伯》甲本簡 12：兹詹父内謫於中，君如是之不能茅，則譬若疾之亡醫。

"君如是之不能茅"，"茅"整理者讀爲"懋"，無注。按"茅"不如讀爲"務"更好，二字皆從"矛"得聲，"務"是"務行（臣下之諫言）"的意思。

----

① 復旦大學出土文獻與古文字研究中心研究生讀書會：《清華簡〈楚居〉研讀札記》，"復旦大學出土文獻與古文字研究中心"網，2011 年 1 月 5 日，單育辰 2011 年 1 月 6 日第 7 樓的發言。

七、《鄭文公問太伯》乙本簡6：西城泲〈汧-伊〉澗，北就鄔、劉。

甲本簡7"泲（伊）"作"▨"形，而乙本"泲"作"▨"形，已訛成"湨"形，整理者僅隸定成"泲"，不完全準確。

【發表情況】本文最初觀點發表於"心包"：《清華六〈鄭文公問太伯〉初讀》，"簡帛"網論壇，2016年4月16日，"ee"2016年4月17日第5樓（對應本文第一則）、2016年4月17日第6樓（對應本文第二則）、2016年4月17日第10樓（對應本文第四、六則）、2016年4月17日第11樓（對應本文第五則）、2016年4月18日第14樓（對應本文第二、七則）、2016年4月19日第20樓（對應本文第二則）、2016年4月23日第33樓（對應本文第三則）、2016年4月25日第36樓（對應本文第五則）的發言。後加以訂補，以《清華六〈鄭文公問太伯〉釋文商榷》爲名，刊於《語言研究集刊》第十八輯，上海辭書出版社，2017年7月，第308—313頁。

清華六《子儀》釋文商榷

新近出版的《清華大學藏戰國竹簡(陸)》收有《鄭武夫人規孺子》《管仲》《鄭文公問太伯》《子儀》《子產》諸篇，①都是佚失已久的竹書，整理者已經做了非常好的釋文與注釋，大大方便了學界的研讀。其中《子儀》一篇是秦穆公送申公子儀歸楚的對話體文獻，其中有很多難以索解之處，距完全讀通還有相當距離。我們在反覆拜讀之後，也有一些想法，下面把我們的意見羅列於下，以向大家求教。其中一些非關鍵地方的釋讀還採用了其他學者的說法，爲了簡潔起見，就不一一注出了，還望見諒。

一、《子儀》簡3：以視〈見〉楚子儀於🗆🗆。

整理者釋"🗆🗆"爲"杏會"，並言："杏會，秦國地名。'會'字釋讀參李家浩《信陽楚簡'澮'字及從关之字》。"

按，整理者把"🗆"隸定爲"杏"是正確的。還應指出的是，此字又見於左塚漆梮，作"🗆"形，舊多釋爲"杏"字，非是，它即"察杏(本)"之"杏(本)"字，②所以《子儀》的"杏"也應該釋爲"本"。

---

① 李學勤主編：《清華大學藏戰國竹簡(陸)》，中西書局，2016年4月。
② 參單育辰：《楚地戰國簡帛與傳世文獻對讀之研究》，中華書局，2014年5月，第75頁。又《集成》10373的"🗆"及左塚漆梮的"🗆"，與"🗆(杏)"形近，但並非一字，前兩字是從"老"從"古"的字，其辭例分別爲"耇(故)爵""事耇(故)"，參高佑仁：《釋左冢楚墓漆棋局的"事故"》，"簡帛"網，2008年5月17日；劉波：《釋楚鄰客銅量中的"故"字》，《江漢考古》2012年第1期，第107—110頁。

李家浩先生所釋的"瘡"作"㦤"（長臺關簡 2—8）、"㦤"（《魚鼎匕》）形，其右旁及左下旁有可能與"枼"是一個字的不同寫法，但它們的字形並不完全相同，和《子儀》完全相同的字形又見《容成氏》簡 36＋37："民乃宜（多）怨，虐疾始生，於是【36】乎有喑、聾、跛、◯、瘻、枼、僂始起。"《容成氏》的"枼"，字義與身體缺陷有關，以前都認爲從"某"，我們說到"也有可能枼字宀下所從並不是'某'，參本簡'葚'心上之'某'形作葚，與之不同"，①現在看來我們的懷疑是正確的。不過整理者所引李家浩先生的考釋是有疑問的，似不能當作定論加以引用，②這些字如何釋讀還需繼續探索。

《子儀》簡 5 又見相關字形，其辭例爲"徒枼所遊又步"，"枼"字但加了人旁而已。其中"步"字是兩止相反形，整理者釋爲"步"，可疑，不知是否是"涉"的省水之形？整理者把簡 5 與簡 6 連讀，也是可疑的，簡 5＋6"里護【5】讙也"連讀實在不知所云，並且算重文的話，簡 5＋6 的第一首歌共 16 字，簡 6＋7 的第二首歌 53 字，簡 8＋9 的第三首歌 90 字，第一首與後兩首字數相差過多，如果缺一整簡的話，一支整簡容字 33 字左右，三者字數，尤其是第一首與第二首字數相差就不那麼多了。

二、《子儀》簡 8＋9＋10："鳥飛兮憯永，余何贈以就之？遠人兮麗宿，君又覉（尋）言（焉），余誰使于告之？強弓可緛（挽），其絕【8】也，贈追而稡之。莫往兮，何以寘（置）音？余畏其式（忒）而不信，余誰使于脅之？昔之裙兮余不與，今兹【9】之裙，余或（又）不與。奪之績兮而奮之織，紝之不成，吾何以祭稷？

"㪝"，整理者言："字見於上博簡《周易》第十四簡、《鬼神之明 融師

---

① 單育辰：《新出楚簡〈容成氏〉研究》，中華書局，2016 年 3 月，第 241 頁。
② 參黃傑：《釋古文字中的一些"沐"字》，《中國文字》新四十三期，藝文印書館，2017 年 3 月，第 107—128 頁。

有成氏》第八簡以及清華簡《保訓》第二簡,從對讀來看,讀音與'從''宗'和'朁'等字相近,……簡文可讀爲'憯'。孫詒讓《墨子閒詁》:'憯、遬義同。'"按,整理者讀"⬚"爲"憯"没有問題,不過還可進一步讀爲"漸","憯(漸)永"猶言"漸遠"。上博九《卜書》簡2"有疾乃憯","憯"字整理者誤釋爲"適",我們改釋爲"憯",①後來有學者進一步讀爲"漸";清華一《保訓》簡2亦有"朕疾憯(漸)甚",②所以《子儀》的"憯"也可以讀爲"漸"。

"麗宿",整理者把兩字分屬上下兩句,並言:"《書·顧命》'奠麗陳教',蔡沈集傳:'麗,依也。'《左傳》昭公二十九年'官宿其業',孔穎達疏引服虔曰:'宿,思也。'"馬楠先生則把"宿"屬上讀,並言:"麗宿猶信宿(《毛詩·九罭》)、再宿(《公羊傳》)。"③馬楠先生的斷讀是正確的,但"麗"應讀爲"離","麗"來紐支部,"離"來紐歌部,聲紐相同,韻屬旁轉,古音很近,古書中也有很多相通的例子。④"離宿"就是離家去外地住宿的意思。

"覃(尋)言(焉)",整理者言:"《方言》卷一:'自關而西,秦、晋、梁、益之間,凡物長謂之尋。'"馬楠先生説:"尋言見於《左傳》,襄公十八年'會於魯濟,尋溴梁之言,同伐齊',謂重申誓言。"按,"尋"字就應該理解爲尋找的意思。

"余誰使于告之",又見簡9"余誰使于脅之",整理者言:"于訓'而',參《古書虚字集釋》(第四六頁)。"按"于"當讀爲"與","于"匣紐魚部,"與"喻紐魚部,古音很近,典籍也有不少相通的例子。⑤ 又,兩"于"字季旭昇先生訓爲往,也是有可能的。⑥

---

① 單育辰:《〈上海博物館藏戰國楚竹書(九)〉雜識》,《簡帛》第十一輯,上海古籍出版社,2015年11月,第49—52頁。
② 參"youren":《〈卜書〉初讀》,"簡帛"網論壇,2013年1月5日,"mpsyx"一上示三王"2013年1月8日第14樓、第15樓的發言。
③ 清華大學出土文獻讀書會:《清華六整理報告補正》,"清華大學出土文獻研究與保護中心"網,2016年4月16日。
④ 參看高亨、董治安:《古字通假會典》,齊魯書社,1989年7月,第672—674頁。
⑤ 參看高亨、董治安:《古字通假會典》,第825、830頁。
⑥ 季旭昇:《〈清華六·子儀〉"鳥飛之歌"試解》,"簡帛"網,2016年4月27日。

清華六《子儀》釋文商榷　343

"稵"整理者讀爲"集"。按，應讀爲"及"，"咠"是"稵"的聲旁，"咠"精紐緝部，"及"群紐緝部，二字古音很近。"及"是趕上的意思。此歌前半段都是述説欲求而不得之心態。

整理者言："'寊'字見於清華簡《繫年》第五十二簡，通過與《左傳》文公七年對讀，整理者釋爲'寊'，可從。"按，此字作"▨"形，上面寫得有點象"勹"，但參照簡15的"▨"，很可能還是"寊"字。"寊(真)音"的"音"從王挺斌先生讀，①他指出此字爲"▨"形，與簡8等"言"作"▨"不同。按，郭店《老子》甲簡16"▨聲之相和也"，今本作"音聲相和"；包山簡"司馬子音"之"音"作"▨"（簡200）、"▨"（簡206）、"▨"（簡214）、"▨"（簡224）、"▨"（簡240），又作"▨"（簡203）、"▨"（簡248），都是《子儀》之字釋"音"之證。"寊音"是放置言語的意思。其下的"式"從暮四郎説讀爲"忒"。②

"禠"字凡兩見，作"▨""▨"形，整理者皆隸定爲"禠"讀"臘"，説："《左傳》僖公五年：'宫之奇以其族行，曰："虞不臘矣。"'杜預注：'歲終祭衆神之名。'"按，釋"禠"屬誤認字形。其實它們是從"礻"從"扁(編)"的一個字，其字右旁見於郭店《六德》簡40"▨"、簡41"▨"和《性自命出》簡54"▨"，陳偉認爲前兩字（除"攴"形）即"編"之原形，應是正確的，③它們應該來源於甲骨文中的"▨"（《合》26801）。"禠"疑讀爲"編"，即"編織"之義，與後面"奪之績兮而奮之織，紝之不成"④語義正好相關。下面的"或"

---

① 王挺斌：《〈子儀〉篇短札二則》，"清華大學出土文獻研究與保護中心"網，2016年4月20日。
② "ee"：《清華六〈子儀〉初讀》，"簡帛"網論壇，2016年4月16日，"暮四郎"2016年4月21日第58樓的發言。
③ 陳偉：《郭店楚簡〈六德〉諸篇零釋》，《武漢大學學報（哲學社會科學版）》1999年第5期，第29—33頁。又參單育辰：《郭店〈尊德義〉〈成之聞之〉〈六德〉三篇整理與研究》，科學出版社，2015年11月，第315—316頁。
④ 斷句從"暮四郎"，參"ee"：《清華六〈子儀〉初讀》，"暮四郎"2016年4月17日第12樓的發言。

應從楊蒙生先生讀爲"又"。①

三、《子儀》簡 12：救兄弟以見東方之諸侯，豈曰："奉晉軍以相南面之事！"

整理者言："拯救嬴姓國家和會盟東方諸侯是秦國對外擴張宣示的兩大理由。當時的嬴姓國家處於大國周邊，普遍受到生存威脅，在秦國逐漸強大以後，爲同姓出頭便成了一個很好的出兵藉口。《左傳》僖公二十八年……秦與東方諸侯會盟從此年開始。"

按，如按整理者所説的"救兄弟以見東方之諸侯"，不甚通順，楊蒙生先生解爲"指楚救秦"，也不太通，②並且整理者所言的"爲同姓出頭"典籍亦未見記載。"救"應讀爲"求"，所謂的"兄弟"就應該是指下句"奉晉軍以相南面之事"的"晉"。

四、《子儀》簡 12：先人又(有)言曰："咎者不元。"

整理者言："《書·洛誥》'以功作元祀'，孫星衍《今古文注疏》引《詩傳》云：'元者，大也。'"

按，"元"似應讀爲"怨"，"元"疑紐元部，"怨"影紐元部，古音很近，"元""夗"兩系字典籍也有相通的證據。③

五、簡 12＋13：昔縞【12】之來也，不穀宿之靈陰。厭年而見之，亦唯咎之古(故)。

整理者言："'厭'通'期'，'厭年'猶'期年'。對此二字音理的論證，可參蘇建洲等《清華二〈繫年〉集解》。"

整理者很早就已指出，《子儀》的"厭年"可參見《繫年》簡 133＋134 "叴(厭)年，韓【133】取、魏擊率師圍武陽"中之"叴(厭)年"。④《繫年》中

---

① 楊蒙生：《清華六〈子儀〉篇簡文校讀記》，"清華大學出土文獻研究與保護中心"網，2016 年 4 月 16 日。
② 楊蒙生：《清華六〈子儀〉篇簡文校讀記》。
③ 參看高亨、董治安：《古字通假會典》，第 157 頁。
④ 李學勤主編：《清華大學藏戰國竹簡(貳)》，中西書局，2011 年 12 月，第 200 頁。

的"昷(厭)年"以前有很多釋法,①孟蓬生、鄔可晶兩先生讀爲"翌",我們認爲似較可信。② 但在典籍中還有一處與"厭年"類同的詞例,學者皆未能指出。《荀子·儒效》"遂選馬而進,朝食于戚,暮宿於百泉,厭旦於牧之野鼓之,而紂卒易鄉,遂乘殷人而誅紂",其中的"厭旦"的"厭",楊倞注爲"厭,掩也,夜掩於旦,謂未明已前也"。俞樾則認爲掩旦説於古無徵,並把"厭旦"乙爲"旦厭",又讀"厭"爲"壓"。③ 由楊注可知唐人所見本即作"厭旦",俞乙爲"旦厭"恐無據。《荀子》的"厭旦"的"厭"應該與《繫年》《子儀》的"厭年"的"厭"是一樣的意思,由文理推知,這些"厭"字如孟、鄔兩先生説讀爲"翌"確實要更好一些。《禮記·祭統》孔穎達疏引皇氏云:"師説《書傳》云:'武王伐紂,至於商郊,停止宿夜,士卒皆歡樂歌舞以待旦,因名焉。'"亦説旦將與紂戰,可與《荀子》"暮宿於百泉,厭旦於牧之野鼓之"互證。

六、《子儀》簡14:臺上有兔,桗枳(枝)當櫔(原),竢客而訊之。

"桗"作"[字]"形,整理者釋爲"櫇",與其右旁同形者亦出現在《子產》裏,其簡20"狻"作"[字]"形,④辭例爲"善君必狻昔前善王之法律",整理者釋爲"察",⑤似認爲"夋"爲"祭"字,如其釋不誤的話,則"桗"或可讀爲"蒺","祭"精紐月部,"蒺"從紐質部,二字聲紐皆屬齒音,韻部旁轉。"櫔"整理者釋爲"櫔",楊蒙生先生讀爲"原",⑥似是。"桗(蒺)枳(枝)當櫔(原)"似是説蒺藜枝條處在原野。"訊"整理者讀爲"翰",楊蒙生先生讀爲"扞"。按,"訊"似應讀爲"翦伐"的"翦"。"訊"所從之"釴"見紐元部,

---

① 參李松儒:《清華簡〈繫年〉集釋》,中西書局,2015年10月,第331—334頁。
② 孟蓬生:《清華簡〈繫年〉初札(二則)》,"復旦大學出土文獻與古文字研究中心"網,2011年12月21日。孟蓬生:《〈清華簡〈繫年〉初札(二則)〉第二則的一點補充》,"復旦大學出土文獻與古文字研究中心"網論壇,2012年10月5日。復旦大學出土文獻與古文字研究中心讀書會:《〈清華(貳)〉討論記錄》,"復旦大學出土文獻與古文字研究中心"網,2011年12月23日。
③ 參王先謙:《荀子集解》,中華書局,1997年10月,第136頁。
④ 此爲"bulang"指出,參"ee":《清華六〈子儀〉初讀》,"bulang"2016年4月17日第23樓的發言。
⑤ 新蔡甲三137有"[字]"字,與"桗""狻"之右形來源可能不同。
⑥ 楊蒙生:《清華六〈子儀〉篇簡文校讀記》。

346　佔畢隨録

"翦"精紐元部,古音相近。《詩·召南·甘棠》"蔽芾甘棠,勿翦勿伐",正因爲原野上有很多"蔟枝",所以等待客人翦去伐除。《子儀》後半部多喻言,難以確解,故本條也只能做疑似之語。

七、《子儀》簡16:君不瞻彼沮漳之川,開而不闔殴(也)。

"殴"字作"殴"形,趙平安先生認爲右旁是"印"字,是變形音化現象。① 按"殴"右旁又見於上博二《子羔》簡11"㪅(軟)"、上博六《用曰》簡7"贛(贛)"、簡10"既(既)"、清華二《繫年》簡32"胥(胥)",②它們的右旁與《子儀》的"殴"完全相同,看來此形是個比較常見且固定的寫法,應非趙平安先生所説的"印"字。以前只知道"欠(旡)"或"次"形有這樣寫法,現在看"殳"形也有這樣的寫法,不過也不能排除《子儀》"殴"右旁是"欠"形訛混的可能。

【發表情况】本文最初觀點發表於"ee":《清華六〈子儀〉初讀》,"簡帛"網論壇,2016年4月16日,"ee"2016年4月16日第1樓(對應本文第四則),2016年4月16日第3樓(對應本文第七則),2016年4月16日第7樓、第9樓(對應本文第二則),2016年4月17日第14樓(對應本文第一則),2016年4月17日第16樓(對應本文第二則),2016年4月18日第28樓(對應本文第六則),2016年4月19日第31樓(對應本文第三則),2016年5月5日第86樓(對應本文第一則),2016年6月21日第89樓(對應本文第五則)的發言。後加以訂補,以《清華六〈子儀〉釋文商榷》爲名,刊於《出土文獻研究》第十六輯,中西書局,2017年9月,第30—36頁。

---

① 趙平安:《〈清華簡(陸)〉文字補釋(六則)》,"清華大學出土文獻研究與保護中心"網,2016年4月16日。
② 《用曰》《繫年》諸例爲王挺斌、"海天遊蹤"、"天龍"補充,參"ee":《清華六〈子儀〉初讀》,王挺斌2016年4月16日第3樓、"海天遊蹤"2016年4月16日第4樓的發言;"天龍":《釋〈清華六·管仲〉的"廬"》,"復旦大學出土文獻與古文字研究中心"網,2016年4月16日。

清華六《子產》釋文商榷

新近出版的《清華大學藏戰國竹簡(陸)》收有《鄭武夫人規孺子》《管仲》《鄭文公問太伯》《子儀》《子產》諸篇,[1]都是佚失已久的竹書,整理者已經做了非常好的釋文與注釋,大大方便了學界的研讀。其中《子產》一篇是講子產執政理念的,對研究鄭史有很高價值,我們在拜讀之後,也有一些想法,下面把我們的意見羅列於下,以向大家求教。其中一些非關鍵地方的釋讀還採用了其他學者的說法,爲了簡潔起見,就不一一注出了,還望見諒。

一、《子產》簡 2:不良君古位劫富,不懼失民。

"古位劫富"整理者釋讀爲"怙位固福",認爲:"怙,《説文》:'恃也。'固,《國語·魯語上》'帝嚳能序三辰以固民',韋注:'安也。''怙位固福'意云仗恃權位,安於福享。"

按,整理者所釋的"福"讀爲"富"更好,其字作"🀆"形,而簡 15"仰福"的"福"作"🀆"形,二形不同。[2] 此處可參《彭祖》簡 8"毋故(怙)富,毋屙賢,毋向桓",以及《左傳·昭公元年》"無禮而好陵人,怙富而卑其上"、《左傳·定公四年》"無始亂,無怙富,無恃寵,無違同,無敖禮,無驕能,無復怒,無謀非德,無犯非義",[3]其中"怙富"正可與簡文"劫富"相對比,這裏的

---

[1] 李學勤主編:《清華大學藏戰國竹簡(陸)》,中西書局,2016 年 4 月。
[2] "富""福"二字字形可參"ee":《清華六〈子產〉初讀》,"簡帛"網論壇,2016 年 4 月 16 日,"明珍"2016 年 4 月 27 日第 68 樓的補充。
[3] 張新俊:《上博楚簡文字研究》,吉林大學博士學位論文,指導教師:吳振武,2005 年 4 月,第 106—113 頁。

"劫"應讀爲"怙"。而"古位"的"古"則讀爲"固",應是堅守、固執的意思。

二、《子產》簡3+4:子產所嗜欲,不可知内,君子亡攴(偏),官政【3】眔師栗當事,乃進亡好。

整理者斷爲"子產所嗜欲不可知,内君子亡攴(變)。官政【3】眔(懷)師栗,當事乃進,亡好",認爲:"内,《禮記·禮器》'無節於内',孔疏:'猶心也。'句意云内心始終爲君子,没有改變。官政,疑指任用官吏之事。眔,讀爲'懷',《説文》:'念思也。'師,《爾雅·釋詁》:'衆也。'栗,《書·舜典》'寬而栗',孔疏:'謹敬也。'在此指能敬業之人。當,《禮記·哀公問》'求得當欲',鄭注:'猶稱也。'句意云稱職者即予拔擢。亡好,没有偏愛。"

按,整理者是按簡上原有的標點符號句逗的,由注可知,如按原簡的標點句逗並不通順。疑此處標點符號爲抄寫者誤點,故改斷讀如上。如本輯《管仲》簡9"大夫假事,便嬖智(知)官事長",原簡在"智"下有標點,但也不通順,馬楠先生改斷如上。① 此亦是原簡標點有誤之例。《子產》這句意思是説:子產所嗜好者,是不能知道其内中的,君子無所偏好,官政和師栗執掌政事,於是奉進亡所偏好之策。其中"亡攴(偏)"與"亡好"正相對應。"官政""師栗"似是官職名,"眔"是逮、及的意思。

三、《子產》簡5+6:整政在身:文理、形體、端冕、恭儉、整齊、弇[圖]有【5】柒(秩)。

整理者於"整政在身"後加逗號,把"恭儉整齊"連讀,於"恭儉整齊"前後皆加逗號,並説:"弇,《説文》:'蓋也。'今作'掩',與'見(現)'相對。柒,讀爲'秩',皆質部字。掩現有秩,疑指服飾而言。"

按,整理者標點有誤,以致文義難以理解,今標點如上。其中"弇[圖]"與本句的"文理、形體、端冕、恭儉、整齊"一樣,都是與"身"相關的詞。其中"[圖]"似乎不是"見"而是"視"字,《子產》除此例外"見"與"視"皆未出

---

① 清華大學出土文獻讀書會:《清華六整理報告補正》,"清華大學出土文獻研究與保護中心"網,2016年4月16日。

現,無法做字形對比。但與《子產》爲同一人所抄《筮法》的"見"多次出現,①作"▨"(《筮法》簡10)形,下是跽人,與此不同;其中視作"▨"形(《筮法》簡39),下是立人,與此形較近。"弅視"一時不能確釋,但應該是説如何"看"一類的動作。

四、《子產》簡7+8:子產不大宅域,不崇臺寢,不勅(飾)美車馬衣裘,曰:"勿以【7】䴵已。……"

整理者認爲:"䴵,疑讀爲'屛',《説文》:'蔽也。'在此意指受物欲所蔽。或説此字從弜,'弜'與'弗'通,應讀爲'費',《説文》:'散財用也。'意即耗費。"

簡23亦有"䴵"字,辭例作"以爰䴵者",整理者認爲:"爰,讀爲同在匣母元部之'遠'。䴵,讀爲'屛'。《禮記·王制》'屛之遠方',鄭注'猶放去也'者,在此訓爲'也'或'焉',參《古書虛字集釋》(第七五六—七五七頁)。或説'䴵'字應釋'費','費者'爲耗費之人。"

整理者對"䴵"的解釋不統一且比較曲折,簡9與簡23的"䴵"應是一字,似讀爲"病","病"並紐陽部,"并"幫紐耕部,聲紐皆屬唇音,韻部旁轉,古音很近。簡7+8"勿以【7】䴵(病)也",是説勿以外物美大而爲病。簡23"以爰(援)䴵(病)者","爰"可通"援",句義是説用來援助疲病的人,都很通順。

五、《子產》簡8:宅大,心張;美外,態谕,乃自逸。

整理者認爲:"張,《左傳》桓公六年'隨張,必弃小國',杜注:'自侈大也。'谕,疑讀爲'悷',《廣雅·釋詁三》:'亂也。'"

石小力先生説:"'谕'可讀爲'矜'。矜本從令得聲,今本《老子》'果而弗矜'之'矜'字,《郭店·老子甲》簡7作'孫',從矛,命聲,命、令一字分化,故谕、矜音近可通。'矜',誇也。《公羊傳·僖公九年》:'矜之者何?猶曰莫若我也。'《注》:'色自美大之貌。'《戰國策·秦策三》:'大夫種……

---

① 參"ee":《清華六〈子產〉初讀》,"ee"2016年4月23日第62樓引李松儒的意見。

多功而不矜,貴富不驕怠。'美外會導致内心的矜誇。《説苑·反質》:'男女飾美以相矜而能無淫泆者,未嘗有也。'《晏子春秋·諫下·景公自矜冠裳遊處之貴晏子諫》:'且公伐宫室之美,矜衣服之麗。'"①

　　石先生讀"媏"爲"矜"是正確的,不過前面的"態"還可進一步讀爲"怠"。《容成氏》簡29"驕能始作",孫飛燕先生解釋説:"'能'似當讀爲'怠'。'能'爲泥母之部字,'台'爲透母之部字,聲母同爲舌頭音,韻部相同,二字相通古書常見。而'怠'從'台'聲,則'能'與'怠'在聲韻方面相通自無問題。在簡文中,人民'驕怠始作'的情況是在'民有餘食,無求不得,民乃塞'之後産生的。古書中也常有國饒民富之後百姓驕怠的話語,比如《管子·重令》:'……人心之變,有餘則驕,驕則緩怠。'"②清華三《芮良夫毖》簡19"德刑態紕(墜)"中的"態"整理者讀爲"怠",可參《逸周書·大匡》"慎惟怠墥"、《管仲》簡9"民人惰怠"。準此,《子産》的"態"也可以讀爲"怠",石先生已引《戰國策·秦策三》"多功而不矜,貴富不驕怠",正是"矜""怠"對稱,可見所釋應無誤。

　　六、《子産》簡10+11:以私事使民,【10】事起貨(禍)行,貨(禍)行罪起,罪起民矗,民矗上危。己之罪也,反以罪人,此謂不事不戾。

　　整理者認爲:"戾,《爾雅·釋詁》:'辠也。'"對"不事"没有解釋。按,"事"可讀爲"使",如簡10"事"下有重文符,就讀爲"事使"二字。"使"就是"以私事使民",此句謂不(以私事)使(民)則不會有罪戾。

　　七、《子産》簡15:用身之道,不以冥冥卬(仰)福,不以逸求得,不以利行德,不以虐出民力。

　　整理者把"卬"隸定爲"归"並括注爲"抑",認爲:"冥冥,《廣雅·釋訓》:'暗也。'抑,《淮南子·本經》高注:'止也。'"

　　所謂的"归"字作""形,實即"卬"字,參《三德》簡15"卬(仰)天事

---

① 清華大學出土文獻讀書會:《清華六整理報告補正》。
② 孫飛燕:《讀〈容成氏〉劄記》,《出土文獻》第一輯,中西書局,2010年8月,第194—195頁。

清華六《子產》釋文商榷 351

君"的"卬"字作"▨"、上博九《卜書》簡 1"兆卬（仰）首出趾"的"卬"字作"▨"、上博四《柬大王泊旱》簡 14"王卬（仰）而呼（號）而泣"的"卬"字作"▨"，此外包山簡 260"卬"作"▨"、①上博七《凡物流形》甲本簡 23"卬"作"▨"形，它們是由"卬"的正體作"▨"（《集成》2841）、"▨"（上博六《孔子見季趄子》簡 26）諸形簡化變形而來。與"印"（或"抑"）字作"▨"（《集成》4632）、"▨"（清華一《祭公》簡 2）、"▨"（清華六《鄭武公夫人規孺子》簡 17）不同。其區別是"卬"爪在卩左，"印"爪在卩上。②"不以冥冥卬（仰）福"，"冥冥"是暗昧的意思，"仰"是仰求的意思，③此句的意思是不以暗昧之行仰求福禄。

八、《子產》簡 15+16：子【15】產專於六正，與善爲徒，以谷（慤）事不善，毋茲違拂其事。

整理者讀"專"爲"傅"，並認爲："傅，《廣雅·釋詁三》：'就也。'六正，即六官。"

按，"專"應讀爲"敷"，"正"以讀爲"政"好，六政即六種政治情況，大概即下面所説的"與善爲徒，以谷（慤）事不善，毋茲違拂其事"等情況。《詩·商頌·長發》"不競不絿，不剛不柔，敷政優優，百禄是遒"，《長發》"敷"字典籍亦常作"布"。又可參清華三《説命下》簡 10"專（敷）之于朕政"。

九、《子產》簡 17：紟統緇（解）思，悟則任之，善則爲人。勛（勤）勉救善，以助上牧民。

"紟統緇思"整理者讀爲"怠覓懈緩"，認爲："統，讀爲'覓'，即'弁'。《禮記·玉藻》'弁行'，《釋文》：'急也。'思，即《説文》'患'字古文'思'，讀

---

① 包山簡"卬"字参吴良寶：《平肩空首布"卬"字考》，《中國錢幣》2006 年第 2 期，第 9—10 頁。
② "卬"與"印"的字形區別参禤健聰：《釋"𠂤"並論"卬""印""色"諸字》，《中山大學學報（社會科學版）》2014 年第 1 期，第 74—79 頁，但其文有不少不正確的地方。
③ 亦可参"ee"：《清華六〈子產〉初讀》，"暮四郎"2016 年 4 月 30 日第 82 樓的發言。

爲同在匣母元部之'緩',與上'弁'字相對。句意指官員急於緩急的政事。"石小力先生則讀"絧綏"爲"怠慢"。按,"絧綏繃思"應讀爲"治煩解患"。"治煩"典籍多見,如《左傳·成公二年》"臣,治煩去惑者也"、《淮南子·俶真》"存危國,繼絕世,決挐治煩"、《説苑·脩文》"能治煩決亂者佩觿";而"解患"則有《戰國策·魏策四》"解患而怨報"、《淮南子·人間》"貴無益於解患,在所由之道"等之例。又,"思"讀爲"亂"也是可以的,"解亂"有《史記·魯仲連鄒陽列傳》"爲人排患釋難解紛亂而無取也"之例。《吴越春秋·勾踐入臣外傳》"統煩理亂,使民知分",文例亦相近。①

整理者又言:"悑,讀爲同從丙聲之'更',《説文》:'改也。'勖,疑爲'勖'字之譌,勖、勉同義。救,《禮記·檀弓》'扶服救之',鄭注:'猶助也。'"按,"悑"應讀爲"病",二字皆從"丙"得聲。"勖"從趙平安先生讀爲"勤"。② "救善"則應讀爲"求善"。整句意思是説子産能治理煩難解決患苦,有錯誤則歸己,有善事則歸人,勤奮勉力求得善行,以幫助上位者治理民衆。

十、《子産》簡 20+21:子【20】産用麞(尊)老先生之畯(俊)。

"麞"整理者隸定爲"羿",並説:"老,動詞,義爲敬老,如《孟子·梁惠王上》'老吾老'的前一"老"字。俊,《説文》:'材千人也。'"

"麞"字作""形,整理者隸定爲"羿",不確,同篇的"民"出現多次,作""形(選自簡 2),全不同此。"麞"應從"鳶"從"夲",是個雙聲字,"鳶""夲"皆聲。"夲"讀爲"尊"没有問題;③"鳶"的讀音可參古文字中的"存"常作"鳶"形,"存"從紐文部;《成之聞之》簡 35 的"津"是從"才"從"鳶"的雙聲字,"津"精紐真部,④與"夲"音非常近。又《子儀》簡 16 有字

---

① 我們原釋爲"治煩解亂","bulang"則讀"思"爲"患"。參"ee":《清華六〈子産〉初讀》,"ee"2016 年 4 月 17 日第 13 樓的發言,"bulang"2016 年 4 月 17 日第 16 樓的發言。

② 趙平安:《〈清華簡(陸)〉文字補釋(六則)》,"清華大學出土文獻研究與保護中心"網,2016 年 4 月 16 日。

③ 參單育辰:《楚地戰國簡帛與傳世文獻對讀之研究》,中華書局,2014 年 5 月,第 111—113 頁。

④ 參劉波:《説楚文字中的"鳶"與"廈"》,《中國文字研究》第十六輯,上海人民出版社,2012 年 8 月,第 80—84 頁。

作"▩"形,整理者認爲上從"鹿",是不正確的。其上是"鷹"的標準寫法,"鷹"的頭部作兩角交叉形,①而"鹿"頭不如此作。當然,由於"鷹"頭經常被寫成"鹿"頭,所以"▩"上部是"鹿"頭的訛變也不是不可能的,但在字形分析上,則定要說明它是從"鷹"從"力"。"▩"很容易讓大家聯想到新蔡簡的"房"字如"▩"(甲一15)、"▩"(乙一15)、"▩"(零15)等,②但新蔡簡"房"從"虎"頭,與《子儀》的"▩"爲一字的可能性並不高。

十一、《子産》簡22+23:乃數辛道、訛語、虛言亡實,乃數卷單、相冒、耴樂、【22】勑(飾)美宫室衣裘、好酓(飲)飤(食)、酮▩,以爰(援)胼(病)者。此謂由善散卷(患)。

"數"字又見於簡25,凡三見,作下形:

整理者隸定爲"斂",並說:"'斂'字從泉聲,從母元部,試讀爲清母元部之'竄'。《書·舜典》'竄三苗于三危',孔疏:'投棄之名。'即放逐。或即西周金文之'斂'。"馬楠先生則認爲:"斂應遵從整理報告第二種意見,認爲是鐘鎛銘文中常見的▩(《集成》00045)字。應當爲侵部字,試讀爲'勘',訓爲犯而不校的校。"③按,整理者後說明顯是正確的,金文中之"斂"作"▩"(《集成》43)、"▩"(《集成》44)、"▩"(《集成》45),即"廩"字,《子産》此字與金文字形完全一致,不過左上的"㐭"變得有點像"尔"形而已,這在古文字中也是多有其例的(可參下引徐在國先生文)。馬楠先生

---

① 單育辰:《由清華四〈別卦〉談上博四〈東大王泊旱〉的"廢"字》,《古文字研究》第三十一輯,中華書局,2016年10月,第312—315頁。

② 新蔡簡"房"字參宋華強:《釋新蔡簡中的一個祭牲名》,"簡帛"網,2006年5月24日。

③ 清華大學出土文獻讀書會:《清華六整理報告補正》。

對文義的理解也大致準確。《集成》43—44 的"敜"用爲"大林鐘"之"林",那麼,很明顯《子產》中的"敜"可讀爲"禁","禁"即從"林"得聲,"廩"與"林"相通之例也多見。① 又《子產》簡 25"以咸敜御",整理者把"敜"亦隸定爲"敊",並說:"敊,試讀爲'全'。御,《書·泰誓上》孔傳:'治也。'或疑'敊御'爲一詞。"此簡的"敜"亦應釋爲"禁",相關字讀爲"禁禦",可參《左傳·昭公六年》"昔先王議事以制,不爲刑辟,懼民之有争心也。猶不可禁禦,是故閑之以義,糾之以政,行之以禮,守之以信,奉之以仁"等,這是"敜"讀爲"禁"的確證。②《集成》4298"霰令象曰:天子,余弗敢斁",這裏的"斁"舊多讀爲"棽"或"吝",③現在看來,讀爲"禁"也是有可能的。④

《子產》簡 22+23"禁"的對象爲"辛道、敊語、虛言亡實"及"耑單、相冒、躭樂"等,馬楠先生認爲:"敜的賓語'辛道''敊語'和'耑單''相冒''躭樂'應當都不是人名,而是指行爲。"其言甚是。整理者於此無注,這裏試着爲其中幾個詞做下解釋:(1)"敊語"的"敊"似讀爲"爽",《太平御覽》卷八十四引《周書》"無擅制、無更創",馬王堆帛書《經法·國次》《十大經·正亂》作"擅制更爽";⑤《殷高宗問於三壽》簡 20"上下毋倉"之"倉",郭永秉先生讀爲"爽"。⑥ 班固《幽通賦》"抗爽言以矯情兮","爽言"項岱曰"過差之言","爽語"與"爽言"相類。(2)"耑單"可讀爲"緩嘽",從"关"的"卷"見紐元部,"緩"匣紐元部,古音很近,"緩嘽"即古書常見"嘽緩""嘽咺""嘽咺"之倒文,《列子·力命》"嘽咺"張湛注:"迂緩之貌。"(3)"相冒"是相干

---

① 參看高亨、董治安:《古字通假會典》,齊魯書社,1989 年 7 月,第 241 頁。
② 本則意見最初發表於"ee":《清華六〈子產〉初讀》,"ee"2016 年 4 月 16 日 0 樓,2016 年 4 月 17 日第 15 樓的發言,後見徐在國先生亦有相同意見,見徐在國:《談清華六〈子產〉中的三個字》,"簡帛"網,2016 年 4 月 19 日,可謂不謀而合。
③ 參郭沫若:《兩周金文辭大系圖錄考釋》,科學出版社,1957 年,第 87 頁。
④ 新公布的清華七《越公其事》簡 54+55"及群【54】敜御"、簡 58+59"敜御莫【58】偏(偏)",整理者已讀"敜御"爲"禁御",但認爲是"身邊親近的侍從"(李學勤主編:《清華大學藏戰國竹簡(柒)》,中西書局,2017 年 4 月,第 142、144 頁),恐不可從,應還是"禁止防禦"之意。
⑤ 參蔡偉:《〈馬王堆漢墓帛書〉札記(三則)》,《出土文獻與傳世典籍的詮釋——紀念譚樸森先生逝世兩週年國際學術研討會論文集》,上海古籍出版社,2010 年 10 月,第 405 頁。
⑥ 參"易泉":《清華五〈殷高宗問於三壽〉初讀》,"簡帛"網論壇,2015 年 4 月 10 日,"紫竹道人"2015 年 4 月 13 日第 29 樓的發言。

犯、侵冒的意思。(4)"䢼樂"很可能是戲樂之義,但"䢼"一時不知應讀爲何字。又,簡 23"由善散叁"的"叁"與"叁單"的"叁"同形,但並非一個意思,屬於楚簡中常見的一字形表多詞現象,前者暫從"暮四郎"説讀爲"患"。①

十二、《子產》簡 24＋25＋26：乃悋(繹)天地、逆順、剛柔【24】,以咸豰(禁)御(禦);肆三邦之刑,以爲鄭刑、埜刑,行以遵令裕義,以釋亡教不辜,此謂【25】張美棄惡。

整理者認爲："咸,《詩·閟宫》鄭箋：'同也。'"

"豰(禁)御(禦)"之釋已見上條,整理者對"咸"的解釋可從。其中的"張美棄惡",整理者無注,此語其實可參上博五《季庚子問於孔子》簡 19"逆美棄惡"。

【發表情况】本文最初觀點發表於"ee"：《清華六〈子產〉初讀》,"簡帛"網論壇,2016 年 4 月 16 日,"ee"2016 年 4 月 16 日第 1 樓(對應本文第十一則)、2016 年 4 月 17 日第 14 樓(對應本文第九則)、2016 年 4 月 17 日第 16 樓(對應本文第四、七、十一則)、2016 年 4 月 17 日第 24 樓(對應本文第九則)、2016 年 4 月 18 日第 30 樓(對應本文第一、二、五、八、十二則)、2016 年 4 月 18 日第 37 樓(對應本文第五則)、2016 年 4 月 23 日第 60 樓(對應本文第十則)、2016 年 4 月 23 日第 61 樓(對應本文第十一則)、2016 年 4 月 25 日第 63 樓(對應本文第三則)、2016 年 4 月 28 日第 73 樓(對應本文第六則)的發言。後加以訂補,以《清華六〈子產〉釋文商榷》爲名,刊於《出土文獻》第十一輯,中西書局,2017 年 10 月,第 210—218 頁。

① "ee"：《清華六〈子產〉初讀》,"暮四郎"2016 年 4 月 17 日第 22 樓的發言。

《清華大學藏戰國竹簡（柒）》釋文訂補

新近出版的《清華大學藏戰國竹簡（柒）》收有《子犯子餘》《晉文公入於晉》《趙簡子》《越公其事》四篇，①載有春秋時期晉國及越國的史事，整理者已經做了非常好的釋文與注釋，大大方便了學界的研讀。我們在拜讀之後，也有一些想法，下面把我們的意見羅列於下，以向大家求教。其中一些非關鍵地方的釋讀還採用了其他學者的説法，爲了簡潔起見，就不一一注出了，還望見諒。

一、《子犯子餘》簡 1＋2＋3：秦公乃召子犯而問焉，曰："子若公子之良庶子，胡晉邦有禍，公子不能止焉，而【1】走去之，毋乃猷心是（寔）不足也乎？"子犯答曰："誠如主君之言。吾主好正而敬信，不秉禍利身，不忍人，古（故）走去之，【2】以即中於天。主如曰疾利焉不足，誠我主古（固）弗秉。"

簡 2 的"猷"，整理者認爲："猷，圖謀，《爾雅·釋言》：'圖也。'《爾雅·釋詁》：'謀也。'西周晚期及春秋金文中'猷'與'心'有對稱，如大克鼎銘云：'恩逸厥心，宇静于猷。'戎生鐘：'啓厥明心，廣經其猷。'"

按，如按整理者所言，釋"猷心"爲"圖謀之心"（整理者也可能理解爲"圖謀及心"），辭例很奇怪，典籍也未嘗一見。簡 2"毋乃猷心是（寔）不足也乎"的"猷"可參簡 10"猷叔是（寔）聞遺老之言"，②簡 10 的"猷"整理者

---

① 李學勤主編：《清華大學藏戰國竹簡（柒）》，中西書局，2017 年 4 月。
② "是不足"及"是聞"的"是"讀爲"寔"參"難言"：《清華七〈子犯子餘〉初讀》，"簡帛"網論壇，2017 年 4 月 23 日，"暮四郎"2017 年 4 月 23 日第 2 樓的發言。

已讀爲"猶"。簡10與簡2的"猷（猶）"都置於主語前，且句中都有"是（寔）"字，二者句法位置一致，所以這兩簡的"猷"的意思應該一樣，都讀爲"猶"，是助詞還是的意思。"秉禍利身"整理者原把"身"屬下讀，今從網友"紫竹道人"説改正。① 簡2"秉禍"一詞結構還可參《越公其事》簡69"秉利"。

又，整理者認爲："'疾利焉不足'與上文'不秉禍利'呼應。"石小力先生則認爲："與上文'不秉禍利'呼應的應該是'誠我主故弗秉'，'弗秉'後省略了賓語'禍'。"②

按，二説皆不甚準確。《子犯子餘》簡3"主"指秦公，"我主"指重耳，可參簡2、簡4、簡5＋6的"主君""主"皆指秦公，而"吾主"皆指重耳。簡3的"疾利"是盡力於利的意思。③ 簡3子犯的答語"主如曰疾利焉不足"，其實對應簡2秦公所問："毋乃猶心寔不足也乎？"④要注意的是，秦公問子犯的是重耳的内心是否有所不足，而子犯回答則是其主君重耳盡力於利有所不足，不管在當時語境下"心"和"利"這兩個概念是否完全一致，但至少子犯是認爲在當時語境下，秦公所問的心不足，就等於他所回答的利不足。

二、《子犯子餘》簡11＋12：四方 㠯（夷）莫後與。人面見湯，若䨙雨方奔之，而Ａ雁焉。用果念政【11】九州而寗⑤君之後世。

"與人"二字整理者連下讀，我們把"與"歸入上句，"與"應是親近的意

---

① 參"難言"：《清華七〈子犯子餘〉初讀》，"紫竹道人"2017年4月25日第24樓的發言。

② 清華大學出土文獻讀書會：《清華七整理報告補正》，"清華大學出土文獻研究與保護中心"網，2017年4月23日。

③ 參"難言"：《清華七〈子犯子餘〉初讀》，"lht"2017年4月27日第34樓的發言。

④ 本則意見最初發表於"難言"：《清華七〈子犯子餘〉初讀》，"ee"2017年4月24日第11樓的發言。後見"召同"（趙嘉仁）：《讀清華簡（七）散札（草稿）》，"復旦大學出土文獻與古文字研究中心"網論壇，2017年4月24日，亦認爲"焉不足""毋乃猷心是不足"兩語相呼應。

⑤ "寗"從宀從畱，下旁已多次出現，我們一直懷疑是"貴"字，主要是郭店《窮達以時》簡7："百里轉鬻五羊，爲伯牧牛，釋鞭筴而爲畱卿，遇秦穆。"可參《韓非子·六微》"共立少見愛幸，長爲貴卿"、上博五《鮑叔牙與隰朋之諫》簡5＋6"今豎刁匹夫，而欲【5】知萬乘之邦而貴尹"。從文例上看，"畱"有一定可能是"貴"。"畱"可能不是形聲字，而是會意字，象"匜"加"口"會"貴"義，遣策中的"畱"則讀爲"繢（繪）"，但釋"貴"尚無決定性證據。

思，①而"人"若如整理者所言歸上讀，則"與人"的"人"所指不明，今連下讀，是民衆的意思。"四方尼(夷)莫後與"整理者已言湯有征伐夷之情形，亦可參上博二《容成氏》39"湯聞之，於是乎慎戒徵賢，德惠而不暇，狃(柔)三十尼(夷)而能之"。可見湯時確有柔撫夷方之事。

下面的一句整理者謂："霍，從雨，梟聲，疑讀爲'濡'。《史記·刺客列傳》'鄉使政誠知其姊無濡忍之志'，司馬貞索隱：'濡，潤也。''鹿'字形近於'鹿'（睡虎地秦簡《日書》甲七五背）。雁，讀爲'膺'。《楚辭·天問》'鹿何膺之'，王逸注：'膺，受也。'《楚辭·天問》'蓱號起雨，何以興之？撰體脅脅，鹿何膺之'，以鹿喻風神，呼應雨神蓱號。疑簡文也是以鹿喻風呼應上文的雨。"

馬楠先生則認爲："霍從梟得聲，可讀爲溥，訓爲大。雁讀爲鷹。'方'用作副詞，表示正在，如《左傳》'國家方危，諸侯方貳'。'面見湯，若溥雨方奔之而鹿鷹焉'，'而'字或爲衍文。與下文'見受若大岸將具崩方走去之'正相對應。"②

按，"霍雨"疑讀爲"暴雨"，"霍雨"從"梟"得聲，"梟"並紐侯部，"暴"並紐藥部，聲紐相同，韻部旁對轉，語音較近，有相通的可能。

A作下形：

首先，正規的"鷹"頭與"鹿"頭寫法並不一樣，我們已經說過，雖然"楚文字中'鷹'頭與'鹿'頭常常混同，但（上博三《周易》簡6的）'鹿'字的頭部作兩角交叉形，可參新蔡甲三401'鹿'、上博三《周易》簡51'鹿'亦如此寫，它們大概是正規寫法的'鷹'頭"。③再看一下A形，可知原釋文所謂的"鹿"明顯是先寫"鹿"頭，後發覺有誤，改爲"鷹"頭，這種改筆的例子

---

① 宗福邦、陳世鐃、蕭海波主編：《故訓匯纂》，商務印書館，2003年7月，第1887頁。
② 清華大學出土文獻讀書會：《清華七整理報告補正》。
③ 單育辰：《由清華四〈別卦〉談上博四〈柬大王泊旱〉的"廌"字》，《古文字研究》第三十一輯，中華書局，2016年10月，第312—315頁。

還可見上博八《志書乃言》簡 5 中"✿"字,應是先寫了"受"的前幾筆,後又利用"受"中"舟"形的部分筆畫改爲"禹"字,①可互相參照。

所以 A 字其實從"雁"頭從"比"。不過"比"形有一定可能由鷹足演化而來,若如此,則 A 仍是"雁"字。但如果 A 下形就是從"比",則有可能應讀爲"庇","雁"字怎麼讀尚不詳。

"人面見湯,若霍雨方奔之,而 A 雁焉"的意思是說人民面見湯,好像暴雨正要來一樣,人民卻能得到庇蔭(?)而不被雨水澆到。

再下一句整理者謂:"用,裴學海《古書虛字集釋》(第九二頁):'猶則也。'果,《國語·晉語三》'果喪其田',韋昭注:'果猶竟也。'念,疑讀爲'臨'。'念'在泥母侵部,'臨'在來母侵部,音近可通。臨,《穀梁傳》哀公七年'春秋有臨天下之言焉',范甯注引徐乾曰:'臨者,撫有之也。'政,讀爲'正'。《周禮·宰夫》'歲終則令群吏正歲會',鄭玄注:'正,猶定也。'"

按此句"念"應與清華一《保訓》簡 3"恐弗念終"之"念"義應近,《保訓》之"念"有讀爲"堪"者,②則"念政"可讀爲"堪征"或"戡定"。③ 又,梁立勇先生讀《保訓》簡 3 的"念"爲"能",④考慮到楚文字中楚王名帶"酓"者,傳世文獻都作"熊"("酓"從"今"得聲,而"熊""能"本一字分化),其說也有一定道理,那麼"果念政九州"可讀爲"果能定九州",也算通順。

三、《晉文公入於晉》簡 1:毋 B 於妞(好)妝嫚鹽,皆見。

B 作下形:

---

① 李松儒:《談上博八〈命〉〈王居〉〈志書乃言〉字迹相關問題》,《簡帛》第七輯,上海古籍出版社,2012 年 10 月,第 45 頁;又,李松儒:《戰國簡帛字迹研究——以上博簡爲中心》,上海古籍出版社,2015 年 7 月,第 536 頁。

② 李學勤主編:《清華大學藏戰國竹簡(壹)》,中西書局,2010 年 12 月,第 145 頁。

③ "今"聲與"甚"聲相通之例參看高亨、董治安:《古字通假會典》,齊魯書社,1989 年 7 月,第 233—234 頁。"政"讀爲"定"參"難言":《清華七〈子犯子餘〉初讀》,"心包"2017 年 4 月 24 日第 16 樓的發言。

④ 梁立勇:《清華簡〈保訓〉試詁(五則)》,"confucius2000"網,2010 年 9 月 30 日。

B字在楚文字中應爲首次出現。整理者把 B 隸定爲"槳"，並釋爲"察"。按，B下從"刀"，象"丯"並列形，隸定爲"槳"不確。楚文字的"察"作"⿰"（包山簡22）、"⿰"（郭店《五行》簡13）、"⿰"（郭店《窮達以時》簡1）等形，"察"楚文字亦常讀爲"淺"或"竊"，其所從現仍有爭論，我們認爲從"辛"說最近實，①但"察""淺""竊"無"辛"（或"丯"）形重複且並列者。② 在古文字中，"辛""䇂""丯"來源接近，字形也經常混淆不分，由此可知 B 實應隸定爲"䇂"。"䇂"小篆作"䇂"，《說文》卷十四："䇂，皋人相與訟也。從二辛。凡䇂之屬皆從䇂。""䇂"其實就等於"辡"，《說文》卷四："辨，判也。從刀，䇂聲。""䇂"象用兩"丯"（或兩"辛"）分判之形；"辨"則加"刀"形強調，金文中作"⿰"（《集成》3716）、"⿰"（《集成》5432.2），後變爲從兩"辛"，漢隸中作"⿰"（馬王堆帛書《五行》行130）、"⿰"（張家山漢簡《二年律令》簡429）等，《說文》對"䇂（辨）"的分析即由此而來。《晋文公入於晋》簡 1 的"䇂"可讀爲"辨"或"別"，本句意思是不分別好壞之人，都去接見。B字的出現，對於探討古文字"淺""竊""察"的來源很有幫助。③

　　又，郭店《五行》簡 37"⿰"、簡 39"⿰"（下以 C 代稱），馬王堆帛書《五行》行 34、35 相應字作"辯"。郭店整理者認爲 C 是"察"字，裘錫圭先

---

① 參單育辰：《楚地戰國簡帛與傳世文獻對讀之研究》，中華書局，2014 年 5 月，第 47—50 頁。
② 上博一《孔子詩論》簡 5、上博三《亙先》簡 4、清華三《說命下》簡 6 有字作"⿰""⿰""⿰"，實是"槳（業）"字，不從"辛"。
③ 本則意見最初發表於"心包"：《清華七〈晋文公入於晋〉初讀》，"簡帛"網論壇，2017 年 4 月 23 日，"ee"2017 年 4 月 24 日第 2 樓的發言，又增訂發表於單育辰：《〈清華大學藏戰國竹簡（柒）〉釋文訂補》，香港、澳門："《清華簡》國際會議"，2017 年 10 月。後來賈連翔先生根據當時尚未發表的清華八《治邦之道》證明小文釋"辨"可信，參賈連翔：《試析戰國竹簡中的"䇂"及相關諸字》，廣州："文字、文獻與文明——第七屆出土文獻青年學者論壇暨國際學術研討會"會議論文，2018 年 8 月。後來清華八《治邦之道》發表，賈先生所引的字形出現在簡 2"是以不䇂（辨）貴賤"中。又，去年公布的清華九亦有此字，出現在《治政之道》簡 1"所以節民、䇂（辨）位"、簡 5"故有崇德以䇂（辨）于諸侯"、簡 9"上䇂（辨）則政成"諸句中。

生已指出它們與"察"形有別;①李零先生則説C"爲慎重起見,暫讀爲'辯'";②董蓮池先生釋C爲"辯",但其把楚文字的"淺""竊""察"都釋爲"辯",且認爲C下從"人",論證多不可信;③劉信芳先生則指出C下部從"刀",但亦只説"暫依帛本《傳》以'辨'字替代"。④陳偉先生則認爲C"似可看作'辯'或'辨'字的異構"。⑤"心包"補充説,現在看來C應即B字的省體,⑥這是正確的。又可參《古文四聲韻》卷四"辯"引《古老子》作"▨",其左從"言",右旁與C形基本一致,並且從"刀"仍很明顯(按,傳抄古文的"辯"字此形可能與楚文字的"察"形訛混),而其又引李商隱《字略》"辯"作"▨",則應是B形的訛變。

又,"盨",整理者認爲:"盨,疑從㽿聲,《説文》讀若'灰''賄',試讀爲'娝',《説文》:'醜貌。'"按,"盨"應從"有"得聲,似可考慮讀爲"醜",與"好"文義相對。"醜"昌紐幽部,從"酉"得聲,"酉"喻紐幽部,"有"匣紐之部,"醜""酉"與"有"聲紐皆屬舌音,韻部旁轉,古音接近。

四、《越公其事》簡23+24:夫婦交【23】接,皆爲同生,齊D同力,以御仇讎。

D作下形:

▨

整理者釋D爲"執",並説:"第六簡有'齊郄同心'。齊執猶共舉,齊郄猶步調一致,皆同心協力之謂。又,執、郄皆脂部字,或疑音近假借。"

按,本篇"執"字見簡45、46,作"▨""▨"形,D和"執"的寫法並不

---

① 荆門市博物館:《郭店楚墓竹簡》,文物出版社,1998年5月,第154頁。
② 李零:《郭店楚簡校讀記(增訂本)》,北京大學出版社,2002年3月,第83頁。
③ 董蓮池:《釋楚簡中的"辯"字》,《古文字研究》第二十二輯,中華書局,2000年7月,第200—204頁。
④ 劉信芳:《簡帛五行解詁》,藝文印書館,2000年12月,第127頁。
⑤ 陳偉:《〈五行〉零識》,《郭店竹書別釋》,湖北教育出版社,2003年1月,第58頁。
⑥ 參"心包":《清華七〈晋文公入於晋〉初讀》,"心包"2017年6月12日第40樓的發言。

完全一樣，最大不同是 D 左下加了個"土"旁。參照簡 57"執"作"✦"，D 應是處於"執"和"埶"之間的一種訛形，因爲 D 釋爲"執"不可通，則 D 更可能用爲"埶"字。相關字讀爲"齊執（勢）同力"，"勢"古人多訓爲力，①用於此處甚爲通順，《春秋繁露·保位權》"則比肩齊勢"正有"齊勢"一詞。在秦漢簡帛和傳世典籍中，"執""埶"二字經常訛混，②但在楚簡中卻是第一次見到，是很珍貴的材料。

　　五、《越公其事》簡 27＋28：縱輕遊民，不【27】稱貣役，潊涂、溝塘之功，王虺無好修于民三工之啻，兹（使）民暇自相，農工得時。

　　整理者説："稱，舉行，實施。《書·洛誥》：'王肇稱殷禮，祀于新邑。'貣，《説文》：'從人求物也。'通作'貸'，借貸。《孟子·滕文公上》：'又稱貸而益之，使老稚轉乎溝壑，惡在其爲民父母也。'役，爲，施行。《禮記·表記》：'是故君子恭儉以求役仁，信讓以求役禮。'鄭玄注：'役之言爲也。'"

　　按，清華七《晉文公入於晉》簡 4"命蒐修先君之乘，貣車甲"，所謂的"貣"作"✦"形，其實從"戈"爲"貣"，不過考慮到楚文字"戈""弋"形經常訛混的情況（如《𣄰鎛》的"貸"或從"弋"作✦《銘圖》15797、✦《銘圖》15799，或從"戈"作✦《銘圖》15798），它確有可能即"貣"。此字從"弋"聲，應讀爲"飾"或"飭"。典籍常見"飾（或飭）車""飾（或飭）甲"之語，如《詛楚文》"飾甲厎兵"、《戰國策·趙策二》"繕甲厲兵，飾車騎，習馳射"，又《漢書·枚乘傳》"梁王飭車騎"、《春秋繁露·治水五行》"飭甲兵"，所以《晉文公入於晉》相關字讀爲"飾（或飭）車甲"是可以的。③

---

① 宗福邦、陳世鐃、蕭海波主編：《故訓匯纂》，商務印書館，2003 年 7 月，第 254 頁。
② 參單育辰：《楚地戰國簡帛與傳世文獻對讀之研究》，中華書局，2014 年 5 月，第 216—217 頁。
③ 本則意見最初發表於"心包"：《清華七〈晉文公入於晉〉初讀》，"ee"2017 年 4 月 24 日第 3 樓的發言。後見到黃德寬先生 2017 年 4 月 23 日《在清華簡〈算表〉吉尼斯世界紀錄認證儀式暨〈清華簡（七）〉成果發布會上的講話》一文已經提到："釋文'貣'讀'式'，當讀爲'飭'。《説文》：'飭，致堅也。'"此講話後發表在"清華大學出土文獻研究與保護中心"網，因黃先生的文章在網站公布較晚，故最初發表意見時未來得及引用，不過"貣"實從"戈"及典籍中文例黃先生未提及，此處權爲黃先生文章做一補充。

那麼再看《越公其事》所謂的"貣役","貣"作"▨"形,其實也從"戈"。網友"cbnd"認爲它是"賦"字省體,"曾浩嘯"隨即評論說古文字中"武"沒有省"止"而變成"戈"形者,①故其說不可信。松鼠已言清華七的四篇皆爲一人所書,②若參《晉文公入於晉》簡 4 所謂的"貣"亦從"戈",但爲"貣"之訛形,讀爲"飾"或"飭"的情況,則《越公其事》簡 28 的"貣役"不如讀爲"力役","貣"所從之"弋"爲喻紐職部,而"力"來紐職部,聲紐皆屬舌音,韻部一致,所以"貣"可以讀爲"力"。又如"飭"就是從"飤"從"力"的雙聲字,《容成氏》簡 28"飤食","飤"即"飭"的另體,我們曾讀爲"力"。③ 而"飭""飾"在楚文字又多與"弋"聲字相通,④這都是"貣"讀爲"力"的證據。"貸役"一詞先秦兩漢典籍未嘗一見,而"力役"多見,如《孟子·盡心下》"有布縷之征,粟米之征,力役之征"、《荀子·王霸》"縣鄙將輕田野之稅,省刀布之斂,罕舉力役,無奪農時"、《說苑·辨物》"急則不賦藉,不舉力役"。本篇的"不稱貣(力)役"正與"不舉力役""罕舉力役"一致。又,本簡所謂的"三工",整理者說:"民三工之堵,意不明,疑'堵'讀爲'功'或'圖',此句指耗費大量民力的工程或規劃。"按,"三工"疑即簡 28 所云的"貣(力)役、潲塗、溝塘之功"。

六、《越公其事》簡 47:厽(三)品交(效)于王府,厽(三)品年謟攴嚮,由賢由毀。

"三品年謟攴嚮",整理者釋讀爲"厽(三)品年(佞)謟(譸)攴(扑)嚮(殿)",並說:"年,讀爲'佞'。《大戴禮記·公符》'使王近於民,遠於年',《說苑·脩文》引'年'作'佞'。謟,即'譸',欺詐。《說文》:'譸,訓也。從言,壽聲。讀若醻。《周書》曰:"無或譸張爲幻。"'佞、譸,同義詞連用。攴,《說文》:'小擊也。'文獻多作'扑'。《戰國策·楚策一》:'吾將深入吳

---

① 參"心包":《清華七〈晉文公入於晉〉初讀》,"cbnd"2017 年 5 月 6 日第 36 樓、"曾浩嘯"2017 年 5 月 6 日第 38 樓的發言。
② "ee":《清華七〈越公其事〉初讀》,"簡帛"網論壇,2017 年 4 月 23 日,"松鼠"2017 年 4 月 25 日第 24 樓的發言。
③ 單育辰:《新出楚簡〈容成氏〉研究》,中華書局,2016 年 3 月,第 155—159 頁。
④ "弋"聲字通"飭"見上文,"弋"聲字通"飾"參白於藍:《戰國秦漢簡帛古書通假字彙纂》,福建人民出版社,2012 年 5 月,第 385 頁。

軍,若扑一人,若捽一人。'嚳,楚文字多讀爲'數',簡文疑讀爲'毆'。婁、區皆侯部字,婁聲之'屨''屢'與區聲之'軀''摳'等皆牙音,讀音相近。三品佞諝扑毆,大意是對於下三品佞諝之執事人予以扶擊懲罰。"

按,整理者所云曲折不可信,"三品年諳支嚳"應爲"三品年諳(籌)支(枚)嚳(數)"。"支"讀爲"枚"的證據爲王家臺秦簡多見的"支占"即"枚占";①北大秦簡《禹九策》"黃帝之支"即"黃帝之枚"。② 上博二《容成氏》簡2有"坅嚳(數)"一詞,有學者釋爲"枚數",③可信。"三品交(效)于王府,三品年籌枚數","效"字從"心包"讀,④其句意思參照上文,是説把人民分爲三品,這三品的人民的數量要致送於王府,這三品的人民數量每年用算籌計數,一支支統計。此句的兩個"三品"所指應統一,似無上中下三品之分。

七、《越公其事》簡 51：王乃歸使人,情問群大臣及邊縣城市之多兵、無兵者,王則比視。

本句整理者釋讀爲："王乃歸(親)使人情(請)問群大臣及邊縣城市之多兵、無兵者,王則比視。"並説："歸,疑讀爲'親'。又疑讀爲緝部之'急',義同'趣''促'等。情,讀爲'請',詢問。《禮記·樂記》'賓牟賈起,免席而請',孔穎達疏:'此一經是賓牟賈問詞也。'請、問,同義詞連言。"

按,"歸"字疑從"歸"省(參簡 49 之"歸"字寫法),包山簡 145 反："小人以八月甲戌之日舍(予)肉禄之舍人□□賮客之齎(資),金十兩又一兩。""賮"字作""形,左上部比較模糊,也可能不從"自",但即使這樣,仍可以理解爲從"歸"省,"賮"字我們讀爲"饋","歸""饋"二字典籍經常通

---

① 王明欽:《王家臺秦墓竹簡概述》,《新出簡帛研究》,文物出版社,2004 年 12 月,第 26—49 頁。
② 李零:《北大藏秦簡〈禹九策〉》,《北京大學學報(哲學社會科學版)》2017 年第 5 期,第 42—43 頁。
③ 邱德修:《上博楚簡〈容成氏〉注譯考證》,臺灣古籍出版有限公司,2003 年 10 月,第 169—171 頁。劉信芳:《楚簡〈容成氏〉官廢疾者文字叢考》,《古文字研究》第二十五輯,中華書局,2004 年 10 月,第 326 頁。
④ "ee":《清華七〈越公其事〉初讀》,"心包"2017 年 4 月 25 日第 26 樓的發言。

用,①從文義看,還是很合適的。②《越公其事》的"歸"可以與包山簡的"賮"對比,也讀爲"饋",是饋食的意思。另外,應在《越公其事》簡51"使人"後加逗號。其後的"情"應讀爲"省",是省察的意思,此篇一詞多形現象非常突出,如簡30、簡44的"睛"、簡50的"眚"同"情"一樣,都表示省察的"省"。

八、《越公其事》簡54+55+56+57:乃趣徇于王宮,亦趣取戮。王乃大徇命于邦,寺徇寺命,及群【54】嗀御:及凡庶姓、凡民司事雒(唯)位之次序、服飾、群物品采之愆于故常,及風音誦詩歌謠【55】之非越常律,夷訏(歈)蠻吴(謳),乃趣取戮;王乃趣至于溝塘之工,乃趣取戮于後至後成;王乃趣【56】埶(設)戍于東夷西夷,乃趣取戮于後至不恭。王有失命:可復弗復、不兹(使)命疑,王則自罰。

整理者把簡54的"寺徇寺命"讀爲"寺(時)徇寺(是)命",並説:"寺,疑讀爲'時',適時。《孟子·萬章下》'孔子,聖之時者也',趙岐注:'孔子時行則行,時止則止。'徇、命,同義詞連用,發布命令。"又説簡55的"嗀御":"嗀,見於西周金文楚公家鐘,從向聲。嗀御,讀爲'禁御',身邊親近的侍從。"

按,"寺(是)徇(徇)寺(是)命",兩個"寺"都應讀爲"是","是V1是V2"這種句式典籍中十分常見,如《尚書·牧誓》"是崇是長,是信是使"、《詩·小雅·常棣》"是究是圖"、《左傳·僖公二十八年》"是糾是殛"等。

"禁御"似無"身邊親近的侍從"的意思,清華六《子產》簡24+25"乃悇(繹)天地、逆順、剛柔【24】,以咸嗀御","嗀御"我們讀爲"禁禦",並指出可對照《左傳·昭公六年》"昔先王議事以制,不爲刑辟,懼民之有爭心也。猶不可禁禦,是故閑之以義,糾之以政,行之以禮,守之以信,奉之以仁"。③《子產》與《左傳》的"禁禦"都是禁止防禦的意思。《越公其事》的

---

① 參看高亨、董治安:《古字通假會典》,齊魯書社,1989年7月,第490—491頁。
② 單育辰:《包山簡案例研究兩則》,《吉林大學社會科學學報》2012年第1期,第66—68頁。
③ 參"ee":《清華六〈子產〉初讀》,"簡帛"網論壇,2016年4月16日,"ee"2016年4月16日0樓、2016年4月24日第2樓的發言。

"敷御"也應該讀爲"禁禦",其義也是禁止防禦,下面所述種種則是"群禁禦"的内容。特別應指出的是,上文云"乃趣徇于王宫,亦趣取戮",可知這句徇命的對象是王宫;後面緊接着又説"王乃大徇命于邦",其後徇命的對象則是邦,"及群禁御"正接其後,可見"禁御"的對象已經是邦國,而不是宫中,這也是不能把"禁御"理解爲親近侍從的原因。此處可把"敷御"後面的逗號改爲冒號,"司事"後面的句號去掉,"凡庶姓、凡民司事"是後面一句的承事者,這樣改動標點後,文義將會更加明晰。

又,《越公其事》簡58+59:"徇命若命,敷(禁)御莫【58】偏(偏),民乃整齊。"此處的"敷御"整理者仍釋爲"禁御",並理解爲"越王身邊的親近",但從句意可以看出,其仍應讀爲"禁禦",還是禁止防禦之義。

《越公其事》還有一些小的問題,下面一併放在文後説明:

《越公其事》簡1"赶登於會稽之山"、簡4"赶在會稽","赶"疑讀爲"遷","赶"從"干"聲,見紐元部,"遷"清紐元部,二字古音十分接近,簡4"遷在"與《水經注·濟水》引東漢碑"遷在沇州"辭例相近。

《越公其事》簡6:"四方諸侯其或敢不賓于吴邦?""或"應讀爲"有"。

《越公其事》簡20"或抗禦寡人之辭","或"應讀爲"又"。

《越公其事》簡64:"若明日將舟戰於江。"整理者在"若明日"後加逗號。按,不應加,其義是"擺出好像明天要在江上舟戰的樣子",今本《國語·吴語》作"明日將舟戰於江",奪去"若"字,文義已不太清晰矣。

【發表情況】本文最初觀點發表於"難言":《清華七〈子犯子餘〉初讀》,"簡帛"網論壇,2017年4月23日,"ee"2017年4月23日第6樓、第8樓(對應本文第二則),2017年4月24日第12樓(對應本文第一、二則),2017年4月24日第16樓(對應本文第一則)的發言;及"心包":《清華七〈晋文公入於晋〉初讀》,"簡帛"網論壇,2017年4月23日,"ee"2017年4月24日第3樓(對應本文第三則)、2017年4月24日第4樓(對應本文第五則)、2017年4月29日第29樓(對應本文第三則)的發言;及"暮四郎":《清華七〈趙簡子〉初讀》,"簡帛"網論壇,2017 年 4 月 23 日,"ee"2017 年 4 月 25 日第 7 樓(對應本文第 357 頁注⑤)的發言;及"ee":《清華七〈越公其事〉初讀》,"簡帛"網論壇,2017 年 4 月 23 日,"ee"2017 年 4 月 25 日第 21 樓(對應本文第四則)、2017 年 4 月 25 日第 29 樓(對應本文第六、七則)、2017 年 4 月 27 日第 50 樓(對應本文第八、九、十、十一、十二則)、2017 年 5 月 14 日第 174 樓(對應本文第八則)、2017 年 5 月 15 日第 176 樓(對應本文第五則)的發言。後加以訂補,以《〈清華大學藏戰國竹簡(柒)〉釋文訂補》爲名,發表於香港、澳門:"《清華簡》國際會議",2017 年 10 月。刊於《出土文獻》2020 年第 2 期,第 64—72 頁。

清華八《攝命》釋文商榷

新近出版的《清華大學藏戰國竹簡(捌)》收入《攝命》,①是一篇佚失已久的尚書類文獻,內容爲周王對伯攝的誡告。此篇簡背有序號,但無篇題,篇題爲整理者所擬。其所述文句多能和金文尤其是《毛公鼎》對應(甚至有《攝命》的周王與《毛公鼎》的周王爲同一人的可能),但在傳世文獻中找不到痕迹,很難判定是否爲《書序》所録之篇,清華簡整理者以爲或是《冏命》。篇中周王雖然説道"人有言多,唯我鮮"(簡28),但洋洋灑灑訓誡了千言,此篇的發現,爲先秦經典又增加了一篇巨撰。整理者馬楠先生做了非常完善的工作,大大方便了學界的研讀。但此篇文句古奥,我們在拜讀過程中,也有一些不同的意見,今羅列於下,以作獻曝之資。

一、簡2:甚余我邦之若否,雩(越)小大命。
"甚余"整理者無注。
按,"甚余"疑讀爲"堪予",即堪能給予之義。

二、簡3:虔!今民丕造不康。
整理者把"虔"與"今"連讀爲"且今"。
按,從文義上看,"虔"更可能是語氣詞,讀爲"嗟"。簡32:"王乎作册任册命伯攝:'虔!'"整理者已云:"虔,金文多作'叡'形,句首語詞。楊樹達説《費誓》'徂兹淮夷、徐戎並興','徂'即金文'叡'字,讀爲'嗟','徂兹'

---

① 李學勤主編:《清華大學藏戰國竹簡(捌)》,中西書局,2018年11月。

即'嗟玆',《管子·小稱》有'嗟玆乎'。……王曰'虖',收束全篇。"整理者對簡 32"虖"的理解較勝,此亦可作簡 3"虖"讀爲"嗟"之證。

三、簡 6+7:"汝能䛐(歷),汝能并命,并命難(勤)【6】𨛳。"

整理者把"𨛳"讀爲"肆",並説:"難,讀爲'勤'。《後漢書·周燮傳》'肆勤以自給',李注:'肆,陳也。'"

按,"并命"一詞又見於《廼命一》簡 11,作"竝命":"冀其有竝命,用恪勉乃身,訓命其下。"從相關語句看,"并命"或"竝命"應該有勤力之類的意思。從下文"汝其敬哉,祗(虔)卹乃事"看,整理者把"難"讀爲"勤"應無誤。簡 1+2"余一人無晝夕【1】難(勤)卹",整理者説:"難,《説文》以爲堇聲,簡文四見,皆讀爲'勤'。勤卹,見《召誥》'上下勤卹'、《國語·周語上》'勤卹民隱'。"亦"難"讀爲"勤"之證。"𨛳"整理者釋"肆"訓爲"陳",書中未加訓解,據馬楠先生告知,是理解爲"陳力就列"的"陳力"之義。然"肆"訓爲陳力有增字解經之嫌。按,從"勤"字看,"𨛳(肆)"不如讀爲"肄",訓"勞"。《書·顧命》"陳教則肄,肄不違",孔傳"雖勞而不違道";《詩·邶風·谷風》"有洸有潰,既詒我肄",毛傳"肄,勞也";《左傳·昭公三十年》"若爲三師以肄焉",杜預注"肄猶勞也"。"肄"又作"勩",二字語音相近。上引《谷風》,《釋文》"肄,《爾雅》作'勩'";《詩·小雅·雨無正》"正大夫離居,莫知我勩",毛傳"勩,勞也",《左傳·昭公十六年》引作"莫知我肄"。整理者所引《周燮傳》全句作:"有先人草廬結于岡畔,下有陂田,常肄勤以自給。"李訓"肄"爲陳,不知所云,錢大昕已説應是"肄"字,①亦是勤的意思。

四、簡 8+9:"矧行勠(隋)敬茅(懋),惠【8】不惠,亦乃服。"

"勠",整理者説:"勠,從陸從力,訓爲廢壞。……簡文謂行墮者亦敬勉之,不惠者亦當施惠,亦汝之服。"

整理者所理解的文意比較曲折,並且"行墮"與"不惠"所處語句位置不同,似不能理解爲對文。不如把"勠"讀爲"隨","行隨敬懋"是説行爲行

---

① [清] 錢大昕:《廿二史考異》卷十二,上海古籍出版社,2004 年 4 月,第 217 頁。

動隨從敬懋,這樣理解要簡潔得多。

五、簡9：隹(唯)民攸協,弗龏其魯(旅),亦勿𢦏(侮)其遾(童),恫瘝寡鰥,惠于小民。

此句整理者斷讀爲："隹(雖)民攸協弗龏(恭)其魯(旅),亦勿𢦏(侮)其遾(童),恫瘝寡鰥,惠于小民。"並説："隹,讀爲'雖'。魯,讀爲'旅',訓爲衆,《多方》云周文王'靈承于旅'。𢦏(辰按,應爲'𢦏'),讀爲'侮'。遾,試讀爲'童蒙'之'童'。"

按,今在"攸協"下斷讀,"隹"改讀爲"唯"。"龏"若讀爲"恭"則"弗恭其旅"與"亦勿侮其童"文義並不相諧,今把"恭"改讀爲"恐"或"卭","恭"見紐東部,"恐"溪紐東部,"卭"群紐東部,三字古音相近。"恐"是恐嚇的意思。"卭",《詩·小雅·巧言》"匪其止共,維王之卭",鄭箋"卭,勞也";《詩·小雅·小旻》"我視謀猶,亦孔之卭",毛傳"卭,病也"。① 相關三句的意思是説:"唯民衆要和協,不要恐嚇(或勞病)大衆,也不要侮辱兒童。"

六、簡10：汝亦毋敢A在乃尸服,敬學酓明,勿䚯之庶不順。

A作下形,整理者把它隸定爲"㲋",並説:"'㲋'當爲'彖'字之訛,讀爲'惰',如逆鐘'毋彖(惰)乃政'……,毛公鼎'汝毋敢彖(惰)在乃服',逨盤'不彖(惰)□服'。説詳陳劍:《金文'彖'字考釋》。……䚯,用。'之'指代'庶不順'。"

按,簡2"咸圂在憂"整理者已言對應《毛公鼎》"圂湛于囏",簡2"圂"作B1形,《毛公鼎》"圂"作B2形,兩相對照,可知B1中間確實從"豕",亦可知B1上面的兩撇其實象豕頭,非"㲋"頭的兩撇。本篇的A和簡2"圂"中"豕"形參照,可知A字上部也不是"㲋"頭的兩撇,而是"豕"的頭部,A兩撇下面的圈正象金文中"彖"身中象繩索的圈形,可參下面所舉的金文中的C、D兩形,故A直接隸作"彖"即可。又,"之"應指代的是上文的"尸服",而非"庶不順"。

---

① 小文寫畢後,見"暮四郎"亦把"龏"讀爲"卭",參王寧:《清華簡八〈攝命〉初讀》,"簡帛"網論壇,2018年10月8日,"暮四郎"2018年12月18日第99樓的發言。

清華八《攝命》釋文商榷　371

A 〔字形〕　B1 〔字形〕　B2 〔字形〕　C 〔字形〕（象，《集成》245）

D 〔字形〕（墜，《集成》4317）

七、簡11+13：弗羿我一人在位，亦則乃身亡能諫用非頌。汝正命，汝有告于【11】朕。

整理者原來簡11+12+13的編聯文氣不順，簡11+13+12的編聯從王寧先生説，他説"懷疑是古代的編簡者將簡12和簡13弄倒了"。①這是有可能的，如清華二《繫年》在簡52背標記成"五十二"，在簡53背又誤標成"五十二"，以後沿襲此誤，後在簡89背才修改成正確編號；清華五《厚父》簡11背"廿一"實是"十一"之誤；②清華五《殷高宗問於三壽》簡10背誤標爲"十五"，簡15背誤標爲"十"，整理者據文義互倒。另外我們查驗圖版，簡12背與簡13背似乎都是"十二"（見下圖），這裏似乎不能排除抄寫者誤寫，或整理者誤認的問題。具體如何，尚待整理者的進一步説明。

整理者把"亦則乃身亡能諫用非頌（庸）汝正命"連讀，並言："'弗羿我一人在位'，略同於毛公鼎'毋童（動）余一人在位'，'羿'讀爲'功'，《説文》'以勞定國也'，功、動皆訓爲'勞'。"又説："正命，見塱盨'厥非正命'。"

按，今把"汝正命"與上句斷讀，"正命"即命正，命百正百官。其中"頌"在本篇凡三見，又見於簡12、簡19，整理者皆讀爲"庸"，從其對簡19的解釋看，似訓"庸"爲"用"。按，此三處"頌"似皆讀爲"容"，"頌""容"出土文獻常通用，③如郭店《老子》甲簡8"是以爲之頌"，郭店《緇衣》簡17"其頌不改"，今本皆作"容"。這裏的"容"有舉止之義，"非容"即不好的舉止。又，清華三《周公之琴舞》簡14"介澤恃德，不畀用非頌"，"頌"整理者

---

① 參王寧：《清華簡八〈攝命〉初讀》，"簡帛"網論壇，2018年10月8日，王寧2018年11月18日第10樓的發言。
② 參李松儒：《清華簡字迹研究》，待刊。
③ 參白於藍：《戰國秦漢簡帛古書通假字彙纂》，福建人民出版社，2012年5月，第651頁。

原讀爲"雍",黃傑先生改讀爲"容",認爲指容儀,①此處"不畀用非頌(容)"正好可以與本篇"亡能諫用非頌(容)"對讀。

"羿"字又見於簡29,應即金文如《毛公鼎》(《集成》2841)、《录伯彧簋蓋》(《集成》4302)、《四十三年逨鼎》(《銘圖》2503—2512)等中之"爵"字的異體。"爵"字舊有多種解釋,②現在看來,以董珊釋"爵"爲"功"及"恭"最好。③

12背　　13背

八、簡12:汝有命正,有即正,亦若之頌(容),弜羕。

整理者釋簡12"弜羕"言:"弜,甲骨卜辭中用作'勿'。羕,永,《詩·漢廣》'江之永矣',《説文》引作'江之羕矣'。此句句意略同於《洛誥》'乃惟孺子頒,朕不暇聽。……汝乃是不蘉,乃時惟不永哉。篤敘乃正父,罔不若予,不敢廢乃命'。彼云周公歸政成王,云惟成王事,我不暇聽,凡事當就教於官長耆老,汝不黽勉從事,則惟不永。此謂汝有命卿官長,當就彼咨諏,若事事告於我,則不能永長。"

按,"弜"今讀爲"弗",如上博三《周易》簡24"虁經于北頤""虁頤",簡25"虁經",今本"虁"皆作"拂","虁"從"弜"得聲;清華三《周公之琴舞》簡11"彌(弼)敢荒在位"、簡15"彌(弼)敢荒德","彌(弼)"皆應讀爲"弗","彌"亦從"弜"得聲。《叔卣》(《銘圖》13327)"弜有不汝型","弜"陳劍讀爲"弗"。④ 又,《乙》393(二《合》21153)有一個 ▨ 字,是從"弜"從"弗"的兩

---

① 黃傑:《初讀清華簡(三)〈周公之琴舞〉筆記》,"簡帛"網,2013年1月5日。
② 參石帥帥:《毛公鼎銘文集釋》,吉林大學碩士學位論文,2016年4月,指導教師:單育辰,第55—59頁。
③ 董珊:《略論西周單氏家族窖藏青銅器銘文》,《中國歷史文物》2003年第4期,第44頁。又,"爵"字暫從舊時隸定,李春桃先生認爲其上非從"爵"而從"觸"的象形字,參李春桃:《從斗形爵的稱謂談到三足爵的命名》,《"中研院"歷史語言研究所集刊》第八十九本第一分,2018年3月,第47—118頁。而"觸"古音與"功"十分相近。
④ 董珊:《新見魯叔四器銘文考釋》,"復旦大學出土文獻與古文字研究中心"網,2011年8月3日,陳劍2011年8月3日第7樓的評論。

聲字；《古文四聲韻》卷五"弼"字古文引《古尚書》作"󰀀"，很明顯也是從"弗"從"弜"（下面的"弓"形爲"弜"之訛省）的兩聲字。① 這些都是"弜"可通"弗"之證。簡文中的"弜羕"還以讀爲"弗祥"好，是不善的意思。

簡 12 此句應參考本篇上文簡 11＋13＋12："汝正命，汝有告于【11】朕。汝毋敢有退于之，自一話一言。汝亦毋敢泆于之。言唯明，毋淫，毋弗圣，其亦唯【13】余事（使）。"②簡 12 是説汝如命於百正百僚，趨就於百正百僚，如果出現"退""泆""淫""弗圣"的行爲，則不善。古人文句苟簡，簡 12 所説的各種"弗祥"的行爲其實出現在上文的"毋"的後面。

九、簡 14：乃亦唯肇謀，亦則句逆于朕，是唯君子秉心。是汝則唯肇咨，弜（弗）羕（祥），乃既悔。

整理者説："句，讀爲'遏'……'遏逆于朕'，略同於《君奭》'遏佚前人光在家'、清華簡《厚父》'王廼遏失其命'。《大雅·桑柔》：'君子實維，秉心無競。'悽，讀爲'咨'。《説文》：'謀事曰咨。'句謂君子秉心，汝始謀則亦遏逆於我；汝始謀不永之事，終則必悔。"

按，"句"應讀爲"謁"，簡 7"汝毋敢怙偈（謁）余曰乃毓"，整理者亦讀"偈"爲"遏"，王寧先生改讀爲"謁"，認爲是告的意思。③ 其言是。"曷"從"句"得聲，所以"句"亦可讀爲"謁"。"逆"字義亦可參簡 23"祇逆告于朕"，《周禮·天官·宰夫》"以待賓客之令、諸臣之復、萬民之逆"，鄭注："於朝廷奏事自下而上曰逆。"④ 簡 14 的"句（謁）逆"屬於近義詞連用，這也是簡 14 的"句"應讀爲"謁"的證據。簡 14 是説汝有謀度，應謁我上告我，君子秉心即應如此。汝應咨詢，（如不咨詢），不善，會有後悔。

---

① 參黃天樹：《殷墟甲骨文形聲字所佔比重的再統計——兼論甲骨文"無聲符字"與"有聲符字"的權重》，"中研院"第四屆國際漢學會議論文集：出土材料與新視野，"中研院"，2013 年 9 月，第 130 頁。此兩條"弗"與"弜"通假的證據承王挺斌先生告知。
② 按，標點有改動，"事"讀爲"使"，"唯余使"的意思是唯余是使喚的意思。
③ 參王寧：《清華簡八〈攝命〉初讀》，王寧 2018 年 11 月 19 日第 16 樓的發言。
④ 參王寧：《清華簡〈攝命〉讀札》，"復旦大學出土文獻與古文字研究中心"網，2018 年 11 月 27 日，對簡 14"逆"的訓解。

十、簡 14＋15：汝廼敢【14】整恐（極），汝則亦唯肈丕子不學，不啻汝，亦畏獲懸朕心。

整理者説："整，齊。恐，讀爲'極'、'殛'。《洪範》'嚮用五福，威用六極'，六極'一曰凶短折，二曰疾，三曰憂，四曰貧，五曰惡，六曰弱'，《康誥》'爽惟天其罰殛我'，皆訓爲'罰'。整極謂至於殛罰。"

按，若如整理者把"整"釋爲"整"，訓爲齊，則是褒義，與下文並不能銜接。所謂的"整"作 E 形，從束（但下部未寫全）、從攴、從正，參清華六《子產》簡 5（F1、F2）、上博九《陳公治兵》簡 7、簡 9、簡 11（G1、G2、G3），釋"整"似無問題。但"整"字要麼從"束"，要麼從"木"，而此處從"東"。E 疑是"繁"字的誤寫，讀爲"懈"。如《與兵壺》（《銘圖》12445）"不擊春秋歲嘗"（H1），清華三《周公之琴舞》簡 15＋16"德【15】非惰而，純惟敬而，文非斁而"（H2），魏宜輝先生、蘇建洲先生即分別讀 H 爲"懈"。① 與 H2 相近的字形又有上博五《弟子問》簡 1（I1）、上博九《靈王遂申》簡 4（I2），可見 E 之上部與 H2、I1、I2 形甚近，而下部的"正"形似是與"整"形過近而誤加。下面"極"可參簡 17"罔非脊以淫極"之"極"，似乎是極度的意思。

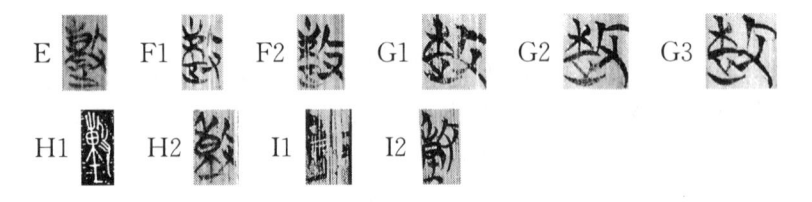

E F1 F2 G1 G2 G3
H1 H2 I1 I2

十一、簡 17＋18：余辟相唯御事，余厭，既異厥心厥【17】德，不迎則俾（俾）于余。

整理者把"余厭既異厥心厥德"連讀，並説："《國語·周語下》'克厭帝心'，韋注：'厭，合。'迎，讀爲'之'，訓爲'往''適'。《經義述聞》據《爾雅·釋詁》'俾，使，從也'，以《君奭》'海隅出日，罔不率俾'、《大戴禮·少閒》'出入日月，莫不率俾'猶《魯頌》'至于海邦，莫不率從'、《五帝德》'日月所

---

① 參看魏宜輝：《利用戰國竹簡文字釋讀春秋金文一例》，《史林》2009 年第 4 期，第 151—153 頁；蘇建洲：《初讀清華三〈周公之琴舞〉〈良臣〉札記》，"簡帛"網，2013 年 1月 18 日。

照,莫不從順',《文侯之命》'罔不率從'(第一〇一頁)。句謂輔相御事,其心其德與我異,則不從己志,而從於我。"

按,今把"余厭"單獨斷爲一句,其意是説輔佐我的御事,我厭惡,和我心我德相異,他們做不好事則順從於我。其中的"迓"字尚待考慮,這裏試理解爲"去做某事"的意思。

十二、簡 18+19:今乃辟余,小大乃有聞知,齏恙。汝其有羃(敷)有甚(湛),【18】乃罘余言,乃知唯子。

整理者説:"毛公鼎言小大政'引唯乃智,余非用有聞',謂小大事當總聽於汝毛公,我非用有聞。類於《立政》'文王罔攸兼于庶言、庶獄、庶慎,惟有司之牧夫,是訓用違;庶獄、庶慎,文王罔敢知于兹',《洛誥》'乃惟孺子頒,朕不暇聽'。'智(知)''聞''聽'皆指權責歸屬。弼,《説文》:'輔也。'詳,《説文》:'審議也。'"

按,整理者把"齏恙"理解爲"輔審議",不太通順。"齏恙"與簡 12、簡 14"弔羕"指的應該是一個詞,都應讀爲"弗祥"。在楚簡中,一個詞有多種寫法是很常見的。即以本篇來説,"逆"字就有(1) (簡 14)(2) (簡 22)、(簡 23) (3) (簡 28)三種寫法。簡 18 是説汝如今輔弼我,小大事都和我説,不善。汝"有羃(敷)""有甚(湛)"的時候,才要和我説,這樣才知道是你。

另外要注意的是簡 11+13:"汝正命,汝有告于【11】朕。"是説汝若命于百正百僚,則要告訴我,且一話一言也不能"退""佚";而簡 18 是説如小大事都和我説,則不善(其意是説要選擇重要的向王上報)。兩者並不衝突。

十三、簡 21+簡 22+簡 23:汝毋敢橐橐,凡人有【21】獄有眚,汝毋受幣,不明于民,民其聽汝?寺(時-是)唯子乃弗受幣,亦尚(當)弇逆于朕。凡人無【22】獄亡眚,迺唯憙享,享載不閒(孚),是亦引休,汝則亦受幣,汝迺尚(當)祗逆告于朕。

整理者在"不明于民,民其聽汝"後加句號,並云:"'聽'謂治獄,《周禮·大司寇》云兩造'入束矢於朝,然後聽之'。"然而治獄的施動者爲伯攝,並非民,所以把"聽"理解爲治獄是不可以的。"聽"很明顯應理解爲聽從,但此句若點成陳述句,則非常突兀。如果從全段來看,應在"聽汝"後加問號而成:"不明于民,民其聽汝?"是一個反問句。

整理者云:"'尚辯逆于朕'與下'尚祗逆告于朕','尚'表祈使語氣。'夐'讀爲'辯秩東作''勿辯乃司民湎于酒'之'辯',訓爲使。'逆'訓爲迎。句謂有獄訟之事不明,則勿受理,而使上告於朕。"按,本段的兩個"尚"今改釋爲"當",應當之義。① "夐"作 形,原隸定不算特別準確,其下所從即"弁",今改隸爲"弃"。"弃"從"弁",可讀爲"反","弁"並紐元部,"反"幫紐元部,二字音近可通。"反逆"指反命而上告之義。"逆"字用法可參簡14"亦則勾(謁)逆于朕"、簡23"汝廼當祗逆告于朕",其義即上文所説的《周禮·天官·宰夫》"以待賓客之令、諸臣之復、萬民之逆",鄭注:"於朝庭奏事自下而上曰逆。"

整理者云:"'閟'字'門'中所從爲上博簡《紂衣》'萬邦作孚'之'孚'字。'孚'訓爲'信',詩書中習見天命不誠,天不可信之語,如《詩·大明》'天難忱斯'、《蕩》'其命匪諶',《大誥》'天棐忱辭''天棐忱',《康誥》'天畏棐忱,民情大可見,小人難保,往盡乃心',《君奭》'若天棐忱,我亦不敢知曰,其終出于不祥'。孫詒讓《尚書駢枝》:'謂天命無常,不可信也。'……簡文'享載不孚'與上引《康誥》文意相類。"按,整理者已言"孚"可訓信,但"不孚"與後面的"引休"没有邏輯關係,整理者認爲這句話與《康誥》"天畏棐忱"文義相類,但本句上下文未見"天"字,這樣理解比較曲折。"不"不如讀爲"丕"好。"丕",大也。在本篇簡3"今民不造不康"、簡25"穆穆不顯"中的"不"亦用作"丕",這就是本篇"不"可用爲"丕"的證據。"享載丕孚,是亦引休"是説享德大信,這是大休美。這樣解釋在文義上很融洽。

十六、簡23+24:王曰:"攝,余肇【23】使汝,汝毋毄(禁),汝亦引毋好好、宏宏、劊憙。有汝由子,唯余其屾。"

整理者言:"由,用。句謂汝毋好己所好,大己所大,壞傷德行;有汝,

---

① 參單育辰:《戰國卜筮簡"尚"的意義——兼説先秦典籍中的"尚"》,《中國文字》新三十四期,藝文印書館,2009年2月,第107—126頁。

故用子,汝當恤我。"

按,"毇",整理者讀爲"梥",似也有讀爲"禁"的可能。① "宏"作"![]"形,可參《厚父》簡12之"![]"形,本篇此形與《厚父》之"厷"字更近,但一右臂一左臂而已,左右臂皆可稱之爲"厷(肱)"。據李松儒先生研究,《厚父》與《攝命》爲同一抄手所抄,《厚父》之字我們以前曾釋它爲"厷",② 本篇"宏"字的出現對我們的舊釋提供了一個積極的證據。

"有汝由子",整理者釋"由"爲用,意思不太通順。按,"由子"應讀爲"猶子",即猶如我的兒子,此指伯攝,《禮記·檀弓上》:"喪服,兄弟之子猶子也。"與"有汝由子"句式相類者有簡29"有汝唯沖子"、簡15"汝有唯沖子",可見"由子"理解爲一種身份名稱是很恰當的。本篇多處用"沖子小子"(簡6)、"沖子"(簡15)、"乃毓"(簡7)指稱伯攝,可見其比王要小。"猶子"之釋對探討伯攝的身份意義比較重大。

十七、簡28:亦則唯肇不咨,逆所朕命,獲羞毓子。

整理者把"亦則唯肇不咨逆所朕命"連讀,並言:"逆,訓爲迎候。所,讀爲'許'。"

按,今在"咨"後斷讀,"逆所朕命"之"所"應讀爲"牾"或"忤","逆牾(忤)"即"牾(忤)逆"。

十八、簡29+30:"余亦唯肇敊汝愳【29】行,唯穀眔非穀。"

整理者讀"敊"爲"耆",並云:"耆,《周頌》'耆定爾功',毛傳:'致也。'穀,《爾雅·釋詁》:'善也。'句謂我以德行之善與不善致告汝。"

按,"耆"應讀爲稽,是稽查、考核的意思,此處是言王會稽查、考核汝德行,唯善及不善之事(是察)。

---

① 單育辰:《清華六〈子產〉釋文商榷》,《出土文獻》第十一輯,中西書局,2017年10月,第210—218頁。
② 單育辰:《〈清華大學藏戰國竹簡(伍)〉釋文訂補》,《戰國文字研究的回顧與展望》,中西書局,2017年8月,第204—210頁。

【**發表情況**】本文最初觀點發表於王寧:《清華簡八〈攝命〉初讀》,"簡帛"網論壇,2018 年 10 月 8 日,"ee"2018 年 11 月 17 日第 7 樓(對應本文第六則)、2018 年 11 月 18 日第 14 樓(對應本文第二、四、五、七、十六、十八則)、2018 年 11 月 19 日第 17 樓(對應本文第六、十、十七則)、2018 年 11 月 21 日第 23 樓(對應本文第一、十三則)、2018 年 11 月 22 日第 29 樓(對應本文第八、九、十一、十二、十三則)、2018 年 11 月 26 日第 50 樓(對應本文第三則)、2018 年 12 月 21 日第 107 樓(對應本文第三、七、十六則)的發言。後加以訂補,以《清華簡八〈攝命〉釋文商榷》爲名,刊於《出土文獻綜合研究集刊》第十三輯,巴蜀書社,2021 年 6 月,第 43—51 頁。

《清華大學藏戰國竹簡（捌）》釋文訂補

　　新近出版的《清華大學藏戰國竹簡（捌）》收入八篇文獻，①整理者已經做了非常好的工作，大大方便了學者的功讀，不過初讀之下，覺得有一些地方可提供芻蕘之見，今把研讀《邦家之政》《邦家處位》《治邦之道》《心是謂中》《天下之道》五篇時産生的十餘處想法羅列於下，以待大方之家批評焉。

　　一、《邦家之政》簡 6：弟子不敨遠人，不納謀夫。
　　整理者云："敨，讀爲'轉'。《管子·法法》'引而使之，民不敢轉其力'，尹知章注：'猶避也。'遠人，關係疏遠的人。《左傳》定公元年：'周鞏簡公棄其子弟而好用遠人。'"
　　按，"敨"字又見本篇簡 10："弟子敨遠人而争窺於謀夫。""弟子不敨遠人""弟子敨遠人"的"敨"似以讀爲"專"好，專擅、專向也。

　　二、《邦家之政》簡 9＋10：其民志憂，其君子薄於教【9】而行 A，弟子敨（專）遠人而争窺於謀夫。
　　整理者把 A 隸定爲"𧥣"，並云："𧥣，讀爲'詐'。從'且'與從'乍'的字可通假，如《詩·谷風》'既阻我德'，《太平御覽》卷八三五引《韓詩》'阻'即作'詐'。"
　　A 從字形上看從"言"從"目"從"又"從"心"，應隸定爲"𧥣"，不從

---

① 李學勤主編：《清華大學藏戰國竹簡（捌）》，中西書局，2018 年 11 月。

"且",與"詐"無關。君子這樣的身份也不能行詐。A應從"相"聲,讀爲"爽"。"相"心紐陽部,"爽"生紐陽部,二字音近可通。"爽",差忒也。

A [圖]

三、《邦家之政》簡12:丘聞之曰:靳(新)則折,耆(故)則榑(傅)。始起得曲,直者皆曲;始起得直,曲者皆直。

整理者云:"折,讀爲'制'。《國語·晋語一》'以制百物',韋注:'裁也。'榑,讀爲'傅',依也。《漢書·匡衡傳》'傅經以對',顏注:'傅,讀曰附。附,依也。'"

按,"新則折,故則傅","折"直接依字讀即可,是折斷的意思。"榑"讀爲"傅"或"附"是可以的,有粘附之義。此句是説新的容易折斷,故舊的容易粘附。正因如此,才引來後文説:剛開始曲,則直者皆曲;剛開始直,則曲者皆直。

四、《邦家處位》簡10:惡□□□□□□用B歔而改,又救於前用。

整理者把B隸定爲"邎",並説:"簡文殘,約缺六字。邎,'躐'字異體。《禮記·學記》'幼者聽而弗問,學不躐等也',孔疏:'躐,踰越也。'"

B作下形,"用邎"的"邎"還是釋爲"遍"好,此字的右上偏旁已經出現多次,在出土文獻中最早見於郭店《六德》簡40"[圖]"、簡41"[圖]"、簡43"[圖]",《性自命出》簡54"[圖]",陳偉認爲前三字(除"攴""彳"之形)即"編"之原形。① 在清華簡中出現在清華六《子儀》簡9"[圖]"、簡10"[圖]",我們曾釋爲"褊"讀"編",並認爲它們應該來源於甲骨文中的"[圖]"(《合》26801)。②

---

① 陳偉:《郭店楚簡〈六德〉諸篇零釋》,《武漢大學學報(哲學社會科學版)》1999年第5期,第29—33頁。又參單育辰:《郭店〈尊德義〉〈成之聞之〉〈六德〉三篇整理與研究》,科學出版社,2015年11月,第315—316頁。

② 參單育辰:《清華六〈子儀〉釋文商榷》,《出土文獻研究》第十六輯,中西書局,2017年9月,第30—36頁。

《清華大學藏戰國竹簡(捌)》釋文訂補　381

清華七《越公其事》簡59又出現"▨""▨"二字,何家興先生釋爲"徧"。① 它們和"鼠"字形並不一樣,楚簡中的"鼠"目前只出現在"轊"字的偏旁中,可參九店M56簡31"▨"、上博五《鮑叔牙與隰朋之諫》簡4"▨"、上博六《用曰》簡14"▨"、上博九《史蒥問於夫子》簡7"▨"(此字"辵"以外的部分,爲"車"與"鼠"兩形揉合之形)。② 最主要的區别是"鼠"從兩個三豎(或有在三豎上再加一横作飾筆者),而"編"(或"徧""褊")從兩個"册"。當然不排除由於"遍"和"遺"字形相似,在未公布的簡帛裏存在相混的可能,但它們是兩個獨立的字形,從字形與辭例上無法捏合爲一。

B ▨

五、《治邦之道》簡1:古(固)C1爲溺(弱),以不慮于志。

整理者把C釋爲"疐",並云:"古,讀爲'固'。《荀子·修身》'體倨固而心執詐',楊注:'固,鄙固。'疐,《説文》:'礙不行也。'"

按,"溺",整理者徑隸爲"弱",不確。C1彩圖不算特别清晰,可參該書《字形表》第190頁所録之形(C2),從字形上看更像是"軖",可參本篇簡25"軖"字(C3),但下部訛爲"土"形。"疐"在楚簡中作C4(上博五《鬼神之明》簡5)、C5(上博三《周易》簡4,此從心)之形,從兩"止",與C1相差較遠。"軖"字在本簡中的意義不詳。

C1 ▨　C2 ▨　C3 ▨　C4 ▨　C5 ▨

---

①　何家興:《〈越公其事〉"徧"字補説》,"清華大學出土文獻研究與保護中心"網,2017年5月7日;又何家興:《清華簡〈越公其事〉"徧"字補説》,《中國簡帛學刊》第二輯,齊魯書社,2018年9月,第43—45頁。
②　參單育辰:《〈上海博物館藏戰國楚竹書(九)〉雜識》,《簡帛》第十一輯,上海古籍出版社,2015年11月,第49—52頁。

六、《治邦之道》簡 1：凡彼削邦疛（約）君，以及滅由 D1 丘。

整理者把 D1 釋爲"虛"，並説："由，《考工記·梓人》'而由其虡鳴'，鄭注引鄭司農云：'若也。'滅由虛丘，指國家被夷滅而成廢墟。"

按，"疛"字爲楊蒙生先生釋，察其提供的紅外綫圖版作"▨"形，可證所釋正確。① D1 作下形，很明顯不是"虛"字，而是"虘"字。可參本篇簡 24"虘（甲）"（D2）字，乍看起來，D2"虍"旁最上交叉，而 D1"虍"旁最上不交叉，字形上似乎還是有差別。但"虘"字在楚簡中亦有如 D1 形者，如上博二《容成氏》簡 51"帶虘（甲）"之"虘"兩見，一作 D3 同於 D1，一作 D4 同於 D2。"虘"楚簡中一般都用爲"兵甲"之"甲"，此簡"虘"的意義待考。

D1 ▨　D2 ▨　D3 ▨　D4 ▨

七、《治邦之道》簡 11＋12：唯彼廢民之不壓（循）【11】教者，其得而服之，上亦蔑有咎焉。

整理者云："不循教，《禮記·王制》鄭注：'謂敖狠不孝弟者。'"

"循"作"壓"形（E1），不是特別清晰，但可參看本書《字形表》第 174 頁所錄之形（E2）。按，清華六《管仲》簡 6"堅實不枉，執節緣繩，可設於承"，其中"緣"字作 E3 形，過去有多種説法，現在看其右亦應是"豚"之省，讀爲"循"，"海天遊蹤"已釋"緣"爲"循"，②由此可證其説正確。後面的"其得而服之"應該是得而服此惠政的意思。

E1 ▨　E1 ▨　E3 ▨

八、《治邦之道》簡 17：焉小槃其事，以程其功。如可，以佐身相家。

此簡最早在《文物》2018 年第 9 期發表過，劉國忠先生把"槃"讀

---

① 楊蒙生：《讀清華簡第八輯〈治邦之道〉叢劄》，北京："紀念清華簡入藏暨清華大學出土文獻研究與保護中心成立十週年國際學術研討會"會議論文，2018 年 11 月。

② 參看"bulang"：《清華六〈管仲〉初讀》，"簡帛"網論壇，2016 年 4 月 17 日，"海天遊蹤"2016 年 4 月 24 日第 53 樓的發言。

爲"穀",並説:"'穀',原指官俸,這裏指給予官職。'小穀其事',指試探性地給予一個官職,以考察其能力。"①後來在清華八正式發表時又加了一些書證:"《論語·憲問》'邦有道,穀',《集解》引孔安國注:'穀,禄也。'……《墨子·貴義》:'世之君子,使之爲一彘之宰,不能則辭之。'"

按,"穀"字没有"給予官職"之義。與"縠"相近的一個詞也見於《芮良夫毖》簡24+25:"非縠哲人,吾靡所援【24】詣。"我們以前針對於《芮良夫毖》該處説過:"'縠'作'▨'形,整理者釋爲乳義,不通。'縠'應讀爲'由',如郭店《五行》簡28、簡31讀爲'由'之'▨''▨'即從'穀'。參本篇簡3'由求聖人,以陳爾謀猷'。"②所以,《治邦之道》的"縠"也以讀爲"由"好,這裏是"用"的意思。③

九、《治邦之道》簡22+23:夫邦之溺張【22】,▨落有常,譬之若日月之俆,弋(代)陰弋(代)陽。④

"溺",整理者徑隸爲"弱","弱張",整理者無注。整理者云:"俆,讀爲'敘'。《周禮·鄉師》'凡邦事,令作秩敘',鄭注:'敘,猶次也。'"

按,"溺",楚簡常用爲"弱",但此處"溺"應讀爲"約",與"張"文義相反。"約"影紐藥部,"溺"泥紐藥部,二字古音很近。《淮南子·原道》:"約而能張,幽而能明,弱而能强,柔而能剛。"又,"俆"不如讀爲"除","譬之若日月之俆"可參《詩·唐風·蟋蟀》:"日月其除。"

---

① 劉國忠:《清華簡〈治邦之道〉初探》,《文物》2018年第9期,第41—45頁。
② 單育辰:《清華三〈詩〉〈書〉類文獻合考》,《清華簡研究》第二輯,中西書局,2015年8月,第227—230頁。
③ 參"ee":《清華八〈治邦之道〉初讀》,"簡帛"網論壇,2018年10月10日,"ee"2018年10月10日第0樓的發言。後見石小力先生也有相同意見,參石小力:《清華簡第八輯字詞補釋》,北京:"紀念清華簡入藏暨清華大學出土文獻研究與保護中心成立十週年國際學術研討會"會議論文,2018年11月。
④ "代"字從"哇那"讀,參"ee":《清華八〈天下之道〉初讀》,"簡帛"網論壇,2018年11月17日,"哇那"2018年11月19日第47樓的發言。

十、《治邦之道》簡 24＋25：彼上之所惑，邦有癘疫，水旱不時，兵甲驟起，盜賊不爾，仁聖不出，讒人在側弗知，邦獄衆多，婦子贅假，【24】市多儓，五種貴。

在《文物》2018 年第 9 期發表的介紹性文章及正式刊布的清華八中，整理者皆把此簡中的"爾"破讀爲"彌"，但都無注，不明白整理者把"彌"理解爲什麼意思。

按，從文意看，"盜賊不爾"應是盜賊不止之義。"彌"本有止、安之意，但《繫年》簡 89 "爾天下之甲兵"，整理者破讀爲"弭"，則此處亦應統一破讀爲"弭"較好。"弭"，息也，止也，"爾"與"耳"音近可通，可參《古字通假會典》"弭與彌""爾與耳"條。①

十一、《治邦之道》簡 25：吾欥失此？毋乃吾敷均，是其不均？侯吾作事，是其不時乎？

整理者把"此"屬下讀，並云："欥，讀爲'曷'，《説文》：'何也'。"

按，從圖版上看，"此"後有句讀符號，應把"此"歸上讀。"欥"整理者讀爲"曷"，從古音上看，讀爲"焉"於古音更接近。②

十二、《治邦之道》簡 26＋27：故萬民溓病，其粟米六擾敗 F，則價賣其臣僕，贅位其子弟，以量其師尹之謹（征），③而【26】上弗知乎？此物也，每一之發也，足以敗於邦。

整理者把 F 隸定爲"渫"，云："渫，讀爲'竭'。"又把"賣"釋爲"賈"。

按，F 作 形，整理者隸定爲"渫"。與 F 相關字形可參看上博二《容成氏》簡 24＋25"決九河【24】之渫（竭）"之"渫"作 、上博三《中弓》

---

① 參看高亨、董治安：《古字通假會典》，齊魯書社，1989 年 7 月，第 398、549 頁。
② "ee"：《清華八〈天下之道〉初讀》，"ee"2018 年 11 月 17 日第 22 樓的發言，後見陳民鎮：《清華簡（捌）讀札》，"清華大學出土文獻研究與保護中心"網，2018 年 11 月 17 日，也提到了"欥"應讀爲"焉"。
③ "征"指租税、徭役，參石小力：《清華簡第八輯字詞補釋》，北京："紀念清華簡入藏暨清華大學出土文獻研究與保護中心成立十週年國際學術研討會"會議論文，2018 年 11 月。

簡 20b"溇（竭）其情"之"溇"作▨、清華五《殷高宗問於三壽》簡 17"傑（遏）淫"之"傑"作▨，繁形又見本篇簡 12"飢溇（渴）"之"溇"作▨、清華八《八氣五味五祀五行之屬》簡 2"木氣溇（竭）"之"溇"作▨。從以上來看，F 應以隸定爲"溇"好。① 又，所謂的"賈"作▨形，整理者釋爲"賈"肯定不確，參簡 16"價"及"賈"的寫法作▨、▨形，與之不同。"賈"所從的"八"其實是"网"形之省，參曾侯乙墓簡 16、簡 125 的"▨""▨"其中所從正是"网"形，所以"賈"也應是"買"字，讀爲"賣"。又，簡 27"也"字寫法作▨、▨，可參曾侯乙鐘銘的"也"字。②

十三、《心是謂中》簡 1："心，中。處身之中以君之，目、耳、口、G1 四者爲叟（相）。

整理者把 G1 隸定爲"縫"，並説："從糸，適省聲，疑讀爲'肢'。'適'爲端母錫部字，'肢'爲章母支部字，支、錫爲陰入對轉；端母、章母準雙聲。四者，指目、耳、口、四肢。《孟子·盡心下》：'口之於味也，目之於色也，耳之於聲也，鼻之於臭也，四肢之於安佚也，性也。'古人通常將四相與四肢並稱，郭店《五行》第四五簡：'耳目鼻口手足六者。'此篇以心爲君，目、耳、口、四肢若相。相，佐助。《國語·晉語一》'以相心目'，韋注：'相，助也。'"

按，G1 又見於簡 2，作下形。從字形看，G1 字不從"帝"，非"適"字甚明，而是已經被學界很多人承認的可讀爲"晉""從"之字。③ G1 應讀爲腳

---

① 李守奎、張峰認爲"桀"是"枭"的訛變，現在看來應可信，參李守奎、張峰：《説楚文字中的"桀"與"傑"》，《簡帛》第七輯，上海古籍出版社，2012 年 10 月，第 79—86 頁。小文暫仍依通行做法隸定爲"桀"。

② 參孫啓燦：《曾文字編》，吉林大學碩士學位論文，指導教師：周忠兵，2016 年 4 月，第 242—243 頁。

③ 參單育辰：《楚地戰國簡帛與傳世文獻對讀之研究》，中華書局，2014 年 5 月，第 121—124 頁；又參單育辰：《温縣盟書"惛甌視之"解》，長春："新出土文獻與古文字考釋青年學者學術研討會"會議論文，2017 年 9 月。又，賈連翔先生已經把 A 與"晉""從"諸字聯繫起來，但認爲 A 是"適"的訛字，參賈連翔：《〈心是謂中〉中的"身命"及相關問題研究》，北京："紀念清華簡入藏暨清華大學出土文獻研究與保護中心成立十週年國際學術研討會"會議論文，2018 年 11 月。

義的"足"。如與G1基本同形之字在郭店《緇衣》簡16及上博一《紂衣》簡9裏用爲"從容"的"從","從"清紐東部,"足"精紐屋部,二字古音甚近。下文説"心欲甬(用)之,G2故與(舉)之"(簡2),把G2釋爲"足"文義也甚暢。整理者已引郭店《五行》簡45"耳目鼻口手足六者,心之役也",也正是"足"與"耳""目""口"對舉。又,所謂的"叟"實從"且"不從"目",應是"叟"的訛形,簡3之"相"作"叟"則不誤。

又,《邦家處位》簡1:"君速臣,臣H迋〈逆〉君。"H作下形,與G字形基本一致,整理者隸定爲"䢕",認爲:"䢕,從止從帝省,疑爲'適'字異體,《説文》:'之也。'《左傳》昭公十五年'民知所適,事無不濟',杜注:'適,歸也。'"這也是不對的,H大概讀爲"漸",有逐漸的意思,前面的"速"是急速的意思,與此"漸"意正好對文。

G1 [圖] G2 [圖] H [圖]

十四、《心是謂中》簡1:心所爲美惡,遠(復)何若倞(影)? 心所出小大,因名若響。

整理者云:"復,《論語·雍也》'如有復我者',皇侃疏:'又也。'若,猶'以'也。《禮記·經解》引《易》曰:'差若毫釐,謬以千里。'倞,讀爲'諒',謂誠信。《説文》:'諒,信也。'《禮記·樂記》:'君子曰:禮樂不可斯須去身,致樂以治心,則易直子諒之心油然生矣。易直子諒之心生則樂,樂則安,安則久,久則天,天則神。'又《緇衣》:'故君子寡言而行,以成其信,則民不得大其美而小其惡。'"

按,今從陳偉先生讀"倞"爲"影"。① "復"整理者認爲是"又"的意思,陳民鎮先生則認爲是"回復"的意思。② 按,不如把"復"理解爲"報",《左傳·定公四年》"我必復楚國",杜注"復,報也";《漢書·匈奴傳下》"以復天子厚恩",顔注"復亦報"。"何若"是比起來怎麼樣的意思,如《老子》:"善之

---

① 陳偉:《〈心是謂中〉"心君"章初步研讀》,"簡帛"網,2018年11月17日。
② 陳民鎮:《清華簡(捌)讀札》,"清華大學出土文獻研究與保護中心"網,2018年11月17日。

與惡,相去何若?"《孟子·盡心上》:"不恥不若人,何若人有?"在本簡中隱含之義就是怎麼能比不上。這句是言心所做的美惡,其報應比影子還快。

十五、《天下之道》簡 1:今之守者,高其城,深其澀而利其櫨(阻)𨹟(障),菖(蓄)①其食,是非守之道。

整理者云:"澀,疑'洼'字異體,《說文》:'深池也。'利,便利。《漢書·百官公卿表》:'垂作共工,利器用。'櫨𨹟,疑爲渠譫之類守城器備。櫨,'查'字古文,從木,虘聲,精母魚部字,可讀爲群母魚部之'渠'字,精、群通轉之例如蛆蝶、楮耆。𨹟,從阝,《說文》所謂'毳'省聲,見母談部字,與章母談部之'譫'可通轉。渠譫,見於《墨子·備城門》'城上之備:渠譫、藉車……',又作'渠幨'。《淮南子·氾論》'晚世之兵,隆衝以攻,渠幨以守',高注:'幨,幰,所以禦矢也。'"

按,"澀",以讀爲"壑"好,"亞"影紐魚部,"壑"曉紐鐸部,二字音近。《詩·大雅·韓奕》"實墉實壑",毛傳"言高其城,深其壑也",《釋文》"壑,城池也",正可與本簡"高其城,深其澀(壑)"對比。又,"櫨𨹟"似應讀爲"阻障",末一字所從有可能是"障"而非"毳"。

十六、《天下之道》簡 3:今之攻者,多其車兵,至其橦階,以發其一日之怒,是非攻之道也。

整理者云:"至,讀爲'臻',《玉篇》:'聚也。'"
按,"至其橦階"之"至"應讀爲"致",是招致的意思。②

【發表情況】本文最初觀點發表於"ee":《清華八〈邦家之政〉初讀》,"簡帛"網論壇,2018 年 11 月 17 日,"ee"2018 年 11 月 17 日第 1 樓(對應本文第一、二、三則)的發言;及"ee":《清華八〈邦家處位〉初讀》,"簡帛"

---

① "菖",王寧先生認爲是如馬王堆帛書《周易》"小蓫"的"蓫"(84 行)的省寫,釋爲"蓄",今從之,參"ee":《清華八〈天下之道〉初讀》,王寧 2018 年 11 月 19 日第 4 樓的發言。
② "ee":《清華八〈天下之道〉初讀》,"ee"2018 年 11 月 17 日第 1 樓的發言,後見陳民鎮:《清華簡(捌)讀札》,也提到了"至"應讀爲"致"。

網論壇,2018 年 11 月 17 日,"ee"2018 年 11 月 17 日第 1 樓(對應本文第四則)的發言;及"ee":《清華八〈治邦之道〉初讀》,"簡帛"網論壇,2018 年 10 月 10 日,"ee"2018 年 10 月 10 日第 1 樓(對應本文第八、十則)、2018 年 11 月 17 日第 22 樓(對應本文第九、十一、十二則)、2018 年 11 月 19 日第 54 樓(對應本文第五、六則)、2018 年 11 月 20 日 65 樓(對應本文第七、九、十二則)、2018 年 12 月 2 日第 89 樓(對應本文第九則)的發言;及林少平:《清華簡八〈心是謂中〉初讀》,"簡帛"網論壇,2018 年 11 月 17 日,"ee"2018 年 11 月 17 日第 2 樓(對應本文第十三、十四則)的發言;及"ee":《清華八〈天下之道〉初讀》,"簡帛"網論壇,2018 年 11 月 17 日,"ee"2018 年 11 月 17 日第 1 樓(對應本文第十五、十六則)的發言。後加以訂補,以《〈清華大學藏戰國竹簡(捌)〉釋文訂補》爲名,刊於《出土文獻》第十四輯,中西書局,2019 年 4 月,第 166—173 頁。

清華九《治政之道》《廼命》《禱辭》釋文商榷

近期《清華大學藏戰國竹簡(玖)》公布,收錄《治政之道》《廼命一》《廼命二》《禱辭》四篇文獻,①内容爲政論、訓誡及禱告,是佚失已久的珍貴典籍。整理者已經做了非常精彩的釋文與注釋,但因簡文古奧,我們在拜讀的過程中,也發現其中有一些可以補正的地方,下面準備分條論述。

一、《治政之道》簡4:夫四輔譬之猶股肱,一A不及,則不成人。

整理者說:"'A'字疑從只聲,讀爲'肢'。股肱屬四肢。君臣以身體作譬古書習見,如《春秋繁露·天地之行》:'一國之君,其猶一體之心也。……任群臣無所親,若四肢之各有職也;内有四輔,若心之有肝肺脾腎也;外有百官,若心之有形體孔竅也。'《説苑·君道》:'夫王者得賢材以自輔,然後治也,雖有堯、舜之明,而股肱不備,則主恩不流,化澤不行。'"

按,A作"▇"形,雖然從文義看,整理者讀爲"肢"很通順,但字形並不從"只"。王寧先生已言A右旁從"力",這是正確的;"潘燈"則說"此字或左部從口、從昏,右部乃'旨'殘,爲聲。旨與肢音近可通",他對字形的分析完全搞錯了,但他提出"旨"與"肢"相通則屬誤打誤撞而近事實。② A 字可參本篇簡39從"力"從"旨"之字作"▇"。這兩個字形相比較,除了

---

① 李學勤主編:《清華大學藏戰國竹簡(玖)》,中西書局,2019年11月。
② 參"羅小虎":《清華九〈治政之道〉初讀》,"簡帛"網論壇,2019年11月22日,王寧2019年11月24日第52樓、"潘燈"2019年11月25日第54樓的發言。

上部一作"匕"一作"口"外,其他部分幾乎相同。所以 A 左旁應是"旨"字之誤寫,可能是受底本筆畫不清的影響而誤把"旨"的"匕"形寫成"口"。"旨"與"只""支"聲系多可通假,①所以"勛"就可以讀爲"肢"。"勛"字還可參看《治邦之道》簡 14 的"![]"形,這兩支簡非一人所抄,故字迹不同,但它也和 A 一樣,左從"旨"右從"力"。

二、《治政之道》簡 19:聖人敷政作事,遠邇□□□□。
按,最後一字殘有筆畫作![],似是"悳(德)"字。

三、《治政之道》簡 25+26:彼【25】庶民,譬之若飛鳥之相即,唯所安之木,夫豈可强哉!
按,此句應歸下段,下段的第一句"故昔之有國者,明政以來之,審敩②以撫之",是説招民、撫民,此句文義正好可與之相連。

四、《治政之道》簡 43:故灼龜,鰥祀,磔禳,祈佐,沉□珪璧、犧牷、饋䰞,以祈其多福,乃即以復之。
整理者説:"復,報復。磔禳是除惡之祭,因咎天而報復。"
按,其中"復"也可以讀爲"報",是因天降福而報答,並非整理者所言"因咎天而報復"。

五、《廼命一》簡 1:西〈廼〉命嬖御□□□帥(率)共厥事。
整理者對"共"字無注。按,"共㝅事"可讀爲"恭㝅事",相類辭例可參本篇簡 3"共民毋淫"及《廼命二》簡 1"共民毋淫",此兩"共"字整理者如字讀,黃德寬先生讀爲"恭民毋淫"。③《廼命二》簡 7"不共公事",馬楠先生

---

① 參看高亨、董治安:《古字通假會典》,齊魯書社,1989 年 7 月,第 458、460 頁。
② "審"字從"斯行之"釋,"敩"字從"好好學習"釋。參厂:《清華九〈治政之道〉初讀》,"簡帛"網論壇,2019 年 11 月 22 日,"斯行之"2019 年 11 月 30 日第 92 樓、"好好學習"2019 年 11 月 27 日第 69 樓的發言。
③ 黃德寬:《黃德寬教授在〈清華大學藏戰國竹簡〉(玖)成果發布會上的發言》,"清華大學出土文獻研究與保護中心"網,2019 年 11 月 22 日。

引或説訓爲恭敬。《廼命二》簡 13"不共命",馬楠先生引《書‧甘誓》之"恭命"爲證。參照以上諸例,此處之"共"亦以讀爲"恭"好。

六、《廼命一》簡 4:吾少探𠦪使事從内,而旨視汝從外。

整理者對此句言"'内''外'對言",並讀"旨"爲"指",未有進一步解釋。

按,"旨"應讀爲"稽","稽"從"旨"得聲,所以二字可以通假。"稽"和"視"都有考察的意思。

七、《廼命一》簡 8:交争鬬鬩,以相傳於欻 B。

整理者説:"欻,疑讀爲'誚',訓爲'責讓'。卲,讀爲'詔',訓'誥'。句謂……交相鬥鬩,遞相誚讓。"

按,"欻"字從"少"得聲,可讀爲"小"。所謂的"卲"作"🖼"(B)形,不從"刀"而從"刃",應從"刃"得聲,"刃"日紐文部,"人"日紐真部,聲紐相同,韻部旁轉,二字古音甚近。所以"欻 B"兩字可讀爲"小人"。其句是説大臣又互相争鬬,其事相傳於小人之耳。

八、《廼命一》簡 8:毋有往來宦御於吾群臣、邦大 夫 左右。

按,"宦"字作"🖼"形,其形又出現於《廼命二》簡 5+6"毋有以而【5】密邇、寮朋、宦御之故",其"宦"字作"🖼"形。這令我們想起上博八《命》簡 4"則職爲民🖼(下稱 C)窩"的 C 字,C 從"穴"從"臣"從"卂",古文字中"穴"旁與"宀"旁通常互用,在多數古文字字形裏,"卂"字符可有可無。這樣看來 C 也應該是"宦",大概是官宦的意思,但可惜"窩"字一時不能釋讀。

九、《廼命一》簡 9+10:毋有以而所口美、惡身、利【9】首,力(飾)言相掩蓋。

整理者斷讀爲:"毋或以而所口美,惡身利【9】首,力(飾)言相掩蓋。"又说："'以而所口美'之'而',第二人稱代詞。利首,攫利之首。力,讀爲'飾'。"

按,應斷讀爲上。"口美""惡身""利首"是三個並列詞,是说美於辭、惡於身、利於首。

十、《廼命一》簡 11：劓其有並命,用各免廼身,訓命其下,人民子姓臣僕,兹(使)相能也。

整理者斷讀爲："劓(豈)其有並命,用各(恪)免(勉)廼身。訓命其下,人民子姓臣僕,兹(使)相能也。"又说："豈其有並命,用各免乃身,句法同《書‧盤庚中》'予豈汝威？用奉畜汝衆'。豈其有並命,謂無他命。《多士》'惟我事不貳適,惟爾王家我適',謂我唯爾王家是適。免身,謂保首領以没。《國語‧晋語八》：'可以免身。'或说'免'讀爲'勤勉'之'勉'。"

按,"並命"一詞又見《攝命》簡 6+7"汝能并命,并命勤【6】肆",應該有勤力之義。① 那麽把"劓"讀"豈",把它當作反問詞就不太合適。"劓"應讀爲"冀",是希冀的意思。"劓"見紐微部,"冀"見紐脂部,二字古音很近,典籍也有"覬"(從"豈"聲)與"冀"相通的例子。② "各"應從王永昌先生讀爲"恪",敬謹義。③ "免"應從整理者引或说讀爲"勉"。

十一、《廼命一》簡 12：而亦毋有啓我解悶奉依,尚聿亡有告歔,至于城没。

按,這句話難字不少,一時不能讀懂。不過整理者隸定的兩個字可能有問題。其中釋爲"奉"的字作"",其上所從似是"至"之上半部,參本篇簡 3、簡 10"至于"合文之"至"作"""",與此字相近,但此字所從不知是不是"矢"。整理者隸定爲從"出"從"欠"的字作"",應該隸定爲從"出"從"次"。

---

① 參單育辰：《清華八〈攝命〉釋文商榷》,待刊。
② 參看高亨、董治安：《古字通假會典》,第 375 頁。
③ 王永昌：《讀清華簡(九)劄記》,《出土文獻》第十五輯,中西書局,2019 年 10 月,第 200—205 頁。

十二、《廼命二》簡 1：廼命匿(暱)因群父兄昆弟。

整理者云："匿因，參看本輯《治政之道》注一四一。"查《治政之道》簡 38"彼其匿(暱)因邇臣致獻言以忠愛之"，注云："匿因，又見於本輯《廼命二》……暱，親近。《左傳》閔公元年：'親有禮，因重固，閒攜貳，覆昏亂，霸王之器也。'章炳麟《春秋左傳讀》卷一：'因，亦親也。'暱、因同義連用，形容詞，親近。"

按，"因"讀爲"姻"似更好一些。"匿(暱)"如整理者所云是親近之義，"姻"是姻親之義，二字屬於近義詞連用。

十三、《廼命二》簡 3+4：毋曰余各處乓室家，分異唯身，是離心。其會(合)也，奴内周外同，以閼(閑)昔【3】不從休，竺敢稱兇？

整理者斷讀爲："毋曰余各處乓室家，分異唯身，是離心其會也。奴(恕)内周外，同以閼(間)昔(錯)，不從休 [字] 敢稱兇。"又云："《管子·四時》'禁遷徙，止流民，圉分異'，尹注：'分異，謂離居者。'……'丽'，讀爲'離'。是離心其會也，與前文'相收會也'相對應。奴，讀爲'恕'，《説文》：'仁也。'周，親比。閼，讀爲'間'，訓爲'防閑'。……'休'，訓爲'美'。'[字]'字不識，疑爲'竺'字，讀爲'篤'，訓爲'誠實'。句謂同宗之人當仁内周外，防閑乖錯，防閑不從休美、誠篤而敢稱兇者。"

按，其中"是離心。其會(合)也"從王永昌先生斷讀。① 其後則是我們的改讀，如上所示。"奴"可讀爲"如"。"内周外同"的"周"字義可參《左傳·文公十八年》"是與比周"，杜注："周，密也。"《論語·爲政》："君子周而不比，小人比而不周。""閑"如整理者所説是防閑的意思。整理者所云"[字]"是"竺"是正確的，"竺"可讀爲"孰"，"竺"在古文字中常通假爲"孰"，如郭店《老子甲》簡 9、簡 10 之"竺能"，今本就作"孰能"。② 全句是説不要説我們各處各自室家，身體上是分離相異的，那是離心。如果我們合在一起的話，如果内親近，外一同，以防閑以前那些不休美之事，

---

① 王永昌：《讀清華簡(九)劄記》，《出土文獻》第十五輯，第 200—205 頁。
② 白於藍：《簡帛古書通假字大系》，福建人民出版社，2017 年 12 月，第 632 頁。

誰敢稱兕?

十四、《廼命二》簡 5：涅〈淫〉取乞匄，䰲欲強假。

整理者云："䰲，疑讀爲'巽'，訓爲順從。"

按，"䰲"直接讀"順"即可。"䰲"從"巽"得聲，心紐文部，"順"船紐文部，二字古音很近。

十五、《廼命二》簡 6＋《廼命一》簡 7：毋有譖愬毀慝，免身相上而數【廼二 6】之故。①

《廼命二》簡 6 相關句整理者斷讀爲"毋或譖愬毀慝，免身相上，而數(默)"，又云："免身相上，《廼命一》有'用各免乃身'，謂保首領以没，……'數'見《字彙補》，云'同黑'，疑讀爲'默'，訓爲'闇'。"

按，"免"可讀爲"俛"，低俯之義，典籍"免"與"俛"常通用。② "數"可讀爲"謀"，"黑"與"墨"一字分化，"黑"曉紐職部、"墨"明紐職部、"謀"明紐之部，三字古音都很接近。"俛身相上而謀"是一短語，低俯其身幫助在上位者而謀劃。

十六、《禱辭》簡 5＋6：苟使四方之群句〈明-氓〉③遷諸於邑之於【5】處，余敢獻㞢與龜。其禮藏於畵東以西，深及腋。

整理者説："'畵'見清華簡《晉文公入於晉》，爲'封'字異體。"

其中"於邑之於處"又見簡 21"使四方之民人遷諸於邑之於處"、簡 23"苟使四方之民人遷諸於邑之於處"，整理者未對它們進行解釋。我們認爲楚人在使用這種禱辭時可以在"於"字處填入實際需要的某邑或某處，這是一種少見的替代方式。後面的"其禮藏於畵東以西"，若按整理者讀爲"封"，則"封"所指不明，可改讀爲"邦"。

───────

① 《廼命一》簡 7 與《廼命二》簡 7 應互調位置，從"松鼠"説，參"ee"：《清華九〈廼命一〉初讀》，"簡帛"網論壇，2019 年 11 月 22 日，"松鼠"2019 年 12 月 19 日第 13 樓的發言。

② 參看高亨、董治安：《古字通假會典》，第 154 頁。

③ 整理者已經指出從該篇相同辭例看，此簡的"句"是"明"的訛字。"明"讀爲"氓"參看孟蓬生：《清華簡〈禱辭〉"群明"試釋》，"安大簡詩經讀書班"微信公衆號，2019 年 11 月 23 日。

十七、《禱辭》簡 16：使吾邑昌，去故其咎祛(幸)。

整理者説："故，見於新蔡簡與子彈庫帛書，均與'除'搭配，知其有禳除義，疑爲'卻'字。"

按，"去故"讀爲"祛去"或"去祛"也是可以的。《文選·殷仲文〈南州桓公九井作〉》"惑祛吝亦泯"，劉良注："使我疑惑鄙吝祛除泯絶也。"《集韻·魚韻》："祛，禳却也。"

十八、《禱辭》簡 18：使此邑之閱于屬疾，毋有罪蠱。

整理者説："閱，同'間'。《楚辭·七諫》'身被疾而不間兮'，王逸注：'間，差也。'天星觀簡、新蔡簡中的'速有閒'，所卜的就是疾瘳之事。"

按，"閱"可讀爲"外"，"閱"即從"外"得聲，"外于"，在……之外。

十九、關於《禱辭》的主要内容：

如整理者説："本篇體例與《清華簡》第三輯《祝辭》類似，爲禱祠地祇的告事求福之辭。"黄德寛先生説："是一篇禱祠地祇的告事求福之辭，……禱辭内容涉及祝禱地點、對象、祭品、儀式等，目的是祈求神靈保佑其里邑昌盈，祛害趨利。"[1]

我們認爲他們説的都近乎事實，但並不完全準確。反覆涵詠其辭，可以發現《禱辭》所祝禱最主要的内容是徠民、使邑多民，除了第六段禱辭可算是爲城邑祝福避害之辭外，其他諸段禱辭的中心思想都是使邑多民。

【發表情况】本文最初觀點發表於"羅小虎"：《清華九〈治政之道〉初讀》，"簡帛"網論壇，2019 年 11 月 22 日，"ee"2019 年 11 月 25 日第 59 樓(對應本文第三、四則)、2019 年 11 月 27 日第 78 樓(對應本文第一、二則)的發言；及"ee"：《清華九〈廼命一〉初讀》，"簡帛"網論壇，2019 年 11 月 22 日，"ee"2019 年 11 月 22 日第 1 樓(對應本文第五至九則)、2019 年 11 月 23 日第 3 樓(對應本文第十一則)、2019 年 11 月 23 日第 4 樓(對

---

[1] 黄德寛：《黄德寛教授在〈清華大學藏戰國竹簡〉(玖)成果發布會上的發言》。

應本文第十則)、2019年12月10日第10樓(對應本文第十一則)的發言;及"ee":《清華九〈廼命二〉初讀》,"簡帛"網論壇,2019年11月22日,"ee"2019年11月22日第1樓(對應本文第十二至十四則)、2019年11月23日第2樓(對應本文第十五則)的發言;及"ee":《清華九〈禱辭〉初讀》,"簡帛"網論壇,2019年10月22日,"ee"2019年10月22日第2樓(對應本文第十六、十八則)、2019年11月22日第5樓(對應本文第十七則)、2019年11月25日第10樓(對應本文第十九則)的發言。後加以訂補,以《清華九〈治政之道〉〈廼命〉〈禱辭〉釋文商榷》爲名,刊於《第31屆中國文字學國際學術研討會論文集》,中國文字學會、慈濟大學國際暨跨領域學院、國立東華大學中國語文學系,2020年12月,第225—230頁。

清華九《成人》釋文商榷

近期《清華大學藏戰國竹簡(玖)》公布,收錄《成人》一篇文獻,[1]內容爲王與成人的對話,主要涉及到法制思想,是佚失已久的珍貴典籍。整理者已經做了精彩的釋文與注釋,但因簡文古奧,我們在拜讀的過程中,也發現其中有一些可以補正的地方,下面準備分條論述。

一、《成人》簡1+2:王則悚惕畏恐,越諲前罰愆,【1】不識厥祥之發于吉兇。

整理者説:"諲,讀爲'徵'。《左傳》僖公四年'寡人是徵',楊伯峻注:'徵,問罪也。'"

按,"諲"字讀爲"懲"好一些,鑒戒之義。[2]

二、《成人》簡7:乃降庶A、群獸、飛征,各有臡物。

整理者把A隸定爲"塓",並説:"從艸、土、冃('冕'字古文),應爲'稷'之異體,簡二六又作'竅'。《廣韻》:'稷,五穀之揔名。'"

按,整理者隸爲"塓"的字作"▨"形,實從"土"從"蒐"。"蒐(蔻)"字形可參上博六《平王與王子木》簡1、簡3"▨""▨",而"冕"字形可參郭店

---

[1] 李學勤主編:《清華大學藏戰國竹簡(玖)》,中西書局,2019年11月。
[2] 本則意見先發表於"悦園":《清華九〈成人〉初讀》,"簡帛"網論壇,2019年10月28日,"ee"2019年11月22日第9樓的發言。後見劉信芳先生亦有此説,劉文見《清華(九)〈成人〉試説》,"簡帛"網,2020年2月14日。

《尊德義》簡7"▨"、上博一《孔子詩論》簡24"▨"、上博四《容成氏》簡28"▨"、清華三《芮良夫毖》簡15"▨"、安大一《詩經》簡116"▨"、清華一《祭公》簡13"▨"、九店 M56-13"▨"、新蔡乙四90"▨",雖然由後三例看,"叟"與"蒐"下部變得類同,但由於 A 有"艸"旁做限制,所以其所從者還應是"蒐"。當然 A 有一定可能是"稷"之訛體,但也有讀爲其他字的可能,比如讀爲古音相近的"艸"等。本篇簡26"嘉穀五▨(B)",整理者隸定爲"窾",亦認爲是"稷"的異體,B 與安大一《詩經》簡32、簡33 讀爲"殷"之"▨""▨"字非常相近,更與上博八《蘭賦》簡5 讀爲"隱"的"▨"字形基本相同。該字應隸定爲從"穴"從"毘"從"攴",①是否是"稷"的訛字也有待進一步研究。

三、《成人》簡7+8:毋雜英【7】相 C1,食飲不改。

整理者把 C1 隸定爲"仳",說:"仳,從二化,又見毛公鼎(《集成》二八四一)、詛楚文以及清華簡《湯處於湯丘》等,疑讀爲'過'。《文子·自然》:'即萬物一齊,無由相過。'"又簡22"五爭之疵,惟交,交惟 C2,C2 而信,則比皐稱罰",整理者亦把 C2 隸定爲"仳",說:"'仳'讀爲'過',《吕刑》有'五過'。"

按,其字作"▨""▨",與楚文字常見的"化"字不同,前者是兩人上下相對,後者是兩人左右相對,似乎是兩個系統。《詛楚文》、清華五《湯處於湯丘》簡16 之字李守奎先生讀爲"華";②清華五《湯在啻門》簡16"政▨亂以亡常",王寧先生讀"▨"爲"嘩";③《毛公鼎》之字陳劍、王挺斌先生讀

---

① 本則意見先發表於"悦園":《清華九〈成人〉初讀》,"ee"2019年11月23日第14樓的發言。後見蔣偉男先生亦有此説,蔣偉男:《利用安大簡補説清華九〈成人〉一則》,《漢字漢語研究》2020年第1期,第26—31頁。

② 李守奎:《漢字倒寫構形與古文字的釋讀》,《漢學研究》第33卷第2期,2015年6月,第184—185頁。又收入其《古文字與古史考——清華簡整理研究》,中西書局,2015年10月,第263—264頁。

③ 王寧:《讀〈湯在啻門〉散札》,"復旦大學出土文獻與古文字研究中心"網,2015年5月6日。

清華九《成人》釋文商榷　399

爲"嘩"或"譁"。① 由此看，C1、C2可能讀爲"譁"，是譁亂的意思，《書·費誓》"人無譁，聽命"，《孫子·軍争》"以治待亂，以静待譁，此治心者也"。

四、《成人》簡10：非天作瘖，惟民猖兇，不循故常。

整理者説："瘖，從疒，從目，文聲，讀爲'吝'，悔吝也。一説'瘖'爲來母文部，可讀爲定母文部之'殄'。清華簡《皇門》'悉（媚）夫先受吝罰'，傳本作'媚〈媚〉夫先受殄罰'，孔注：'殄，絶其世也。'又《書·酒誥》：'天非虐，惟民自速辜。'《吕刑》：'非天不中，惟人在命。'皆可參看。"

按，整理者讀爲"吝"或"殄"的字，從典籍用字習慣看，讀爲"閔"更好。"閔"有憂患、兇喪的意思，《詩·邶風·柏舟》"覯閔既多，受侮不少"、《左傳·宣公十二年》"寡君少遭閔凶，不能文"。

五、《成人》簡10：天愛戕民之命，用物視（示）之妖祥。②

整理者説："戕，同'戕'，即'䍔'字，疑讀爲'賤'。賤民，見《史記·酈生陸賈列傳》：'高陽賤民酈食其。'又清華簡《芮良夫毖》：'民之俴（賤）矣，而隹（惟）啻（帝）爲王。'"

按，"戕"可讀爲"殘"，是動詞，殘害的意思。"愛"是吝惜的意思。此句言天吝惜殘害民衆之命。

六、《成人》簡12+13：敘（繇）税要【12】强。

按，整理者所謂的"敘"作 形，實從"釆"從"攴"，是"敚"之訛誤。

七、《成人》簡18：犯禁喬（矯）飤，毁盟宔（主）匿，無赦；遊述，女有夫，士有妻，遊，無赦。

整理者説："喬，讀爲'矯''撟'，稱詐也。飤，讀爲'飭'，指飭令。《周

---

① 陳劍：《據〈清華簡（伍）〉的'古文虞'字説毛公鼎和殷墟甲骨文的有關諸字》，《古文字與古代史》第五輯，"中研院"歷史語言研究所，2017年4月，第261—286頁。王挺斌：《談談古文字資料中從二化的字》，《出土文獻》第十輯，中西書局，2017年4月，第79—84頁。
② "視（示）"從"麒麟兒"釋讀，參"悦園"：《清華九〈成人〉初讀》，"麒麟兒"2019年11月23日第11樓的發言。

禮·士師》'五曰撟邦令',鄭注:'稱詐以有爲者。'毁盟,指破壞盟約。宝,讀爲'主'。匿,匿藏也。主匿,即'首匿',指主謀藏匿罪犯。《史記·淮南衡山列傳》:'得陳喜於衡山王子孝家。吏劾孝首匿喜。'"又把下句句讀爲"遊述(怵)女有夫,士有妻遊,無赦",說:"遊,指生活放縱。述,讀爲'怵'。《漢書·食貨志下》'善人怵而爲姦邪',顏注引李奇曰:'怵,誘也。'"

按,"喬"字作"[字形]",上面類似"尤"形,可參安大一《詩經》簡44"喬"作"[字形]",上面亦寫成"尤"形。上句"飭"讀"飾","匿"讀"慝"也可以考慮,"矯飾",虛矯裝飾;"主慝",主其慝害。下句可改讀爲:"遊述(術),女有夫,士有妻,遊,無赦。"《說文》卷二:"術,邑中道也。"言有室家者,無所事事,在邑中道路遨遊,無赦。《商君書·墾令》:"狠剛之民不訟,怠惰之民不游。"

八、《成人》簡22:有衆無稽,則中幾之于示,所爭牖入于公。

後句整理者句讀爲"則中幾之于示所,爭牖(獵)入于公",說:"幾,《詩·楚茨》'如幾如式',《毛傳》:'幾,期。'包山簡簡三三背題記'受旮',裘錫圭《釋戰國楚簡中的'旮'字》讀爲'受幾'。下文'獄成有幾'和'則幾辭于歲'之'幾'用法與此相同。中幾,天星觀、望山、包山、新蔡等楚簡又作'旮(幾)中''曀(幾)中'等,義同於'期中''中期',清華簡《筮法·志事》:'五日爲垐(來),乃中昇(期)。'示所,神事之所,應指盟證之處。"又把"牖"釋成"贎",說:"贎,從貝,獻聲,讀爲'獵'。《爾雅·釋言》:'獵,虐也。'此句意爲惡性案件應上呈'公'來斷獄。"

按,《成人》其中簡23"獄成有幾"的"幾"是名詞,有一定可能如整理者所說是"期"的意思。而此處的"幾"是動詞,理解爲"期"不通,應讀爲"譏",是查問的意思,其字義參《禮記·王制》"關執禁以譏"、《孟子·梁惠王下》"關市譏而不征"。① "牖"作"[字形]"形,整理者釋爲"獵",於字形不

---

① 本簡及簡25之"幾"讀爲"譏"的意見先發表於"悅園":《清華九〈成人〉初讀》,"ee"2019年11月22日第9樓的發言。後見劉信芳先生亦有類似說法,劉文見《清華(九)〈成人〉試說》,"簡帛"網,2020年2月14日。

符,於文義更不通順。此字右旁已出現多次,都是"編"之會意之形,①"賵"可讀爲"遍"。全句是説如果大衆都無法稽查的話,就在神祇那裏察問,兩方所爭之物都入於公家。

九、《成人》簡23+24:毋中妖辭,以安【23】䋐乃身。

整理者説:"䋐,從糸,瓜聲,包山簡簡二五八號有'蓏'字,李家浩《信陽楚簡中的'柿枳'》讀爲'耦'。'䋐'試讀爲'愚'。安愚,義近於'守愚',指不事巧僞,如《論衡·別通》:'有守愚不覽之闇。'"

按,"䋐"可以讀爲"寓","安寓",安心寄托。

十、《成人》簡24:圖辭有D1,惟齊非均。

整理者釋D1云:"辨,即'辡'之繁構,讀爲'辨',訓爲'別'。"又簡29+30:"夂【29】惟D2飤,惟物觀之。"整理者亦隸定D2爲"辨",釋爲"辨",説:"夂,即古文'終',可讀爲'衆'。《禮記·祭法》'堯能賞均刑法以義終',《禮記訓纂》引王念孫説:'終,與衆通。衆,亦民也。'辨,明。"

按,整理者所謂的"辨"字作 、 形,從字形上看都是"辡(業)",可參以往楚簡中的"業",如上博一《孔子詩論》簡5" "、上博三《亙先》簡4" "、清華三《説命下》簡6" ",而"辡"字可參清華七《晉文公入於晉》簡1" "、清華八《治邦之道》簡2" "、清華九《治政之道》簡5" ",②二字字

---

① 參單育辰:《〈清華大學藏戰國竹簡(捌)〉釋文訂補》,《出土文獻》第十四輯,中西書局,2019年4月,第166—173頁。因楚文字中"扁""鼠"字形相近,兩字也有訛混的例子,如清華一《楚居》簡3的" "可隸定作"䑣",讀爲"脅",唐維寺M126楚墓簡1從辭例看也應該讀爲"脅",但字形作" ",其右旁其實不從"鼠"而從"扁"。唐維寺楚簡"䑣"字的考釋參蘇建洲:《荆州唐維寺M126卜筮祭禱簡釋文補正》,"簡帛"網,2020年1月14日,但他未指出此字其實從"扁"。

② "辡"字考釋參單育辰:《〈清華大學藏戰國竹簡(柒)〉釋文訂補》,香港、澳門:"《清華簡》國際會議"會議論文,2017年10月。賈連翔《試析戰國竹簡中的"辡"及相關諸字》,廣州:"文字、文獻與文明——第七屆出土文獻青年學者論壇暨國際學術研討會"會議論文,2018年8月。

形區分甚明。並且"業"字在句中也能講通,"業"猶"事"也。不過從押韻看,簡 24 的"業"也有很小的可能是"辨"的訛形。簡 29 的"夂"也有可能讀爲"終",最終的意思。

十一、《成人》簡 25:察辭思屈,兩造信屬,尚毋有不正。
整理者説:"思,心母之部,讀爲心母職部之'息',訓爲'消'。"
按,"思"也可以讀爲"使","使屈",使訟者兩方屈服。

十二、《成人》簡 25+26:一日折獄,斷辭有數。獄至無青,則幾【25】辭于歲,屬之于鄉里。
整理者説:"青,讀爲'請',指請求。一説'青'讀爲'爭',指爭訟。《周禮·小司寇》:'歲終,則令群士計獄弊訟,登中于天府。'"又説:"所屬於鄉里者,應即上注引《周禮》'登中于天府'之'中'。《逸周書·嘗麥》:'宰乃承王中,升自客階。作筴執筴從中,宰坐,尊中於大正之前。'江永《周禮疑義舉要》:'凡官府簿書謂之中。《周禮》載鄉士、遂士、縣士、方士皆有'受中'的職責。"
按,"青"可讀爲"情",是情實的意思。這裏的"幾"是動詞,應如上文所説,也讀爲"譏",是查問的意思。"鄉里"與整理者注所舉的官府簿書義的"中"在邏輯上不能洽合,就應是常用的鄉里的意思。後句是説獄訟來的時候沒有真實情況(斷案困難),則要在一歲中查問獄訟之辭,要去鄉里(熟識之人)那裏去查問。

十三、《成人》簡 29:恪哉毋怠,毋敗朕刑,以失繩下蚘(尤)。
整理者説:"下,指臣下、百姓。蚘,讀爲'尤',過也。"
按,"循繩"是動+名結構,如果"下尤"如整理者所説是臣下之過的意思,則"循繩下尤"是動+名+名,不很通順。"下"可讀爲"去","下"匣紐魚部,"去"溪紐魚部,二字古音很近。"循繩"與"去尤"都是動+名結構,爲近義詞連用。《吕氏春秋》即有《去尤》一篇,可參看。①

---

① 《吕氏春秋》一例承匿名審稿專家指出,特此致謝!

【發表情況】本文最初觀點以網名"ee"發表於"悦園":《清華九〈成人〉初讀》,"簡帛"網論壇,2019 年 10 月 28 日,"ee"2019 年 11 月 22 日第 7 樓(對應本文第一至十三則)、2019 年 11 月 23 日第 14 樓(對應本文第二則)、2019 年 11 月 24 日第 19 樓(對應本文第七則)的發言。後加以訂補,以《清華九〈成人〉釋文商榷》爲名,刊於《中國文字》二〇二〇年夏季號,萬卷樓,2020 年 6 月,第 277—284 頁。

清華十《四告》釋文商榷

新出版的《清華大學藏戰國竹簡(拾)》收有《四告》一篇,共分四章,分別是周公旦、魯伯禽、周穆王滿、召伯虎的告神之辭,[1]諸章皆有所告的中心内容,如周公旦之告是因勝殷而告皋陶保佑周朝;魯伯禽之告是因往君魯而告賓工、名典、司儀[2]等神欲其威儀不忒;周穆王滿之告是因野遊之心太盛而告三神欲止息其心;召伯虎之告是因望鷗集於先公寢廟而告北方尸欲攘去之。諸篇皆有很明顯的早期底本來源,整理者已經做了非常好的釋文與注釋,不過由於文字古奧,難以畢其功於一役,所以還有不少的問題有待研究。我們在仔細拜讀之後,也有一些意見,今寫出以求教於大方之家,爲明晰起見,下面分爲《周公旦之告》《魯伯禽之告》《周穆王滿之告》《召伯虎之告》四章進行討論。

周公旦之告

一、《四告》簡1:都魯天尹皋繇配享兹馨香,猇(肆)臨血明(盟)。

整理者把"猇臨血明"釋讀爲"猇(逸)寎(俯)血明(盟)",並説:"猇,讀爲'逸'。寎,結構與上博簡《彭祖》第七簡'俯'字相似,但更爲繁複,疑爲'俯'字異構。血明,見於睡虎地秦簡《日書甲種》簡一〇四正貳'毋

---

[1] 黄德寬主編:《清華大學藏戰國竹簡(拾)》,中西書局,2020年11月。
[2] "司儀"簡文作"司義",今讀爲"司儀",應即掌管禮儀之神。王寧亦曾把"義"讀爲"儀",但他認爲"儀"是法度的意思。見王寧:《清華簡拾〈四告〉之二讀札》,"復旦大學出土文獻與古文字研究中心"網,2021年1月30日。

以卯沐浴,是謂血明,不可□井池',用法未必相同,本簡中當爲動詞。明,讀爲'盟'。'脃戞血明',黃德寬讀爲'肆擾血盇'(《清華簡〈四告〉疑難字詞二考》)。"

按,所謂的"戞"作"[圖]"形,整理者釋爲"俯",查上博三《彭祖》簡7中用爲"俯"的作"[圖]""[圖]"等形,與該字最大的不同是左下的"人"形中間有一圈形,黃德寬先生隸定爲"聶",是比較準確的。① 這個圈形是釋讀此字的關鍵,亦由此與上博三《彭祖》簡7中用爲"俯"的字形有所區別,不能避而不談。該字應即"臨"之變體,參本篇簡43之"臨"作"[圖]",此字上部的"頁"即"臣"與"人"之變體,"臣"即目,與右面的"人"形在一起,則與代表人身的"頁"形所表一致。下面的"人"中夾一圈形即從"人"從"口"之形的略變,又加了一"攴"("攴"也可能是"人"之訛變)而已。此"臨"義約同於《左傳·襄公九年》"且要盟無質,神弗臨也"、《詩·大雅·大明》"上帝臨女,無貳爾心"之"臨"。黃德寬先生讀"脃"爲"肆",可從,但不應該是"肆解"的意思,而是虛詞,可理解爲現今或遂一類的意思。"臨"字既已釋出,則下面的"血盟"必不是動詞,而如黃先生所說的名詞,是血祭的意思。

二、《四告》簡3:王所立大正、小子秉典,聽任虡士。酉豐(朋)涇〈淫〉脃尻(居),弗明厥服,煩辭不正。

整理者說:"《書·益稷》:'朋淫于家,用殄厥世。'僞《孔傳》:'朋,群也。群淫於家,妻妾亂。'朋淫,又作'淫朋'。《書·洪範》:'凡厥庶民,無有淫朋,人無有比德,惟皇作極。'尻,《說文》:'處也。從尸得几而止。《孝經》曰:"仲尼尻。"尻,謂閒居如此。'失居,指失去自己的本分。"

"虡士"又見清華一《皇門》簡1"朕寡邑小邦,蔑有耇耈虡事屛朕位",② 本篇的"虡士",整理者讀爲"處士",此從"shanshan"說改讀爲"御事"。③

---

① 黃德寬:《清華簡〈四告〉疑難字詞二考》,《出土文獻》2020年第3期,第1—5頁。
② 參朱國雷:《清華簡〈四告〉札記(一)》,"簡帛"網,2020年11月24日,"聽任"與"虡士"連讀亦從其說。
③ "悅園":《清華十〈四告〉初讀》,"簡帛"網論壇,2020年9月30日,"shanshan"2020年12月9日第130樓的發言。

"失居"應改讀爲"佚居",言居處時放佚。典籍多"淫""佚"連言,如《逸周書·時訓》"母后淫佚"、《國語·周語》"其君貪冒、辟邪、淫佚、荒怠、麤穢、暴虐"。又《管子·四時》"居不敢淫佚","佚"則與"居"搭配使用。又清華九《廼命二》簡7"毋或不恭公事,而專剢淫居",可知該簡的"淫居"相當於"朋淫佚居"。

三、《四告》簡5:在珷(武王)弗敢忘天威,命明罰,至戎于殷,咸戡厥敵。

整理者説:"出土文獻中的'珷',有時是合文,有時是專字,或以爲經歷了由合文到專字的發展過程。此處顯然是合文。《逸周書·商誓》:'王曰:"嗟!爾衆,予言若敢顧天命,予來致上帝之威命明罰,今惟新誥命。"'"

按,此句可與清華五《封許之命》簡3"珷(武王)司明刑,釐厥獸,祗事上帝,桓桓丕敬,嚴將天命。亦惟汝吕丁,扞輔武王,翦敦殷受,咸成商邑"對讀,"珷"整理者未能釋出,李松儒釋爲"珷",即"武王"合文,此篇的字形與辭例爲李説堅證。[①] 不過要注意的是,"司明刑"可以理解爲掌管刑法,但並不應該理解成制訂法律,而要和"命明罰"統一考慮,"命明罰"的意思是"指令明罰",二者意思雖然不一樣,但内涵是一致的,"司明刑"要理解爲掌管刑法而戡滅殷商之義。

魯伯禽之告

四、《四告》簡17+18:今皇辟天子圖厥萬億之無後【17】嗣孫,乃建侯,設衛、甸,出分子。

這句話也可參清華二《繫年》簡17+18:"周成王、周公既遷殷民于洛邑,乃追念夏商之亡由,旁設出宗子,以作周厚【17】屏。"

[①] 李松儒:《清華簡殘泐字辨析三則》,《古文字研究》第三十一輯,中華書局,2016年10月,第398—399頁。

五、《四告》簡 18＋19：今曾孫禽父將以厥圭幣、乘車、丁馬、丁年、吉月、靈辰，我其往，往【18】賓服臣，各于朕皇后辟，典天子大神之靈。

中間的那句話整理者釋讀爲"我其里＝(往之)，賓服臣各于朕皇后辟"，並説："賓，敬也。典，《書·康誥》：'人有小罪，非眚，乃惟終，自作不典。'《禮記·曲禮下》'典司六典'，鄭注：'典，法也。'"相關句似應斷讀爲："我其往，往【18】賓服臣，各于朕皇后辟，典天子大神之靈。""往賓服臣"是往魯國使臣屬賓服，"各"可讀爲"格"，即來朝見皇君；或可讀爲"恪"，是敬的意思。

六、《四告》簡 19＋20：式俾曾孫有濬壁＝(壯壯)，丕䛂威儀，憲能禮卻(秩)，心善揖讓，若臣屢屢，毋【19】忎于義，毋鎜于到。

整理者斷讀爲："式俾曾孫有濬(濬)壁＝(壯壯)，丕䛂(謀)威儀，憲能禮卻(節)，心善揖讓，若臣(熙)屢＝(察察)，毋【19】忎(變)于義，毋鎜(佚)于到(恤)。"

整理者説："憲，《詩·六月》'文武吉甫，萬邦爲憲'，朱熹集傳：'憲，法也。……萬邦以之爲法矣。'能，《書·康誥》'亦惟君惟長，不能厥家人'，孫星衍疏：'能者，《漢書》注："師古曰：善也。"'"又説："鎜，即'失'字，讀爲'佚'。'失'爲質部書母字，'佚'爲脂部幫母字，可通用。《書·大誥》：'無佚于恤，不可不成乃寧考圖功！'"

按，"濬"可讀爲"睿"，"睿"即睿智，"壯"多與"獻""心"連言，如清華五《封許之命》簡 5"汝惟壯耆尔獻"、《詩·小雅·采芑》"克壯其獻"，清華一《祭公》簡 11 及《逸周書·祭公》即作"寬壯厥心"，由此知"壯"亦應可與"睿"連用。①

"丕䛂威儀"可與《集成》261.2"惠于政德，淑于威義，誨(謀)獻丕飤(飭)"對讀，簡 19 的"䛂"相當於"飤(飭)"，二者語音也很近。"臣"讀爲"熙"與"屢屢"讀爲"察察"之釋尚不能完全肯定。

下句可改釋爲："毋【19】忎(變/煩)于義(儀)，毋失于到(節/質)。""忎"整理者讀爲"變"，是可以的；"忎"或許也可以讀爲"煩"，煩瑣的意思。

---

① 參單育辰：《〈清華大學藏戰國竹簡(伍)〉釋文訂補》，《戰國文字研究的回顧與展望》，中西書局，2017 年 8 月，第 205 頁。

"到"可以讀爲"節",上博一《性情論》簡 5"窒性者故也",裘錫圭先生讀"窒"爲"節","節性"一詞見於《尚書·召誥》,"室"書紐質部,"節"精紐質部,上古音很接近,馬王堆帛書《十大經·觀》"時挃三樂",《國語·越語下》作"時節三樂"。①《易·損》"君子以懲忿窒欲",與"窒欲"相應的,典籍多見"節欲",這都説明"至"聲的字與"節"有很密切的關係。②《列女傳·節義》"則是失儀節也",亦"儀""節"連言。不過,"到"也可以讀爲"質","至"章紐質部、"質"端紐質部,二字古音相近,典籍中也有很多通假的例子,③"質"是質樸的意思,④《禮記·表記》:"虞、夏之質,殷、周之文,至矣。虞、夏之文不勝其質,殷、周之質不勝其文。""毋【19】悥(煩)于義(儀),毋失于到(質)"是説不要於儀節上過於繁瑣,也不要失之於質樸,也是很通順的。

七、《四告》簡 23:天子賜我林寶、金【22】玉庶器,黽(黿)贛(貢)饗飫。

整理者把"黽"釋爲"黿",這是正確的,又説:"黿,進獻,貢納。《合集》九一八七'我蛛(黿)五十'、《戰後京津新獲甲骨集》二六四'我黽(黿)……'均爲記事刻辭,'黿'意爲進獻、貢納。西周金文琱生尊'余黽(黿)大章

---

① 裘錫圭:《由郭店簡〈性自命出〉的"室性者故也"説到〈孟子〉的"天下之言性也"章》,《第四届國際中國古文字學研討會論文集——新世紀的古文字學與經典詮釋》,香港中文大學中國語言及文學系,2003 年 10 月,第 43—56 頁。

② 施瑞峰先生認爲"至"聲系的字屬上古 * T-系聲母,與"節"所屬的上古精組聲母有一定的距離,所以"至"聲系能否與"節"相通值得懷疑。見施瑞峰:《作爲同時證據的諧聲、假借對上古漢語音系構擬的重要性——一項準備性的研究》,《出土文獻》第十三輯,中西書局,2018 年 10 月,第 425—426 頁。我們認爲,只要是行爲主體人的存在,其所引出的各種行爲就會出現豐富的變化,必然會出現例外,一成不變的規則是不存在的。就像楚文字字形一樣,各個書手所寫的字形變化多端,常出現出人意表的變體,這些都很難用特定的規則來概括。古音也是一樣,人的行爲的偶然性與不可測性也自然帶來很多意外的語音變化,不可能出現刻板而毫無變化的規律。很多情況下,對古音的研究,要以出現的現象爲依據,而不能以某種規則來判斷某些現象存不存在。

③ 高亨、董治安:《古字通假會典》,齊魯書社,1989 年 7 月,第 562—564 頁。

④ "好好學習"認爲"到"讀爲"質",與"義"對文,但未説"質"是什麽意思,參"悦園":《清華十〈四告〉初讀》,"好好學習"2020 年 12 月 12 日第 146 樓的發言。"子居"則説"毋失於質"對應前文的"心善揖讓",並引《説苑·反質》"是以聖人見人之文,必考其質",似乎是把"質"理解爲本質的意思。參見"子居":《清華簡十〈四告·禽父之告〉解析》,"中國先秦史"網,2020 年 12 月 31 日。

（璋）'，'竈'亦表示進獻、貢納。簡文的'竈''貢'，應理解爲賞賜，這就是所謂的施受同詞。"

我們以前曾説過，甲骨金文裏的"竈"可讀爲"輸"，"竈"端紐侯部，"輸"書紐侯部，二字皆舌音侯部，古音至近。典籍中也有二聲系字相通的例子，如《莊子·達生》"紫衣而朱冠"，《釋文》："朱冠，司馬本作俞冠。""輸"有奉獻、交納的意思，如《左傳·襄公九年》："魏絳請施舍，輸積聚以貸。"《漢書·卜式傳》："式上書，願輸家財半助邊。"[①]《鹽鐵論·本議》"郡國諸侯各以其物貢輸""所以齊勞逸而便貢輸"，正是"貢""輸"連言。承蒙馬楠先生告知，"輸貢饗餼"的意思應該是"天子賜給魯國向天子輸貢饗餼的待遇"，其言甚確，即"輸貢饗餼"相當於使動用法，是"使魯國向天子輸貢饗餼"的意思，而不理解爲"賞錫"、"所謂的施受同詞"。

八、《四告》簡23＋24：曾子小子拜手稽首，其休反賓，衆【23】康吉歸。

整理者斷讀爲"曾子小子拜手稽首其休，反賓衆【23】康吉歸（饋）"。按，"拜手稽首"後面多不加賓語，此簡的"其休"更可能與"反賓"連讀。這句的"其"也和後面的"其尚恭爾儀"的"其"對應，都是祈使語氣。"歸"也不必讀爲"饋"，"歸"是歸來、歸屬的意思。

周穆王滿之告

九、《四告》簡26：曾孫䯄拜手稽首，敢敝告：

整理者説："曾孫滿，即周穆王，姬姓，名滿，又稱穆天子，周昭王之子，西周第五位君主。"

按，"䯄"作"[字形]"形，可參清華三《芮良夫毖》簡4"䯄盈"、簡9"䯄溢"，整理者引《汗簡》3.33"滿"古文作"[字形]"（又，《古文四聲韻》3.16作"[字形]"

[①] 單育辰：《珥生三器的再研究》，長春："'出土文獻與學術新知'學術研討會暨出土文獻青年學者論壇"會議論文，2015年8月；又，單育辰：《甲骨文所見動物研究》，上海古籍出版社，2020年9月，第361—362頁。

"🀄""🀄"等形),釋爲"滿"。① 清華三《說命中》簡5"若圖水,汝作舟",孫合肥先生承《芮良夫毖》整理者之説亦釋爲"滿"。② 但後來學界又有不同説法,現在看釋爲"滿"是正確的。

整理者又説:"截,'告'的修飾詞。'截'的本義爲截斷、割斷,可引申爲直接、坦誠一類意思。"

與"曾孫滿拜手稽首,敢截告"相類的,還有簡40"乃沖孫虎哀告截詢",這兩個"截"似乎都應該讀爲"詰","截"從紐月部,"詰"溪紐質部,聲紐齒音牙音相近,韻部旁轉,古音很近。這兩章告辭都有詰問的意義在内。簡40"詢"整理者讀爲"叩",此字或即"訽"之異體,《説文》卷三"詢,訽或從句"。"訽"有責的意思,《左傳·昭公十三年》:"初,靈王卜曰:'余尚得天下?'不吉。投龜,訽天而呼曰:'是區區者而不余畀,余必自取之。'"《墨子·明鬼下》:"昔者夏王桀貴爲天子,富有天下,上訽天侮鬼。"這都是"訽"與天神連言的例子。但《四告》裏的"詰"與"訽"都應該是中性詞,並没有貶義的色彩。

十、《四告》簡28＋29:封豕不在服,遠往遊羽,不則【28】弋之。羽不石(度)兹事,淫于非彝、愆德。

整理者讀爲:"封豕不在服,遠往遊習(習),不則【28】捷之習(習),不石(度)兹事,淫于非彝、愆德。"按,所謂的"習"作"🀄""🀄",從字形看,釋爲"羽"更好,與楚簡中常見的"羽"形相比,但於兩豎筆下贅加了一小横作飾筆而已。上博一《性情論》簡38"慧"作"🀄"形,其所從的"習"有"又"旁,與此相去甚遠。"不則"是連詞。③ 後一"羽"字前的"翦之"文義已足,"羽"可能連下讀。"弋"整理者徑釋爲"捷",④ 並説:"捷,《左傳》成

---

① 李學勤主編:《清華大學藏戰國竹簡(叁)》,中西書局,2012年12月,第127、149頁。
② 孫合肥:《讀〈清華大學藏戰國竹簡(叁)〉札記》,"簡帛"網,2013年1月9日。
③ 馬楠:《清華簡〈四告〉穆王部分試讀》,南京:"第二届漢語史研究的材料、方法與學術史觀國際學術研討會"會議論文,2020年11月22日。
④ 整理者釋"弋"爲"捷"的意見見於李學勤主編:《清華大學藏戰國竹簡(壹)》,中西書局,2010年12月,第130、134頁;李學勤主編:《清華大學藏戰國竹簡(叁)》,中西書局,2012年12月,第126頁。

公五年'待我,不如捷之速也',杜注:'捷,邪出.'抄行便道。""戜"字以釋"翦"爲好,①清華一《尹誥》簡2"我戜滅夏","戜"與"戜"爲一字異形,亦應讀爲"翦"。"翦滅"一詞可參《左傳・成公二年》"余姑翦滅此而朝食",而"捷滅"未嘗一見。② 本句"翦之"的"之"指代封豕,"翦之"即翦殺封豕。

十一、《四告》簡 29+30+31:寵懿朕心,毋慆于【29】非常事。曷唯有不勑,鬼神是求,求以岐厥心,不秉懿德,兹好埜?余弗敢知。曷唯有庶人是不【30】用厥典圖,虞悲厥心,以歸于埜?余亦弗敢知。

整理者斷讀爲:"寵懿朕心,毋慆于【29】非常,事曷唯有不勑,鬼神是求,求以岐(徹)厥心?不秉懿德,兹好埜(野),余弗敢知。曷唯有庶人是不【30】用厥典圖?虞悲厥心,以歸于埜(野),余亦弗敢知。"

此數句從石從斌先生斷讀。③ 可略爲補充的是,簡32"毋興慆朕心于常任"正與"毋慆于非常事"對應,所以,本簡的"事"應連上讀。

十二、《四告》簡36:唯德用,畀余屬安,害糞大謨,丕悔威儀。

整理者把該句斷讀爲:"唯德用畀(?)余,屬(利)安害(曷)糞,大謨丕悔(謀)威儀。"

其中的"丕悔威儀"明顯相當於簡19的"丕悔威儀",所以整理者斷句有誤,應如上調整。整理者釋爲"畀"又打了問號的字作"畀",其下作"火"形,與戰國文字常見的"畀"不同,但從重新斷讀的簡文文義看,釋爲"畀"是很合適的。

整理者原釋爲"屬"字是錯誤的,該字作"屬"形,不從"萬",我們隸

---

① 陳劍:《甲骨金文"戜"字補釋》,《古文字研究》第二十五輯,中華書局,2004年10月,第40—44頁;又,陳劍:《甲骨金文"戜"字補釋》,《甲骨金文考釋論集》,綫裝書局,2007年4月,第99—106頁。
② 參看復旦大學出土文獻與古文字研究中心研究生讀書會:《清華簡〈尹至〉〈尹誥〉研讀札記》,"復旦大學出土文獻與古文字研究中心"網,2011年1月5日。
③ "悦園":《清華十〈四告〉初讀》,"但夢逍遙"2020年11月22日第40樓的發言;又,清華大學出土文獻讀書會:《清華簡(拾)整理報告補正(之一)》引石從斌説,"清華大學出土文獻研究與保護中心"網,2020年11月27日。

定爲"厲"。該字很明顯來源於金文中的"㊗"(《集成》246)、"㊗"(《集成》256)、"㊗"(《集成》190)、"㊗"(《集成》64)諸字,此字在金文中亦皆與"光"連讀。周忠兵先生曾考釋過此類形體,他舉出《銘圖》1706(=《近二》261)"㊗",下又加"龍"聲,以及《遲父鐘》(《歷代鐘鼎彝器款識法帖》卷七)或作"㊗"(即"厲"之省),或作"㊗"(可釋爲"龍"),認爲金文的"厲"可以讀爲"寵",其說若確,則《四告》的"厲"大概也可以讀爲"寵"。① 另外,"㊗"字所從不明,我們隸定爲"厲"是姑且爲之。據《説文》卷十四,"萬"即"禼"之古文,蘇建洲先生認爲上揭金文諸形所從即爲"禼",並讀爲"烈"。② 然從《銘圖》1706及"禼"字字形演變來看,此說是有可疑之處的。

十三、《四告》第三章是周穆王的告神之辭,其中多次出現了"埜(野)"字,如"心好埜"(簡27)、"毋愒于非彝、埜德"(簡28)、"兹好埜"(簡30)、"以歸于埜"(簡31)、"今多不得德之閒,不知言之初終,唯埜"(簡31)、"埜心戀則不獲兹彝"(簡37),"埜"字是讀懂第三部分周穆王祈禱內容的關鍵。整理者認爲:"野,《説文》:'郊外也。'段玉裁注:'冂部曰:"邑外謂之郊,郊外謂之野,野外謂之林,林外謂之冂。"''野'由此引申表示粗鄙的、非常的。下文'野德'即是非常之德。"其說過於寬泛。對於"周穆王滿之告"所告的具體內容,如趙平安先生説:"這段告辭應當發生在周穆王爲太子時。……反復強調摒棄非彝、野德的重要性。告辭映射的應是周昭王南征楚荆、荒於内政的情形。"③本篇《説明》中説:"第三篇是周穆王滿爲太子時的告辭。滿有感於當時的情勢,強調了摒棄非彝、野德的重要性。"馬楠先生説"周穆王部分,大致内容是穆王心好野,因而祝

---

① 周忠兵:《說金文中的"寵光"》,《文史》2011年第4輯,第37—43頁。
② 蘇建洲:《試論"禼"字源流及其相關問題》,《古文字與古代史》第五輯,"中研院"歷史語言研究所,2017年4月,第545—573頁。
③ 趙平安:《清華簡〈四告〉的文本形態及其意義》,《文物》2020年第9期,第73頁。

禱'以止王心'",①則已經點出此章和《左傳·昭公十二年》"祭公謀父作《祈招》之詩以止王心"的關聯。

由篇中"以歸于埜"看,篇中所有的"埜"都是具體實有之物,而不僅僅表示心靈狀態。我們感覺這必須和《左傳·昭公十二年》"昔穆王欲肆其心,周行天下,將皆必有車轍馬迹焉。祭公謀父作《祈招》之詩以止王心,王是以獲没於祇宫",以及《楚辭·天問》"穆王巧梅,夫何爲周流？環理天下,夫何索求"等聯繫起來。《四告》第三部分所謂的"埜(野)"應即"野外""野遊"之義。《穆天子傳》卷三:"天子答之,曰:'予歸東土,和治諸夏。萬民平均,吾顧見汝。比及三年,將復而野。'"以及"比徂西土,爰居其野",也用了"野"字,雖然字義不太一樣,但亦可以和《四告》的"埜(野)"類比。《四告》第三部分應該是周穆王因野遊之心太盛而告神止息其野遊之心(猶《左傳》之"止王心")之辭,這樣理解之後,也能很好地把簡28的"封豕不在服,遠往遊羽"以及簡35的"用匄安静"、簡37"尚安寧在服嗣"貫通起來。如果和《左傳·昭公十二年》聯繫,《四告》第三部分周穆王祈禱的時間段很可能就在祭公謀父作《祈招》之後。當然整理者也可能是將"埜(野)"作如此理解,但在該書及整理者刊發的各種論文裏,皆未有詳細説明,特此補充如上。

不過第三章還有一個問題,就是簡32+33+37a有一段話説:"余安才(在)辟司以崇懿德,用乂庶艱,以恪夙夜股肱王身,以厥辟【32】心,以型先任之辟事先王。卹(矧)不胥王身以光保之德,若農夫之秉畝不終,其好孽,不則失【33】厥緒。"②這段話乍看起來不是周王的語氣,而是大臣的語氣。所以馬楠先生認爲前句"可能是穆王在禱辭中代擬臣下之言"(馬先生並指出整理者在本篇《説明》中認爲"是周穆王滿爲太子時的告辭",應當是由於這句的緣故)。王寧先生則説由此看第三章的"滿"不是周穆王滿而是陳胡公滿。③ 第三章通篇都是以王的口氣來告,獨此處忽然换成

---

① 馬楠:《清華簡〈四告〉穆王部分試讀》。
② 37a與33編聯從馬楠先生説,參馬楠:《清華簡〈四告〉穆王部分試讀》。
③ "悦園":《清華十〈四告〉初讀》,王寧2020年12月6日第120樓,2020年12月8日第128樓的發言。王寧:《清華簡拾〈四告〉之三讀札二則》,"復旦大學出土文獻與古文字研究中心"網,2021年1月18日。

大臣語氣,確實於理不合。但學者們可能對"余安才辟司"有所誤讀,才造成了這樣的誤解。我們認爲"余安才(在)辟司",其中"安"可讀爲"焉",是於是的意思。"在"是察的意思,《爾雅·釋詁下》:"在、存、省、士,察也。"《書·舜典》"在璿璣玉衡"、《逸周書·大聚》"王親在之"、《禮記·文王世子》"必在視寒煖之節",孔傳、孔晁注、鄭注皆言:"在,察也。"①包山簡12+13:"子左尹命漾陵宛大夫察造室人梅瘇之典之在漾陵之三璽。漾陵大宛痎、大駟尹師、鄩公丁、士師墨、士【12】師易慶吉啓漾陵之三璽而才(在)之,梅瘇在漾陵之三璽聞御之典匱。"這裏的"才(在)"也是察的意思,②與同簡上文的"察"意思相對。"辟司"則是諸國君、③諸官司之義,那麼我們就可以知道,這段話仍然是王説的,是説我(即周穆王滿)於是察考大臣們所做之諸務。

召伯虎之告

十四、簡42:☐虢,是唯厥攸。

整理者對"虢"字但作隸定,按此字作"▨"形,似是"虢"之變體,參"虢"字形如《集成》4315.1"▨"、郭店《五行》簡25"▨"、包山130"▨"等,"虍"中間的"日"形演變爲一橫。至於其左下的"谷"形,"紫竹道人"則補充説:"簡42首字釋'虢'可從,左下爲'谷',既有可能是'叡(壑)'省聲,乃加注的音符;也有可能全字當分析爲從'谷'、'虢'聲,實乃'叡(壑)'之形聲異體。"④可備參考。

十五、《四告》簡44:小子畏恤大敬,不得厥启。

整理者説:"启,來源於甲骨文'▨','户'應是'▨'中肩胛骨的訛變。

---

① 參郭在貽:《古代漢語詞義札記(一)》,《訓詁叢稿》,上海古籍出版社,1985年5月,第188—189頁。
② 陳偉:《包山楚簡初探》,武漢大學出版社,1996年8月,第125頁。
③ "子居"認爲"辟"當訓君,指有采地者,此從其説。參見"子居":《清華簡十〈四告·滿告〉解析》,"中國先秦史"網,2021年1月14日。
④ "悦園":《清華十〈四告〉初讀》,"紫竹道人"2020年11月28日第84樓的發言。

字用爲'繇'。《左傳》閔公二年'成風聞成季之繇,乃事之而屬僖公焉',杜注:'繇,卦兆之占辭。'"

按,"㞢"還是讀爲"占"好,占驗之義。

十六、《四告》簡45:煢煢余未有知,無有遺耉成人箴告余先公悳。余唯虎毅毅。

整理者斷讀爲:"煢煢余未有知,無有遺耉成人箴告余,先公德余,唯虎毅毅。"按,應如上斷讀,"先公悳"是"余"的賓語。《逸周書·皇門》"下邑小國克有耉老據屏位,建沈人,非不用明刑,維其開告于予嘉德之説",清華一《皇門》簡1+2則作:"朕寡邑小邦,蔑有耆耉御士屏朕位。肆朕沈(沖)人非敢不用明刑,惟莫開【1】余嘉德之説。"句義與此極類。

十七、《四告》簡47+48+49:公爲不【47】虞,霣不吉妖祥,尚卑(俾)望鴟憯亟此獲,俾獲俾執,俾死俾𥎊,曾孫其擒之馘之,寵之【48】克之。

前句整理者斷讀爲"公爲不虞霣不吉,妖祥尚卑,望鴟漸亟此獲",今改逗如上。"憯"整理者釋爲"漸",應以讀爲"憯"好,《墨子·明鬼下》:"凡殺不辜者,其得不祥,鬼神之誅,若此之憯遫也。"孫詒讓《墨子閒詁》:"憯、速義同。""憯"與"亟"近義連用。①

"俾死俾𥎊"的"死",整理者讀爲"尸",但未言何義。按,"死"不破讀是可以的,死亡、殺死之義,"俾死俾𥎊"即或使我們殺死望鴟、或使我們𥎊望鴟("𥎊"整理者徑讀爲"執",然文前又有"執"字,二字字義似有分别)的意思,與前後的"俾獲俾執""擒之馘之"對應。其下的"寵"可從"子居"讀爲"籠",②用籠捕捉之義。

十八、簡49:式俾曾孫永嗣先公,熙熙萬年,罯豆我家,畢逖不祥,遠于不辟。

整理者説:"罯,讀爲'鬲',金文有'膺鬲(歷)公家',見叔夷鐘、叔夷

---

① 參單育辰:《楚地戰國簡帛與傳世文獻對讀之研究》,中華書局,2014年5月,第121—124頁。
② "子居":《清華簡十〈四告·召虎之告〉解析》,"中國先秦史"網,2021年1月27日。

鎛。亯，從亡聲，讀爲'光'，金文有'用寵光我家'，見通录鐘。"

《四告》簡 49"䚻亯我家"，"藤本思源"認爲"亯"是"戲"之簡省，其字可對比郭店《性自命出》簡 33"䖘"（讀爲"戲"），但省"戈"形而已。①其言甚是。如《楚帛書》甲篇"雹（宓）虗（戲）"即"伏羲"，"虗"亦省"戈"形。清華一《楚居》"䚻甹四方"，我以前認爲簡中的"䚻"與罵詈義的"䚻"只是同形字，說："䚻甹，疑讀爲盤遊。《尚書·五子之歌》'乃盤遊無度，畋于有洛之表，十旬弗反'。言，疑紐元部；盤，並紐元部。甹、遊並喻紐幽部。故'䚻甹'可讀爲'盤遊'。"②又，《晏子春秋·内篇諫下》："昔文王不敢盤遊于田，故國昌而民安。"現在看"䚻亯"讀爲"盤戲"也是很洽合的，《水經注·溫水》："晋寧郡滇池縣兩神馬，一白一黑，盤戲河水之上。""盤"亦作"般"，《尚書·無逸》"文王不敢盤于遊田"，孔傳："文王不敢樂於遊逸田獵。"《漢書·谷永傳》作"般樂游田"。又，"遠于不辝""辝"整理者讀爲"辭"，不明何義，應可讀爲"怡"，悦也。

[編按]《四告》簡 28+29"封豕不在服"一句，王寧把所謂的"羽"字釋爲"羿"，認爲即"后羿"；把後面的"厎"釋讀爲"浧"，認爲即"寒浧"，是正確的。見"悦園"：《清華十〈四告〉初讀》，"簡帛"網論壇，2020 年 9 月 30 日，王寧 2021 年 1 月 14 日第 174 樓、2021 年 1 月 15 日第 175 樓的發言；王寧：《清華簡拾〈四告〉之三讀札二則》，"復旦大學出土文獻與古文字研究中心"網，2021 年 1 月 18 日；又，王寧：《再說清華簡〈四告〉中的"羿"字》，"簡帛"網論壇，2023 年 7 月 15 日第 1 樓的發言。但"羿"字構形由來尚待研究。

小文以前認爲簡文中的"䚻"與罵詈義的"䚻"只是同形字，簡中的"䚻"從"言"得聲而讀爲"盤"。罵詈義的"䚻"的古韻，唐作藩（《上古音手册（增訂本）》，中華書局，2013 年 7 月，第 92 頁）、郭錫良（《漢字古音手册（增訂本）》，商務印書館，2010 年 8 月，第 133 頁）皆歸入支部，但由《詩

---

① "悦園"：《清華十〈四告〉初讀》，"藤本思源"2020 年 10 月 4 日第 13 樓的發言。
② 復旦大學出土文獻與古文字研究中心研究生讀書會：《清華簡〈楚居〉研讀札記》，"復旦大學出土文獻與古文字研究中心"網，2011 年 1 月 5 日，單育辰 2011 年 1 月 6 日第 7 樓的發言。

經·大雅·桑柔》"涼曰不可,覆背善詈。雖曰匪予,既作爾歌"的押韻來看,"詈"應歸入歌部,參張富海:《歌部歸字補論——兼論歌部的再分》(杭州:"古文字與上古音整合研究:慶賀白一平先生七秩晉五華誕"國際學術研討會會議論文,2024年3月)。則簡文的"詈"與罵詈義的"詈"就是一字,"詈"來紐歌部,"盤"並紐元部,於韻部屬對轉關係,在聲紐上的關係也是比較近的,故"詈""盤"二字可通。

【發表情況】本文最初觀點發表於"悦園":《清華十〈四告〉初讀》,"簡帛"網論壇,2020年9月30日,"ee"2020年11月21日第26樓(對應本文第一、二、三、四、六、七、九、十五、十七、十八則)、2020年11月21日第27樓(對應本文第十二則)、2020年11月21日第31樓(對應本文第九則)、2020年11月21日第33樓(對應本文第五、十三、十四、十六則)、2020年11月24日第60樓(對應本文第八、十、十一、十七、十八則)、2021年2月16日第177樓(對應本文第二、六、十三則)的發言。後加以訂補,以《清華拾〈四告〉釋文商榷》爲名,刊於《簡帛》第二十四輯,上海古籍出版社,2022年5月,第33—43頁。

秦簡"柀"字釋義

衆所周知,《睡虎地秦墓竹簡》①的釋文及注釋,基本可以説得上盡善盡美了,不過限於當時的水平及條件,也偶有失誤的地方,下面我們準備選擇其中幾個字再做進一步的討論。在《睡虎地秦墓竹簡》中有一個"柀"字出現的頻率很高,該書整理者對於它的注解卻很不一致,我們把《睡虎地秦墓竹簡》涉及到"柀"字的簡文及相關注釋列舉如下:

(1)《秦律十八種》簡二五十二六:萬石之積及未盈萬石而被(柀)出者,毋敢增積。

原注:柀,分、散,詳見段玉裁《説文解字注》。

(2)《秦律十八種》簡四八:妾未使而衣食公,百姓有欲假者,假之,令就衣食焉,吏輒柀事之。

原注:本條的意思大約是説,百姓可以向官府借用幼年女奴,女奴長大後,官府只在一定情況下加以役使。一説,柀通爲罷,柀事即停止役使。

(3)《秦律十八種》簡一三七十一三八:凡不能自衣者,公衣之,令居其衣如律然。其日未備而柀入錢者,許之。

原注:柀入錢,一部分繳錢。

(4)《秦律十八種》簡一六二、《效律》簡一九:實官佐、史柀免、徙,官嗇夫必與去者效代者。

---

① 睡虎地秦墓竹簡整理小組:《睡虎地秦墓竹簡》,文物出版社,2001年12月。

整理者無注,但譯文作"分别免職或調任",可見整理者把"柀"理解爲"分别"。

(5)《法律答問》簡二五十二六:祠固用心腎及它肢物,皆各爲一具,一具之贓不盈一錢,盜之當耐。或值廿錢,而柀盜之,不盡一具,及盜不置者,以律論。

原注:柀盜,盜取其一部分。

(6)《封診式》簡五六—五八:某頭左角刃痏一所,背二所,皆縱頭背,袤各四寸,相耎,廣各一寸,皆臽中,類斧,腦角頯皆血出,柀污頭背及地,皆不可爲廣袤;它完。

整理者在"柀"下加括號作"被",譯文没有明確翻譯出"被"的意義,我們推測其意似認爲"柀"是引導被動語態的介詞。

(7)《封診式》簡七七十七八:其穴壤在小堂上,直穴播壤,柀入内中。内中及穴中外壤上有膝、手迹,膝、手各六所。

整理者在"柀"下加括號作"破",推測其意應認爲是"打破"的意思(譯文作"是由這裏鑽進房中的","鑽進"之義應由"破"義引申而來)。

(8)《日書》甲簡一四正壹等:正月,建寅,除卯,盈辰,平巳,定午,摯(執)未,柀申,危酉,成戌,收亥,開子,閉丑。

整理者在"柀"下加括號作"破",對照後世的建除術,可以確定這個字通"破"。銀雀山漢墓竹簡《孫臏兵法·擒龐涓》:"環塗擊柀(破)其後,二大夫可殺也。"①馬王堆漢墓帛書《養生方》:"女子與男子戲,□即柀(破)缺。"②也是"柀""破"相通的證據。

(9)《日書》甲簡三九正:正月以朔,多雨,歲善而柀不産,有兵。

原注:讀爲疲,《莊子·齊物論》簡文注:"疲困之狀。"

---

① 銀雀山漢墓竹簡整理小組:《銀雀山漢墓竹簡[壹]》,文物出版社,1985年9月,第45頁。

② 馬王堆漢墓帛書整理小組:《馬王堆漢墓帛書[肆]》,文物出版社,1985年3月,第104頁。

(10)《日書》乙簡五七十五八：正月以朔多雨，歲善而柀不全，有兵。

整理者無注，推想其意應和《日書》甲簡三九正的注解一樣，通作"疲"。

我們先談一下(2)、(3)、(5)，睡虎地秦墓竹簡的整理者認爲(2)、(3)、(5)的"柀"當"一部分"或"一定情況下"講，應該是從(1)注釋裏的"柀，分、散"之義引申而來。查《説文》："柀，黏也，從木，皮聲，一曰析也。""柀"在典籍中未見使用。段玉裁《説文解字注》六篇上《木部》："析，各本譌折，今正。葉石君寫本及《類篇》正作析。按柀、析字見經傳極多，而版本皆譌爲手旁之披，披行而柀廢矣。《左傳》曰：'披其地以塞夷庚。'《韓非子》曰：'數披其木，毋使木枝扶疎。'《戰國策》范雎引《詩》曰：'木實繁者披其枝，披其枝者傷其心。'《史記·魏其武安傳》曰：'此所謂枝大於本，脛大於股，不折必披。'《方言》曰：'披，散也。東齊聲散曰廝，器破曰披。'此等非柀之字誤，即柀之假借。《手部》披訓從旁持，《木部》柀乃訓分析也。陸德明、包愷、司馬貞、張守節、吳師道皆音上聲普彼反，是可證字本從木也矣。"我們姑且不論段玉裁所言"柀"是"披"的本字是否正確，即使段説無誤，在典籍中"析"或"披"都用爲動詞，沒有"一部分"、更沒有"一定情況下"的意思。《漢語大字典》依據睡虎地秦簡整理者的意見，把"一部分"義收入"柀"字義項下，顯然有失審慎。① 整理者對(2)引又説認爲"柀通爲罷，柀事即停止役使"。依整理者的解釋，"罷事之"結構爲 $V_1 + V_2 P$，這在語法上給我們的感覺是比較彆扭的，倒不如説成"罷其事"或"罷之"更爲順當。我們認爲(2)、(3)、(5)的"柀"應該讀爲"頗"，理由如下：

"柀"從"皮"得聲，"皮"古音屬並紐歌部，"頗"古音屬滂紐歌部，並滂皆屬唇音，二紐關係極爲密切，從"皮"的字既有屬滂紐的"破""披"，也有屬並紐的"疲""被"。另外，從"皮"的字在典籍中常可通假，比如"頗與跛""頗與陂""披與被""彼與被""陂與波"等，具體例證可參看《古字通假會典》，②這裏就不再一一列舉了。在古文字資料中，廉頗的"頗"在趙國劍

---

① 漢語大字典編輯委員會：《漢語大字典(縮印本)》，湖北辭書出版社、四川辭書出版社，1993年11月，第501頁。

② 高亨、董治安：《古字通假會典》，齊魯書社，1989年7月，第689—691頁。

銘上刻爲"波";①(7)的"柀",後世建除作"破";《張家山漢墓竹簡[二四七號墓]》②《二年律令》簡六五"群盜及亡從群盜,毆折人肢,胅體及令佊(跛)蹇"的"跛"寫作"佊",也是從"皮"的字互通的例子。

在《睡虎地秦墓竹簡》中,我們沒有發現"頗"字,然而抄寫年代在漢初,與睡虎地秦簡抄寫時間非常接近的張家山漢墓(二四七號墓)竹簡中,"頗"字卻屢見,其語法地位與秦簡"柀"字相當。下面我們把張家山漢簡出現"頗"字的簡文列舉出來:

《二年律令》簡七一:相與謀劫人、劫人,而能頗捕其與,若告吏,吏捕頗得之,除告者罪,又購錢人五萬。

《二年律令》簡七三:劫人者去,未盈一日,能自頗捕,若偏告吏,皆除。

《二年律令》簡二〇一:盜鑄錢及佐者,棄市。同居不告,贖耐。正典、田典、伍人不告,罰金四兩。或頗告,皆相除。

《二年律令》簡二〇六+二〇七:盜鑄錢及佐者,知人盜鑄錢,爲買銅、炭,及爲行其新錢,若爲通之,而能頗相捕,若先自告、告其與,吏捕頗得之,除捕者罪。

《二年律令》簡二〇八:諸謀盜鑄錢,頗有其器具未鑄者,皆黥以爲城旦舂。

從上面我們得知,(2)、(3)、(5)的"柀"與張家山漢簡簡七一、簡七三、簡二〇一、簡二〇七、簡二〇八的"頗"在語法地位上都是相同的,都用在動詞之前作程度副詞,表示一定程度或數量。典籍中與出土文獻中"頗"用法較爲靈活,既可以表示"略、稍、少"的意思,也可以表示爲"多、甚"的意思。③《睡虎地秦墓竹簡》(2)"吏輒柀事之"應理解爲"官吏則或多或少地役使他"。(3)、(5)的"柀"也應同樣理解。(1)"柀出"之"柀",整理者認

---

① 參看黃盛璋:《試論三晉兵器的國別和年代及其相關問題》,《歷史地理與考古論叢》,齊魯書社,1982年6月,第109—112頁。

② 張家山二四七號漢墓竹簡整理小組:《張家山漢墓竹簡[二四七號墓]》,文物出版社,2001年11月。

③ 參看裴學海:《古書虛字集釋》,中華書局,1982年6月,第852—853頁。

爲通秦簡常見之"柀"是正確的，不過"柀"字恐怕也不應按《方言》來解釋，而應理解爲"頗"，即"或多或少的支出"。

我們再看一下(4)，(4)《睡虎地秦墓竹簡》整理者把"柀"理解爲副詞"分別"，如上所述，典籍"析"或"披"都做動詞，没有做副詞用的。① 在《張家山漢墓竹簡[二四七號墓]》簡三四九裏保留着幾乎完全相同的律令條文："實官史免、徙，必效囗。"②不過秦簡中的"柀"字被取消了。《張家山漢墓竹簡[二四七號墓]》簡三四九注二引用《睡虎地秦墓竹簡》的簡文(4)時把"柀"印成"被"，如果不是印刷錯誤的話，推測張家山漢簡整理者的意思，應該把它理解爲引導被動語態的介詞。不過用"被"表被動，在戰國末期應用得並不普遍，比如在目前公布的所有秦簡中，尚未發現使用"被"引導的被動句式。從秦簡"柀"字整體使用情況看，這裏的"柀"應該理解爲"頗"更恰當。那麽，(4)的意思就是：官吏或多或少免職或調離。我們猜想，在制訂漢律時，制訂者可能認爲"頗"字有没有並不重要，就把它删去了。

(6) 秦簡整理者把"柀"讀成"被"，也不正確。從句法上看，"柀污頭背及地，皆不可爲廣袤"的主語是"首角頓皆血出"的"血"。從古漢語到現代漢語，血做主語的句子都不用被動語態表達。所以"柀"還是理解爲程度副詞"頗"更爲恰當。

(7) "其穴壤在小堂上，直穴播壤，柀入内中"之"柀"讀爲"破"或讀爲"頗"似乎都可以講通，我們姑且不予討論。

(9)、(10) "歲善而柀不産/全"，整理者讀"柀"爲"疲"。此簡上文説"多雨、歲善"，可見"而"下的主語應該指的是農作物，③農作物是無法用"疲"字來形容的。如果把"而"下的主語理解爲"人"，整句的意思須翻譯成"人疲困而農作物不豐産"，則應補充兩個主語，這在古漢語語言習慣上

---

① "析"典籍中確有"分別"義，不過其"分別"義的"析"都用作動詞，不可與現代漢語中用作副詞的"分別"相混。

② 陳劍先生看過本文後指出：《張家山漢墓竹簡[二四七號墓]》簡三四七"縣道官令長及官比長而有丞者囗免、徙，二千石官遣都吏效代者"中的缺文也可能與"柀"字有關。

③ 又可參看簡三三正、三五正、三七正、四一正、四三正、四五正、四六正説"歲"的相關簡文。

看是非常奇特的。所以"而"下的"柀"也應理解爲"頗","而"上的主語即是農作物。

《睡虎地秦墓竹簡》中還出現過"彼"字,我們把相關簡文及注釋列舉於下:

(11)《秦律十八種》一七四十一七五、《效律》三三十三五:禾、芻稾積㕑,有贏、不備而匿弗謁,及諸移贏以償不備;①群它物當負償而僞出之以彼償,皆與盜同法。

注釋在"彼"下用括號加了個"貱"字,並注:貱(音貢),《説文》:"移予也。"貱賞,補墊。

(12)《日書》甲二五背一十二六背一:鬼之所惡,彼屈卧箕坐,連行跨立。

注:彼,是,見《經傳釋詞》。

我們認爲整理者對"彼"字的注釋也是有問題的。把(10)的"彼"讀爲"貱"、把(11)的"彼"理解成係詞"是",都用了一個比較偏僻的含義。何況,"貱"在典籍中並未見使用;把"彼"理解成係詞"是"也沒有堅强的證據。② 我們認爲(11)、(12)用"彼"最常見的用法——指示代詞這個含義來理解簡文更爲合適。

(11)的"群它物當負償而僞出之以彼償"中的"群它物"指的是除"禾、芻稾積㕑"以外的其他物品,這裏的"之"無實際意義,只在句子中起補足語氣的作用,"彼"指代的是"僞出之",整句話的意思是"其它各種物品中,

---

① "及諸移贏以償不備"下的分號,原釋文用逗號。
② 筆者查王引之《經傳釋詞》,並沒有找到談"彼"爲"是"的地方,倒是裴學海《古書虚字集釋》(第 844—845 頁)説"彼猶是也",並引《禮記·樂記》"君子之聽音,非聽其鏗鏘而已也,彼亦有所合之也",認爲"彼"訓"是",與"非"爲對文;又引《公羊傳·襄二十七年》"昧雉彼視",但這兩個例子都可用"彼"的常用義——指示代詞的用法來解釋:前者的"彼"應理解爲指代"君子";後者《侯馬盟書》作"麻夷非是",學者一般認爲《公羊傳》的"彼視"和《侯馬盟書》的"非是"通"彼氏",是"其族氏"的意思(朱德熙、裘錫圭《戰國文字研究(六種)》之《侯馬載書"麻夷非是"解》,《朱德熙古文字論集》,中華書局,1995 年 2 月,第 31—32 頁;唐鈺明:《重論"麻夷非是"》,《著名中年語言學家自選集·唐鈺明卷》,安徽教育出版社,2002年 4 月,第 101—110 頁)。雖然作爲遠指的指示代詞"彼"和近指的指示代詞"是"二者關係很近,但這種關係卻不能移用於係詞"是"上。

應該賠償的卻作假注銷,而用作假注銷來償補(空缺)"。①

(12)的"彼"出自《詰》篇,是講人被鬼魅所糾纏而應施行的解決辦法。這裏的"彼"指代的是被鬼魅所纏的人。②

順便説一下,《詰》篇四六背貳"取女箒以拓之,則不來矣"的"女箒"二字,學者們曾提出各種解釋,如鄭剛、劉樂賢先生釋之爲女人用的笸子;劉釗先生認爲是女人所用之箒;蔣英炬、李家浩先生認爲"女"字通"汝",猶你的箒的意思。③如果認爲"箒"通"笸",缺乏强有力的證據;如果認爲是"女箒"之"箒"如本字讀,則"箒"是没有男女的分别的;我們從《詰》篇整體考慮,都是以"民""人"爲人稱視角(如二四背壹"爲民不祥"、二五背壹"導令民毋麗凶殃"、六三背壹"人有思哀也弗忘"、六五背壹"人妻妾若朋友死"等),此外如上文所述,也偶爾用指示代詞"彼"來指代"民""人"。如果把"女"理解成第二人稱代詞"汝",又無法和全篇的人稱相一致了。所以我們認爲"女箒"的"女"應理解爲"類、似"之義的"如",在古文字中,"女"和"如"常常通用,比如《馬王堆漢墓帛書[壹]》《老子甲本》"天將建之,女(如)以慈垣之""愛以身爲天下,女(如)可以寄天下"等,④都是用"女"爲"如"的例子。《詰》四八背叁有"以若便(鞭)擊之,則已矣",這裏的"若便(鞭)"正可以和《詰》篇四六背貳的"女箒"相對照,它們的意思猶今天所

---

① 陳劍先生看過本文後指出此條"彼"字有可能讀爲"避",並説:"皮"聲字與"辟"聲字相通,例見《古字通假會典》690頁"被與避"條(又見於485頁"避與被"條)、同頁"彼與辟"條(又見於484頁"辟與彼"條)。又吳九龍先生《銀雀山漢簡釋文》16頁簡0195:"交和而舍,敵人保山而帶阻,我遠則不接,近則毋所,擊之奈何?擊此者,皮(避)敵(險)阻,移……(論·四六)"《銀雀山漢簡釋文》第8頁0094有"慎辟(避)險且(阻)(論·四六)",可知0195"皮(避)敵(險)阻"之讀"皮"爲"避"可信。張家山漢簡《二年律令·效律》簡14有"以避負償"的説法:"□□□諸詐增減券書,及爲書故詐弗副,其以避負償,若受賞賜財物,皆坐臧(贓)爲盜。如此,"群它物當負償而僞出之以彼(避)償"就可解爲"其它各種物品應該賠償的,卻假調出,來逃避賠償"。筆者按,陳先生説甚是。

② 魏德勝先生言(12)之"彼"爲人稱代詞,但未作説明,參看魏德勝:《〈睡虎地秦墓竹簡〉語法研究》,首都師範大學出版社,2000年6月,第133頁。

③ 參看李家浩:《秦漢簡帛文字詞語雜釋》之一《拓席》,《著名中年語言學家自選集·李家浩卷》,安徽教育出版社,2002年12月,第345—355頁。

④ 馬王堆漢墓帛書整理小組:《馬王堆漢墓帛書[壹]》,文物出版社,1980年3月,第6、11頁。

説的"鞭狀物""筆狀物"。① 如字的這種用法可參《國語·魯語下》:"季桓子穿井,獲如土缶,其中有羊焉。"都是用"如+名詞"作動詞後賓語的例子。

【編按】孔家坡漢簡《日書》簡40:"□以朔,多雨,□歲而袚不全,有兵。"其中"袚"字亦應釋爲"頗",參周波:《戰國時代各系文字間的用字差異現象研究》(綫裝書局,2012年12月,第140頁)。

【發表情況】單育辰:《秦簡"袚"字釋義》,"簡帛"網,2006年6月7日。後刊於單育辰:《秦簡"袚"字釋義》,《江漢考古》2007年第4期,第81—84轉37頁。

---

① 《睡虎地秦墓竹簡》整理者認爲"若"通"箬",鄭剛和李家浩先生認爲是第二人稱代詞"你",和本文不同,參看本書第424頁注③。

里耶秦公文流轉研究

　　里耶秦簡於 2002 年發現，2003 年有少量公布，但研究文章已甚夥。近日《里耶秦簡［壹］》面世，收有一號井第五、六、八層 2 600 餘枚木牘，①基本是行政文書，內容繁複、精彩。關於里耶秦公文書如何流轉的問題，以往已有一些學者作了討論，但當時公布資料較少，特例較多，從中找出規則不易。這 2 600 餘枚木牘的公布，終於使我們可以比較全面地考察一下里耶秦行政文書的送發批轉，爲探索秦代辦公提供了一個有趣視角。

　　我們發現，即使單從里耶木牘本身考察，還是能探索到秦公文書流轉的一些規律的，下面先歸納一下這些規律：

　　一、文書中的"手"爲書寫之義。但其中若有"某手"字樣，也並不意味着一定是"某"所抄，因爲我們所看到的文書不一定是原本，有很多情況是其他抄手轉抄的複本，這些轉抄者且把"某手"字樣連帶轉抄。

　　二、如能確定文書發文部分未經轉抄，則牘正面的發文應爲牘背左下角簽署"甲手"的"甲"所書。② 如文書發文部分是被轉抄的，則牘正面的發文一般不是"甲"所書，而爲其他人所書。

　　三、如能確定文書第一次批文部分未經轉抄，則牘正面的批文爲緊

---

　　① 湖南省文物考古研究所：《里耶秦簡［壹］》，文物出版社，2012 年 1 月。
　　② 有些學者已經注意到了牘背左下角簽署"甲手"的"甲"與發文的密切關係，如高榮先生説："不論是哪種類型的文書（上行、下行或平行文），其始發時書寫者的簽名一般都置於正文背面的左下角。"參看高榮：《秦代的公文記録》，《魯東大學學報（哲學社會科學版）》2006 年第 3 期，第 42—46 頁。又參看張樂：《里耶簡牘"某手"考——從告地策入手考察》，"簡帛"網，2011 年 4 月 18 日。

接此批文後"乙手"的"乙"所書,若有第二次、第三次批文,則爲緊接第二次、第三次批文後的"丙手"的"丙"或"丁手"的"丁"所書。如能確定文書的第一次批文(或第二次批文、或第三次批文)部分是被轉抄的,則發文及第一次批文(或及第二次批文、或及第三次批文)均爲其他人(如"戊")所書,並且,緊接首次批文(或第二次批文、或第三次批文)後面的"乙手"(或"丙手""丁手")字樣也被"戊"一併轉抄,且轉抄者"戊"的名字一般不在複本中出現。

四、如果發文與批文(含首次批文、或第二次批文、或第三次批文)爲同一字迹,在可確定最後一次批文未被轉抄的情況下,此文書一般爲最後一次批文後標明的"某手"的"某"所抄寫。

五、若牘背記有文書送達時間的"某時某人以來"與發文、批文字迹不同,一般來說,要麼文書的發文部分,要麼文書的首次批文部分,要麼文書的第二次批文部分,要麼文書的第三次批文部分,總之,這幾部分其中之一應未經轉抄。若"某時某人以來"與發文、批文字迹相同,一般來說,此文書爲抄件,轉抄者(如"戊")不僅把發文、批文,還把原記有的文書送達時間也一併抄寫了。

六、緊接牘背"某時某人以來"下,應是"某發"或"某半"這樣的文字,表明此牘爲"某"所拆啓。

下面我們舉兩枚秦牘實物來做說明:

牘8-63:廿六年三月壬午朔癸卯,左公田丁敢言之:佐州里煩故爲公田吏,徙屬,事苔不備,分負各十五石少半斗,值錢三百一十四。煩冗佐署遷陵。今上責校券二,謁告遷陵令官計者定,以錢三百一十四授旬陽左公田錢計,問何計付,署計年爲報。敢言之。A

三月辛亥,旬陽丞滂敢告遷陵丞主:寫,移,移券,何爲報,敢告主。/兼手。B

廿七年十月庚子,遷陵守丞敬告司空主,以律令從事,言。/慮手。即走申行司空。C【正】

十月辛卯旦,朐忍索秦士伍狀以來。/慶半。D　　兵手。A【背】

木牘圖像可參圖一。A部分是發文部分,爲旬陽左公田名"丁"所發,若不考慮是否存在被轉抄的情況,此發文應是旬陽左公田的小吏"兵"所寫。B部分爲第一次批文,是旬陽丞"滂"批示,要求把發文的內容轉達與遷陵負責人,若不考慮是否存在被轉抄的情況,此批文是旬陽縣庭小吏"兼"所寫。C部分是第二次批文,爲遷陵丞"敬"批示,要求把發文及首次批文的內容轉達與遷陵司空負責人,以律令從事,上報,並交付"申"送達遷陵司空。若不考慮是否存在被轉抄的情況,此批文應爲遷陵縣庭小吏"慮"所寫。D部分是送達時間的記錄,記此爲貫籍爲朐忍縣索秦里士伍"狀"送到,並且由遷陵縣庭小吏"慶"拆啓。

再從字迹看,A部分與B部分字迹同一,應爲一書手所寫。C爲另一種字迹。D又爲另一種字迹。

因D部分的字迹與A、B部分及C部分字迹皆不相同,由此可知,A、B部分與C部分應該是文書原來筆迹,未經他人轉抄。

如果發文部分未爲他人所轉抄的話,A部分應爲牘背左下角兵所寫。但A部分與B部分字迹同一,可知A部分非兵所寫,而爲兼所轉抄。C部分字迹應該是慮所寫。

所以,這件文書的流轉情況是:秦始皇廿六年三月癸卯,旬陽左公田丁向旬陽縣庭報告"煩"在旬陽縣兩次任職內沒有照顧好小豆,以致歉收,應罰錢三百一十四,煩現在在遷陵當冗佐,故要求遷陵代旬陽追繳此筆罰款。旬陽縣庭收到左公田丁的來文後,三月辛亥(在左公田丁發文八天後),旬陽丞滂在後面批示,要遷陵向煩追繳款項(形成第一次批文)。① 由旬陽縣庭小吏兼這個人書寫批示並轉抄丁的發文(丁的發文送達旬陽縣庭時應記有文書送達記錄,兼轉抄時略去)。兼所抄寫的這份文書在秦始皇廿七年十月辛卯旦送達遷陵縣庭,爲遷陵縣庭小吏慶拆啓。在九天後,十月庚子,遷陵守丞敬做了批示,要求遷陵司空以律令從事(形成第二次批文)。這個批文是遷陵縣庭小吏慮所寫的,並説要交付申送到遷陵司空處。交付申的文書應該又是被遷陵縣庭某個小吏轉抄的複本,而旬陽縣庭交付遷陵縣庭的這份文書的流轉即到此

---

① 秦代縣的下屬機構之間或下屬機構與上級機構(其所在縣庭除外)之間若有文書往來時,常經其所在的縣庭來轉手。

結束,藏於遷陵縣庭了。①

下面再談談我們篇首認定的里耶秦公文書流轉規律的證據是什麽:

一、文書中的"手"爲書寫之義,由下揭材料可以證明:

牘8-755+8-756云:"丞言徒隸不田,奏曰:司空厭等當坐,皆有它罪,【8-755】耐爲司寇,有書,書壬手。"牘8-487+8-2004:"廿四年八月癸巳朔癸卯,户曹令史雜疏書廿八年以盡卅三年現户數牘背,移獄具集上,如請史書。/雜手。"據上可知,"手"確是"書寫"義。又牘8-761、8-763、8-764、8-766、8-1239+8-1334、8-1540、8-1545、8-1574+8-1787、8-1580、8-2245、8-2246、8-2247、8-2249等爲禀食文書,每件文書必有三小吏參與出禀,如牘8-763:"粟米一石二斗半斗。 •卅一年三月癸丑,倉守武、史感、禀人援出禀大隸妾并。令史狅視平。感手。"其中"感"是出禀者,又是手者(這種禀食文書中的手者一般是史或佐),亦可見手只能理解爲書寫。②

二、在里耶秦文書中,批文後都標有"某手"字樣,唯獨發文之後没有"某手",既然文書的每一次流轉都需要把何人所書標明,若唯獨發文未記書寫者,這是不合情理的。那麽,也只能把牘背左下角簽署"某手"的"某"認定爲第一次流轉的發文的書寫者。在可以確定發文部分是未經轉抄的文書中,可明顯認出,牘背左下角簽署"某手"的"某"與牘正發文就是一人所書,如8-157"壬手"的"壬",8-158"欣手"的"欣",8-1525"恬手"的"恬",就是發文的書寫者。當然我們也常能看到牘背左下角簽署"某手"

---

① 吕静先生已有類似觀點,她在談到牘8-133、8-134、16-5、16-6時説:"那份發送至司空、尉的文書,應該是遷陵縣署的吏員根據遷陵守丞批復文書的抄寫件,這份抄件,則進入到行政公務的傳遞系統,成爲一件新的、具有行政權威的原始文書。"在談到牘8-134時説:"本牘正面右起第四行第7字格起的遷陵守丞敦狐於9月2日返回給司空的批文(B的部分)和緊接着B後的遷陵縣給本縣司空的發文記録'慶手即令□□行司空'(C的部分),是遷陵縣丞的回復文書,這件文書並没有寫在重新開啓的新木牘上,卻是利用了既有的本縣司空的來文木牘。而爲了向司空發送縣丞的批復文,吏員則需要重新抄寫製作,並派人送走。這一發送的信息,也被續補在B部分之後。至此,8-134號木牘,事實上已經變成了一件存檔留底的文書資料。"參看吕静:《秦代行政文書管理形態之考察——以里耶秦牘性質的討論爲中心》,"簡帛"網,2010年2月22日。

② 參看陳偉主編:《里耶秦簡牘校釋(第一卷)》,武漢大學出版社,2012年1月,第5頁。邢義田:《"手"、"半"、"曰稆曰荆"與"遷陵公"——里耶秦簡初讀之一》,"簡帛"網,2012年5月7日。

的"某"與發文字迹不一樣的情況,這種情況是由他人轉抄造成的。

　　三、如果把一篇文書全部轉抄,那麼,牘背記載文書送達時間的"某時某人以來"這樣的文句,該轉抄者自己抄寫也就可以了,一般情況下,没有必要刻意找另外一個人用不同的字迹去寫。這也就解釋了爲什麼上文說,若牘背送達時間記録那部分字迹與發文、批文字迹不同的話,要麼文書的發文部分,要麼文書的首次批文部分,要麼文書的第二次批文部分,要麼文書的第三次批文部分,這四者其中之一應未經轉抄。

　　四、緊接牘背"某時某人以來"下,都是"某發"或"某半"這樣的文字,①《里耶秦簡牘校釋(第一卷)》中有兩枚牘,一作"六月乙亥水十一刻刻下二,佐同以來。/元手"(牘8-60+8-656+8-665+8-748背);一作"□□水下□刻□□以來。/犯手"(牘8-75+8-166+8-485背)。細察牘文,這兩個"手"都是"半"的誤釋。

　　明白了這些規則後,我們再來考察里耶文書,便能從中發現以前忽略的一些細節:

　　　　牘8-60+8-656+8-665+8-748:十二月戊寅,都府守胥敢言之:遷陵丞膻曰:少内㲼言冗佐公士㮷道西里亭貲三甲,爲錢四千卅二。自言家能入。爲校券一,上,謁告㮷道受貲。有追,追曰計廿八年□責亭妻胥亡。胥亡曰:"貧,弗能入。"謁令亭居署所。上真書,謁還□□㮷道,弗受計。亭護當論,論。敢言之。E【正】

　　　　十二月己卯,㮷道鄧敢告遷陵丞主,寫□事,敢告主。/冰手。F六月庚辰,遷陵丞昌告少内主,以律令□□手。/六月庚辰,水十一刻刻下六,守府快行少内。G

　　　　六月乙亥水十一刻刻下二,佐同以來。/元半。H【背】

　　木牘圖像可參圖二。十二月戊寅㮷道都府守胥發文與㮷道縣庭,②

---

①　"半"字的考釋參看陳劍:《讀秦漢簡札記三篇》,《出土文獻與古文字研究》第四輯,上海古籍出版社,2011年12月,第370—376頁。
②　由十二月戊寅與十二月己卯只有一天間隔可知牘中"都府"必是㮷道都府,不能是遷陵都府。

里耶秦公文流轉研究　431

其内容是報告遷陵丞膻、遷陵少内齦向輬道追索亭欠款錢四千卅二,①輬道都府依來文追索但未要來(E部分)。此發文原件應爲輬道都府某小吏所寫,但牘背左下角遺漏未標。兩天後,十二月己卯,由輬道守郤批文,要移書遷陵縣庭,此批文由輬道縣庭小吏冰所寫(F部分),由E與F字迹一致可知,冰還轉抄了發文部分(發文原件應已經保留在輬道縣庭了)。第二年六月乙亥由佐同帶到遷陵縣庭,由遷陵縣庭小吏元拆啓(H部分)。第三天後即六月庚辰再由遷陵縣庭丞昌轉與遷陵少内負責人,由遷陵縣庭某書寫批文(G部分)。G與E、F字迹不一致,可知G部分未被轉抄,但手的名字正好殘去),並說要由守府快送達(我們也可以猜到遷陵縣丞昌轉與遷陵少内負責人的文書應是該文書的抄件,原件即藏於遷陵縣庭了)。

　　牘8-657:□□年□月□亥朔辛丑,琅邪假守□敢告内史、屬邦、郡守主:琅邪尉徙治即默,即默□琅邪守四百卅四里,卒可令縣官有辟、吏卒衣用及卒有物故當辟徵,遝□□,告琅邪尉,毋告琅邪守。告琅邪守固留費,且輒卻,論吏當坐者。它如律令。敢□□□一書。·以蒼梧尉印行事。I/六月乙未,洞庭守禮謂縣嗇夫,聽書從事,□官、軍吏在縣界中者各告之。新武陵別四道,以次傳。別書寫,上洞庭【正】尉。皆勿留。/葆手。J

　　/驕手。/K八月甲戌,遷陵守丞膻之敢告尉官主:以律令從事。傳別書貳春,下卒長、奢官。/□手。/丙子旦食走印行。L

　　　八月庚午水下五刻,士伍宕渠道平邑疕以來。/朝半。M　　洞手。I【背】

　　木牘圖像可參圖三。某年某月辛丑,由琅邪郡庭小吏洞書寫了琅邪假守□的群發文書中的一份(I部分),發文送到洞庭郡庭後,六月乙未,洞庭守禮做第一次批文,讓郡下的各縣及相關府衙照知,此次批文由洞庭郡庭小吏葆書寫(J部分),原件留在了洞庭郡庭。洞庭郡庭小吏驕(K部

---

①　這裏要說一下,輬道都府守胥發文所依據的文書必是遷陵少内發文,遷陵丞膻首次批復後送交輬道縣庭,再由輬道縣庭轉與輬道都府。

分)又把發文及第一次批文轉抄①(因爲洞庭郡的屬縣和相關官府較多，轉抄的複本應該有好幾份)，複本中的一份即是送往遷陵縣庭的。驕轉抄的發文及第一次批文的複本於八月庚午由疵送到遷陵縣庭，遷陵縣庭小吏朝拆啓(M部分)。四天後即八月甲戌，遷陵守丞膻之在洞庭郡庭下發的文書上做第二次批文，要遷陵縣屬下府衙照知，並説要由交付印送達，第二次批文是遷陵縣庭□寫的(L部分)。牘8-657即入藏於遷陵縣庭，由印送達遷陵縣屬下府衙的文書已是此牘的轉抄本了。

上面所揭的牘8-63、牘8-60+8-656+8-665+8-748、牘8-657只是里耶秦行政文書中流轉比較有規律的一種，但由於文書流轉的複雜性，里耶秦牘還存在一些複雜的文書，乍視之下，不是很好分析。下面我們對兩件秦牘略做説明，其他行政文書的流轉可以依此類推，不再多舉了：

在《文物》2003年第1期率先發表，但未收入到《里耶秦簡[壹]》中的，有十二枚除人名外主幹内容基本相同的追責文書，②發文都標爲"敬手"，但這些"敬"的字迹又有所差別，肯定不是一人所書，這是怎麽形成的呢？

據我們考察，這十二枚秦牘每枚的發文(陽陵司空騰所發)、第一次批文(陽陵縣庭所批)、第二次批文(陽陵縣庭所批的追文)的字迹一致，故第二次批文應該是最後寫成，我們先按第二次批文的時間把它們分爲五類：

(1)卅四年六月戊午：J1⑨1，第二次批文後標爲"堪手"；

(2)卅四年六月壬戌：J1⑨10，第二次批文後標爲"紏手"；

(3)卅四年七月辛卯：J1⑨3、J1⑨12，第二次批文後標爲"堪手"；

(4)卅四年八月癸巳：J1⑨2、J1⑨5、J1⑨6、J1⑨7、J1⑨8、J1⑨9、J1⑨11，第二次批文後都標爲"堪手"，其中J1⑨11的第二次批文後漏署手名；

---

① 這是目前能見到的轉抄本上出現轉抄者名的罕見例子。
② 湖南省文物考古研究所、湘西土家族苗族自治州文物處、龍山縣文物管理所：《湖南龍山里耶戰國——秦代古城一號井發掘簡報》，《文物》2003年第1期，圖一二—圖二〇。在張春龍主編的《湖南里耶秦簡(一)》《湖南里耶秦簡(三)》《湖南里耶秦簡(四)》(重慶出版社，2011年3月)三書中，有更爲清晰的圖版。

(5) 卅四年八月甲午: J1⑨4,第二次批文後標爲"堪手"。

從字迹上看,牘 J1⑨1‐12 發文(連併第一次批文、第二次批文)部分,卅四年六月戊午(J1⑨1)、卅四年六月壬戌(J1⑨10)爲一個手迹(字迹 α);卅四年七月辛卯(J1⑨3、J1⑨12)爲一個手迹(字迹 β);卅四年八月癸巳(J1⑨2、J1⑨5、J1⑨6、J1⑨7、J1⑨8、J1⑨9、J1⑨11)、卅四年八月甲午(J1⑨4)爲一個手迹(字迹 γ)。而牘背左下角對應發文處的"敬手"與這三種字迹有嚴格的對應關係,即卅四年六月戊午(J1⑨1)、卅四年六月壬戌(J1⑨10)的"敬手"二字爲字迹 α;卅四年七月辛卯(J1⑨3、J1⑨12)"敬手"二字爲字迹 β;卅四年八月癸巳(J1⑨2、J1⑨5、J1⑨6、J1⑨7、J1⑨8、J1⑨9、J1⑨11)、卅四年八月甲午(J1⑨4)"敬手"二字爲字迹 γ(字迹 α、β、γ 的特徵字對照參表一)。①

這十二枚文書皆於卅五年四月乙丑由洞庭郡假尉觿批復(第三次批文),後標"嘉手",其字迹應分爲二類,一類是 δ 字迹(J1⑨1、J1⑨7、J1⑨8、J1⑨9、J1⑨10、J1⑨11、J1⑨12),一類是 ε 字迹(J1⑨2、J1⑨3、J1⑨4、J1⑨5、J1⑨6)。② 第三次批文的兩種字迹與發文、第一次批文、第二次批文皆不相同(字迹 δ、ε 的特徵字對照參表二),具有 δ 字迹的書手寫有 7 牘,具有 ε 字迹的書手寫有 5 牘。

分析到這裏,我們也就能弄明白這十二枚追責文書是怎麼形成的了:這十二枚木牘最初的發文都爲陽陵司空小吏敬所寫,後來陽陵縣庭小吏儋、堪、糾書寫了第一次、第二次批文,這三部分(發文、第一次批文、第二次批文)被洞庭郡庭小吏抄成複件,真正的敬所寫發文及儋、堪、糾所寫第一、第二次批文的那個原件應該被收藏於洞庭郡庭了。洞庭郡庭中,具有 α 字迹的書手 α 轉抄了牘 J1⑨1、J1⑨10;具有 β 字迹的書手 β 轉抄了牘 J1⑨3、J1⑨12;具有 γ 字迹的書手 γ 轉抄了牘 J1⑨2、J1⑨4、J1⑨5、J1⑨6、J1⑨7、J1⑨8、J1⑨9、J1⑨11。書手 α、β、γ 轉抄的文書由洞庭郡庭

---

① 林進忠先生已經區分出了十二枚秦牘的發文(包括一次批文、二次批文)部分分别爲三個書手所書,但他未把牘背"敬手"的字迹與這三個書手聯繫起來。參看林進忠:《里耶秦簡"貰賣文書"的書手探析》,《湖南大學學報(社會科學版)》2010 年第 4 期,第 28—35 頁。

② 林進忠先生把十二枚秦牘的第三次批文部分分爲三個書手,與我們區别的不同。

送到洞庭尉所後,洞庭假尉觿在卅五年四月乙丑統一批復,批文寫在另牘上,由洞庭尉小吏嘉寫成。洞庭尉在另牘寫成的批文(嘉所寫),連同書手 α、β、γ 轉抄的文書一併送回洞庭郡庭,洞庭郡庭把洞庭尉回復的批文(嘉所寫)存檔,並由具有 δ 字迹的書手 δ 以及具有 ε 字迹的書手 ε 分別把洞庭尉的批文抄在 α、β、γ 轉抄的文書上,再由洞庭郡庭發與遷陵縣庭(因爲牘本身即書"洞庭假尉觿謂遷陵丞",所以洞庭郡庭無需再做批示,只把洞庭尉的文書轉發到遷陵縣庭即可)。① 從這十二件文書出土於里耶看,它們已經送達到了遷陵縣庭,但木牘上並没有收文記錄,這大概是没有地方再寫,遷陵縣庭收文記錄便記在了別處。②

在《文物》2003 年第 1 期率先發表,但未收入到《里耶秦簡[壹]》中的,還有二枚發文完全相同的洞庭郡下發遷陵縣庭的文書,分別標號爲 J1⑯5、J1⑯6。③

下面先看牘 J1⑯6 是如何流轉的:廿七年二月庚寅洞庭守禮發文,④ 發文是洞庭郡庭的小吏如所寫(此牘爲如所寫的原件,未被轉抄),三月戊申由聞令帶來,⑤ 爲遷陵縣庭小吏慶拆啓。兩天後即三月庚戌由遷陵守丞敦狐作第一次批文,這次批示是給遷陵尉的,要他如律令從事,該次批

---

① 對這些追責公文,洞庭郡庭與遷陵縣庭應是文書直接的下行者與上報者,洞庭尉只是洞庭郡庭交辦事務的承辦人,所以洞庭尉的批文應該不能直接轉與遷陵縣庭,而應由洞庭郡庭做一個轉手,並且洞庭尉的小吏嘉所寫的批文字迹不一,因此我們定書手 δ 及書手 ε 爲洞庭郡庭小吏而非洞庭尉小吏。

② 需要指出的是,我們把這十二枚文書的發文(連併第一次批文、第二次批文)及第三次批文的轉抄及書寫行爲皆定在洞庭郡庭而非在遷陵縣庭的原因,一是如果是遷陵縣庭有三個書手轉抄了上級機構來的發文(連併第一次批文、第二次批文)部分,那這三個書手繼續轉抄第三次發文部分就可以了,没有必要再要找另外兩個不同的書手轉抄第三次批文;二是此十二牘是藏於遷陵縣庭的,而留在遷陵縣庭的文書一般都是原件(即應是洞庭郡庭發來的文書),而不是遷陵縣庭自己轉抄的複件。還要說明的是,我們對這十二枚追責文書流轉情況的推測只是考慮到了一般情況,如果有些特殊的原因,其流轉情況會更加複雜。

③ 湖南省文物考古研究所、湘西土家族自治州文物處、龍山縣文物管理所:《湖南龍山里耶戰國——秦代古城一號井發掘簡報》,《文物》2003 年第 1 期,圖二一一二二、圖二四一二五。在張春龍主編的《湖南里耶秦簡(二)》(重慶出版社,2011 年 3 月)一書中,有更爲清晰的圖版。

④ "廿七年"的"廿七"兩字原缺,據牘 J1⑯6 補。

⑤ "三月"的"三"字原缺,據本牘相關日期及李忠林:《秦至漢初(前 246 至前 104)曆法研究——以出土曆簡爲中心》(《中國史研究》2012 年第 2 期,第 17—69 頁)補。

文由遷陵縣庭小吏釦所寫（未被轉抄）。並由遷陵縣庭小吏某寫成文書複本，複本當天即由裑送往遷陵尉處，如所寫發文、釦所寫第一次批文的原件留縣庭。三月戊午遷陵丞歐再在如所寫的原件上寫第二次批文（大概遷陵縣庭需通知的遷陵尉等官府都已收到文書，並給縣庭回了消息），這次批文的内容是報告説遷陵縣已把洞庭郡下發的文書傳達到有關部門，且要上行洞庭郡庭（由批文的"敢言之，寫，上，敢言之"亦可知這是件上行文書），這次亦由釦所寫（未被轉抄），第二次批文由遷陵縣庭小吏某（很可能也是釦）同時抄寫到另牘，另牘於第二天己未由犯送出（所送的地點應是洞庭郡），此牘留縣庭。①

下面再看下牘 J1⑯5 是如何流轉的：廿七年二月庚寅洞庭守禮發文，發文是洞庭郡庭的小吏如所寫（此牘爲如所寫的原件，未被轉抄），二月癸卯由辰帶來，遷陵縣庭小吏羽拆啓。但是由於某種原因，尚未被遷陵縣丞批復，該牘卻被流轉到其他地方。三月癸丑這天又由匀帶來，由遷陵縣庭小吏邪拆啓。三天後丙辰，由遷陵丞歐作出第一次批示，告訴相關部門，要如律令行事，又説，前書已經下發了，這次由匀帶來洞庭守禮這件牘是發重了的。該批示由遷陵縣庭小吏釦所寫（未被轉抄）。該文書由遷陵縣庭小吏某抄成複本後，把複本下發到相關部門，此牘留縣庭，複本丙辰當天即由尚下行。

那麽，爲什麼完全相同的洞庭守禮的發文要發送兩次給遷陵縣庭呢？我們猜想，大概就是因爲二月癸卯由辰帶來、羽拆啓的文書（即牘 J1⑯5）因某種原因被流轉到其他地方，遷陵縣庭無法批復，也無法給相關部門下達執行，所以，洞庭郡庭把洞庭守禮的文書又發了一遍（即牘 J1⑯6），牘 J1⑯6 於三月戊申由聞令帶來。不過，五天之後即三月癸丑，早先不知流轉到何處的牘 J1⑯5 又由匀帶回遷陵縣庭。所以，遷陵縣庭在牘 J1⑯5 的批文就説：這件牘内容與上件文書重複了。

本文中有關字迹的辨別得到李松儒的幫助，特此致謝！

---

① 遷陵尉上報遷陵縣庭亦是上行文書，亦需用"敢言之"，但此牘的第二次批文不能是遷陵尉所作的原因是：第一次批文和第二次批文都由釦所寫，並且字迹一致。釦不可能既服務於遷陵縣庭，又服務於遷陵尉。

436　佔畢隨錄

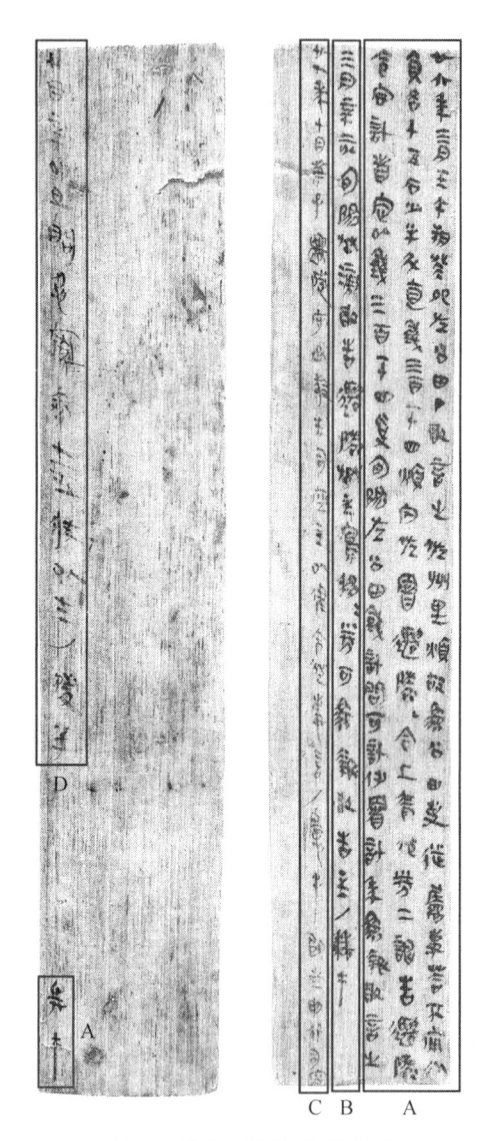

圖一：牘 8-63 的 A、B、C、D

里耶秦公文流轉研究 437

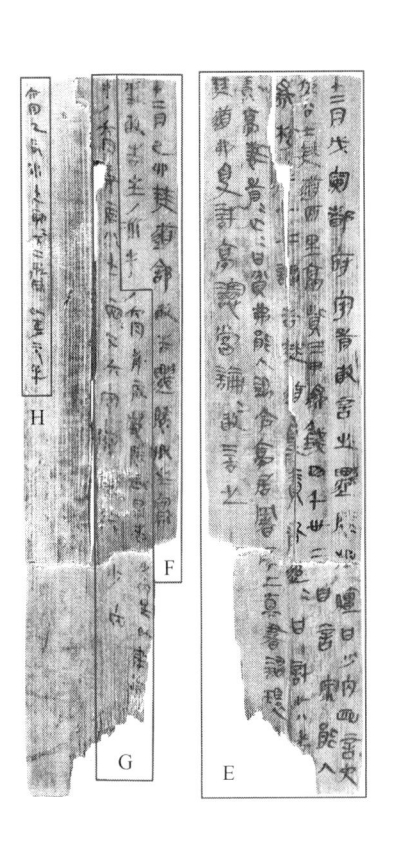

圖二：牘 8－60＋8－656＋8－665＋8－748 的 E、F、G、H

圖三：牘 8－657 的 I、J、K、L、M

438　佔畢隨錄

表一：牘 J1⑨1‐12 發文(包括第一次批文、第二次批文)部分字迹分類與特徵字表

	J1⑨1	J1⑨10	J1⑨3	J1⑨12	J1⑨2	J1⑨4	J1⑨5	J1⑨6	J1⑨7	J1⑨8	J1⑨9	J1⑨11
署												
敢												
庭												
言												
有												
之												
牘背左下角的"敬"							—		—			
	α字迹		β字迹		γ字迹							

注：γ字迹的書手對於"之"有兩種寫法，一是 ，一種是 ，如在 J1⑨8 中即兩種寫法並存。α字迹"敬"兩種不同的寫法應該也是書手變換字迹而造成的。

表二：牘 J1⑨1‐12 第三次批文部分字迹分類與特徵字表

	J1⑨1	J1⑨7	J1⑨8	J1⑨9	J1⑨10	J1⑨11	J1⑨12	J1⑨2	J1⑨3	J1⑨4	J1⑨5	J1⑨6
嘉												
馬												

續　表

	J1⑨1	J1⑨7	J1⑨8	J1⑨9	J1⑨10	J1⑨11	J1⑨12	J1⑨2	J1⑨3	J1⑨4	J1⑨5	J1⑨6
庭												
	δ字迹							ε字迹				

〖**發表情況**〗單育辰:《談談里耶秦公文書的流轉》,"簡帛"網,2012年5月25日。後以《里耶秦公文流轉研究》爲名,刊於《簡帛》第九輯,上海古籍出版社,2014年10月,第199—209頁。

始皇廿六年詔書"法度量則不壹歉疑者"補論

《始皇廿六年詔書》是秦始皇統一中國後所頒布的一條詔書,歷代多有著録,現今也常有實物出土。[①] 其文如下:

> 廿六年,皇帝盡并兼天下諸侯,黔首大安,立號爲"皇帝",乃詔丞相狀、綰:"法度量則不壹歉疑者,皆明壹之。"

此銘文雖然短小,卻藴含了不少史事。早在隋代,顔之推已依此解決了《史記》中的文字訛誤,《顔氏家訓·書證》云:"《史記·始皇本紀》:'二十八年,丞相隗林、丞相王綰等,議於海上。'諸本皆作山林之'林'。開皇二年五月,長安民掘得秦時鐵稱權,旁有銅塗鐫銘二所……其'丞相狀'字,乃爲狀貌之'狀',爿旁作犬;則知俗作'隗林',非也,當爲'隗狀'耳。"[②]詔文中的"皇帝""黔首",前人也多已指出可與《史記·秦始皇本紀》:"丞相綰、御史大夫劫、廷尉斯等皆曰:'……臣等昧死上尊號,王爲泰皇。命爲制,令爲詔,天子自稱曰朕。'王曰:'去泰,著皇,采上古帝位號,號曰皇帝。他如議。'"及"更名民曰黔首"相印證。

其中"法度量則不壹歉疑者"一句應如何理解,長期以來,卻一直衆説紛紜。依筆者所見,近來專文對"法度量則不壹歉疑者"進行釋讀的有以

[①] 《始皇廿六年詔書》的收録情況可參看國家計量總局、中國歷史博物館、故宫博物院:《中國古代度量衡圖集》,文物出版社,1984年12月,第44—45、58—72頁;王輝:《秦銅器銘文編年集釋》,三秦出版社,1990年7月,第107—132頁,圖版:第98—157、174—184頁;丘光明:《中國歷代度量衡考》,科學出版社,1992年8月,第188—205頁等。

[②] 王利器:《顔氏家訓集解(增補本)》,中華書局,2002年8月,第455—456頁。

下四種：

（一）是駢宇騫先生斷爲"法度量則，不壹歉疑者"，並根據湖南湘潭新發現的北宋嘉祐元年銅則的銘文"銅則重壹伯（百）斤·黃字號"，[①]對《始皇廿六年詔書》中的"則"有新的認識。他説："由此我想到始皇廿六年詔書中的'則'，應當就是銅則之'則'，是標準權器的名稱。'法度量則'，就是'法度量權'（或'法度量衡'）。"[②]

（二）是孫常敘先生斷爲"法度量則，不壹歉疑者"，他説："'法度量則不壹'的'則'是實詞……是器樣或樣器——標準器，有標準的意思。那麽，'法度量'就成了'則'的定語。"[③]

（三）是張文質先生斷爲"法度量，則不壹、歉疑者"，並解釋説："'則'字爲假設連詞……法字是度和量的定語，析言之即法度和法量。"[④]

（四）是王輝先生斷爲"法度量則，不壹歉疑者"，其説爲："'法'本應作動詞理解，意爲效法……'則'用作名詞……所謂'法則度量'，就是（提）供天下效法、參照的度量衡標準器。"[⑤]

至於在文章中捎帶對"法度量則不壹歉疑者"釋讀的，爲數甚多，且歧異頗大，但其論證多只一言兩語，我們將要對上揭四種説法的批評基本適用於它們，爲節省篇幅，這裏就不具引了。[⑥]

我們認爲（三）、（四）兩説從語法和語言習慣上看明顯是有問題的。孫常敘先生在其文中已駁議到："如果把'法'理解爲'法定的'，則與始皇

---

① 周世榮：《湘潭發現北宋標準權衡器——銅則》，《文物》1977年第7期，第79—80頁。
② 駢宇騫：《始皇廿六年詔書"則"字解》，《文史》第五輯，中華書局，1978年12月，第6頁。
③ 孫常敘：《則、法度量則、則誓三事試解》，《古文字研究》第七輯，中華書局，1982年6月，第7—24頁；又載孫常敘：《則、法度量則、則誓三事試解》，《孫常敘古文字學論集》，東北師範大學出版社，1998年7月，第303—310頁。
④ 張文質：《秦詔版訓讀異議》，《河北師範大學學報（哲學社會科學版）》1982年第3期，第24—32頁。
⑤ 王輝：《秦銅器銘文編年集釋》，三秦出版社，1990年7月，第107—113頁。
⑥ 如目前比較流行的《商周古文字讀本》把相關文句斷爲"法度量，則不壹、歉疑者，皆明壹之"，認爲"法"的意思是"法度"，這裏用爲動詞，是"統一"的意思；把"則"理解爲連詞"那麽"的意思。然而，這種解釋的缺陷是明顯的：因爲"法"從來没有"統一"的意思；把"則"解釋成"那麽"於文義也十分勉强。參看劉翔、陳抗、陳初生、董琨編著，李學勤審定：《商周古文字讀本》，語文出版社，1989年9月，第174—175頁。

詔'不壹'相抵觸,因爲既是法定的就不能不一。如果把它看作動詞,則'法度量'動賓關係只説一事,與'盡始皇帝爲之'相矛盾。"其言甚是。這裏我們再補充一點意見:(三)的問題還在於古代從無在"度、量"這些衡制前用"法"做定語之例(古書常見的"法度"乃兩個近義名詞組成的並列結構);(四)把"法"理解爲"效法",於其前又補充了"提供"一詞,更難免有增字解經之嫌。

相比起來,(一)、(二)兩説缺陷較少,但駢、孫兩位先生的釋讀也是互有得失。依我們的理解,"法度量則不壹歉疑者"若嚴格標點的話,應爲:"法、度、量、則,不壹、歉、疑者",其中"法、度、量、則"是四個爲並列關係的名詞,下面結合(一)、(二)兩説做一些具體解釋:

詔文中的"法",孫常敍先生認爲是名詞,甚是,但他解釋"法"的意義爲:"這個'法'就是《管子·七法篇》'尺寸也,繩墨也,規矩也,衡石也,斗斛也,角量也,謂之法'的'法',是指計量器説的。"我們於此有不同意見,説詳下。詔文中的"度"和"量"在典籍中常用爲名詞,此處無需多談。詔文中的"則",駢宇騫先生與孫常敍先生認爲也是名詞,但二位先生的解釋尚有差異。駢宇騫先生把"則"理解爲"標準權器的名稱",與"法""量""則"爲並列關係;①而孫先生把"則"理解爲"準則","法""度""量"三個字是"則"的定語,認爲"法度量則"即"法""度""量"的"標準器""標準"。我們認爲,駢宇騫先生把"則"理解成與"法""度""量"爲並列關係的説法是正確的,因爲若按孫先生的理解,"法度量則"在古時應寫爲"法度量之則",是不大可能省略掉助詞"之"的。而尤可助成駢先生之説者,則爲與《秦始皇廿六年詔書》處於同一時代的《荀子》,"法""則""度""量"四字常常連用,如:

(1)《荀子·榮辱》:"循法則、度量、刑辟、圖籍,不知其義,謹守其數,慎不敢損益也。"

---

① 按上揭孫常敍文引陶齋秦石權拓本李葆恂跋引端方説已言:"法度量則爲四器。"又,駢宇騫先生在此文中只着重説解了"則"的含義,而對詔書其他部分論述較少,故後來學者有時會産生某些誤解,比如侯乃峰先生曾在"簡帛研究"網上發表文章,其文雖然肯定了駢宇騫先生的整體見解,卻把"法度量則不壹歉疑者"斷爲:"法度量則,不壹、歉疑者,皆明壹之。"認爲:"即法度量衡制度,不壹者壹之、歉疑者明之。"(按,其中的下劃綫爲原文所有)只把"度""量""則"三個字看成並列結構,這或許與駢先生的原義不符。侯乃峰先生文參看侯乃峰:《〈中國史話〉誤讀秦始皇廿六年詔書銘文》,"簡帛研究"網,2007年11月1日。

(2)《荀子·儒效》:"志意定乎内,禮節修乎朝,法則度量正乎官,忠信愛利形乎下。"①
(3)《荀子·王霸》:"今亦以天下之顯諸侯誠義乎志意,加義乎法則度量,箸之以政事,案申重之以貴賤殺生,使襲然終始猶一也。"

其中的"法則度量"都是並列關係的名詞,即同於《始皇廿六年詔書》的"法度量則"。

其實與《荀子》《始皇廿六年詔書》"法則度量""法度量則"文法及意義相近的詞例在古書中還有不少,現略加以徵引:

(4)《國語·周語·單穆公諫景王鑄大鍾章》:"律度量衡於是乎生,小大器用於是乎出,故聖人慎之。"
(5)《商君書·君臣》:"民衆而奸邪生,故立法制、爲度量,以禁之。"
(6)《韓非子·守道》:"今天下無一伯夷,而奸人不絕世,故立法度量。度量信則伯夷不失是,而盜跖不得非。法分明則賢不得奪不肖,强不得侵弱,衆不得暴寡。"
(7)《史紀·秦始皇本紀》:"收天下兵,聚之咸陽,銷以爲鍾鐻,金人十二,重各千石,置廷宫中。一法度衡石丈尺。車同軌。書同文字。"
(8)《史紀·律書》:"王者制事、立法、物度、軌則,壹稟於六律,六律爲萬事根本焉。"
(9)《淮南子·主術》:"故法律度量者,人主之所以執下,釋之而不用,是猶無轡銜而馳也。"
(10)《漢書·景帝紀》:"九月,詔曰:'法令度量,所以禁暴止邪也。'"
(11)《三輔黃圖》卷一:"銷鋒鏑以爲金人十二,以弱天下之人,立于宫門。坐高三丈,銘其後曰:'皇帝二十六年,初兼天下,改諸侯爲郡縣,一法律,同度量。'"②

其中例(11)顯然是解釋例(7)"金人十二,重各千石,置廷宫中"的,且

---

① 此例上揭駢宇騫先生文已引。按,相同文句又見於《新序·雜事》、《韓詩外傳》卷三、《韓詩外傳》卷六。
② "一法律,同度量"一句《水經注·卷四河水》引作"正法律,同度量"。

與《始皇廿六年詔書》文例極近。由此可以看出，駢宇騫先生把"法度量則"理解成四個爲並列關係的名詞，是十分正確的，但其中的"則"並不一定非像他理解的那樣，要和北宋嘉祐元年銅則中的"則"對比，因爲北宋銅則的"則"的用法偏晚，與秦代度量衡制度銜接不上；而"法"字也不見得要像孫常敘先生那樣認爲是"計量器"，因從其所引的《管子·七法篇》"尺寸也，繩墨也，規矩也，衡石也，斗斛也，角量也，謂之法"的"法"來看，此處的"法"明顯指現代漢語裏"法則"意義的"法"，而非指計量之器。① 由(4)—(11)諸例可以看出，《始皇廿六年詔書》"法、度、量、則"的"法"和"則"，可以有廣義與狹義的兩種理解：廣義的理解即同於上揭各例的"法"，泛指秦帝國的所有的法律（"法"）、令則（"則"）；狹義的理解可能僅指關於度量衡制度及與此制度相關的商品儲存、買賣等方面的法律（"法"）、令則（"則"）。

接下再看"不壹歉疑者"，"不壹歉疑者"是修飾前面的"法、度、量、則"的，學者多把它標點爲"不壹、歉疑者"，這樣也不盡準確，如果嚴格施以標點的話，應爲"不壹、歉、疑者"，"不壹"指舊時各國的度量制度雜亂不齊一；"歉"，有一些學者讀爲"嫌"，認爲其中的"嫌疑"是一個詞，其實從詔文絕大多數鑄、刻爲"歉"來看，"歉"應用爲本字，其義爲缺少、不足；②"疑"指可疑。這樣，整篇詔書可重新標點如下：

廿六年，皇帝盡并兼天下諸侯，黔首大安，立號爲"皇帝"，乃詔丞相狀、綰："法、度、量、則，不壹、歉、疑者，皆明壹之。"

翻譯成現代漢語就是：

秦始皇二十六年，秦始皇把天下諸侯都兼併了，百姓非常安定，秦始皇設立其稱號爲"皇帝"，於是對丞相隗狀、王綰下詔說："法律、度、量、令則中有不壹齊、缺歉、可疑的，都明確統一起來。"③

---

① 對駢宇騫及孫常敘先生的駁議又可參看上揭張文質及王輝先生兩文。
② 參看宗福邦、陳世鐃、蕭海波主編：《故訓匯纂》"歉"條，商務印書館，2003年7月，第1175頁。
③ 與《始皇廿六年詔書》多同鑄、刻於同一器物上的《二世元年詔書》："元年制詔丞相斯、去疾：'法、度、量，盡始皇帝爲之，皆有刻辭焉。今襲號而刻辭不稱始皇帝，其于久遠也，如後嗣爲之者，不稱成功盛德，刻此詔故故左，使毋疑。'"其中的"故刻"即指《始皇廿六年詔書》，其中的"法、度、量"也應依同樣的道理進行標點，不過此處省略了"則"字，緊接其後的"盡始皇帝爲之"是"法、度、量"的修飾語。

應該指出的是,史樹青、許青松二先生在《秦始皇二十六年詔書及其大字詔版》一文略帶解釋《始皇廿六年詔書》時説"'法度量則'是指法律、度量等制度",他們又把相關文句斷爲"法度量則不壹,歉疑者,皆明壹之",並解釋爲:"把全國不統一而混亂不清的法律、度量和各種制度都明確統一起來。"①雖然其斷句尚不嚴格,但把詔書的"法"和"則"理解法律、制度與本文相類。楊寬先生在《戰國史料編年輯證》一書中把相關文句斷爲"法度量則,不壹歉疑者,皆明壹之"。並説:"《瑯邪臺刻石》云'端平法度,萬物之紀',又云:'器械一量,同書文字。'可知此詔所謂'法度量則','法度'乃指法制,'量則'乃指度量衡器。此與上引十二金人銘文作'一法律,同度量',用意相同,亦即《秦史皇本紀》所謂'法令由一統''一法度衡石丈尺'。"②雖然其把"法度"和"量則"看成是兩個詞組,但大意也與本文類同。目前筆者覓得的,與我們結論大致相同的文章,僅此兩種。

【**編按**】胡平生、韓自强先生據青川木牘和阜陽漢簡,認爲始皇詔書"則"指長度單位。參看胡平生、韓自强《解讀青川秦墓木牘的一把鑰匙》,《文史》第二十六輯,中華書局1986年5月,第345—346頁。

【**發表情況**】單育辰:《始皇廿六年詔書"法度量則不壹歉疑者"補論》,《中國文字》新三十五期,藝文印書館,2010年6月,第171—178頁。

---

① 史樹青、許青松:《秦始皇二十六年詔書及其大字詔版》,《文物》1973年第12期,第14頁。
② 楊寬:《戰國史料編年輯證》,上海人民出版社,2001年11月,第1161—1162頁。

《長沙馬王堆漢墓簡帛集成》房中術竹簡校訂

新出版的《長沙馬王堆漢墓簡帛集成》中涉及房中術的竹書有《十問》《合陰陽》《天下至道談》三篇,①《集成》的釋文及注釋較以往各種整理本有較大提高,不過竹書文義古奥,仍有一些疑難,《集成》缺略未能言及;還有少量正確修訂意見,《集成》失收。小文準備對《集成》中的這些問題做下探討,以供參考。另外需要指出的是,《集成》所收的簡帛圖版是 2008年、2009 年重照,雖然整體上要比舊時版本清晰,但也有不少文字漶滅,清晰度大不如前的情況,整理者若能比對舊時所攝各種照片,選擇兩三種最清晰的圖版,再出版一部《馬王堆簡帛舊影合集》,則必更加造福讀者。

一、《十問》簡 3＋4:楃食之貴,静而神風,距而兩柎,【3】參築而毋遂,神風乃生,五聲乃對。

"楃食"中的"食",魏啓鵬、胡翔驊已指出即《十問》中多見的"食陰"。② 如《十問》篇開頭簡 2 即云"食陰檃陽,稽於神明","食陰"指男子與女子交合而服食其陰氣。"楃食"中的"楃",《帛書肆》讀爲"樸";③《考注》讀爲"幄",認爲是帷幄的意思;④馬繼興讀爲"穀",認爲"穀氣"

---

① 裘錫圭主編:《長沙馬王堆漢墓簡帛集成》,中華書局,2014 年 6 月。下簡稱《集成》。
② 魏啓鵬、胡翔驊:《馬王堆漢墓醫書校釋(貳)》,成都出版社,1992 年 6 月,第 95—96 頁。
③ 馬王堆漢墓整理小組:《馬王堆漢墓帛書[肆]》,文物出版社,1985 年 3 月,第 145 頁。
④ 周一謀、蕭佐桃主編:《馬王堆醫書考注》,天津科學技術出版社,1988 年 7 月,第 367 頁。

即正氣；①范常喜則讀爲"握"，並認爲是掌握、控制之義。② 按，范讀"楃"爲"握"是正確的，但對"握"的訓釋則非。"握食"應是言陽莖插入陰道時感覺猶如被手握住一樣，"握"是對"食陰"進一步修飾，簡 4 説"參築"即陽莖在陰道中刺擣三次，正好是承"握食"而言。後句"距而兩桍"，整理小組疑讀"桍"爲"峙"；周一謀、蕭佐桃讀"距"爲"拒"，認爲是抗衡的意思，讀"桍"爲"峙"或"持"，認爲是對峙的意思；馬繼興讀"距"爲"拒"，認爲是閉的意思，讀"桍"爲"持"，認爲是堅持的意思；魏啓鵬、胡翔驊認爲"桍"是槌的意思，指手臂；連劭名認爲"距"是至的意思，又讀"桍"爲"趾"；③范常喜讀"桍"爲"跱"，引《字林》釋"跱，踞也"，並懷疑指腿部。按，諸家認爲"距"通"拒"是正確的，但應是相拒的意思；"桍"可如范常喜説讀爲"跱"，但不應訓爲踞。按，《淮南子・脩務》"鶴跱而不食"，高誘注"鶴跱，跱立貌"；《文選・鸚鵡賦》"栖跱幽深"，李善注"跱，立也"。"兩跱"指人體可以撐立的地方，應指兩腿，"距而兩桍"是言男子把兩腿支撐起來，這樣才能"食陰"。

二、《十問》簡 29+30：翕【29】氣之道，必致之末，精生而不厥。

"厥"，《考注》引《漢書・王莽傳》注"短也"，認爲是短缺的意思；④馬繼興讀爲"缺"。⑤ 按，"厥"應讀爲"蹶"，《莊子・人間世》"爲崩爲蹶"，成玄英疏"蹶，敗也"；《史記・孫子吴起列傳》"百里而趣利者蹶上將"，集解引魏武帝注"蹶，猶挫也"。"精生而不蹶"就是説精氣生長而不會虧敗。《引書》簡 106+107："人之所以善蹶，蚤衰於陰，以【106】其不能節其氣也。"正可與此句參照，《引書》整理者讀"蹶"爲"瘚"，並引《廣雅・釋詁》釋爲"病也"。⑥

---

① 馬繼興：《馬王堆古醫書考釋》，湖南科學技術出版社，1992 年 11 月，第 871—873 頁。

② 范常喜：《〈馬王堆漢墓帛書・十問〉札記二則》，"簡帛"網，2006 年 9 月 9 日。又，氏著《馬王堆漢墓醫書〈十問〉札記一則》，《湖南省博物館館刊》第六輯，嶽麓書社，2010 年 3 月，第 1—4 頁。

③ 連劭名：《馬王堆三號墓竹簡〈十問〉注釋補正》，《考古》1994 年第 5 期，第 447—452 頁。

④ 周一謀、蕭佐桃主編：《馬王堆醫書考注》，第 377 頁。

⑤ 馬繼興：《馬王堆古醫書考釋》，第 905 頁。

⑥ 張家山二四七號漢墓竹簡整理小組：《張家山漢墓竹簡[二四七號墓]》，文物出版社，2001 年 11 月，第 299 頁。

448　佔畢隨錄

按，古書"瘚"多訓氣逆，未見可確訓爲病者，①參《十問》之例，此處應如字讀"瘚"，亦是虧敗之義。

三、《十問》簡67+68：凡治【67】政之紀，必自身始。血氣宜行而不行，此謂A夬(殃)，六極之宗也。

A字作 形，《帛書肆》隸作"欼"，認爲："欼，讀爲崇，②《説文》：'塞也。'意思是閉塞。"③《考注》則隸定爲"欵"。④ 按，"欼""欵"實爲一字，二家隸定本無不同，"欼""欵"的左旁實來源於甲骨文從木從主的"柰"字，在漢隸中"木"的最下一豎筆常常收縮(可參看A形)。"柰"後來楷化爲多種字形，如"柰""祟""崇"("欵"字左旁)字，其實皆是"柰"之訛變。"柰"即"柰"木下一豎筆收縮而成，而"柰"上的"大"形漢隸又常訛寫成"出"形，"大"和"出"後來又訛變成"士"形。雖然從現代漢語語音看，"柰""柰""祟""崇"差異很大，但從古音看，"柰""柰"皆泥紐月部，"祟"邪紐月部，⑤"欵"溪紐元部，四字語音是很接近的。從以上可以看出，A就應該從"柰"得聲，讀爲"祟"，"祟""殃"都有禍患的意思，二字連用是很順暢的。

四、《十問》簡74+75：寡人聞子大夫之博於道也，寡人已【74】宗廟之祠不暇其聽，欲聞道之要者，二三言而止。

"已宗廟之祠"之"已"，《考注》認爲是已經的意思；⑥馬繼興認爲是完成的意思。⑦ 按，兩説皆不通。魏啓鵬、胡翔驊讀"已"爲"以"，認爲是介詞，表原因，⑧甚確，《集成》於此説失於采擇。"已""以"皆喻紐之

---

① 典籍中作昏厥、驚厥講之"厥"實亦"瘚"字，其義仍從氣逆引申而來。
② "瘚"的"又"旁原誤印爲"欠"，今從《集成》改正。
③ 馬王堆漢墓整理小組：《馬王堆漢墓帛書[肆]》，第150頁。
④ "柰""柰""祟"三字的關係參看林澐：《讀包山楚簡札記七則》，《林澐學術文集》，中國大百科全書出版社，1998年12月，第21頁。
⑤ "祟"舊時多認爲從"出"聲而歸入物部，林澐先生認爲屬月部，是正確的。
⑥ 周一謀、蕭佐桃主編：《馬王堆醫書考注》，第391頁。
⑦ 馬繼興：《馬王堆古醫書考釋》，第951頁。
⑧ 魏啓鵬、胡翔驊：《馬王堆漢墓醫書校釋(貳)》，第123頁。

部,二字古音一樣,古書相通之例也很多。① "宗廟之祠"爲委婉語,實即國家之事。"宗廟之祠"之後《帛書肆》及《集成》所加的逗號亦應删除。

五、《合陰陽》簡108+109+110:徵備乃上,上揕而勿【108】内,以致其氣。氣至,深内而上撅之,以抒其熱,因復下反之,毋使其【109】氣歇,而女乃大竭。

"撅",《帛書肆》認爲:"讀爲厥,②《左傳》襄公十九年注:'猶拔也。'"按,"拔"後有賓語"之",指女陰,若把"拔之"訓爲上拔女陰顯然不通。馬繼興讀"撅"爲"蹶",並引《爾雅·釋詁》訓"蹶、動也",③這應該是正確的,《集成》未能采用。按,《詩·大雅·緜》"文王蹶厥生",毛傳"蹶,動也";《詩·大雅·板》"天之方蹶,無然泄泄",毛傳"蹶,動也";《文選·風賦》"厥石伐木",李善注"蹶,動也"。又典籍中"撅"字尚有其他訓解,如《集韻·薛韻》"撅,撥也";《廣雅·釋詁二》"撅,搔也",亦是由動義引申而來。

六、《天下至道談》簡18:如水沫淫,如春秋氣,往者弗見,吾得其功;來者弗覩,吾饗其賞。

"吾得其功"之"吾"字《帛書肆》釋爲"不",④諸家多承之。按,此字《集成》的圖版作"▨"形,已很不清楚,但在《帛書肆》作"▨"、《發掘報告》作"▨",很明顯是"吾"字,"往者弗見,吾得其功""來者弗覩,吾饗其賞"二句結構也正好一致。"吾"字《發掘報告》已釋出,⑤但《集成》未能采納。

---

① 參看高亨、董治安:《古字通假會典》,齊魯書社,1989年7月,第390頁。
② 按"厥"《集成》誤印爲"麼"。
③ 周一謀、蕭佐桃主編:《馬王堆醫書考注》,第986頁。
④ 馬王堆漢墓整理小組:《馬王堆漢墓帛書[肆]》,第163頁。
⑤ 湖南省博物館、湖南省文物考古研究所:《長沙馬王堆二、三號漢墓·第一卷·田野考古發掘報告》,文物出版社,2004年7月,第83頁。

七、《天下至道談》簡 22：將欲治之，必害其言，踵以玉閉，可以壹仙。

"害"，《帛書肆》疑爲"審"字之誤。① 魏啓鵬、胡翔驊讀爲"憲"，認爲是效法的意思。② 按，"害"應讀爲"會"，"害""會"皆匣紐月部，音近可通。"必會其言"也就是"必合其言"，意思是要順隨女方的言語。

八、《天下至道談》簡 56＋57＋58：壹【56】已清涼出，再已而臭如靡骨，三已而燥，四已而膏，五已而薌，六已而精如黍粱，七已而弟，八【57】已而脂，九已而膩，十已而灑，灑而復滑，朝氣乃出。

此句可參《合陰陽》簡 129＋130＋131："一已而清涼出，再已而臭如燔骨，三已而燥，四已【129】而膏，五已而薌，六已而滑，七已而蘧，八已而脂，九已而膠，【130】十已而纕，纕已復滑，清涼復出，是謂大卒。"

《天下至道談》的"弟"《帛書肆》誤釋作"憈"，③《集成》已改爲"弟"，並言與《合陰陽》的"蘧"爲一音之轉。④ 這是正確的，但《集成》未說明"弟"是什麼意思。《合陰陽》的"蘧"，《帛書肆》釋爲"遲"；⑤《考注》認爲是"持久"的意思；⑥馬繼興認爲是"緩慢"的意思，⑦諸說均不通順。按，"弟""蘧"應讀爲"涕"，是說女子陰水猶如涕狀流出。

九、《天下至道談》簡 65＋66：凡牡之屬摩表，凡牝之屬摩裏，此謂陰陽之數，牝牡之理，爲之【65】弗得，過在數已。嬲樂之要，務在遲久。苟能遲久，女乃大喜。

"數已"，《考注》認爲"已"是用的意思，"數已"即多次交合；⑧馬繼興認爲"已"是甚的意思。⑨ 按，"數已"應讀爲"速已"，"數"生紐侯部，"速"心紐屋部，古音可通，二字在典籍中也有很多通用的例子，如《周禮·考工

---

① 馬王堆漢墓整理小組：《馬王堆漢墓帛書[肆]》，第 150 頁。
② 魏啓鵬、胡翔驊：《馬王堆漢墓醫書校釋(貳)》，第 144—145 頁。
③ 馬王堆漢墓整理小組：《馬王堆漢墓帛書[肆]》，第 166 頁。
④ 裘錫圭主編：《長沙馬王堆漢墓簡帛集成》第陸冊，第 169 頁。
⑤ 馬王堆漢墓整理小組：《馬王堆漢墓帛書[肆]》，第 156 頁。
⑥ 周一謀、蕭佐桃主編：《馬王堆醫書考注》，第 407—408 頁。
⑦ 馬繼興：《馬王堆古醫書考釋》，第 999—1001 頁。
⑧ 周一謀、蕭佐桃主編：《馬王堆醫書考注》，第 441 頁。
⑨ 馬繼興：《馬王堆古醫書考釋》，第 1071—1072 頁。

記・弓人》"則莫能以速中",鄭注"故書速或作數";《禮記・曾子問》"不知其已之遲數",鄭注"數讀爲速"。① "速已"就是説男女交媾很快就停止了,此爲大過,正承後文"嬲樂之要,務在遲久"而言。

小文得到周波先生的指正,特此致謝!

【發表情况】單育辰:《〈長沙馬王堆漢墓簡帛集成〉房中術竹簡校訂》,蘭州:首届絲綢之路(敦煌)國際文化博覽會系列活動——簡牘學國際學術研討會,2016年8月。後刊於《甘肅省第三届簡牘學國際學術研討會論文集》,上海辭書出版社,2017年12月,第650—654頁。

---

① 參看高亨、董治安:《古字通假會典》,第358頁。

也談張家山漢簡中的
"偏捕""偏告"

在《商君書·算地》中有這麽幾句話：

(1) 故天下一宅，而圜身資。民資重於身，而偏託勢於外，挾重資，歸偏家，堯、舜之所難也；故湯、武禁之，則功立而名成。

(2) 故聖人之爲國也，民資藏於地，而偏託危於外。資於地則樸，託危於外則惑。民入則樸，出則惑，故其農勉而戰戡也。

其中的這三個"偏"，注家或把它們分別理解爲"徧""邪""少"；①或把它們理解爲"專好""自己""專好"；②或把它們都釋爲"徧"，③依我們理解，這幾種解釋都有問題。從文義上看，這三個"偏"都應該是一個意思，把它們分立三或二義，明顯不合；如果把首末兩個"偏"理解爲"徧"，於文義倒是能說通，但中間一個"偏家"理解爲"徧家"則甚難講通。

我們認爲，這三個"偏"，應該是指"除己方之外的他方"的意思，何以言之？己方和他方猶如一直綫之二端，非己方一端即是他方一端，故若非己方而是他方即以"偏"言之。這樣理解之後，(1)的"偏託勢於外"即言"不是托勢於己國而托勢於他(外)國"；"歸偏家"即言"不是歸向己國而歸向他(外)國"；(2)的"偏託危於外"即言"不是托危於己國而是托危於他(外)國"(猶"依托於外國則危")。這樣理解之後，文義頗覺順暢。

---

① 高亨：《商君書注譯》，中華書局，1974年11月，第66—69頁。
② 賀凌虛：《商君書今注今譯》，臺灣商務印書館，1987年3月，第66—68頁。
③ 張覺：《商君書全譯》，貴州人民出版社，1993年10月，第86—90頁。

由此我們不由地聯想到張家山 M247 號漢墓竹簡也出現過的一些"偏"字：

(3)《二年律令·賊律》簡1+2：以城邑亭障反，降諸侯，及守乘城亭障，諸侯人來攻盜，不堅守而棄去之，若降之，及謀反者，皆【1】腰斬。其父母、妻子、同產，無少長皆棄市。其坐謀反者，能偏捕，若先告吏，皆除坐者罪。

(4)《二年律令·盜律》簡68+69：劫人、謀劫人求錢財，雖未得若未劫，皆磔之。罪其妻子，以爲城旦舂。其妻子當坐者偏捕；若告吏，吏【68】捕得之，皆除坐者罪。

(5)《二年律令·盜律》簡72+73：諸予劫人者錢財及爲人劫者，同居【72】知弗告吏，皆與劫人者同罪。劫人者去，未盈一日，能自頗捕，若偏告吏，皆除。

(6)《二年律令·告律》簡130+131：令、丞、令史或偏先自【130】得之，相除。

其中的這些"偏"字，學者皆以爲難懂，陳偉先生曾整理過學者們對這些"偏"字的解釋，大概有以下幾種：

張家山漢簡整理者把它們理解爲"徧"、①王子今先生理解爲"佐"、②何有祖先生理解爲"少數"，③陳偉先生在歸納了這幾種意見後，對這裏的"偏"提出了一個新的解釋，認爲它們指"共犯(或連坐者)中的任何一方"。④

現在我們有了《商君書》"偏"字的例證，便發覺張家山漢簡中的"偏"最好也理解爲"除己方之外的他方"的意思。

(3)、(4)中的"偏捕"是指捕得除自己之外的其他罪犯，這裏的"偏捕"

---

① 張家山二四七號漢墓竹簡整理小組：《張家山漢墓竹簡[二四七號墓]》，文物出版社，2001年11月，第133、144、144、151頁。

② 王子今：《張家山漢簡〈賊律〉"偏捕"試解》，《中原文物》2003年第1期，第44—45頁。

③ 何有祖：《張家山漢簡〈二年律令〉之〈賊律〉〈盜律〉〈告律〉〈捕律〉〈復律〉〈興律〉〈徭律〉諸篇集釋》，指導教師：李天虹，武漢大學碩士學位論文，2005年5月，第7頁。

④ 陳偉：《〈二年律令〉"偏(頗)捕(告)"新詮》，"簡帛"網，2009年2月10日。

是同"自己捕捉自己,向官府自首"相對而言的。(3)"其坐謀反者,能偏捕,若先告吏,皆除坐者罪"是說"那些因謀反而連坐的人,如果能捕得謀反者,或者在謀反未發之前先向官府報告,連坐者只要有這兩種行爲,都可以免除連坐之罪行"。(4)"其妻子當坐者偏捕;若告吏,吏捕得之,皆除坐者罪"是說"那些妻子、兒女應該連坐者如果捕得罪犯;或者向官府報告,官吏因此捕得罪犯,連坐者有這兩種行爲,都可以免除連坐之罪"。

(5)"劫人者去,未盈一日,能自頗捕,若偏告吏,皆除"是說"劫犯離開,不到一天,知情人能夠捕得一些劫犯或者向官府報告劫犯,有這兩種行爲的,知情人都可以除罪"。這裏的"偏告"是指知情人向官府報告除作爲知情人的自己之外的其他劫犯,是同"自告"相對而言的,①也就是說,知情人向官府"自告"自己知情的罪行還不能免罪,還要向官府"偏告"除自己之外的那些劫犯才能免罪,法律文書用字之嚴密,由此可見一斑。

(6)"令、丞、令史或偏先自得之,相除"是說"令、丞、令史或者先前自己得到了,令、丞、令史就可以免除罪行"。

這裏再附帶說一下張家山漢簡中的"頗"字,它們有如下數例:

(7)《二年律令·盜律》簡71:相與謀劫人、劫人,而能頗捕其輿,若告吏,吏捕頗得之,除告者罪,又購錢人五萬。

(8)《二年律令·盜律》簡73:劫人者去,未盈一日,能自頗捕,若偏告吏,皆除。

(9)《二年律令·錢律》簡201:盜鑄錢及佐者,棄市。同居不告,贖耐。正典、田典、伍人不告,罰金四兩。或頗告,皆相除。

(10)《二年律令·錢律》簡206+207:盜鑄錢及佐者,知人盜鑄錢,爲買銅、炭,及爲行其新錢,若爲通之,而能頗相捕,若先自告、告其輿,吏捕【206】頗得之,除捕者罪。

(11)《二年律令·錢律》簡208:諸謀盜鑄錢,頗有其器具未鑄者,皆黥以爲城旦舂。

---

① 漢律中"自告"是指"當事人上告自己犯罪",並沒有"當事人上告別人犯罪"的意思,參《二年律令》簡101"諸欲告罪人及有罪先自告而遠其縣廷者"、簡206"若先自告、告其輿"。"自告"與"告罪人""告其輿"分判甚明。

我們曾在《秦簡"柀"字釋義》一文中探討了漢簡中的這些"頗"字的意義，認爲它們是程度副詞，有"或多或少"的意思，①我們這樣的理解雖然不能算錯，但對詞義的界定並不準確，以致有些學者對"頗"有"或多或少"之義提出質疑，如陳偉先生認爲："在《盜律》71—73 號簡中説：'所捕、告得者多，以人數購之。'(辰按，即本文例 5)這裏所説的'告'，是指上文'若告吏'；而所説的'捕'，是指上文的'頗捕其與'。既然'頗捕其與'的'得者'可能是多，也就可能會是少，從而修飾'捕'的'頗'本身就不應該帶有'多'或者'少'的意思。這與上面對於'偏捕'之'偏'的分析彼此印證。"並認爲"頗"也是"共犯（或連坐者）中的任何一方"的意思；②劉雲先生則説："5 中的'頗'（辰按，即本文例 7）若理解爲程度副詞，無論其是表示小部分還是大部分，都是建立在一個大前提下的，那就是'相與謀劫人、劫人'的罪犯必須是四人以上，因爲只有這樣才能當其中的一個罪犯告密的時候，能夠剩下足夠多的（至少三個）罪犯可以供官吏逮捕時能'頗捕'（捕到小部分或大部分的罪犯），因爲剩下的罪犯若低於三個的話，即一個或兩個，是無所謂'頗捕'的。而這個大前提是很荒謬的，因爲用來瓦解犯罪團伙的法律卻只適用於四個人（包括四個）以上的團伙是不可能的。"並且認爲漢律中的"頗"應讀爲"果"。③

這些學者對"頗"字的新解，或許與我們對"頗"字的詞義未界定明白有點關係，我們認爲劉釗先生在《説張家山漢簡〈二年律令〉中的"頗"》一文中對"頗"這一詞的理解最爲準確，他説："'頗'……表示的正是難以弄清或不需具體説明的某種數量，如前所論，可以譯爲'有所''有些''一定數量''多少'等。"④一言以蔽之，作爲程度副詞的"頗"其實是一個表示不定數量或不定程度的副詞，既可以表示多，也可以表示少，還可以表示數量並不明確。在現代漢語中，表示不定數量或不定程度的副詞常常使用

---

① 單育辰：《秦簡"柀"字釋義》，《江漢考古》2007 年第 4 期，第 81—84 轉 37 頁。
② 陳偉：《〈二年律令〉"偏（頗）捕(告)"新詮》。
③ 劉雲：《也説〈二年律令〉中的"頗"字——兼談睡虎地秦簡中的"柀"字》，"簡帛"網，2009 年 2 月 13 日。
④ 劉釗：《説張家山漢簡〈二年律令〉中的"頗"》，《簡帛》第三輯，上海古籍出版社，2008 年 10 月，第 229—234 頁。劉釗先生此説承自徐朝華：《漢代的副詞"頗"》，《紀念馬漢麟先生學術論文集》，南開大學出版社，1998 年 11 月，第 55—75 頁。

"一些""多少"等詞來表示，它們與"頗"字的用法相近。由此，我們在《秦簡"柀"字釋義》一文中所引的秦簡的"柀（頗）"和漢簡的"頗"諸例都應以劉釗先生的這種界定來做解釋。

【編按】在典籍及出土文獻中，"偏"字確有陳偉先生認爲的"多方中的一方"的意思，"偏"之此義又可參施謝捷《馬王堆帛書〈陰陽脉死候〉考釋札記（五則）》（《紀念馬王堆漢墓發掘四十週年國際學術研討會論文集》，嶽麓書社，2016 年 10 月，第 232—233 頁）、冀小軍《説〈二年律令〉的"偏"字——兼談與之相關的幾個問題》（《中國文字學報》第七輯，商務印書館，2017 年 7 月，第 149—168 頁）。若聯繫上下文，有些語境中"偏"之"多方中的一方"的意義是不包括己方的，小文認爲《商君書·算地》、張家山 M247 號漢墓竹簡中的諸例"偏"有"除己方之外的他方"其實也是由"多方中的一方"引申出的意義，如果更準確的話，小文所舉(1)—(6)諸例"偏"字應理解爲"多方中的一方，但不包括己方"。

【發表情況】單育辰：《也談張家山漢簡中的"偏捕""偏告"》，"簡帛"網，2009 年 10 月 6 日。後發表於蘭州："甘肅省第二屆簡牘學國際學術研討會"會議論文，2011 年 8 月。刊於《甘肅省第二屆簡牘學國際學術研討會論文集》，上海古籍出版社，2012 年 12 月，第 331—334 頁。

隨州孔家坡漢墓簡牘釋文訂補

《隨州孔家坡漢墓簡牘》所收圖版大都清晰可辨,整理水平也很高,①在發表後的幾年裏,有不少學者對原始釋文進行了訂正考辨,不過仍有賸義可尋。下面我們準備摘擇幾條,以向大家求教。

1.《日書·星官》簡59:不可取(娶)妻、嫁女。雖它大吉,勿用。

"勿"整理者誤釋爲"毋"。

2.《日書·嫁女》簡179:丙申、丁酉,天地相去也;庚申、辛酉,漢河相去也;壬申、癸酉,參辰相去也。

"漢河"整理者誤釋爲"溝河",陸平先生已改釋爲"漢",但他把"漢"理解爲"天河"則有誤。②"漢"指漢水、"河"指黃河,二者水道絶不相屬,和上面的"天地""參辰"對應。《古詩十九首》:"迢迢牽牛星,皎皎河漢女。"指牛郎、織女如河、漢之相阻隔。古語多云"如河、漢之不相涉",亦此意。

3.《日書·五子》簡182貳:五子不可以祠百鬼,得爲困。

首二字"五子"上有一橫杠,上有篇題,已漶漫,作" ",或即"五子"二字。整理者未言。

4.《日書·入官》簡196:入官,寅、巳、子、丑,吉。申,不計徙。亥,易去。戌,行。卯,凶。

此簡言任官日期之禁忌。"易"整理者疑讀爲"傷"。此句和睡虎地秦

---

① 湖北省文物考古研究所、隨州市考古隊:《隨州孔家坡漢墓簡牘》,文物出版社,2006年6月。

② 陸平:《漢簡"參辰"小議》,"簡帛"網,2008年7月26日。

簡《日書乙種·入官》大致相同,其中相關句作:"子、丑入官,久,七徙。【二二八貳】戌入官,行。【二二九貳】亥入官,傷去。【二三〇貳】申入官,不計而徙。【二三一貳】酉入官,有罪。【二三二貳】卯入官,兇。【二三三貳】"孔家坡的"易"秦簡作"傷"。它們都應是"易"的訛字,言以亥日入官易離職而去。

5.《日書·井》簡231:爲竈,忌辛、壬。

"竈"作"▨"形,乃從"穴"從"黽",即"竈"。整理者未釋。

6.《日書·直室門》簡288壹:食過門:……喪,家門乃多恙。反是,主必屍。

睡虎地秦簡《日書甲種·直室門》簡一二四正貳相關之句作:"食過門,大凶,五歲弗更,其主瘣(癟)。""屍"疑來源於楚文字的"劉"(包山簡60、67等),"劉"在上博二《容成氏》作"戩",其簡16"戩疫不至","戩"用爲"癘"。此簡的"屍"疑亦用爲"癘"。

7.《日書·蓋屋、築室》簡248:秋乙丑、巳、未,己未,丁丑,无〈未〉。

最後一個"未"訛寫爲"无",整理者徑釋爲"未"。又《日書》簡34:"小事果成,大事有慶,它事无小大盡吉。""无",整理者釋爲"未","未小大"不辭,查圖版作"▨",應即"无",讀爲"無"。

8.《日書·直室門》簡292壹:起門:……□必蓋之。

睡虎地秦簡《日書甲種·直室門》簡一一五正叁相關之句作:"起門,八歲昌,十六歲弗更,乃去。"和此頗有不同。孔家坡的"必"仍存殘形"▨",整理者未釋。

9.《日書·死》簡360壹:申有疾,……患早殤。

按,前簡言"患三公主""患大父""患高姑姊□"等,可知"早殤"亦已死鬼之名,但"旱殤"不辭,"旱"應爲"早"之訛。

10.《日書·天牢》中的天牢圖,從外數第三圈簡354貳那個字,整理者釋爲"亥",按,是"丑"字。

11.《日書·生子》簡389貳:卅五年以壬子死。一曰廿年。

整理者在"廿年"後釋有"死"字。查圖版"廿年"後無字。

12.《日書·占》簡403：……□不雨，大旱，至百日。

"不"作" "，整理者疑爲"夭"，按，應是"不"。"至百日"整理者釋爲"至六日"，六日不成大旱，查圖版，作" "，實是"百"字。

13.《日書·糴》簡449：風從南方來，糴糴……

"糴"下有重文符，整理者未釋出。也有可能與下面簡450殘缺之處連讀爲"糴□。糴□……"。

14.《日書·始種》簡452：正月七日、二月十四日、三月廿一日、四月八月〈日〉。

"四月八日"的"日"訛寫爲"月"，整理者徑釋爲"日"。

15.《日書·始種》簡453：五月東井，利澍（樹）藍、韭，司清。

"司清"整理者未注，按，應讀作"治圊"，"圊"，《釋名·釋宮室》："廁，……或曰圊，至穢之處宜常修治使潔清也。""治圊"即修治廁所。藍草和韭菜都嗜糞肥，故需治圊。韭菜生長離不開糞肥今尚爲人知，而藍草則多已不知栽培之法。《農政全書》卷四〇引《便民圖纂》述植藍之法云："正月中，以布袋盛子浸之。芽出，撒地上，用糞灰覆蓋。待放葉，澆水糞。長二寸許，分栽成行，仍用水糞澆活。至五六月，烈日內將糞水潑葉上，約五六次，俟葉厚方割。"又，《農政全書》引《齊民要術》述植韭之法："以升盞合地爲處，布子於圍內。薅令常淨。（原注：韭性多穢，數薅爲良）。高數寸，剪之。初種，歲止一剪。至正月，掃去畦中陳葉。凍解，以鐵杷耬起，下水，加熟糞。韭高三寸，便剪之。"[1]

16.《日書·歲》簡463：是胃（謂）五勝，勝者以占強弱。

"勝"下有重文符，整理者未釋出。

17.《告地書》：庫嗇夫辟與奴宜馬、取、宜之、益衆，婢益夫、來衆。

婢"來衆"的"來"作" "，整理者誤釋爲"末"。按，"來衆"之起名正可以和奴名"益衆"、婢名"益夫"相比。又，這些奴婢的名字過於整齊劃一，頗疑本是子虛烏有之人。

---

[1] "韭""藍"嗜糞肥的特性可參看[明]徐光啓撰，石聲漢校注：《農政全書校注》"藍""韭"條，上海古籍出版社，1985年6月，第722—724、1114—1116頁。

【發表情況】單育辰:《佔畢隨録之十二》,"簡帛"網,2010 年 3 月 15 日。後以《隨州孔家坡漢墓簡牘釋文訂補》爲名,刊於《中國簡帛學刊》第二輯,齊魯書社,2018 年 9 月,第 151—154 頁。

北大藏漢簡《妄稽》釋文校訂

　　北大藏漢簡四於近期出版，①其中《妄稽》是一長篇漢賦，整理者做了很好的編聯與釋讀，大大方便了學者的研究，但簡文還有不少疑難，需要較長時間來解決，非一朝可奏其功。小文擬分爲"釋字""破讀""編聯""文義理解"四個方面對其做出一些補訂，其中非關鍵地方的釋讀還吸取了其他學者的意見，爲簡潔起見，就不一一出注了。不當之處，還請方家指正。

一、釋　　字

　　（1）簡 11：雞鳴善飾，乃尚入諫。

　　整理者把後四字讀爲"乃尚（當）人諫"，按，所謂的"人"作 形，實是"入"字，可參簡 9、25、46、62、74（兩見）之"入"作 、 、 、 、 、 ，而與簡 4、6、13、15、16、47、48、57、58、59、65、74、77、79（三見）"人"形作 、 、 、 、 、 、 、 、 、 不同。兩字的區別是"入"的左撇要更直一些，而"人"則左撇右捺爲等角度傾斜，與漢隸中"人""入"的一般寫法是一致的。"入諫"一詞古書也多見。但此篇"人""入"也偶見訛混之例，如簡 34"逃入北房"之"入"作

---

　　①　北京大學出土文獻研究所：《北京大學藏西漢竹書[肆]》，上海古籍出版社，2015 年 10 月。

462　佔畢隨錄

■，即訛爲"人"形。另外"尚"整理者破讀爲"當",也可能如字讀,是還的意思。

(2) 簡 25:走往走來,手若抈■。

"手"下兩字作下形:

整理者未釋,"楊元途"疑爲"昌"字。① 按此字與簡 3、8、16"若"作■、■、■形對比,可以肯定爲"若"。"若"下一字整理者亦未釋,"楊元途"認爲右從"勺",是正確的,但疑其左旁從"氵"則誤,應從"手",可參簡 3■(抚)、簡 6■(拼)、簡 29■(抹)、簡 31■(抱)等所從之"手"旁,其兩橫上挑的寫法尤其與"抹"字"手"旁相合,但其豎筆正好殘泐了而已,此字實即"抈"字。

(3) 簡 29:■純以■,沐膏抹端。

最後一字整理者未識,"楊元途"疑右從"旨",② 按其字作■形,右實從"耑"。參簡 81 之"端"作■,右旁與其很近。此字從殘留筆畫看,左旁可能也從"立",實即"端"字。

(4) 簡 30+31:三目之■,走游(遊)於【30】堂。

"走"作下形:

整理者未釋,"落葉掃秋風"疑爲"荐"字。③ 按,此字下從"止"還是非常明顯的,對比本篇簡 25、33、78 中的"走"作■、■、■形,其釋

———————
① "楊元途":《北大漢簡〈妄稽〉〈反淫〉校讀筆記》,"復旦大學出土文獻與古文字研究中心"網,2016 年 6 月 3 日。
② "楊元途":《北大漢簡〈妄稽〉〈反淫〉校讀筆記》。
③ "易泉":《北大漢簡〈妄稽〉初讀》,"簡帛"網論壇,2016 年 6 月 4 日,"落葉掃秋風"2016 年 6 月 8 日第 25 樓的發言。

"走"應無疑義,但其下的"止"形寫得略窄(其上半形亦窄,正與之對應)。此字左旁似有一豎,但只是墨痕,並非筆畫,不可誤認。"走遊"一詞可參《肘後備急方》卷二"并治賊風走遊皮膚",典籍多作"遊走",如《宋書》卷七十二"時廢帝單馬獨出,遊走郊野"、《魏書》卷九十八"昭業微服而出,遊走里市"。

(5) 簡 70:上堂扶(匍)服(伏),卑(比)耳户樞。

"耳"作 ▨ 形,整理者釋爲"身",誤。參簡 8 之"身"作 ▨、▨,與之不同。"卑耳"應讀爲"比耳",清華六《鄭武夫人規孺子》簡 5"自衛與鄭若卑耳而謀",其中之"卑"王挺斌先生讀爲"比",[①]蕭旭先生認爲"卑耳"亦猶典籍之"辟呀"。[②] 這些都是正確的,"卑耳"即把耳朵貼近的意思,正與"匍伏"對應。[③]

(6) 簡 80+81:孺子誠有賜小【80】妾矣,妾命以衷心報。

"命"作 ▨ 形,整理者釋爲"合",忽略了右邊的筆畫,明顯不確。此"命"或是受命的意思,可參簡 44"命舍周春""命"字用法。

(7) 簡 82:□□□君,施肩者四。

此簡上殘,首字作 ▨ 形,似是"君"字。

(8) 簡 86:朝勸出棄,暮趣遂〈逐〉去。

"勸"作 ▨ 形,整理者釋爲"獾",和本篇的"犭"旁作 ▨(簡 30 狗)、"力"旁作 ▨(簡 3 勁)對比,明顯從"力"不從"犭"。"遂"爲"逐"之訛字,應從劉建民、漆雕夢佳兩先生釋。[④]

---

① 清華大學出土文獻讀書會:《清華六整理報告補正》,"清華大學出土文獻研究與保護中心"網,2016 年 4 月 16 日。
② "天鑾":《釋〈清華六·管仲〉的"䖒"》,"復旦大學出土文獻與古文字研究中心"網,2016 年 4 月 16 日,蕭旭 2016 年 4 月 16 日第 1 樓發言。又,蕭旭:《唐五代佛經音義書同源詞例考》,"復旦大學出土文獻與古文字研究中心"網,2011 年 8 月 15 日。
③ "匍伏"從陳劍先生釋,參陳劍:《〈妄稽〉〈反淫〉校字拾遺》,"復旦大學出土文獻與古文字研究中心"網,2016 年 7 月 4 日。
④ 劉建民、漆雕夢佳:《西漢竹書〈妄稽〉補釋札記二則》,《出土文獻》第十一輯,中西書局,2017 年 10 月,第 325—327 頁。

二、破　讀

(9) 簡 6：股不盈抈，脛大五搤（握）。

"搤"整理者讀爲"籔"，並訓爲尺，"楊元途"已駁其説云："'尺'是'尺度'之'尺'，是指測量長度的標準，是比較抽象的概念，而非具體的長度單位。"[1]其言甚確。"搤"應從整理者最初的意見讀爲"握"，[2]"搤"從"惡"得聲，"惡"影紐鐸部，"握"影紐屋部，二字聲紐相同，韻部旁轉。鐸、屋二部相通之例如《禮記·少儀》"乃問犬名"鄭注"宋鵲"，正義引《新論》作"宋猚"，"鵲"鐸部，"猚"屋部；《史記·佞幸列傳》"鄧通常爲帝唶吮之"，《漢書·佞幸傳》作"鄧通常爲上嗽吮之"，"唶"鐸部，"嗽"屋部；《史記·孔子世家》"鳴犢"，索隱引《國語》作"鳴鐸"，"犢"屋部，"鐸"鐸部；《書·盤庚上》"格汝衆"，《白虎通·號》引《書》作"裕汝衆"，"格"鐸部，"裕"屋部等等。所以"搤""握"二字古音很接近。從文義上看，"搤"讀爲"握"也是很合適的，"五握"形容其大腿之粗壯。

(10) 簡 13：君固（姑）察吾言，毋急求勝。

"固"整理者未破讀，按應讀爲"姑"，是姑且的意思。

(11) 簡 22：眺目鉤折，蟻（蛾）犁（眉）睞（睫）管。

後四字整理者讀爲"蟻犁睞（睫）管"，並説"犁"通黧，黑色，而"蟻"蟲色黑，故"蟻犁"是黑色的意思。按，此説難通。"蟻犁"應讀爲"蛾眉"，"蟻""蛾"都是疑紐歌部，"蟻"即從"我"得聲，所以二字相通是没有問題的。"犁"來紐脂部，"眉"明紐脂部，二字古音也很近。"睞"整理者認爲通"睫"，"睞管"是説睫毛像管一樣細長，此説也十分可疑。若與前面的"蛾"對照看，"睞"有可能通"蛺"或"蝶"，即蝴蝶。"蝶管"不知所指爲何，或是指如管孔的瞳孔如蝴蝶一樣色彩動人？

(12) 簡 55：錐甕之，蚤（搔）列（裂）之。

"蚤列"整理者釋爲"早死"。按第二字字形作 ，王挺斌先生已指出其與本篇簡 9 等"死"作 形不同，"左上一横兩端以及中間有明顯的

---

[1] "楊元途"：《北大漢簡〈妄稽〉〈反淫〉校讀筆記》。
[2] 何晋：《北大漢簡〈妄稽〉簡述》，《文物》2011 年第 6 期，第 76 頁。

尖突之筆，與本篇的幾個'死'上橫平直之筆有別"，應是"列"字。① 其所言是，秦漢文字中"列"右旁的刀常訛變爲人形，和"死"字已寫得非常相近。② 但"蚤列"不如讀爲"搔裂"，言抓裂其皮膚或衣服等，正與上面的"錐虺"同爲虐打動作相應(本簡又言"疏齗鉗錯，疾齜噬之。將背去之，又踵虺之")。

（13）簡 69：日短歲舩（遥），命毋衆辭。

"舩"整理者隸定爲"舭"，有誤，應從"易泉"隸定爲"舩"。③ 此字整理者讀爲"迢"，蕭旭先生則讀爲"魛"，訓短。④ 按"迢"字古文獻中出現較晚，且更側重於空間上的遠，用於此處不確。⑤ "舩"應讀爲"遥"，"舩"從召聲，"召"章紐宵部，"遥"喻紐宵部，二字古音很近。如典籍常見"招摇"即爲叠韵聯綿詞。⑥ 整句文義謂一天很短，但一年很長，今天就不要與衆人表白無罪了(此小句對應簡 66＋67"賓客畢請，【66】自問之")，哪天再說吧。

三、編　　聯

（14）簡 17 與簡 18 可以直接編聯。

簡 17 與簡 18 整理者認爲從簡背劃痕看，中間似缺一簡。按，因竹簡削

---

① "易泉"：《北大漢簡〈妄稽〉初讀》，"東潮"2016 年 6 月 7 日第 18 樓的發言、"落葉掃秋風"2016 年 6 月 7 日第 30 樓的發言。又王挺斌：《北大簡〈妄稽〉與〈反淫〉研讀札記》，"簡帛"網，2016 年 6 月 29 日。

② "死""列"二字字形參方勇：《秦簡牘文字編》，福建人民出版社，2012 年 12 月，第 114、123 頁。于淼：《漢代隸書異體字表與相關問題研究·上編》，吉林大學博士學位論文，指導教師：吴振武，2015 年 5 月，第 170、186 頁。蘇建洲：《北大簡〈老子〉字詞補正與相關問題討論》，《中國文字》新四十一期，藝文印書館，2015 年 7 月，第 97—99 頁。

③ "易泉"：《北大漢簡〈妄稽〉初讀》，"易泉"2016 年 6 月 5 日第 4 樓的發言。又，何有祖：《讀北大簡〈妄稽〉條記（一）》，"簡帛"網，2016 年 6 月 5 日。

④ "易泉"：《北大漢簡〈妄稽〉初讀》，蕭旭 2016 年 6 月 6 日第 14 樓的發言。又，蕭旭：《北大漢簡（四）〈妄稽〉校補》，"復旦大學出土文獻與古文字研究中心"網，2016 年 7 月 4 日。

⑤ 此承張傳官先生示知。

⑥ 承范常喜先生告知，《楚辭·九歌·國殤》"出不入兮往不反，平原忽兮路超遠"中之"超遠"義即遥遠。

錯、寫錯等原因,可能拋棄一或數支簡,簡背劃痕只能起輔助作用。① 其缺不缺簡主要還是看文義是否通順,從本篇兩簡來看:"姑舅謂妄稽:'爾不自量。爾貌可以懼魅,又何辯傷? 爾自妒【17】議買妾,乃稱殷王。吾子蓄一妾,因何遽傷?'"兩簡銜接處"爾自妒議買妾"的意思是"你自己嫉妒而非議買妾之事",已經非常通順,且文意上也無多贅述一簡(每支簡容約 34 字)的必要。

(15) 簡 73 與簡 74 可直接編聯。

簡 73 與簡 74 整理者亦認爲從簡背劃痕看,中間似缺一簡。按,從兩簡看:"妄稽將死,乃召吏【73】而遺言,曰:'淮北有惡人焉,中淮跂。洎(洟)則入口,湮(唾)則入鼻。'"已經很通順,且文意上也無多贅述一簡的必要。

(16) 簡 74 與簡 75 間應缺一簡。

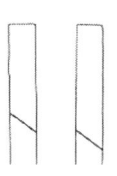

整理者把簡 74 與簡 75 連讀成:"鞠(掬)李而投之面,李盡不棄。暱(妟)可攬而【74】讕? 汝固羞父兄,計何子?"從文義上看連讀非常困難,並且簡背劃痕作下面之狀,並不能緊密銜接。②

後來陳劍先生根據押韻情況把簡 82 放入 74 之後,③可以考慮。但若如其説,則簡 82 與簡 75 仍不能連讀,其間尚有缺簡。

四、文 義 理 解

(17) 簡 8:身若猬棘,必好抱貓。口臭腐鼠,必欲鉗須(鬚)。

"鉗須"整理者"疑謂與人貼面親近"。整理者對文意的把握是正確

---

① 參賈連翔:《戰國竹書形制及相關問題研究——以清華大學藏戰國竹簡爲中心》,中西書局,2015 年 10 月,第 88—102 頁。賈先生指出如按簡背劃痕來看,清華一《尹至》簡 4 與簡 5 間缺一支簡,《尹誥》簡 3 與簡 4 間缺兩支簡,《耆夜》簡 2 與簡 3 間缺兩支簡,但從文義看,諸篇這些簡之間並無缺簡等情況。
② 此意見最初發表在"勞曉森":《北大漢簡〈妄稽〉編聯一則》,"復旦大學出土文獻與古文字研究中心"網,2016 年 6 月 7 日,"ee"2016 年 6 月 19 日第 3 樓的發言。
③ 陳劍:《〈妄稽〉〈反淫〉校字拾遺》,陳劍 2016 年 7 月 10 日第 4 樓的發言。

的,但對兩字未有解釋。"鉗"應該是鑷、夾的意思,"須"通"鬚","鉗鬚"即鑷去別人的胡鬚之義,因鉗鬚必然要身體貼近,但妄稽口臭,別人難以承受,正與上面的"身若猬棘,抱别人之軀"義相應。

(18) 簡 17+18：爾自妦【17】議買妾,乃稱殷王。

"殷王"整理者説："'王',疑此讀作'旺',多,與'殷'同義。"注釋有誤,"殷王"之王即帝王之王,指上文的殷紂,正相應簡 16 妄稽所言："殷紂大亂,用彼妲己。殺身亡國,唯美之以。"

(19) 簡 29+30：流項之有【29】濺(璣),狗桀裕,馬躍往。來之裴裴,賣(央)婁之綻,夏襏短裳。

整理者斷讀爲："流項□有,【29】璣狗桀裕,馬躍往來之裴。賣(央)婁之綻,夏襏短裳。"①按,此處不如斷讀爲："流項之有【29】璣,狗桀裕,馬躍往。來之裴裴,賣(央)婁之綻,夏襏短裳。"第三個"之"字從"落葉掃秋風"釋。這樣斷讀後"狗""馬"相對,且"往""裳"也與下句的"光""堂"都押陽部韻。"桀裕"應是形容動作的。"裴"下有重文符,整理者在釋文注釋中亦未指出(但在圖版釋文中卻標出)。"裴裴"後來蕭旭先生指出應爲裴回之義。②

小文得到張傳官、范常喜先生的指正,特此致謝。

[發表情況]本文最初觀點以網名"ee"發表於"易泉"：《北大漢簡〈妄稽〉初讀》,"簡帛"網論壇,2016 年 6 月 4 日,"ee"2016 年 6 月 8 日第 22 樓(對應本文第九、一、三、四、十三、十五、八則)、2016 年 6 月 13 日第 35 樓(對應本文第十、十一則)、2016 年 6 月 15 日第 36 樓(對應本文第十七、十九則)、2016 年 6 月 17 日第 38 樓(對應本文第十四、二、五、六、七則)、2016 年 6 月 17 日第 39 樓(對應本文第五則)、2016 年 7 月 18 日第 54 樓(對應本文第十二則)的發言;及"落葉掃秋風"：《北大漢簡〈反淫〉初讀》,"簡帛"網論壇,2016 年 6 月 5 日,"ee"2016 年 6 月 12 日第 18

---

① "易泉"：《北大漢簡〈妄稽〉初讀》,"落葉掃秋風"2016 年 6 月 5 日第 13 樓的發言。
② 蕭旭：《北大漢簡(四)〈妄稽〉校補》。

樓（對應本文第十八則）的發言；及"勞曉森"：《北大漢簡〈妄稽〉編聯一則》，"復旦大學出土文獻與古文字研究中心"網，2016年6月7日，"ee"2016年6月19日第3樓（對應本文第十六則）的發言。後加以訂補，以《北大藏漢簡〈妄稽〉釋文校訂》爲名，刊於《簡帛》第十六輯，上海古籍出版社，2018年5月，第113—118頁。

《北京大學藏西漢竹書[伍]》釋文訂補

《北京大學藏西漢竹書[伍]》收有《節》《雨書》《揕輿》《荆決》《六博》五篇竹書，都與方術有關，很多内容都是首次發現，讀起來饒有興味。不過書中釋文與注解略有一些疏漏或未及之處，今依篇章排列及簡號的順序草成小札，以向大家求教。

(1)《雨書》簡13＋14：旬三日斗，雨，涼風【13】作。七日衰，草木心，民毋疾。風，草木有殃。

"草木心"之"心"，整理者疑讀"浸"，並認爲"浸"是"潤"的意思。① 按，《戰國策·秦策三》"木實繁者披其枝，披其枝者傷其心"，《吕氏春秋·季秋紀》"若草荄之有華實也，若樹木之有根心也"，都是説草木有"心"，即今所言内芯者。但此簡的"心"與常用者不同，應是作動詞用，言草木内芯成形。

(2)《雨書》簡17：八日斗，小雨，以逆正鳥。鳥不到，乃失時。

"正鳥"之"正"，整理者認爲是鳥名，並引《儀禮·大射》鄭玄注："齊魯之間名題肩爲正。正、鵠，皆鳥之捷黠者。"按，此"正鳥"應讀爲"征鳥"，即征行之鳥。《穆天子傳》卷一："征鳥使翼：曰□烏鳶、鴨雞飛八百里。名獸使足：□走千里，狻猊□野馬走五百里。"《禮記·月令》"征鳥厲疾"，鄭

---

① 北京大學出土文獻研究所：《北京大學藏西漢竹書[伍]》，上海古籍出版社，2014年12月，第80—81頁。

注：" 征鳥，題肩也。齊人謂之擊征，或名曰鷹，仲春化爲鳩。"正義：" 征鳥，謂鷹隼之屬也，謂爲征鳥如征。厲，嚴猛。疾，捷速也。"《吕氏春秋·季冬紀》"征鳥厲疾"，高誘注："征猶飛也。厲，高也。言是月群鳥飛行高且疾也。"二注不同，陳奇猷言："征當讀'出征'之征。"① 較舊注明顯合理，《文選·沈休文宿東圓》："驚麏去不息，征鳥時相顧。"

(3)《雨書》簡 21＋22：旬三日胃，風雨皆作。雨不至，【21】……虎狼。

"虎狼"上有一殘字作"▨"形，整理者未釋。② 可参簡 1、26、42 的"多"字，字形與其完全一致，所以，"虎狼"上面的字也應該是"多"字。

(4)《揕輿》簡 17：冬三月，壬、癸爲危陰，尾、箕爲杓，營室、東壁爲筴。

整理者徑釋爲"筴"（下用 A 代替），A 作"▨"。③ 此句辭例與簡 14、15、16 相同，可知 A 也確是"筴"字，但諸簡的"筴"作"▨""▨""▨"形，而 A 字下已訛成"夜"形，應注出爲好。

(5)《揕輿》簡 64：三月辛丑，王以祭世，令尹子春、司馬子位臨祠。

"世"，整理者謂："這裏應是祭祀的對象，具體所指未詳，或是指楚國的宗族先祖。新蔡葛陵楚簡有'就禱三世之殤'，江陵秦家嘴楚簡有'賽禱於五世王父、王母'，可能與此簡所謂'祭世'有關。"④ 古書中實無此用法，且簡 64 言"以其當斗以祭大神"，其中"大神"即指"世"，大神與先祖亦不同類。此簡"世"字疑同楚卜筮簡中常見的"秋"（下用 B 代替）字，此字或寫作"秋"（下用 C 代替）形，而從金之"欽"亦有徑作"大"者，董珊先生由此

---

① 陳奇猷：《吕氏春秋新校釋》，上海古籍出版社，2002 年 4 月，第 625—626 頁。
② 北京大學出土文獻研究所：《北京大學藏西漢竹書[伍]》，第 82 頁。
③ 北京大學出土文獻研究所：《北京大學藏西漢竹書[伍]》，第 135 頁。
④ 北京大學出土文獻研究所：《北京大學藏西漢竹書[伍]》，第 142 頁。

認爲B、C皆從"大"得聲,並把它們都讀爲厲鬼的"厲"。① B、C讀爲"厲"與否尚待研究,但B、C在楚卜筮簡中作爲鬼神名則無疑義,董先生考察楚卜筮簡的祭祀排序後,認爲B、C與后土(或社)、司命的地位相當(楚禱祠簡中B、C可以舉禱、祈福等)。《揕輿》中的"世"也明顯是某鬼神之名,"世"書紐月部,"大"定紐月部,二字古音相近,"大""太"與"世"古書也常可通假。② 則《揕輿》又可作爲董説認爲B、C二字從"大"得聲之一證。從簡文認爲"世"是大神看,正好也符合楚卜筮簡中B、C的地位。確定了B、C以"大"或"世"爲聲,就爲B、C二字的最後釋出又打破了一層障礙。

(6)《揕輿》簡72+73:其所得者,共工徒也,得之東北臨水。其得者,家之少子也。【72】……其所得者,龍骨也。

這是説某人家中小兒子獲得了一種比較奇怪的骨骸,當時認爲它是共工一類的遺骸。按,《太平御覽》卷三七三引《歸藏・啓筮》:"共工人面、蛇身、朱髮。"可見傳説中共工係一種人獸雜糅之物。但是從現在眼光看,"龍骨"應是指古動物遺骸,值得注意的是,篇中説得到它的地方靠近水邊。因化石埋藏很深,古人没有開山鑿地的大工程,只有靠被水沖刷等自然原因才能顯露出來。本篇所記是文獻中較早的發現古生物化石的記録。這不由使我們想起《繫年》簡71+72:"齊人爲成,以鶺骼、玉笒(爵)與淳于之【71】田。"此事典籍亦有記載,《左傳・成公二年》云"齊侯使賓媚人賂以紀甗、玉磬與地",杜預《春秋經傳集解》後序引《紀年》云"齊國佐來獻玉磬、紀公之甗",和《繫年》所記的物品並不一樣,應該是傳聞之異。清華簡整理者將該句乙爲"骼(賂)以鶺(甗)、玉笒與淳于之田",另一些學者則讀"骼"爲"鉻""輅""路",但這幾説都比較迂曲。唯李松儒先生言"'骼'從骨,'鶺骼'或指某種珍奇動物(鶺)的骨頭",③今對照《揕輿》所云,其所言是很有可能的。

在古書中對化石出土記録的還有一些,如《國語・魯語》:"吴伐越,墮

---

① 董珊:《楚簡中從"大"聲之字的讀法》,《簡帛文獻考釋論叢》,上海古籍出版社,2014年1月,第143—173頁。
② 參看高亨、董治安:《古字通假會典》,齊魯書社,1989年7月,第633—634頁。
③ 李松儒:《清華簡〈繫年〉集釋》,中西書局,2015年10月,第211頁。

會稽，獲骨焉，節專車。吴子使來好聘，且問之仲尼，曰：'無以吾命。'賓發幣於大夫，及仲尼，仲尼爵之。既徹俎而宴，客執骨而問曰：'敢問骨何爲大？'仲尼曰：'丘聞之：昔禹致群神於會稽之山，防風氏後至，禹殺而戮之，其骨節專車。此爲大矣。'"既然書中説"骨節專車"，那麽其骨肯定不會屬於人類，而是古動物的遺骸，當時人則認爲它是防風氏之骨，和本篇認爲這種骨骸爲"共工之徒"頗顯一致。

【發表情況】本文最初觀點發表於"ee"：《〈北京大學藏西漢竹書[伍]〉小識》，"簡帛"網論壇，2015 年 11 月 17 日，"ee"2015 年 11 月 17 日第 1 樓、第 2 樓的發言。後加以訂補，以《〈北京大學藏西漢竹書[伍]〉釋文訂補》爲名，刊於《出土文獻綜合研究集刊》第五輯，巴蜀書社，2016 年 12 月，第 43—46 頁。

東漢東鄉通利水大道約束刻石考

《東鄉通利水大道約束刻石》又名《張仲有修通利水大道刻石》《東曲里通利水大道刻石》，刻於東漢永元十年（公元98年），1930年出土於河南偃師，全文近300字，是少見的漢代長篇記事石刻，十分珍貴。郭玉堂《洛陽出土石刻時地記》：“民國十九年，偃師西北鄉出土，經鍾黑妞售給羅振玉，陳淮生曾來洛運未果。石存洛陽。石爲上半段，廣二尺餘，長存二尺餘。首行‘元十年十一月□鄉’等字；第四行‘多水泥□道求通使東’等字；第五行‘土增道中卑下通利大道’等字；第六行‘道傳後世子孫時長思’；第八行‘其下通水’等字均易識，中間字多漫漶，末存‘使作疆夫’四字。”①羅振玉則云：“八年前，洛估康秉璋寄漢永元十年石刻來，凡十九行，行字多寡不等。驟視之，書迹似了了，而實難辨認。予亟酬以重值。石存洛中，令伺便起運，乃久不至。函令先拓數十紙來，亦不答。洛估素狡詐，或以此石又別售矣。篋中但存一紙，録之如左。其文頗難通。大意因道逢大雨積水，不便捕盜，故加以通利也。”②

羅振玉所藏此石拓片今不可見，不過從其釋文（詳後）來看，他所藏拓片並不太佳。現今所能看到的該石拓片有《北京圖書館藏中國歷代石刻拓本匯編》（下簡稱《歷拓》）本、《漢碑全集》（下簡稱《漢全》）本，兩書所收拓片前十行文字尚大略可辨，但誠如羅振玉言“驟視之，書迹似了了，而實

---

① 郭玉堂：《洛陽出土石刻時地記》，大象出版社，2005年4月，第3—4頁。
② 羅振玉：《石交録》卷一，《羅振玉學術論著集》第三集，上海古籍出版社，2010年12月，第195—196頁。下簡稱爲羅。

難辨認",後面數行則漶漫已甚,無法識讀。① 此石拓片《中國書法全集》亦有收錄,圖版質量較高,但圖版不全,只印出前十行的上半截。② 近年張志亮先生發表其所藏民國初拓本,是目前唯一可以完整看到十九行文字的拓本,且附有放大圖版,③圖版質量雖要比《中國書法全集》略差,但要遠高於《歷拓》《漢全》本(參文末圖一)。據《碑帖鑒定》言原石藏於河南博物館(今河南博物院),④但張志亮先生説河南博物院未見此石。因此石刻寫草率,現藏地不明,歷來拓本字迹不清,後半截拓本文字更是殘滅,出土後少有學者進行研究。

衆所周知,研究出土文獻,釋文是基礎,釋文做不好,其他各方面的研究難以進行。從以往研究看,《東鄉通利水大道約束刻石》是很難通讀的。如羅振玉《石交録》載此石釋文爲(阿拉伯數字表示刻石行數,爲我們所加,下同):

永元十年十月十一日,都鄉□□□□1\佐掾□書□□啬大道□郭□東曲王2\□□□□下石亻長梁國氵啬追捕3\盗賊,大雨多水,泥淖道不通,使東□里户民保4\泥□里□□徙土增道中卑下,通利,水大道□□5\回保不上渠道後世子孫。時長吏6\王君即使東□父老馮孟□户民□□□7\亻□氵徒上增其下通水□道□□□保時將作8\□鄧孫張仲有□□約束,决取瓦石□□□9\□以中□以上罰錢五百。若有寄客□10\□□保任當□□出之不□者□11\約泐十一字。言語□12\□約泐八字。治大老□蔡□13\□約泐十二三字。此下三行皆不可識,但識行末一"任"字。14—17\上泐約十字。左右氵下泐。18\□使作彊未19

---

① 北京圖書館金石組:《北京圖書館藏中國歷代石刻拓本匯編(秦漢部分)》第一册,中州古籍出版社,1997年8月,第32頁。徐玉立主編:《漢碑全集》第一册,河南美術出版社,2006年8月,第206—207頁。

② 何應輝主編:《中國書法全集・第7卷・秦漢刻石一》,榮寶齋,1993年3月,第117—118頁。

③ 張志亮:《漢張仲有修通利水大道刻石》,《東方藝術・書法》2014年10月下半月,第58—89頁。下簡稱爲張。

④ 馬子雲、施安昌:《碑帖鑒定》,廣西師範大學出版社,1993年12月,第28頁。

東漢東鄉通利水大道約束刻石考 475

永田英正《漢代石刻集成》載此石釋文爲：①

永元十年十月十一日、部掾□□□□□1\先掾迕書言、□訾、大道東鄉内東曲里 2\人、東索渠、石土□長、□滿少東□、訾追捕 3\盗賊、□□□□、渠道不通、便東曲里□□□4\没□里、浚徙土、增道中卑下、通利水大道、以無 5\回□水上渠道、傳後世子孫、時長吏 6\王君、即使東曲里父老馮□、□食□□□7\□□□、□埛卑下、通水大道、又□□保、時將作 8\□鄧張□仲有、□□約束、決取□石、亥其 9\□□□□五百□有寄客□10\□任□11\□出□□□□12\□治大□□蔡□13\□食□□□□14—19

《漢碑全集》載此石釋文爲：

永元十年十月十一日都卿□□□□□1\□□□□虐訾大道東鄉内東曲里 2\人東索渠石土□長決以東□訾追捕 3\盗賊□□□□渠道不通使東曲里以民保 4\□□里浚徙土增道中畀下通利水大道以無 5\回永水渠道傳後世子孫時長吏 6\王君即使東曲里父老馮□□食□□□7\□□波□坍畀通水大道又□□保時將作 8\吏鄧張仲有□□約束決取□石立其 9\□□□□□時□□可答可守客舍 10……

毛遠明先生《漢魏六朝碑刻校注》説此石"文多泐蝕，標點備參"，其釋文承《漢碑全集》而來，但也有一些修正，其釋文爲：

永元十年十月十一日，都鄉□□□□□1\作後□書□虐訾大道東鄉内東曲里 2\人。東索渠□伯長，決以東□訾追捕 3\盗賊。□□□泥淖，道不通。使東曲里以民保 4\泥□里浚，徙土增道中，畀 3\下通利水大道以無 5\回，永不上渠道，傳後世子孫。時長吏 6\王君，即使東曲里父老馮建□食□□□7\作□波□坍，畀下通水大道，又爲□保。時將作 8\吏，鄧張仲有□□約束，決取瓦石，立其 9\□□□□□時□□可答可守客舍 10\

---

① 永田英正：《漢代石刻集成 圖版·釋文篇》，株式會社同朋舍，1994 年 2 月，第 36—37 頁。下簡稱爲永田。

毛遠明先生又説"客舍""以下文字殘泐模糊,僅'不''出''大''食'等字尚可辨"。① 雖然羅振玉、郭玉堂很早即已説明最後一行爲"使作疆未(或夫)"四字。但因《歷拓》與《漢全》所收拓本後九行已極漶漫不清,在看不到其他拓本的情況下,毛先生所做的釋文只能付之闕如。

張志亮先生所作釋文則爲:

　　永元十年十月十一日部鄉□□□□1\先掾泣書言虎誓大道東鄉内東曲里 2\以東索渠石伯長渠省滿誓追捕 3\盗賊□東多水泥運道不通使東曲里万民保 4\泥窩里外□□土□道中卑下通利水大道以爲 5\回水不上治大道傳後世子孫時長吏 6\王君,即使東曲里父老馮盡,發廿食客工籌 7\值寄波追之垠卑下通水大道以爲之□保時將作 8\吏鄧預張仲有隨揚約束決取瓦石亥其 9\宜亦中一其以上罰錢五百若有寄客舍,10\主皆保任當無□出之不肯出令 11\主代出不肯出保人□□道通言語□12\段曲立二諸□□有所作治大嗇父老祭尊 13\□□□□通□□主近不來罰廿使人平 14\門□□不□□□□□後衆人□□其所 15\□□□□孫人□出之□□□不肯出者衆人 16\□□□□上大神主□□□言罰日百共食 17\□□如約束不在治□中□父老 18\目使作疆夫。19

張文因拓本較好,識出文字較多,但誤釋頗夥,仍然難以讀懂,故其釋文所加的現代標點亦廖廖無幾。我們參照各種拓本,反覆檢視,發現該石有一些字以往被誤識,也有不少字還是能認出的。下文準備分條敘述,一般情況下,我們只談自己的新釋,還有不少地方五家釋文意見不一,則只擇要而談,若某家錯誤比較明顯,很易辨出,則不一一列舉。

此石第1行第10字羅、《漢全》、毛均釋爲"都",永田、張則釋爲"部",此字作 形,和"部"字確有一定相似之處,但"部鄉"不辭,"都鄉"一詞則漢代常見。且從"口"上的一撇看,它也只能理解爲"都"字,但少刻左上一豎筆而已。本行第12字似"官"字。

---

① 毛遠明:《漢魏六朝碑刻校注》第一册,綫裝書局,2008年12月,第68—69頁。下簡稱爲毛。

第 2 行第 3 字作■形，永田釋爲"沍"，張釋爲"泣"，承蒙于淼先生向我指出，實是"老"字，此石第 13 行出現兩個"老"字，與之相較，但最右的一點變成了一小豎而已。"老"是人名，其官名爲"某佐掾"，"佐"字暫從羅釋。本行第 6 字或釋爲"虎"或釋"虐"，均可疑，也有可能是"徒"字。第 2 行最末一字作■形者，除羅外諸家均釋爲"里"，光從字形看很難識別，不過第 2 行的辭例爲"束曲■"，與第 4、7 行兩見的"束曲里"相較，可以肯定它即"里"字。

第 3 行第 3 字作■，與第 5 行"圡（土）"字形完全一致，亦應是"土"字，"土"下一字則不明，"土□"二字永田、《漢全》、毛、張皆誤合一字並誤釋爲"索"。"土□"下之字《漢全》、毛、張亦誤合爲一字，釋成"渠"，細察實爲"□下"二字（"下"字羅已識出）。本行第 7 字作■形，似是"石"字，下"口"旁誤多刻一橫。石刻中的石伯長是人名，其下兩字羅釋爲"梁國"，永田釋爲"滿少束"，《漢全》及毛均釋爲"決以束"，張則釋爲"渠省"，從張文提供的拓片看，"省"字是對的，上面的一字更可能是"往"字。"省"下有"訾"字，"訾"上之字已不可辨，羅、永田、《漢全》、毛均缺釋，若參第 2 行"徒訾大道"，則"訾"上之字更可能是"徒"，而不是張文所釋的"滿"。刻石"石伯長往省徒訾，追捕盜賊"是說石伯長到徒訾這個地方省視，追捕盜賊。

第 4 行第 3 字羅釋爲"大"，查《中國書法全集》拓本作■，應是"以"字；第 4 字作■，羅釋"雨"，《漢全》、毛均釋爲"束"，此字與本刻石的"束"字作■（第 2 行）、■（第 7 行）相比較，缺少下面的撇捺，應從羅釋爲"雨"。

第 5 行第 4 字■，張釋爲"外"，參銀雀山漢簡二簡 1208、《史晨後碑》《西狹頌》"外"作■、■、■，釋"外"是有一定可能的，但有訛變。本行第 2、5 字的考釋參第 8 行。本行的"卑下"，羅、張玉堂及永田已正確釋出，《漢全》、毛釋爲"畀下"，反而是錯誤的，此詞又見於第 8 行。

第 6 行起首 4 字，羅釋"回保不上"、永田釋"回□水上"、《漢全》釋爲"回永水"、毛釋爲"回永不上"、張釋爲"回水不上"，細察拓片應爲"回保水上"，"保"字義應同第 4＋5 行"使東曲里户民保泥穿里□"、第 8 行"以爲土□保"之"保"字，有保持、保修之義，但"回保水上"如何理解，還待研究。

第 7 行張作"發廿食客工籌"者，從張文拓片看，應是"發户民□□等"，羅已正確釋出"户民"二字，可參第 4 行亦有"户民"一詞，但"等"字他未能識出。

第 8 行首三字《漢全》作"□□波"、毛作"作□波"、張作"值寄波"，按，第 1 字應如毛釋爲"作"。"波"可能要破讀爲"陂"，"陂"，池塘之岸障也。第 2 字作 ，更象是"穿"字，可參北大漢簡四《反淫》簡 44"穿"作 形，它與第 5 行第 2 字作 者很可能是一字。又第 5 行第 5 字作 ，文字訛變嚴重難識，唯"氵"旁明顯，永田、《漢全》、毛把它與第 5 行第 4 字合爲一字，釋爲"浚"，肯定不確，與此行比較，它很有可能是"波"的錯刻，也讀爲"陂"。本行第 4—6 字，羅釋爲"徙上增"、永田釋爲"□坍"、《漢全》和毛釋爲"□坍"、張釋爲"追之垠"，只有羅釋最近實，但應釋爲"徙土增"。相關文句"穿波（陂），徙土增卑下"與第 5 行"保泥穿里外波（陂），徙土增道中卑下"所述爲一事，也是這些字應如此釋讀的證據。此句的"土"作 ，與第 5 行的"土"作 形差別較大，但兩句相較，它只能是"土"字；此句的"增"作 形，與第五行的 相較，亦有所訛變省減。本行倒數第 6 字羅、永田、《漢全》、毛缺釋，且與下字誤合爲一字，張釋爲"之"，其字形作 ，亦"土"字。"土"下之字作 ，①與第 3 行之"土"下之作 形者應爲一字，但暫時不能識出。有意思的是，第 3、5、9 行的三個"土"皆作"圡"形，而此行的兩個"土"皆作"上"，有很明顯的對應性。

第 9 行第 3 字，羅釋爲"孫"，永田、《漢全》、毛皆漏釋，張釋爲"預"，此字應從羅説釋爲"孫"，"鄧孫"和"張仲有"都是人名。"張仲有"下兩字張

---

① 于森先生認爲 、 仍應合爲一字，似爲"常"字。

文作"隨揚",不確,前字難以確認,後字似"與"。本行第 11 字"決"應讀爲"抉",有挖取的意思,與下面的"取"連言。本行倒數二字永田、張作"亥其",《漢全》、毛釋爲"立其",前字作 ▨ 形,與 ▨ (馬王堆帛書《出行占》第 7 行)、▨ (馬王堆帛書《出行占》第 31 行)等參照,確是"亥"字,但略有變形。"亥"應讀爲"荄",《爾雅·釋草》"荄,根",《漢書·禮樂志》"根荄以遂",顏師古注:"草根曰荄。"後字作 ▨ ,應是"土(土)"字。

第 10 行張文作"宜亦"者,前兩字實爲"置夜","夜"作 ▨ 形,可參武威漢簡《士相見禮》簡 13"▨"字的寫法。"置夜"不通,疑"夜"讀爲"舍","夜"古音喻紐鐸部,"舍"古音書紐魚部,二字古音很近。"抉取瓦石荄土置舍中"是說挖取瓦片、石頭、草木根、土塊放到房舍中。但要注意的是,第 10 行"客舍"之"舍"用本字,與此行以"夜"爲"舍"似乎有些衝突,但出土文獻中,在同一篇文獻中用兩個不同的字表示是很常見的,①如《史晨後碑》"井"即作 ▨、▨ 兩形,即以本刻石來說,"土"作 ▨、▨ 兩形、"老"作 ▨、▨ 兩形。下面張文釋爲"其"字者,承蒙于淼先生向我指出,實是"箕"字。

第 11 行羅作"當□□出之"、張作"當無□出之"者,細察實是"當所發宜出之"。"所"作 ▨ 形,可參第 13 行、第 15 行"所"作 ▨、▨ 之形。"發"字作 ▨,與"所"字相接過密,很是難認,但上面的"癶"與下面的"弓"形還是很明顯的,可參第 7 行的 ▨ (發)字相較。"發"後一字,把"發"字的筆畫剔除之後,爲 ▨ 形,明顯是"宜"字。

第 13 行第 5 字"諸"字下張認爲有不識的兩字,細察應爲"當"字。下面"父老"前羅釋爲"大老",張釋爲"大嗇",後字作 ▨ 形,與本行"父老"的"老"作 ▨ 形比較,應從羅說釋"老"。"大老"一詞先秦兩漢典籍中唯

---

① 參單育辰:《由清華簡釋解古文字一例》,《史學集刊》2012 年第 3 期,第 96—98 頁。

見於《孟子·離婁上》"二老者,天下之大老也"、《北堂書鈔》卷一二四引《東觀漢記》:"詔曰:三輔皆好彈,一大老三官從旁舉身曰:'噫唏哉!'"從字面上看,石刻中的"大老"應該是比"父老"還年長的老人。大老、父老、祭遵連言,更是前所未聞,對於漢代三老的研究有着重大意義。本行"祭尊"相當於祭酒,兩漢文獻常見,如《侍廷里父老僤買田約束石券》"侍廷里父老僤祭尊于季",又如漢印"千歲單祭尊""孝子單祭尊""安民里祭尊印"等。①

　　第15行第1字張釋"門",最上實是"罒",下面雖不清,但從本刻石來看,可能即"罰"字。本行第5字疑爲"會"。第16行第8字"出"後張作"之□",細察實爲"五百"。第17行第8字疑爲"言"。本行張釋"共"之字實爲"夫"字。第18行"如約束"前張缺釋,字形作 ,實爲"他"字,"他如約束",亦見於《侍廷里父老僤買田約束石券》"它如約束"。

　　經過上面的論述,我們可以得到《東鄉修通利水大道刻石》修訂過的釋文爲:

永元十年十月十一日都鄉官□□□1\佐掾老書言:徒訾大道東鄉内東曲里 2\以東土□□下,石伯長往省徒訾,追捕 3\盜賊,以雨多水,泥淖,道不通。使東曲里户民保 4\泥穿里外波(陂),徙土增道中卑下,通利水大道,以爲 5\回保水上,治大道,傳後世子孫。時長吏 6\王君,即使東曲里父老馮盡,發户民□□等 7\作,穿波(陂),徙土增卑下,通水大道,以爲土□保。時將作 8\吏鄧孫、張仲有□與約束:決(抉)取瓦石亥(荄)土 9\置夜(舍)中,一箕以上罰錢五百。若有寄客舍,10\主皆保任。當所發,宜出之,不肯出者,令 11\主代出。不肯出,保人□□□□言語□12\□曲立二。諸當有所作治,大老、父老、祭尊 13\□□□□通□□□近不來,罰廿。使人平 14\罰□□不會□□□□後衆人□□其所 15\□□□□□人□出五百。□□不肯出者,衆人 16\□□□□上大神言□□言罰日百夫食 17\□。他如約束。不在治□中,□父老 18\目使作疆夫。19

---

　　① 參俞偉超:《中國古代公社組織的考察——論先秦兩漢的"單—僤—彈"》,文物出版社,1988年10月,第85—90頁。

刻石全文是説東鄉東曲里東面的地方土地低洼，石伯長省視徒訾這個地方，追捕盜賊的時候，因下雨多水，大道泥濘不通。遂使東曲里民衆打穿東曲里外的池塘的岸障（讓大道上的水流入），運土把卑下的地方增高，修通成利水大道，所謂的利水大道是説利於雨水流行的大道，這件事要傳給後世子孫。當時長官王君，使東曲里父老馮盡徵發東曲里民衆勞作，打穿池塘的岸障，又運土把卑下的地方增高，修通利水大道。這時掌管造作的官吏（將作吏）鄧孫、張仲有與民衆約定：有挖取瓦片、石頭、草木根、土塊放到房舍的行爲，一簸箕以上要罰錢五百。若有外來民衆寄宿客舍，主人要作保。如果有所徵發勞役（修補大道），應當出役而不出的，要令主人代爲出役。第十一行以下文字缺失過多，不能逐句翻譯，但大意也是約束的内容，假如有所不行，則要處罰的具體要求。其中的"罰廿"，是罰錢廿之省。最後一行的"目使作彊夫"意義不詳，"目"字也可能是"自"或"皆"字。

此刻石的"東鄉"，據東漢《肥致碑》"功臣五大夫雒陽東鄉許幼仙師事肥君，恭敬烝烝，解止幼舍，幼從君得度世而去"，出《肥致碑》的墓爲多人合葬墓，許幼仙亦應葬於此，古人皆葬於原籍，許幼仙應即葬於東鄉，①而《東鄉通利水大道約束刻石》正出於河南偃師，可知此兩處的"東鄉"爲一地，在今河南偃師南蔡莊鄉南蔡莊村附近。

經過我們的重新考釋，此刻石前半所缺釋文字已很少，可以通讀。羅振玉説它的内容是"因道逢大雨積水，不便捕盜，故加以通利也"只説對了一半，其後半的内容是對民衆的約束，以及不能奉行的處罰措施。此刻石的重點是在約束，立石的目的也是使民衆知曉約束的内容，而不是爲長官王君修通利水大道的紀功頌德。所以，本文把它改題爲《東鄉通利水大道約束刻石》。這是一方罕見的東漢對公共事業進行管理的刻石，對於研究漢代地方史及公共事業管理史有着重要的意義。該刻石中出現的"大老"一詞更是兩漢文獻的罕見之例，對於研究兩漢的鄉里制度也有很大的作用。我們希望以後有更好的拓本或原石照片公布，能對漶漫不清的文字做進一步訂正，讓它發揮更大的作用。

---

① 河南省偃師縣文物管理委員會：《偃師縣南蔡莊鄉漢肥致墓發掘簡報》，《文物》1992年第9期，第37—42頁。

圖一

〖編按〗該刻石第 3 行"土□□"應改釋爲"素卑",第 8 行"土□"應如于淼説釋爲"常",第 17 行"上"應改釋爲"在"。

又,第 7 行"盡"應從趙超説改釋爲"孟"、第 14 行"平"應從趙超説改釋爲"呼"、第 17 行 "夫"或應從趙超説改釋爲"共",見趙超:《論"約束"——從漢代有關"約束"的幾件石刻談起》,《中原文物》2022 年第 1 期,第 124—129 轉 138 頁。

〖發表情况〗單育辰:《東漢東鄉通利水大道約束刻石考》,《吉林大學社會科學學報》2019 年第 4 期,第 213—218 頁。

漢石刻文字零識

漢代石刻文字大都以隸書刻寫，用字比較規範，認別難度不大。不過由於石材磨損，拓本不佳，字迹多有漶漫，另外漢代石刻中也存在一些特殊用字，而民間文人之作更加率意，不易通讀。若從宋代算起，漢碑的研究至今已有千年，但是仍有一些文字釋讀的問題没有得到解决。我們在讀碑的過程中，也略有所見，現條陳於下，還請大家批評。

一、《攘盗刻石》：身禮（體）手蚤（爪），父母所生，慎毋毁傷，天利之。

此語承自《孝經》：“身體髮膚，受之父母，不敢毁傷，孝之始也。”宫衍興先生最早公布此刻石，釋其中“手蚤”爲"毛爸"，並疑"爸"爲"膚"字，① 後來顧承銀等先生改釋"爸"爲"蚤"，② 這是正確的，"蚤"古代常通"爪"。"蚤"上面的字作▨形，學者相承釋"毛"。按，銀雀山漢簡343"毛"作▨、張家山《奏讞書》簡103"毛"作▨等形，與此並不相同，主要是"毛"一撇向右折，而此字一撇向左折，"毛"字並無如此寫法，它其實是"手"字，可參馬王堆帛書《五行》40行"手"作▨等。③ "手爪"比"毛爪"從

---

① 宫衍興：《濟寧全漢碑》，齊魯書社，1990年12月，第5—9頁。
② 顧承銀、卓先勝、李登科：《山東金鄉魚山發現兩座漢墓》，《考古》1995年第5期，第385—389頁。
③ 後見伊强《山東金鄉魚山刻石文字補論》（濟南：出土文獻文本釋讀與文學研究學術研討會，2021年5月）亦釋"毛"爲"手"，因小文2018年已成文，且於2021年4月把全文投於"首届簡牘學與出土文獻語言文字研究學術研討會"，故不廢此條，以與伊先生所云相參見。

語感上看要怪異一些,但漢代許多民間刻石都是底層文人所刻,語句有所變異自是難免。

二、《田魴畫像石墓題記》:掾兮歸來無妄行,卒(猝)遭毒氣遇匃(兇)殃。

《榆林碑石》最初發表此刻石,相關字釋爲"卒遭",①按,"卒"字之釋是正確的,但從文義上看,並不是說歸來後最終遭遇毒氣,而是說突然遭遇毒氣,所以"卒"應破讀爲"猝"。

三、《魯峻碑》:治魯詩兼通嚴氏春秋,博覽群書,無物不栞。學爲儒宗,行爲士表。

現出版之《魯峻碑》拓本多不清晰,此用故宮博物院珍藏歷代碑帖墨迹選本。②王念孫説:"'博覽群書,無物不栞',《隸釋》云:'以栞爲看。'《隸辨》云:'栞乃刊正之刊。'《兩漢金石記》云:'栞即刊字,猶筆削勘定之義。'念孫案,《廣雅》云:'記,栞,志,識也。'識即'多學而識之'之識。'博覽群書,無物不栞'即《曲禮》所謂'博聞強識',非謂觀看,亦非謂刊正也。"③鄭業斅《獨笑齋金石文玫》第二集卷五:"案甄古有栞音,故碑借栞爲甄。《楊震碑》'博學甄微'、《曹全碑》'甄極毖緯',皆與此文意相近。又《綏民校尉熊君碑》'綜覽百家,無所不甄',尤與碑文大同。《禹貢》'九山刊旅',《開母闕》銘作'甄旅',是其明證。"④鄭説比王説要好。不過因爲漢碑文字一般已經固定,把"栞"讀爲"研"要更直接些,"栞""研"二字皆從"开"得聲。《安平相孫根碑》(《隸釋》卷十)"誦詩習籍,研綜其真"、《幽州刺史朱龜碑》(《隸釋》卷十)"研綜典藝,實好斯文"、蔡邕《胡公碑》"研道知機,窮理盡性",這些都是漢碑中"研"字的用例。與"博覽群書,無物不栞"

---

① 康蘭英主編:《榆林碑石》,三秦出版社,2003年10月,第3、203頁。

② 故宮博物院《歷代碑帖墨迹選》編輯組:《宋拓司隸校尉魯峻碑》,紫禁城出版社,1998年8月。此拓本的來源參朱家濂:《書北宋拓本〈魯峻碑〉後》,《中國歷史博物館館刊》1984年總第6期,第64—67頁。

③ [清]王念孫:《漢隸拾遺》,《讀書雜志》,江蘇古籍出版社,1985年7月,第997頁。

④ 鄭業斅:《獨笑齋金石文玫》,《石刻史料新編》第二輯,新文豐出版股份有限公司,1979年6月,第11782頁。

相似之語可參《祝睦碑》(《隸釋》卷七)"潛心耽學,該洞七典。探頤窮神,無物不辯"、《祝睦後碑》(《隸釋》卷七)"介然清皓,漸心於道。通神達明,無物不覽"。又,"研""甄"都有察究、考識之義,清華三《芮良夫毖》簡20"覍(研)憖(甄)嘉惟",正是"研""甄"二字互用。

四、《鞏義七言摩崖題記》:請説七言甚無惡,多負官錢石上作。掾史高遷二千石,掾史爲吏甚有寬。蘭臺令史于常侍,明月之珠玉璣珥,子孫萬代盡作史。

這是目前所見的早期七言詩。自傅永魁先生著録此刻石並釋前句爲"詩説七言甚無忘",①後多承之。② 如《漢碑全集》《漢魏六朝碑刻校注》皆承此釋把它題名爲《鞏義詩説七言摩崖題記》。③ 不過此刻石第一句是有兩處誤釋的。《漢碑全集》收録此石拓片很清楚,第一字作 形,參《華山廟碑》"請"字作 、北大漢簡一《老子》簡177"請"字作 等,明顯是"請"而非"詩";第七字作 形,是"惡"而非"忘"字,可參《石門頌》"惡"字作 、額濟納簡99ES18SH1:2 等。據馬健中先生言,施蟄存先生早在上世紀70年代即已釋出"惡"字,但可惜此説一直没有公開,學者未能採用。④ "請説七言甚無惡"是説請讓我誦讀七言之詩,希望不要惹人厭惡。

五、《元和四年刻石》:孔子爭禮,大子爭神,子路屈元(原)有武毋文,致其死時頭頸别分。

"爭"字凡兩見,作" "" "形,陸明君先生釋爲"事",⑤並舉"事"

---

① 傅永魁:《河南鞏縣石窟的新發現》,《考古》1977年第4期,第278—279頁。
② 如鄭州市地方史志編纂委員會:《鄭州市志》第7分册,中州古籍出版社,1998年10月,第253頁;曾曉梅:《七言詩溯源——最早的完整七言詩的新證據》,《阿壩師範高等專科學校學報》2007年第3期,第73—75頁等。
③ 徐玉立主編:《漢碑全集》第六册,河南美術出版社,2006年8月,第2218—2223頁。毛遠明:《漢魏六朝碑刻校注》第一册,綫裝書局,2008年12月,第188—189頁。
④ 馬健中:《鞏縣〈詩説七言漢摩崖題記〉考》,《中國書法》2015年第7期,第196—198頁。
⑤ 陸明君:《元和四年刻石》,《中國書法》2010年第4期,第1頁。

字有訛作"𢀇"形爲證(出自《隸辨》卷四引《戚伯著碑》),①《戚伯著碑》原碑原拓已無存,現所見爲翻刻本,中華書局影印洪氏晦木齋本《隸釋》卷十二《戚伯著碑》作"𢀇"形,②最上出頭,其下"口"形左右兩豎筆向上延伸,可參《子游殘碑》"事"作[字形]、肩水金關一 73EJT8∶8"事"作[字形],它很明顯是"事"的誤刻,與陸先生所引者字形尚不一致。"[字形]"與漢代文字中的"爭"更爲相近,可參《禮器碑》"爭"作[字形]、銀雀山漢簡 108"爭"作[字形]、北大漢簡《老子》簡 83"爭"作[字形]等,但"日"上有一小撇而已,漢隸中"白"形與"日"形常混用,所以"[字形]"無疑是"爭"字。"孔子爭禮,大子爭神"是説孔子所爭者爲禮,大子所爭者爲神,下文"子路屈元(原)有武毋文,致其死時頭頸别分",正因子路、屈原有所爭,所以致其死,如果釋爲"孔子事禮,大子事神",則文義無所相承。③

【發表情况】單育辰:《漢石刻文字零識》,蘭州:首届簡牘學與出土文獻語言文字研究學術研討會,2021 年 8 月。後刊於《甘肅簡牘》第二輯,西南交通大學出版社,2022 年 8 月,第 125—128 頁。

---

① [清] 顧藹吉:《隸辨》,中華書局影印康熙五十七年項絪玉淵堂本,2003 年 12 月,第 126 頁。不過近年在四川新發現的《李君碑》碑陰"事"作[字形]形,與《隸辨》所引之形較類。
② [宋] 洪适:《隸釋·隸續》,中華書局,2012 年 3 月,第 141 頁。
③ 陳斯鵬先生也説:"'孔子事禮'却有些費解,如果'事'當'從事於'講,又與下句'事神'不相類。……文理實在不太通。"見陳斯鵬:《巴東縣張家墳墓群 M1"元和四年刻石"考釋》,《考古》2011 年第 6 期,第 65—71 頁;又見其著《卓廬古文字學叢稿》,中西書局,2018 年 5 月,第 258—271 頁。

試論《詩經》中"瑕""遐"二字的一種特殊用法

在先秦文獻中常見從"叚"得聲的"瑕""遐"二字,它們在文中或作"過"義講(如《詩·豳風·狼跋》"德音不瑕"),或作"瘕"義講(如《詩·小雅·天保》"降爾遐福"),或作"遠"義講(如《尚書·多士》"移爾遐逖")。此外還有其他一些義項,大家可參看《故訓匯纂》相關字條,這裏就不一一列舉了,筆者想要討論的是《詩經》中從"叚"得聲的"瑕""遐"二字的一種特殊的用法。

我們先看一下具體文例:

《大雅·抑》:"視爾友君子,輯柔爾顔,不遐有愆。"鄭箋:"遐,遠也。今視女之諸侯及卿大夫,皆脅肩諂笑以和安女顔色,是於正道不遠有罪過乎?"①

《邶風·泉水》:"載脂載舝,還車言邁。遄臻於衛,不瑕有害。"毛傳:"瑕,遠也"。鄭箋:"瑕猶過也。害,何也。我還車疾至於衛而返,於行無過差,有何不可而止我?"孔穎達疏引王肅説:"言願疾至於衛,不遠禮義之害。"②

《邶風·二子乘舟》:"二子乘舟,汎汎其逝。願言思子,不瑕有害。"毛傳:"言二子之不遠害。"鄭箋:"瑕猶過也。我思念此二子之事,於行無過

---

① 《十三經注疏》整理委員會:《毛詩正義》,北京大學出版社,1999年12月,第1169頁。

② 《十三經注疏》整理委員會:《毛詩正義》,第168頁。

差,有何不可而不去也。"① 馬瑞辰按:"瑕、遐古通用。(自注:《隰桑》詩'遐不謂矣',《禮記·表記》引《詩》作'瑕不謂矣'。)遐之言胡也。胡、無一聲之轉,故胡寧又轉爲無寧。凡詩言'遐不眉壽''遐不黃耇''遐不謂矣''遐不作人','遐不'猶云胡不,信之之詞也。易其詞則曰'不遐',凡《詩》言'不瑕有害''不瑕有愆','不瑕'猶云不無,疑之之詞也。"②

以上諸句毛傳把"遐""瑕"訓爲遠,鄭箋除《邶風·二子乘舟》外,與毛傳同解,二家的訓釋無疑十分牽強。所以馬瑞辰認爲二家説不確,"遐""瑕"應該有"胡"的意思。"遐""瑕"可以和"胡"通假是没有問題的,然而説"胡、無一聲之轉",從古音角度看,胡屬匣紐魚部,無屬明紐魚部,二者聲紐還是有一定距離,並且,古文字資料和傳世典籍中,也没有發現"胡""無"相通的證據。況且,單看《二子乘舟》一詩,釋"遐""瑕"爲"無",似乎要比毛、鄭合理,然而用"胡"義是無法解釋《抑》句子中的意義的。

我們認爲三詩中的"遐"或"瑕"字都是一個意思,具體是什麼意思,應從古文字角度來尋找答案。

李學勤先生在解釋《戎生編鐘》中的"今余弗叚濾其覯光"時説:"至於'弗叚',意與'弗敢''不敢'相同,只要看一下晋姜鼎'余不叚妄寧',相當《書·無逸》的'不敢荒寧',就不難理解。"③

我們順着李先生的思路出發,再看看古文字資料中一些出現"叚"的地方:

《師袁簋》:今余弗叚組(沮),余用乍(作)朕後男巤尊殷。(《集成》4313、4314)。④

《晋姜鼎》:余不叚妄寧,巠(經)雝明德,宣卲我猷,用召(紹)匹

---

① 《十三經注疏》整理委員會:《毛詩正義》,第178頁。
② 馬瑞辰:《毛詩傳箋通釋》,中華書局,1989年3月,第162頁。
③ 李學勤:《戎生編鐘論釋》,《保利藏金——保利藝術博物館精品選》,嶺南美術出版社,1999年9月,第376頁。裘錫圭先生在同書《戎生編鐘銘文考釋》(第369—370頁)一文中把《戎生編鐘》的"叚"字和《詩經》聯繫了起來,不過裘先生初步認爲"不叚""弗叚"大體上相當現代漢語的"没"。
④ 此字釋爲"叚"的理由是充分的,比如《集成》4631、4632"遐不黃耇",《集成》10172"丕顯叚休令(命)",字形亦如此作,參看容庚、張振林、馬國權:《金文編》"叚"條,中華書局,1985年7月,第192頁。

辝(台)辟。(《集成》2826)

《師袁簋》之"今余弗叚組"在《牆盤》《耳卣》和《鄧小仲方鼎》中有相同的文句,《牆盤》中作"牆弗敢取"(《集成》10175),《耳卣》中作"耳休弗敢且"(《集成》5384),《鄧小仲方鼎》中作"弗敢取"。① "組"和"取"皆從"且"得聲,三字無疑是相通的,應通"沮",有"沮敗"的意思。②

《晋姜鼎》"余不叚妄寧"在《毛公鼎》和《四十三年逑盤》也有相同的文句,前者作"汝毋敢妄寧"(《集成》2841),後者作"毋敢妄寧"。③ 前人多已指出,《毛公鼎》此句常見於典籍,比如《尚書·無逸》云"治民祗懼,不敢荒寧",蔡邕《司空文烈侯楊公碑》云:"虔恭夙夜,不敢荒寧。"④

這些銘文提醒我們,在西周,"叚"字確實是可以和"敢"字通用的。⑤ 上古音"叚"見紐魚部,"敢"見紐談部,二者聲紐相同;古音魚、鐸、陽、歌、月、元、盍、談八部之間常常可通轉,所以一般認為這八部之間的主要元音是相同的,根據絕大多數學者的擬音,魚、談之間只是 a 的開元音同帶鼻音的閉元音 am 的區別。⑥ 所以"叚""敢"二字很可能在語音上有通假

---

① 李學勤、艾蘭:《歐洲所藏中國青銅器遺珠》,文物出版社,1995 年 12 月,第 336—337 頁。

② "取"字的釋讀參看唐蘭:《略論西周微史家族窖藏銅器群的重要意義——陝西扶風新出牆盤銘文解釋》,《文物》1978 年第 3 期,第 19—24 轉第 42 頁;裘錫圭:《史牆盤銘解釋》,同上,第 25—32 頁;徐中舒:《西周牆盤銘文箋釋》,《考古學報》1978 年第 2 期,第 139—148 頁;李學勤:《論史牆盤及其意義》,同上,第 149—157 頁。

③ 陝西省文物局、中華世紀壇藝術館:《盛世吉金——陝西寶雞眉縣青銅器窖藏》,北京出版社,2003 年 3 月,第 51—66 頁。

④ 參看于省吾:《雙劍誃群經新證·雙劍誃諸子新證》之《雙劍誃尚書新證》"不敢荒寧"條,上海書店出版社,1999 年 4 月,第 106 頁。

⑤ 張新俊先生看過本文後提示筆者:有些銘文"叚"(如《禹鼎》《作册封鬲》《四十三年逑鼎》)和"敢"(如《虞簋》《懸妃簋》)二字在身份和語氣的使用上似有一定的區別,從這些銘文看,辭例中用到"叚"字的施動者身份地位似都比較高,而"敢"字則似多用在施動者身份比較低的文句中。我們考慮,在這些施動者身份地位都比較高的銘文中,"叚"仍通"敢",可能是出於尊敬施動者的原因而改用"叚"字,但上舉銘文中"敢""叚"二字的意思是一樣的,都有"能"義,詳下。

⑥ 陳復華、何九盈:《古韻通曉》,中國社會科學出版社,1987 年 10 月,第 423—428、467、471 頁。承蒙施謝捷先生見告,《說文》說"敢"從"古"聲,而"古""叚"都屬見紐魚部,如"古""叚"二旁組成的"嘏"字即是一個雙聲字。承蒙陳劍先生見告,他在早年也有過類似意見,不過後來放棄此說。並指出吳榮曾先生在《監门考》一文(《先秦兩漢史研究》,中華書局,1995 年 6 月,第 162—171 頁)所加的"補記"中引李家浩先生說,《詩經·小雅·雨無正》的"假痵",熹平石經作"監痵",也是魚、談二部通轉的例子。

關係。

除了以上那些銘文，古文字資料中還有幾處"叚"應當讀爲"敢"字：

《禹鼎》：肆武公亦弗叚忘朕聖祖考幽大叔、懿叔，命禹纘朕祖考政于井邦。（《集成》2833）

《作册封鬲》：王弗叚忘享厥孫子多休。（《中國歷史文物》2002年第 2 期①）

《四十三年逑鼎》：肆余弗叚忘聖人孫子。（《盛世吉金——陝西寶雞眉縣青銅器窖藏》②）

此三處銘文中的"弗叚"，亦即"弗敢"，它們同《虞簋》"虞弗敢忘公伯休"（《集成》4167）、《懸妃簋》"其自今日，孫孫子子毋敢忘伯休"（《集成》4269）的文例也是相同的。③

《師衰簋》的另一處銘文云："今敢博厥衆，叚反厥工吏。"

舊多把"叚"屬上讀，這是不正確的。這裏的"叚"也應讀爲"敢"。銘文中的"工吏"指官員，"叚（敢）反厥工吏"的意思是說膽敢驅返工吏，這些工吏無疑是周王朝派去監督夷人的。此銘文與僞古文《尚書·胤征》中的"惟時義和，顛覆厥德，沈亂於酒，畔官離次，俶擾天紀，遐棄厥司"中之"遐棄厥司"的句法看起來頗爲相似，不過僞古文《尚書》的來源應是《詩經·周南·汝墳》中的"不我遐棄"，是"遠棄"的意思，和《師衰簋》中的"叚"字無關。這裏還要說一下，《師衰鼎》中，一句話同時用"敢""叚"來表示同一個詞，似乎有點奇怪，但這在古文字資料中，是常常見到的。下面的例子都是用不同的字表示相同的詞：比如《作册矢令簋》"令敢明（揚）皇王宝""令敢展（揚）皇王宝"（《集成》4300）；《上都府簋》"上都府擇其吉金""嬰（其）眉壽無記（期）"（《集成》4613）；郭店《忠信之道》簡 7"群勿（物）皆

---

① 王冠英：《作册封鬲銘文考釋》，第 4—6 頁。
② 同第 489 頁注③。
③ 裴學海注意到古籍中"敢"和"能"常常互用（《古書虛字集釋》，中華書局，1982 年 6 月，第 330—332 頁），《禹鼎》《作册封鬲》《四十三年逑鼎》《虞簋》《懸妃簋》從文意上看，也有可能更偏向於"能"的含義。不過，"敢"字有"能"義也是從"敢"字的本義發展而來的，它的演化軌迹是：由"膽敢"義發展爲意義較輕微的"敢於"，又發展爲意義更輕微的"冒昧之辭"，再發展爲中性的"能"義。

成而百善叚(皆)立";上博三《周易》簡 42"乃乱逈啐";上博三《彭祖》簡 7"一命式俯";①上博四《曹沫之陳》簡 36"陳功上賢,能治百人,史(使)長百人;能治三軍,思(使)帥",②它們代表的都是一個詞。

知道了"叚""敢"二字在古文字中可以通用,反過來,我們再來看看《詩經》中的這些話該如何解釋:

《大雅·抑》:"視爾友君子,輯柔爾顔,不遐有愆。"上文所引的鄭箋訓釋全誤。因爲從上下幾章來看,各章的前句作"質爾人民,謹爾侯度,用戒不虞""無易由言,無曰苟矣""辟爾爲德,俾臧俾嘉。淑慎爾止,不愆於儀",全是從正面來訓誨别人的,所以此句之"不遐有愆"也應是正面訓誨的語句,"不遐有愆"即"不敢有愆"。全句的意思是應視爾友君子之行動來作爲自己准則,和安汝顔色,不敢有所罪過。

《邶風·泉水》:"載脂載舝,還車言邁。遄臻於衛,不瑕有害。""不瑕有害"即"不敢有害","害"字應從鄭箋訓爲"何",言速至於衛,不敢有其他的什麽事情。

《邶風·二子乘舟》:"二子乘舟,汎汎其逝。願言思子,不瑕有害。"此句的"不瑕有害"與《邶風·泉水》同文,這兩個"害"字的意義也應一致。"願言思之"的主語是作詩者,而"不瑕有害"的主語應爲"二子"。第二句話的意思是:"我思念他們,他們没敢做出别的什麽(反而被誣陷)啊!"

裘錫圭先生在《考古發現的秦漢文字資料對於校讀古籍的重要性》一文中指出:"考古發現的古代文字資料,對於校讀傳世的先秦秦漢古籍,的確有極其重要的意義。這些資料能够幫助我們解决傳世古書裏一些本來

---

① "俯"字從陳斯鵬先生釋,參看陳斯鵬:《上海博物館藏楚簡〈彭祖〉新釋》,《華學》第七輯,中山大學出版社,2004 年 12 月,第 156—164 頁。用兩個不同的字表示同一個數字的情况還可見信陽長臺關簡 1-03"教書晶(三)歲,教言三歲"(《信陽楚墓》,文物出版社,1986 年 3 月,圖版一一三)。又可參看徐寶貴:《商周青銅器銘文避複研究》,《考古學報》2002 年第 3 期,第 261—276 頁。

② 參看陳斯鵬:《論周原甲骨和楚系簡帛中的"囟"與"思"——兼論卜辭命辭的性質》,《第四届國際中國古文字學研討會論文集》,香港中文大學中國語言及文學系,2003年 10 月,第 393—413 頁;孟蓬生:《上博竹書(二)字詞劄記》,"簡帛研究"網,2003 年 1月 14 日;沈培:《周原甲骨文裏的"囟"和楚墓竹簡裏的"囟"或"思"》,《漢字研究》第一輯,學苑出版社,2005 年 6 月,第 345—366 頁;陳斯鵬:《論周原甲骨和楚系簡帛中的"囟"和"思"——兼論卜辭命辭的性質》,《文史》2006 年第 1 輯,第 5—20 頁。

無法解決的,甚至根本就發現不了的問題,能夠幫助我們檢驗前人校讀古書的成果,決定一些聚訟紛紜的問題的是非。反過來説,如果在先秦秦漢古籍的整理注釋工作中不重視有關的古代文字資料,就會影響工作的質量,甚至犯一些不應有的錯誤。"①我們依靠出土古文字資料,還會發現漢人對一些先秦常用字的訓詁也存在偏差。我們可以舉出幾個例子:《詩·國風·草蟲》"亦既見止,亦既覯止,我心則降"等的"止"字,毛傳釋爲"辭也",于省吾先生根據古文字材料改釋"止"爲"之"。②《尚書·多方》"須暇之子孫,誕作民主",《詩經·大雅·生民》"誕寘之隘巷""誕降嘉種",舊多釋"誕"爲"大"或無義之發語詞,吳世昌認爲從文句上看,大都是起連接作用的虛詞。③《詩·小雅雨·無正》"庶曰式臧,覆出爲惡"等的"式"字,古人多釋爲語辭,裘錫圭先生經過論證,認爲不少是表示"可能或意願"的意義。④ 這些無疑都是相當精彩的意見。先秦時代的詞語,經過後來演變,很多字義變得模糊不清。漢人的訓詁離先秦已有一定距離,並不是百分之百的準確。充分利用同時代的出土文字資料正是我們探索古語的一個很好的手段。

　　附記:本文初稿寫成後又吸取了馮勝君、陳劍、施謝捷、張新俊四位先生的很多建議,特此致謝。又,本文寫完後,得知《中國文字》新三十期(2005年11月出版)中陳英傑先生《金文中"叚"字及其相關文例的討論》一文也討論了這個"叚"字,但在內容和方法上與本文有很大的差別,讀者可以參看。

---

① 裘錫圭:《古代文史研究新探》,江蘇古籍出版社,2000年1月,第1—44頁。
② 于省吾:《〈詩經〉中"止"字的辨釋》,《澤螺居詩經新證》,中華書局,1982年11月,第120—129頁。季旭昇先生亦有此言,見《從戰國文字的"坒"字談詩經中"之"字誤爲"止"字的現象》,但筆者未見其文。
③ 參看吳世昌:《釋書詩之"誕"》,《燕京學報》第八期,1930年12月,第1563—1576頁。又參看張玉金:《〈詩經〉〈尚書〉中"誕"字的研究》,《古漢語研究》1994年第3期,第34—37頁。
④ 參看裘錫圭:《卜辭"異"字和詩、書裏的"式"字》,《古文字論集》,中華書局,1992年8月,第122—140頁。

〖编按〗孟蓬生先生對"叚、叚"字有與筆者相同的看法,參看孟蓬生:《師寰簋"弗叚組"新解》,"復旦大學出土文獻與古文字研究中心"網,2009年2月25日。後來,沈培在拙文及孟文基礎上,認爲這些"叚、叚"有"能"的意思,應該是正確的,見沈培:《再談西周金文"叚"表示情態的用法》,《中國古代青銅器國際研討會論文集》,上海博物館、香港中文大學文物館,2010年11月,第193—228頁。

〖發表情況〗單育辰:《試論〈詩經〉中"叚""叚"二字的一種特殊用法》,杭州:"浙江大學2007兩岸三地博士生NBIC學術論壇"會議論文,2007年10月。後發表於"復旦大學出土文獻與古文字研究中心"網,2009年2月28日。刊於《古籍研究2009卷》,安徽大學出版社,2010年3月,第16—20頁。

從戰國簡《曹沫之陳》再談今本《吴子》《慎子》的真僞

前幾年公布的《上海博物館藏戰國楚簡（四）》①中的《曹沫之陳》是佚失已久的先秦兵書，經過整理者李零先生和其他學者的共同努力，整篇文章已經可以通讀。《曹沫之陳》文風較爲平易，内容卻很豐富，尤其值得我們注意的是，其中的文句往往有和先前被判定爲僞的古書②相合者。下面我們準備就這個問題加以討論。

一、《曹沫之陳》和今本《吴子》的真僞

李碩之、王世金二先生曾在《吴子淺説》一書中論證今本《吴子》實爲《漢書·藝文志》所著錄之舊，不過和《漢志》那個本子相比，是有殘缺的。他們指出今本《吴子·論將》："武侯問曰：'兩軍相望，不知其將，我欲相之，其術如何？'起對曰：'令賤而勇者，將輕鋭以嘗之。務於北，無務於得，觀敵之來，一坐一起，其政以理。'"可以和出土文獻《孫臏兵法·威王問》"齊威王問用兵於孫子曰：'兩軍相當，兩將相望，皆堅而固，莫敢先舉，爲之奈何？'孫子答曰：'以輕卒嘗之，賤而勇者將之，期於北，無期於得。爲

---

① 馬承源主編：《上海博物館藏戰國楚竹書（四）》，上海古籍出版社，2004年12月。
② 先秦古書的"真""僞"概念比較含混，先秦有很多古書是假托周初或周代以前人立説，對於周初或周代以前來説，這當然是"僞"書了；可是對於現今來説，又應該是"真"的先秦典籍。現在學術界一般認爲，判定先秦古書的真僞由是不是《漢書·藝文志》所著錄的本子決定，這裏我們采用這一觀點。

之微陣以觸其側,是謂大得。'"相參照;他們又提到,《吳子·治兵》"一人學戰,教成十人;十人學戰,教成百人;百人學戰,教成千人;千人學戰,教成萬人;萬人學戰,教成三軍"文句與《尉繚子·勒卒令》"百人而教戰,教成合之千人;千人教成,合之萬人;萬人教成,會之於三軍"相類;又指出,《六韜·龍韜·軍勢》"用兵之害,猶豫最大,三軍之災,莫過狐疑"是引用《吳子·治兵》"用兵之害,猶豫最大,三軍之災,生於狐疑"的原文,這些都是正確的。①

我們在繹讀戰國簡《曹沫之陳》的時候,也可以發現它同今本《吳子》有不少可相參照之處。陳劍先生《上博竹書〈曹沫之陳〉新編釋文(稿)》②已經指出:《曹沫之陳》簡19"且臣聞之:不和於邦,不可以出豫(舍)。不和於豫(舍),不可以出陳。不和於陳,不可以"可與《吳子·圖國》"吳子曰:昔之圖國家者,必先教百姓而親萬民。有四不和:不和於國,不可以出軍;不和於軍,不可以出陳;不和於陳,不可以進戰;不和於戰,不可以決勝"相對照;簡43下"三軍未成陳,未豫(舍),行阪濟障,此捷果之忌"可與《吳子·料敵》"吳子曰:凡料敵,有不卜而與之戰者八……八曰陣而未定,舍而未畢,行阪涉險,半隱半出……"相對照。除了這兩例外,我們又檢出《曹沫之陳》簡60下"☐慎以戒,如將弗克"可與《吳子·論將》"故將之所慎者五:……四曰戒……戒者,雖克如始戰"相對照。看來,今本《吳子》是有着十分可靠的來源的。

以往學者多認爲《吳子》爲僞,比如清人姚際恒評論《吳子》:"其論膚淺,自是僞托。中有屠城之語,尤爲可惡。"③近人顧實也説:"辭意淺薄,必非原書。"④不過他們所説的文辭"膚淺""淺薄"是一個很模糊的概念,把它作爲評判真僞的標準顯然是不可取的。

---

① 李碩之、王世金:《吳子的作者和成書》,《吳子淺説》,解放軍出版社,1988年4月,第3—12頁。另,張世超先生在《〈吳子〉研究》一文中也論證今本《吳子》非僞書,且指出上引《吳子·論將》那段話又可以和《六韜·虎韜·動静》"引兵深入諸侯之地,與敵之軍相當,兩陣相望,衆寡彊弱相等,未敢先舉……爲之奈何?"相對照,參看張世超:《〈吳子〉研究》,《古籍整理研究學刊》2002年第6期,第24—29頁。
② 陳劍:《上博竹書〈曹沫之陳〉新編釋文(稿)》,"簡帛研究"網,2005年2月12日。
③ 黄雲眉:《古今僞書考補證》,齊魯書社,1980年6月,第178頁。
④ 顧實:《漢書藝文志講疏》,上海古籍出版社,1987年2月,第194頁。

近世學者據以《吳子》爲僞的證據,我們歸納起來有如下幾條:

1. 魏晉以後,乃以筇笛爲軍樂,《吳子·應變》安得云:"夜以金鼓筇笛爲節?"①

2.《吳子·治兵》"車騎之具,鞍、勒、銜、轡,必令完堅"之"鞍"字,不是吳起時代所有的東西;②

3.《吳子·治兵》"左青龍,右白虎,前朱雀、後玄武,招搖在上,從事於下"等語顯係襲用《禮記·曲禮》《淮南子·兵略》;③

4.《吳子·勵士》有"兼車五百乘,騎三千匹,而破秦五十萬衆"一語,這樣大規模地使用騎兵是那時沒有的。④

不過這幾條證據,要細究起來,都是靠不住的。

"筇"字在先秦典籍中還見於《六韜·虎韜·軍略》"擊雷鼓,振鼙鐸,吹鳴筇";⑤"鞍"字在先秦典籍中還見於《管子·山國軌》"被鞍之馬千乘",《太平御覽》卷三百五十八引《六韜》"鞍勒不備者",⑥所以《吳子》一書的"筇"和"鞍"字的出現並非孤例。退一步說,即使"筇""鞍"字沒有在先秦舊籍出現,我們也要考慮到古書在後世的流傳中常有被篡改的可能,僅憑一二字就判定古書真僞,恐怕是不可行的。

《禮記·曲禮》說"行,前朱鳥而後玄武,左青龍而右白虎,招搖在上,急繕其怒",馬王堆帛書《刑德》丙篇說"故曰左青龍而右白虎,前丹蟲而後玄武,招搖在上,□□在下,乘龍戴斗,戰必勝而攻必取",⑦《淮南子·

---

① [清]姚鼐:《讀〈司馬法〉〈六韜〉》,《惜抱軒全集》,中國書店,1991年8月,第52頁。

② 《中國軍事史》編寫組:《〈吳子〉簡介》,《武經七書注譯》,解放軍出版社,1991年5月,第423頁。

③ 郭沫若:《述吳起》,《青銅時代》,科學出版社,1959年9月,第206—207頁。

④ 《中國軍事史》編寫組:《〈吳子〉簡介》,《武經七書注譯》,第423頁。

⑤ 此處李碩之、王世金二先生已指出,參看李碩之、王世金:《吳子的作者和成書》,《吳子淺說》,解放軍出版社,1988年4月,第8頁,他們同時引杜佑《通典》卷一百四十六《前代雜樂》條:"應劭漢鹵簿圖,唯有騎執箛。即筇也。"證明漢代亦有此物。

⑥ 孫機先生認爲從考古資料看,秦漢時代已經有馬鞍,參看孫機:《唐代的馬具與馬飾》,《中國古輿服論叢》(增訂本),文物出版社,2001年12月,第99—101頁。此承吳良寶先生示知。

⑦ 參看陳松長:《馬王堆帛書〈刑德〉研究論稿》,臺灣古籍出版有限公司,2001年4月,第240—241頁。此承程少軒先生示知。

兵略》"所謂天數者，左青龍，右白虎，前朱雀、後玄武"，先秦古籍中的"左青龍，右白虎，前朱雀、後玄武"是當時很流行的一種說法，《禮記》《淮南子》可以引用，《吳子》也可以引用，實在談不到有什麼抄襲的問題。《吳子》所云的"左青龍，右白虎，前朱雀、後玄武，招搖在上，從事於下"實屬戰國兵陰陽學說，《六韜・龍韜・五音》"角聲應管，當以白虎；徵聲應管，當以玄武；商聲應管，當以朱雀；羽聲應管，當以勾陳；五管聲盡不應者宮也，當以青龍"，亦見"青龍、白虎、朱雀、玄武"之說，①只不過順序略有不同。近年發現的銀雀山漢簡《地典》、張家山漢簡《蓋廬》、虎溪山漢簡《閻氏五勝》都屬兵陰陽家一派，《漢書・藝文志・兵書略》說兵陰陽"順時而發，推刑德，隨斗擊，因五勝，假鬼神而爲助者也"，其實很多傳世的先秦兵書如《孫子兵法》《尉繚子》等也有兵陰陽說的存在，只是過去瞭解不多罷了。②

《吳子》除《勵士》篇的"騎三千匹"外，尚有《應變》篇"此非車騎之力，聖人之謀也。能備千乘萬騎，兼之徒步，分爲五軍"，此中的"千乘萬騎"亦見於《六韜・犬韜・戰車》"敵雖圍周，千乘萬騎，前驅旁馳，萬戰必勝"。我們知道，戰國中晚期騎兵的使用已經十分常見，如《六韜・犬韜》中的《武騎士》《戰騎》就是探討騎兵的專文。《吳子》的"騎三千匹，而破秦五十萬之衆"，實同《韓非子・十過》所言"公因起卒，革車五百乘，疇騎二千，步卒五萬，輔重耳入之于晉，立爲晉君"。是一種故意誇大的說法，不足爲病。

《漢書・藝文志》著録《吳起》四十八篇，在《隋書・經籍志》和《新唐書・藝文志》著録《吳子兵法》一卷，賈詡注，和班"志"相比，已明顯有殘缺。高文、何法周《〈吳子〉真偽考》一文已指出：③

> 如以唐初魏徵等輯的《群書治要》所節選的四篇（《圖國》《論將》《治兵》《勵士》）與今傳南宋本《吳子》（在《續古逸叢書》的《宋本武經七書》中，分上、下兩卷，每卷三篇）相校，不僅篇目相同，文字也基本一樣。今本《吳子》這四篇共有十九段，《群書治要》節選了八段，即見

---

① 此處高文、何法周已指出，參看高文、何法周：《〈吳子〉真偽考》，《開封師院學報（哲學社會科學版）》1977年第5期，第105—106頁。
② 參看李零：《吳孫子發微》，中華書局，1997年6月，第31頁。
③ 參看高文、何法周：《〈吳子〉真偽考》，《開封師院學報（哲學社會科學版）》1977年第5期，第102—106頁。

於今《圖國》篇兩段，《論將》篇三段，《治兵》篇一段，《勵士》篇兩段。除《論將》中有兩段在今本《圖國》中，只是段落作了變動外，字句僅有極個別的出入。又如以杜佑的《通典》所引《吳起教戰法》及杜牧《注孫子》引文同今本《吳子》相校：杜佑引了九段，在今本《料敵》篇一段，《論將》篇一段，《治兵》篇兩段，《應變》篇五段；杜牧引了今本《治兵》篇兩句，《論將》篇兩段另八句。其内容、文字同今本和《群書治要》都一樣；而且這些引文的段落總數已占今本《吳子》段落總數的五分之三，並遍及全書六篇，罕見佚文，可見今本就是唐人所見的本子。

又，晁公武《郡齋讀書志》著録《吳子兵法》三卷，云："唐陸希聲類次爲之説，《圖國》《料敵》《治兵》《論將》《變化》《勵士》，凡六篇云。"此書所言和今本《吳子》六篇目次相同，只是今本《吳子》的《圖國》《應變》和晁公武所云《説國》《變化》微異，但顯然同爲一篇之異名。高文、何法周又説：賈詡《三國志·魏志》有傳，《隋書·經籍志》尚列有其《鈔孫子兵法》一卷，他生年距班固卒年只有55年，在時間上是沒有作僞的可能的。而魏人賈詡所注的一卷本就應是《隋書·經籍志》、《群書治要》、《通典》、杜牧注《孫子》、《郡齋讀書志》及今本《吳子》的共同來源。我們認爲高、何二先生所言是正確的。至於《郡齋讀書志》所説的"唐陸希聲類次爲之"者，我們猜想，恐怕只是因段落排列有些不同而形成的一種本子，它即應來自《隋書·經籍志》賈詡注的一卷本，而在文字上不會有什麽變動。

據此，我們可以認爲，現今流傳下來的《吳子》實即《漢書·藝文志》著録《吳起》四十八篇的一部分，它的來源應是《隋書·經籍志》的一卷本《吳子兵法》，到了宋代，由於卷次分合的原因，有的版本被分成了三卷，到了明、清又被合爲一卷，從而形成今本《吳子》。據《韓非子·五蠹》"境内皆言兵，藏孫、吳之書者家有之"，《史記·孫子吳起列傳》"世俗所稱師旅，皆道《孫子十三篇》《吳起兵法》，世多有"來看，《吳子》大多數篇章即應寫定於戰國之際。巧合的是，《史記·孫子吳起列傳》説吳起在事魏文侯之前"嘗學於曾子，事魯君""魯卒以爲將，將而攻齊，大破之"，上面已説今本《吳子》六篇和《曹沫之陳》文句頗有相同，而《曹沫之陳》所言正爲魯國之事。那麽現今流傳的《吳子》六篇有没有吳起本人自作？如果有，它是否同吳起在魯國的經歷有一定的關係？這個問題值得我們以後繼續探討。

二、《曹沫之陳》和今本《慎子》的真偽

廖名春先生《楚竹書〈曹沫之陳〉與〈慎子〉佚文》①一文中首先談到《初學記》卷十六、《太平御覽》卷五百七十五所引《慎子》佚文與《曹沫之陳》首句近乎相同。《初學記》卷十六説："魯莊公鑄大鐘，曹翽入見，曰：'今國褊小而鐘大，君何不圖之？'"《曹沫之陳》作："魯莊公將爲大鐘，型既成矣。曹沫入見，曰：'昔周室之邦魯，東西七百，南北五百，彼山彼澤，亡有不民。今邦彌小而鐘愈大，君其圖之。'"（簡1+簡2）二者同源是非常明顯的。廖名春先生又根據《曹沫之陳》與《慎子》文句的對比，認爲《慎子》此佚文的産生要晚於《曹沫之陳》，《曹沫之陳》應該是更原始的出處，應該是正確的。

今本《慎子》②只留存《威德》《因循》《民雜》《德立》《君人》五篇，《四庫全書總目》説："其書《漢志》作四十二篇，《唐志》作十卷，《崇文總目》作三十七篇，《書錄解題》則稱麻沙刻本凡五篇，已非全書。此本雖亦分五篇，而文多刪削，又非陳振孫之所見。"③《四庫總目》所敘《慎子》流傳較略，且有錯誤，這裏我們再爲其梳理一下：《史記·孟子荀卿列傳》集解引徐廣説："今《慎子》劉向所定，有四十一篇。"此四十一篇或是四十二篇之訛，但從此可見劉宋時所有仍是四十二篇本。《唐志》所云《慎子》十卷，滕輔注。滕輔，東晉人，與徐廣年代相近，且古時每卷所含多不止一篇，從十卷卷數看，此本有四十二篇之數應是不差④（可參《通志·藝文略》言"《慎子》舊有十卷，四十二篇"）。不過此四十二篇本在北宋初有殘缺，《崇文總目》著錄僅有三十七篇。我們再查陳振孫《直齋書錄解題》，所錄《慎子》僅一卷，

---

① 廖名春：《楚竹書〈曹沫之陳〉與〈慎子〉佚文》，"簡帛研究"網，2005年2月12日。
② 此處的今本《慎子》指以明初《文淵閣書目》著錄的一卷五篇本以及明萬曆《子彙》本爲代表《慎子》（當時《群書治要》尚未回傳中國，而明代慎懋賞本《慎子》已被多名學者證明其中真僞雜糅，實不可信），詳P. M. Thompson, *The Shen-tzu Fragments*（《慎子佚文》），Oxford University Press，1979。
③ ［清］永瑢等：《四庫全書總目》，中華書局，1995年4月，第1007頁。
④ 參看金德建：《〈慎子〉流傳與真僞》，《司馬遷所見書考》，上海人民出版社，1963年2月，第283—285頁。

王應麟《漢書藝文志考證》中引當時所見《慎子》五篇篇目也與今本全同，所以學者多認爲今本《慎子》實即南宋陳振孫所見之本。南宋人所見的五篇本在明代爲《文淵閣書目》、《内閣藏書目録》、陳第《世善堂藏書目録》、徐燉《紅雨樓書目》等多種書目著録，晚明周子義又把它收入到《子彙》中刊印，流傳有緒。① 不過《四庫全書總目》説"此本文多刪削"還是有一定的道理。由於《羣書治要》的發現，學者已經明瞭今本《慎子》只是《羣書治要》所録《慎子》(《羣書治要》本身就對《慎子》原書進行過刪節)的一個節抄本，它不僅比《羣書治要》本少了《知忠》《君臣》兩篇，並且比《羣書治要》本的《威德》篇還少了二百餘字。我們從此亦可見"唐志"、《崇文總目》所著録之本到了北宋末南宋初已全佚，陳振孫所見之本(也就是今本)只不過是從《羣書治要》輾轉保存下來的五篇殘文而已。

今本《慎子》來源於唐代舊籍，它的真僞本應無可疑，可是近來頗有人懷疑。如黃雲眉《古今僞書考補證》云："《莊子·天下篇》謂'慎到棄知去已，而緣不得已，泠汰於物以爲道理，推而後行，曳而後往，若飄風之還，若羽之旋，若磨石之隧。豪傑相與笑之曰：慎到之道，非生人之行，而至死人之理，適得怪焉'云云，求之今書《慎子》，似無些微影響。《天下篇》雖後人所作，若令得見今書，不當復有此語。"並説："然使慎到之道，果僅如今書所言，則慎到乃一普通之法治家，彼豪傑何以笑其'非生人之行，而至死人之理'乎？吾意今書文字明白，不類先秦殘籍，當由後人抄撮諸書法家語而成……其書誠僞托矣。"②我們讀《羣書治要》中的《慎子》，大都强調"法"，確與《莊子·天下》所述不太一致，不過《荀子·非十二子篇》評論慎子説："尚法而無法，下脩而好作，上則取聽於上，下則取從於俗，終日言成文典，及紃察之，則倜然無所歸宿，不可以經國定分，然而其持之有故，其言之成理，足以欺惑愚衆，是慎到、田駢也。"其所論與今本《慎子》"尚法"的精神是非常一致的，且《漢書·藝文志·諸子略》也把《慎子》歸入法家。③

---

① 參看 P. M. Thompson, *The Shen-tzu Fragments* (《慎子佚文》), Oxford University Press, 1979.
② 黃雲眉：《古今僞書考補證》，齊魯書社，1980 年 6 月，第 156—159 頁。
③ 詳細論述可參見郭沫若：《稷下黃老學派的批判》，《十批判書》，東方出版社，1996 年 3 月，第 169—175 頁。

馬王堆帛書發現後，唐蘭先生曾指出其中的《老子》乙本卷前佚書《稱》篇與今本《慎子》有四處文句近乎相同，① 下面我們列舉一下這些地方：

《稱》："不受祿者天子弗臣也。祿泊者弗與犯難。"參看《慎子·因循》："是故先王見不受祿者不臣，祿不厚者不與入難。"

《稱》："故立天子 者 ， 不 使諸侯疑焉。立正嫡者，不使庶孽疑焉。立正妻者，不使婢妾疑焉。疑則相傷，雜則相方。"參看《慎子·德立》："立天子者不使諸侯疑焉。立諸侯者不使大夫疑焉。立正妻者不使嬖妾疑焉。立嫡子者不使庶孽疑焉。疑則動，兩則爭，雜則相傷。"

《稱》："天有明而不憂民之晦也， 百 姓辟其户牖而各取昭焉，天无事焉。地有 財 而不憂民之貧也，百姓斬木刳薪而各取富焉，地亦无事焉。"參看《慎子·威德》："天有明，不憂人之暗也。地有財，不憂人之貧也。聖人有德，不憂人之危也。天雖不憂人之暗，闢户牖必取已明焉，則天無事也。地雖不憂人之貧，伐木刈草必取已富焉，則地無事也。聖人雖不憂人之危，而百姓準上而比於下，其必取已安焉，則聖人無事焉。"

《稱》："臣有兩位者，其國必危。國若不危，君臾存也，失君必危。失君不危者，臣故差也。子有兩位者，家必亂。家若不亂，親臾存也， 失親必 危。失親不亂，子故差也。"參看《慎子·德立》："故臣有兩位者國必亂，臣兩位而國不亂者，君在也，恃君而不亂矣。失君必亂。子有兩位者家必亂，子兩位而家不亂者，父在也，恃父而不亂矣。失父必亂。"

裘錫圭先生《馬王堆〈老子〉甲乙本卷前後佚書與"道法家"——兼論〈心術上〉〈白心〉爲慎到田駢學派作品》一文中指出《稱》篇是"彙集很多類

---

① 唐蘭：《馬王堆出土〈老子〉乙本卷前古佚書的研究——兼論其與漢初儒法鬥爭的關係》，《考古學報》1975年第1期，第25、26、27頁。下面的引文我們據《馬王堆漢墓帛書〔壹〕》（文物出版社，1980年3月）的圖版及釋文有所校訂。

似格言的話",又指出上舉四段文字是《稱》篇抄襲《慎子》的。裘先生又說《十六經·本伐》"諸庫藏兵之國,皆有兵道"與《意林》卷二引《慎子》"藏甲之國,必有兵道"等句相類。並説:"如果《慎子》原本保存下來的話,一定能在乙本佚書裹發現更多從《慎子》那裏吸收來的東西。"①這些都是很正確的。《上海博物館藏戰國楚竹書(四)》出版後,我們又發現《慎子》佚文與《曹沫之陳》亦有近乎相同的文句,所以,由《群書治要》而來的今本《慎子》爲先秦古書應該是没有什麽疑問的了。

至於《莊子·天下》對慎到學術的評述,也並非空穴來風,據《史記·孟子荀卿列傳》說"慎到,趙人。田駢、接子,齊人。環淵,楚人。皆學黄老道德之術,因發明序其指意。故慎到著十二論,環淵著上下篇,而田駢、接子皆有所論焉"可知,慎子除具有一定法家思想外,還具有道家色彩,其主要觀點體現在"十二論"之中。《莊子·天下篇》所論慎子之言即應據"十二論"而發,此"十二論"應收於《漢書·藝文志》所錄的《慎子》四十二篇之中,不過現已亡佚,只有包含一定法家思想的五篇殘文被輾轉保留了下來。②

李學勤先生在《談"信古、疑古、釋古"》一文中提到:"在史料審查上,我們主張要以'二重證據法'來補充糾正疑古一派的不足之處。疑古的史料審查,由於限於紙上的材料,客觀的標準不足,而'二重證據法'以地下之新材料補正、證明紙上之材料,這本身便是對古書記載的深入審查。"③近年由於出土簡帛的發現,很多被前人證明爲僞書的其實不僞,典型的個案有馬王堆帛書的發現對傳世古籍《鶡冠子》的證實;銀雀山漢簡的發現對傳世古籍《尉繚子》《六韜》的證實等。當然,我們也知道,對前人認定的

---

① 裘錫圭:《馬王堆〈老子〉甲乙本卷前後佚書與"道法家"——兼論〈心術上〉〈白心〉爲慎道田駢學派作品》,《古代文史研究新探》,江蘇古籍出版社,2000年1月,第566—567頁。

② 金德建引東漢應劭《風俗通·姓氏篇》"慎到爲韓大夫,著《慎子》三十篇",認爲應劭所見之"三十篇"與《史記》所言的"十二論"相加正好等於《漢志》之四十二篇,並說,《漢志》載的"四十二篇"是合"三十篇"本與"十二論"本爲一書,而應劭所見的"三十篇"本應具有外篇的性質。可備一説。參看金德建:《〈慎子〉流傳與真僞》,《司馬遷所見書考》,第283—285頁。

③ 李學勤:《談"信古、疑古、釋古"》,《古文獻叢論》,上海遠東出版社,1996年11月,第335頁。

僞書如果做出反證，還必須有具體的實證材料。近年來，學術界對先秦古書的真僞問題進行了深入的反思，大部分先秦古書得到很多學者的深入討論，而今本《吳子》《慎子》過去一直不太爲人重視，這裏，我們利用新發現的出土文獻並結合今人的研究成果，對它們再做進一步的辨證。看來，這兩部子書應該脱去"僞書"之名了。

【發表情況】單育辰：《從戰國簡〈曹沫之陳〉再談今本〈吳子〉〈慎子〉的真僞》，"簡帛"網，2006年8月30日。後刊於《出土文獻研究》第十二輯，中西書局，2013年12月，第91—100頁。

"蝌蚪文"譚

在東漢魏晋時,常有"蝌蚪文"(又寫作"科斗文")的記載,但蝌蚪文到底是什麽樣的,古人説得也不是很明白。在近古以後,科斗文之稱更被人濫用,似乎比較奇怪的文字都可以稱爲蝌蚪文。這裏我們先討論一下東漢魏晋人眼中的"蝌蚪文"。

近代學者王國維著有《科斗文字説》,對蝌蚪文有比較詳細的考證,原文不長,今俱引於此,不過王氏所言也有些問題,我們將在後文指出:

> 科斗文字之名,先漢無有也,惟漢末盧植上書,有"古文科斗,近於爲實"(辰按,出自《後漢書》卷六四)之語,而其下所言,乃《毛詩》《左傳》《周官》,不及壁中書。鄭康成《書贊》云"書初出屋壁,皆周時象形文字,今所謂科斗書"(辰按,出孔穎達《尚書正義》卷一),始以古文《尚書》爲科斗書,然盧、鄭以前未嘗有此名也。衛恒《四體書勢》始云:"魯恭王壞孔子宅,得《尚書》《春秋》《論語》《孝經》,時人已不復知有古文,謂之科斗書。漢世祕藏,希得見之。"(辰按,出《晋書》卷三十六,下文衛恒所云亦出此)僞孔安國《尚書序》亦云"魯恭王壞孔子舊宅,於其壁中得先人所藏古文虞夏商周之書,皆科斗文字",始以科斗之名爲先漢所已有,然實則此語盛行於魏晋以後。杜預《春秋經傳集解後序》云:"汲郡汲縣有發其界内舊冢者,大得古書,皆簡編科斗文字。"王隱《晋書·束晳傳》亦云:"太康元年,汲郡民盜發魏安釐王冢,得竹書,漆字科斗之文。科斗文者,周時古文也,其頭麤尾細,似科斗之蟲,故俗名之焉。"(《春秋正義》引,辰按,出杜預《春秋經傳集解後

序》孔穎達正義)今《晉書·束晳傳》亦云：汲冢書皆科斗書。是科斗書之名起於後漢，而大行於魏晉以後，且不獨古文謂之科斗書，且篆書亦蒙此名。《束晳傳》又云："有人於嵩高山下得竹簡一枚，上兩行科斗書。司空張華以問晳，晳曰：'此漢明帝顯節陵中策文也。'檢驗果然。"夫漢代策文，皆用篆，不用古文(見《獨斷》及《通典》)，而謂之科斗書，則魏晉間凡異於通行隸書者，皆謂之科斗書，其意義又一變矣。

又，漢末所以始名古文爲科斗文字者，果目驗古文體勢而名之乎？抑當時傳古文者所書或如是乎？是不可知。然魏三體石經中古文，衛恒所謂因科斗之名，遂效其形者。今殘石存字皆豐中銳末，與科斗之頭粗尾細者略近，而恒謂轉失淳法，則邯鄲淳所傳之古文，體勢不如是矣。邯鄲淳所傳古文不如是，則淳所祖之孔壁古文體勢，亦必不如是矣。衛恒謂："汲縣人盜發魏襄王冢，得策書十餘萬言。案敬侯所書，猶有髣髴。"敬侯者，恒之祖衛覬，其書法出於邯鄲淳，則汲冢書體亦當與邯鄲淳所傳古文書法同，必不作科斗形矣。然則魏晉之間所謂科斗文，猶漢人所謂古文，若泥其名以求之，斯失之矣。①

典籍所涉及"蝌蚪文"的重要意見王氏基本都引到了，不過也偶有未引者，如北宋朱長文《墨池編》卷一引宋僧夢英《十八體書》："蝌蚪篆者，其流出於《古文尚書序》，費氏注云：'書有二十法，蝌蚪書是其一法，以其小尾伏頭似蝦蟆子，故謂之蝌蚪。昔魯恭王壞孔子宅以廣宮室，得蝌蚪《尚書》。又《禮記》《論語》足數十篇，皆蝌蚪文字。'"費氏疑即南朝梁費甝，曾撰《尚書義疏》。典籍所言"蝌蚪文"以《晉書》卷三十六引衛恒《四體書勢》所云最爲重要，王國維《科斗文字說》已引用不少，不過是撮要舉例的，爲方便起見，今再徵引如次：

及秦用篆書，焚燒先典，而古文絕矣。漢武時，魯恭王壞孔子宅，得《尚書》《春秋》《論語》《孝經》。時人以不復知有古文，謂之科斗書。

---

① 王國維：《科斗文字說》，《觀堂集林》卷七，中華書局，1994年12月，第337—339頁。

漢世祕藏，希得見之。魏初傳古文者，出於邯鄲淳。恒祖敬侯寫淳《尚書》，後以示淳，而淳不別。至正始中，立三字石經，轉失淳法，因科斗之名，遂效其形。太康元年，汲縣人盜發魏襄王冢，得策書十餘萬言。案敬侯所書，猶有髣髴。古書亦有數種，其一卷論楚事者最爲工妙。恒竊悦之，故竭愚思，以贊其美，愧不足廁前賢之作，冀以存古人之象焉。

可見，魏晉人所稱的"蝌蚪文"，其實就是魏正始年間所立的三體石經中的古文。《太平御覽》卷五八九引《西征記》："國子堂前有列碑，南北行三十五枚。刻之表裏，書《春秋經》《尚書》二部，大篆、隸、科斗三種字，碑長八尺。今有十八枚存，餘皆崩。"其中"大篆、隸、科斗"，亦今所稱的"篆書、隸書、古文"，亦可爲衛恒説佐證。衛恒已明言，三體石經中古文的來源即爲西漢時所發現的孔壁中書。雖然經過四百年臨仿，三體石經中古文與孔壁中書古文相較，已有失真，但大致模樣還在。①

孔壁中書是戰國時期文字寫本，其文字爲齊系，至今已無疑問。② 但應注意的是，現今一般把戰國文字分爲五大系：楚系、齊系、晉系、秦系、燕系（亦有加上吴越文字而成六系者）。以往認爲各系文字内部文字特點相當一致，現在看來，這種看法是不正確的。以齊系來説，它並不單指齊國，而是包括以齊國爲主，加上一些附近小國之總稱。所謂的齊系文字，既有齊國文字，也有魯國文字、滕國文字等。這些小國的文字風格，可能與齊國文字大有不同（從出土陶文看，即使齊國内部不同地區，文字差異也有較大的情況）。③ 再以楚系文字爲例，很多學者把宋國文字歸入楚系，但它與楚國文字很不一樣，不能簡單地把它與楚國文字字形特徵等同（它與齊國文字及其他各大

---

① 王國維所説："今殘石存字皆豐中鋭末，與科斗之頭粗尾細者略近，而恒謂轉失淳法，則邯鄲淳所傳之古文，體勢不如是矣。邯鄲淳所傳古文不如是，則淳所祖之孔壁古文體勢，亦必不如是矣。"即其所言孔壁古文與三體石經古文書體已大有不同，這是我們不能同意的。又參看啓功：《古代字體論稿》，文物出版社，1964 年 7 月，第 18—22 頁。

② 參看馮勝君：《郭店簡與上博簡對比研究》，綫裝書局，2008 年 7 月，第 315—320，332—462 頁。

③ 參看張振謙：《齊魯文字編》，學苑出版社，2014 年 7 月。

系文字也甚不一樣）。① 但相比較起來，楚系文字中曾國（即隨國）與楚國的文字就比較接近。② 這種各大系内部國家或地區之間的文字差别，以往並未獲得多少關注，隨着出土材料的增多，對它們的區分與辨識的工作可能會得到較快發展。

與較典型的齊國文字相比，三體石經古文的書風是大爲不同的。我們不禁想到，孔壁中書出於曲阜，而曲阜戰國時正爲魯國都城，那麽，孔壁中書的文字會不會是魯文字呢？ 十分幸運的是，我們在剛公布不久的清華一《保訓》這篇竹簡裏，又發現與三體石經古文的文字風格幾乎完全一樣的字體，可證明三體石經古文字體確實淵源有自，不是後人面壁虛造的。三體石經古文與清華一《保訓》的字體，學者多定義爲具有齊系文字特徵的抄本。③ 我們認爲這種定義雖大致可從，但也稱不上準確，從面貌上看，它們與典型的齊國文字有較大的差别。尤其是書寫風格上"懸點"的存在，是我們在齊國文字裏未曾發現過的。所以，我們還應在齊系文字的基礎上細分，把三體石經古文與清華一《保訓》假設爲具有魯國文字抄寫特徵的抄本。特别需要說明的是，由於魯國文字標本過少，我們目前尚無法把三體石經古文、《保訓》與已確知的魯國文字在字形上加以一一對應。但在現有研究的基礎上，我們還是可以發現，在齊系文字範圍内，《保訓》的字體更多的是與魯國文字相近，而與齊國文字常有不合（參文後表一、表二）。當然此假設還要靠將來魯國文字的大量發現進行驗證，不過這種說法卻能解釋衆多學者把三體石經古文、《保訓》字體籠統地歸入齊

---

① 舊時多未識出宋國文字，李家浩對其辨别做出較大貢獻，參看李家浩：《忓距末銘文研究》，《古文字與古代史》第二輯，"中研院"歷史語言研究所，2009 年 12 月，第 189—212 頁。

② 楚國文字與曾國文字也有一定差異，參看王子楊：《曾國文字研究》，北京師範大學碩士學位論文，指導教師：趙平安，2008 年 5 月。王先生同書又言："隨着戰國文字研究的深入，以往按'五系'分别揭示各系文字特徵的做法已經不能滿足研究需要，戰國文字本體研究必須進行到以國爲單位研究的層面，也就是分國研究層面。"（第 31 頁）在先秦諸國文字材料的發現可能會愈來愈多的將來，這種分國研究文字的可行性也將變得越來越高。

③ 參看馮勝君：《郭店簡與上博簡對比研究》，綫裝書局，2008 年 7 月，第 315—320、332—462 頁。"雨無正"：《論清華簡〈保訓〉可能是具有齊系文字特點的抄本》，"復旦大學出土文獻與古文字研究中心"論壇，2009 年 7 月 11 日。馮勝君：《試論清華簡〈保訓〉篇書法風格與三體石經的關係》，《〈清華大學藏戰國竹簡（壹）〉國際學術研討會會議論文集》，2011 年 6 月，第 52—56 頁。

系文字，但它們又與典型齊系文字（齊國文字）多有不同這樣令人迷惑的現實。①

《保訓》字體也保留有很多早先時期字體的因素，這一方面可能是《保訓》成書時代較早，而清華簡中的《保訓》篇是按早期本子臨摹的（學者多已指出，從用字和文獻用語角度看，《保訓》成篇較早，並且從文字看，確實非常古拙）；還有一種可能就是魯國的文字形體在戰國時期不如其他國家變化那麼大，還保留着許多更早時期的寫法。不過即使時代早的話，似乎也並不能脱離與魯國文字的干係。

後來於汲塚發現魏國竹簡，晉人把這些簡上的文字比附爲"蝌蚪文"。但汲塚竹書是晉系的魏國竹簡，與孔壁中書、三體石經古文、清華一《保訓》書風又大爲不同，王國維説："汲冢書體亦當與邯鄲淳所傳古文書法同。"此點我們不能同意，三晉的墨書資料（温縣盟書、侯馬盟書）以及手寫體的金文（如三晉銅戈上的文字）現在還是發現不少，②從中可見晉系文字不會與孔壁中書書風一致。所以，汲塚竹書上的文字，晉人只是因爲它與孔壁古文、三體石經古文同爲戰國文字，便籠統地把它比附爲"蝌蚪文"，但其實它與孔壁古文、三體石經古文之間的書體差異還是很大的。衛恒即謂"敬侯所書"與汲塚竹書相比，"猶有仿佛"，即兩者之間也就是仿

---

① 比如有學者指出清華一《保訓》中的文字還有很多晉系的文字特徵，參看盛聰：《清華簡〈保訓〉集釋》，復旦大學哲學系國學班本科第三學年學年論文，2010 年 5 月，第 22—34 頁，但又如盛聰所指出的那樣，《保訓》中又有很多齊系文字及三體石經古文的特徵字。我們認爲，如果一篇簡文文字既不全同於齊國文字又不全同於晉系文字，這就提示我們，它是不是可以往別的國家的文字方面考慮。

② 近來公布的清華三《良臣》《祝辭》應是具有鄭國（或鄭地）特徵的抄本，與典型的晉系（指春秋時期晉國或戰國時期韓趙魏三國）文字似並不完全一樣，但其書風與典型晉系文字還是很接近的。可參看劉剛：《清華叁〈良臣〉爲具有晉系文字風格的抄本補證》，"復旦大學出土文獻與古文字研究中心"網，2013 年 1 月 17 日；又，《中國文字學報》第五輯，商務印書館，2014 年 7 月，第 99—107 頁。不過我們不同意劉剛所言《良臣》《祝辭》爲楚人用晉系底本抄寫的觀點，二篇書風是習慣於楚文字的書手難於摹仿，也是沒有必要摹仿的，而其中有與楚文字相同或大致相同的字形是各系文字相互統一、相互影響的例子（各系文字出於一源，一定是同大於異的）。我們認爲《良臣》《祝辭》應即爲晉系文字的抄手所書，包含兩種情况：一是有可能是從晉地（或鄭地）流傳過來的書籍，二是有可能是居住在楚地的晉人（或鄭人）所書。同理，我們認爲郭店《唐虞之道》、《忠信之道》、《語叢》——三應即齊系（可定爲齊國）書手所抄；《保訓》應即魯國書手所抄，它們並非楚人憑借齊系（或魯國）底本而轉抄的抄本，詳另文。

佛相似而已。

　　李松儒曾發現,如果真的按"蝌蚪"的形象來定義文字風格的話,郭店《性自命出》《尊德義》《成之聞之》《六德》這四篇也很像"蝌蚪文":"所謂的'蝌蚪文'應該是指這些文字的橫畫、豎畫都如在水中運動的蝌蚪一樣,起筆粗,行筆曲折宛轉,末筆細,具有自然界中蝌蚪的形體特徵,故以之得名。"①

　　我們看一看郭店《性自命出》《尊德義》《成之聞之》《六德》四篇的書體,從寫法上看爲典型的楚文字,雖然它們在書寫上和我們目前所見的楚文字有一些特異之處,但這些差別是在楚文字限度内的差別,並不構成非楚文字的特徵。這四篇的書風用墨濃重,側鋒起筆,並有頓筆,收鋒時不做任何處理,隨文字筆畫的方向而有意出鋒,使全篇字迹看起來頭粗尾細,富於動感。② 造成這種風格上差異的主要原因是這四篇竹書的運筆方式,它們均是起筆重落,收筆輕提,運筆彎轉,使文字筆畫看起來較多變。

　　汲塚竹書被發現前,在古人眼裏,孔壁中書、三體石經古文(上文已說,可定爲魯國文字)這樣的書體叫"蝌蚪文",但在汲塚竹書被發現後,"蝌蚪文"所涵蓋的範圍擴大了,魏國文字也包含在了"蝌蚪文"裏。我們還可注意衛恒所説的一句話:"古書亦有數種,其一卷論楚事者最爲工妙,恒竊悦之。"其中"一卷論楚事"即《晋書》卷五一説汲塚竹書中"又雜書十九篇:《周食田法》《周書》《論楚事》《周穆王美人盛姬死事》"中的《論楚事》。從現今發現的竹簡我們可以看出,一般講述諸國的事迹,最早多用本國文字書寫,那麽魏王墓葬裏出土的《論楚事》會不會也具有楚系文字特徵呢?

　　我們也可以更直截地説,古人所謂的"蝌蚪文"本來未嘗與哪系(或哪國)的文字直接聯繫起來,只是因其與秦漢篆隸有異而按照"其頭麤尾細,似科斗之蟲"歸納的字體形態。所以,我們如單按"蝌蚪文"的形象,在現

---

　　①　李松儒:《郭店楚墓竹簡字迹研究》,吉林大學碩士學位論文,指導教師:吴振武,2006年6月,第70—71頁。

　　②　此處對書風的描述引自李松儒:《郭店楚墓竹簡字迹研究》,第75頁。此句下的描述亦蒙李松儒指示。

今發現的竹書範圍之內,把郭店《性自命出》《尊德義》《成之聞之》《六德》這四篇的書風視爲"蝌蚪文",似乎也稱得上合適。

表一:《保訓》字體與魯國文字相合而與齊國文字不合例①

字例	保訓	魯國文字	齊國文字	典型齊系竹簡文字
"心"旁	簡2 簡4	《陶錄》3.119.4 《陶錄》3.170.3	《陶錄》2.61.3 《陶錄》2.69.1	郭店《語叢三》簡50 上博一《紂衣》簡2
"疒"旁	簡1 簡2	《陶錄》3.362.4	《陶錄》2.336.1 《璽彙》1433	郭店《語叢一》簡110

表二:《保訓》、三體石經字體與齊國文字不合例②

字例	保訓	三體石經	齊國文字	典型齊系竹簡文字
"隹"旁	簡11 簡4	康誥	《陶錄》2.423.4	上博一《紂衣》簡3

【發表情況】單育辰:《"蝌蚪文"譚》,《出土文獻研究》第十三輯,中西書局,2014年12月,第90—96頁。

---

① 表一"魯國文字""齊國文字"兩欄據張振謙《齊魯文字字形差異表》編製。參張振謙:《齊魯文字編》,學苑出版社,2014年7月,第2079—2153頁。
② 表二"保訓""三體石經"兩欄據上引馮勝君、"雨無正"文編製。

後　　記

　　這本小書收錄了我所寫的七十篇學術論文，皆與古文字有關。書名《佔畢隨録》，出自《禮記·學記》："今之教者，呻其佔畢，多其訊。"鄭注："呻，吟也。佔，視也。簡謂之畢。訊，猶問也。""佔畢"用詞甚爲奇特，讀後一時不敢相信此注確否，鄭玄於其後又云："呻，或爲慕。訊，或爲訾。"可見此句當時已有異文，遂疑"佔畢"或亦有傳抄之訛？後世文人也有用"佔畢"作爲書名者，頂有名的大概如胡應麟《少室山房筆叢》乙部有《史書佔畢》，不過我最早見到的卻爲史繩祖的《學齋佔畢》，此書早先没出過標點本，所購者爲上海古籍出版社影印的紅彤彤封面的《四庫筆記小説叢書》中的一本，歷年日久，其内容多已忘卻，唯書名一直印象很深。慶長自序："昔人有言：'讀書百遍，其義自見。'又有云：'舊書不厭百回讀，熟讀深思子自知。'此則《禮經·學記》之'呻其佔畢而多其訊也'。君子之學，思則得之。故《中庸》謂'博學而謹思明辨'。語亦云：'學而不思則罔，思而不學則殆。'余少之時將求多能，蚤夜以孜孜，凡讀書有疑，隨即疏而思之。遇有所得，質之於師友而不謬也。則隨而録之，積久成編，弗敢自是，而亦弗欲自棄。蓋欲告諸同志而共定之也。故裒爲一編，命之曰《學齋佔畢》。覽者亦可見其願學之勤，讀書之詳，不爲苟且以自慊也。其或矜其譌舛而忠誨之，尚毋金玉其音。"已經把我要説的話基本説出。

　　我也喜歡其"學齋"二字，蓋慶長先生純是自謙，而我之學習古文字之始確是學生也。在上博六出來後，我開始跟讀新公布的材料，或有所得，陸續在學術網站上發表，即以《佔畢隨録》爲名，又曾對《佔畢隨録》與《佔畢隨録之二》加以合併，發表在2008年在長春召開的"紀念中國古文字研究會成立三十週年國際學術研討會"上,這也是我第一次參加古文字年會。此文只有兩則意見,一則釋"酋"爲"酸",多被學者認可;另一則釋"興"爲"繩",也已得到之後發表的出土材料的證實。可以多提一句的是,後來我又把楚簡中的"水"釋爲"準"(見本書《〈清華大學藏戰國竹簡(伍)〉釋文訂補》),則以一人之力首先釋讀出楚文字的"準繩"二字,亦頗自可喜。後來要在刊物上發表,《佔畢隨錄》系列後來都改成了通行學術論文名稱,還是覺得遺憾。

在閱讀古文字資料中,也見到一些材料,可能與"佔畢"有關:

包山簡204:"凡此𥰫(籤)也,既盡移。"

包山簡213:"逯故𥰫(籤):賽禱太佩玉一環,后土、司命、司禍各一小環。"

李家浩先生認爲這些"籤",就應該讀爲《禮記·學記》"今之教也,呻其佔畢",鄭玄注"簡謂之畢"之"畢"(《包山楚簡"籤"字及其相關之字》,《著名中年語言學家自選集·李家浩卷》,安徽教育出版社2002年)。則鄭注訓"畢"爲"簡"似不爲無因。

佔,有人認爲即"笘",《説文》卷五:"穎川人名小兒所書寫爲笘。"(王引之《經義述聞》卷十五;又參仲豪《關於"占俾"》,《文物》1978年第2期)按,清華五《殷高宗問於三壽》簡9+10:"君子而不讀書占,則若小人之聾狂而【9】不友。"整理者注:"占,《史記·五帝本紀》正義:'數也。'"(李學勤主編《清華大學藏戰國竹簡(伍)》,中西書局,2015年)胡敕瑞先生則讀爲"笘"(《〈殷高宗問於三壽〉札記一則》,"清華大學出土文獻研究與保護中心"網,2015年4月16日)。現在看來,"呻其佔畢"的"佔"很可能不是如鄭玄所注的"視",而應與《殷高宗問於三壽》的"占"合觀。

古人名書甚多佳意,如徐復祚《三家村老委談》,讀其内容果如三五老人於村中樹下閑語,瑣碎可喜。園明園有"深柳讀書堂",昔年遊於此處,訝其與景之孚,清人有用此名書者亦有數部。本想起個類似的書名,但小書内容單一,去古人遠矣。既然有上述種種因緣,則小書仍名以《佔畢隨錄》,"隨錄"則言在讀書的時候有所得則"隨而錄之",雖然並不以寫成堂皇的學術論文爲主要目標,但抱著不自欺欺人的宗旨去寫即可矣。小書也收錄一些甲骨、金文、漢碑等論文,則古人最常用的書寫材料本應是簡,甲骨金文漢碑多是移録簡文，以"畢"名之或不爲不妥也。

拙文在收録於小書時，對文章格式做了一些統一，此外也略有文字的潤色及證據的補充，但均没有任何觀點的變動。原文中的網址因網站地址常有變動，已大多失效，今除保留少數幾處外，一概加以删削；文中所引"簡帛"網論壇的樓層因網站改版及網友删除自己的樓層等原因亦常有變動，現仍依原貌（文末"發表情況"的論壇樓層則是最新核實者）。小文後面的"編按"則爲收入本書時新添加，但"編按"多是擇重點而記之，並不以求全爲目的。

承蒙岳丈東樵老人爲小書題寫書名，十分感謝！

本書得到國家社科基金重點項目"清華簡佚《書》類文獻整理與研究"（項目號 21AYY017）、"古文字與中華文明傳承發展工程規劃項目"（項目號 G1935）的支持，特此致謝！

圖書在版編目（CIP）數據

佔畢隨録 / 單育辰著. -- 上海：上海古籍出版社，2024.9. --（吉林大學考古學院中國古文字研究中心出土文獻與中國古代文明研究協同創新中心學術叢刊）.
ISBN 978-7-5732-1276-4
Ⅰ.H121-53
中國國家版本館 CIP 數據核字第 2024M5U501 號

佔畢隨録

單育辰　著

上海古籍出版社出版發行

（上海市閔行區號景路 159 弄 1-5 號 A 座 5F　郵政編碼 201101）

（1）網址：www.guji.com.cn
（2）E-mail：guji1@guji.com.cn
（3）易文網網址：www.ewen.co

上海天地海設計印刷有限公司印刷

開本 700×1000　1/16　印張 32.5　插頁 5　字數 484,000
2024 年 9 月第 1 版　2024 年 9 月第 1 次印刷
ISBN 978-7-5732-1276-4
K·3664　定價：168.00 元

如有質量問題,請與承印公司聯繫